열國志

학술편수관

시작하는 말

〈열국지(列國志)〉는 중국 명청(明靑) 교체기의 대표적인 역사 소설이다. 시대 배경은 주나라 말기부터 진나라가 천하 통일을 이루기까지의 춘추 전국 시대 550년이다. 〈삼국지(三國志)〉의 배경인 한(漢)나라 말기보다 400년 전인 기원전 8세기부터 3세기까지 수많은 나라들이 저마다 천하의 주인이 되려 꿈꾸며 치열하게 다투었던 시대이다.

춘추 전국 시대는 중국 역사상 난세 중에서도 최대의 난세였다. 천하를 다스리던 주나라의 힘이 약해지자 각지에서 군웅들이 할거하여 천하를 점령하고자 서로 겨루었다. 거대한 중국 대륙을 장악하고 있던 중심 세력이 약화되자 이를 다스릴 새로운 세력이 필요했던 때였다. 민중들에게는 재난이었지만 역사적으로는 필연의 시대였다.

새로운 세력은 전쟁이라는 각축의 장에서 서로 힘을 겨루면서 형성되었다. 노골적인 약육강식과 적자생존의 투쟁이 중국 전역을 휩쓸었다. 수많은 사람들이 죽고 다쳤으며 살던 곳을 떠나 멀고 먼 땅으로 옮겨야 했고 운이 좋으면 엄청난 출세를 하기도 했지만 하루아침에 왕이 되었다가 금방 목이 달아나는 것도 다반사였다. 중국 역사에서 유례를 찾아보기 어려운 난세였던 만큼 이에 얽힌 이야기는 끝이 없을 만큼 풍부하다.

수백에 이르는 제후들의 나라는 끊임없이 합종연횡하면서 대륙을 지배할 패권을 노렸지만, 진시황이 등장할 때까지는 누구도 패자가 되지 못했다. 500년의 춘추 전국 시대는 진나라가 6국을 평정하면서 천하가 통일되자 끝난다.

〈열국지〉에는 바로 이 시대의 드라마가 담겨 있다. 〈삼국지〉는 한(漢)나라 말기 50년간 3국이 쟁투하였던 단순명쾌한 구도인데 비해, 〈열국지〉는 수백의 나라와 인물이 종횡으로 얽힌 춘추 전국 시대 500년을 그려낸 소설이어서 우선 그 스케일이 다르다.

〈삼국지〉가 역사적 사실에 문학적 상상력을 곁들여 '연의(演義)' 형식을 취한 것과는 달리 〈열국지〉는 사실에 충실하여 어찌 보면 소설의 형식을 빌린 역사서라고 해도 무방하다. 〈열국지〉를 역사 소설의 옷을 걸친 역사서로 보아야 하는 까닭은 그 내용들이 모두 〈사기〉〈춘추좌씨전〉〈전국책〉〈오월춘추〉〈자치통감〉 등 수많은 역사서를 토대로 만들어졌기 때문이다. 따라서 시대적 의미나 서술 형식으로 보아도 중국 역사를 이해하는 데에는 〈삼국지〉보다 〈열국지〉가 훨씬 유효하며, 시대상이나 인물들의 활약상 역시 훨씬 다채롭고 흥미진진하다.

서양 문화를 이해하기 위해서는 그리스로마신화를 아는 것이 필수이듯이, 중국 문화를 알려면 〈열국지〉를 알아야 한다. 중국 사상의 근원은 이 시대에 뿌리를 두고 있어 '제자백가'라는 수많은 사상의 유파들이 생겨났고 활발하게 활동했기 때문이다. 살벌한 적자생존의 시대였기 때문에 세상을 올바르고 현명하게 또는 슬기롭고 지혜롭게 살아가기 위한 수많은 생각과 방편들이 생겨났다. 유가, 묵가, 도가, 법가, 종횡가, 병가 등 거의 모든 중국 사상들이 이 때 생겨난 것이다. 수많은 고사(故事)와 사자성어(四字成語)들 역시 이 시대의 이야기에서 나왔다. '와신상담' '오월동주' '관포지교' '백이숙제' '송양지인'이 다 이 때의 이야기들이다.

〈열국지〉의 명칭은 〈열국지〉라고도 하고 〈동주열국지(東周列國志)〉라고도 부르는데, 이는 천하를 제패했던 주나라의 세력이 점점 약해져 동쪽 낙읍(낙양)으로 도읍을 옮기자, 이를 구분하여 이전의 주나라를 '서주(西周)'라 하였으며 천도를 한 이후의 주나라를 '동주(東周)'라 한데서 나온 말이다. 〈동주열국지〉란 바로 이 때부터 춘추 전국 시대가 시작되었다고 보고 '동주'와 '열국'의 시대를 다뤘다는 뜻을 담았다. 열국(列國)은 여러 제후의 나라들이다.

〈열국지〉의 원작자는 명나라 중엽의 복건성(福建省) 출신 작가 여소어(余邵魚)이다. 그는 원나라 때부터 야담으로 떠돌고 있던 역사 이야기들을 정리하여 8권 28만자의 〈열국지전(列國志伝)〉을 냈으니 이가 바로 〈열국지〉의 원전이다. 여소어는 통속 소설의 편집 간행 사업으로 유명한 명나라 여 씨 집안의 사람으로 그의 집안에는 이런 출판 편집의 전문가가 많았다.

이후 명나라 말기의 명문장가인 풍몽룡(馮夢龍: 1574~1647)이 〈열국지전〉을 원전으로 하여 역사의 흐름에 맞추어 80만자의 〈신열국지(新列國志)〉로 고쳐 냈다. 〈열국지전〉이 20만 자인데 비해 〈신열국지〉는 80만자에 달하는 방대한 저서로 풍몽룡의 추가 수정 가필이 상당했음을 알 수 있다. 풍몽룡은 〈고금담개(古今譚概)〉〈정사유략(情史類略)〉〈소부(笑府)〉등 다양한 분야의 책을 쓴 작가로, 원나라 말기와 명나라 초기에 활약한 나관중, 명나라 중기의 웅대목과 함께 중국 역사 대중 소설의 3대 작가로 손꼽힌다. 풍몽룡은 명나라 부흥 운동에 관여하다 실패하자 73세 무렵에 자결했다는 설과 청나라와 싸우다 패사했다는 설이 있다.

청나라 때에는 채원방(蔡元放)이 풍몽룡의 〈신열국지〉에 약간의 수정과 윤색을 가하고 평설을 달아 〈동주열국지(東周列國志)〉라는 이름으로 다시 펴냈으나, 풍몽룡의 수정·편집 작업이 워낙 방대하고 뛰어나 여소어와 채원방을 압도하기 때문에 대개는 그를 원작자로 인정하는 편이다.

국내에서 중국 소설로는 〈삼국지〉가 압도적인 인기를 점하고 있어 〈열국지〉는 별로 주목 받지 못하고 있다. 특히 세 나라가 싸우는 명료한 구도의 〈삼국지〉에 비해, 500년간의 긴 역사를 풀어나가는 〈열국지〉에는 엄청난 인물과 사건과 지명이 등장한다. 스토리가 진행되면서 배경과 인물이 몽땅 교체되어 버리기도 한다. 중국 역사에 익숙하지 않은 독자들은 누가 누구이고 어디가 어디인지 알 수 없어 약간의 고역을 치르기도 한다. 〈삼국지〉나 〈초한지〉가 50년 정도의 시대를 다룬 데 비해 〈열국지〉는 그 10배의 시대를 다루고 있으니 스케일에서는 비교가 안 된다.

그러나 유명세는 떨어질지 몰라도 〈열국지〉는 유서 깊은 고전이다. 〈삼국지〉를 포함해 이후의 책들에 나오는 여러 고사 및 사자성어들은 〈열국지〉의 내용에 기원을 두고 있기 때문이다. 3할을 허구로 하여 유비와 제갈량을 미화한 〈삼국지〉보다 9할 정도가 역사적 사실에 바탕하였다는 점은 좋은 대비가 된다. 그래서 역사서의 기록을 이야기 형식으로 푼 흥미진진한 '이야기체 역사서'여서 가히 읽어볼 만하다.

평역자 이 언 호

차 례

- 제1편 군웅할지(群雄割地)

  1. 기울어지는 주(周)나라 … 13
  2. 불길한 징조 … 20
  3. 충신과 간신 … 24
  4. 포사의 웃음 … 29
  5. 신망국파(身亡國破) … 34
  6. 삼로(三路)의 제후들 … 39
  7. 서주(西周)의 마지막 … 42

- 제2편 혈류군위(血流君位)

  1. 모호해진 군신 관계 … 47
  2. 역신의 죽음 … 54
  3. 천자를 죽이지 않은 이유 … 63
  4. 참호칭왕(僭號稱王) … 69
  5. 네 가지 죽을 죄 … 82
  6. 관포지교(管鮑之交) … 90
  7. 치국지도(治國之道) … 103
  8. 군신교희(君臣交戱) … 110
  9. 자식의 고기를 바친 역아(易牙) … 118

- 제3편 일광천하(一匡天下)

  1. 조말(曹沫)의 용기 … 127
  2. 세 치 혀의 위력 … 136
  3. 형제의 우의 … 144

4. 가도멸괵(假道滅虢) … 157
5. 점괘의 허실 … 170
6. 여자의 간계 … 184
7. 현군(賢君)과 충신 … 194
8. 어이없는 반란 … 204

• 제4편 간신득세(奸臣得勢)

1. 스스로 자초한 패전 … 211
2. 은혜를 갚은 용사들 … 221
3. 제환공(齊桓公)의 죽음 … 226
4. 태자의 탈출 … 232
5. 복수를 겸한 순장(殉葬) … 240
6. 사람을 삶아 바친 제사 … 245
7. 제후들의 암산(暗算) … 251
8. 충신의 묘계(妙計) … 257

• 제5편 용호승시(龍虎乘時)

1. 송양지인(宋襄之仁) … 265
2. 끝없는 유랑(流浪) … 270
3. 고국을 향하여 … 282
4. 개자추(介子推)의 한(恨) … 288
5. 두 동강 난 원수기(元帥旗) … 298
6. 이전투구(泥田鬪狗) … 308
7. 노신(老臣)의 구변 … 314
8. 충신은 죽이지 않는 법 … 320

• 제6편 불인치욕(不忍恥辱)

1. 아버지를 죽인 아들 … 331

2. 구혈두여(嘔血斗餘) … 337
3. 흉악한 군주(君主) … 342
4. 노부(老婦)의 호음(好淫) … 346
5. 한 맺힌 설분 … 352
6. 삼년불비 삼년불명(三年不飛 三年不鳴) … 357
7. 폭군 진영공(晉靈公) … 360
8. 도원(桃園)의 참극 … 373
9. 군위를 고사한 계찰(季札) … 379

• 제7편 **충효난전(忠孝難全)**

1. 골육상쟁(骨肉相爭) … 387
2. 바뀐 혼사(婚事) … 392
3. 삼부자(三父子)의 비극 … 402
4. 어설픈 음모 … 405
5. 어지러이 얽힌 왕통(王統) … 409
6. 어장검(魚腸劍) … 416
7. 손무(孫武)의 등장 … 419
8. 원한을 푼 오자서 … 428
9. 초국부흥(楚國復興) … 433

• 제8편 **오월쟁투(吳越爭鬪)**

1. 비극으로 끝난 정략 결혼 … 441
2. 오왕(吳王)의 절치부심(切齒腐心) … 444
3. 인분을 먹은 왕 … 451
4. 월왕(越王)의 와신상담(臥薪嘗膽) … 456
5. 군위 찬탈(君位簒奪) … 459
6. 오자서(伍子胥)의 최후 … 462
7. 불타는 고소성(姑蘇城) … 467

- 제9편 **합종연횡(合縱連橫)**

    1. 오기(吳起)의 과욕 … 475
    2. 귀곡 선생(鬼谷先生)의 제자들 … 481
    3. 소인(小人) 방연 … 487
    4. 혹독한 법의 심판 … 496
    5. 입신 양명(立身揚名) … 501
    6. 소진(蘇秦)의 대계(大計) … 508
    7. 육국상인(六國相印) … 514
    8. 평원군(平原君) … 522
    9. 맹상군(孟嘗君) … 525

- 제10편 **천하통일(天下統一)**

    1. 교계무궁(巧計無窮) … 535
    2. 기상천외(奇想天外) 미인계 … 541
    3. 불청충언(不聽忠言) … 546
    4. 왕후와 나눈 사통(私通) … 550
    5. 여불위(呂不韋)의 최후 … 556
    6. 쓰러져 가는 제후국들 … 565
    7. 의인(義人) 형가(荊軻) … 574
    8. 원한은 하늘에 사무치고 … 583
    9. 진시황제(秦始皇帝) … 595

제1편 군웅할지(群雄割地)

1. 기울어지는 주(周)나라
2. 불길한 징조
3. 충신과 간신
4. 포사의 웃음
5. 신망국파(身亡國破)
6. 삼로(三路)의 제후들
7. 서주(西周)의 마지막

제1편 군웅할지(群雄割地)

1. 기울어지는 주(周)나라

　무왕(武王)이 폭군 주(紂)를 쳐서 물리치고 주(周)나라를 세운 지 200여 년. 그 동안 나라는 태평하고 백성은 안락했다. 그러나 무왕에서부터 9대째에 이르러 이왕(夷王)이 즉위하자 그 때부터 열국(列國) 제후들의 움직임이 심상치 않았다. 그들의 세력이 점점 강성해졌던 것이다.
　10대째 왕은 여왕(厲王)이다. 그가 왕위에 오르자 나라 안이 들끓기 시작했다. 그는 포악무도한 왕이었다. 백성들은 견디다 못해 반란을 일으켰고 여왕은 궁성을 버리고 달아났다. 이것이 장차 1,100년 동안 계속될 민변(民變)의 시작이었다.
　여왕이 달아난 후 왕이 없는 나라를 14년 동안 대신(大臣)들이 다스렸는데 이것을 '공화(共和)'라 하며 공화라는 말은 이 때 처음으로 생겨났다.
　여왕의 뒤를 이어 태자 정(靖)이 왕위에 오르니 그가 바로 선왕(宣王)이다. 그는 천성이 곧고 몹시 영특했다. 그는 인재들을 모아들여 지난날에 주나라가 누렸던 영광을 되찾으려고 노력했다.
　그러나 주나라의 천수(天數)가 이미 기울었는지 서쪽의 오랑캐 강융(姜戎)이 조정의 명령에 따르지 않았다. 선왕은 크게 노해 친히 군대를 거느리고 가서 강융을 쳤다.

그러나 천무(千畝)란 곳에서 크게 패하여 천자의 체통은 떨어지고 주나라의 권위는 뿌리째 흔들렸다.

선왕은 다시 오랑캐를 치기로 결심하고 태원(太原) 땅에서 군대를 모아 조련시키기로 했다. 태원은 오랑캐 땅과 가까운 곳이다.

어느 날 선왕이 태원에 가서 군대들의 조련 모습을 둘러보고 환궁하는 길이었다. 어가를 달려 막 성내로 접어들었을 때였는데 아이들이 떼를 지어 손뼉을 치면서 노래를 부르고 있었다. 선왕은 자기도 모르게 어가를 멈추게 하고 그 노래 소리에 귀를 기울였다.

달이 떠오르니 해는 지려 하네
뽕나무로 만든 활과
쑥대로 만든 전통(箭筒)이여
주나라도 장차 망하려는구나

듣고 보니 심상찮은 노래였다. 선왕은 얼굴을 찌푸리며 어자(御者)들에게 명령했다.

"저 아이들을 모조리 잡아오렷다!"

어자들이 달려가서 아이들을 잡아왔다. 그 중에 열댓 살 되어 보이는 아이도 끼어 있었다. 선왕이 물었다.

"그 노래를 어디서 배웠느냐?"

그러자 아이들은 왕의 말에는 대꾸도 하지 않고 신기한 듯 왕의 화려한 행차만 넋을 잃고 바라보았다. 눈앞에서 호령하고 있는 사람이 누구인지조차 알지 못하는 듯했다.

"내 말이 들리지 않느냐?"

왕이 다시 큰 소리로 말하자 그제야 나이가 가장 많아 보이는 아이가 앞으로 나서며 말했다.
"저, 붉은 옷을 입은 애가 부르기에 따라서 불러 본 것뿐입니다."
"그럼, 그 아이는 어디 있느냐?"
"모릅니다. 노래만 가르쳐 주고 어디론가 가 버렸습니다."
"그래? 알겠다. 너희들은 그만 물러가거라."
아이들은 이상하다는 듯이 고개를 갸우뚱하더니 저쪽으로 달려갔다. 선왕은 계속 찌푸린 얼굴로 한동안 생각하다가 소리쳐 사시관(司市官)을 불렀다.
"지금 아이들이 부르던 노래를 왕명으로 금하되 누구든 다시 이 노래를 부르면 노소를 불문하고 엄히 다스리도록 하라."
선왕은 그 날 밤 궁성으로 돌아가 아무에게도 그 일을 말하지 않았다.
이튿날 아침 삼공육경을 비롯한 모든 신하들이 궁전으로 들어가 왕에게 조례(朝禮)했다. 선왕은 전날 들었던 아이들의 노래 가사를 신하들에게 말하고 그 뜻을 물었다.
태재(太宰: 국무총리) 중산보(仲山甫)가 아뢰었다.
"활과 화살은 바로 무기입니다. 왕께서 태원에서 양병(養兵)하여 오랑캐에 대한 원수를 갚고자 하시매 궁시지변(弓矢之變)이 있을까 두렵나이다."
선왕이 머리를 끄덕이면서 물었다.
"그 노래를 가르쳤다는 붉은 옷을 입은 아이는 어떤 놈일꼬?"
태사(太史) 백양부(伯陽父)가 대답했다.
"시정에 유행하는 근거 없는 말을 요언(謠言)이라 합니다. 하늘이 임금을 경계하려면 형혹성(熒惑星)에게 명하고 형혹성은 어린 아이로 변해서 지상으로 내려와 요언을 지어서 아이들에게 퍼뜨립니다. 그것을 동요라고 합니다. 원래 형혹성은 화성(火星)이므로 그 빛깔이 붉습니다. 어제의 그 노래는 하늘이 경계하라는 의미이옵니다."

"그렇다면 짐이 오랑캐의 죄를 용서하고 태원의 양병을 중지하며 무고(武庫)에 있는 활과 화살을 다 불살라 버린다면 재앙을 막을 수 있겠느뇨?"

백양부가 아뢰었다.

"동요에 이르기를 '달이 떠오르니 해는 지려 하네'라고 했습니다. 해는 임금을 나타내며 달은 바로 음류(陰類)에 속하옵니다. 장차 음기가 나오고 양기는 쇠진한다는 뜻입니다. 앞으로 여자가 이 나라의 정치를 어지럽힐 것 같사옵니다."

"짐은 강후와 육궁의 정성어린 내조를 받고 있으며 그들 또한 어질고 유덕하니 어찌 여자로 인한 재앙이 있으리오."

백양부가 다시 아뢰었다.

"동요에서 장차 떠오르고 진다고 한 것은 본시 먼 앞날의 일을 예언한 것이옵니다. 왕께서는 앞으로 더욱 덕을 닦으시어 미리 재앙을 막으소서. 흉한 것이 변하면 복이 되는 수도 있사옵니다. 굳이 활과 화살을 불살라 버릴 것까지는 없겠습니다."

선왕은 그럴듯하게 생각하며 고개를 끄덕였으나 우울한 기색으로 조례를 마쳤다.

이윽고 선왕이 법가(法駕)를 타고 내궁으로 돌아가자 강후가 영접했다. 선왕은 자리에 앉은 후 신하에게서 들은 바를 강후에게 말했더니 그가 정색하고 말했다.

"그렇잖아도 아뢰려 하던 참이었습니다. 지금 궁중에 해괴한 일이 생겼습니다."

"해괴한 일이라니 무슨 일이오?"

선왕이 물었더니 강후가 소리를 낮추어 대답했다.

"전날에 선왕을 모시던 한 늙은 궁녀가 선조(先朝) 때에 애를 뱄다는

데 40여 년이 지나도록 해산을 않다가 바로 어젯밤에 계집아이를 낳았다고 합니다."

선왕은 크게 놀랐다.

"그 계집아이가 지금 어디에 있소?"

"아무리 생각해도 상서롭지 못한 일인 것 같아서 소첩이 이미 사람을 시켜 풀자리에 싸서 20리 밖 강물에 버리게 했습니다."

선왕은 즉시 그 늙은 궁녀를 불러들였다. 그녀가 들어오자 왕은 잉태하게 된 경위를 물었다. 궁녀가 꿇어앉아 아뢰었다.

"천비가 듣고 본 대로 아룁니다. 하나라 걸왕(桀王) 말년에 포성(褒城) 땅에 한 신인(神人)이 있었는데 그가 하루는 용으로 변해서 궁중 뜰로 내려왔답니다. 용은 입에서 연신 거품을 뿜고 있었습니다. 걸왕이 놀라서 용을 죽이려고 했는데 태사가 점을 쳐 보고 용은 신이며 용이 흘린 거품을 받아 잘 간직해 두면 반드시 복된 일이 있을 것이라면서 말렸습니다. 이에 왕은 용 앞에 제사를 지내고 황금 그릇에다 용의 거품을 받아 붉은 나무 궤 속에 소중히 넣어 뒀습니다. 그제야 용은 구름을 헤치고 날아갔답니다. 걸왕은 내고(內庫)에다 그 궤를 잘 모셔 두도록 분부했답니다. 그로부터 644년이 지난 후 우리 주나라에까지 이 궤는 전해졌습니다. 그 때부터 다시 3백 년을 지나도록 아무도 그 궤를 열어 본 적이 없었다고 합니다."

"호오, 신기한 일이로고."

선왕은 감탄을 금치 못했다. 궁녀는 말을 계속했다.

"그런데 선왕(先王) 말년 때 일입니다. 그 궤 속에서 한 줄기 빛이 새어나왔습니다. 선왕은 그 궤를 가져와 열도록 하셨는데 시신(侍臣)들이 궤를 부순 후 황금 그릇을 두 손으로 받다가 실수하여 그릇이 땅으로 떨어지는 바람에 그 속에 들어 있던 용의 거품이 쏟아졌습니다. 그것이 삽시간에 자라로 변하여 뜰 가운데를 기어 다니기에 내시들이 뒤쫓았으나 어디론가 자취를 감추어 버렸습니다. 그 때 12세이던 천비가 우연히 그 자라가 지나간 자국을 밟게 되었는데 그 때부터 점점 배가 부르기 시작했습니다. 그러자 선왕께서는 비자(婢子)가 서방도 없이 잉태한 것을 괴이하다 생각하시고 천한 이 몸을 깊숙한 방에 감금하셨습니다. 그로부터 40년이 지난 어젯밤에야 배가 몹시 아프더니 결국 계집애를 낳았던 것입니다. 이는 모두 천비의 허물로서 죄당만사(罪當萬死)인가 합니다."

늙은 궁녀의 이야기를 듣고 나자 선왕은 분부했다.

"그것은 선조의 일이니 네게 무슨 죄가 있겠느냐. 물러가라."

저녁 무렵에야 그 시자가 돌아와서 보고했다.

"흐르는 물에 떠내려갔는지 없더이다."

왕은 얼굴을 찌푸리며 상대부(上大父) 두백(杜伯)에게 추상같은 명령을 내렸다.

"성 안과 성 밖 할 것 없이 샅샅이 뒤져 그 요사스런 갓난아이를 찾아라. 그 아이를 찾아내는 자에게는 후한 상을 내리되 만약 감춰 두는 자가 있으면 참형으로 다스리도록 하라."

왕은 또 점괘에 나온 '뽕나무 활과 쑥대로 만든 전통'을 다시 생각하고 하대부 좌유(左儒)에게 분부했다.

"뽕나무 활과 쑥대로 만든 전통을 만들지도 팔지도 못하게 하고 만일 위반하는 자가 있으면 역시 참형에 처하도록 하라."

이 때 성 안 백성들은 왕명의 지엄함을 알기 때문에 아무도 어기는 자가 없었다. 그러나 시골 백성들이야 그런 왕명을 알 리가 없었다.

어느 날, 여자는 쑥대로 만든 몇 개의 전통을 머리에 이고 남자는 뽕나무로 만든 활을 짊어지고 도성을 향해 길을 가고 있었다. 그들 부부는 시골 사람들로 해가 지기 전에 팔고 돌아갈 생각으로 급히 걸었다. 그들이 성문 가까이 갔을 때 마침 그 곳을 순찰 중인 사시관에게 발견되었다. 사시관이 수하 군사들에게 명령을 했다.

"이 연놈들을 결박하라."

군사들이 벌 떼처럼 달려들어 여자의 팔부터 움켜잡았다. 순간 남자는 어깨에 짊어진 뽕나무 활을 땅바닥에 내동댕이치고는 나는 듯이 달아났다. 결국 여자만 잡혔다. 사시관은 여자를 결박한 다음 뽕나무 활과 쑥대로 만든 전통을 가지고 함께 하대부 좌유에게 갔다.

좌유가 잡혀 온 여자와 물품을 보니 아이들의 동요와 어긋남이 없었다. 더구나 태사는 여자가 재앙을 일으킬 것이라 했는데 여자가 잡혔으니 이젠 왕명을 완수한 것이나 다름없다고 생각했다.

그는 곧 왕궁으로 들어가 보고했는데 달아난 남자에 대해서는 한 마디도 하지 않았다.

"한 여자가 법을 어기고 뽕나무 활과 쑥대로 만든 전통을 팔기에 잡아 왔사옵니다. 마땅히 법에 의해서 참형에 처하겠사옵니다."

그러자 선왕이 분부했다.

"그 여자를 참하고 뽕나무와 쑥대로 만든 활과 전통은 사람들이 많은 거리에서 태우라."

법을 어기는 사람들이 다시 생기지 않도록 경계하기 위한 조치였다.

한편 놀라서 도망친 남편은 허둥지둥 달아나면서도 군사들이 왜 자기네 부부를 잡으려 했는지 알 수가 없었다. 그는 자기 아내가 어찌 되었는지 궁금했다. 그렇다고 다시 가 볼 수는 없었다.

이튿날 아침이 되자 벌써 소문이 떠돌았다.

"어제 어떤 여자가 나라에서 금하는 뽕나무 활과 쑥대 전통을 팔러 갔다가 북문에서 참형을 당했다더군."

그는 그제야 비로소 아내가 죽은 걸 알았다. 그는 다시 무작정 달아나 아무도 없는 허허벌판에 이르러서야 아내를 생각하면서 슬피 울었다.

그가 다시 걷기 시작하여 십 리쯤 갔을 때였다. 청수 강변에 이르러 문득 한 곳을 보았더니 수많은 날짐승들이 어지럽게 날며 울고 있었다. 그는 이상하게 생각하여 그 곳으로 가까이가 보았다. 풀거적에 싸인 갓난애가 강물 위에 떠 있었다.

"괴이한 일이로구나."

그는 물 속으로 들어가서 갓난애를 안고 나왔다. 그가 언덕으로 올라와 거적을 풀자 그제야 갓난애는 울기 시작했다. 살펴보니 계집아이였다. 그는 혼잣말로 중얼거렸다.

"이 갓난애를 누가 내다 버렸는지 알 수 없으나 수많은 날짐승들이 보호해 주는 것을 보면 반드시 후일에 크고 귀하게 될 아이 같구나."

그는 베저고리를 벗어 갓난애를 싸서 품에 안고는 포성 땅을 향해 걸음을 재촉했다.

2. 불길한 징조

그런 일이 있었기에 선왕은 더 이상 태원 양병을 고집하지 않았다. 여러 해 동안 주나라는 별다른 일 없이 지냈다.

선왕 43년의 일이었다. 그 해에 큰 제사가 있었다. 선왕이 재궁(齋宮)에 머물러 있는데 시각을 알리는 북소리가 두 번 울렸다. 사방은 적막하고 천지는 깊은 잠 속에 빠져 있었다.

그 때 선왕은 문득 보았다. 웬 여자 하나가 서쪽에서 나타나더니 무엄하게도 궁정 안으로 들어오고 있었다. 선왕은 여자가 재궁의 금줄을 넘어 금지 구역을 범하는 것을 보고 크게 노했다.

"여기가 어딘 줄 알고 감히 들어오느냐! 물러가라!"

그러나 여자는 들은 척도 하지 않고 사뿐사뿐 걸어 들어왔다.

"저년을 잡아라!"

선왕은 좌우의 사람들을 불렀다.

그러나 사방은 고요하기만 할 뿐 아무도 대답하는 자가 없었다. 그러는 동안에 여자는 조금도 두려워하는 기색 없이 태묘(太廟) 속으로 들어갔다.

"호, 호, 호……."

안으로 들어선 여자는 자지러질 듯이 세 번을 크게 웃었다. 그리고 이어서 애간장이 끊어지는 것처럼 세 번을 통곡했다.

"아이고… 아이고… 아이고……."

울음을 멈춘 여자는 침착한 태도로 일곱 사당에 모셔져 있는 신주들을 휩쓸어 가지고 동쪽으로 사라져 버렸다.

왕은 소스라치게 놀라며 눈을 떴다. 꿈이었다.

그는 마음과 정신이 산란했으나 내색하지 않고 사당에 들어가 구헌(九獻)의 예를 드리고 겨우 제사를 지냈다. 그리고 좌우에게 분부했다.

"태사 백양부를 궁으로 들게 하라."

백양부가 들어오자 왕은 꿈에 본 바를 말했다. 다 듣고 난 백양부가 한참 후에야 아뢰었다.

"왕께선 3년 전의 동요를 잊으셨나이까? 신이 그 때 말씀드린 바와 같이 여자로 인한 재앙이 있을 것이며 아직 요기(妖氣)는 없어지지 않았사옵니다."

"지난날 여자를 죽인 것으로 뽕나무 활과 쑥대로 만든 전통이란 동요를 이미 징험한 것이 아니었던가?"

"천도란 것은 깊고 멀어서 오랜 세월이 지나야만 비로소 징험할 수 있는 것이옵니다."

선왕은 아무 말도 없었다. 그는 3년 전 일을 생각했다.

'그 때 상대부 두백에게 일러 사시관들을 동원해 요사스런 갓난아이를 찾아오라 명령했건만 두백은 그 후 오늘날까지 이렇다 할 보고 한 마디 없었구나.'

선왕은 울화가 치밀었다. 그는 조정으로 자리를 옮겨 백관들을 모으고 두백에게 물었다.

"요녀의 소식을 조사하라고 명령한 지가 언제인데 여태껏 아무 말도 없는가?"

두백이 떨리는 음성으로 아뢰었다.

"신이 그 후 조사를 했으나 아무런 흔적이 없었사옵니다. 요녀는 이미 죽은 것이 분명하옵니다. 그렇다면 동요도 이미 지나간 것인데 수색을 계속하면 도리어 백성들이 놀라겠기에 중지하였사옵니다."

선왕은 대로하여 크게 꾸짖었다.

"그렇다면 왜 그렇다고 진작 아뢰지 않았느냐. 이는 태만해서 짐을 소홀히 한 것이니 이렇듯 불충한 신하를 두어 장차 뭣에 쓰리오."

그리고 무사들에게 추상같이 호령했다.

"두백을 조문(朝門) 밖에 끌어내어 참하라. 백성들에게 불충한 자의 목을 보여야겠다."

만조백관은 끌려 나가는 두백을 보고 모두 얼굴이 흙빛으로 변했다. 이 때 한 대신이 뛰어나가 끌려 나가는 두백의 앞을 가로막고 외쳤다.

"청컨대 왕명을 거두소서."

그는 바로 하대부 좌유였다. 그가 머리를 조아리며 아뢰었다.

"신이 듣건대 요(堯) 임금은 9년 홍수에도 임금의 자리를 잃지 않았으며 7년 가뭄에도 누구 하나 탕(湯) 임금의 왕위를 넘보지 못했사옵니다. 그러한 천변(天變)에도 오히려 별고가 없었거늘 하물며 오늘날에 요사한 한 계집아이를 이처럼 두려워하시나이까. 왕께서 만일 두백을 죽이시면 백성들은 더욱 요사한 말을 전파하게 되어 마침내 바깥 오랑캐까지 이 소문을 듣고 왕실을 업신여길까 두렵사옵니다. 바라옵건대 두백을 용서하소서."

하지만 선왕은 더욱 노하며 소리쳤다.

"무슨 잔말이 그리 많으냐! 두백을 속히 참하지 못하겠는가!"

무사들은 즉시 두백을 조문 밖으로 끌어내어 목을 베었다.

집으로 돌아온 좌유는 그 날 밤 칼로 목을 찔러 스스로 죽고 말았다.

이튿날 선왕은 그 소식을 듣자 두백을 죽인 것을 후회했다. 그는 잠을 못 이루고 번민하다가 어느덧 정신이 혼몽해지는 병에 걸렸다. 그런 후로 선왕은 눈만 감으면 두백과 좌유의 원혼들이 꿈 속에 나타나게 되었다. 악몽에 시달리는 왕은 자기가 회생하지 못할 것을 알았다. 그는 약도 마시지 않았다. 병세는 갈수록 침중해졌다.

왕은 마침내 태자를 부탁하려고 노신들을 불렀다.

"짐이 경들의 힘을 입어 재위한 지 46년에 남정북벌(南征北伐)하여 이제 사해가 편안해졌노라. 그런데 뜻밖에 몹쓸 병을 얻어 일어나지 못하게 됐도다. 태자 궁열(宮涅)은 비록 장성했으나 천성이 어두우니 경들은 힘써 보좌하여 세업을 바꾸는 일이 없게 하라."

이 날 밤 선왕은 세상을 떠났다. 선왕의 뒤를 이어 태자가 즉위했으니 그가 바로 유왕이다. 유왕은 이듬해로 원년을 삼고 신백의 딸로 왕후를 세우고 아들 의구로 태자를 삼고 왕후의 아비 신백을 신후(申候)로 봉했다.

3. 충신과 간신

유왕은 천성이 몹시 난폭하였으며 은혜를 베풀 줄 몰랐다. 왕위에 오른 후로는 더욱 음악과 여자에만 빠져 조정 일을 돌보지 않았다. 왕후가 여러 번 간했으나 아무 소용이 없었다. 그러다가 왕후도 죽고 말았다.

유왕은 괵공(虢公) 석부(石父), 제공(祭公), 윤구(尹球) 셋을 삼공(三公)으로 삼았다. 이들 세 사람은 모두 간특하고 아첨만 일삼는 무리들이었다. 그들은 왕의 비위 맞추기에만 여념이 없었다.

어느 날 유왕이 조회에 나왔을 때였다. 기산(岐山)에서 온 신하 한 사람이 아뢰었다.

"경하(涇河)·황하(黃河)·낙하(洛河) 세 강에서 같은 날에 지진이 있었사옵니다."

"산이 무너지고 강이 넘치는 것은 흔히 있는 일인데 어째서 그런 것까지 짐에게 고하는 것인가."

유왕은 껄껄 웃으며 대꾸하더니 일어나 내궁으로 돌아가 버렸다.

이를 보고 태사 백양부가 대종백 조숙대에게 탄식하며 말했다.

"옛날에 낙수(洛水)가 마르자 하(夏)나라가 망했고 황하(黃河)가 마르자 상(商)나라가 망했습니다. 삼천(三川)이 진동했으니 장차 물의 근원이 막힐 것이요 물의 근원이 막히면 그 산도 무너질 것입니다. 기산은 문왕의 조부 태왕의 발상지인데 이 산이 무너진다면 어찌 우리 주나라인들 무사하겠소."

조숙대 역시 탄식하며 말했다.

"천자가 나라 일은 돌보지 않고 간신들만 가까이하고 있으니 큰일이오. 나는 언로(言路)에 있는 몸인즉 신하의 도리를 다해서 간할 생각이오."

"간하는 건 좋으나 아무 소용이 없을까 두렵소이다."

두 사람은 서로 한숨을 쉬며 앞날을 걱정했다.

그 후 또 기산을 지키는 신하가 다시 왕에게 아뢰었다.

"삼천이 마르고 마침내 기산도 무너져 백성들의 집이 무수히 부서지고 묻혔사옵니다."

유왕은 조금도 놀라지 않고 도리어 좌우를 돌아보며 분부했다.

"전국의 미녀들을 구해서 후궁에 충당토록 하라."

이 때 조숙대가 앞으로 나아가 간했다.

"산이 무너지고 강이 말랐다하니 이는 국가의 상서롭지 못한 징조이옵니다. 왕께선 정사를 부지런히 하시는 동시에 백성을 사랑하시고 어진 사람을 구하시어 정사를 돕게 하여야 할 것이어늘 어찌하여 도리어 미녀만 구하시나이까."

그러자 괵공이 나서서 언성을 높였다.

"천지의 이변을 가지고 어찌 국가의 명운을 논한단 말이오. 대종백은 천자를 업신여기는 말을 삼가시오."

유왕은 정사니 백성이니 하는 조숙대의 말이 귀찮았다. 그는 이맛살을 찌푸리며 분부했다.

"괵석부의 말이 옳다. 대종백은 벼슬을 내놓고 시골로 물러가라."

궁에서 나온 조숙대는 길게 탄식했다.

"위태로운 나라에 들어가지 말며 어지러운 나라에서 살지 않겠도다."

며칠 후에 조숙대는 식구들을 데리고 진(晋)나라로 떠났다. 그가 바로 진나라 대부 조 씨의 조상이다.

그런 일이 있은 지 얼마 후 대부 포향이 포성에서 왔다. 그는 조숙대가 쫓겨났다는 말을 듣고는 입조하여 왕에게 간했다.

"왕께서 천변을 두려워하지 않으시고 어진 신하를 쫓아 버리시니 이러다가는 사직을 보전하지 못하실까 두렵습니다."

그 말을 듣자 유왕은 대로했다.
"저놈을 옥에 가둬라."
그 후로는 간하는 신하가 아무도 없었다. 뜻있는 사람은 몸을 숨기거나 형세를 관망하는 도리밖에 없었다.

활과 전통을 팔러 왕성에 갔다가 가까스로 목숨을 건진 남자는 계집아이를 안고 포성에 이르렀다. 그는 그 계집아이를 손수 기르려 했으나 먹일 젖도 없으려니와 자기가 먹을 것도 없는 처지였다.
이 때 포성 땅에 사대(姒大)라는 사람이 있었다. 그는 아내도 아들도 있었지만 웬일인지 딸만 낳으면 곧장 죽었다.
그러던 차에 한 남자가 그의 집 문전에 이르러 구걸을 했다. 사대는 방 안에 앉아 홀아비인 듯한 그 남자가 안고 있는 갓난아이를 보고는 배 한 필을 내주며 청했다.
"그 아기를 우리에게 주시오. 내 비록 넉넉하지는 못하나 수양딸로 삼아 잘 기르겠소이다."
"실은 이 아기는 강변에서 주운 아이이며 내가 혼자서 기를 방도가 없던 차에 잘됐습니다."
그리하여 사대는 그 여자아이를 양육하며 이름을 포사라 지었다.
세월은 물처럼 흘러 포사의 나이 어느덧 14세가 됐다. 포사는 참으로 아름다웠다. 눈은 맑고 눈썹은 고우며 입술은 앵두 같고 이는 옥을 박은 듯 희고 윤이 났다.
그 때 옥에 갇힌 포항의 아들 홍덕이 가을 추수를 하기 위해 그 곳 시골에 갔는데 때마침 포사가 문 밖의 우물에서 물을 긷고 있었다.
홍덕은 그녀를 보고 크게 놀라며 생각했다.
'이런 촌에 저런 절세미인이 있었다니…. 부친이 옥에 갇힌 지 벌써

3년이 지났으나 아직 풀려나지 못하고 있다. 천자가 여색을 즐기니 저 미인을 바치면 부친의 죄가 풀릴지도 모르겠구나.'

그는 즉시 사대의 집으로 찾아가 서로 수작한 끝에 비단 3백 필로 낙찰을 보았다. 그리하여 포사는 다시 홍덕에게 팔린 몸이 되었다.

홍덕은 포사를 데리고 집으로 돌아가 우선 향탕에 들게 하여 목욕을 시키고 비단옷으로 갈아입힌 다음 밤낮없이 예법을 가르쳤다.

포사는 나날이 촌티가 가시고 놀랄 만큼 세련되었다. 홍덕은 그녀를 데리고 주나라의 도읍 호경(鎬京)으로 갔다. 그는 먼저 괵공에게 예물을 바치고 아비를 구출해 주십사 간청했다. 때문에 괵공은 왕에게 아뢰었다.

"포향의 아들 홍덕이 포사라는 미인을 구해 왔사옵니다. 아비의 허물을 속죄받기 위해 진상하겠다 하오니 바라옵건대 왕께서는 포향을 용서해 주소서."

유왕이 게슴츠레 눈을 뜨면서 분부했다.

"포사를 데려와 보라."

이윽고 포사가 전각에 올라와 유왕께 곱게 절하고 뵈었다. 유왕이 머리를 들어 포사를 한 번 보더니 즉시 그녀를 별궁으로 들게 하고 분부를 내렸다.

"포향을 곧 출옥시키고 다시 지난날의 벼슬에 있게 하라."

그 날 밤 유왕은 포사를 침소에 들게 했다. 그런 일이 있은 뒤부터 유왕은 앉으면 무릎 위에 포사를 올려 앉히고 일어나면 어깨를 나란히 하고 마실 때면 잔 하나로 같이 마셨다.

유왕이 포사를 데리고 경대(瓊臺)에서 침식을 함께한 지도 석 달이 자났다. 왕은 왕후인 신후(申后)의 궁에는 가려고도 하지 않았다.

왕후는 참다못해 하루는 궁녀들을 거느리고 경대로 갔다. 이 때 유왕은 포사를 품에 안고 누워 있었는데 왕후가 들어가도 그들은 일어나지 않았다. 왕후가 큰 소리로 포사를 꾸짖었다.

"요망한 년이 궁내를 어지럽히는구나!"

유왕은 몸소 포사의 앞을 가리며 말했다.

"이는 짐이 새로 얻은 미인이오. 아직 위(位)를 정하지 못해서 조현(朝見)하지 않은 것이니 너무 노하지 마오."

왕후가 원한을 품고 돌아가자 포사가 물었다.

"그 여자는 누구입니까?"

"바로 왕후이니라. 내일 가서 뵈옵는 게 옳으리라."

새침해진 포사는 종시 대답을 하지 않았고 이튿날 정궁에 나아가 왕후에게 조례하지도 않았다.

왕후는 궁중에서 근심과 고민으로 세월을 보냈다. 태자 의구(宜臼)가 무릎을 꿇고 물었다.

"모친은 육궁(六宮)의 주인이십니다. 무슨 근심이 그다지 크십니까?"

"너의 부친이 포사만 총애하고 그 계집도 또한 안하무인이니 훗날 그 천비가 뜻을 얻으면 우리 모자는 발붙일 곳도 없게 되리라."

"그만한 일로 근심하실 건 없습니다. 내일이 초하룹니다. 부왕께선 조회에 나가실 것이니 그 때 소자가 경대에 가서 그 꽃들을 꺾으면 그 천비(賤婢)가 나와 볼 것입니다. 그 때 소자가 모친의 분풀이를 하오리다."

이튿날 아침이었다. 유왕은 과연 조회에 나가서 신하들의 삭일(朔日) 하례를 받았다. 이 때 태자는 먼저 수십 명의 궁인을 경대로 보내 불문곡직하고 만발한 꽃들을 마구 꺾게 했다. 아니나 다를까 안에서 포사가 뛰어나왔다.

태자는 원수를 대하듯 눈을 부라리며 대뜸 포사의 머리를 움켜잡고 휘둘렀다.

"천비야, 너는 어찌 된 년이라서 그토록 무엄하단 말인가. 오늘 내가 누군지 너에게 알려 주리라."

포사를 흠씬 두들겨 준 태자는 혹시 포사가 죽지나 않을까 두려워하며 비로소 손길을 멈추고 나가 버렸다.

유왕이 조회를 마치고 경대로 돌아오자 포사는 왕의 용포 소매를 잡고 늘어지면서 대성통곡했다.

유왕은 사태의 원인을 짐작했다.

"그대가 한 번도 왕후에게 문후를 하지 않아서 이런 일이 생겼구나."

"태자가 모후를 위해 원한을 갚으려고 한 짓입니다. 이 몸이 총애를 입어 이미 회임을 한 지 두 달이 됐습니다. 첩의 한 목숨이 바로 두 목숨이니 왕께서는 첩을 궁 밖으로 내보내어 우리 모자의 두 목숨이나마 보전하게 해 주소서."

"그대는 진정하라. 짐이 알아서 처분하리라."

이 날 왕은 태자에게 전지를 내려 신나라로 가서 근신하도록 했다.

4. 포사의 웃음

어느덧 달이 차서 포사는 아들을 순산했다. 유왕은 갓난 것의 이름을 백복(伯服)이라고 짓고 보배처럼 사랑했다.

왕후는 눈물로 세월을 보내고 있었다. 이 때 나이든 한 궁녀가 왕후의 마음을 짐작하고 말했다.

"낭랑(娘娘)께서 태자를 잊지 못하신다면 일봉 서신을 써서 비밀리에 신나라로 보내시어 태자로 하여금 상표하여 사죄하게 하소서. 만일 왕께서 태자의 상표를 보시고 용서하신다면 모자분이 서로 만날 수 있을 것이옵니다."

왕후가 홀연히 대답했다.

"말은 좋으나 다만 서신을 전할 사람이 없으니 걱정이다."

궁녀가 다시 말했다.

"첩의 어미 온온(溫媼)이 의술에 능합니다. 낭랑께서 병들었다 하시고 첩의 어미를 궁성 안으로 들이십시오. 첩의 어미가 진맥 보는 체하며 서신을 받아 첩의 오라비에게 주어 보내면 될 것이옵니다."

왕후는 그 말에 따르기로 하고 붓을 들었다.

천자가 무도하여 요사한 천비를 사랑하니 우리 모자가 서로 떠나 있음이라. 더욱이 천비가 생남하여 그 총애가 더욱 깊으니 장차 어찌 할꼬. 너는 지난날의 일을 모두 너의 죄로 인정하고 천자께 상표하여라. 만일 천자가 용서하면 우리 모자는 서로 만날 수 있으며 다시 앞날을 위해 계책을 세울 수 있으리라.

왕후의 이런 거동은 즉시 포사에게 알려졌다. 영리한 포사가 분부했다.

"이는 태자에게 소식을 전하려는 게 분명하다 온온이 궁에서 나오는 때를 기다려 그 몸을 샅샅이 뒤져 보아라."

이를 모르는 왕후는 진맥을 뵈는 체하면서 베개 밑에서 일봉 서신을 꺼내 온온에게 주면서 당부했다.

"밤낮을 가리지 말고 신나라에 보내되 늦거나 실수함이 없게 하여라."

왕후는 온온에게 좋은 비단 두 필을 하사했다. 온온이 서신을 품에 품고 비단을 받아 가지고 궁문을 나가는데 수문(守門)하던 궁감이 앞을 막고 소리쳤다.

"저년의 몸을 뒤져라!"

마침내 온온의 품 속에서 서신이 나오자 궁감은 그 봉서를 빼앗고 그녀를 경대로 끌고 갔다. 포사는 왕후의 서신을 뜯어보고 크게 노했다.

"저 늙은 년을 공방(空房)에 감금하여라."

그러고도 분을 참지 못해서 포사는 온온이 왕후로부터 받은 비단을 낚아채어 갈기갈기 찢었다. 그 때 유왕이 경대로 들어오다가 찢어진 비단 조각을 보고 물었다.

"이게 무엇이냐?"

포사가 울면서 고했다.

"이 서신을 한번 보시옵소서. 왕후가 태자에게 서신을 보내면서 그 끝에 말하기를 다시 계책을 꾸밀 수 있다고 하였습니다. 이는 반드시 우리 모자의 목숨을 빼앗고자 도모하는 것이 아니고 무엇이겠습니까."

유왕은 그 서신을 보았다. 왕후의 필적이 틀림없었다.

"누가 이런 서신을 갖고 있더냐?"

"지금 온온이 수금(囚禁)되어 있으니 하문해 보소서."

"그년을 끌어 내오라."

온온이 끌려나와 꿇어앉자 왕은 조용히 칼을 뽑아 그녀의 목을 쳤다. 그 날 밤 포사는 갖은 아양을 다 부리며 유왕에게 말했다.

"천첩 모자의 목숨은 태자의 손에 달려 있사옵니다."

"짐이 있거늘 태자인들 어찌하겠는가."

"천추 만세 후에 태자가 왕이 된다면 첩과 백복은 죽어도 묻힐 땅이 없을 것이옵니다."

포사는 말을 마치더니 소리 높여 울었다. 사리에 어둡고 호색한 유왕이 포사를 위로했다.

"내 일찍이 왕후와 태자를 폐한 뒤 그대를 정궁으로 삼고 백복으로 태자를 삼으려 했다. 그대는 조금도 근심하지 말라."

이튿날 왕은 전지를 내려 왕후는 냉궁(冷宮)으로 보내고 동시에 포사를 왕후로 삼았으며 백복을 태자로 봉했다.

　신하들 중에는 그 일에 대해서 불평을 품은 자가 많았다. 그러나 공연히 죽음을 무릅쓸 필요가 없다고 생각하며 모두 입을 다물었다. 태사 백양부가 하늘을 우러러보며 탄식했다.

　"삼강(三綱)이 끊어졌으니 주나라가 망할 날도 머지않았구나!"

　유왕은 밤낮없이 포사와 함께 궁중에서 갖은 짓을 다 했다. 그런데 이상한 일이었다. 포사는 드디어 정궁이 되고 왕의 총애를 독차지했건만 한 번도 웃지 않았다.

　유왕은 무엇보다도 그것이 답답했다. 그는 포사를 기쁘게 해 주기 위해 악공을 불렀다. 악공들은 재주를 다하여 종을 울리고 북을 쳤다. 궁인들은 노래하고 춤을 추며 포사에게 연신 술잔을 올렸다. 그런데도 그녀는 전혀 웃지 않았다. 유왕이 속상해하며 물었다.

　"그대는 음악조차 좋아하지 않으니 무엇을 좋아하느냐."

　"첩은 좋아하는 것이 없사옵니다. 하온데 지난날 왕후가 온온에게 내렸다는 비단을 찢을 때 그 소리가 몹시 상쾌하더이다."

　유왕이 반색하며 말했다.

　"그 소리가 좋다면 왜 일찍 말하지 않았느냐."

　왕은 사고(司庫)에게 날마다 비단 일백 필씩을 들여오게 했다. 그리하여 내궁에서는 궁아(宮娥)들이 비단 찢는 소리가 그치지 않게 되었다.

　그러나 포후는 비단 찢는 소리를 좋아하기는 했지만 웃지는 않았다. 왕은 안타까웠다.

　"그대는 어찌하여 웃지 않는가? 짐이 반드시 그대를 한 번 웃게 하고 말리라."

　왕은 곧 널리 영을 내렸다.

　"누구를 막론하고 능히 포후(襃后)를 한 번 웃게 하는 자가 있으면상으로 천금을 주리라."

그러자 괵공이 왕 앞에 나아가 방법을 아뢰었다.

"지난날 선왕께서 서융(西戎)의 침입을 염려하시어 여산(驪山) 아래 20여 곳에다 장작을 쌓아 놓고 또 큰 북을 걸어 뒀습니다. 언제든 오랑캐들이 공격해 오면 장작더미에 불을 붙여서 봉화를 올리고 북을 쳐 적의 침입을 천하에 알리기 위함이었습니다. 그런데 수 년 이래로 천하가 태평하여 봉화를 올릴 일도 없으니 왕께서 만일 왕후의 웃음을 꼭 보고자 하신다면 왕후와 함께 여산으로 행차하시어 봉화를 올리소서. 그러면 제후들이 군대를 이끌고 급급히 몰려올 것입니다. 그러나 적병이 없어서 영문을 모르고 당황해하면 왕후께서 반드시 웃으실 것이옵니다."

유왕은 무릎을 탁 쳤다. 그는 곧바로 포비와 함께 여산으로 행차하여 여궁(驪宮)에서 잔치를 베풀고 속히 봉화를 올리도록 영을 내렸다.

이 때 정백(鄭伯) 우(友)가 조정에 와 있었다. 그는 유왕의 숙부로서 정나라 제후였다. 그는 왕명을 듣고 크게 놀라 급히 여궁으로 달려가 아뢰었다.

"까닭 없이 봉화를 울리면 그것은 제후들을 희롱하는 것이 되옵니다. 훗날 뜻밖의 변이 생겨 봉화를 울리면 그 때는 제후들이 믿지 않을 것입니다. 그렇게 된다면 장차 무엇으로 군대를 모으고 위급을 구하렵니까?"

"천하가 태평하거늘 무슨 변이 있으리오."

유왕은 정백 우가 간하는 말을 끝내 듣지 않았다.

마침내 밤하늘에 봉화가 오르고 끝내 북소리가 울리기 시작했다. 북소리는 점점 더 우렛소리처럼 일어나고 불빛은 하늘을 찌를 듯이 치솟았다. 도읍 일대의 모든 제후들은 봉화를 보고 호경에 변이 생긴 줄로 알았다. 그들은 제각기 군대를 거느리고 일로 여산으로 달려왔다.

그런데 이게 웬일인가. 누각에서는 질탕한 음악 소리가 들려올 뿐이었다. 유왕은 포후와 함께 술을 마시고 있다가 제후들이 몰려온 것을 알자 사람을 시켜 전갈했다.

"오랑캐의 침입은 없으니 더 수고하지 말고 돌아가라."

왕의 전갈을 듣고 제후들은 서로 얼굴을 마주 보며 투덜거리다가 군대를 거느리고 각기 돌아갔다.

"원 세상에 이런 일이 있을 수도 있소?"

포후는 누각 위에서 난간에 의지한 채 제후들이 뿔뿔이 흩어져 돌아가는 걸 물끄러미 바라봤다. 그러다가 부지중에 크게 웃었다.

"호호호……."

유왕이 곁으로 바짝 다가서며 속삭였다.

"그대가 한 번 웃으니 백 가지 아름다움이 일시에 생기는구나. 이는 모두가 괵공의 공이로다."

유왕은 괵공에게 천금의 상을 내렸다. '천금으로 웃음을 산다'라는 속담은 이 때부터 생긴 것이라고 한다.

5. 신망국파(身亡國破)

신후(申侯)는 유왕이 왕비를 폐위하고 포사로 정궁을 삼았다는 소문을 듣자 상소를 올렸다.

  옛날에 걸(桀)은 말희(妹喜)를 사랑하다 하나라를 망쳤고 주(紂)는 달기(妲己)를 총애하다 상나라를 망쳤습니다. 이제는 천자께서 포사를 사랑하시어 적계(嫡系)를 폐하고 서계(庶系)를 세웠으니 이는 부부의

의에 어긋나고 부자의 정까지 끊으심이라. 바라옵건대 즉시 잘못된 조처를 바로잡고 나라를 망치는 일이 없게 하소서.

유왕은 신후의 상소를 보고 책상을 치면서 대로했다.
"어떤 놈이 감히 이런 소릴 하는가!"
괵공 서부가 곁에 있다가 잽싸게 아뢰었다.
"신후는 원래 아무런 공로도 없이 단지 왕족의 자식이었기에 벼슬에 오른 사람입니다. 왕후와 태자를 다 폐했으니 그의 벼슬도 마땅히 백작으로 깎아내리소서. 그런 후에 군대를 보내어 그의 죄를 다스리는 것이 후환을 없애는 길일까 하나이다."
유왕은 즉시 신후의 작위를 깎아내리는 한편 괵공을 장수로 삼아 신나라를 치게 했다.
한편 신후는 상소를 올린 후 오직 좋은 소식이 있기만을 기다렸다. 그런데 뜻밖에도 괵공이 장수가 되어 군대를 거느리고 쳐들어올 것이라는 소문을 듣자 이만저만 놀라지 않았다.
"나라가 적으니 군대를 모은다 한들 어찌 천자의 군대를 당적하리오."
그러자 대부 여장(呂章)이 아뢰었다.
"천자가 무도하여 적자를 폐하고 서자를 세우자 충의 있는 신하들은 다 벼슬을 버리고 떠났습니다. 이제 조정은 외로운 형세에 있습니다. 다만 서융(西戎)의 강성한 군대가 우리 신나라와 인접해 있습니다. 주공께서는 속히 융주(戎主)에게 서신을 보내어 그들의 군대를 빌려 도성으로 쳐들어가십시오. 그리하여 간신들을 무찌르고 왕후를 구출한 뒤에 태자로 왕위를 잇게 하면 이는 바로 이주(伊周: 현명한 재상. 은나라의 재상 이윤[伊尹]과 주나라의 재상 주공[周公]을 가리킴)의 공적이라 하겠습니다."
"그 말이 매우 옳다."

드디어 신후는 금과 비단을 실은 수레와 함께 사자를 견융(犬戎)에게 보내 군대를 청하였다.

"도성을 함몰시키면 부고에 있는 금과 비단은 얼마든지 가져가도 좋습니다."

그 말을 듣자 융주는 쾌히 승낙했다.

"천자가 무도하니 이를 응징하는 것은 내가 평소에 뜻하던 바와 같다."

융주는 즉시 융병(戎兵) 1만 5천을 3대로 나누었다. 우선봉은 패정(孛丁)이고 좌선봉은 만야속(滿也速)이었으며 융주는 스스로 중군이 됐다.

신후도 본국에서 군대를 일으켜 서로 호응하며 호호탕탕하게 도성으로 쳐들어갔다. 창과 칼은 길을 막고 정기(旌旗)는 하늘을 뒤덮었다.

마침내 신후와 융주의 군대는 도성을 겹겹으로 에워쌌다. 유왕은 이변을 듣고 크게 놀랐다.

"기밀이 누설되어 왕군(王軍)이 일어나기 전에 융병이 먼저 움직였으니 이 일을 어찌할꼬."

괵공 석부가 황망히 아뢰었다.

"왕께선 속히 사람을 여산으로 보내어 봉화를 올리게 하소서. 봉화가 오르면 제후들이 이를 보고 달려올 것입니다. 그 때 안팎으로 협공하면 적을 물리칠 수 있을 것이옵니다."

유왕은 즉시 사람을 여산으로 보냈다. 이윽고 불길과 연기가 하늘 높이 오르기 시작했다.

그런데 이게 웬일인가. 아무리 기다려도 제후들은 군대를 거느리고 오지 않았다. 제후들은 지난날에 봉화로 희롱을 당한 적이 있었기 때문에 왕이 또 포후를 웃기려고 속임수를 쓰는 것이려니 하고 아무도 군대를 움직이지 않았다.

구원병은 오지 않는데 견융의 공격은 갈수록 치열해졌다. 유왕이 다

급히 괵공에게 분부했다.

"견융의 형세가 만만치 않으니 경은 곧 출전하여 이를 무찌르라. 짐도 정병들을 뽑아 경의 뒤를 이어 접응하도록 하겠다."

본시 괵공은 장수의 자질이 없는 사람으로 병법 또한 알 리가 없었다. 그러나 왕명에 의해 마지못해 병거(兵車) 2백 승(乘)을 거느리고 성문을 열고 나갔다.

신후는 진전(陳前)에서 괵공 석부가 나오는 걸 보고 손가락으로 그를 가리키며 융주에게 말했다.

"저놈이 바로 왕을 속이고 나라를 그르친 역적이오."

그 말을 듣고 융주가 외쳤다.

"누가 저놈을 잡아올 것인가?"

"원컨대 소장이 잡아오리다."

융주의 말이 끝나기가 무섭게 패정이 칼을 휘두르며 달려 나갔다.

두 장수가 어울려 싸운 지 10합이 못 되어 패정의 칼이 번쩍하는 순간 괵공의 몸이 두 동강이 되어 달리는 병거 위에서 굴러 떨어졌다. 기회를 놓치지 않고 융주와 신후의 군대는 일제히 주군을 무찌르며 나아갔다. 함성이 크게 진동하면서 성문은 삽시간에 부서지고 말았다. 융병은 닥치는 대로 죽이며 아우성과 비명을 뚫고 성 안으로 들어갔다. 그들은 집집마다 불을 질렀다. 신후는 말리다 못해 융병들이 하는 대로 맡겨 두는 수밖에 없었다.

유왕은 창황망조하여 조그만 수레에다 포후와 백복을 태운 다음 뒷문을 열고 달아났다. 북문을 벗어나 여산을 향해 달리는 도중에 잠시 쉬는데 뒤늦게 도망쳐 온 윤구와 만났다. 윤구가 아뢰었다.

"융군들은 궁실에 불을 지르고 모든 부고(府庫)의 물건을 맘대로 끌어내는 중이며 제공(祭公)도 난군 속에서 죽었나이다."

유왕은 가슴이 찢어지는 듯했다. 여산에 이르자 정백 우가 다시 봉화를 올렸다. 그러나 기다린 보람도 없이 구원병은 결국 오지 않았다. 그러는 동안에 융군은 여산 밑까지 추격해 왔다. 융병들이 여산을 에워싸고 외쳤다.

"혼암(昏闇)한 왕은 달아날 생각을 말라!"

기진맥진한 유왕은 포후의 손을 잡고 서로 하염없이 울었다. 정백 우가 아뢰었다.

"사세가 매우 위급합니다. 우선 포위를 무찌르고 나가서 잠시 신의 나라에 몸을 피하셨다가 다시 앞일을 도모하소서."

정백 우는 즉시 여궁 앞에다 불을 질렀다. 불이 일어나자 융병들은 웬일인가 하면서 불난 쪽으로 몰려들었다. 그 기회를 놓치지 않고 정백 우는 유왕을 모시고 여궁을 빠져 나갔다.

그들이 얼마 가지 못했을 때였다. 등 뒤에서 크게 함성이 일어났다. 돌아보니 융병의 선봉 패정이 대군을 거느리고 쫓아왔다. 정백 우는 비통한 목소리로 말했다.

"윤구는 어가를 보호하고 먼저 가시오!"

정백 우는 조금도 두려워하는 빛이 없이 창을 휘두르며 융병들을 무찔렀다. 뒤 쫓아 온 융주가 이를 보고 즉시 영을 내렸다.

"사면으로 정백을 에워싸고 활을 쏴라!"

화살이 사방에서 빗발처럼 날아오니 어찌 옥석을 분별할 수 있을 것인가. 정백 우는 무수한 화살을 맞고 쓰러졌다.

정백 우가 죽자 좌선봉 만야속은 급히 말을 달려 앞서가는 유왕의 어자(馭者)를 사로잡았다. 융주는 수레 위에 앉아 있는 자가 곤포를 입고 옥대(玉帶)를 두른 것으로 보아 유왕이란 것을 알았다. 융주는 수레 위로 성큼 뛰어올라가 한 칼에 유왕의 목을 베었다. 백복도 찔러 죽였다.

그러나 포사만은 죽이지 않았다. 그 모습이 너무나 아름다웠기 때문이었다. 융주가 포사를 가벼운 수레에 싣고 돌아가 비단 방장(房帳) 안에서 재미를 본 것은 그 날 밤의 일이었다.

유왕은 천자의 자리에 앉은 지 11년 만에 무참한 죽음을 당했다. 뽕나무 활과 쑥대로 만든 전통을 팔러 왔던 그 촌부가 강가에서 갓난 계집아이를 얻어 포성으로 간 후 그것이 장성해서 저질러 놓은 결과가 그 꼴이었다.
그녀는 왕을 녹이고 적모(嫡母)를 업신여기며 마지막에는 유왕까지 비명에 죽게 하고 자기 몸까지 망친 후 나라마저 위태롭게 만들었던 것이다.

6. 삼로(三路)의 제후들

신후(申侯)는 성 안에 불이 일어나는 것을 보고 서둘러 본국 군대를 거느리고 궁으로 들어가 닥치는 대로 간신들을 잡아 죽였다. 우선 냉궁에 있는 왕후부터 구출하고 다시 경대로 갔다. 그러나 왕과 포후는 없었다. 신후는 왕이 여산으로 달아났으리라 짐작하고 황망히 뒤를 쫓았다. 그 때 여산 쪽에서 오던 융주가 웃으며 말했다.
"천자는 죽었소. 가실 것 없소."
그 말에 신후는 크게 놀라며 길게 탄식했다.
"내가 이번에 일을 일으킨 것은 오로지 천자의 마음을 바로잡으려는 데 있었다. 일이 이렇게 되고 말았으니 후세에 주군께 불충한 자들은 반드시 내 이름을 들먹이며 구실을 삼을 것이다."
신후는 왕성으로 돌아가 잔치를 베풀어 융주를 대접하고는 다시 금과 비단을 걷어 모아 수레 열 대에 가득 실어서 주었다. 그만큼 보답하면 돌아갈 줄 알았다. 그러나 누가 생각인들 했을 것인가. 융주는 돌아갈 생각을 하지 않았고 그들의 군마는 도성에서 들끓기만 했다. 술과 여자로 세월을 보내니 신후는 밀서(密書) 세 통을 써서 비밀리에 삼로 제후에게 보냈다. 주나라 왕실을 위해 다 같이 일어나 주기를 청한 것이었다.

삼로 제후(三路諸侯)란 북로(北路)의 진후(晉侯)와 동로(東路)의 위후(衛侯) 그리고 서로(西路)의 진군(秦君)이었다.

신후는 다시 사람을 정나라로 보내 정백 우의 죽음을 세자 굴돌에게 알리며 군대를 일으켜 부친의 원수를 갚으라고 했다.

이 때 정나라의 세자 굴돌은 나이 23세였다. 그는 부친이 오랑캐의 무수한 화살에 맞아 전사했다는 소식을 듣자 슬픔과 분을 참지 못했다. 그리하여 하얀 도포에 하얀 띠를 두르고 전거(戰車) 3백 승(乘)을 거느리고 출병했다.

굴돌의 군대가 행군하고 있을 때 전방에서 먼지가 일며 무수한 군대와 전거들이 달려오고 있었다. 그 중간에 앉은 사람은 제후임에 틀림없었다. 금포(錦袍)에 황금 띠를 두른 그는 바로 위(衛)의 무공(武公)이었으니 이 때 그의 나이는 80여 세였다. 굴돌이 수레를 멈추고 외쳤다.

"저는 정나라 세자 굴돌입니다. 융주가 왕실의 군대를 범해 저의 부친이 싸우다가 세상을 떠났습니다. 원수를 갚고자 하니 가르침을 주십시오."

위무공이 공수(拱手)하며 대답했다.

"세자는 안심하오. 과인은 나라를 기울여서라도 주 왕실에 충성을 다할 것이오. 듣건대 진(秦)·진(晉) 두 나라 군대도 곧 당도하리라 하니 그깟 오랑캐쯤이야 무슨 근심할 것 있으리오."

굴돌은 수레를 돌려 위군의 뒤를 따라 호경으로 향했다. 그들은 호경 20리 밖에 이르러 두 곳에 나누어서 하채(下寨)했다.

오래지 않아 진군(秦軍)과 진군(晉軍)이 모두 당도했다. 위무공이 크게 기뻐하며 사람을 보내 두 나라의 군주를 초청했다. 두 군주는 위무공의 영채로 왔다. 그들은 서로 문안하며 인사를 나누었다.

이윽고 위무공이 입을 열었다.

"노부(老父)는 나이만 많되 아는 것이 없소이다. 장차 어떤 계책으로 오랑캐를 무찌르는 것이 좋겠소이까?"

진양공(秦襄公)이 계책을 말했다.

"융주가 노리는 바는 여자와 금과 비단 뿐입니다. 오늘 밤 삼경에 군대를 동·남·북 삼로로 나누어 공격케 하고 다만 서문만 버려 두어 달아날 길을 열어 주는 것이 좋을 듯합니다. 그리고 정나라 세자는 서문 밖에 군대를 매복시켜 두었다가 놈들이 달아나기를 기다려 그 뒤를 기습하면 반드시 전승을 거둘 수 있을 것입니다."

"그 계책이 참으로 좋소."

위무공과 다른 제후들도 모두 찬동했다.

그 날 밤 삼경이 되자 삼로 제후들은 크게 함성을 지르며 일제히 왕성으로 쳐들어갔다. 신후가 성문을 열고 그들을 맞아들였다. 삼로의 군마들은 홍수처럼 성 안으로 들어갔다.

융주는 포사를 끼고 깊이 잠들었다가 깜짝 놀라 일어났다. 사태가 위급한 걸 알자 그는 서성(西城)으로 빠져 나갔다.

융주가 허둥지둥하면서 얼마쯤 달아나는데 난데없이 함성이 일어나며 정나라 세자 굴돌이 앞을 가로막고 쳐들어왔다. 융주는 싸울 마음이 없었기에 달아나기에 급급했다.

이 때 포사는 융주가 자다 말고 달아나 버린 궁방에 혼자 남아 있었다. 그녀는 융주를 따라가지 못하게 되자 스스로 들보에 목을 매어 자살하고 말았다.

7. 서주(西周)의 마지막

 신후는 크게 잔치를 베풀고 사로(四路)의 제후들을 환대했다. 상석에 앉은 위무공이 제후들에게 말했다.
 "천하에 하루라도 천자가 없어선 안 되오. 지금 태자가 신나라에 계시니 곧 모셔다가 왕위에 모시도록 합시다. 제후의 생각은 어떠시오."
 "군주의 말씀이 옳소이다."
 진양공이 먼저 찬성하자 정나라 세자 굴돌도 말했다.
 "소자는 비록 촌공(寸功)도 없지만 원컨대 세상을 떠나신 아버지의 뜻을 이어 미력이나마 충성을 다할까 합니다."
 위무공은 술잔을 들어 좌중을 위로하고 그 자리에서 표장(表章)을 짓고 모셔 올 어가(御駕)를 준비하도록 했다.
 이리하여 태자 의구가 곤포(袞袍)를 입고 면관(免冠)을 쓰고 종묘에 나아가 고제(告祭)하고 왕위에 오르니 그가 바로 새로운 주나라의 천자 평왕(平王)이다.

 융주는 비록 제후들에게 쫓겨 왕성에서 도망쳤으나 예기만은 꺾이지 않았다. 그는 원한을 품고 크게 융병을 일으켜 주나라의 강토를 침범하기 시작했다. 그리하여 결국 기풍(岐豊) 땅의 절반이 융주의 소유로 돌아가고 호경도 위태로운 지경에 이르렀다.
 마침내 평왕은 도읍을 낙읍(洛邑: 약 7백여 년 뒤, 후한[後漢] 시대에 이르러 낙양[洛陽]으로 이름이 바뀜)으로 옮기고 싶은 생각이 들었다. 하루는 조회를 마치고 평왕이 신하들에게 물었다.
 "옛 황조와 성왕께서 이미 도읍을 호경에 정하시고 또 낙읍에 경영하신 것은 어떤 뜻에서였는가?"

모든 신하들이 이구동성으로 아뢰었다.

"낙읍은 천하의 중앙으로 사방에서 공물을 바치기가 편리하옵니다. 그러므로 성왕이 그 곳에다 자리를 잡게 하셨고 주 천자가 성을 쌓았는데 그 후부터 부르기를 동도(東都)라 하셨사옵니다. 그 곳 궁실의 제도가 이 곳 호경과 다름없어 천하 열국을 조회(朝會)하는 해엔 천자께서 동도로 행차하시어 모든 제후를 접견하셨사옵니다. 결국 모든 나라의 편리를 위한 것이었사옵니다."

"지금도 융주가 늘 호경을 노리고 있으니 장차 어떤 재앙이 있을지 모르겠도다. 그러므로 짐은 도읍을 낙읍으로 옮길까 하는데 경들의 생각은 어떠한가?"

평왕이 다시 묻자 태자 훤(咺)이 반색하면서 아뢰었다.

"이제 궁궐은 불에 타고 부서졌사옵니다. 다시 세운다면 백성들의 노력도 노력이려니와 비용이 많이 들 것인즉 천하의 원망이 드높아질 것입니다. 그런 틈을 타서 융주가 쳐들어오면 어찌 막아 낼 수 있겠사옵니까. 차라리 낙읍으로 도읍을 옮기는 것이 묘책인가 하나이다."

이에 모든 문무백관도 융주의 침입을 두려워하여 일제히 찬성했다. 그러나 사도 위무공만은 크게 탄식하며 말했다.

"대체적으로 보아서 호경은 뒤로는 산이 휘돌며 앞으로는 강이 뻗었기 때문에 기름진 들을 천 리에 폈사옵니다. 천하에 이보다 더 좋은 지형이 없습니다. 이에 비해 낙읍은 비록 천하의 중앙이라고는 하지만 그 지세가 평탄해서 사면으로 적의 침략을 받기 쉽습니다. 왕께서 호경을 버리고 낙읍으로 도읍을 옮기신다면 장차 왕실이 쇠퇴하지나 않을까 두렵사옵니다."

듣고 난 평왕이 결연히 말했다.

"경의 말에도 일리가 없지 않으나 짐은 동으로 도읍을 옮기기로 결심했노라."

 태사는 천도할 날을 택일하고 축사는 천도하게 된 연유를 글로 지어 종묘에 고하고 제사를 지냈다.

 드디어 천도하는 날이 왔다. 대종백은 칠묘의 신주를 모시고 수레에 올라 앞을 인도했다. 진백(秦伯) 영개(嬴開)는 평왕이 동으로 도읍을 옮긴다는 소문을 듣고 친히 군대를 거느리고 와서 어가를 호위했다.

 백성들이 제각기 늙은이를 부축하고 어린 것의 손목을 잡고 어가를 뒤따라가니 그 수를 이루 다 헤아릴 수가 없었다.

 지난날 선왕이 대제를 지내던 날 밤 꿈에 한 여인이 나타나 세 번 웃고 세 번 통곡한 후 칠묘의 신주를 가지고 동쪽으로 사라져 갔던 일이 있었다.

 꿈 속의 여자가 세 번 웃은 것은 포사가 여산에서 봉화로 제후를 희롱하며 웃었던 것이고 세 번 통곡한 것은 유왕과 포사와 백복 세 사람의 목숨이 함께 끊어진 것을 징조한 것이었으며 신주를 가지고 동쪽으로 사라진 것은 바로 오늘날 동쪽으로 천도하게 된 것을 암시한 것이었다.

 하늘의 운수가 이렇듯 정해진 것을 어찌할 것인가. 이리하여 드디어 서주(西周)의 시대는 끝나고 새로운 동주(東周)의 시대가 열리게 되었다.

제2편 혈류군위(血流君位)

1. 모호해진 군신 관계
2. 역신의 죽음
3. 천자를 죽이지 않은 이유
4. 참호칭왕(僭號稱王)
5. 네 가지 죽을 죄
6. 관포지교(管鮑之交)
7. 치국지도(治國之道)
8. 군신교희(君臣交戲)
9. 자식의 고기를 바친 역아(易牙)

제2편 혈류군위(血流君位)

1. 모호해진 군신 관계

평왕(平王)이 낙읍(洛邑)에 이르러 이곳이 왕경(王京)으로 정해지자 사방의 제후들은 모두 평왕에게 칭하하는 표문(表文)을 올리고 방물(方物)을 바쳤다. 그런데 남만(南蠻)의 형(荊)나라만은 표문도 방물도 바치지 않았다. 이에 평왕이 크게 노하여 형나라를 치려 하자 신하들이 간했다.

"형나라는 오래도록 왕화(王化) 밖에 있었기 때문에 예절을 모르는 오랑캐나 다름없사옵니다. 이제 막 도읍을 옮긴 만큼 아직 민심도 안정되지 않았는데 왕께서 군대를 거느리고 원정하시는 것은 불가한 일이옵니다."

평왕은 형나라 원정을 중지했다.

하루는 진양공이 본국으로 돌아가겠다고 왕께 고했다. 평왕이 진양공에게 부탁했다.

"이제 기풍 땅의 절반이 융주에게 점령당한 것은 경도 아는 바라 경이 앞으로 융주를 몰아낼 수만 있다면 짐은 기풍 땅을 모두 경에게 하사하겠노라. 경이 서쪽을 잘 지켜 주면 이 얼마나 든든한 일이 아니리오."

진양공은 머리를 조아리며 왕명을 받고 본국으로 돌아갔다.

진나라로 돌아온 양공은 군마를 조련하여 융주를 쳤다. 오랑캐의 대장 패정과 만야속은 전사하고 융주는 진군에게 쫓겨 멀리 사람이 살 수 없는 서쪽 땅으로 달아났다. 그리하여 기풍 땅은 모두 진나라의 소유가 되었다. 마침내 서방에 대국이 탄생한 것이다.

이윽고 양공이 서융을 토벌하던 싸움 중에 죽자 그의 아들이 즉위하여 문공(文公)이라 했다.

어느 날 진문공은 부읍(鄜邑)의 들에서 꿈을 꾸었다. 누런 뱀이 하늘에서 내려와 산 위에 이르러 움직이지 않더니 문득 조그만 아이로 변했다. 그 아이가 진문공에게 말했다.

"나는 상제의 아들이오. 상제께서 이제 당신을 백제(白帝)로 삼는다고 하셨으니 서방(西方)의 제사를 게을리하지 마오."

말을 마치자 아이는 문득 없어지고 진문공은 꿈에서 깼다. 진문공은 태사 돈(敦)에게 꿈 얘기를 했다.

"그게 무슨 징조인가 점을 쳐 보오."

돈이 점을 치고 아뢰었다.

"백은 서방의 빛깔이니 이제 주공께서 서방을 차지함은 바로 상제의 명입니다. 그러니 백제를 모시고 제사를 지내시면 반드시 대길하시리이다."

진문공은 부읍에다 높은 대를 쌓고는 백제묘를 세우고 제사를 지냈다.

노(魯)나라 혜공은 진문공이 외람되게 주나라 천자처럼 상제께 제사를 지낸다는 소문을 듣고 태재 양을 주 왕실로 보냈다. 양이 평왕에게 청했다.

"청컨대 우리 노나라도 교천제(郊天祭: 하늘과 땅에 제사 지내는 고대 의식)를 올릴 수 있도록 허락하소서."

물론 평왕은 허락하지 않았다. 그러자 노혜공은 크게 노했다.

"과인의 조상은 주 왕실에 큰 공을 세웠다. 그 자손인 내가 예식을 올린다 해서 무슨 잘못이 있겠는가. 천자는 진후(秦侯)가 천지에 제사 지내는 것도 능히 금하지 못 하면서 왜 우리 노나라만 못 하게 한단 말이더냐."

이리하여 진(秦)과 노(魯) 모두 천자처럼 천지에 대한 교천제를 지내기 시작했다. 그러나 평왕은 감히 그들을 문죄하지 못 했다. 그만큼 주왕실은 쇠약했다. 모든 나라 제후들이 제멋대로 권세를 자행하여 천하는 더욱 분분할 수밖에 없었다.

이 무렵 정나라에서는 세자 굴돌이 군위(君位)에 올랐다. 바로 그가 정무공(鄭武公)이다.

정무공이 천하가 혼란한 틈을 타서 동괵(東虢)과 회(檜) 땅을 손아귀에 넣고 도읍을 회로 옮겨 신정(新鄭)이라 일컬으니 정나라도 강국으로 행세하게 되었다. 그는 또한 위무공과 함께 주나라 조정에서 경사(卿士) 벼슬을 겸하고 있었다.

평왕 13년에 위무공이 세상을 떠나자 정무공은 주나라의 정사를 홀로 잡다시피 했다. 그는 조정에 있기도 하고 본국에 가 있기도 했기에 거처가 일정하지 않았다. 얼마 후 정무공이 죽고 그의 아들 오생(寤生)이 뒤를 정장공(鄭庄公)이 되었다. 그러나 나라 안의 사정이 복잡하여 주왕실에 대한 직무가 태만해졌다.

평왕은 정장공이 주나라 조정에 있지 않고 본국에만 붙어 있는 것이 못마땅했다. 평왕이 괵공 기보(忌父)에게 말했다.

"정백(鄭伯: 정장공)은 부자 2대에 걸쳐 오랫동안 조정의 정사를 보아 왔다. 그런데 이젠 수시로 조정을 비워 두니 이름만 걸어 두었을 뿐 실행이 없구려. 그러니 경이 짐의 정무를 돌봐 주기 바라노라."

괵공 기보가 머리를 조아리며 아뢰었다.

"정백이 조정을 비우는 것은 아마도 본국에 일이 있어 그럴 것이옵니다. 신이 그 사람을 대신해 정무를 본다면 정백이 신을 원망할 뿐 아니라 왕에게도 그 원망이 미칠까 두렵사옵니다."

괵공은 거듭 사양하고 괵나라로 돌아갔다.

정장공은 비록 본국에 있었으나 왕도에 심복 부하를 두고 있었기에 조정에서 일어나는 모든 일을 소상히 알고 있었다. 따라서 평왕이 괵공에게 벼슬자리 내주려던 것을 모를 리가 없었다.

정장공은 즉시 수레를 몰아 주나라로 가서 왕을 뵈옵고 말했다.

"신은 대임을 감당할 주제도 못 되면서 그간 벼슬에 있었나 봅니다. 원컨대 본국으로 물러가 신하의 직분이나 지킬까 하나이다."

평왕이 뜻밖이란 듯이 물었다.

"경은 어찌하여 그런 말을 하는가?"

"신은 그간 본국에서 아우의 반역이 일어났기 때문에 조정의 직위를 비워 둔 지 오래 되었습니다. 이제 그 변을 대충 진압했기에 밤낮을 가리지 않고 조정을 향해 왔습니다. 신이 왕성으로 오는 도중에 들으니 사람들이 말하기를 천자께서 정사를 괵공에게 부탁할 뜻이 있으시다고 하더이다. 신의 재주는 괵공의 만 분의 일도 못 되니 어찌 능력 없는 자가 벼슬을 누릴 수 있사오리까."

평왕은 그제야 지난날의 일이 누설된 줄 알고 얼굴을 붉히며 대답했다.

"짐이 경을 못 본 지 오래 되어 괵공으로 하여금 수일 동안만 나라 일을 보게 하면서 경을 기다리려고 했던 것이다. 그러나 괵공이 거듭 사양하기에 짐도 더 권하지 않고 본국으로 돌아가게 한 것인데 경은 무엇을 의심하는가."

"대저 정치란 천자의 정치이니 사람은 쓰는 근본도 천자께서 스스로 정하셔야 하옵니다. 괵공의 재주는 천자를 보좌할 만하니 신은 마땅히 자리에서 물러나야 할 것입니다. 그렇지 않으면 모든 신하들이 말하기를 신이 권세를 탐하여 나아갈 뿐 물러날 줄 모른다고 할 것이옵니다."

"이제 경이 짐을 의심하니 짐은 무엇으로 진정을 알려 줄꼬. 경이 끝까지 짐을 믿지 않는다면 짐은 마땅히 태자 호를 인질(人質)로 정나라에 보내리라."

정장공이 재배하면서 사양했다.

"어찌 천자께서 신하에게 인질을 보낼 수 있사옵니까. 그렇게 하면 신이 천자께 태자를 인질로 달라고 요구한 것으로 오해를 받을 것이옵니다."

"그렇지 않노라. 경이 그처럼 굳이 사양하면 도리어 짐을 책망함이라."

정장공이 거듭 왕명을 받지 않자 좌우의 신하들이 아뢰었다.

"신들의 공의(公議)를 아뢰겠습니다. 천자와 신하가 서로 인질을 교환하기로 하고 함께 의심을 푸는 것이 상하의 은혜를 온전히 할 수 있는 길이라고 믿사옵니다."

평왕이 기뻐하면서 말했다.

"그것 참 좋은 생각이다."

그리하여 정나라의 세자 홀(忽)을 데려와 주나라에 인질로 두고 동시에 주나라의 태자 고(孤)는 인질로 정나라에 갔다.

후세의 사관은 주나라와 정나라가 서로 인질을 교환한 사실을 다음과 같이 평했다.

'이에 이르러 왕과 신하의 분별이 없어졌다.'

그 때부터 정장공은 조정에 머물면서 정사를 도왔다. 그 뒤 평왕은 재위한 지 51년 만에 세상을 떠났다.

태자 고는 정나라에 인질로 있다가 부왕이 세상을 떠났다는 소식을 듣고 몹시 애통해했다. 그러고는 병이 나서 왕위에도 오르지 못하고 세상을 떠났다. 이에 그의 아들 임(林)이 왕위에 오르니 그가 바로 환왕(桓王)이다.

각국의 제후들이 모두 입조하여 분상(奔喪)하고 새 천자께 배알하는데 이 때 제후들 중에서 제일 먼저 온 것이 괵공이었다. 그의 행동거지는 추호도 예법에 어긋남이 없어 모두가 그를 존경했다.

그런데 환왕은 정장공이 오래도록 조정의 정사를 잡고 있는 것이 두려웠다. 하루는 심궁(深宮)에서 주공(周公) 흑견(黑肩)에게 조용히 말했다.

"지난날 정백은 태자를 정나라에다 인질로 두었으니 그는 반드시 짐까지도 대단치 않게 생각하리라. 왕과 신하가 서로 불안해한다면 이 무슨 꼴인가. 짐이 이번에 보니 괵공은 예법에 어긋남이 없고 매우 공근했다. 짐은 장차 정사를 괵공에서 부탁할까 하는데 경의 생각은 어떠하뇨?"

"정백은 원래 남에게 순종하며 밑에 있을 위인이 아닙니다. 하오나 개원(改元)한 지 얼마 안 되어 갑자기 정백의 권세를 거둔다면 정백이 분노하여 반드시 그냥 있지 않을 것이옵니다."

흑견이 대답하자 환왕이 결연히 말했다.

"짐은 결단코 그의 압제를 받지 않을 것이다! 이미 뜻을 결정했노라."

이튿날 아침 환왕은 정장공을 불러들여 말했다.

"경은 선왕(先王)의 신하라 경이 신료(臣僚)의 대열에서 서서 허리 굽히는 모습을 짐은 감당하지 못하겠노라. 경은 스스로 편한 방도를 취하라."

정장공이 대답했다.

"신도 오래 전부터 벼슬을 내놓으려고 했습니다."

그는 불연히 일어나 조회에서 물러나와 사람들에게 말했다.

"어린 천자가 나를 버리니 족히 도울 것이 없도다."

그 날로 그는 수레를 달려 본국으로 돌아갔다. 정나라 세자 홀은 모든 관원들을 거느리고 성 밖까지 나와 부친을 영접했다.

"어찌하여 갑자기 귀국하십니까?"

정장공이 자초지종을 말하자 정나라 관원들은 모두 분개했다. 대부 고거미가 앞으로 나아가 말했다.

"우리 정나라가 2대에 걸쳐 주 왕실을 도왔거늘 이제 주공을 몰아내고 괵공을 등용한다니 이런 억울한 일이 어디 있습니까. 지체 없이 군대를 일으켜 주나라를 쳐서 신왕을 폐위시키고 다시 어진 사람을 세우면 천하의 모든 제후들이 모두 우리 정나라를 두려워하지 않겠습니까. 그래야만 가히 패업(霸業)을 성취할 수 있사옵니다."

이에 영고숙이 반대했다.

"안 될 말이오. 왕과 신하는 비유컨대 어미 자식과 같습니다. 어찌 차마 천자를 칠 수 있습니까."

그러자 대부 제족이 의견을 말했다.

"신의 어리석은 소견으로는 두 대신의 말을 절충해야 할 줄로 아옵니다. 원컨대 신은 군대를 거느리고 주나라 땅으로 들어가 흉년이 들어 왔노라 핑계하고 온(溫)과 낙하(洛河) 지방의 곡식을 걷어 오겠습니다. 만일 환왕이 사자를 보내어 우리를 꾸짖으면 저 편이 알아들을 만큼 불평을 말하고 만일 환왕이 아무 말도 없으면 그 때는 주공께서 스스로 조정으로 들어가시옵소서."

정장공은 제족의 말에 따르기로 했다.

제족은 한 무리의 병사들을 거느리고 주나라 지역으로 들어가 온과 낙하 지방의 곡식을 모조리 거두었다.

환왕은 정나라 군대들이 주나라 땅에까지 들어와 보리와 벼를 모조리 베어 갔다는 보고를 받고 대로했다. 왕은 즉시 군대를 일으켜 정나라를 치려고 했다. 그것을 보고 주공 흑견이 좋은 말로 간했다.

"정나라 제족이 비록 곡식을 도적질해 갔으나 이는 변방의 소소한 일입니다. 그만한 일로 군대를 일으킨다는 것은 오히려 왕실의 위엄을 손상하는 일이 될 것이옵니다."

"그 말이 도리가 있도다."

환왕은 흑견의 말을 좇기로 했다.

한편 정장공은 환왕이 전혀 책망하지 않기에 하루는 조정에 가고자 모든 관원과 함께 의논을 하고 있었다. 그런데 그 때 밖에서 사람이 들어와 아뢰었다.

"제(齊)나라에서 사신이 왔사옵니다."

정장공은 제나라 사자를 불러들여 접견했다.

"우리 주공께서 석문(石門)에서 군주와 회견하기를 원하옵니다."

정장공은 제나라와 손을 잡는 것이 앞으로 유리하다고 생각하고 즉시 승낙했다.

이윽고 석문에서 정나라 장공과 제나라 희공(僖公)은 회견했으며 즉시 의기가 서로 통했다. 그들은 서로 삽혈(歃血: 고대 사람들이 맹세할 때 입술에다 짐승의 피를 바르는 의식)의 의식을 행하여 앞으로 무슨 일이 생기면 두 나라가 행동을 함께하기로 조약을 맺었다.

2. 역신의 죽음

어느 날 정장공이 주나라에 가려고 다시 관원들과 상의하고 있을 때 위환공이 죽었다는 부고가 왔다. 정장공이 위나라 사자에게 물었다.

"위후께선 대체 무슨 병환으로 세상을 떠나셨는가?"

"병환으로 떠나신 것이 아니옵고 공자 주우(州吁)가 죽였사옵니다."

듣고 난 정장공이 발을 구르며 탄식했다.

"우리 나라가 위병의 침범을 받겠구나!"

그 말에 모든 신하들이 의아해하며 물었다.

"주공은 어인 연유로 앞날을 짐작하시옵니까?"

"주우는 본시 싸우기를 좋아하는 사람이다. 이제 군주를 죽이고 찬역했으니 반드시 군대를 휘몰아 위의를 뽐내고 그 뜻을 키우려 할 것이다. 더구나 우리 정나라와 위나라는 서로 가까운 사이도 아니니 정나라부터 침범할 것이다. 마땅히 경계해야 한다."

죽은 위환공의 선군 위장공의 부인은 제나라 동궁 득신(東宮得臣)의 여동생으로서 이름을 장강(庄姜)이라고 했다. 그녀는 뛰어난 미인이었으나 아이를 낳지 못했다.

위장공이 다음에 들여놓은 비(妃)는 진나라 진후의 딸로서 이름을 여규(厲嬀)라고 했다. 그러나 여규도 어찌 된 셈인지 아이를 낳지 못했다.

여규에게 친정 동생이 있었다. 이름이 대규(戴嬀)라고 했으며 언니가 위나라로 시집올 때 따라왔었는데 위장공과 대규 사이에 아들 완(完)과 진(晉)이 생겼다.

장강은 원래 마음이 착했다. 그녀는 조금도 질투하지 않고 대규가 낳은 완을 자기 소생처럼 길렀다. 또 장강은 한 궁녀를 위장공에게 천거했는데 그 궁녀의 몸에서 난 아들이 바로 주우였다.

주우는 장성하면서부터 성미가 거칠고 무예를 좋아했다. 위장공은 아들 중에서 특히 주우를 사랑했다. 그래서 주우가 하는 짓이면 뭐든지 내버려 두었다. 한 번은 대부 석작(石碏)이 위장공에게 간했다.

"신이 듣건대 대저 자식을 사랑하는 자는 옳고 바른 것으로써 가르칠 뿐 사사로움을 용납해선 안 된다고 하옵니다. 만일 주공께서 주우에게 위를 전하실 생각이면 주우를 세자로 세우시고 만일 그런 생각이 없으시면 주우의 방자함을 억압하소서."

그러나 위장공은 석작의 말에 유의하지 않았다.

이 때 석작에게는 아들 석후(石厚)가 있었다. 그는 주우와 매우 친한 사이였다. 언젠가 둘이 수레를 나란히 몰고 사냥을 나간 일이 있었다. 그들이 사냥하러 가서 그 곳 백성들을 어떻게나 들볶았던지 소요가 일어났다.

석작은 아들 석후를 불러 50대나 매질을 하여 빈 방에 감금하고 일체 출입을 못 하게 했다. 감금당한 석후는 어느 날 밤에 담을 넘어 주우의 부중으로 달아났다.

석후는 주우와 침식을 함께 하며 집으로 돌아가려고 하지 않았으며 그들의 친교는 더욱 두터워졌다. 일이 이쯤 되고 보니 석작은 비록 자기 자식이지만 그 이상 더 어쩔 수가 없었다.

그리고 세월이 흘렀다. 마침내 위장공이 세상을 떠나자 공자 완이 군위를 계승했으니 그가 바로 위환공이다.

위환공은 매사에 결단력이 없었다. 그리고 몹시 나약했다. 석작은 위환공의 무능함을 알고 스스로 늙었다는 핑계로 집안에 들어앉아 정사에 간섭하지 않았다.

그 후로 주우는 더욱 방자해져서 밤낮 석후와 함께 형의 군위를 찬탈할 궁리만 하고 있었다. 그러던 차에 마침 주나라 평왕이 붕어했다는 부고가 왔다. 위환공은 평왕의 죽음을 조문하는 동시에 신왕의 즉위를 축하하기 위해 주나라로 가야만 했다.

석후가 주우에게 작은 소리로 속삭였다.

"드디어 때가 왔습니다. 내일 주공이 주나라로 간답니다. 이번 기회를 놓치면 안 됩니다."

이튿날 일찍이 주우는 석후에게 명하여 무장한 군대 5백 명을 서문 밖에다 매복시켰다. 주우는 몸소 위환공의 수레를 영접하고 서문 밖 행관(行館)까지 배행했다. 행관에는 이미 잔치자리가 준비되어 있었다.

술이 몇 순배 돌았을 때였다. 주우는 일어서서 금잔에다 술을 가득 부어 위환공에게 바쳤다. 위환공은 아우가 주는 잔을 받아 단숨에 마셨다. 그리고는 친히 그 잔에다 술을 가득 따라서 아우에게 주었다. 주우는 일어나서 두 손으로 잔을 받다가 실수한 듯이 금잔을 땅바닥에 떨어뜨렸다. 위환공이 다시 그 잔에 술을 부으려고 했을 때였다. 주우는 기회를 놓치지 않고 선뜻 뒤로 돌아가 품에서 단검을 뽑아 위환공의 등을 찔렀다.

위환공은 땅에 쓰러져 곧 숨을 거두고 말았다.

호가(護駕)하고 왔던 신하들은 원래 주우의 무예가 출중함을 알고 있었기에 감히 어찌하지 못 했다. 석후는 5백 명의 군대를 휘몰아 공관을 에워쌌다. 모든 사람들은 무릎을 꿇고 목숨만 살려 달라고 빌었다.

주우는 즉시 주공이 급병으로 세상을 떠났다고 선포하고 군위에 올라 임금이 되었다. 석후는 상대부가 되고 위환공의 동생 진은 형(邢)나라로 달아났다.

그러나 위나라 백성들은 주우의 말을 믿지 않았다. 민심은 흉흉하고 시정에는 온갖 유언비어가 나돌았다. 주우는 상대부 석후를 불러 물었다.

"소란한 민심을 억압하려면 다른 나라와 전쟁을 일으키는 길밖에 없다. 장차 어느 나라를 치는 게 좋을꼬?"

"지난날 정나라가 우리 나라에 쳐들어온 일이 있지 않습니까. 주공께서 군대를 쓰시려면 마땅히 정나라를 치십시오."

석후가 대답하자 주우가 고개를 저었다.

"정(鄭)과 제(齊)는 석문지맹(石門之盟)을 맺었으니 만일 우리가 정나라를 치면 제나라가 반드시 정나라를 도울 것이다. 그렇게 되면 우리가 어찌 두 나라를 대적할 수 있는가?"

석후가 서슴지 않고 아뢰었다.

"오늘날 성(姓)이 다른 나라로는 오직 송나라가 있고 우리와 성이 같은 나라로는 노(魯: 위와 노의 조상은 주나라 무왕의 동생들이다)나라가 있습니다. 주공께서 정나라를 치시려면 먼저 사자를 송나라와 노나라에 보내 그들에게 도움을 청하는 한편 진(陳)·채(蔡) 두 나라 군대와 합세하여 다섯 나라가 일시에 쳐들어간다면 무슨 근심할 것이 있겠습니까."

그 말을 듣고 주우는 크게 기뻐했다. 그는 서둘러 사자를 노·진·채 3국으로 보냈다.

이리하여 송나라의 상공(殤公)을 맹주로 하고 위나라의 석후를 선봉으로 한 다섯 나라의 대군이 정나라로 쳐들어갔다.

이윽고 대군이 정나라 동문 앞에 이르러 진을 치자 정장공이 껄껄 웃으면서 말했다.

"주우가 형을 죽이고 군위를 찬탈했으나 민심을 얻지 못하자 군대를 빌어 백성들을 위압하기 위해 전쟁을 일으켰도다. 노나라의 경우는 공자 휘가 위의 뇌물을 탐내어 군주에게 알리지도 않았고 자기 맘대로 군대를 거느리고 왔을 뿐이다. 진과 채는 원래 우리와 원수진 일이 없으니 굳이 싸울 마음이 없을 것이다. 다만 송나라가 자기 나라 공자 풍(馮)이 우리 정나라에 망명해 있는 걸 싫어하여 힘써서 위나라를 도울 것이니 이것이 문제로다. 그러므로 나는 공자 풍을 장갈(長葛) 땅으로 보내겠다. 그러면 송병도 반드시 그리로 옮겨 갈 것이다. 그 때 위나라에 싸움을 걸되 곧 패한 체하고 달아나면 주우는 싸움에 이겼다는 명목을 세울 수 있고 그가 뜻한 바를 달성하게 되어 곧 군대를 물릴 것이다."

"군주의 신산(神算)은 귀신도 당하지 못할 것이옵니다."

뭇 신하들이 일제히 배복하며 말했다.

이에 대부 하숙영(瑕叔盈)은 정장공의 명령에 따라 한 떼의 군사들을 거느리고 송나라 공자 빙을 장갈로 호송했다. 그리고 성 위로 올라가 송군에게 외쳤다.

"공자 빙은 차마 죽일 수 없어 장갈로 보냈으니 송나라 군주는 자량(自諒)해서 하라."

과연 송상공은 이 말을 듣고 즉시 군대를 돌려 장갈로 이동해 갔다.

송병이 장갈로 가는 것을 보자 별다른 이해 관계 없이 따라온 채·진·노 세 나라 군대도 돌아가고 싶은 생각이 났다.

바로 이 때 정나라 공자 여가 서문 밖으로 군대를 이끌고 나가 싸움을 걸었다. 이미 싸울 생각이 없어진 채·진·노 세 나라 군대는 누벽(壘壁) 위에 올라가 싸움을 구경만 했다. 다만 석후가 용기를 뽐내며 공자 여에게 달려들었다. 공자 여는 싸운 지 불과 수 합에 방패를 뒤로 돌리며 달아나기 시작했다.

석후가 군대를 휘몰고 뒤쫓아 갔으나 공자 여는 이미 서문 안으로 들어가고 성문은 다시 닫혔다. 그러자 석후는 즉시 철군령을 내렸다.

"즉시 회군하라!"

석후가 회군해 오자 주우는 불러서 물었다.

"아직 크게 이기지 못 했는데 어찌하여 회군했는가?"

"정나라 군대는 강하고 그들의 군주는 왕조의 경사(卿士)입니다. 오늘 싸움에서 우리들이 이겼으니 이만하면 족히 위엄을 세운 것이나 다름없습니다. 이제 주공께서 군위에 오르신 지 얼마 안 되고 나라도 아직 안정되지 않았는데 외방에 너무 오래 머물러 계시면 그 동안에 국내에서 무슨 변이 일어날지 모릅니다."

그 말이 듣고 주우는 크게 깨달았다.

"만일 경이 말하지 않았다면 대사를 그르칠 뻔했도다."

이튿날 정나라에 대한 포위는 풀리고 삼군은 일제히 철수했다. 석후는 주우를 옹호하고 의기양양하게 본국으로 돌아갔다.

위나라 백성들은 주우와 석후가 군대를 거느리고 개가를 부르며 돌아오는 꼴을 바라보고 모두 입을 삐죽거렸다.

"민심이 아직도 안정되지 않았으니 대사를 그르칠 뻔했도다."

주후가 중얼거리자 석후가 아뢰었다.

"신의 아비 작(碏)은 원래 백성들의 신임이 컸으므로 백성을 쉽사리 복종시켰습니다. 신의 아비를 부르시어 정사를 맡기는 것이 어떠하겠습니까."

주우는 즉시 백옥 한 쌍과 백미 4천 석을 석작에게 보내면서 분부했다.

"곧 입조하여 나라 일을 보도록 하라."

그러나 석작은 보내온 물건을 받지 않았다.

"늙고 병들어 분부를 받들 수 없습니다."

주우가 다시 석후에게 말했다.

"경의 아비가 입조하여 국사를 의논하려고 하지 않으니 어찌할꼬. 과인이 직접 찾아가 볼까 하노라."

석후는 누구보다 부친의 성격을 잘 알고 있었다.

"주공께서 가신다고 해도 만나려 하지 않을 것입니다. 신이 군명(軍命)으로 가보겠습니다."

석후는 오래간만에 집으로 돌아가 부친을 뵈었다. 백발이 성성한 석작이 물었다.

"새 주공이 나를 부르는 것은 무슨 뜻인가?"

석후는 속으로 은근히 기대하면서 대답했다.

"군위(君位)가 안정되지 못했기에 부친을 모셔다가 좋은 계책과 가르침을 받고자 함입니다."

석작이 머리를 끄덕이며 말했다.

"누구나 제후의 위에 오르면 왕조에 가서 품명(稟命)하고 인증을 받아야 하는 법이다. 그렇게 하면 백성들이 어찌 딴 소리를 할 것인가."

"참으로 좋은 말씀입니다. 그러나 까닭 없이 조정에 들어가면 주 천자(周天子)가 필시 의심할 것이니 그것이 걱정입니다."

석후가 다시 물었더니 석작이 말했다.

"지금 진후(陳侯)는 천자(天子)에게 모든 충성을 바치고 있고 천자는 진후를 매우 총애한다. 그리고 우리 나라는 원래 진(陳)나라와 서로 친하지 않으냐. 그러니 새 주공은 우선 진나라에 가서 잘 말하고 진후로 하여금 천자에게 가서 이 곳 일을 통정케 한 후에 조정에 들어가 천자를 뵈면 될 것 아니냐."

석후는 즉시 주우에게 가서 아비의 말을 전했다. 주우의 기뻐함이 이만저만 아니었다. 그는 즉시 예물을 갖추어 수레를 타고서 석후의 호위를 받으면 진나라로 갔다.

석작은 아들 석후가 다녀간 뒤 곧 칼로 손가락을 찔러 혈서 한 통을 썼다. 석작은 심복 부하를 불러 혈서를 내주며 간곡히 분부했다.

"이것을 진나라의 대부 자침(子針)께 드리되 진환공(陳桓公)께 전해 달라고 아뢰어라. 이 비밀이 누설되면 안 된다. 도중에 각별히 조심하여라."

그리하여 주우가 떠나기 전에 석작의 밀서가 먼저 진나라에 당도했다. 진나라 대부 자침은 석작과는 전부터 친분이 두터운 사이로 혈서의 내용은 다음과 같다.

> 외신(外臣) 석작은 백배(百拜)하고 진후(陳侯) 전하께 천서를 바치나이다. 위나라는 보잘것없는 소국이지만 하늘이 거듭 재앙을 내리사 불행히도 임금을 시해한 변란이 일어났사옵니다. 이는 비록 우리 나라 군주의 동생이 반역을 한 결과이지만 실은 외신의 자식인 석후가 자리

를 탐하여 악한 자를 도왔기 때문이옵니다.

　이 두 역적놈을 죽이지 않으면 난신적자(亂臣賊子)의 악행(惡行)은 천하를 전염시킬 것입니다. 노부는 늙고 힘없어 일이 일어나기 전에 그들을 제압하지 못 했으니 선군을 저버린 노부의 죄는 이루 다 말할 수 없사옵니다. 이제 이 두 역적이 수레를 나란히 하고 귀국에 입조할 것이온데 그들이 귀국에 가는 것은 실로 노부의 계책에 의해 이루어진 것입니다.

　바라옵건대 현후(賢侯)께서 그놈들을 잡아서 문죄하여 신자(臣子)의 기강을 바로 세워 주신다면 이는 실로 천하의 만행(萬幸)일까 하옵니다.

　진환공은 석작의 혈서를 읽고 자침에게 물었다.
"이 일을 어찌해야 좋을꼬?"
자침이 대답했다.
"위나라의 난신들을 용서하면 우리 진나라의 법도까지 흔들릴 것이옵니다. 어찌 그냥 버려 둘 수 있겠사옵니까."
　진환공은 연신 머리를 끄떡였다.
"그럼 계책을 잘 세워서 주우를 사로잡도록 하라."
　며칠 뒤 주우는 석후와 함께 진나라에 당도했다. 석작의 계책을 알 리 없는 그들은 임금과 신하로서 자못 거들먹거렸다. 진후는 다음 날 아침 태묘에서 회견하겠다고 전갈했다.
　주우가 구슬을 허리에 차고 규(圭)를 손에 들고 진나라 태묘로 들어가 바야흐로 무릎을 꿇고 예를 행하려던 참이었다. 그 때까지 진환공 곁에 서 있던 자침이 문득 안색을 바꾸며 벽력같은 소리로 외쳤다.
"이제 주 천자의 명을 받들어 임금을 죽인 주우와 석후를 잡아라!"
　자침의 호령이 채 끝나기도 전에 좌우에서 범 같은 무사들이 달려 나와 단번에 주우부터 잡아 꿇렸다. 그것을 본 석후가 급히 패검(佩劍)을 뽑으려고 했지만 그 전에 무사들에게 결박을 당하고 말았다.

주우와 석후를 따라온 수행원과 군대들은 자침의 설명을 듣고 묵묵히 위나라로 돌아갔다. 진후는 주우를 위나라 복읍(濮邑)으로 보내고 석후는 진나라에 남겨두었다.

그리하여 주우와 석후가 각기 참형을 받고 죽자 그 동안 형(邢)나라에 도망가 있던 공자 진(公子晉)이 본국인 위나라로 돌아왔다. 그는 위 환공을 위해 다시 발상(發喪)한 뒤 군위에 올랐는데 그가 바로 위선공(衛宣公)이다.

석작은 국로(國老)가 되어 다시 경(卿)의 벼슬을 제수받았다. 이로부터 진(陳)나라와 더욱 친한 사이가 되었다.

3. 천자를 죽이지 않은 이유

한편 정장공은 주우가 참살되었다는 것과 위나라에 새로 임금이 섰다는 소문을 듣고 말했다.

"지난날 주우가 우리 나라에 쳐들어왔었지만 원래 위나라와 우리 정나라는 아무런 원한도 없다. 다만 군대의 주동이 되어 우리를 쳤던 것은 송나라다. 과인은 마땅히 먼저 송나라부터 쳐부수리라."

이에 제족이 앞으로 나아가 아뢰었다.

"지난번에 송·노·진·채·위 다섯 나라의 군대가 연합하여 우리 나라를 쳤으니 이제 우리가 송나라를 치면 네 나라도 겁을 먹고 함께 송나라를 도울 것입니다. 하오니 이제 일을 성취하려면 먼저 사람을 진나라로 보내어 우호를 맺고 다시 좋은 조건을 내세워 노나라와도 손을 잡아야 할 것이옵니다."

"옳은 말이로다."

정장공은 무릎을 치며 말했다.

이리하여 제·노 두 나라와 손을 잡은 정장공은 제나라 장수 이중년을 좌군으로 삼고 노나라 장수 공자 휘를 우군으로 삼아 송나라를 향해 노도처럼 쳐들어갔다.

송나라 상공은 세 나라의 연합군이 이미 경계에 들어왔다는 보고를 받고 대경실색했다. 사마(司馬) 공보가(孔父嘉)가 계책을 말했다.

"이번에 정장공이 친히 이 곳까지 출전했으니 많은 군대를 거느리고 왔을 것이며 지금 정나라 국내는 텅 비어 있을 것입니다. 주공께서는 이 기회를 놓치지 마시고 위·채 두 나라와 힘을 합하여 경병(輕兵)으로 주인 없는 정나라를 치소서. 그러면 정장공은 반드시 군대를 돌려 본국으로 돌아갈 것이옵니다."

"그 계책이 참으로 묘하구려."

송상공은 공보가의 계책을 따르기로 했다.

과연 정장공은 본국의 세자 홀로부터 급보를 받고 서둘러 본국으로 회군했다. 회군하는 마상에서 정장공이 소리 없이 웃으며 말했다.

"과인이 공보가 따위의 계책에 넘어가리라고는 미처 생각지 못했구나. 내 마땅히 계책을 써서 설욕하리라."

한편 주나라 환왕은 정장공이 왕명을 조작하여 무단히 송나라를 쳤다는 소식을 듣고 대로했다. 본래부터 정장공을 좋아하지 않았던 그는 괵공(虢公) 임보에게 조정 정사를 맡기고 다시 정장공을 부르지 않았다. 때문에 정장공은 환왕을 원망하면서 5년이란 세월이 지나도록 한 번도 조정에 가지 않았다.

마침내 환왕은 참지 못하고 채·위·진 세 나라에 영을 내렸다.

"이제 짐은 이런 무례한 죄를 지은 정나라를 치고자 한다. 즉시 군대를 일으켜 짐을 보좌하라."

환왕의 분부는 추상같았다. 이 때 진나라의 사정은 어수선했다. 진후 포가 죽자 그의 아우 공자 타는 조카인 세자 면(免)을 죽이고 스스로 위에 올랐다.

그러나 백성들이 공자 타에게 복종하지 않고 도망가거나 흩어지는 바람에 나라꼴이 말이 아니었다. 이 때 주 왕실로부터 사신이 와서 군대를 일으켜 정나라를 치라는 천자의 어명을 전했다.

비록 국내가 어지럽지만 그렇다고 천자의 명을 어길 수도 없었다. 공자 타는 겨우 얼마간의 전거와 군사를 규합하여 대부 백원제(伯爰諸)로 하여금 군대를 거느리고 정나라를 치러 보냈다. 이 때 채·위 두 나라도 역시 군대를 보냈다.

환왕은 괵공 임보를 우군 장수로 삼아 채와 위의 군대를 거느리게 하고 주공 흑견을 좌군 장수로 삼아 진나라의 군대를 거느리게 했다. 그리고 환왕은 친히 대군을 통솔하고 중군이 되어 정나라를 향해 나아갔다.

한편 정장공은 환왕이 세 나라 군대까지 거느리고 쳐들어온다는 보고를 받자 즉시 대부들과 함께 상의했다.

"장차 이 일을 어찌하면 좋을꼬?"

잠시 침묵이 흐른 후에 정경 제족이 아뢰었다.

"천자께서 친히 군대를 거느리고 주공이 오래도록 입조하지 아니한 것을 책망하고자 오신다 하니 그 명분이 뚜렷합니다. 주공께서는 사자를 천자께 보내어 사죄하소서. 그러면 재앙이 복으로 변할 것이옵니다."

정장공이 버럭 화를 내며 말했다.

"과인에게 항복하라는 말인가. 우리 정나라는 3대를 내려오며 천자들을 섬겼건만 조정을 위한 우리의 공로는 간 곳이 없고 결국은 군대까지 끌고 온단 말인가. 우리가 이번에 천자의 고집을 꺾지 못하면 앞으로 우리 종묘사직을 보전하기 어려우리라."

그 때 지금까지 말이 없던 공자 원이 아뢰었다.

"천자의 군대가 3대로 나뉘어 쳐들어온다고 하오니 우리도 군대를 3대로 나누어 대적해야 할 것이옵니다. 좌우 2대가 방진을 치되 좌군은 천자의 우군을 담당하고 우군은 천자의 좌군을 담당하며 주공께서는 중군을 거느리시고 천자와 친히 대적하소서."

정장공이 물었다.

"그렇게 하면 승산이 있겠는가?"

"진나라의 지금 군주는 조카를 죽이고 스스로 그 자리를 차지한 사람입니다. 그래서 백성들이 순종하지 않고 군대들의 마음이 단결되어 있지 않습니다. 그러므로 먼저 우리 우군이 진나라 군대를 치면 그들은 각기 흩어져 달아날 것이옵니다. 그 때 우리 좌군이 내달아 채·위 두 나라 군대를 휘몰아치면 감히 나서지 못하고 달아날 궁리부터 할 것입니다. 그런 연후에 군대를 합쳐 중군을 공격하면 전승을 거둘 수 있을 것이옵니다."

공자 원이 대답하자 정장공이 빙그레 웃으며 말했다.

"경이 적의 형세를 손바닥 들여다보듯 하니 어찌 이길 수 없으리오?"

이에 정장공은 대부 만백에게 일군을 내주며 왕의 우군을 맡게 하고 정경 제족에게 일군을 내주어 왕의 좌군을 맡게 하고 자기는 친히 고거미·하숙영·축담 등 상장들을 거느리고 중군을 맡았다.

한편 주나라 환왕은 정장공이 감히 군대를 거느리고 왕군과 싸우러 왔다는 보고를 받고 크게 노해 친히 군대를 거느리고 나아가 싸우려고 했다. 괵공 임보가 간곡히 말려서 겨우 중지했다.

이튿날 왕군과 정군은 각기 진세를 벌렸다. 환왕은 대로하여 즉시 싸움을 걸게 했으나 정나라 군대는 꼼짝도 하지 않았다. 싸움은 시작되지 않고 잔뜩 서로 노려보고만 있는 동안에 어느덧 오후가 되었다.

정장공은 왕군이 느긋하게 앉기도 하고 누워 있는 걸 멀리서 바라보고는 손을 번쩍 들어 신호했다. 이에 정나라 우군 만백이 먼저 군대를 휘몰고 왕의 좌군을 쳤다.

왕의 좌군인 진나라 군대는 처음부터 싸울 뜻이 없었기 때문에 그대로 흩어지기 시작했다. 왕군은 너무나 무능했다. 주공 흑견도 흩어지는 군대를 막지 못하고 달아났다.

이 때 제족도 왕의 우군을 맡은 채·위 두 나라 깃발이 나부끼는 곳으로 쳐들어갔다. 채·위 두 나라는 왕의 좌군이 달아나는 것을 보자 각기 길을 찾아 달아나기에 바빴다.

어느 새 정나라 군대는 이미 왕의 좌우영을 무찌르고 기세 좋게 환왕을 향해 노도처럼 짓쳐 들어가고 있었다. 환왕의 군대들은 쓰러지고 전거는 뒤집히고 말들은 제멋대로 날뛰었다. 환왕이 부르짖었다.

"속히 후퇴하라!"

이 때 축담은 달아나는 왕군 속에서 수를 놓은 덮개를 발견했다. 찬란한 수레를 보니 환왕이 틀림없을 것 같았다. 그는 달아나는 수레를 향해 활을 잡아당겼다.

화살은 수레의 덮개를 뚫고 들어가 환왕의 왼편 어깨에 꽂혔다. 그러나 환왕은 속에 갑옷을 입고 있었기 때문에 화살이 깊이 박히지는 않았다.

축담은 전거를 몰아 달아나는 환왕의 뒤를 쫓았다. 왕의 위급한 것을 보고 괵공 임보가 즉시 말을 달려와 왕을 구하는 동시에 달려오는 축담의 앞을 가로막았다.

두 장수는 칼을 휘두르며 싸웠다.

이 때 만백을 비롯한 정나라 장수들이 일제히 몰려왔다. 환왕이 적의 포위 속에 들어 실로 위급할 때였다. 갑자기 정군의 군중(軍中)에서 급히 금(金: 징)을 울리는 소리가 일어났다. 정나라 상장들은 목전에 사로잡게 된 환왕을 놓아 두고 철군하지 않을 수 없었다.

이에 환왕은 가까스로 달아나 30리 밖에 가서야 겨우 하채(下寨)했다. 얼마 뒤에 주공 흑견이 뒤쫓아 왔다. 흑견이 환왕에게 말했다.

"이렇듯 패한 것은 오로지 진나라 군대가 힘써 싸우지 않고 달아났기 때문이옵니다."

환왕은 얼굴을 붉히며 힘없이 대답했다.

"짐이 사람을 쓰는 데 밝지 못했기 때문이었도다."

한편 축담은 군대를 거느리고 돌아가서 정장공에게 푸념했다.

"신이 활로 쏘아 왕의 간담을 서늘하게 하고 바로 추격하여 곧 사로잡으려는 참인데 갑자기 금을 울려 군대를 거두시는 연유가 무엇이옵니까?"

정장공이 빙그레 웃으며 대답했다.

"천자가 밝지 못해 덕을 펴지 않고 나를 핍박하기에 어쩔 수 없이 싸운 것이다. 다행히 경들의 힘을 빌려 무사했으니 이 이상 더 무엇을 바라리오. 만일 그대의 말처럼 천자를 사로잡아왔다면 장차 내 무슨 면목으로 천하 제후들을 대하겠는가. 그러니 경이 활로 왕을 쏜 것은 옳지 못한 짓이었다. 만일 왕이 중상을 입어 붕어했다면 과인은 천자를 죽였다는 누명을 면치 못했을 것이다."

제족이 장공을 거들었다.

"주공의 말씀이 지당합니다. 오늘 위엄을 세웠으니 주왕은 두려워하는 마음을 가졌을 것입니다. 마땅히 사자를 보내어 은근한 자세로 문안을 여쭙고 부상을 입힌 것은 주공의 뜻이 아니었다고 아뢰시기 바랍니다."

장공은 고개를 계속 끄덕였다.

"이 일을 할 수 있는 사람은 경 이외에는 없소!"

이에 제족은 수레에 예물을 싣고 환왕에게 가서 땅에 엎드려 정장공을 대신해 사죄했다.

환왕은 분을 참으면서 아무런 말도 하지 않았다. 이런 후로 환왕은 정나라에 관해서 다시 입을 열지 않았다.

4. 참호칭왕(僭號稱王)

당시 남방에는 초(楚)나라가 있었다. 초나라는 성이 미(羋)이고 씨는 웅(熊)이며 작위는 자작(子爵)에 봉해진 제후국이었다.

초나라의 선조는 오제(五帝) 중의 한 사람인 전욱(顓頊)의 증손자 중려(重黎)이다. 중려는 제곡(帝嚳) 고신씨(高辛氏)를 위해 화정(火正: 불 다스리는 벼슬)을 맡아 큰 공을 세웠다. 그로 인해 천하는 밝게 되었다. 제곡은 중려가 세상을 밝게 했다는 뜻에서 그를 축융(祝融)이라고 부르게 하였다.

주 성왕(周成王) 때에 이르자 문무에 공이 있는 자손들을 천거했는데 그 때 웅역(熊繹)이라는 사람이 뽑혀 형만(荊蠻)에 봉해졌다. 웅역은 단양(丹陽)에 도읍을 정했다.

웅역으로부터 다시 5대를 지나 웅거(熊渠)의 대에 이르렀다. 웅거는 야심이 만만한 데다 정치적 수완도 비상해서 강한(江漢) 지역의 민심을 얻었다. 그는 무엄하게도 스스로 왕이라 칭했다(僭號稱王).

그 당시는 바로 주나라 여왕 때였는데 여왕은 난폭하고 무서운 왕이었다. 웅거는 혹시나 여왕이 자기를 정벌하지나 않을까 두려워서 곧 왕호를 버렸다.

다시 웅거의 대를 지나 웅순의 시대에 이르고 웅순이 세상을 떠나자 그의 아들 웅통이 스스로 군위에 올랐다.

웅통은 천성이 강포하고 싸우기를 좋아했다. 그는 은근히 왕호를 자칭할 생각이 있었다. 그러나 아직 모든 나라 제후들이 주나라를 왕으로 떠받들고 있기 때문에 섣불리 그러지도 못하고 사세를 관망하고 있었다.

바로 이럴 때에 환왕이 정나라를 쳤다가 여지없이 패했다. 웅통은 그 소문을 듣고 크게 기뻐했다. 드디어 그는 스스로 왕이라 칭하기로 결심하고 여러 신하들에게 물었다.

"과인은 앞으로 왕이라 일컫고자 하는데 그대들의 생각은 어떠하오?"

영윤(令尹) 투백비(鬪伯比)가 앞으로 나아가 아뢰었다.

"우리 초나라가 왕호를 중지한 지도 오래되어 이제 다시 일컫는다면 세상 사람들이 놀랄까 두렵습니다. 먼저 위력으로 모든 나라의 제후들을 굴복시킨 뒤에 칭왕하는 것이 좋을 줄로 아뢰오."

웅통이 다시 물었다.

"좀 더 자세히 말해 보오."

"한수(漢水) 동쪽의 나라는 수(隨)나라를 섬기고 있습니다. 하오니 주공께서는 군대를 거느리고 수나라의 국경 가까이 가서 사신을 보내어 동맹을 맺고자 청하소서. 수나라가 우리에게 복종만 한다면 한수 사이의 모든 나라도 우리에게 순종하게 될 것이옵니다."

투백비의 대답을 들은 웅통은 연신 머리를 끄떡였다.

웅통은 이윽고 대군을 거느리고 가서 하(瑕) 땅에 진을 쳤다. 그리고 수나라로 사자를 보내 동맹하기를 청했다.

초나라가 동맹을 청하자 수후(隨侯)는 신하들을 불러 상의했다. 어진 신하 계량(季粱)이 아뢰었다.

"초는 강하고 우리는 약합니다. 그런데 초가 사람을 보내 우리와 동맹을 청하니 그들의 속마음을 알기 어렵습니다. 그러니 겉으로는 응하는 체하고 속으로는 방어할 준비만 갖추면 별로 근심할 것이 없을 것입니다."

그러자 간신 소사(少師)가 불쑥 나섰다.

"청컨대 신이 동맹할 조약을 가지고 초군에 가서 그들의 허실부터 내 탐하고 오겠나이다."

"경의 생각대로 하라."

투백비는 수나라에서 소사가 온다는 말을 듣고 웅통에게 말했다.

"신이 듣건대 수나라의 소사는 소견이 좁고 아첨으로 수후의 총애를 받는 자라고 합니다. 이제 그자가 이리로 오는 것은 우리의 허실을 알아보려는 것입니다. 마땅히 대비해야 할 것이옵니다."

웅통은 투백비의 계책을 쫓기로 했다. 마침내 소사가 당도했다. 그는 초의 영으로 들어가면서 사방을 자세히 살펴봤다. 초나라 군대들은 거개가 늙은이 아니면 병약한 자들뿐이었다. 입고 있는 갑옷들은 낡아빠지고 짚고 있는 창은 모두 녹이 슬어 있었다.

소사의 얼굴에 오만한 기색이 떠올랐다. 그는 거드름을 피우며 물었다.

"우리 두 나라는 각기 강토를 지키며 아무런 연고도 없는데 귀국이 동맹을 청하니 어인 영문입니까."

웅통이 웃으며 말했다.

"우리 초나라는 계속 흉년이 들어 백성들이 굶주리고 있소. 이럴 때 다른 나라들이 합세하여 우리를 침노할까 두려워 귀국과 함께 동맹을 맺고자 하는 것이오."

소사는 거만스레 머리를 끄덕이며 말했다.

"한수(漢水) 동쪽에 소국들이 많으나 우리 수나라의 호령에는 꿈쩍도 못하지요. 그러니 조금도 염려 마시오."

소사는 초군을 깔보고 웅통과 동맹을 맺었다. 그리하여 소사는 수나라로 돌아가고 웅통은 군대를 거느리고 본국으로 회군했다.
 소사가 수후에게 말했다.
 "초군은 모두 병약해서 보잘것없습니다. 그들은 동맹을 맺자 곧 회군했습니다. 이럴 때 그들의 뒤를 추격해서 무찌른다면 우리 수나라를 우러러볼 것이옵니다."
 수후는 소사의 말을 옳게 여기고 군대를 일으키기로 했다. 그 소문을 들은 계량은 크게 놀라 즉시 궁으로 들어갔다.
 "군대를 일으키시다니 천만부당한 일입니다. 웅통으로 말하자면 조카를 죽이고 군위에 오른 자입니다. 어찌 까닭 없이 우리에게 동맹을 청했겠습니까. 반드시 속에 흉계를 품고 일부러 늙고 병든 군대만 우리에게 보인 것입니다. 이는 다 우리를 유인하려는 속임수입니다. 그들을 추격하면 우리는 반드시 계책에 말려들고 맙니다. 깊이 통촉하소서."
 수후는 계량의 말에 따라 초군을 추격하지 않기로 했다.

 웅통은 수나라 군사들이 계량 때문에 추격을 중지했다는 소문을 듣고 투백비에게 말했다.
 "수후가 우리를 추격하지 않기로 했다고 하니 수를 무찔러 버리려는 우리의 계획이 수포로 돌아가고 말았구려."
 투백비가 다시 계책을 아뢰었다.
 "여러 나라 제후들에게 심록 땅에 모이도록 청하소서. 그 때 수후가 오면 우리에게 복종한 것입니다. 그러나 만약 오지 않으면 동맹을 배반했다는 트집을 잡아 수를 쳐야 하옵니다."
 "경의 말이 옳다."
 웅통은 즉시 모든 나라로 사자를 보냈다.
 과연 수후는 오지 않았다. 웅통은 계책대로 한수와 회수 사이에 군대를 이끌고 가서 쳤다.

　한편 초군이 쳐들어온다는 소식을 들은 수후는 즉시 신하들을 모으고 계책을 물었다. 계량이 아뢰었다.

　"초가 우리 나라를 다시 치러 온다니 가벼이 당적할 수 없습니다. 그러므로 싸우느니보다는 우호를 청하는 것이 좋을 듯하옵니다."

　계량의 말이 채 끝나기도 전에 소사가 소리를 높여 말했다.

　"그대는 어찌 그다지도 겁이 많소. 초가 이번에 먼 길을 오는 것은 스스로 죽기 위해 오는 거나 다름없으니 이 때 싸우지 않으면 또 언제 초군을 무찌른단 말이오."

　수후는 드디어 초군을 막기 위해 친히 군대를 거느리고 청림산 밑에 가서 진을 쳤다. 계량이 전거를 몰고 초나라의 진지를 살펴본 뒤에 말했다.

　"초나라 습속은 왼편을 우선으로 합니다. 정예병이 좌군 진영에 있을 것이니 우군을 공격하여 파한다면 좌군의 기세를 꺾을 수 있습니다."

　그러자 소사가 큰 소리로 말했다.

　"우리가 웅통이 무서워서 허약한 군사만을 공격한다면 초나라 사람들의 웃음거리밖에 안 될 것이옵니다."

　수후는 소사의 말을 옳게 여기고 즉시 초나라의 좌군을 향해 쳐들어갔다. 이에 초군은 진문(陣門)을 크게 열었다. 수후는 초의 진 속으로 풍우같이 짓쳐 들어갔다.

　일단 초군의 진 속까지 들어갔을 때였다. 사방에서 복병이 일시에 일어나 수군을 공격했다. 초군은 모두 용맹한 강병들이었다. 소사는 초나라 투단(鬪丹)과 싸운 지 10합 만에 투단의 칼에 목이 떨어지고 말았다.

　계량은 죽기를 각오하고 수후를 보호하면서 달아났다. 수후가 초군의 포위에서 겨우 벗어나 군대를 점고해 보니 살아온 자는 불과 얼마 되지 않았다. 수후가 계량을 돌아보며 탄식했다.

"과인이 그대의 말을 듣지 않았다가 이 지경에 이르렀구려."

계량이 아뢰었다.

"지금 당장 급한 일은 곧 초와 강화하는 것이옵니다."

수후는 머리를 끄덕이며 힘없이 말했다.

"모든 일은 경이 알아서 하라."

이에 계량은 초나라 영채로 가서 강화하기를 청했다. 웅통이 대로하여 꾸짖었다.

"너의 주공은 동맹을 저버리고 더구나 군대를 일으켜 감히 우리에게 대항했다. 이제 싸움에 패하고 강화를 청하니 어찌 진심이라고 하겠느냐."

계량이 조용히 대답했다.

"간신 소사가 공(功)을 탐하여 주공으로 하여금 군대를 일으키게 한 것이지 결코 우리 주공의 뜻은 아니었습니다. 이제 그 소사도 죽었습니다. 만일 군주께서 우리를 용서하시면 우리 수는 마땅히 한수 이동의 여러 군장(君長)들과 함께 군주께 복종하겠습니다."

"그대는 잠시 나가 있으라."

웅통은 계량이 밖으로 나가자 투백비에게 계책을 물었다. 투백비가 아뢰었다.

"하늘이 수를 망치려고 하지 않아 그 경망한 소사를 죽게 하였으니 이제 수를 아직 없애 버리기는 어려울 것 같사옵니다. 그 대신 수가 한수 이동의 모든 군장들을 거느리고 주에 가서 우리 초나라의 공적을 칭송하는 동시에 우리 초나라 왕호(王號)를 받아 오도록 하시옵소서."

"그 계책이 묘하도다. 그러면 그 뜻을 계량에서 전하도록 하라."

웅통의 말을 전해 듣고 계량은 깊이 한숨만 쉬었다. 그는 돌아가 수후에게 그대로 고했다. 수후는 입맛이 썼으나 감히 복종하지 않을 수 없었다. 수후는 모든 군장들과 함께 주나라로 가서 환왕 앞에 부복하고 아뢰었다.

"신이 이번에 입조한 것은 초나라가 아니면 오랑캐들을 진압할 수 없기에 초에게 왕호를 내려 줍소사 청하러 왔나이다."

그러나 주환왕은 허락하지 않고 수후를 굽어보며 크게 꾸짖었다.

"참으로 무엄하도다. 감히 짐에게 그런 말을 아뢸 수 있느냐?"

수후는 연신 머리를 조아리고 왕궁에서 물러나왔다. 웅통은 천자가 자기에게 왕호를 허락하지 않았다는 소식을 듣고 대로했다.

"우리 초가 천자를 힘써 보좌한 공로도 모른다더냐! 천자는 또 정나라 군대가 쏜 화살을 맞고도 능히 토벌을 못하더니 벌을 줄 줄도 모른다더냐! 상벌도 모르는 것이 어떻게 왕 노릇을 한단 말인가! 우리 선군 웅거께선 일찍이 왕호를 쓰신 일도 있다. 과인은 이제부터 선군께서 쓰던 그 왕호를 다시 찾겠다. 어찌 그까짓 주 천자에게 일일이 보고하고 말고 할 것이냐!"

웅통은 드디어 왕호를 자칭하고 스스로 초무왕(楚武王)이라 했다. 초무왕은 수나라와 다시 동맹을 맺고 본국으로 돌아갔다.

이로부터 주 왕실은 더욱 무능해지고 초는 더욱 강성해졌다. 웅통이 세상을 떠나자 그의 아들 웅자가 왕위에 올랐다. 그는 도읍을 영(郢) 땅으로 옮긴 후 중원을 침범하려고 호시탐탐 노리고 있었다.

정장공은 환왕의 군대를 물리쳐 이긴 뒤 싸움에서 공로를 세운 모든 신하들에게 각기 상을 내렸다. 그러나 오직 축담의 공로만은 빼 버렸다. 축담은 매우 분개했다. 그는 직접 정장공에게 불쾌함을 말했다. 정장공은 그를 거들떠보지도 않았다.

"그대는 천자를 활로 쏘지 않았는가. 그런 사람에게 상을 준다면 천하 사람들이 과인을 뭐라고 하겠는가."

집으로 돌아간 축담은 너무나 분하고 원통했다. 그 후에 병을 얻어 시름시름 앓다가 등창이 나서 죽고 말았다.

정장공은 축담이 죽었다는 소식을 듣더니 여러 번 머리를 끄덕이고는 많은 비단과 곡식을 그의 집으로 보내 후히 장사를 지내 주라고 했다.

정장공도 그 해 봄부터 시름시름 앓기 시작했다. 마침내 정장공은 일어나지 못할 것을 알고 제족을 병상 곁으로 불러 대사를 의논했다.

"과인의 슬하에 아들이 열하나이다. 세사(世嗣) 홀(忽)·돌(突)·의(儀)가 있는데 특히 돌은 재주와 지혜가 그들 중에서도 으뜸이다. 이제 과인은 군위를 돌에게 전하고자 한다. 경의 뜻은 어떠한가?"

제족은 함부로 대답할 수 없었다. 한동안 생각하다가 아뢰었다.

"홀은 적자(嫡子)로서 오래도록 세자 위에 있었고 또 여러 번 큰 공을 세웠기 때문에 백성들이 신뢰하고 있사옵니다."

정장공은 말이 없다가 한참 후에야 입을 열었다.

"돌은 결코 남의 밑에 있지 않을 사람이다. 꼭 홀을 군위에 세우겠다면 돌을 외가로 보내는 것이 좋겠구나."

정장공은 그 즉시 명을 내려 공자 돌을 송나라로 보냈다.

마침내 일대의 영걸 정장공은 그 해에 세상을 떠났다. 정장공이 죽자 세자 홀이 군위에 오르니 그가 바로 정소공(鄭昭公)이다.

그러나 곧이어 송장공은 사신으로 온 제족에게 공자 돌을 옹립하라고 겁박하였다. 송나라의 위협에 굴복한 제족의 지원으로 공자 돌이 송나라에 돌아와 정나라 군주의 자리에 오르니 정소공은 위나라로 달아나야만 했다. 공자 돌이 정여공(鄭厲公)이다.

그 이듬해 봄 3월이었다. 주나라 환왕이 병이 났다. 그 증세가 점점 위독해지자 환왕은 주공 흑견을 침상으로 불렀다.

"짐도 적자에게 천자의 위를 물려주는 것이 예법인 줄 아노라. 그러나 짐은 차자 극을 몹시 사랑한다. 만일 그 형인 타가 세상을 떠나거든 그 다음은 동생 극이 왕위를 계승하도록 경은 주선하라."

말을 마치고 환왕은 붕어했다. 흑견은 선왕의 유명을 받들어 우선 세자 타를 왕위에 모셨다. 그가 바로 장왕이다.

정여공은 천자가 붕어했다는 소식을 듣고 즉시 사자를 보내 조상하려고 했다. 그러나 제족이 말했다.

"죽은 환왕은 우리 선군과 원수지간이었습니다. 사자를 보내심은 불가합니다."

정여공이 군주 자리에 오를 수 있었던 것은 제족의 전적인 협조에 의한 것으로 사전에 국정은 모두 제족이 맡아 처리하기로 한 약속이 있었기 때문이었다.

정여공은 제족이 하는 말에 반대하지 못 했다. 그러나 속으로 생각했다.

'이놈이 권세가 높아지더니 과인을 우습게 아는구나.'

어느 날이었다. 정여공이 후원(後苑)을 산책했다. 대부 옹규가 그 뒤를 따르고 있었다. 정여공은 새들이 훨훨 날아다니며 즐겁게 재잘거리는 걸 보고 처연히 한숨을 쉬면서 말했다.

"새들은 마음껏 날아다니며 노래를 하는구나. 그런데 과인은 저 새만도 못하구나."

옹규가 한 걸음 다가서면서 말했다.

"주공께서 염려하시는 것은 권세를 농단하고 있는 사람 때문이지요?"

정여공이 대답을 않고 옹규를 물끄러미 돌아보자 그가 목소리를 낮추어 아뢰었다.

"듣건대 신하로서 능히 그 임금을 위해 힘쓰지 않으면 그것은 곧 불충이라고 하더이다. 만일 주공께서 소신을 불초(不肖)하다 않으시고 신과 상의하신다면 곧 죽을지라도 감히 힘을 아끼지 않겠나이다."

그제야 정여공은 좌우를 한 번 둘러보고 말했다.

"경은 제족의 사위가 아닌가?"

"서로의 관계로 말하면 사위지만 정으로 말하면 남과 다름없습니다. 소신이 제 씨의 딸과 혼인한 것은 송공(宋公)의 협박 때문이었고 또 제족으로 말할지라도 하고 싶은 혼인을 허락한 것은 아니었습니다. 신이 듣건대 제족은 구군(舊君: 달아난 정소공)에 관한 말이 나오면 항상 그리워한다는 소문이 있습니다. 다만 송나라가 두려워서 꼼짝 못하고 있을 뿐이지 그렇지 않다면 벌써 무슨 짓을 저질렀을지 모를 일이옵니다."

옹규가 결연히 대답하자 정여공이 연신 머리를 끄덕이며 말했다.

"경이 능히 제족을 죽일 수 있다면 경에게 제족의 자리를 주겠노라. 그러나 어떻게 하면 좋을지 계책이 없구먼."

옹규가 계책을 말했다.

"도성의 동쪽 교외는 지난번 송군과 싸울 때 가장 많이 파괴되었기 때문에 아직 복구하지 못하고 있사옵니다. 그러니 주공께서는 제족에게 곡식과 베를 가지고 가서 그 곳 백성들을 위로하도록 분부를 내리소서. 그러면 신은 그 곳에 가서 잔치를 베풀고 독주를 먹여 죽이겠사옵니다."

정여공이 간곡히 부탁했다.

"모든 것을 경에게 맡기노라. 경은 마땅히 실수 없도록 하라."

그 날 옹규는 집으로 돌아가 아내 제 씨를 대하자 자기도 모르는 사이에 당황하고 말았다. 제 씨는 남편의 기색이 여느 때와 다른 것을 보고 의심이 났다.

"오늘 궁중에 무슨 일이 있었어요?"

"아무 일도 없었소."

제 씨는 남편의 안색이 더욱 달라지는 것을 보고 다시 물었다.
"안색을 뵈오니 아무래도 오늘 무슨 일이 있었던 것 같군요?"
옹규가 태연한 체하면서 대답했다.
"장인이 동교에 가서 백성들을 위로하게 됐는데 나도 그 곳에 가기로 했소. 그 외에 별다른 일이 없었소."
제 씨는 더욱 의심이 났다. 그 날 밤 제 씨는 주안상을 푸짐하게 차려 놓고 남편 옹규에게 술을 권했다.
긴장 상태에 있는 옹규는 마음을 진정시키기 위해 아내가 권하는 술을 넙죽넙죽 마셨다. 이윽고 그는 대취하여 골아떨어지고 말았다.
제 씨는 정신없이 쓰러진 남편을 한참 굽어보다가 남자의 목소리로 물었다.
"주공께서 너에게 제족을 죽이라고 명하셨거늘 네 이미 잊었는가?"
대취해서 쓰러진 옹규는 꿈인지 생시인지도 분별하지 못하고 혼잣말로 중얼거렸다.
"어찌 그 일을 잊겠습니까."
제 씨는 크게 놀랐다. 그녀는 살며시 불을 끄고 생각에 잠겼다.
이튿날 아침 옹규는 일찍 일어났다. 제 씨가 남편에게 말했다.
"당신은 우리 아버지를 죽일 생각이시지요?"
옹규는 깜짝 놀랐다.
"아니, 그게 무슨 소리요?"
제 씨가 남편을 살짝 흘겨보며 말했다.
"어젯밤에 취해 주무시면서 잠꼬대하는 소리를 다 들었어요."
그제야 옹규는 잔뜩 긴장하며 물었다.
"만일 그게 사실이라면 그대는 어떻게 하겠소?"
"출가외인이라 여자는 남편을 좇을 뿐입니다. 달리 무슨 도리가 있겠어요."

옹규는 비로소 긴장을 풀며 제족을 죽이기로 한 자초지종을 다 말했다. 남편의 말이 끝나자 제 씨는 말했다.

"잘 아시겠지만 우리 아버지는 궁중 이외에는 잘 출입하지 않는 성미입니다. 동교로 갈지 안 갈지 걱정이에요. 첩이 하루 먼저 친정에 가서 어떻게 해서든지 우리 아버지를 그 곳으로 가도록 하는 게 어떻겠어요?"

"좋은 생각이오. 이 일이 성공하면 나는 그대 아버지가 차지하고 있는 정경 자리에 앉을 수 있으니 그대 또한 영화를 누릴 수 있을 것이오."

제 씨는 친정으로 갔다. 친정에 당도한 제 씨가 모친에게 물었다.

"친정아버지와 남편은 어느 쪽이 더 소중합니까?"

그녀의 어머니가 웃으면서 대답했다.

"그야 다 소중하지."

"둘 중에서 고르라면 어느 쪽이 더 소중하냐는 말씀입니다."

어머니는 오랜만에 친정에 온 딸이 귀여워서 역시 웃으면서 대답했다.

"남편보다는 아버지가 더 소중하지."

"어째서 그러합니까?"

"여자가 시집을 가기 전에는 남편이 없었다. 또 여자는 시집을 갔을지라도 남편이 죽으면 다시 시집을 갈 수 있으나 아버지만은 바꿀 수 없다. 그러니 남편을 어찌 아버지에 비할 수 있겠느냐."

어머니는 딸 내외가 서로 의좋게 잘 살고 있기 때문에 별다른 생각 없이 무심히 한 말이었다. 그러나 딸은 실로 중대한 갈림길에 서 있었다. 제 씨의 눈에서 뜨거운 눈물이 흘러내렸다.

"소녀는 이제 아버지를 위해 남편을 버리겠습니다."

제 씨는 옹규가 계획하고 있는 바를 모두 고했다. 어머니는 뜻밖의 말에 소스라치듯 놀랐다. 그리고 즉시 남편인 제족에게 고했다.

"너희들은 아무 말 말고 가만있으라. 내가 다 알아서 처리하겠다."

이튿날 제족은 동교에 가서 백성들을 위로하기 위한 준비를 했다. 그러나 그보다 앞서 자기 심복 부하 강서에게 용사 10명을 거느리되 제각기 단도를 품고 뒤따라오도록 했다.

그 때 공자 알도 변란을 막기 위해 이미 교외에 매복하고 있었다.

제족이 동교로 가는데 옹규가 도중까지 나와서 영접했다. 제족은 마침내 동교에 이르러 백성들을 위로하고 옹규의 안내를 받아 잔치자리로 갔다. 옹규가 공손하게 말했다.

"지금 교외의 봄빛이 화창합니다. 약간의 음식을 갖추었사오니 많이 드시옵소서."

그는 제족 앞에 꿇어앉아서 큰 잔에 술을 가득 부어 들고 잔을 바쳤다.

"백수(百壽)를 누리소서."

제족은 손을 내밀어 술잔을 받아 즉시 연못에 던졌다.

순간 연못에서 불빛이 번쩍 일어났다. 제족이 큰 소리로 호통을 쳤다.

"이놈, 네가 어찌하여 나를 죽이려 하느냐?"

그러자 기다리고 있던 강서가 용사들과 함께 일제히 뛰어올라갔다. 강서의 칼이 햇빛에 빛나자 옹규의 목이 땅바닥으로 굴러 떨어졌다.

이 때 정여공이 보낸 무사들은 옹규를 도우려다가 공자 알의 무사들에게 둘러싸였다. 바깥에서도 일대 수라장이 벌어졌다. 정여공이 보낸 무사들은 얼마 후 몰살을 당하고 말았다.

한편 좋은 소식이 오기만을 기다리고 있던 정여공은 도망 온 무사로부터 일이 실패했다는 보고를 받고 크게 놀랐다.

"이젠 제족이 나를 용납하지 않겠구나!"

정여공은 곧 뒷문으로 빠져나가 채나라를 향해 달아났다.

그 뒤 정여공은 일이 실패한 원인을 알고 길게 탄식하며 말했다.

"국가의 대사를 아녀자와 상의하다니 그놈은 죽어도 마땅하다."

제족은 정여공이 이미 달아났다는 보고를 받고 즉시 사람을 위나라로 보내 도망가 있는 정소공을 모셔 왔다. 그리하여 지난날에 폐위 당했던 정소공은 다시 돌아와 정나라의 임금이 되었다.

5. 네 가지 죽을 죄

주나라 장왕 7년에 초나라 무왕 웅통은 수후가 조례하러 오지 않는다 하여 크게 노했다. 그는 군대를 일으켜 수나라를 치러 갔다.

그러나 웅통은 수나라에 이르기 전에 병으로 세상을 떠났다. 그는 임종을 앞두고 영윤 투기와 대부 굴중을 불렀다.

"과인이 죽더라도 군중(軍中)에 과인의 죽음을 알리지 말라. 수나라를 쳐서 이긴 연후에 세상에 알리라."

수나라는 도저히 초군을 막아 낼 도리가 없었다. 수후는 사자를 보내 강화를 청했다. 이에 굴중이 왕명을 받았노라 속이고 수후와 동맹을 맺었다.

초군은 군대를 돌려 한수(漢水)를 건넌 후에야 비로소 발상했다. 이에 웅통의 아들 웅자가 즉위하니 그가 바로 초문왕(楚文王)이다.

이 때 제나라의 양공(齊襄公)은 기(杞)나라를 쳐 없애고 본국으로 개선했다. 당시 위후(衛侯) 삭(朔)은 군주 자리에서 쫓겨나 제나라에서 망명 생활을 하고 있었다. 위후 삭은 제양공 누이인 선강의 아들로 두 사람의 관계는 외삼촌과 생질 관계였다. 위나라 군주는 위후 삭의 이복형이며 주 왕실의 부마인 검모(黔牟)가 그 자리를 차지하고 있었다. 위후 삭이 제양공에게 말했다.

"군주의 개선을 하례드립니다. 하온데 언제쯤이면 검모도 무찔러 주시겠습니까?"

제양공이 웃으며 대답했다.

"그 일은 여러 나라 제후들과 연합하지 않고는 어려우니 과인이 곧 각국과 의논하여 연합군을 조직하리라."

위후 삭은 감사의 말을 올리고 물러갔다.

며칠 후 제양공은 송·노·진·채 네 나라로 사자를 보냈다. 연합군을 조직하여 위후 삭을 다시 위나라 군주의 자리에 올려 세우자는 것이었다.

이듬해 주나라 장왕 8년 겨울이었다. 제양공은 위후 삭과 함께 전거 5백 승을 거느리고 먼저 위나라 지경으로 깊이 들어갔다. 동시에 네 나라 군주들도 각기 군대를 거느리고 합류했다.

위나라 군주 검모는 연합군이 쳐들어온다는 급보를 받고 즉시 대부 영궤를 주 왕실로 보냈다. 영궤는 주나라로 가서 장왕 앞에 엎드렸다.

"지금 다섯 나라가 신의 위나라로 쳐들어오고 있사옵니다. 천자께선 우리 위나라를 도와주소서."

장왕이 신하들에게 물었다.

"누가 짐을 위해서 위나라를 구할 것인가?"

주공 기보와 서괵공(西虢公) 백개(伯皆)가 같은 뜻으로 아뢰었다.

"지난날 우리 왕실이 정나라를 쳤다가 크게 위엄을 손상당한 적이 있사옵니다. 더구나 그들은 옛 임금을 복위시키겠다는 대의명분을 내걸고 있으니 다섯 나라 연합군을 당적하기 어렵나이다."

이 때 하사(下士) 자돌이 분연히 자리에서 일어나 외쳤다.

"두 분의 말씀은 옳지 못합니다. 천하 모든 일은 명분이 힘을 이겨야 합니다. 힘이 명분을 이긴다면 변괴이며 명분은 왕명에 있는 것입니다."

주공 기보가 얼굴을 찌푸리며 물었다.

"만일 우리가 위나라를 돕기 위해 군대를 일으킨다면 그대가 능히 그 일을 감당할 수 있겠는가?"

대부 부신(富辰)이 나와 자돌을 거들었다.

"돌의 말이 심히 장합니다. 위나라를 구하러 한번 보내어 주나라 왕실에도 사람이 있다는 것을 천하에 알리시기 바랍니다."

주왕이 그 말을 쫓아 자돌을 장수로 삼아 위나라에 구원군을 보내기로 하였다.

며칠 후 왕군은 마침내 위나라를 돕기 위해 출발했다. 그러나 왕군은 초라하기 짝이 없었다. 그것은 까닭이 있었다. 기보와 백개는 자돌이 혹시나 성공하고 돌아오지나 않을까 하고 시기한 나머지 겨우 전거 2백 승에 그마저 노약자들만으로 이루어진 군사들을 내 주었던 것이다. 그러나 자돌은 이미 각오한 바가 있기에 따지지 않고 태묘에 고하고 분연히 떠났다.

다섯 나라 군대는 위나라 성 아래 이르러 맹렬한 공격을 퍼부었다. 이에 위후 삭을 쫓아내는 주역을 담당하여 위나라 정사를 맡고 있던 공자 설(泄)과 공자 직(職)은 왕군이 속히 와서 포위를 풀어 주기만 고대했다. 이윽고 주나라의 왕군이 위나라를 구원하기 위해 당도했으나 자돌이 이끄는 노약자로 구성된 왕군은 다섯 나라 연합군을 당적할 수 없었다.

자돌은 도저히 이길 수 없음을 알고 있었다. 그는 거느리고 온 군대를 휘몰아 다섯 나라 대군 속으로 무작정 쳐들어갔다.

드디어 피비린내 나는 살육전은 시작됐다. 그러나 자돌이 거느리고 온 2백 승의 전거는 화로에 눈 녹듯이 전멸하고 말았다.

자돌은 길게 탄식했다.

"왕명에 의해 이렇게 싸우다 죽는다만 다행히 충의의 귀신이 되겠구나."

그는 적군 수십을 죽인 뒤에 칼로 자기 목을 찌르고 자결했다. 성을 지키던 위나라 군대는 왕군이 여지없이 패하는 것을 보더니 제각기 달아났다. 드디어 다섯 나라 군대들이 성문을 열었다.

한편 위나라 임금 검모는 황망히 달아나다가 바로 노나라 군대와 만났다. 한바탕 싸웠으나 공자 예와 공자 직과 함께 모두 사로잡히고 말았다.

세 사람이 끌려오자 제양공은 즉시 도부수에게 명하여 공자 예와 직을 참했다. 검모만은 자기와 같은 장왕의 사위라서 죽이지 않고 장왕에게 돌려보냈다. 마침내 장엄히 울리는 예악 속에서 군주의 자리에 오른 위후 삭은 위나라 부고(府庫)에 있는 금은보화를 모두 꺼내 제양공에게 바쳤다.

왕군을 무찌르고 위나라 임금 검모를 주나라로 쫓아 버린 제양공은 장왕이 분격해서 자기를 치러 오지나 않을까 하고 속으로 은근히 걱정했다. 이에 그는 대부 연칭으로 장군을 삼고 관지부로 부장을 삼아 군대를 주어 규구 땅에 가서 제나라로 들어오는 동남편 길을 지키게 했다.

연칭·관지부 두 장수가 떠나면서 제양공에게 물었다.

"변방을 지킨다는 것은 특히 어려운 일이온데 신들이 지금 떠나면 언제쯤 다시 돌아올 수 있겠사옵니까?"

제양공은 마침 참외를 먹고 있었다.

"음, 지금이 한창 참외가 익는 계절이로구나. 내년에 참외가 다시 익을 무렵엔 마땅히 교대할 사람을 보내리라."

연칭·관지부 두 장수가 규구에 이르러 변방을 지킨 지 어느덧 1년이 지났다. 어느 날 병사들이 참외를 두 장수에게 바치며 말했다.

"참외가 잘 익었기에 맛이라도 보시라고 따 왔습니다."

두 장수가 참외를 먹으면서 중얼거렸다.

"주공은 참외가 익으면 교대할 사람을 보내겠다고 했는데 어째 소식이 없을까?"

"주공이 지난번 약속을 잊지나 않았을까. 우리 쪽에서 사람을 한 번 보내 보는 것이 어떨까요?"

두 장수가 심복 부하를 불렀다.

"네가 가서 언제 교대병을 보내 줄 것인지 살펴보고 오너라!"

그리고 눈이 빠지게 기다렸다. 그런데 사정을 알아보러 보냈던 부하의 보고는 너무나 뜻밖이었다.

"주공은 곡성에 가서 여동생인 문강과 함께 온갖 재미를 보신다고 합니다. 그리고 벌써 한 달이 지났건만 아직 돌아오지 않았다고 합니다."

그 말을 듣고 연칭은 대로했다.

"무도한 혼군이 윤리도 돌보지 않고 외방에서 날마다 음탕한 짓만 하고 있구나. 우리를 이런 변방에 버려두고 생각조차 않는 모양이니 내 마땅히 그놈을 죽여 한을 풀어야겠다."

관지부가 말했다.

"주공이 그 동안에 약속을 잊었는지도 모르오. 교대할 군대를 보내 달라고 한 번 청해 보는 것이 어떨까 하오."

연칭이 머리를 끄덕였다.

"그 말이 좋소."

두 장수는 사람을 제양공에게 보내 참외를 바치면서 아뢰게 했다.

"이렇게 참외가 익었사옵니다. 변방에 있는 우리 군대를 불러들이시고 교대할 군대를 보내 주시옵소서."

그 말을 듣고 난 제양공은 벌컥 화를 냈다.

"보내고 안 보내는 것은 과인의 뜻에 있다. 너희들이 감히 주제넘게 청하기까지 하는가. 내년에 참외가 다시 익을 때까지 기다려라."

그 말을 전해들은 연칭은 이를 갈며 제양공을 저주했다.

"신의를 잃은 주공은 이미 주공이 아니오. 내 이놈을 죽이고야 말리라."

관지부가 천천히 입을 열었다.

"대저 일을 일으키려면 반드시 새로이 임금으로 앉힐 사람부터 받들고 나서야 성공합니다. 지금 공손(公孫) 무지(無知)는 바로 공자 이중년(夷仲年)의 아들이지요. 선군 희공(僖公)은 이중년과 동복 형제간이므로 그 동생 이중년을 사랑하셨고 이중년의 아들인 무지도 지극히 총애하셨지요."

"그건 그렇지요."

연칭이 맞장구를 쳤다. 관지부는 말을 계속했다.

"지금 임금이 공손 무지를 겸손하지 못하다 하여 밖으로 몰아낸 후 무지는 불우한 처지에 있습니다. 무지는 가슴 깊이 한을 품었지만 도와주는 사람이 없었소. 그러니 우리가 만일 일을 시작하려면 무지와 비밀리에 내통하고 안팎으로 호응하면 성공할 수 있을 것이오."

연칭이 연신 머리를 끄덕이면서 물었다.

"그럼 기회를 언제쯤으로 잡아야 할까요?"

관지부가 침착한 어조로 대답했다.

"지금 임금은 사냥을 좋아하오. 그가 사냥을 나가는 때로 하지요."

제양공의 부인 연비는 연칭의 누이동생이었다. 원래 제양공의 부인은 주장왕의 딸 왕희였으나 양공이 무도하여 그 누이동생 문강과 정을 통하는 것을 알고 울화병으로 일찍 죽어 연비가 그 뒤를 이어 제양공의 정비가 된 것이다. 그는 한참 무언가 생각하더니 말했다.

"내 여동생이 궁중에 있지만 임금의 사랑을 잃은 지 오래 되어서 항상 원한을 품고 있지요. 내가 무지에게 나의 여동생과 함께 계책을 꾸미도록 부탁하리다. 그리고 임금이 사냥 갈 때를 기다려 안팎으로 호응하면 실수가 없을 것이오."

연칭과 관지부의 계획이 무르익어 가는 가운데 11월이 됐다. 제양공은 수레를 타고 패구산(貝邱山)으로 사냥하러 갔는데 역사 석지분여(石之紛如)와 총신 맹양(孟陽)의 무리만 거느리고 있었다. 시종하는 사람들의 어깨와 팔마다 길들인 매가 앉아 있고 따르는 사냥개도 무수히 많았다.

고분(姑棼) 벌판에 이른 제양공은 그 곳에 있는 이궁(離宮)에서 하루를 보내고 이튿날 시종들을 모두 데리고 나가 함께 사냥을 즐겼다.

그 날 밤 제양공이 들어 있는 이궁으로 연칭과 관지부가 함께 군대를 거느리고 쳐들어갔다. 이궁 안은 삽시간에 아수라장이 되었다. 제양공은 몹시 놀랐다. 그는 어찌할 바를 모르며 쩔쩔맸다. 근시가 아뢰었다.

"사세가 몹시 위급합니다. 누군가 가짜 임금이 되어 침상에 누워 있게 하고 주공께서는 문 뒤에 숨으십시오. 그들이 창졸간에 구별하지 못하면 재앙을 면할 수 있을 것이옵니다."

그러자 맹양이 말했다.

"신은 항상 분수에 넘는 은총을 받았사옵니다. 원컨대 이 몸이 주공을 대신하오리다."

맹양은 즉시 제양공을 대신해서 침상에 눕더니 이불로 자기 얼굴을 가렸다. 제양공은 친히 금포를 벗어 맹양 위에 덮어 주었다.

이윽고 연칭이 칼을 비껴들고 앞장 서 들어왔다. 관지부는 나머지 군대를 거느리고 문 밖에 숨어 있었다. 혹시 뜻밖의 변이라도 일어나면 대비하려는 것이었다.

역시 석지분여가 창을 높이 들고 연칭과 마주 섰다. 싸운 지 10여 합만에 연칭은 점점 앞으로 나아갔다. 석지분여는 계속해서 뒷걸음질을 치다가 돌계단에 발이 걸려 한쪽으로 쏠렸다. 그 순간 내려치는 연칭의 칼 아래 석지분여는 목이 떨어지고 말았다.

연칭은 부하들을 거느리고 풍우처럼 침실로 뛰어들었다. 시위하던 군대들은 제각기 도망하기에 바빴다. 꽃무늬 수를 놓은 방장이 쳐진 방 안에 한 사람이 금포를 덮은 채 침상에 누워 있었다. 연칭의 칼이 싸늘한 빛을 긋자 누워 있는 사람의 목이 침상 밑으로 굴러 떨어졌다.

연칭이 촛불을 들고 굽어봤다. 나이가 어리고 수염이 없었다. 연칭이 부르짖었다.

"이건 그놈이 아니다!"

그는 부하들과 함께 방 안을 뒤졌다. 그러나 제양공의 자취는 보이지 않았다. 촛불을 들고 사방을 뒤지던 연칭은 문득 걸음을 멈췄다. 지게문 난간 아래 수놓은 비단 신발 한 짝이 놓여 있었다. 연칭은 제양공의 것임을 직감하고 지게문을 벌컥 잡아당겼다. 과연 문 안에 제양공이 잔뜩 쭈그리고 앉아 벌벌 떨고 있었다.

연칭은 제양공을 밖으로 끌어내 발길로 차며 꾸짖었다.

"네 이놈, 너는 해마다 군대를 일으켜 싸움만 일삼고 백성을 못살게 굴었으니 네가 어질지 못하기 때문이다. 또 선군의 유명(遺命)을 저버리고 공손 무지를 냉대했으니 이는 불효하기 때문이다. 오라비로서 여동생과 거리낌 없이 음락을 즐겼으니 이는 예가 없기 때문이다. 멀리 변방을 지키는 군대를 생각하지 않고 교대할 군대를 보낸다던 기약을 지키지 않았으니 이는 신의가 없기 때문이다. 너는 인(仁)·효(孝)·예(禮)·신(信) 네 가지 덕을 다 잃었다. 어찌 사람이라 할 수 있는가. 내 이제 천하를 대신해서 너를 죽이리라!"

연칭의 명령이 떨어지자 부하들은 벌 떼처럼 달려들어 제양공을 네 동강으로 끊어 죽였다.

대사를 이룬 연칭과 관지부는 군대를 정돈하여 제나라로 돌아갔다.

공손 무지는 제양공이 죽었다는 소식을 듣고는 성문을 열고 나가서 두 장수를 영접해 들였다.

그들은 지난날에 선군 제희공(齊僖公)으로부터 공손 무지를 임금으로 모시라는 유명을 받았노라고 선포하고 공손 무지를 군주의 자리에 올려 모셨다. 이에 공손 무지는 연비를 자기 부인으로 삼았다.

이리하여 연칭은 정경(正卿)이 되어 국구(國舅)라 부르고 관지부는 아경(亞卿)이 되었다. 관지부가 무지에게 권했다.

"널리 방(榜)을 내걸고 어진 사람을 모으소서. 그래야만 백성들의 신망을 얻을 수 있사옵니다."

이어서 관지부는 자기 친척의 아들인 관이오(管夷吾)를 천거했다. 이에 무지는 사람을 보내어 그를 초정했다.

관이오는 저 유명한 관자(管子)로서 후세 삼국 시대의 제갈공명이 자기를 관이오에 비교했을 만큼 훌륭한 인물이었다.

6. 관포지교(管鮑之交)

관이오의 자(字)는 중(仲)이니 흔히 관중(管仲)이라 한다. 용모가 걸출하고 뛰어나게 총명했다. 널리 고금 서적에 통달했으며 경천위지(經天緯地)하는 재능을 가지고 있었다.

그는 일찍이 친구인 포숙아(鮑叔牙)와 함께 시장에서 생선 장사를 했다. 장사가 끝나면 관중은 언제나 그 날 수입에서 포숙아보다 두 배가 넘는 돈을 가지고 돌아갔다. 포숙아를 따르는 사람들이 항상 불평했다.

"같이 번 돈을 반씩 나눠 갖는 것이 옳지 않소? 그런데 관이오가 배나 더 가지고 가도 당신은 가만히 있소?"

그럴 때마다 포숙아는 관중의 입장을 변명했다.

"관중은 구구한 돈을 탐해서 나보다 더 많이 가지고 가는 것이 아니다. 그는 집안이 가난하고 식구가 많다. 그래서 내가 그에게 더 가지고 가도록 사양한 것이다."

두 사람의 우정은 그처럼 지극했다. 그들이 일찍이 전장에 나간 일이 있었다. 싸움터에 나가면 언제나 관중은 후대(後隊)로 숨었다. 그리고 싸움이 끝나고 돌아갈 때엔 항상 맨 앞에 서서 걸었다. 사람들은 모두 관중을 용기 없고 비겁한 자라고 비웃었다. 그럴 때마다 포숙아는 또 관중을 두둔했다.

"관중은 결코 용기가 없거나 비겁한 사람이 아니다. 그에게는 노모가 계시다. 자기 몸을 아껴 늙은 어머니에게 길이 효도하려는 것이다."

관중은 그런 소문을 들을 때마다 진심으로 찬탄했다.

"나를 낳아 준 사람은 부모며 나를 알아주는 사람은 포숙아이다."

이것은 후세에까지 전해지고 있는 유명한 관중의 말이다. 마침내 그들은 생사를 함께 하자는 교우의 의(義)를 맺었는데 이를 관포지교(管鮑之交)라고 한다.

제양공의 장자 규(糾)는 노나라 여자의 몸에서 난 아들이었고 차자 소백(小白)은 거나라 여자의 몸에서 난 아들이었다.

제양공은 규와 소백이 다 서출(庶出)인데도 그 둘 중 하나에게 뒷날 임금 자리를 물려줄 생각이었다. 그래서 똑같이 스승을 세워 그들을 보좌하고 지도하게 했다. 그 때 관중이 포숙아에게 조용히 말했다.

"지금 주공에게는 두 아들이 있소. 다음날 임금 자리엔 규 아니면 소백이 오르게 될 것이오. 그대와 나는 서로 그들을 하나씩 맡아 스승이 됩시다. 그들 둘 중에서 하나가 군위에 오르거든 우리는 서로 천거하도록 합시다. 그래야만 우리는 언제든지 같은 임금 밑에서 함께 일할 수 있을 것이오."

포숙아는 연신 머리를 끄덕이었다.

"그 말이 좋소."

그리하여 관중은 소홀(召忽)과 함께 공자 규의 스승이 되고 포숙아는 공자 소백의 스승이 되었다.

한번은 제양공이 여동생인 문강과 밀회를 즐기려고 작(綽)의 땅으로 가게 되었다. 그 때 포숙아가 소백에게 말했다.

"주공이 음탕하다는 소문이 널리 퍼져 백성들이 비웃고 있습니다. 그래도 자주 왕래하며 서로 교제하시니 결국 둑이 터져 물이 넘쳐 나는 것과 다름없이 될 것입니다. 이는 자식 된 도리로서 반드시 간해야 할 일이오."

이에 소백이 아버지 제양공에게 가서 간했다.

"부친께서 문강 고모와 만나는 데 대해서 세상에선 여러 가지 말이 많습니다. 삼가소서."

그 말을 듣자 제양공은 대로했다.

"이놈, 너는 무슨 말을 그렇게 하느냐?"

제양공은 분기를 참지 못하고 발길로 소백을 걷어찼다. 소백은 더 간하지 못하고 쫓겨나 스승인 포숙아를 찾아가서 말했다.

"간하였으나 아무 소용이 없구려."

포숙아가 탄식하며 말했다.

"듣건대 지나치게 음탕한 자에겐 반드시 재앙이 따른다고 합니다. 마땅히 타국으로 가서 다음날을 도모하십시오."

"타국으로 간다면 어느 나라로 가야겠소?"

소백이 묻자 포숙아는 잠시 생각한 뒤 대답했다.

"큰 나라는 항상 변덕이 많습니다. 공자의 외가인 거나라로 가는 것이 좋을 듯합니다. 거나라는 소국이니 감히 우리를 업신여기지 못할 것이며 또 본국과 가까우니 언제고 즉시 돌아올 수 있습니다."

"스승의 말씀이 지당하오. 즉시 떠나기로 합시다."

그리하여 소백과 포숙아는 거나라로 갔다. 그 후 제양공은 그 사실을 알았으나 그들의 뒤를 쫓지 않았고 다시 데려오려고도 하지 않았다.

이러던 중에 공손 무지가 제양공을 죽이고 군위에 올랐던 것이며 그는 관중을 초청했다. 무지의 초청을 받은 관중은 혼잣말로 중얼거렸다.

"무지는 자기의 목도 튼튼하지 못하면서 다른 사람의 신세까지 망치려 하는구나."

관중은 궁으로 가지 않고 즉시 소홀과 만나 한동안 상의한 후 둘이서 공자 규를 모시고 노나라로 떠나갔다.

원래 노나라는 공자 규의 외가로 규의 생모는 노나라에서 제나라로 시집온 사람이었다. 노장공(魯莊公)은 제나라에서 온 세 사람을 생두 땅에서 살게 했다. 그리고 달마다 의식(衣食)을 충분히 대줬다.

제나라 공손 무지 원년이었다. 모든 신하들이 신정(新正)을 축하하려고 궁으로 들어갔다. 연칭과 관지부는 높이 앉아 거만스레 굴었다. 신하들은 모두 연칭과 관지부를 아니꼽게 생각했다.

옹름(雍廩)은 신하들의 마음에 불만이 있다는 걸 알고 슬쩍 떠보았다.

"요즘 들리는 소문으로는 우리 나라 공자 규가 그 곳 노나라 군대를 거느리고 우리 제나라를 칠 것이라고 합니다. 다른 분들도 혹시 그런 소문을 들으셨는지요?"

대부들이 대답했다.

"듣지 못했소이다."

옹름은 그 이상 아무 말도 하지 않았다. 조례가 끝나자 궁에서 나온 대부들은 서로 모여 그 길로 옹름의 집으로 갔다. 한 대부가 물었다.

"공자 규가 우리 나라로 쳐들어올 것이라니 그 소문이 사실인지요?"

옹름이 대부들을 둘러보며 되물었다.

"만일 그렇다면 여러분은 어떻게 하겠소?"

실로 의미 있는 질문이었다. 그러자 동곽아가 대답했다.

"선군은 비록 음탕했지만 그 아드님이야 무슨 죄가 있소. 우리는 그 분이 어서 쳐들어왔으면 하고 바라고 있소."

옹름은 대부들의 심중을 알 수 있었다. 그는 자못 비분강개한 어조로 말했다.

"제가 지금 공손 무지 앞에 무릎을 꿇고 있소만 그것은 본의가 아니오. 여러분들이 도와만 준다면 장차 임금을 죽인 역적을 없애 버리고 선군의 아드님을 모실까 하오."

동곽아가 물었다.

"그럼 장차 어떻게 계책을 꾸며야 하겠소?"

"원로 대신 고혜(高傒)는 지혜와 덕망이 있어 모든 사람들의 존경을 받고 있소. 그러므로 연칭·관지부 두 도적도 고혜의 말 한마디면 천금보다 중히 알 것이오. 그 때 나는 궁으로 가서 공손 무지를 죽일 것이오. 그놈을 죽인 후에 연칭과 관지부마저 죽여 버린다면 어느 누가 우리에게 대항하겠소."

"고혜도 그들을 원수처럼 미워하오. 더구나 나라를 위하는 마당인데 어찌 그런 일을 사양할 리가 있겠소."

그들은 앞으로 할 일을 상의했다. 그리고 대표자 몇 사람이 고혜의 집으로 가서 그들의 뜻을 말했다. 고혜는 두말 않고 쾌히 응낙했다.

"좋은 계책이오. 도적들을 없앨 수만 있다면 내 무슨 짓인들 못하겠소."

그 날로 동곽아는 연칭과 관지부의 부중으로 갔다. 동곽아는 고혜가 그들을 청한다는 걸 전했다. 그 말을 듣자 연칭과 관지부는 크게 기뻐했다. 그리고 때를 어기지 않고 고혜의 집으로 갔다. 고혜는 두 사람에게 큰 술잔을 권했다.

"선군은 음탕무도하여 이 늙은이는 매양 나라의 흥망을 근심했소. 이제 다행히 두 분께서 새로 임금을 세우셨으니 이 늙은이도 덕택에 가묘(家廟)를 지키게 되었소이다."

이어서 교혜는 연칭과 관지부에게 계속 술을 권하며 옹름으로부터 소식이 오기를 기다렸다.

한편 옹름은 비수를 품고 궁중으로 들어갔다. 그는 공손 무지 앞에 나아가 아뢰었다.

"지금 급한 소식이 들어왔사옵니다. 공자 규가 노나라 군대를 거느리고 쳐들어온다고 합니다. 조만간에 당도할 것이라 하니 속히 당적할 계책을 세우소서."

무지는 그 말을 믿고 조당(朝堂)으로 나갔다. 그가 막 자리에 앉으려는데 모든 대부가 일시에 일어나 앞을 가로막았다. 그와 동시에 뒤따라 오던 옹름이 품 속에서 비수를 뽑아 그의 등에 찔렀다. 그리하여 공손 무지는 군주의 자리에 오른 지 불과 한 달 만에 세상을 떠나고 말았다.

옹름은 공손 무지를 죽인 후 즉시 사람을 시켜 고혜에게 소식을 전했다. 고혜는 즉시 일어나 안방으로 들어가 버렸다.

연칭과 관지부는 갑자기 무슨 일이 생겼는지 몰라 어리둥절했다. 그때 처마 밑에 숨어 있던 자객들이 일제히 뛰어나와 방 안으로 들어갔다. 잠시 후 외마디 소리가 두 번 일어났다.

술자리는 피투성이가 되고 연칭과 관지부의 몸은 토막이 났다. 뒤이어 그들을 따라왔던 시종들도 모두 몰살을 당했다.

얼마 후 옹름과 대부들이 속속 고혜의 부중으로 모여들었다. 그들은 연칭과 관지부의 배를 가르고 간을 내어 제양공의 신위 앞에 바치고 제사를 지냈다. 또 일변 사람을 노나라로 보내 공자 규를 모셔 오게 했다.

한편 노장공은 공자 규를 군주의 자리에 모시려고 제나라에서 사람이 왔다는 소식을 듣고 크게 기뻐했다.

노장공은 친히 병거 3백 승을 거느리고 공자 규를 호위하고서 제나라로 떠날 준비를 했다. 관중이 급히 들어가 노장공에게 말했다.

"지금 공자 소백이 거나라에 있습니다. 거나라는 이 곳 노나라보다 제나라에 가까우니 만일 소백이 먼저 들어가면 누가 임금이 되느냐에 대해 말썽이 일어날 것입니다. 하오니 신에게 좋은 말(馬)과 군대를 빌려 주십시오. 먼저 가서 뒷말이 없도록 미리 일을 꾸며 놓고 영접하겠습니다."

노장공은 두말 않고 병거 30승을 관중에게 내주었다. 이에 관중이 먼저 출발했다.

거나라에 있는 공자 소백은 본국에서 난이 일어나 임금 자리가 비었다는 소식을 듣고 즉시 포숙아와 상의했다. 소백이 포숙아에게 물었다.

"장차 어찌하면 좋겠소?"

"관중이 공자 규를 데리고 본국에 당도하기 전에 우리가 먼저 가야 합니다. 일이 매우 급합니다. 거후(莒侯)에게 청하여 전거를 빌려 타고 즉시 출발하도록 합시다."

거후는 포숙아의 청을 받자 병거 1백 승과 군대를 내주었다. 이에 포숙아와 공자 소백은 거나라 군대의 호위를 받으며 본국으로 달렸다.

관중이 즉묵(卽墨) 땅에 이르렀을 때였다. 그 곳에서 비로소 거나라 군대가 먼저 지나갔다는 소식을 들었다. 관중은 달리는 말에 채찍질을 하며 전거를 풍우같이 몰아 거나라 군대의 뒤를 쫓았다.

관중이 30리쯤 갔을 때였다. 그는 마침내 전거를 세우고 밥 짓는 거나라 군대들과 만났다. 관중이 바라보니 공자 소백이 수레 위에 단정히 앉아 있었다. 관중은 수레 앞으로 나아가 국궁하고 물었다.

"공자께서는 그간 별고 없으셨습니까. 그리고 지금 어디로 가시는 길이옵니까."

"부군(父君) 제양공이 세상을 떠나셨으므로 내 친상(親喪)에 가는 길이오."

소백이 대답하자 관중이 말했다.

"공자 규는 선군의 장자이십니다. 마땅히 이번 상사(喪事)의 주인은 공자 규이십니다. 그러니 잠시 이곳에 머무시며 헛되이 수고하지 마시옵소서."

그 때 곁에 있던 포숙은 오래간만에 친한 친구와 만났건만 말없이 관중의 거동만 노려보다가 강경한 태도로 말했다.

"관중은 여러 말 말고 물러가라. 우리는 각기 주인이 다르다."

관중은 대답하지 않고 주위를 둘러봤다. 모든 거나라 군대들이 노한 눈으로 자기를 노려보고 있었다. 여차하면 즉시 싸울 기색이었다. 관중은 자기가 거느리고 온 노나라 전거 30승으로는 소백이 거느리고 온 거나라 전거 100승과 도저히 겨룰 수 없다는 것을 알았다.

"그렇다면 하는 수 없지요. 나는 물러가겠소."

관중은 겉으로 물러가는 체하고 얼마쯤 가다가 홱 돌아서면서 번개같이 활을 잡아당겨 수레 위에 앉아 있는 소백을 향해 쏘았다.

무심히 수레 위에 앉아 있던 소백은 다음 순간 외마디 소리를 질렀다.

"아앗!"

소백이 입에서 붉은 피를 흘리며 수레 위에 쓰러졌다. 포숙아는 황급히 소백을 부축했으나 소백의 몸은 꼼짝도 하지 않았다. 수행하던 사람들이 소리쳤다.

"이 어인 변고란 말인가!"

일제히 곡성이 진동했다. 관중은 그제야 소백이 죽은 것을 알고 나는 듯이 말에 올라 전속력으로 달아났다.

관중은 얼마쯤 가다가 뒤따라 오는 노장공과 만나 그 사실을 고했다. 그리고 공자 규에게 축하했다.

"이는 다 공자의 홍복이지 저의 공은 아닙니다."

그리하여 노장공과 관중과 공자 규는 안심하고 다시 천천히 떠났다. 이르는 곳마다 읍장(邑長)들이 바치는 예물과 음식 대접을 받으면서 그들은 유유히 제나라로 향했다.

그러나 관중이 쏜 화살은 소백의 허리띠 갈고리에 맞았을 뿐이었다. 소백은 전부터 관중이 활을 잘 쏜다는 것을 알고 있었고 또다시 쏘지나 않을까 두려웠다. 그래서 화살을 맞는 순간 입술을 깨물고 피를 흘리며 죽은 듯이 쓰러졌던 것이다.

"관중이 비록 갔으나 언제 또 쫓아올지 모릅니다. 속히 가사이다."

이에 소백은 변복하고 소로(小路)로 달아났다. 소백과 포숙아 일행은 임치(臨淄: 제나라 도성) 가까이 이르자 포숙아가 먼저 홀로 수레를 달려 성중으로 들어갔다. 그리고 모든 대부들을 찾아보고 공자 소백이 어질고 덕이 있음을 말했다. 대부들은 매우 난처했다.

"이제 곧 공자 규가 올 것이오. 그럼 우리는 그를 어찌 대우해야겠소?"

포숙아가 대답했다.

"우리 제나라는 잇달아 두 임금이 죽임을 당했소. 어질고 덕 있는 분이라야 능히 이 어지러운 시국을 안정시킬 수 있소. 더구나 규를 영접하기 전에 소백이 먼저 오셨소. 이것이 바로 하늘의 뜻이오. 만일 규가 군위(君位)에 오른다면 노장공이 반드시 우리에게 많은 것을 요구할 것이오."

대부 습붕과 동곽아가 일제히 외쳤다.

"숙아의 말씀이 옳소이다."

그리하여 대부들은 마침내 소백을 영접하기로 작정했다. 드디어 소백이 성 안으로 들어가 제나라 군위에 오르니 그가 바로 저 유명한 제환공(齊桓公)이다.

포숙아가 말했다.

"노장공에게 사람을 보내야 합니다."

이에 중손추가 노장공을 만나려고 떠났다. 그는 도중에 노장공 일행과 만났다. 중손추가 포숙아의 말을 전했다.

"우리 제나라에는 이미 새 임금이 즉위하셨습니다. 군주께서는 물러가소서."

노장공은 그제야 소백이 죽지 않았다는 걸 알고는 말했다.

"자고로 군위는 장자가 잇는 법이다. 어찌 차자가 임금이 될 수 있는가. 과인이 삼군을 거느리고 왔으니 법을 바로 세우겠노라."

중손추가 돌아가 제환공에게 사실대로 고하자 포숙아에게 물었다.

"노후가 물러가지 않겠다 하니 어찌할꼬?"

"정 그렇다면 군대로 막는 수밖에 없습니다."

대답한 포숙아는 왕자 성보로 우군을 삼고 동곽아로 좌군을 삼고 포숙아 자신은 제환공을 모시고 중군이 됐다.

동곽아가 말했다.

"노장공은 우리에게 준비가 있을까 두려워 섣불리 쳐들어오지는 못할 것입니다. 건시(乾時)의 땅에 있는 물과 풀을 이용하여 그곳에 우리 군대를 매복시키는 것이 좋겠습니다. 그리고 기회를 엿보아 공격하면 반드시 적을 무찌를 수 있을 것입니다."

"좋은 생각이오."

포숙아는 영월과 중손추로 하여금 각기 군대를 거느리고 건시로 가는 길에 나누어 매복하도록 했다. 그리고 옹름에게 일러 싸움을 걸되 적을 유인해서 끌어들이게 했다.

한편, 노장공은 공자 규와 함께 건시 땅에 이르렀다. 관중이 아뢰었다.

"소백은 이제 겨우 군위에 올랐기 때문에 아직 민심이 안정되지 않았을 것입니다. 이 기회를 놓치지 말고 속히 공격하면 성 안에서도 혼란이 일어날 것입니다."

그랬더니 노장공이 관중을 핀잔했다.

"그대의 말을 믿는다면 소백은 벌써 죽었어야 할 것이 아닌가. 이곳에다 영채를 세우리라."

노장공은 전방에다 영채를 세우고 공자 규는 후방에다 영채를 세우도록 했다. 서로 간의 거리는 20리 남짓했다.

첩자가 돌아와 보고했다.

"제군(齊軍)이 이곳으로 몰려오고 있습니다."

노장공은 친히 전거를 타고 앞으로 달려가 제나라 선봉 옹름과 대진했다. 노장공이 큰 소리로 꾸짖었다.

"장자를 버리고 차자를 세운 무도한 놈들이 감히 과인의 앞을 가로막느냐!"

노장공은 즉시 조말(曹沫)에게 명하여 옹름을 치게 했다. 조말이 말을 달려 옹름에게로 달려들었다. 그러나 불과 수 합을 싸우고 난 옹름은 도저히 감당할 수 없다는 듯이 말머리를 돌려 달아났다. 이에 조말은 창을 높이 들고 옹름을 뒤쫓았다.

그 사이에 포숙아의 대군은 소리 없이 조말을 에워싸기 시작했다. 조말은 제군의 포위 속에 빠져 좌충우돌하다가 몸에 화살까지 맞고 죽을 힘을 다해 겨우 포위에서 벗어났다.

이 때 포성이 일어나며 그 때까지 매복하고 있던 영월과 중손추가 군대를 거느리고 일제히 뛰어나왔다. 노군은 삼면에서 진격해 들어오는 제군을 감당할 수 없어 흩어져 달아나기 시작했다.

포숙아는 제나라 군대가 완전히 이긴 것을 알고 꽹과리를 쳐서 군대를 거둔 뒤에 영월과 중손추를 건시에 머물러 있게 하고 먼저 회군했다.

관중은 후방의 영채에서 치중을 관할하고 있다가 노군이 제군에게 패했다는 소식을 들었다. 그는 전거를 거느리고 노장공을 도우러 달려갔다. 그러나 때는 이미 늦어 그는 달려가던 도중에 이 편으로 도망해 오는 노장공과 만났다.

그들이 서로 군대를 합치고 있을 때 조말 또한 패잔병을 이끌고 왔다. 관중이 길게 탄식했다.

"군대들이 이미 사기를 잃었으니 잠시도 머물 수가 없구나."

그들이 영채를 뽑아 가지고 퇴군하고 있을 때였다. 문득 그들의 앞길을 일대의 군대가 가로막았다. 그것은 왕자 성부와 동곽아가 사잇길로 돌아가 매복시켜 놓았던 군사들이었다. 조말이 창을 높이 들고 외쳤다.

"주공은 속히 달아나소서. 신은 이곳에서 죽겠습니다."

조말과 동곽아가 서로 어울려 싸우는데 바로 적수라 쉽게 승부가 나지 않았다. 이윽고 조말은 구름같이 몰려오는 제군을 당하지 못하고 마침내 말머리를 돌려 달아났.

노장공 일행은 조말이 싸우는 동안 범 아가리에서 벗어나듯 가까스로 위기에서 벗어나 목숨을 건질 수 있었다.

제환공이 이른 아침에 조회에 나가자 모든 신하들이 승전을 축하했다. 포숙아가 앞으로 나가서 아뢰었다.

"지금 규가 노나라에 있고 관중과 소홀이 그를 돕고 있으며 노나라가 그들을 도우니 이는 우리 제나라의 근심이 아닐 수 없습니다."

"그러면 장차 이 일을 어찌하면 좋을꼬?"

제환공이 묻자 포숙아가 대답했다.

"이번 건시 싸움에서 노후는 간담이 서늘해졌을 것입니다. 지금 신이 대군을 거느리고 노나라 경계에 가서 노나라가 규를 없애 버리지 않으면 우리가 노나라를 치겠다 하겠습니다. 그러면 노후가 반드시 두려워서 복종할 것입니다."

"과인은 그대의 말을 쫓을 뿐이오."

이에 포숙아가 대군을 거느리고 문양으로 갔다. 그는 공손(公孫) 습붕에게 서신을 주어 노나라로 보냈다. 서신의 내용은 다음과 같았다.

    외신(外臣) 포숙아는 노후 전하께 백배하고 아뢰나이다. 집안에는 주인이 둘 없는 법이며 나라에는 임금이 둘 없는 법입니다. 우리 임금이 이미 종묘를 받들고 계시건만 공자 규가 외람되이 다투어 뺏으려 하니 이 일은 천하가 용납하지 못할 일입니다. 우리 임금께서는 형제 간의 우애로써 차마 그를 죽이고자 하지 않으시니 원컨대 상국(上國)은 우리를 대신해서 공자 규를 처치해 주소서. 더구나 관중과 소홀은 우리 주공의 원수입니다. 그들을 우리에게 돌려주시어 우리 나라 태묘 앞에서 그들을 죽이게 하여 주십시오.

포숙아는 습붕이 떠날 때 신신당부했다.

"관중은 천하의 기재(奇才)이다. 내가 장차 주공께 천거해서 불러 쓸 작정이니 어떻게 해서라도 죽이지 않게 하라."

"만일 노후가 꼭 자기 손으로 관중을 죽이겠다면 그 땐 어떻게 할까

요?"

"그럴 때는 관중이 우리 주공을 활로 쏘았다고 말하라. 노후는 관중이 제나라로 가기만 하면 우리 주공 손에 반드시 죽을 줄로 믿을 것이다."

습붕은 연신 머리를 끄덕이고는 노나라로 갔다.

7. 치국지도(治國之道)

노장공은 포숙의 서신을 읽고 나서 시백(施伯)을 불렀다.

"공자 규를 어떻게 해야 할꼬."

"소백은 능히 사람을 쓸 줄 알았기 때문에 우리가 건시 싸움에서 패했사옵니다. 그러니 규는 소백과 비할 바가 아닙니다. 더구나 이제 제나라 군대가 경계에 와서 우리를 위협하고 있사오니 규를 죽이고 그들과 강화하는 것이 상책이옵니다."

이 때 공자 규와 관중과 소홀은 다 함께 생두 땅에 있었다. 노장공이 공자 언(偃)에게 분부했다.

"네가 생두에 가서 공자 규를 죽이고 오너라."

그리하여 공자 언은 군대를 거느리고 생두에 가서 공자 규를 죽이고 소홀과 관중을 잡아왔다. 노장공은 잡혀온 그들을 죄수처럼 함거 속에 가두라고 분부했다. 그 말을 듣고 소홀이 하늘을 우러러보며 크게 통곡했다.

"자식이 부모를 위해 죽으면 효도라 하고 신하가 임금을 위해 죽으면 충신이라 하니 이는 다 그 사람의 분수인 것이다. 나는 공자 규를 따라 지하로 갈지언정 살아서 어찌 이 같은 모욕을 당하리오."

말을 마치자 소홀은 궁전 기둥에 머리를 짓찧고 두골이 깨어져서 죽었다. 그것을 보고 관중이 조용히 말했다.

"자고로 임금을 위해 죽는 신하도 있고 임금을 위해 살아야 할 신하도 있다. 나는 살아서 제나라에 돌아가 죽은 공자 규의 원수를 갚으리라."

관중은 태연히 함거 속으로 들어갔다. 그 때 시백이 목소리를 낮추어 노장공에게 말했다.

"신이 보건대 제나라에 그를 돕는 자가 있는 듯하니 쉽게 죽을 것 같지 않사옵니다. 만일 그를 죽이지 않으면 반드시 제나라에서 그를 크게 쓸 것이옵니다. 그렇게 되면 제나라는 반드시 장차 천하의 패권을 잡게 될 것이고 우리 노나라는 편안할 날이 없으리이다. 주공께서 제나라에 청해서 관중을 살리도록 하십시오. 주공의 힘으로 관중이 살게 되면 그는 반드시 주공의 덕을 잊지 못할 것인즉 그 때 우리가 그를 크게 등용하면 앞으로 제나라를 두려워할 것이 없을 줄로 압니다."

노장공이 고개를 저으며 대답했다.

"제환공은 지금 관중을 원수로 생각하고 있다. 우리가 관중을 살려주고 또 그를 등용하면 우리가 비록 규를 죽였다 하더라도 그의 분은 풀어지지 않을 것이다. 차라리 관중을 보내어 그의 손으로 직접 버리게 하는 것이 좋으리라."

그러자 시백이 무서운 말을 했다.

"주공께서 꼭 관중을 살려 수하에 두실 생각이 없으시면 친히 그를 죽여 그의 시체를 제나라로 보냅시오."

노장공은 그제야 머리를 끄떡였다.

"그러는 것이 좋겠군."

마침내 관중의 목숨은 바람 앞에 등불과 같이 되었다. 이 때 공손 습붕은 노나라가 직접 관중을 죽이기로 했다는 소문을 듣고 황급히 궁정으로 달려가 노장공에게 말했다.

"지난날 관중은 활로 우리 주공을 쏴 분이 골수에 사무쳐 있는데 친히 관중을 죽여 그 시체만 보낸다면 우리 주공은 그 분노를 풀 길이 없으실 것이니 장차 이 일을 어찌하시렵니까."

습붕의 말을 들은 노장공은 관중과 죽은 공자 규와 소홀의 목을 함께 내주었다. 습붕은 노장공에게 사은하고 노나라를 떠났다.

함거 속에 잡혀가면서 관중은 그것이 다 포숙아의 계책이라는 것을 알았다. 동시에 관중은 그만큼 불안했다. 관중은 속으로 혼자 중얼거렸다.

'노나라의 시백은 실로 무서운 지사(智士)로다. 그들은 비록 나를 석방했으나 곧 후회할지 모르며 후회하면 즉시 쫓아올 것이다.'

그리하여 관중 일행은 밤낮을 쉬지 않고 달렸다.

그들 일행이 당부(堂阜) 땅에 이르자 기다리고 있던 포숙아가 그들을 영접했다. 포숙아는 관중이 온 것을 보고 무슨 지극한 보물이나 얻은 듯이 기뻐했다.

포숙아는 즉시 사람들에게 명해 함거를 부수어 관중을 모셔 내리게 한 다음 말했다.

"내가 그대를 주군께 천거하려 하네."

그러자 관중이 대꾸했다.

"내가 원래 소홀과 함께 규를 섬겼으나 능히 규를 받들어 임금 자리에 올려 모시지 못했고 또 같이 죽었어야 할 텐데 그러지도 못했으니 참으로 보잘것없는 몸이네. 그런데 내가 이제 지난날을 배반하고 앞으로 원수를 섬긴다면 소홀이 지하에서 나를 비웃을 것이네."

포숙아가 조용히 말했다.

"큰일을 하려는 자는 조그만 일에 마음을 쓰지 않으며 큰 공을 세우려는 자는 조그만 절개 때문에 목숨을 버리지 않네. 더구나 그대는 천하를 경영할 수 있는 재주를 가졌음에도 지금까지 때를 만나지 못한 것뿐이네. 지금의 주공은 뜻이 높고 식견이 넓으니 만일 그대를 얻어 도움을 받는다면 장차 우리 제나라는 천하 패업(霸業)을 성취할 것이네. 공을 천하에 높이고 이름을 제후들 사이에 드날리는 것과 필부(匹夫)가 절개를 지켜 부질없는 죽음을 취하는 것과 어찌 같으리오."

관중은 입을 다물고 말이 없었다.

포숙아는 관중을 우선 당부(堂府)에 머물도록 하고 임치로 돌아가 제환공에게 아뢰었다.

"관중은 천하의 기재입니다. 소홀히 다룰 일이 아닙니다. 신이 이제 그를 죽이지 않고 데려왔으니 크게 쓰도록 하소서."

제환공이 얼굴을 찌푸리며 말했다.

"그는 과인에게 활을 쏜 자라 그의 살을 씹어도 오히려 쾌치 않거늘 어찌 그자를 크게 등용하란 말인가."

"신하된 자로서 그 누가 자기 주공을 위하지 않겠습니까. 그가 활로 주공을 쏜 것은 공자 규만 알고 주공을 몰랐기 때문입니다. 이제 주공께서 그를 등용하신다면 그는 주공을 위해 활로 천하를 쏠 것입니다. 주공은 그까짓 갈고리 맞은 것만을 논하려고 하십니까."

제환공이 그제야 머리를 끄덕이며 말했다.

"그대의 말을 잠시 듣기로 하겠다. 관중을 죽이지 말고 그냥 두라."

이에 포숙아는 관중을 영접하여 자기 집으로 데리고 갔다. 그리고 그들은 밤낮 서로 담론하면서 즐겼다.

그 후 제환공은 모든 신하들의 공로를 기리기 위해 벼슬과 토지를 제수(除授)했다. 제환공이 분부했다.

"포숙아를 상경(上卿)으로 제수하니 앞으로 나라 정사를 도맡아 보라."

포숙아가 사양했다.

"주공께서 신에게 은혜를 베풀고자 하실진대 신으로 하여금 헐벗고 배고프지 않게만 해 주시면 그것만으로 족합니다. 나라 정사를 다스리는 데는 신이 그 적임자가 아닙니다."

제환공이 머리를 흔들며 말했다.

"과인은 경을 안다. 경은 사양 말라."

"신은 그저 예에 따라 법을 지키는 데 불과합니다. 어찌 국가를 다스릴 만한 인재라 하겠습니까. 대저 국가를 다스릴 자는 안으로는 백성을 편안하게 하고 밖으로는 사이(四夷)를 무마하여 국가를 태산처럼 튼튼하게 하는 자라야만 비로소 신하라 하겠으며 임금을 돕는 소임자라 하겠습니다. 그러니 신 같은 자가 어찌 이 대임을 감당하겠습니까."

그 말을 듣자 제환공은 자기도 모르는 중에 기쁨을 감추지 못하고 포숙아에게 물었다.

"경이 말한 그런 인재가 있단 말이오?"

"그는 바로 관중입니다. 제 말을 믿지 못 하시겠다면 신이 일일이 그 이유를 들겠습니다. 신이 관중만 못한 것이 다섯 가지 있습니다. 그 하나는 너그럽고 부드러이 백성들에게 은혜를 베푸는 것이 그만 못하며 둘째는 국가를 다스리되 그 근본을 잃지 않는 것이 그만 못하며 셋째는 충성과 믿음으로써 백성들과 단결할 수 있는 것이 그만 못하며 넷째는 예의를 제정하여 사방에 펴는 것이 그만 못하며 다섯째는 군문(軍門)에 높이 서서 군대로 하여금 싸우게 하는 것이 그만 못합니다."

제환공이 연신 머리를 끄덕이며 말했다.

"경은 곧 그를 불러오라. 과인이 직접 그의 식견을 시험해 보겠다."

포숙아가 조용한 어조로 다시 말을 이었다.

"주공께서 관중을 등용하시려면 재상의 직위를 내리시고 부형에 대한 예로써 영접하십시오. 대저 비상한 사람에겐 반드시 비상한 예로써 대우해야 합니다."

마침내 제환공이 말했다.

"과인은 그대가 시키는 대로 하겠다."

이어서 제환공은 태복(太卜)에게 명해 길일을 택하고 교외에까지 나가서 관중을 영접하기로 했다. 이에 포숙아는 자기 집으로 돌아가서 관중을 안내했다.

제환공은 친히 교외까지 나가서 관중을 영접하고 함께 나란히 수레를 타고 궁으로 향했다. 길 양편 가득 모여 그 광경을 구경하던 백성들 중에서 놀라지 않는 자가 없었다.

궁으로 들어간 관중이 머리를 조아리고 앉자 제환공이 물었다.

"이번에 과인이 사직(社稷)을 맡았으나 민심은 아직 안정되지 않고 나라의 위세 또한 서지 못했소. 앞으로 나라 정사를 다스리고 기강을 바로잡으려면 장차 무엇을 먼저 해야겠는가?"

관중이 대답했다.

"예(禮)·의(義)·염(廉)·치(恥)는 국가의 네 가지 근본입니다. 오늘날 주공께서 이 네 가지 근본부터 펴면서 백성을 부리면 국가의 기강은 저절로 서고 위세 또한 따라서 떨치게 될 것입니다."

"어떻게 하면 능히 백성을 부릴 수 있는가?"

"백성을 부리고자 하시면 반드시 먼저 백성을 사랑해야 합니다."

"군대가 많지 못해서 국가의 위세를 떨칠 수 없을 땐 어찌하는가?"

"원래 군대란 것은 그 정예한 것을 중시할 뿐 수효가 많은 것을 목적하지 않습니다. 그리고 군대는 힘보다 마음이 강해야 합니다."

"군대가 이미 강하면 가히 천하 모든 제후들을 정벌할 수 있겠는가?"

"안 됩니다. 우리가 주 왕실에게 항거하면 이웃 나라들이 우리를 따르지 않습니다. 주공께서 천하 제후에게 뜻을 두신다면 우선 주 왕실을 존중하시고 이웃 나라와 친교를 맺으십시오."

"옳은 말이로다."

제환공과 관중은 드디어 의기 상통하여 사흘 밤낮을 담론했으나 조금도 피곤한 줄을 몰랐다.

제환공은 크게 기뻐 목욕재계하고 태묘에 고한 다음 관중을 재상으로 삼으려 했다. 그러나 관중은 굳이 사양했다. 제환공이 물었다.

"그대를 재상으로 삼고 장차 나의 뜻을 펴고자 하는데 어찌하여 받지 않겠다는 것인가?"

"신이 듣건대 크나큰 집을 지으려면 한 나무의 재목으로는 안 된다고 합니다. 주공께서 꼭 큰 뜻을 펴고자 하실 때에는 다섯 인재를 등용하소서."

"다섯 인재라니 그게 누구요?"

"당에 오르고 내려갈 때 겸손하게 예의를 갖추고서 익숙하고 여유 있는 자세로 나아가거나 물러나면서 강해야 할 때는 강하고 부드러워야 할 때는 부드럽게 언사를 행하는 것은 신이 습붕만 못합니다. 청컨대 습붕을 대사행(大司行)으로 삼으소서. 또 토지를 개척하고 많은 곡식을 거두어 땅의 이익을 완수하는 것은 신이 영월만 못합니다. 청컨대 영월을 대사전(大司田)으로 삼으소서. 삼군이 목숨을 걸고 싸울 수 있도록 하는 데에는 신이 왕자 성보만 못합니다. 청컨대 왕자 성보를 대사마(大司馬)로 삼으소서. 또 옥사를 판결하되 중용을 잃지 않고 무고한 사람을 죽이지 않는 것은 신이 빈수무(賓須無)만 못합니다. 청컨대 빈수무를 대사리(大司理)로 삼으소서. 또 임금의 비위를 거슬리면서까지 간하되 죽음으로도 그 뜻을 굽히지 않는 것은 신이 동곽아만 못합니다. 청컨대 동곽아를 대간(大諫)으로 삼으소서. 그러고도 주공께서 다시 패업(霸業)을 원하신다면 신이 비록 재주는 없으나 삼가 군명(君命)을 받들겠습니다."

그리하여 제환공은 드디어 관중으로 재상을 삼고 그가 천거한 그대로 습붕 이하 다섯 사람에게 벼슬을 주어 자기가 맡은 바를 다하게 했다.

어느 날 제환공은 관중에게 이런 말을 했다.

"과인은 불행하게도 사냥과 여자를 좋아하오. 장차 패업을 이루는 데 해롭지 않겠는가?"

"해가 되지 않습니다."

"그러면 어떤 것이 해로운가?"

"어진 사람을 몰라보는 것이 해롭고 어진 사람을 알면서도 쓰지 않으면 해로우며 어진 사람을 쓰면서도 신임하지 않으면 해롭고 어진 사람을 신임하면서도 소인들의 말에 귀를 기울이면 해롭습니다."

제환공이 옷깃을 여미며 말했다.

"참으로 금석같은 말이오."

제환공은 관중을 신임하고 존경하는 뜻에서 그를 중보(仲父)라 부르고 최고의 은례로써 대우했다. 그리고 제나라 사람이면 누구나 관이오라는 이름을 함부로 부르지 못하게 하며 관중(管仲)이라 부르도록 했다. 즉 고대 사람들은 존경하는 사람은 그 이름을 함부로 부르지 않고 그 자(字)를 불렀는데 이를 군주가 직접 명한 것이다.

8. 군신교희(君臣交戱)

한편 노장공은 제환공이 관중을 죽이지 않고 도리어 재상으로 삼았다는 소문을 듣고 탄식했다.

"내가 시백의 말을 듣지 아니한 것이 천추의 한이로다."

노장공은 드디어 전거를 일으켜 지난날 건시 싸움에서 패한 원수를 갚고자 제나라를 치기로 결심했다. 그 소식은 첩자의 보고를 통해 즉시 제환공에게 전달됐다. 제환공이 관중에게 물었다.

"과인이 새로 군위에 오른 만큼 앉아서 싸움을 기다리기는 싫소. 차라리 우리가 먼저 노나라를 치는 것이 어떠하오?"

관중이 대답했다.

"우리는 전거와 정사(政事)가 다 안정되어 있지 않습니다."

그러나 제환공은 그 말을 듣지 않고 포숙아를 장수로 삼아 군대를 거느리고 가서 장작(長勺) 땅을 치게 했다.

노장공이 시백에게 물었다.

"제나라가 어찌 이다지도 무례한고. 그들이 먼저 쳐들어온다 하니 장차 어찌 막을꼬?"

"신이 한 사람을 천거하겠습니다. 그 사람이면 가히 당적(當敵)할 것이옵니다."

"그가 누구요?"

"성은 조(曺)며 이름은 귀(劌)라고 합니다. 지금 시골 동평(東平) 땅에 살고 있는데 벼슬에는 뜻을 두지 않고 있사옵니다."

노장공은 즉시 시백에게 조귀를 데려오도록 분부했다. 이에 시백은 동평으로 그를 찾아갔다.

조귀가 노장공을 뵈자 노장공이 그에게 물었다.

"지금 제병(齊兵)이 쳐들어오니 어찌 막을꼬?"

"군대란 것은 그때그때의 형편에 따라 승리를 꾀할 뿐입니다. 한 번 보지도 않고서 어찌 미리 말할 수 있겠사옵니까."

이에 노장공은 조귀와 함께 전거를 타고 바로 장작 땅으로 향했다.

한편 포숙아는 노장공이 군대를 거느리고 온다는 첩보를 듣자 즉시 진을 정비하고 대기했다. 이윽고 노장공의 군대가 이르더니 곧 진을 치고 마주 대했다. 포숙아는 지난날 건시에서 크게 이겼기 때문에 노군을 얕보고 있었다. 그가 명령을 내렸다.

"북을 울리고 즉시 진격하라! 먼저 적진을 돌파한 자에겐 큰 상을 주리라!"

노장공은 진동하는 북소리를 듣더니 노군에게도 북을 울리도록 했다. 그러자 조귀가 만류했다.

"제나라 군세가 바야흐로 날카롭습니다. 우리는 조용히 때를 기다려야 하옵니다."

그러고는 명령을 내렸다.

"누구든지 경거망동하는 자가 있으면 불문곡직하고 참하겠다! 각별히 조심하라!"

마침내 제군은 노나라 진을 공격했다. 그러나 어찌 된 셈인지 노나라 진은 고요하기만 했으며 철통같았다. 결국 제군은 노진을 무찌르지 못하고 물러갔다. 조금 지난 후 제군은 다시 북을 울리면서 노군의 진을 공격했다. 그러나 노군은 역시 꼼짝도 하지 않았다. 제군은 다시 또 세 번째 북을 울리며 공격을 하다가 결국에는 제풀에 지쳐 물러갔다.

그제야 조귀가 노장공에게 아뢰고는 큰 소리로 명령했다.

"이제 제군을 공격할 때가 되었사옵니다. 북을 크게 울려라!"

노군은 우레 같은 북소리와 함께 벌 떼처럼 제나라 진영을 향해 짓쳐 들어갔다. 노군의 형세는 그야말로 노도와도 같았다. 제군은 이리 거꾸러지고 저리 쓰러지며 달아나기 시작했다.

노장공이 승세를 놓치지 않고 즉시 추격하려는데 조귀가 말렸다.

"잠깐 계시옵소서. 신이 사세를 두루 살펴본 뒤에 결정하소서."

그는 즉시 제군이 진을 벌였던 곳으로 가서 여기저기 두루 살펴보고 나서 말했다.

"가히 적을 추격할 만하옵니다."

이에 노장공은 급히 전거를 달려 달아나는 제군을 뒤쫓았다. 노장공은 제군을 30리나 뒤쫓다가 돌아왔다. 빼앗은 무기와 전리품들이 이루 헤아릴 수 없을 정도로 많았다.

제나라 군대를 크게 무찔러 이긴 노장공이 조귀에게 물었다.

"경은 한 번 북을 울려 세 번이나 북을 울린 적군을 단번에 이겼으니 어찌 된 까닭이오?"

"대체적으로 싸움은 기운을 주로 삼습니다. 기운이 씩씩하면 이기며 기운이 쇠하면 집니다. 북을 울리는 것은 기운을 돋우기 위한 것입니다. 한 번 울리면 기운이 일어나고 두 번 울리면 기운이 성하고 세 번 울리면 기운이 쇠합니다. 신은 적이 세 번 북을 울려 기운이 쇠했기에 한 번 북을 울려 기운을 일으켰사옵니다. 일어나는 기운으로 쇠진한 기운을 눌렀으니 어찌 이기지 않을 수 있겠사옵니까."

노장공이 다시 물었다.

"제나라 군대가 패했을 때는 어째서 즉시 추격하지 않았는가?"

"제나라 사람은 속임수가 많사옵니다. 혹시 복병이 있지 않을까 두려워 달아나는 적을 곧 쫓지 않고 그들이 떠나간 진지를 봤습니다. 전거 바퀴자국이 종횡으로 산란한 걸 보고서야 제군이 복병을 깔아 두고 계획적으로 달아나는 것이 아니란 걸 알고 추격했사옵니다."

노장공은 연신 머리를 끄덕이며 찬탄했다.

"경은 참으로 병법을 아는 사람이오."

이에 노장공은 조귀를 대부로 삼고 그를 추천한 시백에게 많은 상을 내렸다.

제환공은 제나라 군대가 노장공에게 패해 돌아오자 크게 실망했다.

"군대가 싸움에 나아가 패하고 돌아왔으니 이러고서야 장차 어찌 여러 나라 제후를 거느릴 수 있으리오."

포숙아가 머리를 숙이고 아뢰었다.

"제와 노는 천승(千乘)의 나라이옵니다. 그러므로 군세(軍勢)가 서로 비슷하여 강하고 약한 것이 뚜렷하지 않습니다. 이제 신은 원컨대 주공의 명으로 송나라에 도움을 청하고 우리 제와 송이 합력해서 노를 치면 가히 이번 수치를 설욕할 수 있으리라 믿사옵니다."

제환공은 그 일을 허락하고 사신을 송나라로 보냈다.

송나라의 민공은 제양공 때부터 늘 제나라와 협력해 왔던 만큼 사신의 청을 듣고 즉시 승낙했다. 그리하여 제·송 두 나라는 그 해 여름 6월에 각기 군대를 거느리고 낭성(郎城) 땅에서 만나기로 했다.

어느덧 6월이 되었다. 송나라에서는 남궁장만(南宮長萬)이 장수가 되고 맹획(猛獲)이 부장이 되어 출발했다. 그리고 제나라에서는 포숙아가 장수가 되고 중손추(中孫湫)가 부장이 되어 출발했다.

한편 노장공은 제·송 두 나라 군대가 쳐들어온다는 보고를 받고 말했다.

"제나라가 송나라 군대까지 청해서 함께 쳐들어온다 하니 어찌할꼬. 더구나 송나라 남궁장만은 촉산(觸山)에 있는 가마솥을 들어 올렸다는 천하장사다. 우리 나라에는 그를 대적할 만한 장수가 없으니 큰일이오."

공자 언(偃)이 나서서 아뢰었다.

"신이 가서 저들의 동정을 한번 보고 오겠나이다."

"그리하라."

공자 언이 갔다가 돌아와서 보고했다.

"포숙아는 매사에 조심하는 듯 군용(軍容)이 몹시 정연한데 남궁장만은 스스로 자기의 용기만 믿는 듯 그 항오(行伍)가 자못 어지럽습니다. 하오니 방비 없는 송군을 먼저 엄습하면 가히 그들을 무찌를 수 있을 것이옵니다. 송군이 패하면 제군도 힘을 잃고 우리와 싸우려 하지는 않을 것이옵니다."

"그대가 먼저 가라. 과인은 그대 뒤를 접응하리라."

이에 공자 언은 호피(虎皮) 백여 장을 백여 필의 말에다 둘러씌운 다음 희미한 달빛 아래 기(旗)를 눕히고 발자국 소리를 죽여 송군의 영채로 다가갔다. 송군의 영채는 조용하기만 했다.

공자 언은 군대들에게 일제히 불을 올리게 했다. 시뻘건 불길이 오르면서 금고(金鼓: 징과 북) 소리가 천지를 뒤흔들었다. 노군은 송군의 영채로 돌격해 들어갔다. 송군은 타오르는 불빛 저편에 일대의 맹호(猛虎)가 나타난 줄로 알았다. 영채의 군대들은 크게 놀라 달아나고 말들은 미친 듯이 콧소리를 내며 줄을 끊고 이리저리 날뛰었다.

남궁장만이 제아무리 용맹하다고 해도 이러한 혼란을 막을 도리가 없었다. 그는 가까스로 말을 진정시키고 전거에 올라 달아나기 시작했다. 이윽고 노장공의 후대(後隊)가 이르러 공자 언과 합세하여 밤을 새워 가면서 송군을 추격했다.

송군은 노나라 국경인 승구(乘邱) 땅까지 달아났다. 남궁장만이 맹획을 돌아보고 말했다.

"이렇게 도망만 갈 수 없소. 이기든 지든 양단간에 목숨을 걸고 한번 싸워 봅시다."

맹획은 즉시 찬동하고 말고삐를 돌려 뒤쫓아 오는 노군을 향해 역습해 들어갔다. 마침내 맹획과 공자 언 사이에 싸움이 벌어졌다. 두 장수가 싸우는 동안 남궁장만은 장창을 높이 들고 바로 노장공의 후군에게 달려들었다. 그는 닥치는 대로 노군을 죽였다. 노군은 그의 용맹에 기겁을 하고 감히 가까이 덤벼들지 못 했다.

노장공이 휘하 장수 전송생을 격동시켰다.

"그대는 천하 장사로 이름을 날렸으니 능히 남궁장만과 겨룰 수 있지 않는가?"

이에 전송생이 장창을 휘두르며 달려 나가서 남궁장만과 싸웠다. 두 장수가 어우러져 싸우기 20여 합에 전송생의 창법이 점점 어지러워졌다. 이를 보고 노장공이 좌우 사람에게 분부했다.

"과인의 금복고(金僕姑)를 가지고 오너라."

금복고란 노나라 군부에서도 가장 좋은 화살로 갑옷을 능히 뚫을 수 있었다. 노장공은 화살을 시위에 먹여 남궁장만을 겨누고 쏘았다. 화살은 번개처럼 날아가 그의 오른편 어깨에 명중했다. 활촉이 뼛속까지 들어갔으나 그는 손으로 화살을 뽑아 버렸다. 그 기회를 놓치지 않고 전송생이 창으로 그는 왼편 넓적다리를 찔렀다. 남궁장만의 몸이 통나무 쓰러지듯 땅으로 굴렀다. 그가 일어나려고 허우적거릴 때 전송생이 전거에서 뛰어내려 빠르게 묶어 버렸다.

이 때 맹획은 주장(主將)인 남궁장만이 적에게 사로잡힌 걸 보고 황망히 달아났다. 노장공은 송군을 크게 이기자 금(金)을 울려 군대를 거두었다.

전송생이 사로잡은 남궁장만을 노장공에게 바쳤다. 남궁장만은 어깨와 넓적다리에 중상을 입었건만 오히려 꼿꼿이 서서 조금도 기색이 변하지 않았다. 노장공은 그 용기를 아껴 예로써 그를 후대했다.

포숙아는 송군이 참패하자 더 싸울 마음을 잃고 군대를 거두어 본국으로 돌아갔다.

그 해에 제환공은 습붕을 주 왕실로 보내어 자기가 제나라 군위에 오른 것을 고하고 또한 청혼을 했다. 이에 장왕은 서신을 노장공에게 보내어 혼사를 책임지고 맡아서 처리하도록 하고 자신의 딸 왕희(王姬)를 제나라로 출가시켰다.

이에 서(徐)·채(蔡)·위(衛) 세 나라의 군주들은 각기 그들의 딸을 보내어 제환공의 첩이 되게 했다. 이것은 제후들이 왕녀의 출가를 축하하는 고대의 예법이었다.

노나라가 혼사를 주관했기 때문에 그 뒤로 제·노 두 나라는 지난날 싸웠던 감정을 각기 버리고 다시 형제의 의를 맺었다.

그 해 가을에 송나라에 큰 홍수가 났다. 그 소문을 듣자 노장공은 사자를 보내어 위문했다.

"우리 노나라는 이미 제나라와 우호를 맺었으니 어찌 송나라만을 미워할 수 있으리오."

송나라는 노나라의 위문에 사람을 노나라로 보내어 회사(回謝)하는 한편 남궁장만을 돌려보내 주면 더욱 감사하겠다고 청했다. 노장공은 즉시 쾌락하고 그를 송나라로 돌려보냈다.

그 때부터 제·노·송 세 나라는 서로 친목하고 지금까지의 모든 구원을 버렸다.

한편 남궁장만은 오랜 포로 생활에서 풀려나 본국으로 돌아갔다. 송민공은 그를 보자 놀리듯이 말했다.

"내 지난날에는 그대를 존경했으나 그대는 노나라 죄수라 이제부터는 그대를 존경하지 않으리라."

남궁장만은 크게 부끄러워하면서 물러갔다. 곁에서 대부 구목(仇牧)이 송민공에게 간했다.

"임금과 신하는 예로써 사귈 것이지 희롱하면 안 됩니다. 희롱하면 공경하지 않게 되고 공경하지 않으면 태만해지며 태만해지면 예가 없어집니다. 주공께서는 삼가고 삼가소서."

그러나 송민공은 웃으며 대답했다.

"과인과 남궁장만은 서로 무관한 사이라 어찌 그가 감정을 두겠는가."

9. 자식의 고기를 바친 역아(易牙)

　한편 제나라 환공은 장작(長勺) 싸움에서 대패한 후 군대를 일으켰던 것을 크게 후회했다. 그리고 국가의 모든 정사를 관중에게 맡기고 날마다 부인들과 함께 술이나 마시며 즐겼다.
　이 때 수초라는 한 미동(美童)이 있었다. 제환공은 그를 총애하여 잠시도 자기 곁에서 떠나지 못하게 했다.
　옹읍(雍邑) 땅에 무(巫)라는 사람이 있어 그를 옹무(雍巫)라고 불렀는데 자는 역아(易牙)였으며 권모술책에도 능했고 겸하여 음식을 만드는 솜씨가 대단했다.
　그는 자주 맛있는 음식을 만들어 수초에게 아첨하였고 수초는 역아를 제환공에게 천거했다. 제환공이 역아에게 물었다.
　"네가 능히 맛난 음식을 만들 수 있는가?"
　"예."
　제환공이 역아에게 농조로 말했다.
　"내가 일찍이 날짐승과 네 발 가진 짐승과 온갖 생선을 다 먹어 봤으나 아직 사람 고기 맛은 보지 못 했다."
　역아는 아무런 대답도 하지 않고 물러갔다.
　이튿날 역아는 점심상에 찐 고기 한 쟁반을 바쳤다. 그 고기는 젖먹는 염소새끼 고기보다 연하고 아주 맛이 좋았다. 제환공은 맛있게 먹고 난 뒤에 역아를 불렀다.
　"이게 무슨 고기이기에 이토록 맛이 있는가?"
　역아가 무릎을 꿇고 아뢰었다.
　"그것은 사람 고기이옵니다."
　제환공이 크게 놀라며 물었다.

"사람 고기라면 그걸 어디서 구했느냐?"

역아가 태연히 대답했다.

"신의 큰자식은 이제 겨우 세 살이옵니다. 신이 듣건대 임금께 충성하는 자는 가정을 돌보지 않는다고 하옵니다. 주공께서 아직 사람 고기를 맛보지 못하셨다고 하시기에 신의 자식을 죽여 요리를 만들었사옵니다."

그 말을 들은 제환공은 한참 있다가 분부했다.

"물러가거라."

그런 뒤로 제환공은 역아를 몹시 총애하고 신망했다. 그런 뒤로 수초와 역아는 절친한 사이가 되었는데 그들은 모두 관중을 몹시 못마땅하게 생각했다. 그래서 어느 날 역아가 제환공에게 아뢰었다.

"임금이 영을 내리시면 신하는 그 영을 받들어 행할 뿐이옵니다. 하온데 지금 주공께서는 모든 걸 중보(仲父: 관중)에게만 맡기시니 이는 흡사 우리 제나라에 임금이 없는 것이나 다름없사옵니다."

제환공이 웃으면서 대답했다.

"중보는 과인의 수족과 다름없다. 수족이 있어야 완전한 몸이 되듯이 중보가 있어야 과인도 임금이 될 수 있다. 그러하거늘 너희들 소인이 무엇을 안다고 함부로 말하느냐."

수초와 역아는 감히 더 이상 말을 못하고 물러갔다.

그 무렵 초나라는 한창 강성하여 한수(漢水) 동쪽의 모든 소국들부터 조공을 받고 있었다. 그리하여 초나라의 위세는 날로 더해갔다. 다만 채(蔡)나라만이 제나라와 혼인한 관계가 있음을 믿고 초나라에게 굴복하지 않았다. 이에 초나라는 호시탐탐 채나라 침략의 기회만을 노리고 있었다.

채나라의 애공(哀公)은 식(息)나라의 군주와 마찬가지로 진(陳)나라 여자를 부인으로 삼았다. 즉, 채애공은 진후(陳侯)의 장녀를 부인을로 맞았고 식후(息侯)는 차녀를 맞아들여 두 사람은 동서 사이였다. 그런데 식후의 부인 식규(息嬀)는 천하 절색으로 이름이 높았다.

어느 날 식규가 친정인 진나라에 들르러 가던 길에 채나라를 경유하게 되었다. 식나라에서 진나라로 가기 위해서는 중간에 채나라를 지나가야만 했기 때문이다. 소식을 들은 채애공이 무슨 생각에서인지 몹시 기뻐하며 말했다.

"나의 처제가 우리 나라를 지나간다고 하니 이 기회에 한번 만나 보지 않을 수 없도다!"

그는 즉시 사람을 보내 식규를 영접하여 채나라 궁궐로 모셔오도록 했다.

그런데 채애공의 언동이 자못 수상했다. 식규는 채애공의 해괴한 짓에 대노하여 즉시 자리를 차고 일어나 그 길로 떠나가 버렸다.

그 후 식규는 친정인 진나라에 갔다가 식나라에 돌아올 때는 채나라를 피해 다른 나라를 통해 귀국했다. 돌아온 뒤 남편인 식후에게 채애공의 무례한 언동을 세세히 고했다.

식후는 채애공이 자기 부인을 모욕한 데 대해 앙갚음을 하기로 결심하고 초나라로 사자를 보내어 조공을 바치는 동시에 초문왕(楚文王)에게 비밀리에 고했다.

"채후(蔡侯)가 제나라만 믿고 기꺼이 대왕께 조공을 바치지 않건만 어찌 그냥 두고 계시나이까. 만일 대왕께서 우리 식국(息國)을 친다고 하시면 우리는 채국(蔡國)으로 구원을 청하겠습니다. 그러면 채후는 반드시 우리를 구원하려고 친히 달려올 것입니다. 그 때에 우리 나라와 초군이 합세하여 그들을 친다면 그까짓 채후쯤이야 손쉽게 사로잡을 수 있을 것입니다. 그렇게 되면 채후가 어찌 대왕에게 조공을 바치지 않겠습니까."

"거 참 묘계로구나."

초문왕은 크게 기뻐하며 즉시 군대를 일으켜 식국으로 쳐들어갔다. 이에 식국은 계책대로 즉시 사람을 채나라에 보내 도움을 청했다.

과연 채애공은 멋도 모르고 군대를 거느리고 식국을 도우러 왔다. 그러나 채애공의 군대는 영채를 세우고 쉴 여가도 없이 초나라 복병에게 습격을 당했다. 채애공은 견디지 못하고 급히 식나라 도성으로 물러갔다.

그런데 어찌 된 일인가. 식후는 성문을 굳게 닫고 채군을 영접해 들이지 않았다. 이에 채군은 크게 패하여 달아나고 초군은 그 뒤를 추격했다. 채애공은 허둥지둥 달아나다가 기진맥진해서 드디어 초군에게 사로잡히고 말았다.

이에 식후는 크게 잔치를 열어 초군을 배불리 먹이고 초문왕이 회군할 때는 경계까지 가서 전송했다. 채애후는 그제야 식후의 속임수에 빠졌다는 걸 알았으나 이미 어쩔 도리가 없었다. 초나라로 붙잡혀 가면서 채애공은 식후에 대한 원한이 골수에 사무쳤다.

초문왕은 귀국하자 신하들에게 분부했다.

"채후를 가마솥에 넣고 삶아라. 내 그 고기를 태묘에 바치리라."

실로 무시무시한 분부였다. 그것을 보고 충신 육권(鬻拳)이 간했다.

"왕은 고정하소서. 왕께서는 패업(霸業)에 뜻을 두고 있지 않사옵니까. 만일 채후를 죽인다면 천하의 제후들이 모두 우리를 두려워하고 경계할 것입니다. 그를 돌려보내 제후들에게 우리의 덕을 보이소서."

그러나 초문왕은 들으려고 하지 않았다. 이에 육권이 분연히 왼손으로 초문왕의 소매를 잡고 오른손으로 칼을 뽑아 왕을 겨누면서 다시 말했다.

"신은 차라리 왕과 함께 죽을지언정 차마 살아서 왕이 모든 나라로부터 미움 받는 꼴은 볼 수 없습니다."

그제야 초문왕이 크게 놀라며 말했다.

"그대의 말을 듣겠노라."

채애공의 일이 끝나자 육권은 다시 초문왕에게 아뢰었다.

"왕께서 다행히 신의 말을 들으시어 채후를 죽이지 않으시니 이는 우리 초나라의 복입니다. 하오나 신이 왕을 협박한 죄는 만 번 죽어 마땅합니다. 청컨대 왕은 신을 죽여줍시오."

초문왕이 황급히 대답했다.

"경의 충성심은 저 해도 무색할 지경이다. 과인이 어찌 경을 죽일 수 있으리오."

"왕께서는 비록 신을 용서하지만 신이 어찌 스스로를 용서할 수 있으리오."

육권은 칼로 자기 발을 끊었다. 그리고 큰 소리로 외쳤다.

"신하된 자로서 왕에게 무례한 자는 나의 꼴을 보아라!"

초문왕은 그것을 보고 크게 놀라면서 간언을 듣지 아니한 자기의 허물을 깊이 뉘우쳤다.

초문왕은 마침내 채애공을 채나라에 돌려보내기로 하고 전송하는 뜻에서 크게 잔치를 베풀었다. 많은 여자들이 잔치자리의 흥취를 돋우려고 악기를 연주했다. 그들 중에 용모가 수려한 한 여자가 있었다. 초문왕이 채애공에게 손가락으로 그 여자를 가리키며 말했다.

"저 여자는 재색을 겸비했으니 가히 군주에게 한 잔 술을 바치게 할 만하오."

이에 그 여자는 왕의 명을 받고 큰 잔에다 술을 가득 부어 채애공에게 올리며 말했다.

"만수(萬壽)하소서."

초문왕이 웃으며 물었다.

"군주께서는 평생에 절세미인을 본 적이 있으시지요?"

그 말을 듣는 순간 채애공은 식후의 속임수에 대한 원수를 이 기회에 갚을 수 있겠다는 생각이 들었다.

"아마 천하의 여자들 중에 식후의 부인만큼 아름다운 여자는 없을 것입니다. 참으로 인간 세상의 사람이라고 할 수가 없지요."

"과인이 그 식규를 한 번 볼 수 있으면 한이 없겠소."

초문왕이 탄식하자 채애공이 슬며시 권유했다.

"군주의 위엄으로써 무엇이 어려울 것 있겠습니까. 생각만 있다면 극히 쉬운 일이지요."

그 말을 들은 초문왕의 얼굴에 미소가 흘렀다. 그들은 모두 대취하도록 술을 마셨다. 이튿날 채애공은 사례하고 범의 굴에서 벗어나듯 본국으로 돌아갔다.

그로부터 얼마 후 초문왕은 식규를 손아귀에 넣고자 사방을 순수(巡守)한다는 명목을 내세우고 식국으로 갔다. 이에 식후는 도중까지 나가서 그를 영접하고 조정에서 대연(大宴)을 베풀었다.

식후가 초문왕의 수(壽)를 빌며 술잔을 올리자 초문왕이 술잔을 받더니 웃으면서 말했다.

"지난날 과인은 군주의 부인이 채후에게 당한 모욕을 풀어 주었소. 이제 삼군이 이곳에 있거니 군주의 부인은 능히 과인을 위해 한 잔 술을 권할 수 있지 않을까."

"원래 식나라는 소국이지만 모든 상국(上國)의 분부를 일일이 받들 수는 없습니다. 그 점 널리 통촉하소서."

식후가 말하자 초문왕이 대뜸 주먹으로 술상을 치며 꾸짖었다.

"필부가 의리를 배반하고 감히 교묘한 말로 나에게 거역하는구나. 이놈을 잡아 내려라!"

식후는 변명할 겨를도 없었다. 매복하고 있던 군대들이 졸지에 쏟아져 나와 식후를 잡아 내려 결박했다.

  식규가 그 소식을 듣고 후원으로 가서 우물에 몸을 던지려던 참이었다. 마침 달려온 초나라 장수 투단(鬪丹)이 그녀의 앞을 가로막으며 말했다.

  "부인은 왜 식후의 목숨을 건지려고 하지 않으십니까. 어째서 부부가 헛되이 함께 죽으려 하십니까."

  식규는 그 말을 듣자 죽지도 못하고 머리를 숙였다.

  투단은 식규를 데리고 초문왕에게로 갔다. 초문왕은 좋은 말로 식규를 위로하고 식후를 죽이지 않겠다는 것과 식나라 종묘의 신위(神位)를 지키도록 해 주겠다는 것을 다짐했다.

  초문왕은 군중(軍中)에서 식규를 자기 부인으로 삼고 수레에 싣고서 초나라로 돌아갔다.

  그 후 초문왕은 식후를 여수(汝水) 땅으로 보내어 겨우 십가지읍(十家之邑)을 봉해 주고 식나라의 신위를 지키게 했다. 그러나 얼마 안 지나서 식후는 분을 참지 못해 병을 얻어 세상을 떠나고 말았다. 초나라의 무도함은 그처럼 극심했다.

제3편 일광천하(一匡天下)

1. 조말(曹沫)의 용기
2. 세 치 혀의 위력
3. 형제의 우의
4. 가도멸괵(假道滅虢)
5. 점괘의 허실
6. 여자의 간계
7. 현군(賢君)과 충신
8. 어이없는 반란

제3편 일광천하(一匡天下)

1. 조말(曹沫)의 용기

주나라 이왕(夷王) 원년 정월이었다. 제환공이 조회에서 모든 신하들로부터 신년 축하를 받고 중보(仲父: 관중)에게 물었다.

"과인이 중보의 가르침을 받아 국정을 쇄신하여 백성들은 배부르고 군대들은 사기가 높은즉 이제 천하 패권을 잡고자 하오. 장차 어떻게 하면 좋겠는가?"

관중이 대답했다.

"아직도 제후들 중에 우리 제나라보다 강한 나라가 많습니다. 남쪽에는 초나라가 있고 서쪽에는 진(秦)·진(晉) 두 나라가 있어 각기 영웅으로 자처하고 있사옵니다. 그러나 그들은 주 왕실을 높이고 받들 줄을 모르기 때문에 아직 천하의 패권을 잡지 못하고 있사옵니다. 주 왕실이 비록 쇠약하나 천하의 주인임에 틀림없사옵니다. 이제 장왕께서 붕어하신 지 오래지 않고 그 뒤 신왕이 즉위하셨습니다. 또 송나라는 남궁장만의 난을 당한 뒤 비록 적신(賊臣)을 잡아 죽이긴 했지만 아직까지 군주를 정하지 못하고 있사옵니다. 이런 때를 이용하여 주공께서는 속히 사자를 주나라로 보내 조례하시고 천하의 뜻으로 제후들을 모은 뒤에 우선 송나라 임금부터 정하소서. 연후에 주공께서 천자를 받들고 모든 제후에게 명하되 안으로 주 왕실을 높이고 밖으로 사방의 오랑캐를 물리치며 약한 나라를 돕고 무법한 자를 누르되 복종하지 않는 자가 있으면 모든 제후를 거느리고 가서 토벌하소서. 그러면 천하의 제후들이 우리 제나라를 따를 것입니다. 이것만이 군대를 움직이지 않고도 천하 패권을 잡는 길이옵니다."

제환공은 크게 기뻐하며 즉시 사자를 낙양으로 보내 이왕께 조례했다.

"우리 주공께서 주왕의 등극을 경하하며 이번에 왕명을 받들어 모든 제후들을 회합하여 우선 송나라의 군위부터 정해 주고자 하옵니다."

이왕은 흔연히 허락했다.

"제환공이 왕실을 잊지 않고 이처럼 사자를 보냈으니 짐은 크게 기쁘도다. 오직 그만이 사상(泗上)의 모든 제후를 좌우할 수 있은즉 짐에게 무슨 걱정이 있으리오."

제나라 사자는 돌아가서 제환공에게 이왕의 말을 전했다. 이에 제환공은 왕명으로 송·노·진·채·위·정·조·주 등 모든 나라에 사자를 보내 3월 초하룻날 북행(北杏) 땅에 모이도록 포고했다.

이어서 제환공이 관중에게 물었다.

"이번 제후들의 회합에 전거를 얼마나 거느리고 가면 좋겠는가?"

관중이 정색하면서 대답했다.

"군주께서 왕명을 받들어 모든 제후들 앞에 임하는 것인데 전거는 왜 거느리고 가시려 합니까. 청컨대 예복을 갖추고 회합에 가십시오."

"좋은 말이오."

제환공은 군대를 보내 북행 땅에다 높이 3장(丈)이나 되는 3층 단을 쌓게 하고 왼편에는 종을 걸고 오른편에 북을 매도록 했다. 그리고 제후들이 유숙할 수 있도록 여러 곳에다 관사를 준비했는데 경치 좋은 곳을 골라 격식에 맞도록 지었다.

어느덧 약속한 기일이 가까워지자 먼저 송환공(宋桓公) 어설(御說)이

와서 제환공을 만나 자기의 군위를 결정해 주기 위해 모임을 베풀어 준 데 대해 감사의 뜻을 표했다.

이튿날은 진후(陳侯)와 주자(邾子: 주[邾]나라의 극[克] 임금) 두 나라 군주가 잇달아 당도했다. 채애후도 지난날 초나라에 잡혀 가서 죽을 뻔하다 살아온 원한이 있기 때문에 또한 회합에 달려왔다.

북행 땅에 모인 네 나라 군주들은 제나라 전거가 한 대도 없는 것을 보고 서로 탄복했다.

"제환공이 이렇듯 우리를 지성으로 대하는군."

그들은 부끄러운 생각이 들어서 거느리고 온 장졸들에게 전거를 몰고 20리 밖에 물러가 있도록 했다.

제환공이 이맛살을 찌푸리며 관중에게 말했다.

"아무리 기다려도 제후들이 더 모이지 않을 모양이군. 기일을 연기해 다시 정하는 것이 어떻겠는가?"

"옛말에 세 사람이면 무리를 이룬다고 하였습니다. 이제 네 나라가 온 것만 해도 결코 적은 수가 아니옵니다. 만일 주공의 말씀대로 기일을 다음 날로 변경하면 이는 믿음을 잃는 것이옵니다."

제환공이 다시 물었다.

"이참에 동맹을 할 것인지, 회합만 하고 말 것인지, 어떻게 하는 것이 좋겠는가?"

제환공이 다시 묻자 관중이 서슴지 않고 대답했다.

"아직 인심이 하나로 단결되지는 못했지만 회맹을 열어 서로의 마음이 흩어지지만 않으면 저절로 동맹이 이루어질 것이옵니다."

"옳은 말이로다."

제환공은 연신 머리를 끄덕였다.

3월 초하룻날 이른 아침에 제·송·진·채·주 다섯 나라 제후들은 함께 단 아래 모여 서서 상견례를 했다. 제환공이 두 손을 끼고 제후들에게 고했다.

"과인이 이번에 천자의 명을 받들어 여러 군주님들을 청한 것은 장차 주 왕실을 돕기 위함이오. 앞으로 우리가 서로 힘을 합해 천하를 편케 하려면 오늘 반드시 한 사람을 추대해서 모든 일을 주장케 해야만 정령(政令)을 천하에 펼 수 있을 것이오."

진선공이 자리에서 일어나 말했다.

"이번에 천자께서 제후들을 규합하라는 뜻을 제환공에게 부탁하셨소. 마땅히 제환공을 추대해서 맹회를 주장하게 합시다."

모든 제후들이 응낙했다.

"진선공의 말씀이 옳소."

이에 제환공은 몇 번인가 거듭 사양한 뒤에야 단 위에 올라가 맹주가 되었다. 그 다음 자리에 송공이 서고 그 다름 자리에 진후가 서고 그 다음 자리에 채후가 서고 그 다음 자리에 주자가 섰다.

이렇듯 차례가 정해지자 종을 울리고 북을 친 다음 다섯 나라 제후끼리 교배(交拜)하고 서로 형제의 정을 폈다.

제후들의 헌수(獻酬)가 끝나자 관중이 계단을 밟고 올라가서 말했다.

"노·위·정·조 네 나라가 왕명을 어기고 이 맹회에 참석하지 않았습니다. 왕명을 어긴 그들을 토벌하지 않을 수 없습니다."

그 말을 듣자 제환공이 즉시 네 나라 군주들에게 청했다.

"과인의 나라는 전거가 충분하지 못하니 모든 군주들이 함께 거사합시다."

진·채·주 세 나라 군주들이 일제히 대답했다.

"서로 힘을 다해 따르리다."

그러나 송환공은 아무런 대답도 하지 않았다.

그 날 밤이었다. 송환공은 관사로 돌아가 대부 대숙피와 상의했다.

"오늘 보니 제환공이 망령되이 스스로 자기를 높여 이번 회맹의 맹주가 됐소. 그뿐 아니라 여러 나라 군대를 부리려고까지 하니 어찌 아니 꼽지 않으리오."

대숙피가 아뢰었다.

"이번에 네 나라가 제나라에 모였으나 우리 송나라가 복종하지 않고 노나라가 또한 그들에게 항거하면 네 나라도 자연 해체되고 말 것입니다. 우리가 오늘 이곳에 온 목적은 왕명을 받들어 주공의 군위를 결정하는 데 있습니다. 이미 목적을 달성한 바에야 더 기다릴 것이 있겠사옵니까. 먼저 돌아가시는 것만 같지 못할까 하옵니다."

송환공은 연신 머리를 끄떡였다. 드디어 송환공과 대숙피는 인사도 없이 이른 새벽에 수레를 타고 송나라로 돌아가 버렸다. 제환공은 송환공이 가 버렸다는 보고를 듣고 대로하여 추상같이 분부했다.

"속히 가서 그놈을 잡아오너라."

곁에서 관중이 만류했다.

"지금 추격하는 건 옳지 못합니다. 왕군의 명목으로 쳐야 대의가 섭니다. 지금은 그보다 더 급한 일이 있사옵니다."

"그게 무엇이란 말인가?"

"송나라는 멀고 노나라는 가까이 있으며 또한 왕실과 종맹(宗盟)간이니 먼저 노나라를 꺾지 못하면 송나라를 복종시킬 수 없을 것이옵니다."

"노나라를 치려면 어느 길을 취해야 하겠는가?"

"제나라의 동북쪽에 수(遂)라는 나라가 있습니다. 노나라를 섬기는 나라로서 노나라의 속국입니다. 그 나라는 원래 약소국이어서 우리가 대군으로 치면 곧 항복할 것입니다. 그 때 사자를 노나라로 보내어 이번 회맹에 오지 않은 것을 꾸짖으십시오. 그러면 노후는 당황하여 반드시 동맹하기를 자원하고 나올 것입니다. 그 때 우리는 노나라를 용서한 후 다시 군대를 송나라로 돌려 주공께서 주왕의 신하로서 치시면 그것이 바로 파죽지세이옵니다."

"중보의 말이 십분 옳소."

제환공은 몇 번이나 머리를 끄덕였다.

북행 땅의 회의가 끝나자 제환공은 친히 군대를 거느리고 수나라로 가서 한 번 북을 울려 단번에 항복을 받았다. 그리고 제수(濟水)에 가서 주둔했다.

사세가 이렇게 되고 보니 노장공은 겁이 났다. 신하들을 모아 계책을 물었다. 공자 경보가 아뢰었다.

"제나라 군대는 두려워하실 것이 없사옵니다. 원컨대 신이 군대를 거느리고 가서 그들을 무찌르겠나이다."

그러자 시백이 일어나 아뢰었다.

"관중은 천하 기재라 그가 제나라 정사를 보살피니 그 군대에는 절제가 있을 것입니다. 이것이 그들과 싸우는 것이 이롭지 못하다는 첫째 이유이옵니다. 그들은 우리 노나라가 왕명을 어기고 참석하지 않은 것을 꾸짖는 것이니 허물이 우리에게 있습니다. 이것이 그들과 싸우는 것이 이롭지 못하다는 둘째 이유이옵니다. 또 제나라 공자 규(糾)를 죽인 것은 주공의 공인데 이제 그에 대한 공로를 버리고 그들과 싸운다는 것이 그 이롭지 못한 셋째 이유이옵니다. 하오니 우리가 장차 세워야 할 계책은 제나라와 강화를 맺고 동맹을 청하는 길입니다. 그러면 싸우지 않고 제군을 물러가게 할 수 있사옵니다."

조귀가 또한 찬동했다.

"신도 시백의 의견과 같나이다."

노장공은 시백의 말을 옳게 여겨 제나라에 동맹을 청했다.

제환공은 크게 기뻐하며 곧 군대를 거느리고 제나라의 가(柯) 땅까지 물러갔다. 이에 노장공은 친히 가서 제환공을 만나 보지 않을 수 없었다. 노장공이 신하에게 물었다.

"누가 이번에 과인을 위해서 따라갈 텐가?"

장군 조말이 앞으로 나서며 청했다.

"신이 모시고 가겠나이다."

"그대는 세 번이나 제나라 군대에게 패한 사람이다. 제나라 사람들이 그대를 보고 비웃지 않겠는가?"

조말이 의연히 대답했다.

"세 번째 패한 것이 부끄러워서 가는 것이옵니다. 이번에 가서 그 치욕을 한꺼번에 씻을 생각이옵니다."

노장공이 어두운 얼굴이 되면서 말했다.

"과인이 경계 밖에 나가는 것은 제나라에게 동맹을 청하기 위한 것이다. 이는 항복하는 것이나 다름없다. 그런데 그대는 능히 대처할 수 있겠는가. 그렇다면 내 그대를 데리고 가리라."

드디어 노장공은 조말과 함께 떠났다.

두 사람이 이윽고 가 땅에 이르러 보니 제환공은 이미 흙으로 제단을 쌓아 놓고 기다리고 있었다. 노장공은 사람을 보내어 먼저 사죄하고 동맹을 청했다. 제환공도 사람을 보내어 서로 회견할 날짜를 통지했다.

어느덧 서로 회견할 날이 되었다. 이 날 제환공은 용맹한 장수와 씩씩한 군대를 단 아래에 늘어세우고 청기·홍기·백기를 동서남북 사방에 세웠다.

그리고 7층으로 된 단의 층계마다 장사를 세우고 황기를 잡혀 파수케 하고 맨 윗단에는 대황기(大黃旗)를 일면(一面)에 세웠다. 그 대황기엔 '방백(方伯)'이란 두 자가 뚜렷이 수놓아져 있었다.

이윽고 노장공이 당도하자 제나라 장수 중손추가 말했다.

"노후와 귀국 신하 한 사람만 단에 오르고 그 나머지 사람은 단 아래에 서십시오."

이에 조말이 손에 대검을 잡고 노장공 곁에 바짝 붙어 서서 단 위로 올라갔다. 노장공은 한 걸음 한 걸음 계단을 오를 때마다 제환공의 위세에 눌려서 온몸을 떨었다. 그러나 조말은 조금도 두려워하는 빛이 없었다.

중간에서 동곽아가 앞으로 나서며 조말에게 말했다.

"오늘날 양국 군주가 서로 회견하는 마당에 어찌 흉기를 가지고 올라오시오. 청컨대 그 대검을 버리시오."

그 말을 듣자 조말이 두 눈을 딱 부릅뜨고 동곽아를 노려보는데 양쪽 눈꼬리가 찢어질 듯 올라갔다. 이에 동곽아는 기가 질려 뒤로 물러섰다. 그제야 노장공과 조말은 다시 걸음을 옮겨 계단을 올라갔다.

양국 군주가 서로 대하자 각기 통호(通好)의 뜻으로 인사를 나누었다. 이어서 '둥둥둥' 북소리가 세 번 일어났다. 그 소리에 따라 제환공과 노장공은 제상(祭床) 위에 준비된 향로에 향을 사른 후에 절을 올려 회맹의 의식을 거행했다.

이어서 습붕이 흑우(黑牛)와 백마(白馬)의 피를 옥우(玉盂)에 가득 담아 들고 무릎을 꿇고서 두 군주에게 삽혈하고 맹세하기를 청했다.

바로 그 때였다. 조말이 오른손에 칼을 들고 왼손으로 제환공의 소매를 움켜잡았다. 조말의 얼굴에는 노기가 등등했다. 참으로 위기의 순간이었다. 관중은 급히 자기 몸으로 제환공의 앞을 가로막으면서 물었다.

"대부는 누구시오?"

조말이 눈 하나 깜짝 않고 대답했다.

"우리 노나라는 다른 나라의 침범을 받아 위기를 겪었소. 들으니 귀국은 약한 자를 돕고 쓰러지는 자를 붙들어 일으키기로 맹회를 했다는데 어째서 우리 노나라를 핍박하는 거요?"

관중이 제환공을 돌아보며 아뢰었다.

"주공은 노나라의 요구를 허락하소서."

제환공이 웃으며 말했다.

"대부는 안심하오. 과인은 문양 땅을 돌려드리겠소."

그제야 조말은 대검을 놓고 습붕을 대신해서 희생의 피를 담은 옥쟁반을 두 군주에게 바쳤다. 두 군주는 함께 삽혈하고 맹세를 했다.

양국 군주의 회견이 끝나자 제나라 신하들은 분노를 참지 못했다. 그들은 제환공에게 불평했다.

"즉시 노후를 크게 꾸짖는 동시에 조말의 버릇을 가르치십시오. 우리는 조말에게 그런 모욕을 당하고서 가만있을 수 없습니다."

제환공은 정색하며 제지했다.

"과인은 이미 조말의 요구를 승낙했다. 필부도 한 번 약속하면 신의를 지키거늘 항차 군주로서야 더 말할 것 있으리오. 그대들은 다시 그런 말을 말라."

그리고 탄식하듯이 중얼거렸다.

"조말은 참으로 충신이로고."

이튿날 제환공은 다시 공관에서 주연을 베풀고 노장공과 서로 잔을 나눈 뒤 각기 작별했다. 제환공은 노장공을 전송하고 즉시 문양 땅을 노나라에 반환했다.

천하의 모든 제후들은 가(柯) 땅에서 제·노 두 나라가 동맹한 경위를 듣고서 모두 제환공의 신의를 공경했다. 이에 위·조 두 나라도 사자를 제나라로 보내 사죄하고 동맹을 청했다.

그러나 제환공은 송나라를 친 뒤에 다시 기일을 정해 대회를 열기로 그들에게 약속하고 사자를 주나라로 보내 이왕(夷王)께 고했다.

"송공이 왕명을 어기고 저번 회맹 중간에 무단히 돌아갔으니 청컨대 왕군을 보내 주시면 함께 송나라를 쳐서 문죄하겠나이다."

이왕은 대부 선멸에게 왕군을 거느리고 가서 제군과 함께 송나라를 치도록 분부했다. 제나라가 군대를 일으킨다는 기별을 받고 진·조 두 나라도 선봉 되기를 자원해 왔다.

이에 제환공은 관중으로 하여금 먼저 일군을 거느리고 전방에 가서 진·조 두 나라 군대와 합세하게 했다. 그리고 친히 습붕·성모·동곽아 등과 함께 대군을 거느리고 출발했다.

그리하여 제나라 연합군이 상구(商邱) 땅에 모였다. 이 때 제환공은 관중의 추천으로 한 인재를 얻었으니 그의 이름은 영척(寧戚)이었다.

2. 세 치 혀의 위력

드디어 제환공 송나라의 경계에 이르렀다. 그곳에는 이미 진선공과 조장공이 먼저 와 있었다. 곧 뒤따라 주나라에서 선멸이 왕군을 거느리고 왔다. 그들은 서로 회견하고 장차 송나라 칠 일을 상의했다. 영척이 앞으로 나서며 말했다.

"주공께서 천자의 명을 받고 이제 여러 나라 제후들을 규합했으니 위세로 이길 생각은 마시고 덕으로 이기도록 합시오. 신의 어리석은 소견으로는 굳이 군대를 진격시킬 것까지 없습니다. 비록 신이 재주는 없으나 송공에게 가서 언변으로 일을 성취시키고 오겠나이다."

제환공은 크게 기뻐하며 명령했다.

"군대들은 송나라 경계 안으로 들어가지 말고 각기 영채를 단속하라."

그리고 영척에게 송나라에 갔다 올 것을 허락했다. 영척은 수레를 타고 수 명의 종자를 거느려 수양(睢陽)에 가서 송성공을 뵈옵고자 청하였다. 송성공이 대숙피에게 물었다.

"영척이란 자가 와서 과인을 보겠다고 하니 그는 어떤 사람인가?"

"그는 소를 치던 촌부였다고 합니다. 이번에 제환공이 새로 등용한 인물로 반드시 뛰어난 구변으로 우리를 설득하려고 할 것이옵니다."

"그렇다면 어떻게 할꼬?"

"주공께서는 그를 불러들이시되 예의로써 대하지 말고 동정만 살피십시오. 만일 그가 부당한 말을 하기만 하면 신이 손을 들어 올려 신호하겠습니다. 주공께서는 무사에게 명하시어 그를 사로잡아 가두어 버립시오. 그러면 제환공의 계책은 수포로 돌아가고 말 것이옵니다."

"그럼 무사를 불러 과인을 시위케 하라."

이윽고 영척이 고개를 곧추세우고 거만하게 들어와 송환공에게 읍했다. 그러나 송환공은 단정히 앉았을 뿐 답례도 하지 않았다. 영척이 얼굴을 들면서 길이 탄식했다.

"위태롭구나, 송나라여!"

송환공이 놀라며 물었다.

"과인의 작위가 제일 높은 공작(公爵)에 이르러 모든 제후들의 우두머리에 있는데 뭣이 위태롭단 말인고?"

"군주께서 국가를 경영할진대 마땅히 선비 앞에서 몸을 낮추시고 오히려 선비들이 오지 않을까 두려워하셔야 할 것이거늘 이제 자기를 자랑하고 크게 높이어 어진 사람을 멀리할 뿐 아니라 신 같은 나그네마저 멸시하시니 비록 충언이 있을지라도 어찌 군주의 귀에 들어갈 리가 있겠습니까. 이러고도 위태롭지 않은 나라를 신은 보지 못했습니다."

그 말을 듣자 송환공은 자기도 모르는 중에 자리에서 일어섰다.

"선생이 이렇듯 오셨으니 장차 과인에게 무엇을 가르쳐 주시려오?"

영척이 정색하고 대답했다.

"우리 제후(齊侯)께서 천하의 혼란을 보시다 못해 천자의 명을 받들어 천하의 모든 제후들과 회맹을 하셨을 때 군주께서도 맹회에 참석하여 비로소 군위를 정하지 않았습니까? 그러나 군주께서는 즉시 회맹장에서 이탈하시고 맹약을 배반했습니다. 이에 천자께서 진노하시어 제후들에게 명해 송나라를 치게 하신 것입니다. 군주께서는 전날에 이미 왕명을 배반했으며 또 이제 왕군에게 항거하게 되었은즉 아직 싸우지는 않았으나 신은 이미 승부를 알 수 있습니다."

"그렇다면 어떻게 하는 것이 좋겠소."

"신의 어리석은 소견으로 말하자면 군주께서 서둘러 제후들과 회맹하여 동맹을 맺으십시오. 그러면 위로는 주나라 신하의 예의를 잃지 않을 것이며 아래로는 맹주(盟主)와 동맹을 맺는 즐거움이 있으니 군대를 사용하지 않고도 송나라를 태산처럼 안정시킬 수 있을 것입니다."

이 말을 듣자 송환공은 크게 기뻐하며 사자로 하여금 영척을 따라 제나라 군영으로 가서 강화를 청하도록 했다. 대숙피도 영척의 말에 딴 말을 못하고 물러나갔다. 이에 송나라 사자는 제환공에게 가서 배알한 뒤 백옥 열 쌍과 황금 1천 일(鎰)을 바쳤다.

"지난 일을 사죄하는 동시에 동맹을 청하나이다."

제환공이 대답했다.

"천자의 명을 듣기 전에 과인이 어찌 마음대로 할 수 있으리오. 송공께서 친히 주 천자께 가서 예를 갖추어 바치도록 하오. 그렇게 하면 다시 맹회할 기일을 통지하겠소."

송나라 사자는 돌아갔다. 그리고 제·진·조의 세 나라 군주들도 각기 본국으로 돌아갔다.

관중이 제환공에게 아뢰었다.

"주 왕실이 동쪽으로 도읍을 옮긴 이후로 정나라보다 강한 나라는 없었습니다. 그러므로 지난날 정장공은 송나라와 허나라를 쳤으며 왕군에 항거했습니다. 그러나 이제 정나라는 초나라를 섬겨 그 일당 노릇을 하고 있습니다. 초나라는 땅은 넓고 군대는 강하여 이제는 왕실과 대적하며 스스로 왕이라 자칭하고 있습니다. 그러니 주공께서 만일 주 왕실을 돕고 모든 제후들을 거느려 패권을 잡으시려면 반드시 초나라를 쳐야 하는데 초나라를 치려면 반드시 먼저 정나라부터 꺾어야 합니다."

"과인도 정나라가 눈엣가시지만 그것을 제거할 계책이 없어 한이오."

제환공이 대답하자 곁에서 영척이 아뢰었다.

"정나라의 여공 돌(突)은 임금이 된 지 2년 만에 제족에게 쫓겨났고 제족은 진(陳)나라에 망명하고 있던 소공 홀(忽)을 불러와 복위시켰습니다. 그 후 고거미가 소공을 시해하고 공자 미(亹)를 세우자 우리의 선군이신 양공께서 미를 우리 제나라로 유인하여 그 죄를 물어 주살했습니다. 그러나 정나라의 상경 제족은 공석이 된 정나라 군주의 자리에 여공 돌을 불러와 앉히지 않고 공자 의(儀)를 세워 지금에 이르고 있습니다."

"그럼 어떻게 그들을 칠꼬?"

"지금 여공 돌은 역(櫟) 땅에 있으면서 날마다 정나라를 치려고 노심초사하고 있습니다. 더구나 제족이 죽고 없으니 정나라엔 인물이 없습니다. 주공께서는 한 장수를 역 땅으로 보내시어 여공 돌을 내세워 정나라로 쳐들어가 여공 돌이 정나라 군위에 오르게 하시옵소서. 그러면 그는 주공의 은덕을 잊지 않고 우리 제나라를 섬길 것입니다."

"그 말이 장히 좋소."

제환공은 마침내 빈수무(賓須無)에게 전거 2백 승을 주어 정여공 돌을 도와 정나라 군주 자리에 복위시키라고 명했다.

여공 돌은 크게 기뻐하며 즉시 역성 바깥까지 나가서 제나라 군대를 영접했다. 그는 잔치를 베풀고 빈수무와 함께 흉금을 터놓고 이야기했다.

"제족이 죽은 뒤 그 후임으로 숙첨(叔詹)이 상대부가 됐습니다."

"숙첨은 어떤 사람입니까?"

빈수무가 묻자 공자 돌이 대답했다.

"그는 재상의 그릇은 되지만 장수가 될 만한 인재는 아니오."

마침내 빈수무는 여공 돌과 함께 계책을 정하고 대릉(大陵) 땅을 기습했다. 이에 정나라에선 부하(傅瑕)가 군대를 거느리고 맞섰다. 양편은 서로 크게 싸웠다. 부하는 도저히 힘으로 당적할 수 없음을 알고 전거에서 내려 제군 앞에 투항했다. 여공 돌은 투항해 온 부하를 보자 17년 동안이나 자기에게 항거해 온 그에 대한 원한을 참을 수 없었다. 그는 이를 갈며 좌우에게 부하를 참하도록 호령했다. 부하가 군대에게 끌려 나가면서 큰 소리로 외쳤다.

"주공은 정나라로 돌아가고 싶지 않으십니까!"

여공 돌은 그 말을 듣고 다시 그를 불러들였다. 부하가 말했다.

"주공께서 만일 신을 살려 주신다면 신이 자의의 목을 끊어 바치겠나이다."

"네게 무슨 계책이 있기로 능히 자의를 죽일 수 있다고 하는가?"

"지금 정나라 정사는 숙첨이 주장하고 있사옵니다. 신은 원래 숙첨과 절친한 사이라 그와 함께 상의하여 자의의 목을 반드시 바치겠나이다."

여공 돌이 눈을 부라리며 크게 꾸짖었다.

"이 간사한 여우 놈아! 네가 어찌 감히 나를 속일 수 있겠느냐. 내가 너를 놓아 주면 성으로 들어가서 숙첨과 함께 군대를 거느리고 나와 나에게 항거할 것 아니냐!"

부하가 머리를 조아리고 말했다.

"만일 신이 신의를 지키지 못하거든 지금 이곳에 있는 신의 처자를 죽이십시오. 또한 하늘의 해를 두고 맹세하리라."

그제야 여공 돌은 부하를 석방했다. 부하는 밤에 성으로 들어가 즉시 숙첨을 만났다. 숙첨이 부하를 보자 크게 놀라며 물었다.

"그대는 대릉 땅을 지키고 있는 몸으로 어찌 한밤중에 돌아왔소?"

"제환공이 정나라의 군위를 바로잡으려고 대장 빈수무에게 대군을 거느리게 하여 여공 돌을 귀국하게 하였습니다. 이에 대릉은 이미 잃었습니다. 나는 겨우 밤을 이용해서 이곳까지 도망 왔으나 제군이 조만간에 쳐들어 올 것인즉 사태가 매우 급합니다. 그러니 대감께서는 자의의 목을 참하고 성문을 열어 그들을 영접하고 부귀를 보전하십시오. 재앙을 돌려 복되게 하는 것이 바로 지금이니 때를 놓치면 후회해도 소용없을 것입니다."

부하가 말하자 숙첨이 한참 만에 물었다.

"하지만 장차 어찌해야 좋을지 계책이 서지 않는구려."

"먼저 역성으로 속히 밀서를 보내 즉시 여공 돌로 하여금 쳐들어오게 하는 동시에 대감께서는 성 밖에 나가서 거짓으로 항거하는 체하십시오. 그러면 자의가 반드시 성 위에 올라가 싸우는 걸 볼 것입니다. 그 때 형편을 보아 내가 그를 죽이겠소."

숙첨은 그 계책을 따르기로 했다. 그는 심복 부하에게 밀서를 주어 여공 돌에게 보냈다. 그리고 난 후에 부하는 궁으로 들어가 자의를 뵈었다.

"제군이 여공 돌과 함께 쳐들어오는 바람에 대릉 땅이 함몰되었사옵니다."

자의가 크게 놀라며 말했다.

"초나라에 구원에 청해 초군과 함께 안팎에서 협공하면 제군을 가히 무찌를 수 있을 것이다."

그러나 숙첨은 일부러 이틀이 지났건만 사자를 초나라로 보내지 않았다. 그러는 동안에 세작(細作)이 와서 보고했다.

"역성의 군대가 이미 성 아래에 이르렀습니다."

숙첨이 자의에게 말했다.

"신이 군대를 거느리고 나가서 싸우겠습니다. 주공께서는 부하와 함께 성에 올라 굳게 지키소서."

자의는 그 말을 믿고 머리를 끄덕였다.

숙첨이 군대를 거느리고 성 밖으로 나가 거짓으로 싸우는 척할 때 빈수무가 제군을 거느리고 들이닥쳤다. 그것을 보자 숙첨은 급히 전거를 돌려 달아나기 시작했다. 자의가 성 위에서 큰 소리로 탄식했다.

"우리 군대가 패하는구나!"

겁이 많은 자의가 어쩔 줄 몰라 하면서 성 아래로 내려가려고 돌아섰다. 그 순간 부하가 칼로 자의의 등을 찔렀다. 자의가 등에 칼이 꽂힌 채 외마디 소리를 지르며 쓰러져 죽자 여공과 빈수무는 숙첨과 함께 성 안으로 들어갔다. 부하는 먼저 청궁(淸宮)으로 달려가 자의의 두 아들을 죽였다. 마침내 정여공 돌은 제족에게 쫓겨난 지 17년 만에 정나라의 군주 자리를 다시 찾았다.

정여공은 빈수무에게 후한 예물을 주고 언약했다.

"오는 겨울 10월에 과인이 제나라 궁에 가서 동맹을 청하겠소."

빈수무는 후한 대접을 받고 제나라로 돌아갔다.

정여공이 복위한 지 수일 만에 민심은 크게 안정되었다. 어느 날 정여공이 부하에게 말했다.

"너는 대릉을 지킨 지 17년 동안이나 전력을 기울여 과인에게 항거했었다. 너는 전 임금의 충신이었다. 그런데 이번에 너는 다시 과인을 위해 전 임금을 죽였다. 참으로 네 마음을 측량할 수 없구나. 이제 과인이 자의의 원수를 갚겠다!"

말을 마치자 정여공이 좌우에게 호령했다.

"저놈을 저자에 끌어 내 참수하라!"

부하는 끌려 나가면서 하늘을 올려다보며 탄식했다. 그 날 부하는 참형을 당했으나 정여공은 부하의 처자들은 죽이지 않았다.

그 후 제환공은 모든 제후들이 진심으로 자기에게 복종하는 걸 알고서야 송·노·진·위·정·허 모든 나라를 유(幽) 땅으로 불러 모아 동맹하고 비로소 맹주의 칭호를 받았다. 때는 이왕 3년 겨울이었다.

초문왕(楚文王)은 식규를 자기 부인으로 삼은 후 깊이 총애했다. 그 동안 식규는 웅간(熊艱)·웅운(熊惲) 두 아들을 낳았다.

그러나 규 씨는 비록 초나라 궁에 있으면서도 항상 멸망한 식나라를 잊지 않고 3년이 지났건만 한 번도 초문왕과 말을 하지 않았다. 초문왕이 참다못해 물었다.

"부인이 말을 하지 않는 까닭이 무엇인가?"

규 씨는 대답 없이 울기만 했다. 초문왕이 굳이 그 까닭을 들어야겠다고 우기자 그제야 규 씨는 처음으로 대답했다.

"여자의 몸으로 두 남자를 섬겼으니 비록 절개를 위해 죽진 못했을망정 무슨 면목으로 사람을 대해서 말을 할 수 있으리까."

식규는 말을 마치자 한없이 눈물을 흘렸다. 초문왕은 식규가 측은했다.

"이 일은 모두 채후 헌무(獻舞)의 간교로 이루어진 일이다. 짐은 부인을 위해서 그 원수를 갚아 주리라. 그러니 부인은 과도히 슬퍼하지 말라."

드디어 초문왕은 군대를 일으켜 채나라로 쳐들어갔다. 초군이 채나라 외성(外城) 부(郛) 땅에 이르자 채애후는 초군 앞에 나아가 웃옷을 벗고 꿇어 엎드려 사죄하고 부고에 있는 금옥을 꺼내 모조리 다 바쳤다. 이에 비로소 초문왕은 채나라에서 물러갔다.

그 소문을 듣자 정여공은 크게 겁이 나서 곧 사자를 초나라로 보내어 자기가 복위한 것을 고했다. 초문왕이 대로하여 정나라 사자에게 말했다.

"너희 나라 정여공이 복위한 지 2년이 지났는데 이제 와서야 과인에게 고하다니 무례하기 짝이 없구나. 내 마땅히 너희 나라를 치리라."

정나라 사자는 도망치듯 초문왕 앞에서 물러나왔다.

뒤이어 초문왕은 크게 군대를 일으켜 정나라로 쳐들어갔다. 정여공은 감히 맞서 싸우지 못하고 초군 앞에 나아가 백배 사죄했다.

초문왕은 정여공을 용서하고 회군했다. 그 뒤로 정여공은 초나라가 두려워서 감히 제나라를 섬기지 못 했다.

3. 형제의 우의

초나라 문왕의 두 아들인 웅간·웅운 형제는 모두 식부인의 소생이었다. 동생 웅운이 그 형보다 재주로나 지혜로나 월등히 뛰어났다. 그래서 그 어머니 식 부인도 큰아들보다 둘째아들 웅운을 더 사랑했다.

초문왕이 죽자 웅간이 군위를 계승했으나 웅간은 자기보다 모든 점에서 뛰어난 동생 웅운을 항상 미워했다. 그는 동생을 죽이려고 했으나 모든 신하들이 웅운을 존경하고 백성들 또한 그를 따르기 때문에 쉽사리 결행하지 못하고 있었다.

이런 기미를 모를 리 없는 웅운 또한 비밀리에 무사들을 양성하며 형을 죽일 기회만 노리고 있었다.

웅간은 원래 놀기 좋아하는 성미여서 군위에 오른 지 3년이 지나도록 정사(政事)는 돌보지 않고 사냥질에만 열중했다.

어느 날 웅간이 사냥을 나갔다. 웅운은 많은 무사들을 도중에 매복시켜 두었다가 웅간의 수레를 습격하여 그를 죽이고 군위에 오르니 그가 바로 초성왕(楚成王)이다.

초성왕은 군위에 오르자 천하 패권을 잡아 볼 생각이 들었다. 그런데 제후들은 제환공을 칭송했고 그 소문은 초나라에까지 들려 왔다. 때문에 그는 영윤(令尹) 자문(子文)을 보고 탄식했다.

"제환공은 덕을 펴서 이름을 드날리고 민심을 얻고 있다고 하는구려. 그런데 과인은 한수 동쪽의 구석에 있으면서 덕은 족히 천하에 펴지 못하고 위엄은 제후들을 누르지 못하니 이를 부끄럽게 생각하노라."

자문이 대답했다.

"제환공이 패업을 경영한 것은 30년이나 됩니다. 그는 주 왕실에 충성하는 것으로 명분을 세운만큼 모든 제후들의 존경을 받고 있습니다. 지금 남북 사이에 위치한 정나라는 마치 병풍의 안팎과 같습니다. 왕께서 만일 중원(中原)을 도모하고자 하신다면 먼저 정나라부터 정복하십시오."

"누가 능히 과인을 위해서 정나라를 정벌하겠는가?"

초성왕이 묻자 대부 투장(鬪章)이 앞으로 나서며 청했다.

"신이 정을 치겠나이다."

초성왕은 그에게 병거 2백 승을 내줬다. 이에 초군(楚軍)은 일거에 정나라로 쳐들어갔다.

정문공은 초나라 군대가 쳐들어온다는 세작의 보고를 듣고 크게 놀라 즉시 대부 담백(聃伯)을 보내 지키게 했다. 동시에 사자를 급히 제환공에게 보내 도움을 청했다.

제환공은 정나라의 사자를 인견하고 즉시 모든 나라 제후들에게 격문을 보냈다. 격문을 받은 제후들은 제환공의 지시대로 일단 제나라 땅에 모인 후에 정나라를 구원하기로 했다.

한편 초나라의 투장은 정나라가 방어할 준비를 갖추어 놓았고 또 제나라에서 구원병이 올 것이란 소문을 듣자 아무리 생각해도 불리할 것만 같아 정나라 경계까지 왔다가 되돌아갔다.

초성왕은 대로해 차고 있던 칼을 풀어 투렴(鬪廉)에게 주면서 말했다.

"곧 군중에 가서 투장의 목을 참하라."

투렴은 바로 투장의 형이었다. 투렴은 군중에 가서 투장에게 초성왕의 말은 전하지 않고 은밀히 말했다.

"네가 살려면 반드시 공을 세워야 속죄가 될 것이다."

투장은 형 앞에 무릎을 꿇고 청했다.

"형님, 살아날 길을 가르쳐 주시오."

투렴이 말했다.

"정나라는 우리 군대가 물러간 줄로 알 것이니 이럴 때 속히 가서 기습을 하면 가히 공을 세울 수 있을 것이다."

이에 투장은 군대를 2대로 나누어 몸소 전대(前隊)를 거느리고 앞서 가고 투렴은 후대를 거느리고 그 뒤를 따랐다.

정나라 장수 담백은 초군이 돌아간 줄로 알고 군대를 쉬게 했다가 투장의 기습을 받고 황망히 군대를 거느리고 나가서 적을 맞아 싸웠다.

이 때 투렴이 거느린 후대가 담백을 에워쌌다. 담백은 앞뒤에서 공격을 받고 진퇴유곡에 빠졌다. 그는 투장이 치는 철간(鐵簡)을 맞고 쓰러져 사로잡히고 말았다.

투장은 기회를 놓치지 않고 그대로 정나라 깊숙이 쳐들어가려 했다. 그러자 투렴이 말렸다.

"이번에 기습 작전을 쓴 것은 다만 너를 살리기 위해서였다. 어찌 늘 요행만 바랄 수 있겠느냐."

그들 형제는 즉시 초나라로 회군했다. 투장은 본국으로 돌아가서 초성왕 앞에 머리를 조아리고 죄를 청했다.

"네가 이미 적장을 잡아온 공로로 가히 벌은 면하겠지만 아직 정나라가 항복하지 않았거늘 어째서 군대를 거두어 돌아왔느냐?"

투렴이 동생 대신 아뢰었다.

"우리 군대들의 수효가 많지 못해서 능히 이기지 못할 것 같기에 돌아 왔사옵니다."

그 말을 듣자 초성왕이 소리를 높여 꾸짖었다.

"네가 군대 수효가 적은 걸로 변명을 하지만 적을 겁내는 것이 분명하구나. 그럼 다시 전거 2백 승을 더 내주마. 만일 정나라의 항복을 받지 못하면 다시 돌아올 생각을 말아라!"

투렴이 아뢰었다.

"원컨대 우리 형제를 함께 가게 해 주소서."

초성왕은 이에 투렴으로 대장을 삼고 투장으로 부장을 삼아 전거 4백 승을 거느리고 다시 정나라로 쳐들어가게 했다.

한편 정문공은 담백이 초나라 군대에 사로잡혔다는 보고를 듣고 다시 사람을 제나라에 보내 구원을 청했다. 제환공이 관중을 부르자 관중이 아뢰었다.

"주공께서 정나라를 구하시려면 초나라를 쳐야 하는데 초나라를 치시려면 무엇보다 먼저 모든 나라 제후들을 크게 합쳐야 하옵니다."

제환공이 물었다.

"모든 제후들을 합치면 초나라도 반드시 그만한 준비를 할 것이 아니겠는가. 그러고도 우리가 이길 수 있겠는가?"

"초나라와 채나라는 서로 국토가 접해 있습니다. 그러니 겉으로는 채나라를 친다는 명분을 내세우고 실은 초나라를 쳐야 합니다."

"경의 말이 옳도다."

그리하여 관중이 대장이 되어 습붕·빈수무·포숙아·개방·수초 등을 거느리고 전거 3백 승에 갑사(甲士) 1만 명과 함께 채나라를 향해 진군하기로 했다.

태사(太史)가 날을 받아 아뢰었다.

"7일이 가장 길일입니다. 그 날 진발하도록 하사이다."

그 때 수초가 앞으로 나와 청했다.

"신이 한 무리의 군사들을 거느리고 먼저 가서 공을 세울까 하나이다."

제환공은 그것을 허락했다.

채나라는 초나라만 믿은 나머지 아무런 준비가 없었다. 제군이 쳐들어오는 걸 알고서야 채목공은 군대를 모으고 수비를 서둘렀다. 채나라 도성 아래에 당도한 수초는 위엄을 뽐내며 성을 공격했다. 제군은 밤늦게까지 성을 치다가 물러갔다.

채목공은 적군의 장수가 바로 수초인 것을 알고 회심의 미소를 지었다. 채목공은 수초가 뇌물이나 좋아하는 변변치 못한 인물이란 것을 잘 알고 있었다.

그 날 밤에 채목공은 비밀리에 사람을 시켜 수레에 황금과 비단을 가득 실어 수초에게 보내면서 되도록 천천히 공격해 주기를 청했다.

수초는 뇌물을 받고 기뻐했다. 그는 뇌물을 가지고 온 사자에게 제환공이 칠로(七路)의 제후들과 규합하여 먼저 채나라를 친 후에 초나라를 칠 것이라는 군대 기밀까지 알려 주었다.

"이제 곧 칠로 대군이 와서 채나라를 쑥대밭으로 만들 것이오. 그러니 가서 속히 달아나는 것이 상책이라고 전하시오."

그 날 밤 사자는 돌아가 이 엄청난 소식을 채목공에게 보고했다. 채목공은 궁중 권속을 데리고 초나라로 달아났다. 임금 없는 백성들은 싸우지도 않고 항복했다. 수초는 그것을 자기의 공로라고 생각했다.

채목공은 초나라에 당도하자 즉시 초성왕을 찾아뵙고 수초의 말을 그대로 고했다. 초성왕은 비로소 제나라의 계책을 알고 급히 명령을 내렸다.

"군대와 전거를 모으고 싸울 준비를 하라."

동시에 사람을 보내 정나라를 치고 있는 투렴·투장 형제를 소환했다.

며칠이 지났다. 제환공이 거느린 대군이 채나라에 당도하자 수초는 자기가 채나라를 정복했다고 크게 자랑했다. 칠로 제후들이 각기 군대와 전거를 거느리고 속속 모여들었다. 송환공·노희공·진성공·위문공·정문공·조소공·허목공의 일곱 제후들이었다.

칠로 제후의 맹주인 제환공까지 합치면 모두 여덟 나라 군주들이 모인 것이다. 이들 8국 대군의 위엄은 실로 대단했다. 그런데 허군(許軍)이 도착한 지 수일 후 허목공은 숙환이 도져 세상을 떠나고 말았다.

제환공은 채나라에서 3일을 더 머물면서 허목공의 죽음을 애도하고 그를 후작(侯爵)의 예로 장사 지내도록 했다. 원래 허나라 군주의 작위는 남작이었다.

마침내 허나라를 제외한 7국의 군대는 남쪽 초나라를 향해 출발했다. 대군이 초나라 경계에 이르렀을 때였다. 초나라 땅 저쪽에 한 사람이 의관을 엄숙히 정제하고 수레를 길 왼편에 세운 채 서 있었다. 그 사람은 대군이 자기 나라로 오는 것을 영접이라도 하듯 공손히 허리를 굽히면서 말했다.

"오시는 분은 혹시 제환공이 아니십니까. 그렇다면 드릴 말씀이 있습니다. 우리 왕이 군주께서 오실 줄을 미리 알고 신으로 하여금 여기서 기다리게 한 지 오래입니다."

그 사람의 성은 굴(屈)이고 이름은 완(完)이니 초나라 공족(公族)으로서 벼슬이 대부였다.

제환공은 크게 놀랐다.

"초나라에서 우리 군대가 올 줄 어찌 알았을꼬!"

관중이 곁에서 아뢰었다.

"이것은 어떤 자가 비밀을 누설했기 때문입니다. 초나라가 사람을 보낸 것을 보면 무슨 할 말이 있을 것입니다. 신이 대의로써 꾸짖어 저들로 하여금 항복하게 하리이다."

관중이 제환공을 대신해서 수레를 타고 나아가 굴완에게 읍했다. 굴완이 황망히 허리를 굽히고 말했다.

"우리 주공께서는 귀국의 군대가 우리 나라에 온다는 소문을 들으시고 소신 완을 보내셨습니다. 우리 주공께서 말씀하기를 제나라는 북해(北海)에 있고 초나라는 남해에 있어 서로 아무런 이해관계가 없는데 군주께서는 무슨 일로 우리 땅에 들어오려 하는지 그 까닭을 듣고자 합니다."

관중이 듣기를 다하고 대답했다.

"옛날 주 천자(周天子)께서 우리 선군을 제(齊)에 봉하시고 땅을 하사하실 때 말씀하시기를 '오후(五侯) 구백(九伯)들이여, 대대로 국방을 맡아 주 왕실을 도우되 만약 왕의 신하로서 직분을 함께 않는 자가 있으면 너희 제후들은 그자를 용서하지 말라'고 하셨소. 그런데 주나라 왕실이 동쪽으로 도읍을 옮긴 후 모든 제후가 제각기 방자해졌습니다. 그래서 우리 군주께서 왕명을 받들어 맹주가 되시어 옛 왕업을 다시 일으키고 있소. 그런데 초나라는 남쪽에 있으면서 마땅히 다른 제후들과 마찬가지로 천자께 포모(包茅)를 바치고 왕의 제사를 도와야 할 것이거늘 일체의 공물과 축주(蓄酒)조차 바치지 않았소. 우리 군주께서는 그 까닭을 알기 위해 지금 귀국으로 가는 중입니다."

굴완이 대답했다.

"주나라가 그 기강(紀綱)을 잃었기 때문에 천하가 주왕에게 조공을 바치지 않았습니다. 그런데 어찌 우리 초나라만 탓하십니까. 이제 제가 대답할 것은 다 했습니다. 저는 우리 임금께 돌아가야 합니다."

굴완은 말을 마치자 수레를 타고 표연히 돌아갔다. 관중도 돌아가 제환공에게 고했다.

"초나라 사람이 완강해서 말로 타일러 굽힐 수 없었습니다. 마땅히 진군하소서."

제환공의 명령이 내리자 대군은 일시에 초나라 안으로 들어가 형산(陘山)에 이르렀다. 그곳에서 한수(漢水)가 멀지 않았다. 관중이 영을 내렸다.

"군대는 이곳에 진채를 세우고 더 나아가지 말라."

모든 제후들이 관중의 영을 의아해하며 물었다.

"대군이 이미 초나라에 깊이 들어왔는데 어찌하여 한수를 건너지 않소. 속히 건너가 승부를 결정합시다."

"초가 사람을 보낸 것만 보아도 반드시 요처마다 준비를 갖추고 있는 것이 분명합니다. 군대란 한 번 나아가면 다시 돌아오기 어렵습니다. 이제 우리는 이곳에 머물면서 우리의 군세를 보여 주어 초로 하여금 우리를 두려워하게 해야 합니다. 그러면 반드시 저편에서 또 사람을 보내올 것입니다. 그 때를 보아 임기 응변하는 것이 좋을 줄로 압니다."

그러나 제후들은 관중의 말을 믿을 수 없다면서 의논이 분분했다.

그 때 초성왕은 이미 투자문으로 대장을 삼아 갑병을 한수 남쪽에 배치한 후였다. 초군은 제후들의 군마가 한수만 건너오면 내달아 싸우려고 대기 중이었다. 세작이 와서 자문에게 보고했다.

"8국 대군은 형 땅에 주둔하고 있을 뿐 전혀 움직이지 않고 있습니다."

자문이 초성왕에게 아뢰었다.

"관중은 병법에 깊이 통달한 사람이옵니다. 이제 8국 군대가 머물러만 있고 움직이지 않는 것은 반드시 무슨 계책이 있기 때문입니다. 마땅히 사람을 한 번 더 보내 저편의 허실을 살펴본 연후에 싸우거나 화평을 청하거나 양단간의 결정을 지어도 늦지 않을 것이옵니다."

이에 초성왕은 다시 굴완을 팔고 연합군 진영으로 보냈다.

굴완이 다시 왔다는 보고를 받고 관중이 제환공에게 말했다.

"초나라에서 다시 사자가 온 것은 반드시 화평을 청하기 위해서입니다. 주공께선 그를 예의로 대하소서."

이윽고 굴완이 들어와 제환공에게 재배했다. 제환공이 굴완에게 정중히 답례하고 물었다.

"대부는 무슨 일로 다시 오셨소?"

"우리 주공께서는 주왕(周王)께 해마다 포모를 바치지 않은 것을 뉘우치고 계십니다. 군주께서는 대군을 거느리고 30리만 물러가 주십시오. 그러면 우리 주공께서 군주의 조건을 들으시리이다."

"대부가 귀국의 군주를 잘 보좌해서 앞으로 초나라가 다시 신하의 직분을 다하게 된다면 이 얼마나 다행한 일이겠소. 그것 이외에 내가 무엇을 더 요구하겠소."

굴완은 돌아가서 초성왕에게 보고했다.

"제환공은 신에게 군대와 함께 물러서겠다고 했습니다. 신도 또한 해마다 공물을 주 천자에게 바치겠다고 약속했습니다. 왕께서는 그들에게 신의를 잃지 마소서."

이 때 세작이 들어와서 보고했다.

"적의 팔로 군마가 영채를 뽑아 돌아가고 있습니다."

초성왕은 적의 동정을 알아보고 오도록 다시 세작을 보냈다. 저녁 무렵에야 세작이 돌아왔다.

"적은 30리 밖으로 물러가서 지금 소릉(召陵) 땅에 주둔하고 있습니다."

"적이 물러간 것은 과인을 두려워하기 때문이다. 공연히 공물을 주왕에게 보낸다고 말했구나."

초성왕이 투덜거리자 자문이 결연한 어조로 말했다.

"8국 군주들은 한 필부에게도 거짓말을 하지 않았는데 왕께선 한 필부로 하여금 군주에게 거짓말하는 자로 만드시렵니까."

초성왕은 머리를 숙이고 한참 대답이 없었다.

"황금과 비단 여덟 수레를 소릉에 갖다 주고 팔로군에게 음식을 대접하라. 동시에 청모(青茅) 한 수레를 제군(齊軍)에게 바치고 천자에게도 상표(上表)하라."

마침내 이렇게 씹어뱉듯이 분부했다.

제환공은 초나라 굴완이 예물을 가지고 왔다는 보고를 받자 모든 군대와 전거를 거느리고 나아가 일곱 대(隊)로 나뉘어 일곱 개의 방향으로 벌려 서게 하고 제나라 군대만은 남쪽에 진을 치고 직접 초나라 사자를 맞았다.

먼저 제군에서 북소리가 일어났다. 그 뒤를 따라 칠로군이 일제히 북을 울리니 그 소리는 천지를 진동했다. 여덟 나라 군사들의 위세를 보이려는 것이었다.

굴완은 나아가 제환공을 본 후 사람들을 시켜 예물을 바치게 했다. 제환공은 팔로군의 대장들을 시켜 초나라가 바치는 예물과 청모를 일일이 검열하게 했다.

제환공이 다시 명령했다.

"굴완에게 그 청모는 거두어 뒀다가 친히 주 천자께 갖다 바치라고 일러라."

의식(儀式)이 끝나자 제환공이 굴완에게 물었다.

"대부는 우리 중원의 군대를 본 적이 있으시오?"

"저는 궁벽한 남방에서 살았기 때문에 아직 보지 못 했습니다. 원컨대 한번 보여 주십시오."

제환공은 굴완과 함께 융로(戎輅: 작은 수레)를 타고 각국 군대를 사열했다. 각국 군대는 일곱 개의 방향으로 각기 일방씩 맡아 섰는데 수십 리씩 연락되어 그 끝이 보이지 않았다.

제군 속에서 다시 북소리가 일어나자 칠국의 군영에서 나는 북소리들이 서로 응했다. 그 소리는 우레 같고 번개 같아서 하늘과 땅을 뒤흔드는 듯했다. 제환공이 굴완을 돌아보며 자랑했다.

"과인에게 이런 대군이 있으니 어찌 싸워서 이기지 못하겠소."

굴완이 대답했다.

"군주께서 중원의 맹주가 되신 것은 천자의 덕을 선포하고 만백성을 사랑한 때문입니다. 그러나 만일 군대가 많은 것만 믿고 그 힘을 자랑한다면 비록 우리 초나라가 작긴 하지만 사방의 산을 성으로 삼고 한수를 못으로 삼아 지킨다면 비록 백만 대군을 가졌을지라도 뜻대로 잘 되진 않을 것입니다."

제환공이 부끄러워하면서 굴완에게 말했다.

"대부는 진실로 초나라의 훌륭한 신하로다. 과인은 원하노니 귀국과 우호를 맺고 싶소."

제환공은 굴완을 영중에 머물게 하고 잔치를 베풀어 융숭히 대접했다.

이튿날 소릉 땅에 제단이 세워졌다. 제환공은 맹주로서 단 위에 올라 먼저 삽혈하고 맹세했다. 나머지 칠국 제후들은 굴완과 함께 차례로 삽혈하고 맹세하는 예를 마쳤다.

회맹(會盟)의 예를 마치자 굴완은 제환공에게 재배하고 치사했다. 관중이 굴완에게 청했다.

"청컨대 귀국에 사로잡혀 있는 정나라 장수 담백을 정나라로 돌려보내 주면 감사하겠소."

"우리 나라도 채후(蔡侯)를 대신해서 귀국에게 사죄합니다. 그러니 귀국도 채나라를 용서해 주십시오."

그리하여 두 사람은 서로 쌍방의 조건을 허락했다. 마침내 관중은 팔국 군대에게 회군할 것을 하령했다. 대군이 돌아가던 도중이었다. 포숙아가 관중에게 물었다.

"초나라의 죄는 초자(楚子)가 지금까지 스스로 왕이라고 자칭한 데 있소. 그런데 그대는 초자가 포모를 주왕에게 바치지 아니한 것만 가지고 문제를 삼았소. 그건 무슨 까닭이오.. 나는 그 이유를 도무지 알 수 없구려."

관중이 대답했다.

"초가 자칭 왕이라고 한 지도 벌써 3대나 됐소. 내가 만일 초에게 왕호 쓰는 것을 꾸짖는다면 초가 머리를 숙이고 내 말을 듣겠소? 만일 듣지 않을 때엔 서로 싸우는 수밖에 없소. 싸움이란 한 번 시작하면 서로 보복하기 마련이고 한두 해에 결말이 나지 않을 것이오. 남북이 몇 해를 두고 소란할 것인즉 그 전화(戰禍)가 얼마나 크겠소. 내가 포모로 트집을 잡아 초로 하여금 공물을 천자께 바치게 했으니 이는 초가 자기 죄를 스스로 인정한 것이오. 동시에 모든 제후들의 위력을 빛냈소. 돌아가 천자에게 이 일을 고하는 것이 싸움을 벌여 소란한 것보다 낫지요."

이 말을 듣고 포숙아는 관중의 높은 식견에 크게 감탄했다.

진(陳)나라 대부 도도(濤塗)는 팔로 대군이 장차 회군한다는 소식을 듣고 정나라 대부 신후(申侯)와 상의했다.

"앞으로 팔로 대군이 우리 진나라와 정나라를 지나가게 되면 그들을 먹이고 대접해야 할 비용 때문에 우리 두 나라는 막심한 손해를 볼 것이오. 그러니 동쪽 해변을 따라 회군하게 하면 서(徐)와 거(莒) 두 나라가 팔로 대군을 위해 수고하게 될 것인즉 우리 두 나라는 피해가 없을 것이오."

신후가 얼굴에 야릇한 미소를 지으며 대답했다.

"거 참 좋은 생각이오. 제후에게 가서 잘 말씀해 보시구려."

이에 도도는 제환공에게 갔다.

"군주께선 북쪽으로 융을 치시고 남쪽으로 초를 쳤습니다. 만일 이번에 회군하실 때 군주께서 제후들과 함께 동해를 구경하고 가시면 동쪽에 있는 모든 나라들도 군주의 위엄을 두려워할 것이옵니다."

제환공이 머리를 끄덕이며 대답했다.

"대부의 말이 옳도다."

도도가 나가고 조금 지나서였다. 정나라 대부 신후가 들어와 제환공에게 말했다.

"지금 팔로의 군대들은 몹시 피곤해져 있습니다. 이번 회군하실 때 진나라와 정나라를 경유해 가시면 군대들은 훨씬 편하게 갈 수 있습니다. 그러나 만일 동쪽 길로 돌아가면 길은 험하고 먼 까닭에 그렇지 않아도 지친 군대가 더욱 지칠까 두렵습니다. 조금 전에 진나라 도도가 와서 동쪽 길로 회군하시라고 청했다는데 그것은 자기 나라에 피해가 있을까 두려워서입니다. 군주께선 이 점을 살피십시오."

제환공은 파안대소하며 명령했다.

"대부가 와서 과인에게 일러 주지 않았으면 일을 그르칠 뻔했도다. 진나라 대부 도도를 군중에 감금하라."

그리고 다시 정문공을 불렀다.

"이번에 동쪽으로 돌아가지 않게 된 것은 다 귀국의 대부 신후 덕택이오. 그러니 군주께선 신후에게 그의 봉지를 늘려 주도록 하시오."

그리하여 신후는 호뢰(虎牢) 땅을 얻었다. 정문공은 제환공의 분부를 거절할 수 없어 호뢰 땅을 자기 신하인 신후에게 주긴 했지만 간특한 신후를 괘씸하게 생각했다.

한편 진선공은 뒤로 사람을 써서 제환공에게 뇌물을 바치고 도도의 죄를 용서해 줍소사 간청했다. 이에 제환공은 도도를 용서해 주었다.

4. 가도멸괵(假道滅虢)

진헌공(晋獻公)은 여희(驪姬)에게 혹한 나머지 태자 신생(申生)보다 여희의 소생인 해제(奚齊)를 더 사랑했다.

태자 신생은 원래 착한 데다 효성이 지극하고 또 여러 번의 싸움에 공로가 있었다. 그래서 여희는 신생을 제거하려 했으나 아직 기회를 얻지 못했다.

어느 날 여희는 악공(樂工) 우시(優施)를 불러 상의했다.

"이제 태자를 폐하고 해제를 태자로 세우고자 하는데 어떻게 해야 좋을까?"

우시가 대답했다.

"주공의 아들 세 공자가 지금 다 먼 곳에 있으니 무엇이 어렵겠습니까."

"공자 세 사람이 다 녹록하지 않기 때문에 내가 섣불리 건드리지 못하고 있다."

"그러시다면 한 놈씩 차례차례로 없애 버리십시오.."

"누구를 먼저 없애야 할꼬?"

"물론 신생부터 없애야 합니다. 신생은 원래 성품이 인자하고 정결한 사람이기 때문에 조금만 창피를 당해도 몹시 부끄러워합니다. 창피당하는 것을 부끄러워하는 사람이라야 한 번 분개하면 참지 못하며 남을 해치지 않는 사람이라야 곧잘 자기 자신을 망치는 법입니다. 부인께서 태자의 좋은 면을 칭찬하시면서 일변 교묘히 모략을 쓰면 주공도 믿게 될 것입니다."

그 날 밤이 깊어서였다. 여희가 흐느껴 울면서 진헌공에게 말했다.

"첩이 듣건대 신생은 그 성품이 밖으로는 인자하고 안으로는 큰 뜻을 품었다 합니다. 그는 곡옥(曲沃)에 있으면서 백성들에게 많은 은혜를 베풀기 때문에 백성들이 그를 위해서라면 죽는 것도 사양치 않을 것이라고 합니다. 그러니 앞으로 나라를 바로잡겠다는 무리가 일어나면 장차 그 재앙이 군주에게까지 미칠 것입니다. 제발 부탁입니다. 이 첩을 죽여줍시오. 그래야만 신생을 따르는 그들 무리의 공작을 미연에 막을 수 있습니다. 이 보잘것없는 첩년 때문에 장차 백성들을 혼란의 구덩이로 몰아넣지 마십시오."

진헌공이 말했다.

"신생은 백성에게도 인자하다는데 어찌 아비를 거역하겠는가."

"필부가 어진 것과 야망이 있는 사람이 어진 것과는 같지 않습니다. 필부는 부모 사랑하는 것으로 인(仁)을 삼지만 야망이 있는 사람은 국가 위하는 것으로 인을 삼는다고 합니다. 그러니 부모와 무슨 상관이 있겠습니까."

그래도 진헌공은 믿으려 하지 않았다.

"그는 결백한 걸 좋아하는 사람이라 어찌 누명을 듣고자 하리오."

"옛날에 주나라 유왕은 의구(宜臼)를 죽이지 않고 외가인 신나라로 추방했기 때문에 나중에 신후(申侯)가 견융을 끌어들여 유왕을 여산 아래서 죽이고 의구를 군위에 세웠으니 그가 바로 평왕이며 동주(東周)의 시

조가 아닙니까. 그 후 오늘날까지 유왕이 포악하다는 말은 있어도 아비를 죽게 한 평왕을 나쁘다고 말한 사람은 없습니다."

진헌공은 머리끝이 쭈뼛해졌다. 그는 이불을 젖히고 벌떡 일어나 물었다.

"부인 말이 옳소. 그러면 어찌해야 좋을꼬?"

여희가 능청스럽게 대답했다.

"군주께서는 늙었다는 핑계를 대시고 나라를 신생에게 내주십시오. 신생이 나라를 물려받고 뜻을 이루면 혹 그들 무리가 군주께 해를 끼치지 않을지도 모릅니다."

진헌공이 머리를 설레설레 흔들며 말했다.

"안 될 말이다. 나는 지금까지 무(武)와 위(威)로써 모든 제후들을 대했다. 내가 번연히 살아 있으면서 나라를 잃는다면 이는 무라 할 수 없으며 자식을 누르지 못하면 이는 위라 할 수 없다. 무와 위를 잃으면 남의 지배를 받는 법이니 그렇게 되면 차라리 죽느니만 못하다."

여희가 기회를 놓치지 않고 말했다.

"근래에 적적족(赤狄族)인 고락 씨(皐落氏)가 자주 우리 나라를 침범해서 두통거리라는데 신생으로 하여금 이를 치게 하소서. 그러면 신생이 능히 용병을 잘 하는지 못 하는지도 알 수 있는 명분이 섭니다. 또 싸워서 이기면 신생은 자기의 공로와 실력을 믿고 반드시 딴 뜻을 품을 것입니다. 그가 딴 뜻을 품는다면 그 때 신생을 처벌하면 백성들도 다 복종할 것입니다."

"그 말이 좋소."

마침내 진헌공은 곡옥으로 사자를 보내 신생에게 고락 씨를 치라는 명령을 내렸다.

이 때 소부(少傅) 벼슬에 있는 이극(里克)이 간했다.

"지금 태자가 먼 곳에 있는 것도 옳지 못하거늘 하물며 군대를 거느리고 싸움에 나가게 하는 것은 더욱 옳지 못한 일이옵니다."

진헌공이 대답했다.

"과인에게 아들이 아홉이라 아직 누가 과인의 뒤를 이을지 모르니 경은 과도히 근심 말라."

이극은 더 간하지 못 하고 궁에서 물러나와 호돌(狐突)에게 가서 그 사실을 말했다. 호돌이 탄식했다.

"장차 태자의 신변이 위험하겠구려."

이에 호돌은 신생에게 편지를 써서 보냈다. 그 편지 내용은 싸우러 가지 말라는 것과 싸워서 이기면 더욱 시기를 받는다는 것과 그러니 차라리 외국으로 달아나라는 권고였다.

한편 곡옥에 있는 신생은 호돌의 편지를 받고 한숨을 쉬며 말했다.

"임금이 나에게 싸우러 가라 하니 이는 나를 미워하는 동시에 내 속마음을 떠보자는 것이다. 그러나 임금의 명령을 듣지 않으면 그 죄가 가볍지 않다. 차라리 나가서 싸우다가 죽으면 오히려 이름이나마 남을 것이다. 내 어찌 외국으로 달아나겠는가."

신생은 마침내 군대를 거느리고 출전하여 직상(稷桑)이란 곳에서 고락씨의 군대와 크게 싸웠다. 싸운 지 오래지 않아 신생은 대승을 거두었다.

그는 곧 장수를 보내어 아버지인 진헌공에게 승첩을 고했다. 그 소문을 듣고 여희가 말했다.

"태자가 유능하니 이제는 더욱 마음을 놓을 수 없습니다. 어떡하면 좋겠나이까?"

"아직 아무런 죄가 없으니 증거를 잡을 때까지 기다리는 수밖에 없다."

진헌공은 얼굴을 찌푸리면서 대답했다.

그 때 우(虞)와 괵(虢) 두 나라는 국토가 인접해 있었다. 그들은 마치

입술과 이빨처럼 서로 사이가 좋았는데 그 두 나라가 다 진나라 곁에 있기 때문에 늘 말썽이 많았다.

괵공(虢公)의 이름은 추(醜)였다. 그는 싸움을 좋아하고 또 교만해서 가끔 진나라 남쪽 변경을 침범했다. 괵공이 또 변경을 침범했다는 소식을 접한 진헌공은 대로하여 괵을 치기로 작정했다. 여희가 청했다.

"이번에도 신생을 보내십시오."

그러나 진헌공은 신생이 많은 공로를 세우면 세울수록 그를 제압하기 어렵다고 생각하고 다른 사람을 보내기로 마음먹었다. 진헌공은 대부 순식을 불러 상의했다. 순식이 아뢰었다.

"신이 듣건대 괵공은 여색을 몹시 좋아한다고 합니다. 그러니 주공께서 아름다운 여자를 뽑아 괵공에게 보내고 순한 말로 화평을 청하십시오. 그러면 괵공은 반드시 기뻐할 것이며 장차 여색에 빠져 나라 일을 잘 돌보지 않을 것입니다. 그 때를 기다려서 우리는 다시 뇌물을 견융에게 보내 견융으로 하여금 괵을 치게 하는 동시에 그들이 싸우는 틈을 타서 다시 일을 도모하면 가히 괵을 멸망시킬 수 있을 것입니다."

"참으로 묘계로다."

진헌공은 대부 순식의 계책에 따라 진나라에서 가장 아름다운 여자를 뽑아 괵공에게 보냈다. 괵나라의 대부 주지교가 곁에서 보고 간했다.

"이는 진이 우리 나라를 낚으려는 계책입니다. 주공은 어찌하여 그 미끼를 삼키려고 하십니까."

그러나 괵공은 듣지 않고 드디어 진나라와 화평을 맺었다.

그 후로 괵공은 낮이면 음탕한 음악을 즐기고 밤이면 그 미녀와 함께 지냈다. 자연히 나라 일에 게을러졌다. 주지교는 여색에서 헤어나지 못하는 괵공에게 다시 간했다. 괵공은 대로하여 주지교를 먼 하양관(下陽關)으로 쫓아버렸다.

이와 때를 같이하여 진나라의 뇌물을 받은 견융은 마침내 괵나라 경계로 쳐들어갔다. 괵공은 군대를 거느리고 상전(桑田)이란 곳에서 견융과 싸우기 위해 대치했다.

이 때 진헌공은 다시 순식과 상의했다.

"이제 괵과 견융이 서로 대치하고 있으니 과인이 괵을 쳐도 좋겠는가?"

"우와 괵의 두 나라는 입술과 이처럼 친한 사이입니다. 그러니 우선 두 나라 사이를 떼어 놓아야 합니다. 주공께서는 많은 뇌물을 우나라에 보내시고 잠시 길을 빌려 괵을 치십시오."

"우가 과연 말을 들을까? 그리고 뇌물은 무엇을 보내야 하는가?"

"원래 우공은 탐심이 대단하여 지극한 보물을 받아야만 마음이 흔들릴 것입니다. 꼭 두 가지 물건을 보내야겠는데 주공께서 내놓으실지 그것이 문제입니다."

"경이 보내야겠다는 그 물건이 무엇이오?"

"우공은 특히 벽옥(碧玉)과 명마를 좋아합니다. 주공께서는 수극(垂棘) 지방의 벽옥과 굴(屈) 지방의 명마를 우공에게 보내고 괵나라로 진군하는 길을 빌려 달라고 하십시오. 우공이 수극지벽(垂棘之璧)과 굴산지마(屈産之馬)를 받기만 하면 일은 쉽게 이루어질 것입니다."

"그 두 가지 물건은 과인이 애지중지하는 보물이오. 어찌 다른 사람에게 줄 수 있겠소?"

"우나라의 길을 빌려 괵을 치면 괵은 우나라의 도움이 없으므로 반드시 망하고 맙니다. 괵이 망하면 우도 또한 혼자 버틸 수 없어 우리 진나라의 영토가 될 것인즉 벽옥과 명마는 다시 주공의 수중으로 돌아오게 될 것입니다."

곁에서 대부 이극이 염려했다.

"우나라에 두 현신이 있습니다. 그 두 현신의 이름은 궁지기(宮之奇)와 백리해(百里奚)입니다. 그들은 우리 계책을 짐작하고도 남을 것입니다."

순식이 웃으면서 대답했다.

"우공은 욕심만 많고 어리석은 사람입니다. 비록 두 현신이 간할지라도 듣지 않을 것이오."

진헌공은 즉시 순식의 계책에 따르기로 했다.

우공은 처음에 진나라 순식이 길을 빌리려 왔다고 하자 괵나라를 치려는 것으로 짐작하고 대로했다. 그러나 진나라가 지극한 보물인 수극지벽과 굴산지마를 바치자 자기도 모르는 사이에 입이 크게 벌어졌다.

"이렇게 귀한 물건을 주다니 과인에게 하고 싶은 말이 무엇이오?"

"괵이 자주 우리 남쪽 변방을 치기에 우리 군주께서 귀국의 길을 빌려 그들의 잘못을 꾸짖고자 합니다. 만일 길을 빌려 우리가 싸워 이기면 괵나라에서 노획한 물건을 모두 다 군후께 바치고 군후와 함께 영세화평(永世和平)의 맹세를 하려고 합니다."

우공은 크게 기뻐했다. 그러자 곁에서 궁지기가 간했다.

"주공께서는 진나라의 청을 듣지 마십시오. 속담에 이르기를 입술이 망하면 이가 시리다고 했습니다. 괵이 망하면 그 다음 불행은 우리 우나라에 닥쳐올 것입니다."

우공이 대답했다.

"진후가 귀중한 보물을 아끼지 않고 보내 과인과 사귀기를 청하는데 과인이 어찌 길을 아끼리오. 더구나 진은 괵보다 열 배나 강한 나라라 비록 괵이 망할지라도 진과 친하면 조금도 불리할 것이 없다. 그대는 물러가라."

궁지기가 다시 간하려하는데 곁에서 백리해가 궁지기의 소매를 가만히 잡아당겼다. 바깥으로 나가자 궁지기가 그에게 물었다.

"그대는 내가 간할 때 한 마디도 돕지 않고 도리어 나를 말린 까닭이 무엇이오?"

"어리석은 사람에게 바른 말을 하는 것은 마치 좋은 구슬을 길에다 버리는 것과 같다고 합니다. 옛날에 하나라의 관룡봉(關龍逢)이 걸왕에게 죽임을 당하고 비간(比干)이 은나라의 주왕에게 죽임을 당한 것도 그들이 끝까지 왕에게 간했기 때문입니다. 그대도 너무 간하다가는 신상에 해로우리이다."

"그러면 우나라는 반드시 망하오. 굳이 망하는 나라에 있을 것 없으니 우리 함께 다른 나라로 갑시다."

"떠나고 싶거든 혼자 떠나시오. 나까지 데리고 떠나면 그대의 죄는 더 무거워질 것이오. 나는 기회를 보아 천천히 떠나겠소."

그 날 밤 궁지기는 집안 식구들을 데리고 어디론가 떠났다. 그러나 궁지기가 간 곳을 아는 사람은 없었다.

순식은 목적을 이루고 진나라로 돌아갔다. 그는 돌아가는 즉시 진헌공에게 보고했다.

"우공이 벽옥과 명마를 받고 길을 빌려 주기로 승낙했사옵니다."

진헌공은 친히 괵나라를 치기 위해 서둘렀다. 이극이 아뢰었다.

"이제 괵을 치는 것은 쉬운 일입니다. 번거롭게 주공께서 친히 출전하실 것까지는 없사옵니다."

이에 진헌공은 이극을 대장으로 삼고 순식을 부장(副將)으로 삼아 전거 4백 승을 주었다. 순식은 진군(晉軍)이 출발하기 전에 먼저 우나라에 가서 진군이 올 때를 알렸다.

"과인이 귀한 보물을 받고도 갚을 길이 없는지라 우리도 군대를 일으켜 귀국을 도울까 하오."

순식이 대답했다.

"군후께서 군대를 일으켜 우리를 돕느니보다는 하양관이나 우리에게 주시기 바랍니다."

우공이 어리둥절했다.

"하양관은 괵나라 땅이오. 과인이 아무리 주고 싶어도 남의 나라 땅을 어떻게 줄 수 있겠소."

순식이 조용히 대답했다.

"지금 괵공은 견융과 상전에서 대치 중인데 아직 승부가 나지 않았다고 합니다. 그러니 군후께선 괵공에게 전거를 보내어 돕겠다 하시고 그 대신 우리 진나라 군대를 비밀스럽게 보내만 주시면 우리가 가서 하양관을 쉽사리 함몰시키겠습니다."

우공은 순식이 시키는 대로 괵나라에게 돕겠다는 뜻을 전했다.

하양관의 수장(守將)은 대부 주지교(舟之橋)였는데 우나라 군대가 도우러 왔다는 말을 곧이듣고 관문을 열었다. 열린 관문 안으로 전거들이 열을 지어 들어갔다.

진나라 군대는 완전히 관문을 들어간 다음에 일제히 함성을 질렀다. 그제야 주지교가 속은 줄 알고 관문을 닫으려 했으나 때는 이미 늦어 있었다.

이극은 군대를 몰고 성 안에서 좌충우돌했다. 주지교는 도저히 진군을 당할 수 없었다. 하양 땅을 잃은 주지교는 장차 괵공에게 처벌당할 것이 두려워 드디어 군대를 거느리고 진군 앞에 항복하고 말았다. 이극은 주지교를 향도로 삼아 괵나라의 도성 상양성(上陽城)을 향해 나아갔다.

이 때 괵공은 상전에서 견융과 싸우다 진나라 군대가 하양관을 함몰시켰다는 보고를 받고 급히 본국으로 향했다. 견융은 돌아가는 괵군을 추격하여 사정없이 추살했다. 마침내 괵공은 크게 패하여 가까스로 상양에 돌아가 성문을 굳게 닫고 지키기만 했다. 그는 그저 막연하기만 할 뿐 아무런 계책도 없었다.

　진군은 상양성을 공격하지 않고 겹겹으로 에워싸기만 했다. 성 안과 바깥은 연락이 끊어졌다. 진군이 8월에 포위해서 12월이 되어도 돌아가지 않았기에 성 안에는 식량마저 떨어졌다. 괵나라 군대는 지칠 대로 지치고 백성들은 밤낮없이 울부짖었다.

　주지교가 이극의 분부에 따라 항복을 권하는 쪽지를 화살에 끼워 성 안으로 쏘아 보내자 괵공은 치를 떨며 부르짖었다.

　"우리 선군은 주 왕실에서 경사 벼슬까지 하셨다. 내 어찌 제후 따위에게 항복하리오."

　그 날 밤 괵공은 비밀히 성문을 열고 식구들과 함께 왕성(王城)으로 달아났다. 이극은 알고도 그들을 뒤쫓지 않았다.

　괵공은 달아난 것을 알자 성 안의 백성들은 향화(香花)와 등촉을 밝히고서 진군을 영접했다. 이극은 백성들을 위로하고 군대들이 머물며 지키게 했다.

　이극은 사람을 진헌공에게 보내어 경과를 보고하고 우나라에 그대로 눌러앉아 있었다.

　"내가 병이 나서 꼼짝을 못하겠소. 그 동안만 군대를 성 밖에서 쉬게 하고 병이 낫는 대로 곧 본국으로 회군하겠소이다."

　물론 이극이 아프다는 것은 거짓말이었는데 우공은 그것을 모르고 약을 지어 가지고 이극을 문병하기까지 했다.

　그런 지 한 달이 지나서였다. 하루는 세작이 와서 우공에게 보고했다.

　"지금 진헌공이 교외에 당도했습니다. 괵나라를 아직 평정하지 못한 것이라 걱정하여 돕기 위해서라고 합니다."

　우공이 흔쾌히 웃으며 말했다.

　"그러지 않아도 과인이 그와 서로 만나 우호를 두텁게 하려던 참이었다. 때를 맞추어 마침 잘 왔구나."

우공은 황망히 교외로 나가서 진헌공을 영접했다. 진헌공과 우공은 서로 손을 잡고 감사하는 뜻을 말했다. 진헌공이 안내를 받아 성 안으로 들어가면서 우공에게 청했다.

"우리 나라 군대가 이미 괵나라를 평정했다는 걸 여기 와서야 알았습니다. 굳이 예까지 오지 않아도 될 걸 공연히 와서 폐만 끼치게 됐습니다. 군주께서 바쁘지 않으시면 함께 사냥이나 한번 합시다."

"그거 참 좋은 생각이오. 우리 나라 기산(箕山)은 사냥터로 유명합니다."

우공은 기꺼이 승낙했다.

이튿날이었다. 우공이 이참에 자기 나라의 위세를 자랑하려고 성 안의 무기와 수레와 좋은 말을 모조리 기산으로 동원시켰다. 그는 사냥시합에서 이겨야겠다는 생각으로 진헌공과 함께 말을 달리며 사냥하는 데에만 골몰했다. 그 때 보발(步撥)이 급히 달려와서 그에게 보고했다.

"성 안에서 불길이 오르고 있습니다."

진헌공이 먼저 대답했다.

"민간에서 불이 났겠지요. 곧 사람들이 끌 것이오. 이왕 시작한 것이니 한 번만 더 몰아 봅시다."

그 때 대부 백리해가 가만히 우공에게 아뢰었다.

"들리는 말에 의하면 성 안에서 난이 일어났다고 합니다. 이곳에 더 머무를 여가가 없습니다."

우공은 진헌공에게 먼저 돌아가 봐야겠다 하고 성 쪽으로 급히 달려갔다. 반쯤 갔을 때였다. 백성들이 떼를 지어 오다가 우공을 보자 아뢰었다.

"주공께서 나가신 뒤 진군이 쳐들어와서 성을 점령하였습니다."

그제야 우공은 비로소 속은 줄을 알고 대로했다.

"속히 전거를 몰아 진군을 공격하라!"

우공이 시위병들을 거느리고 성 밖에 당도해 보니 성루에 한 장수가 난간을 의지하고 서 있다가 성 밑을 굽어보면서 말했다.

"지난번에는 군주께서 우리에게 길을 빌려 주셨고 이번에는 다시 우리에게 나라까지 내주시니 참으로 감사하오."

우공은 분노를 참을 수 없어 곧 성을 치려 했다.

그 때 보발이 달려와 우공에게 보고했다.

"지금 진헌공이 대군을 거느리고 이리 오고 있습니다."

이젠 나아갈 수도 물러설 수도 없었다. 우공은 크게 탄식했다.

"내가 지난날 궁지기가 간하는 말을 듣지 않았다가 이 꼴이 됐구나."

그리고 곁에 있는 백리해를 돌아보며 물었다.

"그 때 경은 왜 과인에게 간하지 않았는가?"

백리해가 대답했다.

"주공께서 궁지기가 간하는 말도 듣질 않으셨는데 어찌 제 말을 듣겠습니까. 그 때 신이 말하지 않는 것은 다만 이곳에 머물러 오늘까지라도 주공을 모시려고 했던 것입니다."

우공은 몹시 다급한 나머지 어쩔 줄을 몰라 했다. 그 때 전거 한 대가 가까이 이르러 멈추면서 진나라에 항복한 장수 주지교가 내렸다. 우공은 주지교를 대하기가 부끄러웠다. 주지교가 우공 앞에 가서 말했다.

"군주께서는 순식의 말을 곧이듣고 괵나라를 적에게 팔았습니다. 그 결과 모든 걸 잃었습니다. 이제 이 지경이 된 이상 다른 나라로 가시느니보다는 차라리 진나라에게 사정을 하시기 바랍니다. 진후(晋侯)는 덕이 있고 관대한 분이므로 반드시 후대할 것입니다."

우공이 얼른 결정을 짓지 못하고 있을 때 진헌공이 뒤따라 당도했다. 그는 사람을 보내 우공과 서로 보기를 청했다. 우공은 싫어도 가보지 않을 수 없었다. 우공을 보자 진헌공은 만면에 미소를 띠면서 말했다.

"과인이 여기 온 것은 벽옥과 명마를 도로 찾기 위해서였소."

그는 군사들에게 명하여 우공을 뒷수레에 태웠다. 그리하여 우공은 진나라 군중(軍中)에 억류당하는 신세가 되고 말았다.

백리해는 잠시도 우공 곁을 떠나지 않았다. 한 병사가 그를 비웃자 백리해가 대답했다.

"나는 우나라의 국록을 오랫동안 받은 몸이다. 내가 이처럼 주공을 따라다니는 것은 마지막으로 지난날의 은혜에 보답하려는 것이다."

진헌공은 우공을 죽이려고 했다. 그러자 순식이 간했다.

"그는 어리석은 사람입니다. 내버려 둔들 무슨 짓을 하겠나이까."

진헌공은 생각을 돌려 손님에 대한 예로서 우공을 대우했다.

그 후 주지교는 진나라에 귀화하여 대부가 되었다. 주지교는 진헌공에게 백리해가 비범한 사람이라는 것을 아뢰고 그를 천거했다. 진헌공은 백리해를 등용하고자 주지교를 시켜 설득했다. 그러나 백리해는 거절했다.

"우리 군주께서 생존해 계시는 한 아직 다른 나라를 섬길 생각은 없소."

주지교가 돌아간 뒤 백리해는 탄식했다.

"군자가 다른 곳으로 떠날지언정 어찌 원수의 나라에 가서 벼슬을 살수 있으리오."

뒤에 주지교는 백리해가 이런 말을 했다는 소문을 듣고 마음 속으로 저주했다.

5. 점괘의 허실

 진목공(秦穆公)은 즉위한 지 6년이 지났으나 아직 정실 부인이 없었다. 그는 공자 집(縶)을 진(晋)나라로 보내 혼인을 청했다. 진헌공(晉獻公)의 큰딸이며 태자 신생의 여동생인 백희를 아내로 맞이할 생각이었다.
 진헌공은 청혼을 받자 태사 소에게 허혼하는 것이 좋을지 어떨지 산가지를 이용하여 시초점(蓍草占)을 보게 했다. 태사 소가 점을 쳐 보고는 진헌공에게 아뢰었다.
 "이 혼사는 재고해야 할 필요가 있사옵니다. 진(震)이 변하여 이(離)가 되면 그 괘는 규(揆)가 되는데 규와 이는 모두 다 불길한 것입니다. 주공은 이 혼사를 허락하지 마시옵소서."
 진헌공은 다시 태복(太卜) 곽언(郭偃)에게 거북점을 쳐 보게 했다. 태복 곽언이 구갑(龜甲)을 불에 구워 그 금이 간 것을 보았더니 길한 것으로 나타났다.
 태사 소는 시초점이 옳다고 했고 태복 곽언은 거북점이 맞다고 우겼다. 두 사람이 서로 다투는 것을 보고 진헌공은 결심했다.
 "옛말에 시초점보다 거북점이 우선한다 했다. 거북점에 통혼(通婚)하는 것이 길하다고 나왔으니 서로 다툴 것 없다. 더구나 소문에 의하면 진(秦)나라는 꿈에 백제(白帝)의 명(命)을 받은 뒤로 점점 강대해졌다고 한다. 그러니 그들의 청을 거절하지 못할 것이로다."
 마침내 진헌공은 공자 집에게 허혼하겠다는 뜻을 말했다.
 공자 집이 사명을 마치고 본국으로 돌아가는 도중이었다. 길가에서 비범하게 생긴 한 농부가 밭을 갈고 있었다. 그의 얼굴빛은 피를 바른 듯이 붉었고 수염은 교룡(蛟龍)처럼 뻗쳐 있었다. 더구나 그 농부는 괭이로 땅을 파는데 괭이가 한 번 땅에 박히면 몇 자씩 흙이 파헤쳐졌다.

농부가 괭이를 가지고 와서 보이는데 엄청나게 컸다.

공자 집은 시종들에게 그 괭이를 한 번 들어 올려 보라고 했다. 시종들은 서로 들어 올리려 했으나 괭이는 높이 올라가지 않았다.

공자 집은 그 농부가 천하장사란 것을 알고 물었다.

"그대의 성씨와 이름이 무엇이오?"

"성은 공손(公孫)이고 이름은 지(枝)이며 자(字)는 자상(子桑)이라고 합니다. 진(晉)나라 군주의 먼 일가뻘이지요."

"그대와 같은 인재가 어찌 이런 데서 아깝게 일생을 보내시오?"

"아무도 천거해 주는 사람이 없으니 하는 수 없는 일이지요."

공자 집이 정중히 청했다.

"나와 함께 우리 진(秦)나라에 가서 강산 유람이나 하면 어떻겠소?"

공손 지가 선뜻 대답했다.

"군자는 자기를 알아주는 사람을 위해 죽을 수도 있다고 합니다. 내 어찌 따르지 않으리오."

공자 집은 그를 자기 수레에 태우고 함께 진나라로 돌아갔다. 그리고 귀국하자 즉시 진목공(秦穆公)에게 혼사에 대한 승낙을 받았다는 것과 도중에서 공손지를 데리고 오게 된 경과를 소상히 아뢰었다. 진목공은 즉시 공손지에게 대부 벼슬을 주었다.

한편 진헌공이 신하들에게 물었다.

"이번에 신부가 시집으로 갈 때 데리고 갈 남자종은 누구로 하는 것이 좋겠는가?"

주지교가 앞으로 나아가 아뢰었다.

"백리해는 우리 진나라에서 벼슬을 살지 않겠다고 거절했습니다. 그 속마음을 알 수 없으니 이런 자는 가까이 두지 말고 먼 곳으로 보내 버리는 것이 상책일까 합니다. 그러니 신부가 데리고 갈 남자종으로 백리해를 보내는 것이 어떠하오리까?"
 백리해를 미워하고 있던 주지교는 이참에 그를 곤경으로 몰아넣으려고 했다.
 백리해는 원래 우나라 태생으로서 자를 정백(井伯)이라고 했다. 그는 나이 서른에야 두 씨(杜氏)란 여자를 아내로 맞이했다. 그 뒤 두 사람 사이에 아들 하나가 태어났는데 집안이 매우 가난했다. 그는 출세할 길을 찾고자 했으나 아내와 자식을 버리고 떠날 수가 없어서 항상 주저했다.
 어느 날 두 씨가 남편에게 말했다.
 "사내대장부가 천하에 뜻을 두었으면 한창 나이에 벼슬길을 찾아야 할 것이거늘 구구히 처자만 지키고 앉아 있어서야 되겠습니까. 첩이 혼자서 어떻게 해서든 살아갈 테니 당신은 조금도 염려 마시고 떠나세요."
 그리하여 백리해가 괴나리봇짐을 등에 지고 집을 떠나는데 두 씨가 한 손에 어린 아들을 안고 따라 나갔다. 두 씨는 다른 한 손으로 남편의 소매를 잡고 울면서 말했다.
 "다음 날 부귀하게 되면 이 몸을 잊지 마시오."
 백리해는 머리를 끄덕이고 처량한 심사로 떠났다.
 그 뒤 그는 제나라로 가서 벼슬을 살아보려고 각방으로 애를 썼으나 아무도 그를 천거해 주는 사람이 없었다. 그는 곤궁과 탄식 속에서 오랜 세월을 보냈다. 그러다가 송나라의 질(銍) 땅에서 마침내 문전걸식을 하는 거지 신세가 되고 말았다. 그 때 그의 나이가 마흔이었다.
 그 질 땅에 건숙(蹇叔)이란 사람이 살고 있었다. 어느 날 아침 그는 자기 집 문 앞에서 한 거지를 보았다. 그 거지의 얼굴이 매우 비범해 보였기에 그가 물었다.
 "그대는 밥을 빌어먹을 사람이 아닌데 성명을 뭐라고 하오?"
 "백리해라고 합니다. 팔자가 기박해서 이러고 다닙니다."

건숙은 백리해를 자기 집에 머물게 하고 천하 시국에 대해서 답론했다. 백리해의 말은 청산에 물 흐르듯 거침이 없고 조리가 정연했다. 건숙은 백리해의 식견이 출중함을 보고 탄식했다.

"그런 재주를 가지고도 이렇듯 몰락했다니 이야말로 운수로다. 앞으로 우리 집에서 함께 삽시다."

이리하여 그들은 의형제를 맺었다. 건숙이 백리해보다 한 살 위였으므로 백리해는 그를 형님이라고 불렀다.

그런데 건숙의 집도 가난했다. 백리해는 동네의 소를 길러 주며 약간의 식량을 얻어 와 건숙의 부담을 덜어 주었다.

이 때 제나라는 공손 무지(公孫無知)가 제양공을 죽이고 새로 군위에 올랐던 때였다. 군위에 오른 무지는 널리 어진 인재를 구한다는 방(榜)을 중원 각지의 고을에 내걸었다.

백리해는 그 방을 보자 한 번 응모해 보고 싶었는데 건숙이 조용히 타일렀다.

"죽은 제양공의 아들이 지금 타국에 있는데 무지가 주공을 죽이고 군위를 빼앗았으니 어찌 앞날이 평탄할 수 있으리오. 그런 사람 밑에서 벼슬을 살 것이 아니로다."

때문에 백리해는 제나라 서울로 가려다가 그만두었다. 그 뒤 백리해는 주나라 왕자 퇴(頹)가 소를 잘 기르는 사람에게 후한 봉록(俸祿)을 준다는 소문을 듣고 주나라로 갔다.

뒤이어 건숙이 주나라로 와서 백리해에게 말했다.

"왕자 퇴는 뜻은 크지만 재주가 없는 사람이오. 그는 아첨하는 무리들에게 둘러싸였고 또 쓸데없는 일을 좋아하는 성격인지라 내가 보기엔 그의 앞날이 좋을 것 같지 않소. 그러니 주나라를 떠납시다."

그러나 백리해는 다시 건숙을 따라가서 신세를 지기도 곤란했고 그렇다고 따로 갈 곳이 있는 것도 아니었기에 그에게 말했다.

"집을 떠난 지도 오래 되고 했으니 저는 이제 우나라로 돌아갈까 합니다. 형님은 어디로 가시렵니까?"

"지금 우나라에 어진 신하가 있는데 이름은 궁지기라고 하오. 나와는 전부터 잘 아는 사이지. 서로 못 본 지도 오래 되었으니 동생이 우나라로 돌아가겠다면 나도 동생과 함께 가서 그 사람을 만나보고 싶소."

그렇게 되어 두 사람은 우나라로 갔다. 백리해에게는 오랜만에 다시 보는 고국산천이었다. 그런데 그가 자기 집으로 가 보니 집도 없고 빈 터만 남아 있었다. 이웃 사람에게 물어 보니 그간 두 씨는 먹고 살아갈 길이 없어서 다른 곳으로 떠났는데 간 곳을 모른다는 것이었다. 백리해는 탄식하며 몹시 슬퍼했다.

건숙은 궁지기와 만나 서로 반가운 인사를 나누고 백리해가 비범한 인물이란 것을 말했다. 궁지기는 쾌히 백리해를 우공에게 천거했다. 이에 우공은 백리해에게 중대부 벼슬을 내렸다.

"내가 우공을 보니 사람이 변변치 못해 앞으로 좋은 주인이 될 것 같지 않소."

건숙이 떨떠름해하며 말하자 백리해가 호소하듯 대답했다.

"이 동생은 너무나 가난하고 곤궁합니다. 지금 형편으로는 우선 한 모금의 물이라도 얻어 마셔야 살 것 같습니다."

"동생이 가난해서 벼슬을 살겠다면 내 굳이 말리지 않겠소. 다음날에 만일 나를 만나고 싶거든 송나라 명록촌(鳴鹿村)으로 오도록 하오."

건숙은 백리해를 남겨 두고 떠났다. 백리해는 형을 전송하고 우나라에 머물렀다.

그 후 마침내 우나라가 진나라에게 망하자 백리해는 다른 나라로 떠나지 않았던 것이다.

"내가 지난날 곤궁하여 우공을 섬겼거늘 이제 와서 충성마저 다하지 않을 수 없도다."

그러나 그것마저 자기의 뜻대로 되지 않았다. 주지교의 농간으로 말미암아 남자종이 되어 신부를 모시고 진(秦)나라로 가지 않을 수 없게 된 것이다. 백리해는 탄식하며 중얼거렸다.

"내가 천하를 건질 수 있는 재주를 가졌건만 좋은 주인을 만나지 못해서 한 번도 큰 뜻을 펴지 못했다. 이제 늙은 몸이 진나라로 시집가는 여자의 종이 되니 이보다 더한 수치가 어디 있으리오."

백리해는 마침내 도중에 도망을 쳤다. 그는 송나라로 달아날 작정이었다. 그러나 길이 막혀 다시 초나라를 향해 걸었다.

그가 완성(宛城) 가까이 이르렀을 때였다. 완성 사람들은 다른 나라에서 온 첩자가 아닌가 하고 그를 붙들어 결박했다. 백리해가 말했다.

"나는 우나라 사람이오. 나라가 망했기 때문에 도망쳐 이곳까지 온 것이오."

완성 사람들이 물었다.

"그대는 뭘 잘 하느냐?"

"소를 좀 기를 줄 아오."

그러자 그들은 그의 결박을 풀어 주고 그 곳에서 소를 기르게 했다. 소들은 나날이 살이 지고 윤기가 돌았다. 완성 사람들은 모두 기뻐했다.

그 뒤 백리해가 소를 잘 기른다는 소문이 초왕의 귀에까지 들어갔다. 초왕은 궁으로 백리해를 불렀다.

"소를 잘 기르는 무슨 묘법이라도 있는가?"

"여물을 줄 때와 힘을 쓸 때를 알아야 합니다. 그리고 무엇보다도 기르는 사람의 마음과 소의 마음이 서로 어긋나지 말고 늘 일치하면 잘 기를 수 있습니다."

백리해가 대답하자 초왕이 감탄하며 말했다.

"옳은 말이로다. 그 말은 소에만 합당한 법이 아니라 말(馬)을 기르는 데 또한 적합하겠도다."

초왕은 백리해를 말 기르는 어인(圉人)으로 삼아 동해에 가서 말을 기르게 했다. 백리해는 이번에는 동해로 갔다.

한편 진목공은 진(晉)나라의 백희를 아내로 맞이했다. 그런데 진나라에서 보내 온 종 명단에는 백리해가 있건만 사람을 볼 수가 없었다. 진목공이 공자 집을 불러 물었다.

"명단에는 백리해라는 자가 있는데 볼 수 없으니 어찌 된 일인가?"

"그는 우나라 사람입니다. 그런데 우리 나라로 오다가 도중에 도망쳤다고 합니다."

진목공이 곁에 있는 공손지에게 물었다.

"그대는 진(晉)나라에 있었으니 백리해란 사람을 알겠군. 그는 어떤 사람인고?"

"그는 원래 천하를 경영할 만한 재주를 가졌으나 다만 지금까지 불우했을 따름입니다."

"과인이 어떻게 하면 백리해를 내 사람으로 쓸 수 있겠소?"

"신이 듣건대 백리해의 아내는 아들과 함께 지금 초나라에 있다고 합니다. 그러니 백리해는 반드시 초나라로 도망갔을 것입니다."

"과인이 많은 폐백(幣帛)을 주고 백리해를 보내 달라면 초가 승낙할까?"

"그러면 백리해는 영영 오지 못할 것이옵니다."

"어째서 그런가?"

"백리해에게 말을 기르게 한 것을 보면 아직까지 그들은 백리해의 재주를 모르는 모양입니다. 주공께서 많은 폐백을 주고 백리해를 달라면 그들은 보통 사람이 아닌 것을 알게 됩니다. 따라서 초왕이 백리해를 쓰면 썼지 우리에게 넘겨 줄 리가 있겠사옵니까."

"그럼 어찌하면 좋겠소?"

"주공께선 도망간 종놈을 처벌하기 위해 그를 잡아가야겠다고 하십시오. 지난날 포숙아도 이와 같은 계책을 써서 관이오를 노나라에서 탈출시킨 적이 있습니다."

"그 계책이 매우 좋소."

이에 진나라 사자는 염소 가죽 다섯 장을 가지고 초나라로 갔다. 사자가 그것을 초왕에게 바치고 찾아오게 된 뜻을 아뢰자 초왕은 쾌히 그 청을 들어 주었다.

그리하여 백리해가 진나라 관리에게 붙들려가자 동해 사람들은 백리해가 가서 죽는 줄 알고 모두 슬퍼했다. 그러나 백리해는 속으로 웃었다.

'내가 듣건대 진백(秦伯)은 큰 뜻을 품은 사람이라고 하더라. 종놈 한 명쯤 없어진 것이 그에게 무슨 대단한 일이라고 초나라에까지 사람을 보내어 잡아갈 리가 있겠는가. 이는 반드시 나를 중용하려는 게 틀림없다. 이번에 가면 부귀(富貴)할 것인데 무엇을 슬퍼하리오.'

진나라 국경에는 이미 공손지가 영접하러 나와 그를 기다리고 있었다. 진목공이 백리해를 보고 물었다.

"금년에 연세가 몇이오?"

백발이 성성한 백리해가 대답했다.

"겨우 70세입니다."

진목공은 탄식했다.

"아깝구나! 너무 늙었도다."

"이 백리해에게 날아가는 새를 쫓아가라든지 또는 맹수를 잡아오라시면 신은 이미 늙어서 쓸 곳이 없습니다. 그러나 만일 신에게 나라 일을 맡아 보게 하실 요량이시라면 신은 아직 젊습니다. 옛날에 강태공(姜太公)은 나이 팔십에 위수(渭水)에서 낚시질을 했건만 그 때 문왕은 그를 수레에 싣고 돌아가서 상부(尚父)로 삼았고 마침내 주나라를 세웠습니다. 오늘 군후를 뵈온 신의 나이는 그 때 강태공과 비교하면 아직도 열 살이나 젊습니다."

진목공은 그 말이 장하여 정색하며 말했다.

"우리 나라가 융적(戎狄)들 사이에 있어 아직까지 중원과 동맹을 맺지 못하고 있으니 선생은 어떻게 과인을 지도하시려오?"

백리해가 대답했다.

"주공께서 신을 망한 나라의 포로로 대하지 않으시고 겸손히 물으시니 신이 비록 어리석으나 어찌 힘을 다하지 않겠습니까. 대저 이 옹기(雍岐) 땅은 주나라 문왕과 무왕이 일어났던 곳입니다. 산은 개 이빨 같고 들은 긴 뱀이 뻗은 것과 같건만 주나라는 능히 이 좋은 곳을 지키지 못하고 진(秦)나라에게 내주었습니다. 이것은 바로 하늘이 진나라를 도우신 것입니다. 또 융적(戎狄)들 사이에 있으나 그것은 도리어 군대를 굳세게 만드는 원인이 되었으며 동맹에 참석하지 않았으나 도리어 힘을 기르는 결과가 되었습니다."

"선생의 말에 도리가 있도다."

진목공이 저도 모르게 감탄했다. 백리해는 말을 계속했다.

"이제 서융(西戎)들 사이의 수십 개 소국들을 무찔러 우리 땅과 합치면 족히 농사를 지어 식량을 풍부히 할 수 있고 그 백성들을 모으면 어떠한 나라와도 싸울 수 있습니다. 이것이 바로 중원 모든 나라와 비교해서 진나라가 유리한 점입니다. 주공께서는 다만 덕을 베푸시고 한편 힘으로 쳐서 무찔러 서쪽을 완전히 우리의 것으로 만든 연후에 험난한 산천을 방패삼아 중원을 굽어보고 있다가 중원에서 난이 일어난 때를 기다려 기회를 놓치지 말고 나아간다면 가히 패업(霸業)을 성취할 수 있을 것입니다."

진목공은 부지중에 벌떡 일어나며 다시 감탄사를 토했다.

"나에게 그대가 있다는 것은 제환공에게 관중이 있는 것과 같도다!"

진목공은 마침내 백리해에게 상경(上卿) 벼슬을 내리고 나라 정사를 맡기고자 했다. 그러나 백리해가 굳이 사양하며 말했다.

"신의 재주는 별로 뛰어난 것이 없습니다. 신에게 건숙(蹇叔)이란 벗이 있는데 그의 재주는 신보다 열 배나 뛰어납니다. 주공께서는 아무쪼록 그를 초빙하여 나라 일을 맡기시고 신으로 하여금 그를 돕게 하십시오."

"그대의 재주는 보아서 알지만 건숙이란 사람의 이름은 처음이오."

"건숙이 비범한 것은 비단 주공만 모르시는 게 아니고 송나라와 제나라의 사람들도 모두 모릅니다. 그러나 신만은 그의 재주를 알고 있습니다. 그는 지금 송나라 명록촌에서 세상을 등진 채 한가히 지내고 있습니다. 그러니 주공께서는 속히 그를 초빙하소서."

이에 공자 집이 진목공의 명령을 받고 상인으로 분장하여 소가 끄는 수레 2대를 거느리고 송나라로 떠나갔다.

그는 이윽고 송나라에 들어가 명록촌에 당도했다. 밭을 갈던 농부들이 둑 위에서 잠시 쉬고 있었는데 하나가 노래하면 나머지 사람들이 그 노래를 따라 부르고 있었다. 참으로 평화로운 광경이었다.

공자 집이 수레에서 내려 농부에게 물었다.

"건숙 선생의 집이 어디에 있소?"

"이리로 곧장 가면 대나무 우거진 곳이 나타나는데 그 가운데 조그만 뗏집이 한 채 있습니다. 그 집이 바로 건숙 선생의 댁입니다."

공자 집은 그 뗏집 앞에 수레를 세우고 시종을 시켜 사립문을 두드리게 했다. 곧 사립문이 반쯤 열리고 조그만 동자 하나가 내다보며 물었다.

"손님은 어디서 오셨나이까?"

"나는 건숙 선생을 찾아뵈려고 왔노라."

"선생님은 이웃 노인들과 함께 물놀이를 위해 돌다리에 가셨습니다. 그러나 곧 돌아오실 것입니다."

공자 집은 감히 집 안으로 들어가지 못하고 문 앞에 있는 돌 위에 앉아서 그가 오기를 기다렸다. 동자는 문을 반쯤 젖혀 놓고 다시 안으로 들어갔다.

시간이 약간 지났을 때였다. 장대한 젊은 사람 하나가 저 편 논둑으로 뻗은 길을 걸어오고 있었다. 공자 집은 그 장정의 용모가 비범한 것을 보고 일어나서 맞이하면서 물었다.

"존함이 어떻게 되시옵니까?"

"나의 성은 건(蹇)이고 이름은 병(丙)이며 자는 백을(白乙)이라고 합니다."

"건숙 선생과 혹시 친척간이 아니신지요?"

"예. 그 어른은 바로 저의 부친이십니다. 한데 누구시오니까? 어찌 귀한 몸으로 이곳까지 오셨는지요?"

"선생과 전부터 친하신 백리해 선생께서 지금 진(秦)나라에 계시온데 그 어른의 서신을 건숙 선생께 전해 드리려고 이렇게 왔습니다."

공자 집이 대답하자 건병이 권했다.

"그러시다면 저 초당(草堂)으로 들어가십시다. 조금만 기다리시면 부친께서 돌아오실 것입니다."

초당에 올라간 건병은 이윽고 주인과 손님의 자리를 정해 앉았다. 그는 건병과 함께 농사와 잠농에 관한 촌중(村中) 일을 잠시 얘기하다가 어느덧 화제가 무예에 관한 것으로 옮겨졌다. 건병의 무예에 관한 식견은 대단했다. 건병의 강론 순서가 심히 정연하여 공자 집은 마음속으로 은근히 감탄했다.

그 때 동자가 들어오며 아뢰었다.

"선생님께서 오시나이다."

한편 건숙은 이웃 노인 두 사람과 함께 어깨를 나란히 하고 자기 집 문 앞까지 와서야 수레가 놓여 있는 것을 보고는 의아해했다.

"우리 마을에 웬 수레일까?"

그 때 건병이 안에서 나와 손님이 오셨다는 걸 아뢰었다. 건숙은 동네의 두 노인과 함께 초당으로 들어왔다. 그는 공자 집과 인사를 마치고 자리를 정한 후에 말했다.

"백리해의 편지를 가지고 오셨다 하니 보여 주오."

공자 집은 즉시 백리해의 서신을 바쳤다. 건숙이 봉함을 뜯고 보니 그 글의 내용은 대강 다음과 같았다.

저는 형님의 말씀을 듣지 않았다가 우나라가 멸망하는 비운을 당했습니다. 다행히 진백(秦伯: 진목공)께서 소를 기르고 있던 이 몸을 빼내어 이제 정사를 맡기셨습니다. 저는 아무리 생각해도 형님의 식견과 재주를 따를 수 없습니다. 오직 바라건대 산 속에서 나오시어 평생 동안 품으신 뜻으로 진나라를 도와주십시오. 만일 형님께서 산림을 사랑하사 그냥 그곳에 머물러 계시겠다면 저도 벼슬을 버리고 즉시 명록촌으로 가서 평생을 형님과 함께 하겠습니다.

서신을 다 읽고 난 건숙이 말했다.

"지난날 우공(虞公)은 백리해를 알아주지 못했기 때문에 패망하였소. 만일 진백이 참으로 훌륭한 사람을 알아보고 쓴다면 백리해 한 사람만으로도 충분할 것입니다. 이 몸은 이제 늙어서 세상에 관한 생각이 끊어진 지 오래니 죄송하지만 함께 갈 수가 없구려. 가지고 오신 예물은 거두어 가시기 바라오. 돌아가거든 백리해에게 안부나 전해 주오."

공자 집은 당황했다.

"선생이 가시지 않으면 백리해 선생도 우리 진나라를 떠나실 것입니다."

건숙은 무엇을 생각하는지 한참 동안 대답이 없었다. 이윽고 그는 탄식하며 말했다.

"백리해는 큰 재주를 품고도 아직 시험해 보지 못하였음이라. 오랫동안 벼슬을 구하다가 이제야 현군을 만났으니 내가 가서 그의 뜻을 성취시키는 데 도와주지 않을 수 없구려. 다만 백리해를 위해 가긴 가겠으나 오래지 않아 이곳으로 돌아오겠소."

이윽고 술상이 들어오자 공자 집은 서쪽 자리에 앉고 이웃의 두 노인은 건숙의 좌우에 앉았다. 그들은 흔연히 취하고 배불리 먹느라고 어느덧 날이 저무는 줄도 몰랐다. 공자 집은 초당에서 그 날 밤을 편히 쉬었다.

이튿날 아침에 이웃의 두 노인이 술통을 가지고 왔다. 그들이 다시 술잔을 나눌 때 공자 집은 건병의 재주를 칭찬하며 이번 길에 같이 진나라로 갔으면 좋겠다고 청했다. 건숙은 그렇게 할 것을 허락하고 진백이 보낸 예물을 이웃 두 노인에게 나눠 주면서 부탁했다.

"내가 없는 동안에 집이나 잘 보살펴 주오. 이번에 가긴 가지만 머지 않아 다시 만나게 될 것이오."

마침내 건숙이 수레에 오르고 건병은 아버지가 탄 수레를 몰았다. 공자 집은 다른 수레를 타고 나란히 명록촌을 떠났다. 그들은 밤이 되면 주막에 들어가서 자고 새벽이면 일찍 일어나 부지런히 진나라를 향해 달렸다.

진나라 교외 가까이 이르자 공자 집은 먼저 수레를 달려 궁에 들어가 진목공에게 알렸다.

진목공은 크게 기뻐하며 즉시 백리해에게 교외에 나가서 건숙을 영접하도록 하였다. 백리해와 건숙은 여러 해 만에 만나 기쁨을 나누었다.
　건숙이 궁으로 들어가자 진목공은 뜰에까지 내려와서 영접했다. 그리고 건숙을 전(殿)으로 데리고 들어가서 자리를 준 뒤에 말했다.
　"백리해가 여러 번이나 선생의 현명함에 대해서 말하였소. 선생은 무엇으로 과인을 지도하려오?"
　건숙이 정중히 대답했다.
　"진나라는 중원과 떨어진 서쪽에 위치하고 융적(戎狄)들과 이웃해 있습니다. 땅은 험하고 군대는 강하여 나아가면 족히 싸울 수 있고 물러서면 족히 지킬 수 있습니다. 그러나 중원에 진출하지 못하는 이유는 주공의 위엄과 덕이 부족하기 때문입니다. 위엄이 없으면 어찌 그들이 진(秦)을 두려워하겠으며 덕이 없으면 어찌 그들로 하여금 진을 따르게 할 수 있겠습니까. 그들이 두려워하고 따르지 않는다면 패업을 성취하기가 어려울 것입니다."
　"위엄과 덕 중에서 어떤 걸 먼저 해야 하오?"
　"덕으로 근본을 삼고 위엄으로 이끌어야 합니다. 덕만 있고 위엄이 없으면 나라를 빼앗깁니다. 또 위엄만 있고 덕이 없으면 백성들이 나라를 혼란하게 합니다."
　건숙의 말을 열심히 듣고 있던 진목공이 또 물었다.
　"진실로 선생의 말처럼 하면 마침내 천하의 패권을 잡을 수 있겠소?"
　건숙이 옷깃을 여미고 대답했다.
　"그것만으로는 안 됩니다. 대저 천하를 제패하려면 세 가지를 지켜야 합니다. 첫째는 욕심을 버려야 하고 둘째는 분노하지 않아야 하며 셋째는 무엇이건 조급히 서둘지 말아야 합니다. 욕심이 많으면 잃는 것이 많고 분노하면 주위 사람들이 떠나게 되며 서두르면 빠뜨리는 게 많아 실패하기 쉽기 때문입니다."

진목공이 감탄하며 말했다.

"과인이 얻은 두 노인은 참으로 보배 중의 보배로다."

마침내 진목공은 건숙을 우서장으로 삼고 백리해를 좌서장으로 삼았다.

그리하여 두 노인의 위(位)는 다 상경에 올랐다. 그 때부터 진나라에서는 그들을 이상(二相)이라고 불렀다. 진목공은 건숙의 아들 건병에게도 대부 벼슬을 내렸다.

백리해가 좌서장이 되자 그 소문을 듣고 그의 아내 두 씨가 찾아왔다. 자나 깨나 잊지 못하던 아내였다. 헤어진 지 40여 년 만에 상봉한 백리해와 두 씨는 서로 붙들고 통곡했다.

진목공은 백리해가 처자와 만났다는 소식을 듣고 곡식 수천 섬과 황금과 비단 한 수레를 그들에게 하사했다. 이튿날 백리해는 아들 백리시(百里視)를 데리고 궁에 들어가서 진목공께 사은했다. 진목공은 백리시에게 대부 벼슬을 내렸다.

6. 여자의 간계

한편 진헌공(晋獻公)은 우와 괵 두 나라를 손아귀에 넣고 신하들의 하례를 받았다. 그런데 여희(驪姬)만은 우울했다.

원래 태자 신생(申生)을 보내 괵나라를 치게 하려 했으나 신생 대신 이극(里克)이 갔던 것이다. 여희의 계획대로 되었다면 신생은 벌써 전장에 나가서 죽었어야 할 것인데 이극이 가서 전승을 거두고 오는 바람에 신생을 없애 버릴 기회를 잃고 만 셈이었다.

여희는 악공 우시(優施)를 불러들여 또 상의했다.

"이극은 신생의 편이다. 그런데 이극이 싸워서 공을 세워 위세가 높아졌으니 장차 우리가 어떻게 대적해야 할지 모르겠구나."

우시가 계책을 속삭였다.

"순식(荀息)은 벽옥 한 개와 명마 한 필로 우·괵 두 나라를 멸망시켰습니다. 순식의 지혜와 공로는 이극보다 한 수 위입니다. 그러니 순식을 해제(奚齊)와 탁자(卓子)의 스승으로 모십시오. 그러면 순식은 이극을 당하고도 남음이 있을 것입니다."

여희는 진헌공에게 청하여 마침내 순식을 자기 소생인 해제와 탁자의 스승으로 삼았다. 그리고 여희는 다시 우시를 불렀다.

"순식은 이제 우리 편이 되었으나 이극은 아무래도 우리의 모든 계책을 방해할 것 같구나. 어떻게 해야 이극을 없애 버리고 또한 신생도 없애 버릴 수 있을까?"

우시가 또 계책을 아뢰었다.

"이극은 겉으로 보기에는 강한 것 같지만 겁이 많은 사람입니다. 우리가 이해(利害)로 그를 움직이면 그는 반드시 양편을 두고 생각할 것입니다. 그 때 우리가 그를 유인하면 쉽게 끌려올 것입니다."

여희가 찬성했다.

"그것 참 좋은 계책이다."

어느 날 우시가 이극에게 말했다.

"대부께서는 나라에 큰 공을 세우시고 위세가 높으신 터에 어찌 외로운 기러기를 쫓나이까?"

이극이 웃으며 우시에게 물었다.

"그건 또 무슨 말인고?"

"송구하옵니다. 그저 소인이 아는 노래의 한 구절을 읊었을 뿐입니다."

우시는 말을 마치자 저 갈 길로 가 버렸다. 우시가 간 후 이극은 마음이 어지러웠다. 그 날 이극은 저녁밥도 먹지 않았다. 등불을 밝히고 자리에 누웠으나 이리저리 돌아눕기만 할 뿐 잠을 이루지 못했다. 그는 생각했다.

'우시는 안팎으로 총애를 받고 있는 자다. 신분에 맞지 않을 만큼 그는 궁성을 자기 집 문턱 넘듯 드나들고 있다. 그의 말에 깊은 뜻이 있을 것은 뻔하다.'

이윽고 자정이 되었다. 이극은 새벽까지 기다릴 수 없을 만큼 초조했다. 그는 벌떡 일어나 밑의 사람을 불렀다.

"네가 우시의 집에 은밀하게 가서 우시더러 잠시 다녀가라고 전갈하고 오너라."

얼마 후 우시가 오자 이극이 물었다.

"낮에 그대가 말한 기러기의 말뜻은 대강 짐작하겠는데 혹시 곡옥에 있는 태자의 일을 말하는 것이 아닌가? 네가 반드시 들은 바가 있을 것이니 숨기지 말고 자세히 말해 보라."

우시가 자못 진지한 어조로 말했다.

"사실은 오래 전부터 말씀드리려 했습니다. 다만 대부가 바로 신생의 스승인지라 감히 바로 말씀을 올리지 못하고 있었던 것입니다."

"만일 앞으로 내게 안 좋은 일이 닥쳐올 때는 미리 알려 주게. 그래야 화를 면하지 않겠나. 그래야만 자네가 진정으로 나를 생각해 주는 걸세."

우시가 이극의 귀 가까이까지 머리를 숙이고 속삭였다.

"지금 주공께서는 여희를 정실 부인으로 삼고 세자를 죽인 뒤에 해제(奚薺)를 태자로 세우고자 이미 계책을 짜고 있습니다."

"그럼 그렇게 못 하도록 할 수 없을까?"

"여희가 주공의 마음으로 사로잡았고 또 양오(梁五)와 동관오(東關五)도 이 일을 돕고 있으니 누가 그들의 계책을 막을 수 있겠습니까."

"내가 그 일에 가담하여 태자를 죽인다는 것은 차마 못할 일이다. 또한 태자를 도와 주공께 반항한다는 것도 나로서는 못할 일이다. 그러니 어느 편에도 들지 말고 중립을 지킬까 하는데 그대의 생각은 어떠한가?"

"대부께서 어느 쪽에도 가담하지 않고 중립을 취하면 별고는 없을 것입니다."

우시가 물러간 뒤에도 이극은 잠을 이루지 못했다.

이튿날 아침 이극은 대부 비정부(丕鄭父)의 집으로 가서 좌우의 사람들을 내보내도록 하고 말했다.

"악공 우시가 말하기를 주공께서 태자 신생을 죽이고 해제를 태자로 세울 생각이라는구려."

비정부가 물었다.

"그래 대부께선 뭐라고 대답하셨소?"

"나는 중립을 지키겠다고 하였소이다."

"이거 큰일났구려. 대부의 대답은 타오르는 불 속에 기름을 부은 격이오. 지금 대부가 중립을 취하면 태자는 더욱 외로워질 것이오. 그러다 보면 변란이 일어날 것은 불을 보듯 뻔한 일이 아니겠소."

그 말을 듣고 이극은 발을 구르며 안타까워했다.

"애석하구나! 내가 좀 더 일찍 대부를 찾아보고 상의 못한 것이 후회되오."

이극은 비정부의 집에서 나와 수레를 타고 돌아갔다. 그리고 도중에 일부러 길 아래로 굴러 떨어졌다.

이튿날 그는 발을 다쳐서 꼼짝도 못 한다면서 드러누워 버렸다. 그 뒤로 이극은 궁중 조회에도 나가지 않고 두문불출했다.

사태의 진전을 주시하고 있던 여희는 이극의 반응을 보고 진헌공에게 말했다.

"태자가 곡옥에 가 있은 지도 오래 되었습니다. 첩이 외로이 떠나 있는 태자를 보고자 한다고 전해 줍시오. 첩은 덕을 베풀고 싶습니다."

진헌공은 여희의 말대로 태자 신생을 소환했다. 신생은 부름을 받자 즉시 곡옥을 떠나 강성(絳城)으로 돌아가서 아버지인 진헌공께 재배하고 내궁의 여희에게 인사를 했다. 여희는 잔치까지 베풀고 신생을 극진히 대접했다.

그 날 밤 여희가 진헌공에게 눈물을 흘리며 말했다.

"첩은 태자의 마음을 돌리게 하려고 불렀고 또 예의로써 극진히 대접했습니다. 그런데 태자가 이렇게 무례할 수가 있습니까?"

"어떻게 무례했단 말이오?"

"첩이 오늘 태자에게 잔치를 열어 대접했습니다. 그런데 태자는 술을 청해서 마시고 얼근히 취하더니 첩을 희롱하며 너무도 엄청난 말을 하지 않겠습니까."

"그래, 뭐라고 했소?"

"글쎄, 태자가 말하기를 '지난날 우리 할아버지는 늙게 되자 자기 아내 강 씨(姜氏)를 우리 아버지에게 내줬습니다. 그 강 씨는 바로 나의 할머니뻘인 동시에 친어머님이지요. 이제 나의 아버지도 많이 늙었으니 반드시 물려줄 것이 있을 것인즉 그것을 받을 사람은 바로 내가 아니겠소' 하면서 첩의 손을 잡으려 했습니다. 만일 첩의 말을 믿을 수 없으시다면 첩이 시험 삼아 태자와 함께 궁원을 거닐겠으니 그 때 대(臺) 위에 숨어서 보시옵소서. 반드시 첩의 말을 믿게 될 것입니다."

"음, 그럼 어디 내일 한번 보기로 하자."

진헌공은 신음하듯 대답했다.

날이 밝자 여희는 신생을 불러들여서 함께 궁원을 거닐었다. 그 때 여희는 기름 대신 머리에다 꿀을 발라 곱게 단장하고 있었다. 그러나 누가 그걸 알았을 것인가. 꿀 냄새를 맡고 벌과 나비들이 여희의 머리에 분분히 모여들었다. 여희가 천연덕스럽게 신생에게 말했다.

"태자는 나를 위해 이 벌과 나비들을 쫓아 버릴 수 없겠소?"

신생은 멋도 모르고 여희의 뒤를 따라가며 소매로 열심히 여희의 머리에 모여드는 벌과 나비를 쫓았다.

그 때 진헌공은 대 위에 숨어 서서 궁원의 두 사람을 지켜보고 있었다. 신생의 소행은 분명히 해괴망측했다.

진헌공은 대로하여 즉시 신생을 잡아들여 죽이려고 했다. 여희가 진헌공 앞에 무릎을 꿇고 말했다.

"첩이 태자를 불러오게 했는데 지금 죽이신다면 이는 첩이 태자를 죽이는 것이 됩니다. 잠시 고정하소서."

진헌공은 분을 삭이지 못하고 씩씩거리며 신생에게 곡옥으로 돌아가라는 추상같은 분부를 내렸다.

그런 일이 있은 지 수일 뒤 진헌공은 지방으로 사냥을 떠났다. 그 동안에 여희와 우시는 비밀히 상의하고 다시 심복 부하를 불러 지시했다.

"곡옥에 가서 태자에게 전갈하되 주공의 꿈에 태자의 친어머니인 제강(齊姜)이 배가 고프다고 하니 제사를 지내 주도록 하라는 분부를 받들고 왔다고 하여라."

그 당시 신생의 생모 제강의 사당은 곡옥 땅에 있었다. 사자의 전갈을 받은 신생은 곧 제물을 갖추고 제강에게 제사를 지냈다. 그리고 그는 전례를 따라 사람을 시켜 제사 지낸 고기를 아버지인 진헌공에게 보냈다.

그 동안 여희는 짐(鴆: 중국 남방에 사는 독이 있는 새)의 깃털을 태워 나오는 맹독으로 독주를 만들었다. 그리고 곡옥에서 보내온 고기에다 독약을 발라 그것을 진헌공에게 바치며 말했다.

"첩의 꿈에 제강이 나타나 배가 고파 견딜 수 없다기에 그 몽사(夢事)를 태자에게 전하고 제사를 지내도록 했습니다. 이 고기가 바로 제사를 지내고 보내 온 것입니다."

진헌공이 고기를 집어 먹으려고 할 때 여희가 말했다.

"밖에서 온 술과 음식은 시식(試食)을 해야 하는 법입니다."

"음, 그것도 그래."

진헌공이 들었던 술잔의 술을 땅바닥에 붓자 땅바닥이 대뜸 부풀어 올랐다. 깜짝 놀란 진헌공은 즉시 개를 불러 고기를 던져 줬다. 고기를 먹은 개는 그 자리에서 쓰러져 죽었다. 여희가 믿을 수 없다는 표정을 지으면서 어린 시녀를 불러 분부했다.

"너, 그 술과 고기를 먹어라."

어린 시녀는 바들바들 떨면서 먹으려 하지 않았다. 여희는 그녀의 머리채를 잡아 뒤로 젖히고 입 안에다 술을 부었다. 술이 목을 넘어가는 순간 시녀는 칠혈(七穴)에서 시뻘건 피를 흘리며 죽었다. 여희는 짐짓 크게 놀란 체하며 진헌공 앞에 엎드려 외쳤다.

"태자는 참으로 잔인하구나! 아버지를 죽이려 드니 하물며 다른 사람이야 말할 것 있으리오. 지난날 임금께서 태자를 폐하려고 하셨을 때도 첩이 말렸고 후원에서 희롱했을 때도 임금께서 죽이려는 것을 극력 말려서 살려 주었거늘 이젠 나까지 죽이려 드는구나!"

한동안 말이 없던 진헌공이 여희를 부축해 일으키고 겨우 말했다.

"진정하오. 내 마땅히 신하들과 의논하여 이 적자(賊子)를 죽이리라."

진헌공은 조당에 나가서 모든 대부들을 불러 모으고 신생이 역모했다고 말했다. 신하들은 진헌공이 전부터 태자를 없애 버리려는 뜻을 품고 있다는 것을 알고 있었다. 그래서 모두 서로 얼굴만 쳐다볼 뿐 감히 입을 열지 못했다.

그 때 간특한 동관오가 기회를 놓치지 않고 앞으로 나아가 외쳤다.

"태자가 무도하기 비할 바 없으니 청컨대 신이 주공을 위해서 그를 처치하겠나이다."

마침내 진헌공은 동관오로 대장을 삼고 양오(梁五)로 부장을 삼아 전거 2백 승을 주어 곡옥을 치게 했다.

이에 대부 호돌은 비밀리에 심복 부하를 급히 곡옥으로 보내어 태자 신생에게 이 사실을 알렸다. 신생은 너무나 놀라운 소식을 듣고 그의 태부(太傅)인 두원관(杜原款)에게 말했다. 두원관이 크게 한숨을 쉬며 말했다.

"제사 지내고서 보낸 그 고기에 독약을 넣었을 것이 분명합니다. 태자는 곧 주군께 사실대로 아뢰고 억울한 누명을 벗도록 하십시오. 가만히 앉아서 죽음을 기다릴 순 없습니다."

신생이 슬픈 목소리로 대답했다.

"내가 억울한 걸 발명하려다가 여의치 못 하면 죄만 더 짓게 될 것이오. 다행히 내 입장을 발명한다 할지라도 아버지는 여희를 벌하지 않을 것이며 그저 마음만 상할 것이니 그럴 바에야 내가 죽는 것만 같지 못하오."

두원관이 충고했다.

"그렇다면 다른 나라로 가서 잠시 피해 있다가 다음날을 기다려 대사를 도모합시다."

신생이 머리를 흔들며 대답했다.

"임금이 죄 없음을 알아주지 않고 나를 치러 사람을 보내는데 내가 다른 나라로 달아난다면 세상 사람들은 나를 참으로 불효한 놈이라고 할 것이오. 내가 들건대 어진 사람은 임금을 미워하지 않고 지혜 있는 자는 안팎으로 곤란을 받지 않으며 용기 있는 자는 죽음에서 달아나지 않는다고 합니다. 내 차라리 죽어 이름이나 깨끗이 전하고자 하오."

말을 마친 신생은 아버지인 임금이 계시는 북쪽을 향해 재배한 뒤에 스스로 목을 매고 자살했다.

신생이 죽은 이튿날 동관오가 군대를 거느리고 곡옥 땅에 당도했다. 동관오는 신생이 이미 죽은 것을 보자 두원관을 잡아 가지고 돌아갔다.

진헌공이 두원관에게 태자의 죄를 모든 사람들 앞에서 증명하라고 하자 그는 눈을 부릅뜨고 큰 소리로 외쳤다.

"하늘도 원망스럽구나! 이 두원관이 죽지 않고 잡혀 온 것은 바로 태자의 억울함을 밝히기 위해서입니다. 제사를 지내고 보낸 고기에 독약을 발랐음을 어찌 주공만 모르시나이까."

그 때 병풍 뒤에서 엿듣고 있던 여희가 날카로운 소리를 질렀다.

"저놈이 증거 없는 말을 함부로 지껄이는데 왜 속히 죽이지 않으십니까?"

진헌공이 대노하여 명령했다.

"저놈을 단매에 쳐 죽여라!"

좌우에 시립한 역사가 동추(銅鎚)로 두원관이 머리를 내리쳤다. 두원관은 두골이 깨어지고 면모조차 못 알아볼 정도가 되어 죽었다. 모든 신하들은 그 참경을 보면서 울음을 삼켰다.

그 날 동관오와 양오가 우시에게 속삭였다.

"공자 중이(重耳)와 이오(夷吾)는 태자의 일당들이다. 태자는 이미 죽었으나 두 공자가 아직 살아 있으니 걱정이다."

우시는 그 말을 곧 여희에게 알렸다. 그 날 밤에 여희가 진헌공에게 울며 호소했다.

"첩이 들으니 중이와 이오도 신생과 함께 이번 일을 모의했다고 합니다. 그들은 밤낮없이 군대를 조련하여 장차 이곳으로 쳐들어와서 첩을 죽이고 대사를 도모하려고 서둔답니다. 첩을 살려 주소서."

이튿날 아침 진헌공은 신하들을 모아 놓고 추상같은 명령을 내렸다.

"발제(勃鞮)는 군대를 거느리고 포(蒲) 땅에 가서 공자 중이를 사로잡아 오고 가화(賈華)는 굴(屈) 땅에 가서 공자 이오를 잡아 오라!"

대부 호돌은 집으로 돌아오자 즉시 둘째아들 호언(狐偃)을 불러 앞에 앉히고 분부했다.

"공자 중이는 준마 같은 체구에 지략이 뛰어난 분으로 그 외모도 비범하려니와 태어날 때부터 재(才)와 지(智)와 덕(德)을 두루 갖춘 분이니 다음날 반드시 큰일을 성취할 것이다. 너는 급히 포 땅에 가서 공자 중이를 도와 타국으로 달아나거라. 그리고 너의 형 모(毛)와 함께 지성껏 그 어른을 섬겨 훗날에 대사를 성취하라."

부친의 분부를 받은 호모·호언 두 형제는 말을 타고 밤길을 달려 포성(蒲城)으로 향했다.

중이는 호모 형제가 와서 하는 말을 듣고 크게 놀랐다. 세 사람이 즉시 앞일을 상의하고 바야흐로 포성을 떠나려는데 발제의 군대가 성 밖에 당도했다. 수문장이 성문을 닫고 발제의 군대와 싸우려고 하자 공자 중이가 조용히 분부했다.

"임금이 보낸 군대와 싸울 수 있느냐. 성문을 열어 줘라."

성문이 열리자 발제의 군대는 들어가 공자 중이의 집을 에워쌌다. 중이는 그 동안 호모 형제와 함께 후원의 담을 넘어 적(翟)나라로 달아났다.

7. 현군(賢君)과 충신

어느 날 적나라의 적주(翟主)가 푸른 용이 성 위를 기어가는 꿈을 꾸었다. 이튿날 적주는 진나라 공자 중이가 두 신하를 거느리고 오자 흔연히 영접했다.

조금 뒤였다. 어디서 오는 것인지 수레들이 잇달아 적나라 성 밖에 모여들었다. 그리고 사람들이 각기 수레 위에서 외쳤다.

"속히 성문을 열어주오!"

중이는 성 위에 올라가서 성 밖을 굽어보았다. 맨 앞 수레에 탄 사람은 대부 조쇠(趙衰)였다. 중이는 반색을 하며 성문을 열어 영접하게 했다.

"조쇠가 왔으니 내가 장차 걱정이 없겠구나."

그 외에도 위주(魏犨)·호사고(狐射姑)·전힐(顚頡)·개자추(介子推)·선진(先軫) 등 진나라에서 이름 높은 수십 명의 인사들이 있었다. 중이는 자기의 뒤를 따라온 사람들이 너무나 많은 데 놀랐다.

"그대들은 진나라 조정에서 벼슬하는 몸이거늘 어찌 이곳까지 오셨소?"

조쇠 등이 일제히 대답했다.

"주상이 덕을 잃고 요사한 계집만을 총해하시어 태자를 죽였으니 진나라에 장차 큰 혼란이 일어날 것입니다. 우리는 원래 공자께서 관인후덕(寬仁厚德)하심을 알므로 장차 공자를 모시고자 고국을 떠나왔습니다."

중이가 울면서 그들에게 말했다.

"그대들이 나를 돕겠다하니 앞으로 우리는 서로가 살과 뼈나 다름없소. 내가 어찌 생사 간에 그대들의 은혜를 잊겠소."

한편 공자 이오(夷吾)는 성 밖에 진헌공이 보낸 가화의 군대가 당도하자 우선 성을 굳게 지켰다.

가화는 꼭 이오를 잡아갈 생각은 없었다. 그래서 그는 군대를 거느리고 굴성을 포위만 했을 뿐 공격하지는 않았다.

이오가 대부 극예(郤芮)에게 물었다.

"중이가 지금 적나라에 가 있으니 우리도 그곳으로 가는 것이 어떻겠소?"

극예가 대답했다.

"지금 주상은 두 공자가 공모했다는 이유로 군대를 보낸 것입니다. 그런데 두 공자가 각각 달아나 한 곳에 모이면 여희는 또 갖은 수단을 다 부릴 것이며 그렇게 되면 진군(晉軍)이 적나라를 칠 것입니다. 그러니 양(梁)나라로 가십시오. 양나라는 지리적으로도 가깝고 강성한 진(秦)나라의 힘을 빌릴 수 있으니 때를 기다려 대사를 도모하도록 하소서."

이에 이오는 세 사람을 거느리고 양나라로 달아났다. 가화는 공자 이오를 추격하는 체하다가 돌아갔다. 가화가 돌아가서 진헌공에게 이오를 놓쳤다고 보고하자 진헌공은 대로했다.

"이오를 놓치다니 용서할 수 없다. 가화를 끌어내어 참하라."

곁에서 비정부(丕鄭父)가 아뢰었다.

"주공께서 포(蒲)와 굴(屈)에다 성을 쌓아 강한 군대로 지키게 하셨으니 공자 이오를 잡아오지 못한 것은 가화의 죄가 아닙니다."

양오가 또한 아뢰었다.

"이오는 보잘것없는 인물이라 족히 걱정할 것이 없습니다. 그러나 중이는 명성이 높고 많은 인물들이 그를 따라갔기에 심복지환이 아닐 수 없습니다. 더구나 적나라는 우리 나라와 대대로 원수지간이니 이참에 적나라를 쳐서 중이를 없애 버리지 않으면 후환이 있을까 두렵습니다."

진헌공은 가화를 용서하고 발제를 불러 적나라를 치라 했다. 이에 발제는 군대를 거느리고 적나라를 향해 쳐들어갔다. 적나라에서도 군대를 보내어 진군(晉軍)과 대진했다. 두 나라 군대는 국경에서 서로 대진한 지 두 달이 지났으나 승부가 나지 않았다.

한편 진나라에서는 비정부가 진헌공에게 간했다.

"부자간의 인연은 끊을 수 없는 것입니다. 두 공자의 죄상이 뚜렷이 드러나지 않았고 또 이미 나라 밖으로 달아났는데 뒤쫓아 가서 그들을 죽인다는 것은 너무나 심한 처사입니다. 더구나 적나라를 쉽게 무찌르지도 못하면서 우리 군대의 힘만 허비한다면 이웃 나라들이 우리를 비웃을 것입니다."

이 때는 진헌공도 마음이 어느 정도 진정된 뒤였다. 이에 그는 발제를 본국으로 소환했다.

진헌공은 공자 중이와 이오의 무리들이 많아서 해제(奚齊)의 앞날이 순탄치 못하리라 생각하고 자기 일가친척들을 모조리 추방했다. 뒤이어 그는 여희의 소생인 해제를 세자로 세웠다.

이 해 가을 9월에 진헌공은 제환공이 주도하는 규구(葵邱)의 대회에 갔다가 돌아오는 도중에 병을 얻었다.

여희가 병들어 누워 있는 진헌공 옆에 앉아 울면서 말했다.

"만일 주상께서 세상을 떠나시면 첩은 여자 몸이며 해제는 아직 어리니 만일 다른 공자들이 타국의 힘을 빌려 쳐들어온다면 첩은 누굴 믿고 살아야겠습니까."

진헌공이 숨이 찬 목소리로 대답했다.

"너무 근심하지 마오. 태부 순식(筍息)이 있으니 그는 충신이라 내 어린 세자를 그에게 부탁하겠소."

이어서 그는 순식을 탑전(榻前: 왕의 침상 앞자리)으로 들게 했다.

"과인은 어린 세자를 태부에게 부탁하오. 나의 뜻을 저버리지 마오."

"어찌 목숨을 걸고 충성을 다하지 않으리이까."

순식이 울면서 말하자 진혼공도 추연히 눈물을 흘렸다.

수일이 지난 뒤 진헌공은 세상을 떠났다. 여희는 해제의 손을 잡고 나아가 어린 아들을 순식의 앞으로 보냈다. 이 때 해제의 나이는 겨우 11세였다. 순식은 주공의 유명(遺命)대로 해제를 상주로 모셨다.

여희는 진헌공의 유명대로 순식에게 상경 벼슬을 내리고 양오와 동관오를 좌우 사마로 삼아 군대를 거느리고 국내를 순행(巡行)하게 했다.

이극이 비정부에게 물었다.

"해제가 군위에 오르면 망명 중인 두 공자는 장차 어찌 되오?"

"모든 일은 순식의 생각 여하에 달려 있소. 그러니 우리 함께 가서 그의 뜻을 알아봅시다."

두 사람은 한 수레에 같이 타고 순식의 부중으로 갔다. 이극이 물었다.

"주상은 세상을 떠나셨고 중이와 이오 두 공자는 타국에 있으며 그대는 지금 이 나라 대신이 되었소. 이제 장자인 중이를 모셔다가 군위에 올리지 않고 첩의 소생을 세우면 어느 누가 복종하겠소. 특히 여희 모자에 대한 두 공자의 원한이 골수에 사무쳐 있소. 이제 진(秦)과 적(翟) 두 나라가 밖에서 두 공자를 후원하고 백성들이 국내에서 호응한다면 그대는 장차 어찌하려오?"

순식이 대답했다.

"나는 이미 충(忠)과 신(信)을 선군께 맹세했소. 비록 죽는 한이 있더라도 어찌 맹세를 저버릴 수 있겠소."

순식의 결심은 철석같았다. 두 사람은 순식의 부중을 나왔다. 돌아가는 길에 이극이 비정부에게 말했다.

"순식이 그렇듯 고집을 부리니 이 일을 어쩌면 좋겠소?"

"그는 해제를 섬기고 우리는 중이를 섬기니 피차 길이 다른 것이오. 일이 이쯤 된 바에야 세상에 못 할 일이 어디 있겠소."

비정부와 이극은 목소리를 낮추어 서로 속삭였다. 그 날 밤 두 사람은 심복 부하인 역사(力士) 한 사람을 불러 은밀히 무언가를 지시했다.

이튿날 그 역사는 변장하고 시위(侍衛)하는 졸개들 속에 끼어 궁중으로 들어갔다. 그는 댓돌 아래에서 잔심부름을 하며 바로 빈청(賓廳) 위에 있는 어린 해제를 노렸다.

어린 해제가 곡을 하려고 짚베개를 짚고 엎드렸을 때였다. 역사는 그 순간 나는 듯이 빈청으로 뛰어 올라가며 품에서 비수를 뽑아 해제의 등을 찔렀다. 실로 눈 깜짝할 사이였다. 어린 해제는 곡소리 대신 비명을 질렀다. 역사는 등에 찌른 칼을 뽑아 다시 뒷덜미를 찍었다. 해제는 짚 방석 위에 피투성이가 되어 고꾸라졌다.

그것을 본 우시(優施)가 칼을 빼어 들고 역사에게 대들었다. 그러나 한낱 악공이 어찌 역사를 당할 수 있을 것인가. 우시는 손 한 번 제대로 놀려 보지 못하고 역사의 칼에 죽어 넘어졌다. 상막(喪幕) 안은 일대 아수라장이 되었다.

그 때 순식은 곡을 마치고 궁에서 나가려다 변이 일어났다는 보고를 받고 크게 놀라 황망히 빈청으로 뛰어 들어갔다. 그는 해제의 시체를 쓰다듬으면서 대성통곡했다.

"내 선군의 부탁을 받고도 능히 태자를 보호하지 못 했으니 이는 다 나의 죄로다."

순식은 죽기를 결심하고 기둥에다 자기 머리를 찧었다. 이를 본 여희가 급히 사람을 시켜 그를 말리고 말했다.

"임금의 관이 아직 궁중에 계시는데 대부는 어찌 자기만 아시오. 해제는 비록 죽었지만 아직 탁자(해제의 동생)가 있으니 대부는 그를 돕도록 하오."

이 날 순식은 즉시 백관과 함께 회의를 열고 탁자를 군위에 모셨다.

이 때 탁자의 나이 겨우 아홉 살이었다.
　해제를 죽인 이극과 비정부는 시치미를 떼고 집으로 돌아갔기 때문에 회의에 참석하지 않았다. 회의가 열리자 양오가 말했다.
　"이번에 세자를 죽인 것은 이극과 비정부 두 사람의 간계임이 틀림없습니다. 우리는 먼저 태자의 원수부터 갚아야 하오."
　그러자 순식이 고개를 가로저었다.
　"그 두 사람은 우리 진나라의 노대신으로 그들의 무리는 뿌리가 깊소. 그러니 우리가 설불리 그들을 쳤다가 이기지 못하면 낭패요. 그저 모르는 척 내색 말고 버려 두어 그들을 안심시킨 뒤에 천천히 기회를 보아 일을 도모하도록 합시다."
　양오는 회의를 마치고 돌아가는 길에 동관오에게 말했다.
　"순식은 충성심은 대단하지만 꾀가 없는 사람이오. 먼저 할 일과 뒤에 할 일을 분별하지 못 하니 믿을 수가 없소. 그러니 그와 상의할 것 없이 이극부터 먼저 죽여 버립시다. 이극만 없애 버리면 비정부 따위는 저절로 시들어 버릴 것이오."
　동관오가 물었다.
　"어떻게 하면 이극을 없애 버릴 수 있겠소."
　"장례가 멀지 않으니 그 날 무장병을 동문 밖에 매복시켰다가 이극이 상여를 전송하러 나오거든 그 때 덤벼들어 처치해 버리면 될 것이오."
　"음, 그렇다면 내게 좋은 수가 있소. 내가 데리고 있는 도안이(屠岸夷)란 자가 있소. 그자는 능히 삼천 근을 등에 지고 달음박질을 할 수 있는 장사요. 그자에게 부탁하면 능히 일을 해낼 것이오."
　도안이는 원래 대부 추천(騅遄)을 마음 속으로 공경하고 있었다. 그리하여 일을 부탁받은 그는 이튿날 추천의 집으로 가서 동관오로부터 들은 것을 모두 고하고 이 일을 어찌하는 것이 좋을지 상의했다. 추천이 대답했다.
 "이번에 이극과 비정부 두 대부가 공자 중이를 임금으로 모시려고 해제를 죽인 것이니 이는 당당한 의거이네. 자네가 만일 간악한 것들을 돕고 충의 있는 분을 죽인다면 그것은 바로 불의라. 후세 만대에 이르도록 사람들이 자네를 욕할 걸세."
 "소인이 뭣을 알겠습니까. 그럼 당장 못하겠다고 거절하겠습니다."
 "자네가 그렇게 하면 의심만 받을 뿐 아니라 그들은 다른 사람을 시켜서라도 일을 저지르고야 말 것이네. 자네는 도리어 하겠노라 하고 그들을 속이게. 그렇게 승낙해 놓고 자네가 도리어 그 역적들을 처치한다면 자네는 앞으로 부귀를 누리고 천추에 이름을 떨치게 될 것이네."
 "대부께서 가르치시는 대로 하겠습니다."
 도안이가 돌아가자 추천은 곧 비정부의 집으로 가서 그 일을 알려 주고 비정부는 다시 이극에게 그 일을 전했다. 그들은 각기 수하 장사들을 무장시키고 선군의 장례만 기다렸다.
 마침내 장례의 날이 되었다. 이 날 이극은 병이라 핑계하고 장례에 나가지 않았다. 도안이가 동관오에게 말했다.
 "이극이 장례에 참석하지 않고 집에 있으니 무장 군사 3백 명만 주시면 그의 집에 가서 이극을 잡아 죽이겠습니다."
 동관오는 크게 기뻐하며 즉시 군사를 내주었다. 도안이는 이극의 집 주위를 에워싸기만 하고 때가 이르기를 기다렸다.
 이극은 도안이가 자기 집을 에워싸기 전에 일부러 사람을 장례터로 보내 자기가 위기에 처했음을 순식에게 알렸다. 순식은 그 소식을 듣고 놀랐다.
 "이극의 집이 포위당했다니 웬일이요?"
 동관오는 그 일을 순식에게 알렸다.

그 말을 들은 순식은 서둘러 장례를 마치고 곧 동관오에게 군대를 거느리고 가서 이극을 치도록 했다. 그리고 그는 궁으로 돌아가 탁자를 받들어 모시고 조당에 앉아 좋은 소식이 오기만을 기다렸다.

동관오가 군대를 거느리고 이르렀을 때였다. 저편에서 도안이가 급히 오면서 말했다.

"아뢸 일이 있어 왔습니다."

"그래, 어떻게 되었느냐?"

도안이는 가까이 가서 철퇴 같은 주먹으로 동관오의 목을 쳤다.

"억!"

한 주먹에 동관오는 목이 부러져서 죽었다. 그 광경을 보고 군사들이 어쩔 줄을 몰라 술렁이자 도안이는 피 묻은 주먹을 쳐들고 군사들에게 외쳤다.

"나는 이극 대부의 명을 받고 태자 신생의 원한을 갚기 위해 간악한 자를 죽인 것이다. 나를 따르려는 자는 오고 따르기를 원하지 않는 자는 각기 돌아가도 좋다."

군사들은 그 말을 듣자 모두 뛸 듯이 기뻐했다.

양오는 동관오가 죽었다는 소식을 듣고 급히 조정으로 달려갔다. 순식과 함께 탁자를 모시고 다른 나라로 달아날 생각이었다. 그러나 양오는 조정에 이르기 전에 도안이의 추격을 당했다. 그는 벗어날 길이 없음을 알고 칼을 뽑았다. 그러나 자기 목을 찌르지 못하고 주저했다. 순간 쫓아 온 도안이가 한 칼에 양오의 목을 쳐서 거꾸러뜨렸다.

이 때 이극과 비정부도 각기 부하를 거느리고 도안이를 도우려고 달려왔다. 그들은 다시 대열을 지어 이번에는 일제히 공문으로 쳐들어갔다.

이에 궁중의 순식은 어린 탁자를 안고 걸어 나왔다. 그러나 궁중의 좌우 사람들은 이극 등이 쳐들어오는 것을 보자 크게 놀라 각기 달아났다. 그래도 순식의 표정만은 변하지 않았다. 순식이 이극 앞으로 가까이 가서 말했다.

"이 어린 생명에게 무슨 죄가 있겠소. 선군의 혈육을 살려 주오."

이극이 날카롭게 반문했다.

"태자 신생은 지금 어디 계시는가? 신생은 선군의 맏아드님이시다."

도안이가 앞으로 나서며 외쳤다.

"여러 말 할 것 없소이다."

도안이는 순식의 품에 안겨 있는 탁자를 빼앗아 머리 위로 번쩍 쳐들어 전각 밑으로 내던졌다. 탁자는 머리가 깨어져 죽었다. 순식은 대로하여 칼을 뽑아 이극에게 덤벼들었다. 그러나 도안이의 칼에 그는 두 동강이 되고 말았다.

한편 여희는 후원으로 달아나다가 다리 위에 당도하자 눈물을 주르르 흘리면서 몸을 연못 속으로 던졌다. 이극은 여희의 시체를 끌어올려 다시 여러 토막을 내었다.

그는 백관을 조정에 모아 놓고 말했다.

"이제 간악한 무리들은 다 죽었소. 공자들이 많으나 그 중 중이가 가장 나이도 많고 또 어진 분이니 그분을 군위에 모시고자 하오. 나의 의견을 지지하는 대부들은 이 죽간(竹簡)에 서명을 해 주기 바라오."

그러자 비정부가 나서서 말했다.

"이 일은 우리가 임의로 결정할 게 아니오. 원로인 대부 호돌(狐突)에게 여쭤 보는 것이 좋을 줄로 아오."

이극은 즉시 수레를 보내어 호돌을 모셔오도록 했다. 그러나 호돌은 수레를 가지고 온 사람을 창밖으로 내다보면서 사양했다.

"나는 이제 쓸모없는 늙은이라 그저 모든 대부들이 하는 대로 따를 것이라고 가서 전하여라."

사자가 돌아간 뒤 호돌은 창문을 닫고 혼잣말로 중얼거렸다.

"내 자식 둘이 다 공자 중이를 따라 망명했으니 만일 그들을 귀국시키면 그들은 다 죽고 말리라."

이극은 공자 중이를 모셔오기로 하고 붓을 들어 죽간에다 맨 먼저 서명했다. 비정부 이하 공화(共華)와 가화(賈華) 그리고 추천 등 30여 명이 서명을 마쳤다.

일을 너무 급히 서둘렀기 때문에 뒤에 온 사람들 중에는 미처 서명을 하지 못한 사람도 있었다.

여희 일당을 소탕하는 데 공을 세워 상사(上士) 벼슬에 오른 도안이가 표문을 가지고 공자 중이가 망명 중인 적나라로 갔다.

중이는 도안이가 바치는 표문을 받아 보았다. 그런데 호돌의 서명이 없었다.

'음, 이상하구나.'

의심하고 있을 때 곁에서 위주가 답답하다는 듯이 말했다.

"모시러 왔는데 고국에 돌아가지 않으신다면 장차 어쩌시렵니까?"

중이가 말을 마치고 도안이를 불러들여 부드러운 어조로 말했다.

"나는 부친에게 죄를 짓고 도망쳐서 겨우 목숨을 부지하고 있는 처지인데 부친의 장례에도 참석하지 못한 내가 어찌 변란이 일어난 것을 기회로 감히 나라를 탐할 수 있겠는가. 그대는 돌아가 모든 대부에게 다른 공자를 모시도록 하라고 전하라."

도안이는 하는 수 없이 적나라를 떠나 본국으로 돌아가서 이극에게 사실대로 고했다. 이극이 다시 사신을 적나라로 보내려 하자 대부 양유미가 말했다.

"안 오겠다는 사람을 굳이 청하려 하지 말고 공자 이오를 모셔오도록 합시다."

이극이 고개를 저으며 말했다.
"이오는 탐심이 많고 잔혹한 사람이오. 탐심이 많으면 신의가 없고 잔인한즉 친할 수 없습니다. 그러니 중이를 모시는 것만 못하오."
양유미가 다시 말했다.
"공자면 누구나 군위에 오를 수 있소. 그래도 이오가 다른 공자들보다는 제일 낫소."
다른 대부들도 이오를 모시는 것이 좋겠다고 이구동성으로 말했다. 이극은 하는 수 없이 양유미에게 이오를 모셔오도록 했다.
그리하여 이오는 법가를 타고 양나라를 떠났다. 그는 강도(絳都)에 당도하는 즉시 군위에 올랐는데 그가 바로 진혜공(晉惠公)이다.

8. 어이없는 반란

주나라 양왕 3년 겨울 관중은 병으로 자리에 눕게 되었다. 제환공은 친히 관중의 손을 잡고서 울었다.
"중보의 병이 이렇듯 심한 줄은 몰랐소. 불행히 중보가 다시 일어나지 못한다면 과인은 장차 이 나라 정사를 누구에게 맡겨야겠소?"
이 때는 영척과 빈수무도 다 세상을 떠난 뒤였다. 관중은 크게 탄식했다.
"참으로 아깝고 아까운 것은 영척입니다."
"그렇다면 국정을 맡길만한 인물이 지금 없단 말이오? 포숙아는 어떻겠소?"
"포숙아는 군자이기 때문에 정치를 못 합니다. 그는 선악을 대하는 태도가 지나치게 분명합니다. 그러한 포숙아 밑에서 누가 견뎌 낼 수 있겠습니까. 그것이 그가 정치를 할 수 없는 결점입니다."

제환공이 초조해하며 물었다.

"그럼 습붕은 어떻겠소?"

"습붕이라면 가하리이다."

관중은 대답하고 다시 탄식하며 말을 계속했다.

"하늘이 습붕을 세상에 내보내어 신의 혓바닥 노릇을 하게 했습니다. 이제 신이 죽으면 어찌 혀만 홀로 남아서 살 수 있겠습니까. 주공은 나라 일을 습붕에게 맡길지라도 오래 부리지는 못하시리이다."

"그럼 역아에게 맡기면 어떻겠소?"

관중이 손을 휘저으며 대답했다.

"주공은 부디 지금 신이 드리는 말을 잊지 마소서. 역아·수초·개방 세 사람을 가까이하지 마소서."

"지난날 내가 입맛을 잃었을 때 역아는 제 자식을 삶아서 나에게 먹인 사람이오. 그는 자기 자식보다 과인을 사랑한 사람인데 그래도 믿지 말란 말이오?"

"사람에게 자식에 대한 사랑보다 더 큰 사랑은 없습니다. 그러하거늘 그는 제 자식을 죽였습니다. 자식에게 잔인한 사람이 임금에게는 잔인하지 않겠습니까?"

"수초는 스스로 거세하여 처음부터 과인을 섬긴 사람으로 과인은 자기 몸보다도 과인을 더 사랑한다는 것을 알고 있소. 그래도 그를 의심해야겠소?"

"사람에게 자기 몸보다 귀중한 것이 없습니다. 그러하거늘 그는 자기 몸을 잔인하게 취급하였습니다. 그런 사람이 임금에게는 잔인하지 않겠습니까?"

"위(衛)나라 공자 개방은 태자의 몸으로서 천승(千乘)의 나라까지 버리고 과인에게 와서 신하로 있는 사람이오. 그러기에 그는 부모가 죽어도 본국에 돌아가질 않았소. 그가 친부모보다도 과인을 더 사랑한 것이오."

"사람에게 자기 부모보다 더 친한 것이 없습니다. 그러하거늘 그는 자기 부모에게 불효하였습니다. 그리고 그는 임금이 될 수 있는 천승의 나라를 버리고 주공 밑에 와 있습니다. 그 까닭은 그가 천승보다 더 큰 것을 노리고 있기 때문입니다. 주공은 반드시 그를 멀리 하고 가까이 마소서. 가까이 하시면 반드시 이 나라가 어지러워질 것입니다."

"지금 말한 세 사람은 모두 과인을 섬긴 지 오래 되었는데 중보는 어째서 그 동안 아무 말도 않다가 이제야 그런 말을 하오?"

"그것은 비유컨대 물과 둑의 관계와 같은 이치로 저는 둑이 되어 흐르는 물이 넘지 않게 한 것뿐입니다. 이제 그 둑이 무너지게 되었습니다. 장차 물이 넘치는 재앙이 없도록 주공은 그들을 멀리하소서."

제환공은 말없이 관중의 집에서 나와 궁으로 돌아갔다.

하루 걸러서 제환공은 다시 관중의 집으로 갔다. 이미 병상의 관중은 말을 못했다. 포숙아와 습붕은 관중의 손을 잡고 눈물만 흘렸다.

이 날 밤에 관중은 세상을 떠났다. 제환공이 대성통곡하며 부르짖었다.

"애닲고 애닲구나. 하늘이 과인의 팔을 빼앗았도다!"

제환공은 관중의 장사를 극진히 모셨다. 그리고 관중이 살아생전에 녹으로 받던 땅과 전답을 모두 다 그 아들에게 주었다. 뿐만 아니라 관중의 자손에게 대대로 대부(大夫) 벼슬을 주도록 했다.

그 뒤 제환공은 관중의 유언대로 습붕에게 나라 일을 맡겼다. 그런데 습붕은 국사를 맡아본 지 한 달도 못 되어 병이 나서 세상을 떠나고 말았다. 그는 길이 탄식했다.

"우리 중보는 성인(聖人)이었던가. 습붕이 과인을 오래 섬기지 못할 것을 어찌 알았던고!"

제환공은 포숙아를 기용해서 다시 나라 일을 맡기려 했다. 그러나 포숙아는 굳이 사양했다. 제환공이 간곡히 부탁했다.

"이제 조정에 경만한 사람이 없거늘 그렇다면 경은 누구를 천거할 생각이오?"

포숙아가 대답했다.

"신이 지나치게 선을 좋아하고 악을 미워한다는 것은 주공께서도 잘 아실 것이옵니다. 청컨대 주공께서 역아와 수초 그리고 개방 등을 멀리 하시겠다면 분부대로 거행하겠습니다."

"중보도 전에 그런 말을 하였소. 과인이 어찌 경의 말을 따르지 않을 수 있으리오."

그 날로 제환공은 역아·수초·개방 세 사람을 밖으로 내쫓고 다시 궁정에 들어오지 못하게 했다. 그리하여 포숙아가 제나라 정사를 맡아 보게 되었다.

이 때 오랑캐 회이(淮夷)가 기나라를 침범했다. 기나라는 곧 제환공에게 와서 구원을 청했다. 제환공은 즉시 송·노·진·위·정·허·조 칠국의 군후들을 소집해 거느리고 기나라에 친히 와서 오랑캐 회이를 쳐 무찔렀다. 그리고 기나라 도읍을 연릉 땅으로 옮기도록 도와 주었다.

이렇듯 모든 나라 제후들이 아직도 제환공의 명령에 복종한 것은 제나라가 포숙아를 기용하고 지난날 관중이 쌓은 바를 버리지 않았기 때문이었다.

제4편 간신득세(奸臣得勢)

1. 스스로 자초한 패전
2. 은혜를 갚은 용사들
3. 제환공(齊桓公)의 죽음
4. 태자의 탈출
5. 복수를 겸한 순장(殉葬)
6. 사람을 삶아 바친 제사
7. 제후들의 암산(暗算)
8. 충신의 묘계(妙計)

제4편 간신득세(奸臣得勢)

1. 스스로 자초한 패전

한편 진(晉)나라에서는 혜공이 즉위한 뒤 5년 동안 계속해서 흉년이 들었다. 창고는 텅 비고 백성들은 먹을 것이 없었다. 이젠 다른 나라의 곡식을 꾸어 오는 수밖에 없었다. 암만 생각해도 이웃 나라인 진(秦)나라에게 청하는 것이 가장 좋을 것 같았다. 더구나 진나라와는 인척간이 아닌가.

그러나 진혜공은 지난날 자기를 군위에 오르도록 도와 준 대가로 주기로 약속했던 하서(何西) 지방의 다섯 성을 그 때까지 진나라에게 주지 않고 있던 터라 감히 아쉬운 청을 할 수 없었다.

극예가 진혜공 앞에 나아가 아뢰었다.

"우리가 진나라와 했던 언약을 배반한 것은 아닙니다. 다만 약속한 기한을 좀 늦추었던 것뿐입니다. 이제 우리가 곡식을 좀 꿔 달라는데 진나라가 주지 않는다면 그것은 진이 관계를 끊으려는 것입니다. 그럼 우리가 하서 지방 다섯 성을 진에게 주지 않아도 명목이 섭니다."

진혜공이 무릎을 치며 말했다.

"경의 말이 옳다."

진(晉)나라 대부 경정은 예물을 가지고 진(秦)나라로 갔다. 경정은 진목공에게 예물을 바치고 곡식을 꿔 달라고 청했다. 진목공은 신하들을 불러들여 의견을 물었다.

건숙과 백리해가 이구동성으로 대답했다.

"천재(天災)란 것이 어느 나라엔들 없겠습니까. 이웃 나라의 불행을 구조하는 것은 떳떳한 일입니다."

"과인이 지금까지 진나라를 위해서 도운 것만 해도 적지 않소."

진목공이 불쾌한 기색으로 말하자 공손지가 아뢰었다.

"이번에 또 그들을 도우면 앞으로 받을 것이 그만큼 더 많아질 것이옵니다."

그러자 아무 말 없이 머리만 숙이고 있던 비표(丕豹)가 갑자기 주먹으로 자리를 치며 말했다.

"오죽 못됐기에 하늘이 진후에게 흉년이란 재앙을 내렸겠습니까. 그들이 굶주림에 허덕이는 이 기회를 놓치지 말고 쳐들어가서 진나라를 무찔러버리소서."

그 때 비표는 아버지 비정부가 진혜공에게 살해당하자 진(秦)나라에 망명하여 살고 있었다. 그는 죽은 아버지 비정부의 원수를 갚고자 그렇게 외친 것이다. 유여가 조용히 말했다.

"어진 사람은 상대의 위기를 기회로 삼아 이익을 취하지 않으며 지혜 있는 사람은 요행수를 믿고 성공을 노리지 않습니다. 그러니 진에게 곡식을 꿔 주는 것이 마땅하옵니다."

진목공이 머리를 끄덕였다.

"나를 저버린 자는 진후(晋侯)이지 죄 없이 배고파 우는 백성이 아니다. 내 진후를 미워할지언정 죄 없는 그 나라 백성들까지 괴롭힐 수는 없도다."

드디어 진나라는 곡식 수만 석을 위수(渭水)에서 하수(河水)를 거쳐 분수(汾水)와 회수(澮水)로 통하는 수로를 이용하여 진(晋)나라의 도성 강성으로 보냈다. 이를 역사는 '범주지역(泛舟之役: 많은 배들을 강에 넘칠 만큼 띄운 대역사)'이라고 칭했다. 진나라 백성들은 모두 춤을 추며 환호했다.

그런데 바로 그 다음 해에 진(秦)나라에는 크게 흉년이 들고 진(晋)나라에는 크게 풍년이 들었다. 진목공이 건숙과 백리해에게 말했다.

"과인은 이제야 경들이 작년에 한 말을 생각하오. 흉년과 풍년은 어느 나라에나 있구려. 작년에 진(晋)나라의 청을 거절했더라면 금년 같은 흉년에 어찌 진나라에게 곡식을 청할 수 있겠소."

비표가 앞으로 나서며 퉁명스럽게 말했다.

"진군(晋君)은 욕심만 많고 신의가 없습니다. 주공께서 청할지라도 곡식을 보내 주지 않을 것이니 두고 보십시오."

"설마 그럴 리가 있겠소."

진목공은 냉지에게 예물을 주어 진나라로 보냈다. 냉지는 진나라에 가서 예물을 바치고 곡식을 청했다.

이 때 극예가 앞으로 나아가 말했다.

"주공은 곡식을 진(秦)나라에 보내지 마소서."

이 말을 듣고 경정이 아뢰었다.

"작년에 신이 주공의 명을 받고 진나라에 가서 곡식을 청했을 때 진군(秦君)은 두말 않고 승낙했습니다. 그 때 신은 매우 감격했습니다. 이제 우리가 곡식을 보내지 않으면 진은 얼마나 우리를 원망하겠습니까."

여이생(呂飴甥)이 말했다.

"진이 곡식을 보낸 것은 우리 나라를 좋아해서가 아니오. 다른 꿍꿍이속이 있을 것이 분명하니 작년 일에 구애될 것은 없는 줄로 아뢰오."

경정이 다시 조용히 대답했다.

"남의 불행을 다행으로 아는 사람은 어질지 못하고 남의 은혜를 배반하는 사람은 의롭지 못하고 의롭고 어질지 않으면 어떻게 천하에 서겠소."

곽석이 앞으로 나아가 헤살을 놓았다.

"지난 해에 진이 우리 나라를 쳐서 빼앗지 않고 곡식을 꿔 줬다는 것은 그들이 하늘의 뜻을 몰랐기 때문입니다. 그런데 금년에는 하늘이 진에게 흉년을 주었습니다. 이런 좋은 기회에 우리가 하늘의 뜻을 거스르면서까지 진을 쳐서 빼앗지 않는다면 우리도 그들과 같은 바보가 되고 맙니다. 그러니 이번에 양(梁)나라와 우호를 맺고 함께 진을 쳐서 무찌른 뒤 그 땅을 반씩 나눠 갖는 것이 상책일까 합니다."

그 말을 듣자 진혜공은 만면에 웃음을 띠고 '곽석의 말이 옳도다' 하면서 진나라 사자 냉지를 불러 말했다.

"우리는 5년 동안 흉년이 들어 백성들이 산지사방으로 흩어져 방황하다가 금년에야 겨우 풍년이 들어 이제 고향으로 돌아오고 있는 형편이오. 그래서 겨우 자급자족할 곡식밖에 없으니 귀국에까지 보내 줄 것이 없소."

냉지가 말했다.

"우리 주공은 작년에 군후의 위기를 구해 주셨는데 군후는 그 은덕을 갚으려고 하지 않으시니 신은 빈손으로 돌아가서 이 사실을 보고하기가 난처합니다."

극예와 여이생이 큰 소리로 냉지를 꾸짖었다.

"너는 곧 돌아가서 너의 임금에게 전해라. 만일 우리 진나라 곡식이 먹고 싶거든 군대를 거느리고 와서 빼앗아 가보라고 말이다."

냉지는 분함을 참고 물러갔다.

그 날 경정은 궁문을 나가며 태사 곽언에게 말했다.

"진후가 배은망덕하여 이웃 나라를 노하게 했으니 재앙이 눈앞에 닥쳐오리라."

곽언이 대답했다.

"금년 가을에 사록산(沙鹿山)이 무너지고 초목이 모두 쓰러졌다고 하오. 대저 산천은 나라의 주인이오. 그러니 장차 우리 진나라에 큰 불행이 닥칠 것이오."

냉지가 귀국하여 진목공에게 보고했다.

"진은 곡식을 못 주겠다고 합니다. 뿐만 아니라 그들은 양나라와 함께 군대를 일으켜 우리 나라를 칠 듯하옵니다."

진목공이 대답했다.

"그가 이렇듯 무도할 줄은 몰랐구나. 과인이 먼저 양나라부터 쳐부순 뒤에 진나라를 치리라!"

백리해가 아뢰었다.

"양백(梁伯)은 토목으로 무엇이든 짓기를 좋아해서 넓은 양나라 땅에 곳곳마다 성을 쌓고 집을 짓느라 백성들의 원망을 사고 있기 때문에 진을 도와 우리를 치지는 못할 것입니다. 한편 진후는 무도한 사람인 데다 여이생·극예 또한 자기네 힘을 과대평가하고 있습니다. 병법에 이르기를 '상대보다 빨리 군사를 내어 제압하라'고 하였습니다. 주군께서 시작하기 전에 먼저 군대를 거느리고 친히 진나라에 가셔서 진후의 배은망덕한 죄를 꾸짖으시면 반드시 이길 수 있습니다. 그 이긴 기세를 돌려 양나라를 치면 적은 마른 나뭇잎처럼 떨어지고 말 것입니다."

"경의 말이 옳소."

이에 진목공은 백리해와 함께 중군을 거느리고 서걸술(西乞術)·백을병(白乙丙)은 진목공의 거가를 호위하며 공손지는 우군을 거느리고 공자집은 좌군을 거느려 전거 4백 승을 몰아 진나라로 호호탕탕 진발하였다.

파발의 급보를 받고 진혜공이 모든 신하를 불러들여 물었다.

"진이 무고히 군대를 일으켜 우리 나라로 쳐들어온다 하니 어떻게 이를 막을꼬?"

경정이 아뢰었다.

"진군이 쳐들어오는 것은 주공이 그들의 은혜를 저버렸기 때문입니다. 어찌 무고히 쳐들어온다고 하십니까. 신의 생각으로는 솔직히 사죄하고 전날 주기로 언약했던 다섯 성을 주어 신의를 표하고 싸움을 면하는 것이 상책일까 합니다."

진혜공이 대로하여 꾸짖었다.

"당당한 천승(千乘)의 나라로서 땅을 떼어 주고 화평을 청하다니 그럼 과인은 무슨 면목으로 군위에 앉아 있겠는가. 빨리 저 경정의 목을 참하여라. 연후에 내 군대를 일으켜 적을 맞으리라."

괵석이 간했다.

"아직 군대를 일으키기도 전에 먼저 장수를 참하는 것은 군(軍)에 이롭지 못합니다. 잠시 용서하시고 싸움에 나가서 공을 세워 죄를 씻으라 하소서."

진혜공은 큰 인심이나 쓰는 듯이 경정에게 종군하도록 분부하고 그 날로 크게 군대를 일으켰다. 괵석은 중군을 거느리고 도안이는 선봉으로 강주를 출발하여 서쪽을 향해 진군했다.

이 때 진혜공이 탄 말의 이름은 소사였다. 이 말은 지난날 정나라가 진에게 바친 것이었다. 소사는 영리하고 털과 갈기에 윤기가 흘렀다. 걸음은 빠르면서도 조용했다. 진혜공이 평소부터 몹시 사랑하던 말이었다.

경정이 또 간했다.

"자고로 싸움터에 나가는 것은 큰일 중의 큰일입니다. 반드시 본국에서 출산한 말이라야 그 나라 사람의 마음을 알고 그 나라 길을 잘 알기 때문에 싸움터에서 용맹을 떨칠 수 있습니다. 이제 주공께서 큰 적을 맞이하는데 타국의 말을 타고 가는 것은 이롭지 못할까 두렵습니다."

진혜공이 벌컥 화를 내며 소리쳤다.
"이 말은 내가 항상 타던 말이니 잔말 말라!"

한편 진(秦)나라 군대는 이미 하동(河東)을 건너와 세 번을 싸워 세 번을 이겼다. 진(晉)나라의 변경을 지키는 수장들은 모두 다 쥐구멍을 찾다시피 달아나 버렸다. 진군은 무인지경을 달리듯이 바로 한원(韓原)의 들에 이르러 하채(下寨)했다.

진혜공은 진군이 한원까지 왔다는 보고를 받고 이맛살을 찌푸렸다.
"적이 벌써 깊이 들어왔으니 어찌할꼬?"
경정이 볼멘소리로 대답했다.
"주공께서 스스로 불러들인 적인데 이제 와서 또 무엇을 물으십니까?"
"이 무례한 놈아! 과인 앞에서 썩 물러가거라."
진혜공은 경정을 또 꾸짖었다.

이 날 진군(晉軍)은 한원에서 10리쯤 떨어진 곳에 하채했다. 그리고 한간을 시켜 진군의 동정을 알아 오게 했다.

적진을 두루 살펴보고 나서 한간이 돌아와 보고했다.
"진군은 우리보다 수효는 적으나 그 투지는 열 배나 더한 것 같습니다."
"어째서 그렇다고 생각하는가?"
"지난날 주공은 진과 친했으므로 양나라에 가서 피신할 수 있었고 다음에 진나라의 도움을 받아 군위에 오를 수 있었으며 작년에는 또 진나라 곡식을 꿔다가 굶주림을 면했습니다. 이처럼 세 번이나 진나라의 은혜를 입고도 주공은 그들에게 단 한 번도 보답하지 않았습니다. 진나라 임금과 신하들은 울분이 쌓이고 쌓여서 쳐들어온 만큼 그들 삼군의 예기는 자연 우리 군대들보다 열 배나 강할 수밖에 없습니다."

진혜공이 또 화를 냈다.

"이것은 경정의 말 같구나. 경도 그런 소릴 하느냐. 과인은 진과 싸워 사생을 결단하리라."

마침내 한간에게 명하여 진군에게 전서를 보내도록 했다.

마침내 진(秦)과 진(晋) 두 나라는 한원에서 대결하게 되었다. 백리해는 잔루에 올라가서 적진을 바라봤다. 진나라 군대의 수효가 많은 것 같았다. 그가 목공을 돌아보며 말했다.

"진후(晋侯)는 이제 우리의 손에 죽습니다. 주공은 친히 나가서 싸우지 마시고 구경만 하소서."

진군(秦軍)은 용문산 아래에 진을 치고 적을 기다렸다. 곧 진군(晋軍)도 포진했다. 양쪽 중군이 각기 '둥둥'하고 요란하게 북을 울리며 서로 적군을 향하여 나아갔다.

진(晋)나라 선봉 도안이는 힘만 믿고 1백 근이 넘는 호철장을 휘두르며 진군(秦軍)의 정면을 뚫고 들어가 닥치는 대로 적을 무찔렀다.

이 때 진군(秦軍)의 백을병이 칼을 휘두르며 수레를 몰고 도안이를 향해 달려갔다. 백을병은 바로 건숙의 아들이다. 두 장수가 어울려 50여 합을 불같이 싸웠으나 좀처럼 승패가 나뉘지 않았다.

도안이가 눈을 부릅뜨고 호통을 쳤다.

"내 너와 단 둘이서만 주먹으로 사생을 결단하리라."

"맨손으로 너를 사로잡아야만 내가 비로소 이겼다고 할 수 있으리라."

그들은 약속이나 한 듯이 수레에서 뛰어내려 주먹과 다리로 서로 치고 때렸다. 누가 누군지 분별할 수 없을 만큼 서로 뒤엉켜 어지러이 싸웠다. 이윽고 백을병이 도안이의 목을 틀어 안고 뒷걸음질을 쳐서 자기 진으로 끌고 가기 시작했다. 진혜공은 그것을 보고 급히 한간을 불렀다. 한간은 양유미와 함께 군대를 거느리고 진군(秦軍)의 왼쪽을 향해 짓쳐

들어갔다. 동시에 진혜공도 가복도와 함께 그 오른쪽으로 쳐들어갔다. 진목공은 진(晉)나라 군대가 두 줄기로 나누어 쳐들어오는 것을 보자 친히 나가 싸우지 말라는 백리해의 말을 듣지 않고 군대를 2대로 나누어 적을 맞이했다.

진혜공이 수레를 몰고 앞을 달리는데 바로 앞에서 달려오는 공손지와 만났다. 진혜공은 즉시 가복도로 하여금 공손지를 맞이해서 싸우게 했다. 그러나 가복도는 공손 지의 적수가 아니었다. 가복도가 뒤로 밀리는 것을 보고 진혜공은 곽석에게 수레를 몰게 하고 가복도를 도우려고 달려갔다.

공손지는 진혜공을 보더니 높이 창을 빗겨 들고 크게 호통을 쳤다.

"은혜를 모르는 혼군은 내 창을 받으라!"

그의 호통 소리는 벽력과도 같아서 일시에 하늘이 진동하는 듯했다. 수레를 몰던 곽석은 기겁을 하고 수레 속에 납작 엎드렸다.

이 때 곽석보다 더 놀란 것은 진혜공이 타고 있는 말 소사였다. 소사는 전쟁 경험이 없는 말이었다. 진혜공이 아무리 고삐를 잡아당겨도 소용이 없었다. 소사는 앞발을 높이 쳐들고 몸을 꼿꼿이 세웠다. 진혜공이 채찍질을 하자 말은 앞발질을 하며 미친 듯이 날뛰다가 진흙 구덩이 속에 쓰러지고 말았다. 진혜공이 위기일발의 상황에 놓여 있을 때 마침 경정이 탄 전거가 진흙 속에 박힌 진혜공 앞을 지나갔다. 진혜공은 목이 찢어지도록 외쳤다.

"경정은 속히 과인을 구하라!"

그러자 경정이 돌아보며 심술궂게 대답했다.

"똑똑한 곽석은 어디 있기에 나를 부르십니까."

"사세가 위급하니 속히 나를 전거에 태워 다오."

"주공은 소사를 타는 것이 가장 좋다고 하셨으니 신은 다른 사람에게 주공을 구하라고 하겠습니다."

경정은 말을 마치자 더 이상 돌아보지도 않고 가 버렸다.

괵석은 다른 전거를 불러 진혜공을 구하려고 했으나 이미 진병(秦兵)이 주위를 에워싸고 있었다. 진혜공은 빠져 나갈 길이 없었다.

이 때 한간은 그런 줄도 모르고 군대를 휘몰아 진군(秦軍) 속으로 짓쳐 들어갔다. 한간은 적의 중군 속에서 바로 진목공과 만났다. 한간이 바로 진목공에게 육박해 들어가며 군대들에게 외쳤다.

"저기 진군(秦君)이 있다. 사로잡아라!"

한간의 뒤를 따라 진(晋)나라 군대들이 새까맣게 달려들었다. 융로(戎輅) 위에 앉아 있던 진목공은 하늘을 우러러보며 탄식했다.

"내가 오늘날 도리어 진(晋)나라에게 사로잡히는 몸이 되는구나!"

바로 그 때였다. 서쪽 언덕 위로 난데없는 3백여 장사들이 일제히 고함을 지르면서 나타났다.

"우리 주군께 무례히 말라!"

진목공은 고함 소리 나는 곳을 돌아보았다. 그들은 봉발을 휘날리며 바람처럼 달려오고 있었는데 뛰는 것이 나는 것 같고 각기 손에는 큰 칼을 들고 허리에는 화살을 차고 있었다. 마치 혼세(混世)의 마왕(魔王) 아래 있는 귀병(鬼兵)들이 쏟아져 나온 듯 그들은 진병(晋兵)을 닥치는 대로 쳐 죽였다. 한간과 양유미는 진목공을 사로잡기 직전에 황망히 몸을 돌려 난데없이 나타난 적과 싸워야만 했다.

그 때 북쪽에서 한 장수가 나는 듯이 전거를 몰아 달려왔다. 바로 경정이었다. 경정이 큰 소리로 외쳤다.

"지금 이곳에서 싸울 때가 아니오. 주공이 용문산 수령 속에서 진병(秦兵)에게 포위당해 있소. 속히 가서 구출하오!"

한간과 양유미는 크게 놀라 3백의 용사들과 싸우다 말고 진혜공을 구출하려고 용문산을 향해 달려갔다.
 그러나 진혜공은 이미 공손지에게 사로잡혀 있었다. 가복도·괵석·극보양 등도 다 진군에게 사로잡혀 끌려가고 대채(大寨)에는 아무도 없었다. 한간이 원통해 발을 굴렀다.
 "진군(秦君)을 사로잡았더라면 주공과 맞바꿀 수 있었는데 경정이 도리어 일을 망쳤구나."
 양유미가 말했다.
 "주공이 없으니 우리들은 장차 어떻게 해야 하오?"
 마침내 그들은 무기를 버리고 진(秦)나라 군영에 가서 항복했다. 그리하여 진(晋)나라 임금과 신하들이 모두 다 한 곳에 감금당했다.
 한편 3백여 명의 장사들은 진목공을 구출하고 또 궁지에 빠진 서걸술을 구해냈다. 진병(秦兵)은 승세를 몰아 크게 적병을 무찔렀다. 용문산 아래에는 진(晋)나라 군대의 시체들이 산처럼 쌓였다.

2. 은혜를 갚은 용사들

 대채로 돌아간 진목공이 백리해에게 말했다.
 "내가 경의 말을 듣지 않았다가 하마터면 진(晋)나라의 웃음거리가 될 뻔했소."
 그 때 3백의 장사들이 일제히 영채 앞에 이르러 진목공에게 절하고 머리를 조아렸다.
 "너희들은 어떤 사람들인데 과인을 죽음의 마당에서 구출했는가?"
 한 장수가 대답했다.
 "주공은 지난날에 사랑하시던 명마(名馬)를 잃었던 일을 기억하시나이까? 저희들은 그 때 주공이 사랑하시던 그 말을 잡아먹은 도적놈들입니다."

오래 전 일이었다. 언젠가 진목공이 신하들을 거느리고 양산(梁山)에서 사냥을 한 적이 있었다. 그 날 밤 나무 밑에 매어 놓은 좋은 말 여러 필이 감쪽같이 없어졌다. 진목공은 어인(圉人)들을 시켜 말을 찾아오게 했다. 어인들이 기산(岐山) 아래 이르렀을 때였다. 산 아래 계곡에서 시골 사람 3백여 명이 모여 앉아 말고기를 먹고 있었다. 어인들은 그 광경을 숨어서 보고 돌아가서 진목공에게 아뢰었다.

"속히 군대를 보내면 그놈들을 모조리 잡아올 수 있습니다."

그 말을 듣고 진목공이 말했다.

"말은 이왕 죽었거니와 말 때문에 사람까지 죽일 수야 없지 않느냐. 말고기를 먹고 술을 마시지 않으면 몸이 상한다고 하니 좋은 술 수십 독을 수레에 싣고 가서 그 시골 사람들에게 주고 오너라."

어인들은 분부대로 술 수십 독을 수레에 싣고 기산 아래로 가서 진목공의 말씀을 그대로 전했다. 어인들을 보고 달아나려던 시골사람들은 의외의 분부를 듣고 모두 꿇어 엎드렸다.

"우리가 말을 몰래 끌고 와서 잡아먹었는데 벌을 내리지 않으시고 도리어 우리들이 상할까 염려하시어 좋은 술까지 하사하셨으니 이 은혜를 무엇으로 갚으리오."

모두 일제히 머리를 조아렸다.

지난날의 그 3백여 장사들은 이번에 진목공이 진(晋)나라를 친다는 소문을 듣고 싸움을 도우려고 왔는데 때마침 적에게 포위된 것을 보고 일제히 용맹을 드날려 진목공을 구한 것이었다.

진목공이 탄식했다.

"시골 사람도 오히려 옛 은혜를 잊지 않거늘 도대체 진후는 어찌 된 사람인고!"

진목공이 다시 그들에게 물었다.

"너희들 중에 벼슬을 살고 싶은 자가 있으면 자원하여라. 과인이 벼슬을 주리라."

그러자 장사들이 일제히 아뢰었다.

"저희들은 시골 사람으로 군주께 은혜를 갚고자 온 것뿐입니다. 벼슬은 저희들이 원하는 바가 아닙니다."

진목공은 그들에게 각기 황금과 비단을 하사했다. 그러나 그들은 끝내 받지 않고 돌아갔다. 진목공이 장수들을 점검해 보니 백을병 한 사람만이 보이지 않았다. 군사들이 사방으로 흩어져 백을병을 찾기 시작했는데 이상한 신음 소리가 토굴 속에서 들려왔다. 그래서 안으로 들어가 보니 백을병과 도안이가 쓰러져 있었다. 두 사람은 다 기진맥진해서 꼼짝도 하지 못했다. 군사들은 두 장수를 떼어 각기 두 대의 수레에 나누어 싣고 본채로 돌아갔다.

진목공이 백을병을 위로했으나 그는 너무나 탈진하여 말을 못 했다. 거의 죽은 사람이나 다름없었다. 한 장수가 진목공에게 두 장수를 다 살렸으면 좋겠다고 진언했다. 진목공은 머리를 끄덕였다.

"둘 다 용감한 장수로다."

중얼거리고는 좌우 사람에게 물었다.

"이 진(晋)나라 장수의 성명을 아는 자가 있는가?"

공자 집이 수레 속에 누워 있는 장수를 들여다본 뒤에 대답했다.

"이는 역사(力士) 도안이라는 사람입니다."

진목공은 진노해 도안이를 참하도록 명령했다. 군졸들은 눈을 반쯤 뜨고 누워 있는 그를 수레에서 끌어내려 그 자리에서 목을 베었다.

진목공은 친히 비단 곤포를 벗어 백을병의 몸에 덮어 주고는 전거에 실어 먼저 귀국하게 했다.

　대승을 거둔 진목공은 진(晉)나라를 떠나 본국 옹주(雍州) 부근에 이르러 신하들과 함께 회의를 열었다.

　"과인은 이제 진후를 죽여 상제께 제물로 바치고 교사(郊祠)를 지내어 하늘의 뜻에 보답할까 하오."

　공자 집이 아뢰었다.

　"주공의 말씀이 지당한 줄로 아뢰오."

　그러자 공손지가 앞으로 나아가 말했다.

　"만일 진후를 죽이면 그들은 반드시 보복할 것입니다. 다음에 진나라가 우리에게 보복할 때는 우리가 이번에 보복한 것보다 더 심할 것입니다."

　두 사람의 말을 다 듣고 난 진목공이 물었다.

　"그러면 진후를 축출해야 하는가 무한정 감금해 두어야 하는가 아니면 다시 군위에 올려 두어야 하는가? 이 세 가지 중에서 어떤 것이 우리에게 이로운가?"

　공손지가 대답했다.

　"감금해 두어도 진후는 보잘것없는 필부라 우리에게 무슨 소용이 있겠습니까. 또 타국으로 추방하면 그는 반드시 다시 군위에 돌아가려고 갖은 짓을 다 꾸밀 것입니다. 그러니 그를 다시 군위에 앉혀 주는 것이 좋은 줄로 아옵니다."

　"그럼 우리가 피를 흘려 가면서까지 싸워 이긴 의미가 없지 않은가?"

　"신은 덮어놓고 그를 복위시키자는 것이 아닙니다. 첫째, 진후로 하여금 하서의 다섯 성을 바치게 하십시오. 둘째, 그의 세자 어(圉)를 우리나라에 볼모로 두게 하십시오. 그 뒤에 그를 돌려보내야 합니다. 그렇게 하면 진후는 죽을 때까지 감히 우리에게 항거하지 못할 것이옵니다."

　"그대의 계책이 옳다. 과인은 그대의 말을 좇으리라."

진목공은 이윽고 공손지에게 분부했다.

"경은 진후에게 가서 과인의 뜻을 전하고 돌려 보내라."

그리하여 진혜공은 본국으로 돌아가게 되었다.

한편 진(晉)나라 아석은 진혜공이 돌아온다는 소문을 듣고 경정에게 말했다.

"그대가 주공을 구해 주지 않고 한간에게 가서 소식을 전하는 사이에 주공은 진군에게 사로 잡혔던 것이오. 이제 주공이 돌아오면 그대 신상에 해가 미칠 것이니 다른 나라로 달아나 위기를 모면하는 것이 어떻겠소?"

"자고로 군법에 군대가 패하면 죽는 것이 원칙이며 더구나 내가 실수하여 임금께 큰 곤욕을 끼쳤으니 죄 중에도 큰 죄입니다. 내 어찌 형벌을 피할 생각이 있겠소."

진혜공이 강성 가까이 이르렀다. 태자 어가 호돌·극예·경정·아석·발제 등을 거느리고 교외로 나가서 그를 영접했다. 진혜공은 수레 속에서 경정을 내다본 순간 속에서 울화가 치밀어 올라 급하게 분부했다.

"경정을 이리로 불러오라."

경정이 수레 앞으로 불려가자 진혜공이 호통을 쳤다.

"네가 무슨 면목으로 나를 영접하려고 여기까지 나왔느냐?"

경정이 침착한 목소리로 대답했다.

"신하의 옳은 말을 듣지 않는 임금을 경계한 것도 죄가 된다면 신은 기꺼이 죽음을 받겠습니다."

"저런 발칙한 놈을 보았나. 좌우는 즉시 저놈의 목을 베어라."

가복도가 나서서 간했다.

"경정을 죽여서 임금의 법을 세우느니보다는 그를 용서해서 임금의 어진 덕을 펴는 것이 옳을 줄로 아옵니다."

진혜공이 치를 떨며 재촉했다.

"속히 저놈의 목을 베지 않고 무엇들을 하느냐!"

경정은 단정히 앉아 목을 내밀었다. 추호도 두려워하는 빛이 없었다. 칼이 번쩍이자 그의 목은 피를 뿜으며 땅바닥에 떨어졌다. 이곳저곳에서 신하들의 한숨 소리가 들렸다.

3. 제환공(齊桓公)의 죽음

제환공은 나라 정사를 포숙아에게 맡기고 관중의 유언에 따라 수초·역아·개방을 몰아낸 바 있었다.

그러나 그들 세 사람을 궁 밖으로 몰아낸 후로 제환공은 모든 흥취를 잃었다. 밥을 먹어도 맛이 없고 잠을 자도 편하지가 않았다. 장위희(長衛姬)가 보다 못해 아뢰었다.

"군주께서는 수초 등 세 사람을 내보내신 뒤로 얼굴이 몹시 수척해지셨습니다. 아마 좌우 신하들이 기쁘게 해 드리지 못해서 그런 것 같습니다. 그렇다면 왜 세 사람을 다시 불러들이지 않으십니까?"

제환공이 힘없이 대답했다.

"과인도 그러고 싶지만 포숙아가 싫어할 것이라 그래서 주저하고 있노라."

장위희가 다시 아뢰었다.

"포숙아인들 어찌 자기 좌우에 시중드는 사람이 없겠습니까. 더구나 군후께서는 늙으셨습니다. 구미가 없어 음식을 맡아 보게 하려고 역아를 다시 불렀다고 하십시오. 그러면 수초나 개방도 차차 들어오게 될 것입니다."

제환공은 장위희의 권고대로 역아를 불러들여 다시 음식 일을 맡아

보게 했다. 이를 알자 포숙아가 곧 제환공에게 간했다.

"주공은 지난날 관중의 유언을 잊으셨습니까. 어찌하여 역아를 다시 궁내로 불러들였습니까?"

제환공이 희미한 눈을 치뜨고 대답했다.

"그 세 사람은 과인에게 도움이 되면 됐지 국가에 해를 끼칠 자들이 아니오. 중보의 유언이 좀 심했다고 생각하노라."

제환공은 끝내 포숙아의 말을 들으려고 하지 않았다.

그 뒤 제환공은 역아뿐만 아니라 개방·수초까지도 다 복직시키고 좌우에서 시중을 들게 했다. 그런 지 얼마 뒤에 포숙아는 울분을 참지 못해 병들어 세상을 떠났다.

포숙아가 죽고 나자 역아·수초·개방 세 사람의 눈앞에는 걸릴 것이 없었다. 그들은 늙고 힘없는 제환공을 요리조리 속이면서 마침내 모든 권력을 움켜쥐었다. 그 세 사람에게 복종하는 자는 살아남았으나 거역하는 자는 죽지 않으면 내쫓겼다.

이 때 정나라 사람으로 유명한 의원이 있었는데 이름은 지완이라고 했다.

어느 날 그는 제나라 도읍 임치로 가서 제환공을 뵈었다. 그가 제환공에게 아뢰었다.

"군주의 병이 살 속에 있습니다. 속히 치료하지 않으시면 악화되옵니다."

제환공이 미소 지으며 대답했다.

"과인은 아직까지 아무런 병도 없소."

진완은 더 말하지 않고 물러갔다. 닷새가 지난 뒤 그는 다시 궁으로 들어가서 제환공을 뵈었다.

"군주의 병이 혈맥에 있습니다. 치료하지 않으면 아니 되옵니다."

제환공은 역시 웃으며 듣질 않았다. 또 닷새가 지났을 때 그는 다시

가서 제환공을 뵈었다.

"군주의 병이 이미 창자와 위에 있습니다. 속히 치료하소서."

제환공은 역시 듣질 않았다. 진완이 물러간 뒤 제환공이 푸념했다.

"의원이란 참으로 우스운 것들이어서 자기만 잘 아는 듯이 뽐낸단 말이야. 그래서 멀쩡한 사람을 보아도 병이 있다고 하거든."

그리고 다시 닷새가 지났다. 진완은 다시 궁에 가서 제환공을 뵙겠다고 청했다. 그런데 이번에는 그가 제환공을 보고서 아무 말도 하지 않았다. 그는 종종걸음으로 달아나듯 궁문을 나와 돌아가 버렸다. 제환공은 그가 말없이 가 버리는 것이 이상했다.

"그를 쫓아가서 왜 그냥 가느냐고 까닭을 물어 보아라."

아랫사람이 뒤쫓아 가서 그를 붙들고 까닭을 물었다. 그가 대답했다.

"군후의 병이 피부에 있었을 땐 탕약으로 고칠 수 있었고 혈맥에 있었을 땐 침으로 고칠 수 있었고 창자와 위에 있었을 땐 약술(藥酒)로 고칠 수 있었으나 이젠 병이 골수에 박혔으니 어찌 하리오. 그러므로 아무 말도 하지 않고 물러나온 것이오."

다시 닷새가 지났다. 제환공은 마침내 발병했다. 궁성에서 사람이 진완을 부르러 가자 역관 주인이 말했다.

"그는 닷새 전에 이미 떠나셨습니다."

제환공은 뒤늦게 크게 후회했으나 이젠 어쩔 도리가 없었다. 그에겐 전날 정실 부인만 세 사람이 있었다. 하나는 왕희이고 둘째는 서희이며 셋째는 채희인데 다 자식이 없었다. 왕희와 서희는 일찍 세상을 떠났고 채희는 친정인 채나라로 쫓겨 가고 없었다.

제환공은 그들 세 부인 아래 또 여섯 부인을 거느리고 있었는데 그들은 다 제환공의 총애를 받고 각기 아들 하나씩 낳았다.

그들 여섯 부인 중에서 제환공을 가장 오래 모신 것이 장위희였고 여섯 공자들 중에서 가장 나이가 많은 공자 역시 장위희의 소생 무휴였다. 역아와 수초는 장위희의 심복이었다. 그래서 역아와 수초가 제환공에게 간해서 한때는 공자 무휴를 태자로 세우기로 했었다.

그 뒤 제환공은 공자 소의 어진 덕을 사랑하게 되어 지난날 관중과 상의하고 송양공(宋襄公)에게 공자 소를 태자로 삼을 생각이니 그의 앞날을 잘 봐달라고 부탁까지 했다.

공자들은 각기 무리를 만들어 서로 시기하며 미워했다. 그들은 각기 어금니와 손톱에 독을 감추고 때만 오면 서로 물고 뜯을 태세였다.

제환공은 본래 뛰어난 명군이었다. 그러나 칼도 오래 되면 날이 무뎌지고 사람도 늙으면 기력이 주는 법이라 제환공도 점점 달라졌다. 더구나 그는 평생소원이던 패업을 성취하고 천하 모든 나라 제후들의 장(長)이 되었으므로 항상 만족이 있을 뿐 불만이라곤 없었다. 그런데 그는 술과 여자를 몹시 좋아했기에 늙어가면서 형편없이 망가졌다. 더구나 역아·수초·개방 등 소인들을 등용하고 그들의 말만 듣다 보니 어느덧 그의 총명함도 흐려지고 말았다.

공자들은 각기 자기 어머니에게 졸라 태자 자리를 얻으려고 벌써부터 야단이었다. 부인들은 제각기 제환공에게 자기 아들을 태자로 세워 달라고 청했다. 제환공은 그저 미소 지으며 머리만 끄덕일 뿐 도무지 분명한 처분을 하지 못했다.

앞날을 근심하지 않으면 머잖아 근심이 생기는 법인데 제환공이 바로 그러했다. 그는 갑자기 병이 나서 드러눕고 말았다.

역아는 진완이 제환공을 보고 그냥 가 버리자 제환공의 앞날이 멀지 않다는 것을 알았다. 그는 수초와 함께 밀실에서 상의하고 실로 놀랄 만한 계책을 세웠다. 이튿날 역아는 팻말을 써서 궁문에 걸었다. 그 팻말에 다음과 같은 제환공의 전지(傳旨)가 적혀 있었다.

과인은 이제 심한 병으로 자리에 누웠으니 신하나 백성은 아무도 궁에 들어오지 못하도록 금하노라. 수초는 굳게 궁문을 지켜 모든 출입을 금하고 역아는 군중(軍中)의 군대들을 거느리고 위반하는 자가 없도록 순시하라. 나라 정사에 관한 모든 것은 과인의 병이 완쾌될 때를 기다려서 아뢰어라.

그 패의 글은 물론 역아와 수초가 조작한 것이었다. 그들은 공자 무휴만을 장위희의 내궁에 머물게 하고 다른 공자들은 일체 궁 안으로 들어오지 못하게 했다.

사흘이 지났다. 제환공은 죽은 듯이 누워 있었다. 역아와 수초는 제환공의 좌우에서 호위하는 사람들까지 모조리 궁문 밖으로 내쫓았다. 궁문은 철통처럼 막히고 인적이 끊어졌다.

그들은 제환공의 침실 주위에 높이 3장이나 되는 담을 둘러쌌다. 바람도 통하지 못할 만큼 담의 안과 밖은 완전히 차단되었다. 다만 담 밑에 개구멍 같은 구멍이 하나 뚫려 있었다. 아침저녁으로 어린 내시가 그 구멍으로 들어가서 제환공이 죽었는지 아직 살았는지를 보고 나왔다.

역아와 수초는 군중의 군대들을 거느리고 다른 공자들이 변란을 일으키지 못하도록 삼엄한 경계를 폈다. 침상에 누워 있는 제환공은 일어나려 해도 일어날 수가 없었다.

"게 아무도 없느냐?"

"……."

좌우 시위들을 불러도 아무런 대답이 없었다. 제환공의 눈은 얼빠진 사람처럼 빛이 없었다.

그 때 바깥에서 '쿵!' 하고 무언가가 높은 데서 떨어지는 소리가 났다. 이어서 창문이 열리면서 누군가가 들어오는 것 같았다. 제환공은 눈을 부릅뜨고 자세히 쳐다봤다. 앞에 서 있는 것은 그의 천첩(賤妾) 안아아(晏蛾兒)였다. 제환공이 입을 다시며 말한다.

"몹시 시장하다. 죽이 먹고 싶으니 좀 갖다 다오."

안아아가 대답했다.

"어디 가서 죽을 가져오란 말씀입니까. 죽은 아무 데도 없습니다."

"더운 물이라도 한 모금만 다오. 목을 타는 듯하다."

"더운 물도 구할 수 없습니다."

"왜 없다고만 하느냐?"

"역아와 수초가 변란을 일으켜 일체 궁문 출입을 금하고 있습니다. 이 침소 주변에는 높이 3장이나 되는 담이 둘려 있습니다. 이곳과 바깥은 아무도 드나들지 못합니다. 그러니 어디 가서 음식을 가져오겠습니까."

"그럼 너는 어떻게 이곳에 들어왔느냐?"

"첩은 지난날 주공께서 한 번 사랑해 주신 은혜를 입었으므로 목숨을 돌보지 않고 담을 넘어 왔습니다. 주공께서 세상을 떠나시는 자리나 지키고자 왔습니다."

"태자 소는 어디 있느냐?"

"군대들이 막고 있어 궁 안으로 들어오지 못하고 있습니다."

제환공은 흐느껴 울면서 중얼거렸다.

"중보는 성인(聖人)이었구나! 과인이 총명치 못해 이 꼴을 당하는구나."

제환공은 다시 눈을 부릅뜨고 부르짖었다.

"내가 총애했던 계집이 여섯이며 자식이 열이 넘지만 지금 아무도 내 눈 앞에 보이지 않구나. 다만 네가 혼자 나의 죽음을 전송하니 내 평소에 너를 후대하지 못한 것이 부끄럽다."

안아아가 조용히 대답했다.

"청컨대 주공은 천만 자애(自愛)하소서. 주공께서 불행하시면 원컨대 첩도 목숨을 버리고 떠나시는 길을 따라가겠습니다."

"내가 죽어 만일 아무것도 모른다면 모르되 죽어서도 아는 것이 있다면 무슨 명목으로 지하에 가서 중보를 대할꼬."

제환공은 길게 한숨을 쉬며 옷소매로 자기 얼굴을 가렸다. 제환공은 침상에 쓰러진 그대로 연신 탄식하다가 운명(殞命)했다.

제환공은 주나라 장왕(莊王) 12년 5월에 즉위하여 주나라 양왕(襄王) 9년에 세상을 떠났으니 위(位)에 있은 지 43년이요 수(壽)는 73세였다.

4. 태자의 탈출

안아아는 제환공이 운명한 것을 보고 크게 통곡했다. 바깥사람들에게 알리려 해도 워낙 담이 높아 소리를 질러도 전해지지 않았다. 가까스로 담을 넘어는 왔지만 나갈 수는 없었다. 그녀는 탄식했다.

"내가 죽어도 군주를 전송하겠다고 말하지 않았는가. 군후의 시체를 염(殮)하는 것은 원래 부녀자의 알 바가 아니지 않은가."

안아아는 웃옷을 벗어 제환공의 시체를 덮어 주고 다시 창가에 있는 두 대선(大扇)을 끌어와서 시체 앞을 가렸다. 그리고 그녀는 제환공의 시체가 누워 있는 침상 아래에서 머리를 조아리며 속삭였다.

"군후의 영혼은 멀리 가지 마소서. 첩이 뒤따라가서 모시리이다."

그 날 밤에도 어린 내시는 동정을 살피려고 담 구멍을 열고 침실 안으로 들어갔다. 그런데 침실 기둥 아래에 피가 흥건히 고여 있었다. 어린 내시는 자세히 볼 겨를도 없이 기절초풍을 하고 벌벌 떨며 밖으로 기어 나왔다. 그리고 역아와 수초에게 가서 제환공이 죽었다고 보고했다.

두 사람은 곧 궁중 군사들을 시켜 담 한 구석을 뚫게 하고 침실로 들어갔다. 그들의 의외에도 머리를 산발하고 피투성이가 되어 쓰러져 죽은 한 여자의 시체를 보고 깜짝 놀랐다. 뒤따라 들어온 내시들 중 한 사람이 그 시체를 자세히 보더니 말했다.

"이 여자는 안아아입니다."

그녀의 윗옷에 덮여 있는 제환공은 이미 죽어 있었다. 슬프고 애달픈 일이었다. 그가 언제 운명했는지를 아는 사람도 없었다. 수초는 발상(發喪)할 일을 역아와 함께 상의했다.

"서두르지 마오. 천천히 합시다. 우선 공자 무휴의 군위부터 정한 뒤에 발상합시다."

수초는 역아의 말에 찬성하고 두 사람이 함께 장위희의 궁으로 가서 비밀스럽게 아뢰었다.

"주공은 세상을 떠났습니다. 형제간에도 차례가 있으며 부인의 아드님이 장공자(長公子)이니 군위를 이어야 마땅합니다. 다만 지난날 선군이 생존 시에 공자 소(昭)를 태자로 세우고 장래 일을 송공(宋公)에게 부탁한 적이 있습니다. 지금 주공이 세상을 떠났다고 발표하면 태자 소를 군위에 앉히자고 날뛸 놈들이 많습니다. 신들은 궁중의 군사들을 거느리고 우선 태자 소부터 죽이고 장공자를 군위에 모시겠습니다."

장위희가 은근히 부탁했다.

"나는 부녀자라 매사를 그대에게 맡기오."

역아와 수초는 각기 궁중 군대를 거느리고 태자 소를 잡으러 태자궁으로 달려갔다.

그 소식을 듣고 태자 소는 크게 놀라 밖으로 나와 그 길로 상경 고호(高虎)의 집으로 가서 대문을 두드렸다. 고호가 태자를 보고 놀라며 물었다.

"이 밤중에 태자께서 웬일이십니까?"

태자 소는 방으로 들어가서 부친의 죽음과 역아의 무리들이 자기를 잡으려 한다는 것을 말했다.

"태자는 즉시 국경 밖으로 몸을 피하시어 의외의 재앙을 피하십시오."

"어디로 가는 것이 좋겠소?"

"주공이 지난날 송공에게 태자를 부탁한 일이 있습니다. 우선 송나라로 가십시오. 송공이 잘 도와 드릴 것입니다. 나는 나라를 지켜야 할 몸이기 때문에 함께 떠나지 못하겠습니다. 나의 문하 중에 최요(崔夭)란 사람이 지금 동문을 지키는 수문장(守門將)으로 있습니다. 곧 사람을 보내 문을 열도록 하겠으니 즉시 떠나십시오."

태자 소는 서둘러 백성의 옷으로 변복하고 고호의 심복 부하 한 사람을 따라 동문으로 갔다. 미리 전갈을 받은 최요는 성문을 열어 주었다. 최요가 막 성문을 나가려는 태자 소에게 말했다.

"제가 성문을 열어 태자를 내보낸 죄를 면할 수가 없습니다. 태자께서 홀로 떠나시는 모양이니 만일 버리지 않으시겠다면 저도 함께 가고 싶습니다."

태자 소는 크게 기뻐하면서 대답했다.

"바로 내가 원하는 바다."

최요는 즉시 조그만 수레를 끌고 나왔다. 그리고 태자 소를 수레에 태우자마자 말고삐를 잡고 송나라를 향해 급히 떠나갔다.

한편 역아와 수초는 궁중 군사들을 거느리고 태자궁으로 들어가 샅샅이 뒤졌으나 태자 소는 그림자도 보이지 않았다. 이 때 벌써 사경(四更)을 알리는 종소리가 들려왔다. 역아가 수초에게 말했다.

"날이 밝으면 다른 공자들이 사태를 눈치 채고 조당(朝堂)을 점령할지 모르오. 그러니 속히 궁으로 돌아가서 장공자 무휴부터 모십시다."

"옳은 말씀이오."

두 사람은 곧 군사를 거두어 급히 궁으로 돌아갔다. 역아와 수초가 궁에 이르기 전에 조문(朝門)은 이미 활짝 열려 있었다. 두 사람이 군사를 거느리고 궁으로 돌아오자 문무백관들이 사면팔방에서 중구난방으로 물었다.

"태자는 지금 어디 계시오?"

"태자 무휴는 지금 궁중에 계시오."

"무휴는 태자가 아니오. 속히 태자 소를 모셔 오시오!"

수초가 칼을 뽑아 들고 대답했다.

"우리는 공자 소를 추방했소. 이제 선군의 유언대로 장공자 무휴를 군위에 세우겠소. 복종하지 않는 자는 이 칼로 참할 테니 그리 아오."

대소 관원들이 어지러이 떠들며 욕질을 하기 시작했다.

"이건 모두 너희들의 수작이로구나. 죽은 임금을 속이고 산 사람을 업신여기는 수작일랑 당장 집어치워라. 너희가 마음대로 권세를 휘둘러 무휴를 군위에 세운다면 우리는 맹세코 따르지 않겠다."

대부 관평(管平)이 앞으로 나섰다.

"저 두 간신 놈부터 죽여야만 모든 재앙의 뿌리를 뽑을 수 있소. 그런 연후에 우리 다시 앞일을 상의합시다."

그러고는 손에 든 홀(笏)로 수초의 얼굴을 후려갈겼다.

수초가 칼로 관평의 홀을 막자 노기등등한 관원들이 일제히 관평을 도우려고 앞으로 달려 나갔다. 그것을 보고 역아가 대성일갈했다.

"너희 궁중 군사들은 무얼 하느냐. 저놈들을 모두 죽여라!"

수백 명의 군사들은 그제야 각기 칼을 뽑아 들었다. 맨주먹인 관원들은 군사들의 칼을 맞고 외마디 비명을 지르며 이리 쓰러지고 저리 고꾸라졌다. 바로 궁중 뜰이 전장이 되고 금란전 앞에 염라대왕이 나타난 꼴이 되었다. 수많은 관원들이 죽고 살아남은 자들은 모두 조문 밖으로 달아났다.

역아와 수초가 문무백관들을 죽이고 나머지는 모조리 궁 밖으로 내쫓 았을 때는 이미 날이 밝아 있었다. 두 사람은 공자 무휴를 모시고 와 조당(朝堂)에서 즉위식을 올렸다.

그러나 넓으나 넓은 궁전 계하(階下)에서 절하며 새 임금을 칭하(稱 賀)하는 사람이라고는 다만 역아와 수초 두 사람뿐이었다. 전상(殿上)에 서 그처럼 초라한 광경을 굽어보던 무휴는 몹시 창피했다. 역아가 그것 을 눈치 채고 무휴에게 아뢰었다.

"아직 발상도 하지 않았으니 어찌 새 임금을 영접할 줄 알겠습니까. 우선 국의중(國懿仲)·고호(高虎) 두 노대신부터 불러들이십시오. 그러면 문무백관들도 자연히 따라 들어올 것입니다."

무휴는 역아가 시키는 대로 분부했다.

"두 노대신을 궁으로 들라 하라."

두 내시가 각기 두 노대신을 부르러 갔다.

국의중과 고호는 각기 궁에서 나온 내시의 전갈을 듣고서야 제환공이 세상을 떠났다는 것을 비로소 알았다. 두 노대신은 관복 대신 상복을 입고 삼띠를 허리에 두르고 입궐했다. 역아와 수초는 궁문에 미리 나와 섰다가 들어오는 그들을 영접했다.

"지금 새 임금께서 전상(殿上)에 나와 앉아 계십니다. 두 노대부께서 는 새 임금부터 뵈옵도록 합시오."

국의중과 고호 두 노대신이 대답했다.

"돌아가신 선군의 빈소를 뵙지 않고 새 임금을 보는 것은 예가 아니 오. 선군의 아들이 하나 둘이 아니니 노부는 어느 누구를 상주로 모셔 야 할지 그것부터 모르겠소."

역아는 말문이 막혔다. 국의중과 고호는 궁성 문 밖에서 하늘을 우러러보며 두 번 절하고 크게 통곡한 뒤 돌아갔다. 무휴가 말했다.

"신하들이 복종하지 않으니 이 일을 어찌하면 좋을까."

수초가 아뢰었다.

"오늘 일은 마치 범을 잡는 것과 같습니다. 결국 힘센 사람이 이깁니다. 그저 주상께서는 정전(正殿)에 앉아 계시기만 하십시오. 신들은 군대를 동문·서문에 늘어세우고 공자들이 들어오는 대로 낱낱이 잡아서 족치겠습니다."

무휴는 수초의 말에 따르기로 했다.

한편 개방은 역아와 수초가 무휴를 군위에 즉위시켰다는 소문을 듣고 제환공의 넷째부인 갈영(葛嬴)의 소생인 공자 반에게 말했다.

"태자 소는 지금 어디로 달아났는지 오리무중인 채 무휴가 군위에 섰는데 공자께서는 군위에 설 수 없다는 법이 어디 있습니까."

마침내 개방은 공자 반을 내세우고 집안 장정들을 모두 모아 우전(右殿) 뜰에 늘어세웠다.

이와 거의 때를 같이하여 공자 상인은 소위희(少衛姬)의 소생인 공자 원과 함께 상의했다.

"우리도 다 같이 선군의 피를 받은 사람들이다. 그러니 이 나라 강산을 누구는 차지하고 누구는 차지하지 말라는 법은 없다. 공자 반이 우전을 차지했다 하니 우리는 좌전(左殿)을 근거로 하고 그들과 대항하자. 태자 소가 오면 모르되 만일 오지 않으면 제나라를 네 조각으로 똑같이 나눠 갖자."

공자 원은 즉석에서 찬성했다.

그들도 또한 각기 집안의 무사들과 평소 문하에 양성하던 사람들을 불러 모아 군대를 편성하고 좌전에 웅거했다.

역아와 수초는 세 공자들의 부하가 많은 것이 두려워서 굳게 정전을 지키고 세 공자들 또한 역아와 수초의 세력이 만만치 않았기에 각기 자기네 군영을 지키며 서로 대치했다. 그야말로 한 궁성 속에서 적국들이 서로 겨루는 판국이었다.

문무백관들은 태자 소가 자취를 감추는 바람에 주인을 잃은 셈이 되었다. 그들은 모두 문을 닫고 궁에 가지 않았다. 이러는 사이에 어느덧 두 달이 지났다.

"모든 공자들이 그저 군위에만 생각이 있을 뿐 대상(大喪)을 치르려 하지 않는구려. 나는 죽기를 각오하고 일을 서둘러야 하겠소."

고호가 말하자 국의중이 대답했다.

"대부께서 먼저 들어가 그들에게 말하시오. 나도 뒤따라 들어가겠소."

"우리 두 사람이 말하면 일은 좀 쉬워질 것 같소. 백관들을 불러 모아 함께 조당에 가서 무휴를 받들어 주상(主喪)을 삼는 것이 어떻겠소?"

"태자가 없으니 당분간 장자로 주상을 삼아도 괜찮을 것이오."

두 노대신은 사람을 사방으로 보내 백관들을 불러 모았다. 백관들은 두 노대신을 따라 통곡하면서 궁으로 들어갔다. 조문(朝門)을 지키던 수초가 들어오는 두 노대신의 앞을 가로막고서 물었다.

"두 노대부께서 오신 뜻이 무엇이오니까?"

고호가 대답했다.

"공자들이 서로 겨루며 양보할 줄 모르니 이러다가는 한이 없겠다. 우리는 공자 무휴에게 주상이 되어 달라고 왔을 뿐 다른 뜻은 없노라."

수초는 그제야 그를 안내했다.

고호는 문무백관에게 자기 뒤를 따라오라고 손짓했다. 고호·국의중과 함께 모든 신하들은 조문으로 들어가 바로 조당에 있는 무휴 앞으로 갔다.

"선군이 세상을 떠나신 지 두 달이 지났습니다. 그런데 아직 입관도 못하고 있습니다. 이런 데도 공자는 정전에만 앉아 있으면 마음이 편안하십니까?"

모든 신하는 땅바닥에 엎드려 통곡했다. 무휴가 눈물을 흘리면서 대답했다.

"나의 불효는 하늘에까지 사무쳤도다. 나는 전부터 상례(喪禮)를 다스리려고 했으나 저 공자 원 등이 아직도 나를 노리고 있으니 어찌하리오."

국의중이 대답했다.

"태자는 이미 다른 나라로 가고 없습니다. 공자가 장자이니 주상이 되어 선군의 상사를 다스리면 군위는 자연히 공자에게 돌아갈 것입니다. 공자 원 등이 비록 전각마다 웅거하고 있으나 만일 그들이 방해한다면 우리 노신들이 이치로써 그들을 꾸짖겠습니다. 그러면 누가 감히 공자와 다투겠소."

무휴가 눈물을 닦고 자리에서 내려와 두 노대신에게 절하고 말했다.

"그것은 바로 내가 원하던 바이외다."

고호가 역아와 수초에게 분부했다.

"그대들은 정전과 양쪽 복도를 지키고 있다가 상복을 입고 들어오는 공자들만 궁중으로 들여보내시오. 만일 군대를 거느리고 들어오는 공자가 있거든 즉시 사로잡아 문죄토록 하오."

이에 수초가 치상(治喪)을 주선(周旋)하기 위해 먼저 제환공의 침궁으로 갔다. 제환공의 시체는 침상 위에 그대로 누워 있었다. 두 달이 지났건만 그 동안 아무도 들어와 돌본 사람이 없었다.

비록 추운 겨울이었지만 침상 위의 시체는 피와 살이 다 흐무러져 있었다. 썩는 시신 냄새 때문에 코를 들 수가 없었다. 시체에서 생겨난 벌레들이 높은 담장 바깥까지 나와 기어 다니고 있었다.

무휴가 그것을 보고 대성통곡하자 모든 신하들도 일제히 통곡했다. 그 날로 관(棺)을 짜고 시체를 염(殮)했다. 비록 성대하게 염은 했으나 시체가 몹시 상해서 겨우 수의로 쌌을 정도였다.

　그러나 안아아의 얼굴은 산 사람과 같았고 몸도 상한 곳이 없었다. 고호 등은 그것만으로도 그녀의 충성과 절개를 짐작할 수 있어서 찬탄하기를 마지않았다. 동시에 안아아의 널도 짜고 염도 했다.

　고호는 모든 신하들과 함께 무휴를 주상으로 받들고 각기 지위에 따라 차례로 늘어서서 애곡했다. 그 날 밤 그들은 다 함께 영구(靈柩) 곁에서 밤을 밝혔다.

　한편 원·반·상인 등의 공자들은 각기 다른 전각에서 웅거하고 있다가 이 소문을 듣고 군대를 거두었다.

　"고호·국의중 두 노대신이 주동이 되어 일을 추진하니 우리는 능히 다투지 못하겠구나!"

　모든 공자들은 그제야 상복에 삼띠를 두르고 치상(治喪)하는 데에 들어가 형제가 서로 대성통곡했다.

5. 복수를 겸한 순장(殉葬)

　한편 태자 소(昭)는 고국을 떠나 송나라에 이르렀다. 그는 송양공(宋襄公) 앞에 울면서 땅에 엎드려 절하고 역아와 수초가 변란을 일으킨 사실을 호소했다.

　송양공이 신하들을 불러 물었다.

　"지난날 제환공이 과인에게 공자 소로 태자를 세우니 잘 보호해 달라고 부탁한 지 꼭 10년이 지났소. 그 뒤 과인은 제후(齊侯)의 부탁을 잊은 적이 없었소. 이제 역아와 수초가 내란을 일으켰으니 과인은 모든 나라 제후들과 함께 제나라를 쳐서 태자 소를 군위에 세울까 하오. 만일 이 일을 성취하면 우리 송나라는 모든 나라 제후들 사이에 크게 이름을 떨칠 것이며 우리 송나라가 다시 대회를 열고 모든 제후들을 불러 동맹을 맺는다면 우리는 죽은 제환공의 패업을 계승할 수 있을 것이오. 경들의 생각은 어떠하오?"

한 대신이 앞으로 나와 아뢰었다.

"우리 송나라는 제나라만 못한 점이 세 가지나 있습니다. 그러니 어찌 모든 나라 제후들을 부릴 수 있겠습니까."

송양공은 그 대신을 굽어보았다. 그 대신은 바로 송환공의 장자로서 송양공의 서형(庶兄) 목이(目夷)였다. 그는 지난날 나라를 동생에게 양보하고 군위에 서지 않았던 것이다. 그래서 송양공은 형에게 상경 벼슬을 주었다.

"경은 어째서 우리 나라가 제 나라보다 세 가지나 못하다고 하오?"

송양공이 묻자 공자 목이가 대답했다.

"제나라에 태산과 발해라는 천연적인 성벽이 있고 또 즉묵(卽墨) 땅의 곡창 지대가 있지만 우리는 나라가 작고 군대도 적으며 곡식도 넉넉하지 못하니 이것이 제나라만 못한 그 한 가지 이유입니다. 또 제나라에는 관중·영척·습붕·포숙아 등이 있어 문무를 갖추었으나 우리는 어진 사람이 등용되지 않았으니 이것이 제나라만 못한 그 두 번째 이유입니다. 또 제환공은 북으로 산융(山戎)을 쳤을 때 유아(俞兒)가 나타나 길을 지시했고, 우리 나라에서는 금년 정월에 다섯개의 별이 하늘에서 떨어졌건만 다 돌로 변했으며, 2월에는 큰 바람이 불어 여섯마리의 백로가 달아났으니 이는 다 좋지 않은 징조입니다. 이것이 우리가 제나라만 못한 세 번째 이유입니다. 지금 우리는 나라를 보전하기에도 겨를이 없는데 어느 여가에 다른 사람까지 돌볼 수 있겠습니까."

송양공이 의젓하게 대답했다.

"과인은 늘 인의를 근본으로 삼는 사람이오. 의로운 사람을 돕지 않으면 그것은 인(仁)이 아니며 사람의 부탁을 받고도 이행하지 않으면 그것은 의(義)가 아니로다."

마침내 송양공은 태자 소를 위해 모든 나라로 격문을 보냈다. 그러나 이에 호응한 것은 세 나라뿐이었다.

주나라 양왕 3년. 송나라는 드디어 군대를 일으켰다. 송양공은 친히 위(衛)·조(曹)·주(邾) 3국 군대와 연합하여 태자 소를 내세우고 제나라 경계로 쳐들어갔다.

이 때 역아는 중대부로서 사마가 되어 제나라의 병권을 쥐고 있었다. 그는 적을 막기 위해 군대를 거느리고 성 밖으로 나갔다. 수초는 성 안에 머물러 있으면서 뒤를 대기로 했다.

고호가 국의중에게 말했다.

"우리가 무휴를 임금으로 세운 것은 우선 선군의 장례를 모시기 위해서였지 결코 그를 주공으로 모시기 위한 것은 아니었소. 이제 태자가 송나라의 도움을 받아 쳐들어오니 이치로 따진다 하더라도 저쪽이 옳고 형세로 보더라도 저쪽이 강하오. 더구나 역아와 수초는 전날에 문무백관을 함부로 죽였고 권세를 잡고서는 나라를 어지럽혔소. 지난 일은 고사하고라도 그들은 앞으로도 제나라의 큰 화근입니다. 그러니 이 기회에 그들을 아주 없애 버리는 것이 어떻겠소?"

국의중이 대답했다.

"옳은 말씀이오. 역아는 군대를 거느리고 교외로 나가고 없으니 이 기회에 의논할 일이 있다 하고 수초를 불러들여 없애 버리기로 합시다. 그리고 나서 태자를 맞이하여 임금 자리에 올려 모시기만 하면 역아의 운명도 끝나고 말 것이오."

"그거 참 좋은 계책이오. 그렇게 합시다."

고호는 즉시 심복 장사들을 성루에 매복시킨 다음 수초의 집으로 사람을 보냈다.

"기밀에 관한 중대사를 의논하실 일이 있다고 곧 오시라 하옵니다."

수초는 조금도 의심하지 않고 거만스레 성루로 왔다. 고호는 술상을 차려 놓고 성루에서 수초를 대접했다. 술이 두 순배를 돌고 난 뒤 고호가 물었다.

"송공이 제후들을 규합하여 태자를 데리고 쳐들어오니 어떻게 적을 막아야겠소?"

"이미 역아가 군대를 거느리고 나갔으니 사세를 좀 더 두고 봅시다."

"적은 수효가 많고 우리 군대는 적으니 걱정이오. 노부는 그대의 도움을 받아 우리 제나라의 위기를 구할까 하오."

"이 수초가 무슨 능력이 있겠습니까만 노대부께서 시키시면 그대로 하겠소."

고호가 머리를 끄덕이며 말했다.

"그럼 나는 그대의 목을 빌려 송군에게 사죄해야겠소."

그야말로 청천벽력 같은 소리였다. 수초는 깜짝 놀라며 벌떡 일어섰다. 고호가 좌우를 돌아보며 큰 소리로 명했다.

"이놈을 잡아라!"

성루의 벽 뒤에 숨어 있던 장사들이 일시에 뛰어나와 수초를 에워쌌다. 장사들은 수초를 꿇어앉히고 한칼에 그의 목을 베어 버렸다.

이 때 국의중은 궁으로 들어가 무휴에게 말했다.

"백성들이 태자를 영접하려고 지금 성 밖으로 몰려나갑니다. 노신의 힘으로는 그들을 막을 수 없으니 주공은 속히 몸을 피하십시오."

"역아와 수초는 어디에 있는가?"

"아직 역아의 승패는 알 수 없고 수초는 이미 죽었습니다."

무휴가 대로하여 외쳤다.

"과인이 친히 나가서 적을 맞이하여 싸우겠다! 속히 남은 군사들을 불러 모으고 무기를 내라!"

내시들이 사방으로 돌아다니며 모았으나 병사들은 몸을 숨기기에 바빴다.

평소에 무휴를 원수로 여기던 사람들은 고호 노대신이 수초를 죽이고 태자 소를 데리고 쳐들어온 송양공을 막기 위해 역아가 군사를 이끌고 출전하여 성 안에 없다는 소문을 듣고 기뻐했다.

"하늘이 이제야 우리를 돕고 있소."

그들은 모두 손에 무기를 들고 뛰쳐나왔다. 그들이 동문 가까이 갔을 때였다. 마침 그들은 수레를 타고 오는 무휴와 만났다. 그들은 즉시 무휴를 에워쌌다. 수레를 몰고 오던 내시들이 큰 소리로 꾸짖었다.

"주공이 여기 계시니 너희들은 무례하게 굴지 말라."

뭇 사람들이 무기를 번쩍 들며 닥치는 대로 내시들을 쳐 죽였다.

"누가 우리 주공이란 말이냐!"

무휴는 더 이상 수레에 앉아 죽음을 기다릴 수 없었다. 그는 급히 수레에서 뛰어내려 달아나기 시작했다. 그러나 나는 새가 아닌 바에야 어찌 벗어날 수 있을 것인가. 뭇 사람들이 달아나는 무휴의 앞을 막고 전후좌우에서 달려들었다.

무수한 발길질과 주먹과 무기에 얻어맞은 무휴는 박살이 나서 죽었다.

한편 역아는 군대를 동관(東關)에 둔치고 송군과 서로 대치했다. 그날 밤중이었다. 갑자기 군중(軍中)이 소란해졌다. 한 군사가 허둥지둥 장막 안으로 들어와서 그에게 보고했다.

"들리는 말에 의하면 무휴와 수초가 다 죽임을 당했다고 합니다. 더구나 고호가 백성들을 거느리고 태자 소를 영접하러 마중 나오는 중이라고 합니다. 사세가 이러하니 우리도 태자를 영접해야겠습니다."

역아는 군대의 마음이 변한 것을 알았다. 그는 급히 심복 부하 몇 사람만 거느리고 밤을 이용해서 노나라로 달아나고 말았다.

그리하여 태자 소가 궁으로 들어가서 즉위하고 그 해로 원년을 삼았으니 그가 바로 제나라의 효공(齊孝公)이다.

제효공은 군위에 오른 뒤 논공행상을 했다. 최요를 대부로 삼고 황금과 비단을 내어 송군을 위로했다. 송양공은 제나라에 닷새 동안 머문 뒤 회군했다.

그 해 가을 8월에 제나라는 비로소 제환공을 우수산(牛首山) 위에다 장사 지냈다. 제효공은 산 위에다 큰 분묘를 3개나 나란히 만들었다. 혹시 후세 사람이 도굴할까 염려하여 무덤을 세 개나 만들어 제환공이 어디에 묻혔는지 모르게 했던 것이다. 그리고 그 곁에다 안아아의 조그만 무덤도 만들어 주었다.

제효공은 무휴와 공자 원이 저지른 변란을 괘씸하게 생각하고 장위희(長衛姬) 및 소위희(少衛姬)와 그들 양궁(兩宮) 소속의 내시 궁인들까지 모조리 잡아다가 살아 있는 그대로 무덤에 묻었다. 이렇게 순장(殉葬) 당한 자가 무려 수백 명에 이르렀다.

6. 사람을 삶아 바친 제사

송양공은 제나라를 치고 태자 소를 군위에 올려 준 것이 천하에 큰 공이라도 되는 것처럼 만족해했다. 그는 모든 나라 제후들을 소집하여 제환공이 누렸던 맹주 자리를 자기가 맡아서 하기로 결심했다.

그러나 그가 부른다고 해서 큰 나라 제후들이 고분고분 올 것 같지 않았다. 그래서 그는 우선 등(滕)·조(曹)·주(邾)·증(鄫) 등 조그만 나라에만 통지하여 조나라 남쪽 땅에서 회맹을 열고 그들과 동맹을 맺기로 했다.

약속한 기일이 되었다. 그러나 조·주 두 나라 군주들뿐이었다. 등나라 군주 영제(嬰齊)가 기일이 지난 후에 회맹장에 당도했다. 송양공은 회맹의 모습이 너무 초라한 데 화가 났다. 그래서 화풀이 겸 늦게 온 등자(滕子) 영제를 별관에 잡아 가두었다.

한편 증자(鄫子)는 등자가 늦게 간 죄로 감금당했다는 소문을 듣고서야 송나라의 위엄에 질려 하는 수 없이 회맹에 갔다. 그러니까 증자는 이틀 늦게 당도한 셈이었다.

송양공이 신하들에게 물었다.

"과인이 이제 처음으로 동맹을 제의했건만 증과 같은 조그만 나라가 태만스레 기일을 어기고 이틀이나 늦게 왔소. 그 죄를 엄중히 다스리지 않는다면 어찌 우리 송나라의 위엄을 세울 수 있으리오."

대부 공자 탕(蕩)이 나아가 아뢰었다.

"지난날 제환공은 천하 제후들의 맹주로서 남정북벌(南征北伐)하였으나 오직 동이(東夷)만을 굴복시키지 못했습니다. 주공께서 중원에 널리 위엄을 떨치시려면 먼저 동이부터 쳐서 굴복시켜야 하며 동이를 굴복시키려면 우선 증자부터 이용해야 합니다."

"증자를 이용하라니 어떻게 하란 말인가?"

송양공이 묻자 공자 탕이 대답했다.

"수수(睢水)에 수신(水神)이 있어 능히 비와 바람을 일으키는 조화를 부린답니다. 그래서 동이 사람들은 그 곳에다 사당을 짓고 춘하추동으로 제사를 지냅니다. 진실로 주공께서 이용하시려면 수수의 수신에게 증나라 임금을 희생으로 바치십시오. 그러면 그 수신이 주공에게 복을 내릴 것이며 동이 사람들은 다 주공을 칭송할 것입니다. 더구나 제후를 죽여서 제사를 지냈으니 그 누가 두려워하지 않으며 주공의 명령에 복종하지 않겠습니까. 그런 연후에 동이의 힘을 빌어 모든 나라의 제후를 정복하면 주공은 패업을 성취할 수 있을 것입니다."

상경 목이가 정색을 하며 간했다.

"당치 않은 말이오. 어찌 그럴 수가 있습니까. 자고로 조그만 일에 짐승을 잡지 않는 것은 생명을 소중히 여기기 때문입니다. 더구나 사람을 잡아서 제사를 지낸다니 이는 만고에 없는 일입니다. 제환공이 30년 동안 맹주로서 천하 제후들을 거느리고 패권을 잡은 것은 위급한 자를 도와주고 망해 가는 자를 구해 주어 덕을 천하에 베푼 까닭입니다. 이제 주공이 겨우 처음으로 회맹을 여시면서 대뜸 제후를 죽여서 요사한 귀신에게 아첨한다면 모든 나라 제후들은 비록 주공을 두려워하며 배반하면 했지 결코 복종하진 않을 것입니다."

그 말에 공자 탕이 반박했다.

"목이의 말은 사세를 모르는 소립니다. 주공이 패업을 도모하시는 것은 제환공의 경우와 다릅니다. 제환공은 20여 년이란 오랜 세월을 소비한 연후에야 겨우 대회에서 맹주가 됐습니다. 지금 주공께선 과연 20여 년이란 긴 세월을 기다릴 수 있겠습니까. 대저 패권을 천천히 잡으려면 덕을 써야 하지만 급히 잡으려면 위력을 쓰는 수밖에 없습니다. 증나라 같은 조그만 나라 임금 하나를 두려워한대서야 무슨 일을 할 수 있겠습니까."

원래 송양공은 하루 속히 천하의 패권을 잡고 모든 나라 제후들을 거느리고 싶었다. 그래서 그는 주(邾)나라의 문공(文公)을 시켜 증자를 잡아오게 한 다음 펄펄 끓는 가마솥에 잡아넣고 삶아 죽였다.

수수의 신에게 제사지낼 희생물로 사람을 삶아 놓고 송양공은 신하한 사람을 동이의 군장들에게 보냈다. 수수의 신에게 제사를 지낼 테니 그대들도 와서 참석하라는 것이었다. 그러나 동이의 군장들은 참석하지 않았다.

한편 송나라 별관에 갇혀 있는 등나라 임금은 그 소문을 듣고 몸서리를 쳤다. 그는 사람을 시켜 많은 뇌물을 송양공에게 바치고 석방해 주기를 간청했다. 송양공은 그제야 등나라 임금을 풀어 주었다.

조(曹)나라 대부 희부기(僖負羈)가 조공공(曹共公)에게 말했다.

"송양공이 조급한 나머지 제후를 죽였으니 무슨 일인들 성공하겠습니까. 우리는 도읍으로 돌아갑시다."

그래서 조공공은 송양공에게 인사도 하지 않고 도읍으로 돌아가 버렸다. 송양공이 대로하여 외쳤다.

"이렇게 무례할 수가 있나. 곧 조나라 도읍을 치도록 준비하라. 이래서야 어찌 우리 송나라의 위신이 서겠는가."

공자 목이가 앞으로 나아가 간했다.

"지난날 제환공은 두루 여러 나라 땅에 가서 모든 제후들과 대회를 열었습니다. 그럴 때마다 제환공은 후하게 가지고 갔고 귀국할 때는 맨손으로 돌아갔습니다. 그는 사람의 목숨을 아꼈고 관대한 도량으로 사람을 도왔습니다. 조나라가 이번에 무례하다 할지라도 주공에게 손해를 끼친 것은 없습니다. 그런데 어찌하여 군대를 일으키려 하십니까."

송양공은 이번에도 공자 목이의 말을 듣지 않았다. 그는 공자 탕에게 군대와 전거 3백 승을 거느리고 가서 조나라 도성을 치게 했다. 희부기는 만반의 준비를 갖추고 성을 굳게 지켰다. 공자 탕이 조나라 성을 공격한 지 석 달이 지났으나 능히 이기지 못했다.
　이 때 정나라 문공(鄭文公)은 초나라에 칭신(稱臣)하고 있었는데 그는 초성왕(楚成王)을 위해 노(魯)·제(齊)·진(陳)·채(蔡)의 군주들을 설득하여 회맹을 주선하겠다고 자원했다.
　그 소문을 들은 송양공은 크게 놀랐다. 그가 놀란 데에는 두 가지 이유가 있었다. 그 하나는 제·노 두 나라 중에서 하나가 패권을 잡는다면 송나라는 그들과 싸울 만한 힘이 없었다. 둘째는 공자 탕이 조나라를 공격해서 이기지 못할 경우에는 자기 군대의 예기가 꺾일 뿐 아니라 다른 나라 제후들로부터 웃음거리가 될 것이기 때문이었다. 그래서 송양공은 서둘러 탕을 소환했다.
　조공공은 송나라 군대가 돌아갔으나 혹시 다시 쳐들어오지나 않을까 두려워 사람을 보내어 송양공에게 사죄했다. 그 후 송나라와 조나라는 다시 친밀한 사이가 되었다.
　송양공이 밤낮으로 생각하는 것은 어떻게 하면 천하 모든 제후들을 마음대로 부릴 수 있느냐는 것이었다. 그런데 조그만 나라들마저 자기에게 복종하지 않고 큰 나라들은 도리어 멀리 떨어져 있는 초나라와 동맹을 맺는 형편이었다.
　송양공은 초조감과 분노를 참지 못하고 공자 탕과 함께 앞일을 상의했다. 공자 탕이 아뢰었다.
　"지금 천하에 제·초보다 강한 나라는 없습니다. 제는 지금까지 천하의 패권을 잡았으나 환공이 죽은 뒤로 나라가 어지러워졌다가 이제 겨우 안정됐으므로 아직 제대로 힘을 펴지 못하고 있습니다. 초는 왕호를 자칭하면서 점점 중원으로 힘을 뻗고 있기 때문에 제후들이 두려워하고 있습니다. 주공은 많은 뇌물을 초나라에 보내면서 제후들과 우리 송나라가 서로 친할 수 있도록 주선해 달라고 초왕에게 간청하십시오. 그러면 초왕은 반드시 우리 송과 모든 나라 제후의 친분이 두터워지도록 주선해 줄 것입니다. 그리하여 우선 초의 힘을 빌려 제후들을 모으고 다시 제후들의 힘을 빌려 초를 누른다면 주공은 천하의 백주(伯主)가 될 수 있을 것입니다."

그 말을 듣고 공자 목이가 간했다.

"초가 힘들여 모은 여러 나라 제후들을 뭣 때문에 우리에게 내주겠습니까. 이러다가는 도리어 큰 전란이 벌어지지 않을까 두렵습니다."

송양공은 공자 목이의 말을 물리치고 공자 탕에게 많은 예물을 주어 수레에 싣고 초나라로 보냈다.

초성왕은 공자 탕을 접견하고 말했다.

"내년 봄에 녹상(鹿上) 땅에서 회맹을 가집시다."

공자 탕은 즉시 귀국하여 송양공에게 초성왕의 말을 전했다. 송양공이 기뻐하기를 마지않았다.

다음 해 정월에 송양공이 먼저 녹상 땅에 당도했다. 그는 단(壇)을 쌓고 제효공과 초성왕이 오기를 기다렸다. 2월 초순에 제효공이 녹상 땅에 왔다 송양공은 자기가 지난날에 제효공을 제나라 군위에 올려 준 일을 생각하고 매우 오만한 태도를 취했다. 제효공은 입을 다물고 묵묵히 예를 다하여 송양공을 대접했다. 다시 20여 일이 지난 뒤에야 초성왕이 왔다.

마침내 기일이 되자 그들은 함께 단으로 올라갔다. 송양공이 당당히 나서서 회맹을 주재하고 자기가 먼저 소머리의 귀를 잡으면서 전혀 겸양의 뜻을 보이지 않았다.

송양공이 말했다.

"과인이 비록 덕과 힘은 부족하나 크게 맹회를 열고 천하에 이바지해야겠다는 생각은 늘 품고 있었소. 앞으로 두 군후의 힘을 빌려 천하의 모든 제후들을 우리 송나라 우(盂) 땅에 모아 놓고 전무후무한 대규모의 대회를 열까 하오. 모든 주선과 준비는 과인이 다 맡아서 하겠으니 두 군주께서는 과인을 위해 되도록 많은 제후들을 모아 주시기 바라오."

제효공은 고개를 모로 흔들었다.

"나에게 무슨 힘이 있겠습니까."

제효공은 초성왕에게 사양하면서 아무런 책임도 지지 않으려고 했다. 초성왕도 역시 제효공에게 사양하면서 아무런 언질도 주지 않았다.

두 군주가 서로 겸양하는 걸 보고 송양공이 나섰다.

"두 군주께서 과인을 저버리지 않으시겠다면 여기에 서명을 해 주시오."

대회 취지를 쓴 목간(木簡)을 초성왕 앞에 내놓고 이렇게 청했다. 제효공은 자기에게 먼저 청하지 않은 송양공의 태도에 비위가 거슬렸다.

초성왕이 너털웃음을 웃고 목간에다 서명을 했다. 그리고 붓을 제효공에게 주었다. 제효공은 붓을 받지 않았다.

"초나라가 서명했는데 제나라까지 서명할 거야 없지 않습니까."

그는 굳이 서명을 하려 하지 않았다.

세 나라 군후들은 녹상에서 수일을 머문 뒤 서로 작별하고 각기 본국으로 돌아갔다.

7. 제후들의 암산(暗算)

초성왕은 귀국하자 녹상 땅에 다녀온 경과를 영윤 자문(子文)에게 말했다. 자문이 말했다.

"송공은 제 정신이 아닌 것 같습니다. 왕은 어찌하여 또 회맹을 허락하셨습니까?"

초성왕이 껄껄 웃으며 대답했다.

"과인은 중원으로 나아가려고 마음먹은 지 오래다. 다만 그 기회를 얻지 못해 한이었다. 그런데 송후가 천하 제후들을 모아 대회를 연다니 이 기회에 과인이 제후들을 합친다면 이 또한 큰 성과가 아니리오."

대부 성득신(成得臣)이 앞으로 나아가 아뢰었다.

"송공은 위인이 명예만 좋아할 뿐 실속이 없고 남을 잘 믿으며 꾀가 없는 사람입니다. 만일 군대를 매복해 두었다가 그를 친다면 곧 사로잡을 수 있을 것입니다."

"과인의 뜻이 바로 경의 생각과 같도다."

"회맹에 참석하겠다 하고 송공을 사로잡는다면 세상 사람들이 우리 초를 신의 없는 나라라고 할 것입니다. 그리고서야 어떻게 천하 제후들을 복종시킬 수 있겠습니까."

자문이 말하자 성득신이 대답했다.

"송공은 자기가 맹주의 역할을 하는 데에 신이 나서 반드시 모든 제후들을 우습게 대할 것입니다. 그러면 제후들이 어찌 송공에 대해서 불만이 없겠습니까. 그 때 우리가 송공을 잡아 위엄을 보이고 연후에 그를 석방해서 덕을 나타낸다면 제후들은 송공이 무능하다는 걸 알고 우리 초나라를 따를 것입니다. 조그만 신의를 위해 큰 공을 잃는다면 이는 상책이라고 할 수 없습니다."

자문이 얼굴을 붉히며 아뢰었다.

"성득신의 계책은 신이 생각한 것보다 훨씬 뛰어납니다."

이에 초성왕은 성득신과 투발(鬪勃) 두 사람을 장수로 삼아 각기 장사 5백 명을 뽑아 조련을 시키도록 했다. 장차 송양공을 잡기 위한 준비였다.

송양공은 녹상에서 송나라로 돌아가자 희색이 만면하여 공자 목이에게 자랑했다.

"초가 과인을 위해 자기 아래에 있는 제후들을 동원시켜 주겠다고 허락했소."

공자 목이가 간했다.

"초는 남만(南蠻)의 오랑캐들입니다. 그 말을 어찌 믿으십니까."

"경은 너무나 세심하오. 과인이 신의로 초를 대했는데 초가 어찌 과인을 속일 수 있으리오."

송양공은 공자 목이의 말을 가볍게 물리쳤다.

7월이 되었다. 송양공은 회맹 장소인 우 땅으로 출발하려고 수레를 준비했다. 공자 목이가 또 간했다.

"초는 강하고 신의가 없습니다. 청컨대 전거를 거느리고 가소서."

"과인은 천하 제후들에게 군대를 이끌지 않고 행하는 의상지회(衣裳之會)를 열겠다고 약속했는데 만일 전거를 끌고 간다면 이는 자기가 한 약속을 스스로 어기는 것이오. 나 스스로 신의를 지키지 않는다면 앞으로 어떻게 제후들을 부릴 수 있겠소."

"그렇다면 주공은 수레를 타고 행차하소서. 신은 3마장 밖에다 전거 3백 승을 거느리고 매복하여 만일의 사태에 대비하겠습니다."

"그대가 군사를 데리고 간다면 그것은 과인이 데리고 가는 것과 무엇이 다르리오. 아예 그런 짓은 마오."

송양공은 혹시 공자 목이가 딴 짓을 할까 봐 염려한 나머지 직접 공자 목이와 함께 동행하기로 했다.

기일이 되자 초·진·채·허·조·정 여섯 나라 군후가 차례로 우 땅에 당도했다. 다만 제나라 효공은 지난날 불쾌한 꼴을 당해서 오지 않았고 노나라 희공은 아직 초와 왕래가 없다는 이유로 오지 않았다.

송양공은 여섯 나라 군주들을 영접하고 각기 분관에 들어 편히 쉬게 했다. 여섯 나라 군주들은 모두 다 수레를 타고 왔다. 초성왕은 매우 많은 시종들을 데리고 왔는데 그들 역시 모두 수레를 타고 왔다.

송양공은 만족한 표정을 지으며 말했다.

"나는 초가 나를 속이지 않을 줄 알았도다. 전거를 타고 온 사람은 없지 않은가."

마침내 대회 날이 되었다. 해 뜨기 전에 개회를 알리는 북소리가 울렸다. 맹단 아래 위에 화톳불을 밝혀서 회장은 대낮처럼 밝고 휘황했다.

동쪽 하늘에 먼동이 틀 무렵에야 각국 군후들이 다 모였다. 송양공은 주인의 예로써 그들에게 한 번 읍했다.

군주들은 일제히 일어나 좌우로 늘어섰다. 오른쪽 계단은 빈객으로 참석한 군후들이 올라가는 곳이었다. 제후들은 감히 먼저 올라가지 못하고 맨 앞을 초성왕에게 양보했다. 그가 오른쪽 계단을 밟고 올라가자, 그 뒤를 성득신과 투발 두 장수가 따라 올라갔다. 다른 제후들도 각기 거느리고 온 신하들을 뒤따르게 하고 올라갔다.

왼쪽 계단은 회장을 제공한 나라의 군주가 올라가는 계단이었다. 송양공과 공자 목이가 단 위로 올라갔다.

단상에 희생을 벌여 놓고 그 피를 찍어 삽혈한 다음 하늘에 맹세했다. 이어서 각 제후의 이름을 죽간에 올린 다음 드디어 맹주를 뽑아야 할 순서가 돌아왔다.

송양공은 연신 초성왕만 바라봤다. 초성왕이 모든 제후에게 송양공을 맹주로 추대하자는 말을 해야 할 차례였다. 초성왕은 그것을 알면서도 종시 말을 하지 않았다. 무거운 침묵이 단상에 흘렀다. 각국 군주들은 서로 얼굴만 쳐다볼 뿐 아무도 먼저 말하지 않았다. 송양공이 참다못해 헛기침을 한 번 하고 거만스레 말했다.

"오늘날 대회를 연 것은 과인이 백주(伯主) 제환공이 남기고 간 업적을 계승하여 주왕(周王)을 높이고 백성을 편안케 하기 위함이오. 모든 군주께서는 어떻게 생각하오?"

군주들은 대답하기를 주저했다. 그 때 초성왕이 앞으로 몸을 내밀며 물었다.

"송공은 참 좋은 말씀을 하셨소. 그럼 누가 맹주가 되어야겠소?"

송양공이 당황하며 대답했다.

"공이 있으면 공로로 따지고 공로가 없으면 벼슬로 따지면 되오."

초성왕이 기다렸다는 듯이 말했다.

"과인이 왕이라고 칭호한 지도 오래 되었소. 군주께서는 작위가 상공(上公)이라 왕과 어깨를 겨룰 수 없지 않겠소이까. 그럼 과인이 왕으로서 모든 일을 맡겠소."

말을 마친 초성왕은 유유히 자리에서 일어나 제후들의 맨 앞줄에 와서 섰다.

송양공이 안색을 바꾸며 목소리를 높여 초성왕에게 말했다.

"초왕은 주 왕실이 내린 자작의 작위를 버리고 자기를 왕이라고 자칭한 것이오. 어찌 가짜 왕이 진짜 작위를 누를 수 있으리오."

성득신이 큰 소리로 외쳤다.

"송군은 말을 삼가시라. 오늘 여기 모인 제후들은 모두 우리 초나라의 부름을 받고 오신 것이오."

초성왕이 껄껄 웃고 말했다.

"또 무슨 할 말이 있거든 송군은 말해 보오."

사세는 송양공에게 불리했다. 송양공은 그곳을 벗어나는 것이 상책이라고 생각했다. 그러나 자기 신변을 보호해 줄 군대가 한 명도 없었다.

송양공이 어쩔 바를 모르고 망설일 때였다. 성득신과 투발이 예복을 훌훌 벗어 던지자 속의 갑옷이 드러났다. 그들은 각기 허리에서 조그만 붉은 기를 꺼내어 단 아래를 향해 흔들었다. 1천 명도 넘는 초성왕의 수행원들이 일제히 옷을 벗어 던지자 그들은 모두 갑옷 입은 군사로 변했다. 그들은 각기 손에 무기를 쥐고 벌떼처럼 단 주위를 둘러쌌다. 각국의 군주들은 혼비백산하여 벌벌 떨기만 했다.

성득신은 송양공의 팔을 움켜잡았고 투발의 군사들은 단상의 옥백(玉帛)과 제사 기구와 그릇들을 거둬들였다. 의식을 집행하던 송나라 관리들은 쥐구멍을 찾듯 어지럽게 달아났다.

송양공이 자기 옆에 꼭 붙어 서 있는 목이에게 조그만 소리로 말했다.

"내가 그대의 말을 듣지 않았다가 이 꼴을 당하는구려. 그대는 내 생각일랑 말고 속히 돌아가서 나라를 지키도록 하오."

공자 목이는 송양공 곁에 있어 봤자 아무 소용이 없다고 생각하고 난장판이 된 회맹장의 소란한 사이를 빠져 달아났다.

초나라 군대는 송나라가 공관에 준비해 둔 고기와 술은 물론 창고마다 쌓인 곡식까지 하나도 남기지 않고 노략질했다. 진·채·정·허·조 다섯 나라 군주들은 감히 말 한 마디 하지 못했다.

초성왕은 다섯 나라 군주들을 공관으로 안내하더니 그들 앞에서 송양공을 꾸짖었다.

"네게 여섯 가지 죄가 있으니 들어 보라. 네가 상중(喪中)인 제나라를 쳐서 맘대로 그 나라 임금을 폐하고 새로 임금을 세웠으니 그 죄가 하나이며, 등나라 임금이 회맹에 좀 늦게 왔다고 해서 잡아 놓고 갖은 곤욕을 줬으니 그 죄가 둘이며, 증나라 임금을 죽여서 요사한 귀신에게 제사를 지냈으니 그 죄가 셋이며, 조나라가 예를 좀 덜했기로서니 그게 무슨 큰 일이라고 약한 조나라 도읍을 포위했으니 그 죄가 넷이며, 덕도 역량도 없는 주제에 분수를 모르고 천하 패권을 잡으려고 날뛰었으니 그 죄가 다섯이며, 과인에게 제후들을 불러달라고 청해 놓고는 오히려 자존망대하여 조금도 겸양할 줄을 몰랐으니 그 죄가 여섯이다."

송양공은 묵묵히 듣고만 있었다. 초성왕은 계속해서 말했다.

"과인은 이제 전거 1천 승과 장수 1천 명을 거느리고 너의 나라 수양성을 짓밟아 제나라와 증나라의 원수를 갚아 줄 작정이다. 모든 나라 제후들께서는 이곳에 잠시 머무르면서 과인이 송나라를 무찌르고 돌아올 때까지 편히 쉬시라."

마침내 초나라 군대는 일제히 영채를 걷고 송양공을 결박 지워 수레에 싣고 송나라 도읍 수양성을 향해 물밀듯이 쳐들어갔다. 다섯 나라 군후들은 감히 본국에 돌아가지 못하고 초성왕의 분부대로 그냥 회장인 우(盂) 땅에 머물렀다.

8. 충신의 묘계(妙計)

한편 우 땅의 회맹장에서 도망친 공자 목이는 무사히 본국으로 돌아갔다. 그는 사마 공손고에게 주공이 초성왕에게 감금당했다는 사실을 말하고 언제 초군이 쳐들어올지 모르니 속히 군대를 정비하고 엄히 지키도록 했다.

공손고가 말했다.

"나라에는 하루라도 임금이 없어서는 안 됩니다. 공자께서 잠시 군위를 맡아 보시는 것이 어떠하겠습니까?"

공자 목이가 그의 귀에다 입을 대고 속삭였다.

"초가 우리 임금을 사로잡고 우리를 치니 이는 우리를 꼼짝 못하게 하여 항복을 독촉하려는 수작이오. 그러니 우리는 반드시 초왕이 우리 주군을 석방해 돌려보내게 만들어야 합니다."

그는 더욱 목소리를 낮추어 공손고만 알아들을 수 있도록 한동안 속삭였다. 이윽고 공손고가 말했다.

"공자의 말씀대로 하면 초는 반드시 우리 주공을 돌려보내 줄 것입니다. 그렇게 합시다."

그리고 그는 다시 모든 신하들에게 큰 소리로 말했다.

"이제 우리 주공은 돌아오지 못합니다. 우리는 공자 목이를 군위에 모시고 이 어려운 시국을 타개해 나가야 할 것입니다."

문무백관들은 원래 공자 목이가 어진 사람임을 잘 알고 있었기 때문에 모두 흔연히 찬성했다. 그 날로 공자 목이는 태묘에 고하고 군위에 올랐다. 그는 삼군에게 명령을 내리고 제반사를 처리하는 데 매우 엄격하고 분명했다.

이윽고 초나라 군대들이 물밀듯이 쳐들어와 수양성 근방에 하채했다. 초나라 장수 투발이 성문 앞에 와서 외쳤다.

"너희들의 임금은 우리에게 사로잡혀 이곳에 왔다. 너희 임금을 죽이고 살리는 것은 우리 손에 달렸다. 속히 나라를 우리에게 바치고 항복해야 너희들의 임금은 목숨을 유지할 것이다."

그러자 성 위에서 공손 고가 성 아래를 굽어보면서 대답했다.

"우리는 이미 새로 임금을 모셨다. 이전의 임금을 죽이든 살리든 그것은 너희들 마음대로 해라. 우리는 결코 항복하지 않을 것이다."

"너희들은 임금이 살아 있는 데도 또 임금을 세웠단 말이냐?"

"새로이 임금을 세운 것은 사직을 보전하기 위함이다. 임금이 없으니 어찌 새로이 임금을 못 세울 것인가."

"우리가 너희들의 임금을 돌려보낸다면 무엇으로 우리에게 보답하겠는가?"

"이전 임금은 너희들에게 사로잡혀 이미 사직을 욕되게 했으므로 설사 돌아온다 해도 다시 군위에 모실 수 없다. 돌려주고 안 돌려주는 것은 너희들의 마음대로 하라. 그리고 너희들이 굳이 싸우겠다면 우리도 생사를 걸고 결사적으로 싸우리라."

투발은 공손고의 대답이 너무도 뜻밖이었기에 당황했다. 그는 초성왕에게 돌아가서 그대로 보고했다. 초성왕은 대로하여 즉시 총공격을 명령했다.

초나라 군대는 일제히 수양성을 공격했다. 성 위에서 화살과 돌덩어리가 빗발치듯 쏟아졌다. 초병 중에 다치거나 죽는 사람들이 부지기수였다.

화가 날 대로 난 초성왕이 말했다.

"송나라가 자기네 임금이 필요없다고 한다면 죽여 버려야 하지 않겠는가?"

성득신이 대답했다.

"왕께서는 중나라 임금을 죽인 송군을 꾸짖었습니다. 그런데 이제 송군을 죽이면 그 허물을 어찌 벗으시렵니까. 또 죽여 보았자 송군은 한낱 필부에 지나지 않습니다. 송나라도 얻지 못하고 송나라 백성들의 원망만 사게 될 것이니 차라리 석방해 주는 것만 못합니다."

"송을 쳐서 이기지도 못하고 그 임금까지 놓아 준다면 면목이 서겠는가."

"신에게 한 계책이 있습니다. 이번 대회에 참석하지 않은 자는 노·제 두 나라뿐입니다. 제나라는 우리와 두 번이나 통호한 일이 있으니 고사하고라도 노나라는 우리 초나라 같은 것은 안중에 두지 않고 있습니다. 이제 우리가 송나라에서 노략질한 물건을 노나라에 보내고 박도(亳都)에서 서로 회견하자고 청하십시오. 노후는 우리가 송나라에서 노략질한 것이 많은 것을 보고 반드시 두려워서 올 것입니다. 노와 송 두 나라는 동맹을 맺은 우호의 나라일 뿐 아니라 노나라 군주는 현명하여 송나라를 위해 인정을 베풀라고 청할 것입니다. 그 때 우리가 노후에게 큰 인심을 쓰는 체하고 송후를 놓아주면 한꺼번에 송과 노를 우리 편으로 만들 수 있을 것입니다."

초성왕이 그제야 얼굴을 펴고 말했다.

"계책이 묘하도다."

초군은 영채를 뽑고 일제히 물러나 박 땅에 진을 세웠다. 초성왕은 탈취한 제물과 포로들을 수백 대의 수레에 실어 투의신을 사자로 노나라에 보냈다.

노희공은 난처했다. 그러나 오라는데 가치 않을 수 없었다. 그는 초나라의 사자 투의신을 후하게 대접하고 먼저 돌아가게 했다.

노희공은 투의신이 떠난 뒤 그 뒤를 따라 수레를 타고 초나라로 출발했다.

그의 일행이 박도에 당도하자 성득신이 예의를 갖추어 노희공을 궁으로 안내했다. 노희공과 초성왕은 서로 만나 정중히 인사를 나눴다.

"오랫동안 경모하던 차에 이제야 뵙게 됐소이다."

이 때 우 땅에 붙들려 있다시피 한 진·채·정·허·조 다섯 나라 군주들도 초성왕의 부름을 받고 초나라로 왔다. 그리하여 그들 다섯 군주와 노희공을 합해서 여섯 제후들이 한 곳에 모여 서로 상의했다. 정문공이 먼저 말했다.

"초성왕을 우리의 맹주로 모시는 것이 어떻겠소?"

노희공이 분연히 말했다.

"모든 제후의 맹주가 되려면 인덕과 신의를 펴야만 모든 나라가 복종하오. 이제 초성왕은 많은 전거와 군대만 믿고 송군을 함부로 사로잡아 감금했으니 위엄은 보였으나 맹주의 덕은 베풀지 못했소. 우리들과 송나라는 모두 동맹을 맺은 우의가 있는 데도 불구하고 이를 구경만 한다면 천하 호걸들이 우리를 비웃을까 두렵소이다. 초가 만일 송군을 풀어 준다면 초와 동맹을 맺어도 좋소."

모든 제후들이 일제히 대답했다.

"노후의 말씀이 옳소."

그리하여 초와 제후들 사이에는 다음과 같은 두 가지 조약이 성립되었다. 즉 12월 계축일에 맹회를 열 것과 또 하나는 그렇게 함으로써 초는 즉시 송양공을 석방해야 한다는 것이었다.

초는 맹회의 날 하루 전에 송양공을 석방했다. 송양공은 부끄럽고 분하기도 했으나 참는 수밖에 없었다.

이튿날 맹회는 예정대로 열렸다. 정문공이 앞장서서 초성왕에게 말했다.

"왕은 단에 오르시어 오늘날의 동맹을 주재하십시오."

초성왕은 유유히 단 위로 올라가서 소의 귀를 잡았다. 이윽고 소를 죽여 받은 피를 군주들은 작위의 순서에 따라 차례로 입술에 발랐다. 송양공도 피를 바르고 맹세는 했지만 속으로는 아니꼽고 창피해서 견딜 수 없었다.

대회가 끝나자 제후들은 각기 본국으로 돌아갔다. 그러나 송양공은 공자 목이가 송나라 임금이 되었다는 소문을 들었기에 갈 곳이 없었다. 그는 우선 위나라에 가서 몸을 의탁하려고 했다.

송양공이 위나라로 길을 가고 있는데 공자 목이가 보낸 사자가 와서 그의 말을 전했다.

"신이 그 동안 섭정한 것은 주공을 위해 나라를 지킨 데 불과합니다. 송은 주공의 나라이온데 어찌하여 돌아오시지 않으십니까. 법가를 같이 보내오니 속히 환국하소서."

송양공이 환국한 날 공자 목이는 군위에서 물러나와 신하의 열에 서서 군주를 영접했다.

제5편 용호승시(龍虎乘時)

1. 송양지인(宋襄之仁)
2. 끝없는 유랑(流浪)
3. 고국을 향하여
4. 개자추(介子推)의 한(恨)
5. 두 동강 난 원수기(元帥旗)
6. 이전투구(泥田鬪狗)
7. 노신(老臣)의 구변
8. 충신은 죽이지 않는 법

제5편 용호승시(龍虎乘時)

1. 송양지인(宋襄之仁)

송양공은 천하의 패권을 잡으려다가 도리어 초나라에 붙잡혀 가서 갖은 곤욕을 다 당했기에 원한이 골수에 사무쳤다. 그는 더구나 정문공이 주동하여 초성왕을 맹주로 세운 데 대해 크게 분노했다.

주나라 양왕 54년 봄이었다. 정문공은 초나라에까지 가서 초성왕에게 조례했다. 그 소문을 듣자 송양공은 부아통이 터졌다.

"이 간악한 놈을 그냥 둘 수 없다!"

마침내 송양공은 친히 정나라를 치려고 대군을 일으켰다. 공자 목이가 간했다.

"초와 정은 친한 사입니다. 우리가 정나라를 치면 초는 반드시 정나라를 구하러 올 것이니 정나라와 싸워서 이기기 어렵습니다. 그저 덕을 닦으시며 때를 기다리는 것이 상책일까 합니다."

대사마 공손고도 간했다.

"공자의 말씀이 옳습니다."

송양공이 화를 내며 말했다.

"사마가 싸우러 가기 싫다면 과인은 혼자라도 가겠노라!"

공손고는 감히 더 간하질 못했다.

마침내 송군은 정나라를 치러 출발했다. 송양공은 중군이 되고 공손고는 부장이 되고 그밖에 대부 낙복이(樂僕伊)·화수노(華秀老)·공자 탕(蕩)·상자수(尚訾守) 등도 함께 출정했다.

그 소식을 듣고 정문공은 크게 놀랐다. 정나라 사자는 즉시 초나라에 가서 구원을 청했다.

"정백(鄭伯)은 항상 나를 섬기니 속히 가서 구원해 줘야 한다."

초성왕이 말하자 성득신이 나아가 아뢰었다.

"정나라를 구원하려면 먼저 송나라를 치는 것이 첩경입니다."

"어째서 그러한고?"

"송군이 자중할 줄 모르고 또 대군을 일으켜 정나라를 치러 갔으니 지금쯤 송나라는 텅 비었을 것입니다. 그 틈을 이용해서 무찌르면 송나라는 겁부터 먹을 것입니다. 송군이 급보를 받고 정나라에서 송나라로 급히 돌아와도 그 때는 지칠 대로 지쳐 버린 후입니다."

"그것 참 묘계로다."

초성왕은 연신 머리를 끄덕였다. 이에 성득신은 대장이 되고 투발은 부장이 되어 군대를 거느리고 송나라로 쳐들어갔다.

한편 송양공은 정나라를 치는 중인데 초군이 송나라로 쳐들어온다는 급보를 받자 싸움을 중단하고 돌아가지 않을 수 없었다. 송군이 홍수(泓水) 남쪽에 이르렀을 때였다. 초나라 장수 성득신이 전서(戰書)를 보내왔다.

공손고가 송양공에게 아뢰었다.

"초군은 정나라를 돕기 위해서 온 것입니다. 이제 정나라를 치지 않겠다고 약속하고 초에게 사과하면 초군은 반드시 돌아갈 것입니다. 우리는 싸움을 피해야 합니다."

송양공이 대답했다.

"지난날 제환공은 군대를 일으켜 초나라를 쳤는데 이제 초가 쳐들어

오는 데도 싸우지 않는다면 내 어찌 제환공의 패업을 계승하리오."

공손고가 다시 간했다.

"우리는 무기와 군대의 수효가 초군만 못하며 사기 또한 초군만 못합니다. 그래서 우리 송나라 사람들은 모두 초를 두려워하고 있습니다. 주공은 무엇을 믿고 초군에게 이긴다고 우기십니까?"

"초군의 무기와 군대 수효는 우리보다 많을지 모르나 인의(仁義)가 부족하다. 과인에게는 군대와 무기는 부족하지만 인의가 있노라. 옛날에 주 문왕이 불과 3천의 군대로 은나라 수만 군대를 이긴 것도 오직 인의가 있었기 때문이다. 도덕이 있는 임금으로서 무도한 적을 피한다는 것은 다른 사람은 어떤지 몰라도 과인만은 죽으면 죽었지 그냥 보고 있을 수 없는 일이다."

마침내 송양공은 붓을 들어 초가 보내 온 전서 끝에다 11월 초하룻날 홍수(泓水) 남쪽 땅에서 교전하자고 써서 주었다.

송양공이 타는 수레 끝에는 큰 기가 세워졌다. 그 기에 쓰인 '인의'라는 두 글자가 바람에 힘차게 나부꼈다.

공손고가 크게 탄식했다.

"싸움의 길은 죽이는 것이 목적인데 주공은 늘 인의만 내세우니 이제는 군자의 인의란 것이 무엇인지 모르겠구나."

11월 초하룻날이 되었다. 공손고는 닭이 울기 전에 일어나 송양공을 나와서 앉게 하고 전군에 대기 명령을 내렸다.

초장 성득신은 군대를 거느리고 홍수 북쪽에 진을 쳤다. 투발이 성득신에게 청했다.

"송군이 준비를 하기 전에 우리가 먼저 군대를 거느리고 강을 건넙시다."

성득신이 웃으며 대답했다.

"송군은 싸움도 모르려니와 군대를 쓰는 법도 모르는 사람이오. 우리가 일찍 건너가면 일찍 싸울 것이고 늦게 건너가면 늦게 싸울 것이니 미리 서두를 것이 없소이다."

날이 밝았다. 초군은 배를 타고 계속 강을 건너오기 시작했다. 공손고가 송양공에게 말했다.

"초군이 날이 밝은 후 강을 건너오는 것은 우리를 얕보기 때문입니다. 그들이 강을 반쯤 건너올 때 우리가 공격하면 우리는 전군(全軍)으로 초군의 반을 치는 것이니 쉽게 이길 수 있습니다. 초군이 강을 다 건너와 상륙한 후에는 적은 많고 우리의 수효는 적어서 당적하기 어렵습니다."

참으로 옳은 말이었다. 그러나 송양공은 손가락을 들어 큰 기를 가리키며 대답했다.

"그대는 저 '인의'라는 두 자가 보이지 않는가! 과인은 당당히 진을 펴고 정정당당히 싸울 뿐이라. 어찌 반쯤 건너오는 적을 칠 수 있으리오."

공손고는 하도 기가 막혀서 연신 탄식만 했다.

초군은 삽시간에 강을 다 건너와 상륙했다. 초나라 장수 성득신이 머리에 옥으로 장식한 투구를 쓰고 허리에 조궁(雕弓)을 차고 손에 긴 채찍을 들고 군대를 지휘하여 동서로 진을 펴는데 그 기상이 당당하여 거리낌이 없었다.

공손고가 또 송양공에게 간했다.

"초군이 아직 진을 다 치지 못했으니 속히 북을 울려 적을 무찌르면 반드시 정신을 못 차릴 것입니다."

송양공이 공손고의 얼굴에다 침을 탁 뱉고 꾸짖었다.

"시끄럽다! 너는 적을 치는 일시적 이익만 탐하고 만세의 인의는 모르느냐! 과인이 어찌 진도 치지 못한 적을 무찌를 수 있단 말이냐."

마침내 초군은 천천히 진세를 이루었다. 그들은 산과 들을 까맣게 덮었다. 그것을 본 송군은 모두 두려움에 떨었다.

그제야 송양공은 북을 치게 했다. 초군 쪽에서도 요란스레 북소리가 일어났다. 송양공은 친히 긴 창을 들고 공자 탕·상사수 두 장수와 함께 일제히 전거를 달려 정면으로 초군을 뚫고 들어갔다. 공손고는 쫓아가며 송양공의 전거를 호위했다.

송양공이 기세 좋게 무찌르고 들어가는 데 한 장수가 딱 버티고 서서 외쳤다.

"네가 초나라 장수 투발을 아느냐?"

공손고가 말을 달려 나가며 호통을 쳤다.

"무지한 오랑캐 놈이 용기만 믿고 나왔구나."

공손고는 극(戟)을 높이 쳐들고 바로 투발을 내리쬈었다. 순간 투발은 칼을 번쩍 들어 머리 위로 떨어지는 극을 막았다.

두 사람이 서로 어울려 30여 합을 싸웠을 때였다. 송나라 장수 상자수가 얼굴이 피투성이가 된 채 달려와 부르짖었다.

"사마는 속히 가서 주공을 구출하오."

공손고는 즉시 투발을 버리고 초군에게 포위당한 송양공을 구하러 달려갔다. 그가 휘두르는 극을 맞고 무수한 초군이 쓰러졌다. 초군은 공손고의 용맹에 기가 질려 점점 물러나기 시작했다.

공손고가 적을 무찌르며 적의 포위망 속으로 들어갔더니 공자 탕이 치명상을 입고 전거 밑에 쓰러져 있었다. '인의'라는 큰 기는 초군에게 빼앗기고 없었다. 송양공은 오른쪽 넓적다리에 화살을 맞아 힘줄이 끊어져서 일어나지 못하고 있었다. 공자 탕은 공손고에게 외쳤다.

"사마는 어서 주공을 구출하오. 나는 이곳에서 죽겠소."

그는 말을 남기고는 숨이 끊어졌다.

공손고는 즉시 송양공을 부축하여 자기 전거 위에 태우고는 닥치는 대로 적군을 무찌르며 포위망을 뚫고 나갔다. 상자수가 뒤에서 몰려오는 적과 싸우는 가운데 그들은 정신없이 달아났다.

마침내 공손고는 송양공을 모시고 겨우 적의 포위에서 벗어났는데 그 많은 군대들은 다 죽고 뒤따르는 자들도 별로 없었다. 송의 전거도 열에 아홉을 잃었다.

송군은 형편없이 대패했다. 그 많은 치중과 기계(器械)는 제대로 써 보지도 못하고 버리고 달아났기 때문에 고스란히 초군 손에 넘어갔다. 공손고와 송양공은 밤낮을 가리지 않고 전거를 달려 송나라로 돌아갔다.

이번 싸움에 죽은 군사들의 부모와 처자들이 궁 밖에 모여들어 통곡했다.

"임금이 공손고의 말을 듣지 않았다가 패했단다!"

백성들은 송양공을 원망했다. 그 소리를 들은 송양공이 전상(殿上)에 앉아 탄식했다.

"과인이 항상 인과 의로써 군대를 쓰려 하거늘 어찌 수단을 가리지 않고 적을 칠 수 있으리오."

그 소문을 들은 백성들은 너무나 기가 막혀서 원망하다 말고 송양공을 비웃었다. '송양지인(宋襄之仁)'이란 바로 이 홍수 싸움을 두고 한 말이다.

2. 끝없는 유랑(流浪)

한편 진(晋)나라 공자 중이(重耳)가 제나라에서 망명 생활을 한 지도 어언 7년이 되었다. 그 동안에 제환공의 참혹한 죽음도 보았고 공자들이 피비린내 나는 자리다툼 하는 것도 보았다.

　제효공이 군위를 잇기는 했으나 제나라는 이미 옛날의 제나라가 아니었다. 제후들도 점점 쇠잔해 가는 제나라를 우습게 알고 있었다.

　마침내 중이 등이 모여 앉아 상의했다.

　"우리가 제나라에 온 것은 패업을 성취한 제환공의 힘을 빌려 고국으로 돌아갈 기회를 만들기 위함이었소. 이제 새로이 군위에 오른 제효공은 선군의 위업을 이을 그릇이 되지 못하니 우리 공자에게 도움이 될 수 없소. 그러니 다른 나라로 가서 고국으로 돌아갈 기회를 만들도록 합시다."

　그리하여 중이 일행은 제나라를 떠났다. 며칠 뒤 그들이 이른 곳은 조(曹)나라였다. 조나라 공공(共公)은 유흥에 빠져 나라 일은 다스리지 않고 소인배들과 어울려 놀기만 좋아했다.

　원래 대인과 소인은 함께 어울려 살지 못하는 법이다. 조나라 간신배들은 공자 중이가 자기 나라에 오래 머물까 봐 두려워했다. 그들은 입을 모아 조공공에게 공자 중이를 영접하지 말도록 방해했다.

　이 때 대부 희부기(僖負羈)가 간했다.

　"원래 진(晉)과 조 두 나라는 동성지간입니다. 이제 곤궁한 처지에 있는 진나라 공자가 우리 나라를 지나게 되었으니 주공께서는 마땅히 그를 후대하소서."

　조공공이 시답지 않다는 얼굴로 대답했다.

　"우리 조는 열국들 사이에 있기에 우리 나라를 지나다니는 모든 나라 자제들만 해도 부지기수다. 그들을 일일이 대접하다가는 나라 살림이 거덜나고 말 것이다."

　희부기가 다시 권했다.

　"공자 중이는 어질고 덕이 있는 데다 중동변협(重瞳骿脅)이어서 크게 귀한 상이라고 합니다. 그런 사람을 소홀히 대하지 마소서."

"중동이란 한 눈에 눈동자가 두 개씩 있다는 말인 줄은 알겠는데 변협이란 무엇인고?"

"변협이란 가슴의 늑골이 여러 개로 되어 있지 않고 한 개의 넓은 뼈로 이루어진 것을 말합니다."

조공공이 장난기 섞인 어조로 말했다.

"허어, 이 세상에 그런 사람도 있다더냐. 내 그를 공관에 머물게 하여 그가 목욕하는 것을 한 번 보리라."

공자 중이는 조공공이 물과 밥만을 내놓고 다른 음식이라고는 하나도 내오지 않아 괘씸하게 생각했다. 그 때 관인(館人)이 들어와서 아뢰었다.

"물을 데웠으니 목욕을 하십시오."

공자 중이는 오랜 여행으로 몸이 더러워진 터이라 목욕을 하고 싶은 생각이 났다. 그는 욕탕(浴湯)에 가서 옷을 벗고 물에 들어갔다.

이 때 조공공은 소인배들 몇 명과 함께 변장하고 욕탕으로 들어가 목욕하는 공자를 훔쳐보고는 뭐라고 서로 수군거리며 밖으로 나갔다.

호언 등은 공자가 목욕하는 욕탕에서 떠들썩한 소리가 나는 것을 듣고 무슨 변이라도 일어난 줄 알았다. 급히 달려가니 욕탕에서 사람들이 나오고 있었다. 호언이 관인에게 물었다.

"공자께서 목욕하시는 걸 훔쳐보다니 무례하기 짝이 없구나. 저들은 대체 누구냐?"

"조공공과 그의 신하들입니다."

그 말을 듣고 공자 중이와 그 일행은 몹시 분노했다.

이튿날 희부기가 집으로 돌아갔을 때였다. 그의 아내 여 씨가 남편 얼굴에 수심이 가득한 것을 보고 물었다.

"오늘 궁에서 무슨 일이라도 있었습니까?"

희부기는 진나라 공자가 왔는데 임금이 예의로 대접하지 않는다고 대답했다. 여 씨가 말했다.

"첩이 오늘 교외에 나가서 뽕잎을 따는데 마침 진나라 공자 일행을 태운 수레가 지나갔습니다. 진나라 공자는 자세히 못 봤으나 시종하는 사람들이 다 영걸이었습니다. 첩이 듣건대 임금이 훌륭하면 그 신하가 훌륭하고 그 신하가 훌륭하면 그 임금도 훌륭하다고 합니다. 그 시종하는 일행을 보건대 진나라 공자는 훗날에 반드시 진나라를 수복할 것입니다. 그 때 그들이 오늘의 모욕을 씻으려고 조나라를 치면 옥석을 다 함께 불에 태울 것입니다. 그 때 후회한들 무슨 소용이 있겠습니까. 당신이 충성으로 간해도 임금이 듣지 않는다면 혼자서라도 그들과 우호를 두터이 해 두십시오. 첩이 이미 음식을 장만했으니 그 속에 백옥을 감춰 가지고 가서 그들과 친분을 맺으십시오."

희부기는 그 날 밤에 공관으로 공자 중이를 찾아갔다.

그는 들어가서 공자에게 재배하고 조공공을 대신해서 사죄했다. 그리고 자기가 온 것은 공자를 존경하기 때문이라고 말했다. 공자 중이가 크게 기뻐하며 탄식했다.

"조나라에 그대 같은 어진 신하가 있는 줄은 몰랐소. 이 보잘것없는 망명객이 하늘의 도우심을 받아 뜻을 이루게 되는 날이 오면 오늘 이렇듯 나를 찾아 준 고마움을 잊지 않겠소."

중이가 희부기가 가지고 온 음식상을 받아 주발 뚜껑을 열었더니 그릇 속에 백옥이 들어 있었다. 중이가 물었다.

"쫓겨 다니는 이 사람에게 배고픔을 면하게 해 준 것만으로도 족하거늘 대부는 어찌하여 이런 귀중한 것까지 나에게 주시오?"

"그것은 오로지 제가 공자를 존경하기 때문입니다. 공자께서 버리지 마시고 받아 주시면 영광이겠습니다.”

그러나 공자 중이는 굳이 사냥할 뿐 백옥을 받지 않았다. 희부기는 공관에서 집으로 돌아가며 탄식했다.

“진나라 공자가 그처럼 곤궁하면서도 백옥을 받으려 하지 않으니 얼마나 큰 뜻을 품고 있는지 측량할 수 없구나!”

이튿날 중이 일행은 조나라를 떠났다. 희부기는 성 밖 십 리까지 따라가서 공자 일행을 전송했다.

공자 중이 일행은 송나라로 향했는데 호언이 먼저 송나라에 가서 전부터 친분이 있는 공손고와 만났다. 호언의 말을 듣고 공손고가 대답했다.

“우리 주공께서 초나라와 싸우다 다리를 다쳐 지금 누워 계시오. 그러나 공자의 어진 이름을 들은 지 오래며 늘 존경하고 계시는 터라 틀림없이 공자를 환영하실 것이오.”

공손고가 궁으로 들어가서 송양공에게 진(晋)나라 공자 중이가 온다고 고하자 송양공은 몹시 기뻐했다. 진나라는 큰 나라며 더구나 공자 중이는 어질기로 유명한 사람이었다. 그러나 송양공은 다리 상처 때문에 친히 공자 중이를 영접하지 못하고 공손고에게 분부했다.

“공관으로 모시고 국군(國君)을 대하는 예로써 칠뢰(七牢: 제후들이 국빈을 맞이할 때 소, 돼지, 양을 각각 7마리씩 잡은 고기로 잔치를 벌여 성대하게 대접하는 것)로 대접하여라.”

공자 중이는 송양공이 자기를 후대하는 데에 감사했다. 며칠 후 호언이 공손고를 찾아가 상의했다.

“공자와 우리 일행의 소원은 오로지 고국에 돌아가겠다는 일념뿐입니다. 귀국의 도움을 빌릴 수 있겠습니까?”

공손고가 대답했다.

“만일 공자께서 열국을 방황하는 것이 고생이라면 비록 우리 송나라가 크지는 못하나 이곳에서 편안히 계시도록 해 드리겠습니다. 그러나 공자께서 지금 고국을 수복하시겠다면 우리로서는 도와 드릴 수가 없습니다. 아시다시피 우리는 초나라와 싸워서 진 이후로 힘을 펴지 못하고 있습니다. 큰 나라로 가셔서 뜻을 이루도록 하십시오."

"그대의 말씀이 진정인가 하오. 우리는 그 진정에서 하시는 말씀에 감사를 드릴 뿐입니다."

공자 일행이 떠난다는 소식을 들은 송양공은 몹시 안타까워하며 많은 양식과 의복이며 여행에 필요한 물품들을 보냈다.

공자 중이가 떠난 뒤 송양공의 넓적다리 상처가 날로 악화됐다. 그 뒤 얼마 지나지 않아 송양공은 회생하지 못할 것을 알고 세자 왕신에게 유언을 했다.

"나는 공손고의 말을 듣지 않았다가 이 지경에 이르렀다. 나의 뒤를 이어 네가 군위에 오르거든 매사를 공손고에게 물어서 하라. 초나라와 우리 송나라는 불구대천의 원수이니 내 말을 잊지 말고 자자손손에 이르도록 초나라와는 우호를 맺지 말라. 진나라 공자 중이는 반드시 뜻을 이루어 군위에 오를 것이니 우리 자손들은 그와 교의를 두터이 하여 나라를 안전하게 하라."

세자 왕신은 송양공에게 재배하고 그 유언을 받았다. 송양공은 군위에 있은 지 14년 만에 죽었다. 세자 왕신이 그 뒤를 이어 즉위하니 그가 바로 송성공(宋成公)이다.

송나라를 떠난 공자 중이는 정나라 경계에 이르렀다. 그들이 정나라로 온다는 보고를 듣고 정문공이 여러 신하에게 말했다.

"중이는 거지처럼 얻어먹으며 돌아다니는 사람이니 불초(不肖)한 자로다. 우리 나라에 올지라도 예로써 대접할 필요는 없다."

상경 숙첨(叔詹)이 간했다.

"하늘이 진나라 공자를 돕고 있으니 주공은 그를 괄시하지 마십시오. 그를 예의로써 극진히 대접하십시오. 그러는 것이 곤궁한 사람을 돕는 어진 마음이며 훌륭한 인재를 예우하는 겸손한 마음입니다."

정문공이 껄껄 웃으며 대답했다.

"중이는 이제 늙었소. 앞으로 무슨 일을 할 수 있겠소."

숙첨이 정색하고 다시 권했다.

"주공이 그를 극진히 대접하기 싫거든 청컨대 그를 죽여 버리십시오. 공연히 원한을 사게 되면 다음날 후환이 있을까 두렵습니다."

정문공이 대답했다.

"지금까지 과인에게 예로써 그를 대접하라 하고서 어째서 또 갑자기 그를 죽이라고 하는가. 과인은 예로써 대접해야 할 만큼 그에게 은혜를 진 일도 없고 그를 죽여야 할 만한 원한도 없소."

정나라는 공자 중이 일행이 당도할 무렵쯤에 성문을 닫아 버렸다. 공자 중이는 정나라 성문이 굳게 닫힌 것을 보고 자기를 거절하는 뜻이라는 것을 알았다. 그들은 말없이 수레를 몰아 정나라를 그냥 지나갔다.

수일 뒤에 공자 중이 일행은 초나라에 당도했다. 초성왕은 임금을 대접하는 예의로써 삼배(三杯)씩 세 번 올리는 구헌(九獻)의 술잔을 중이에게 올리도록 했다. 중이는 겸양했으나 받지 않을 수 없었다.

공자 중이는 임금의 예우를 받고 마음으로 기뻐했다. 잔치가 끝날 때까지 공자를 존경하는 초성왕의 태도에는 종시 변함이 없었다. 공자 중이의 언사도 또한 매우 겸손했다.

초성왕과 공자 중이는 어느 사이에 서로 친숙해졌다. 마침내 공자 중이 일행은 초나라에 머물기로 했다.

어느 날이었다. 초성왕은 공자 중이와 함께 운몽(雲夢) 땅 못가에서 사냥을 했다. 이 날 보여 준 초성왕의 무예 솜씨는 참으로 대단했다. 그는 잇달아 두 대의 화살을 쏘아 사슴 한 마리와 토끼 한 마리를 다 맞혔다. 모든 군사들이 환호성을 지르며 초성왕의 무예를 칭하했다.

바로 그 때였다. 난데없는 곰 한 마리가 나타나 수레를 향해 달려왔다. 초성왕이 중이에게 외쳤다.

"쏘시오!"

중이는 전통에서 화살 한 대를 뽑아 곰을 노리면서 속으로 축원했다.

"장차 뜻을 이룰 수 있다면 오른편 발바닥을 맞추게 해 주소서."

시위를 떠난 화살은 정통으로 곰의 오른편 발바닥을 뚫었다. 군사들이 그 곰을 초성왕 앞으로 끌어왔다. 초성왕은 공자 중이를 쳐다보며 경탄하기를 마지않았다.

"공자의 활 솜씨는 참으로 신궁(神弓)이오!"

그 날 사냥을 마치고 모두 모여 앉아 술을 마시며 즐길 때였다. 초성왕이 공자 중이에게 술을 권하며 물었다.

"공자가 진나라에 돌아가서 군위에 오르면 그 때에 무엇으로 과인에게 보답하시겠소?"

"대왕께서는 이미 아름다운 여자와 값비싼 옥과 비단을 넘쳐나게 가지고 계십니다. 또한 새의 깃털과 짐승의 털 및 상아와 가죽은 모두가 초나라에서 나는 진귀한 물건인데 어떤 물건인들 대왕의 마음에 드시겠습니까?"

초성왕이 웃으며 말했다.

"그건 그러하나 그래도 과인에게 보답하고 싶은 것이 없지 않을 테니 한번 말해 보오."

중이가 정색하고 대답했다.

"만일 대왕의 도움으로 이 몸이 진나라 군위에 오른다면 초나라와 함께 우호를 두터이 하고 백성들이 태평을 누리도록 힘쓰겠습니다. 그러나 그것이 뜻대로 되지 않고 만일 대왕의 군대와 서로 싸우게 된다면 우리는 3사(舍)를 물러서겠습니다. 자고로 행군하는 법에 30리마다 한 번씩 쉬게 되고 그것을 1사라 하니 삼사면 즉 90리 거리입니다. 이것으로써 오늘날 대왕이 이 몸에게 베풀어 주신 은혜에 보답하겠습니다."

"허허허, 참으로 높은 기상이로다."

초성왕은 유쾌하게 껄껄 웃었다.

그 날 사냥을 마치고 궁으로 돌아오자 성득신이 분노하여 초성왕에게 말했다.

"왕은 진나라 공자를 지나치게 후대하십시다. 오늘 사냥터에서 왕이 물으셨을 때 중이의 대답은 너무도 무례했습니다. 후일 그가 진나라에 돌아가 군위에 오르기만 하면 그는 반드시 우리의 은공을 저버릴 것입니다. 그러니 일찌감치 중이를 죽여 후환이 없도록 하소서."

초성왕이 대답했다.

"공자 중이는 그 천성이 어진 사람이며 또 그를 시종하는 사람들도 다 당대의 뛰어난 인물들이다. 이는 하늘이 그를 돕는 것인데 어찌 우리 초가 하늘의 뜻을 어길 수 있겠는가."

"왕께서 중이를 죽이지 않으시겠다면 호언과 조쇠 등 그의 신하 몇 사람만이라도 우리 나라에 감금해 두소서. 그렇게 하지 않으면 범에게 날개를 붙여 주는 것과 같습니다."

"비록 그 신하들을 잡아 둘지라도 내가 그들을 부릴 수 없다면 무슨 소용이 있겠는가. 공연히 원한만 살 따름이다. 중이에게 덕을 베풀고 어진 것을 보이는 것이 현책이리라."

이후부터 초성왕은 중이를 더욱 후하게 대접했다.

주나라 양왕(襄王) 15년은 바로 진혜공 14년이었다. 이 해에 진혜공은 병으로 병상에 눕게 되어 그 후 오랫동안 조회에도 나가지 못했다.

태자 어는 인질로 진(秦)나라에 가 있었다. 태자 어의 외가는 양나라였는데 양나라 군주는 무도해서 날마다 전각을 짓고 연못을 파느라 백성들을 잡아다 부역만 시켰다. 엄청난 부역에 견디다 못한 백성들은 군주를 원망하고 저주했다.

진목공은 양나라의 민심이 흉흉한 것을 알고 군대를 일으켜 백리해로 하여금 양나라를 치게 했다. 백리해가 거느린 진나라 군대는 단숨에 양나라를 무찔렀으며 양나라 왕은 전란 중에 백성들에게 맞아죽었다.

진(秦)나라에 볼모로 와 있던 진(晋)나라 태자 어는 자기 어머니의 친정인 양나라가 멸망했다는 소문을 듣고 길이 탄식했다.

"진(秦)나라가 나의 외가인 양나라를 쳐서 멸망케 한 것은 결국 우리 진(晋)나라를 업신여김이로다."

그가 이렇듯 진나라를 원망하고 있을 때 아버지인 진혜공이 병환으로 누웠다는 본국 소식을 들었다. 그는 또 탄식했다.

"내가 타국에 볼모로 있으니 밖에서 나를 동정해 주는 사람이 없고 안으로는 심복 부하 한 사람도 없구나. 만일 아버지께서 세상을 떠나신다면 본국의 대부들은 다른 공자를 군위에 올려 세울지도 모른다. 그렇게 되면 나는 이 지긋지긋한 진나라에서 늙어 죽는 수밖에 없다. 그러니 이참에 본국으로 달아나 병든 아버지를 간병하고 백성을 안정시키는 것만 못하리라."

그 날 밤 태자 어는 아내인 회영(懷嬴)에게 말했다.

"내가 이제 본국으로 돌아가지 않으면 진나라는 다른 공자의 소유가 되고 말 것이오. 그러나 부부의 정을 끊고 혼자 갈 수도 없으니 우리 둘이 함께 도망쳐 진나라로 가면 어떻겠소?"

회영이 울면서 대답했다.

"진의 군주이신 저의 부친께서 첩에게 그대를 모시게 한 뜻은 그대를 진나라에 붙잡아 두실 생각에서였습니다. 이제 첩이 그대를 따라 진나라로 달아난다면 이는 이 나라 임금인 아버지의 뜻을 배반하는 것이 되니 어찌 그 죄가 가볍겠습니까. 그대는 스스로 편리한 도리를 택하십시오. 이 몸은 그대를 따라갈 수 없습니다. 그러나 첩은 그대가 하신 말씀을 결코 아버지나 어머니에게 말하지는 않겠습니다."

마침내 태자 어는 변장을 하고 무사히 진(秦)나라 성을 벗어나 진(晉)나라로 달아났다.

태자 어가 아무 말도 없이 본국으로 달아났다는 보고를 받고 진목공은 대로하며 저주하면서 말하였다.

"그놈은 배은망덕한 도적이다. 하늘이 결코 그놈을 돕지 않으리라."

그리고 대부들에게 물었다.

"이오(夷吾) 부자(父子)가 다 같이 과인을 배반했도. 내가 어떻게든 이 배은망덕한 놈들을 그냥 두지 않으리라. 내가 애당초 중이를 진(晉)나라 군후로 세우지 않은 것이 불찰이었다. 경들은 지금 중이가 어디 있는지 그의 종적을 알아보라."

얼마 후 공자 중이가 지금 초나라에 있다는 것을 알게 되었다. 이에 진목공이 공손 지에게 분부했다.

"경은 초나라에 가서 초성왕에게 중이를 모시러 왔다고 정중히 말하라. 과인은 중이를 우리 나라로 데리고 와서 그를 진(晉)나라 임금으로 세우려 한다."

공손 지는 즉시 초나라로 가서 초성왕에게 온 뜻을 말했다. 공자 중이는 자기를 데려가려고 진나라에서 사람이 왔다는 말을 듣고 초성왕의 속마음을 떠보았다.

"이 망명객은 모든 것을 대왕에게 맡겼습니다. 그러나 진나라에는 가기 싫습니다."

초성왕이 대답했다.

"우리 초나라에서 진(晋)나라까지는 너무도 거리가 머오. 공자가 만일 진(晋)나라로 돌아가려면 여러 나라를 지나가야 하오. 그러나 진(秦)과 진(晋)은 서로 경계를 접하고 있어서 아침에 떠나면 저녁에 도달할 수 있소. 더구나 진목공은 원래 어진 사람이며 지금 진(晋)나라 이오와 사이가 좋지 못한 터이니 이런 기회는 하늘이 공자를 도우심이 아닌가 하오. 공자는 두말 말고 진(秦)나라로 가시오."

마침내 초나라를 떠나는 날 중이는 초성왕에게 가서 절을 했다. 초성왕은 중이에게 많은 황금·비단·수레·말을 주어 그들 일행을 환송했다.

진목공은 공자 중이가 온다는 보고를 받고 매우 기뻐했다. 그는 교외까지 나가서 공자 중이를 영접하고 공관에 들게 했다. 또 진목공의 부인 목희(穆姬)도 친정 동생인 중이를 극진히 대접했다.

목희는 진혜공의 아들 태자 어가 버리고 간 자기 딸 회영과 중이를 혼인시키자고 진목공에게 말했다. 진목공은 우선 회영의 뜻을 알아보게 했다. 어머니의 권유를 들은 회영이 대답했다.

"이미 진(晋)나라 태자 어에게 몸을 맡겼던 사람으로서 어찌 또 다른 사람에게 몸을 의탁할 수 있겠습니까."

목희가 말했다.

"어는 결코 돌아오지 않을 것이다. 중이는 어진 사람이니 반드시 진(晋)나라 임금이 될 것이며 그 때에는 너를 정실 부인으로 삼을 것이다. 그러면 진(秦)과 진(晋)은 대대로 인척간이 되지 않겠느냐."

회영이 한참동안 생각하다가 대답했다.

"진실로 그렇게 된다면 어찌 첩이 이 한 몸을 아껴 두 나라 우호를 방해할 수 있겠습니까."

이에 공손 지가 중이에게 가서 혼사에 대해서 말했다. 중이와 어는 큰아버지와 조카 사이다. 그러니 중이에게 희영은 조카며느리였다. 중이는 아무리 생각해도 조카며느리를 아내로 맞이할 수는 없었다. 중이는 그러한 자기의 고충을 말하고 완곡히 거절했다.

조쇠가 중이에게 아뢰었다.

"듣건대 희영은 아름답고 재질이 뛰어나 진목공과 그 부인께서 특히 사랑하는 딸입니다. 공자께서 그 딸을 아내로 맞이하지 않고서 어떻게 진목공의 환심을 사겠습니다. 그의 힘을 빌려면 희영에게 장가를 드셔야 합니다. 공자는 사양하지 마십시오."

중이는 마침내 마음을 정하고 공손 지를 불러 혼인하겠다고 승낙했다. 공손 지는 즉시 진목공에게 가서 혼사가 이루어졌음을 고했다.

공자 중이는 길일을 택하여 폐백을 펴고 공관에서 혼인을 했다. 희영의 얼굴과 자태는 제(齊)나라에 두고 온 제강(齊姜)보다 아름다웠다. 애초에 주저하던 것과는 달리 공자 중이는 기쁨을 감추지 못했다.

진목공은 원래 진(晉)나라 공자 중이의 기품을 사랑했지만 이제 장인과 사위의 관계를 맺고 나니 더욱 정이 돈독해졌다. 진나라 세자 앵(罃)도 중이를 끔찍이 위했다. 그는 때때로 공관으로 가서 중이에게 안부를 드렸다. 그리고 조쇠·호언 등도 진나라 신하 건숙·백리해·공손 지 등과 깊이 사귀었다.

3. 고국을 향하여

진(秦)나라에서 도망쳐 본국으로 달아난 태자 어는 병상에 누워 있는 부친을 위로했다. 아들을 보자 진혜공은 크게 기뻐했다.

"내가 병이 든 지 오래라 만사를 부탁할 사람이 없어 늘 근심해 왔다. 그런데 네가 새장에서 벗어나듯 이렇게 돌아왔으니 이제 무엇을 근심하리."

그 해 가을 9월에 진혜공의 병세는 위독했다. 그는 여이생(呂飴甥)과 극예(郤芮) 두 신하를 불렀다.

"태자 어를 부탁하노라. 다른 공자들은 족히 염려할 것이 없으나 무서운 것은 중이뿐이다. 무슨 일이 있어도 중이만은 이 나라에 발을 들여놓지 못하게 해야 하느니라."

여생과 극예는 머리를 조아리며 진혜공의 마지막 유명(遺命)을 받았다. 이 날 밤 진혜공은 세상을 떠났다. 이에 태자 어가 즉위하니 그가 바로 진회공(晋懷公)이다.

군위에 오른 진회공은 조회 때 다음과 같은 명령을 내렸다.

"진(晋)나라 신하로서 중이를 따라 국외로 망명한 자들의 부모 친척들에게 알려라. 앞으로 3개월의 말미를 줄 테니 망명한 자를 본국으로 불러들이되 기한 내에 망명한 자가 돌아오면 그의 부모 친척의 죄는 불문에 붙이겠다. 그러나 만일 기한이 지나도 망명한 자를 불러들이지 못하면 죽음을 면치 못하리라."

이 때 호돌은 비록 백발이 성성했지만 기품은 여전했다. 그의 두 아들 호모와 호언은 둘 다 공자 중이를 따라가서 온갖 풍상을 다 겪고는 진(秦)나라에 와 있었다.

극예는 두 번이나 호돌에게 서신을 써서 호모와 호언을 속히 국내로 불러들이라고 권유했다. 그러나 호돌은 그 권유를 강력히 거절했다.

극예가 진회공에게 아뢰었다.

"호모·호언 형제는 모두 뛰어난 인물들입니다. 그들은 지금도 중이를 따라다니고 있으니 이는 범에게 날개를 붙여 준 격입니다. 그런데 그들의 아비 호돌은 두 아들을 불러들이려 하지 않으니 그 뜻을 알 수 없습니다."

진회공은 즉시 사람을 보내어 호돌을 불렀다. 호돌은 사태를 짐작하고 집안사람에게 뒷일을 부탁한 다음 궁으로 들어갔다.

"무슨 일로 갑자기 노신을 부르셨습니까?"

진회공이 노기를 띠고 말했다.

"중이를 따라간 자로서 기한 내에 귀국하지 않으면 그 부모 친척에게까지도 죄가 미친다는 과인의 명령을 그대로 듣지 못했는가?"

"신이 두 자식을 공자 중이에게 맡긴 지도 오래 되었습니다. 충신은 임금을 섬기되 죽을지언정 어찌 두 마음을 갖겠습니까. 신의 두 자식이 중이에게 충성하는 것은 지금 궁중의 만조백관들이 주공에게 충성을 다하는 것과 조금도 다름이 없습니다."

진회공이 대로하여 소리쳤다.

"저 늙은 놈의 목에 칼을 들이대어라!"

두 역사(力士)가 칼을 뽑아 호돌의 목에 대었다. 진회공이 호돌을 굽어보고 외쳤다.

"네 두 자식을 불러들이면 너를 살려 주리라."

극예는 면포와 필묵을 갖다 놓고 호돌의 손을 잡고 강요했다.

"어서 두 아들에게 속히 돌아오라는 편지를 쓰시오."

호돌이 손을 뿌리치며 말했다.

"나의 손을 잡지 마라. 내 스스로 쓰리라."

호돌은 붓을 들어 크게 여덟 자를 썼다.

| 臣無二父 | 이 신에게 두 아버지가 없듯이 |
| 子無二君 | 제 자식들에게도 두 임금이 있을 수 없습니다 |

진회공이 대로하여 외쳤다.

"너는 죽음이 두렵지 않은가!"

호돌이 천천히 머리를 들어 목을 내밀고 외쳤다.

"자식 된 자로서 부모에게 효도하지 못하고 신하 된 자로서 임금에게 충성하지 않는 것을 노신은 두려워합니다. 이러한 죽음은 훌륭한 자식이나 훌륭한 신하에게는 늘 있는 법이니 내 무엇을 두려워하겠습니까."

"저놈을 장바닥에 끌고 나가 참하여라!"

진회공이 호령하자 국구 호돌은 끌려 나가 참형을 당했다. 태복(太卜) 곽언이 장바닥에 굴러 있는 백발이 성성한 노대신 호돌의 목을 보고 탄식했다.

"겨우 군위에 오르자마자 덕을 펴지 못하고 도리어 노대신을 저 모양으로 죽였으니 그의 앞날이 멀지 않으리라."

그 날로 태복 곽언은 병들었다 평계하고 집안에 틀어박혀 일체 출입을 하지 않았다.

호모·호언 형제는 부친이 진후(晉侯) 어(圉)에게 죽임을 당했다는 소식을 듣자 하늘이 무너지는 것 같았다. 그들 형제는 가슴을 치며 방성통곡했다. 조쇠·구계 등이 몰려가 그들을 위로했다. 조쇠가 말했다.

"이미 돌아가신 어른은 다시 살아날 수 없소. 슬퍼한들 무슨 소용이 있겠소. 우리 함께 공자에게 가서 앞으로 할 일이나 상의합시다."

두 형제는 겨우 눈물을 거두고 조쇠 등과 함께 중이에게로 갔다. 호모가 중이에게 아뢰었다.

"이오는 죽고 어가 즉위하여 진(晉)나라 신하로서 망명한 자들을 모조리 기한을 두고 불러들이되 만일 불러들이지 못하면 일가친척이 그 죄를 받아야 한다고 영을 내렸답니다. 신의 늙은 부친은 우리 형제를 본국으로 불러들이라는 명을 거절하다 참형을 당하셨다 합니다."

두 형제는 억울하여 다시 방성통곡했다. 중이가 결연히 말했다.

"그대들은 크게 상심하지 마오. 내가 본국에 돌아가는 날이면 그대들의 원수를 꼭 갚고 말겠소."

공자 중이는 즉시 궁으로 들어가서 진목공에게 진(晋)나라의 어지러운 내정(內情)을 호소했다. 진목공이 대답했다.

"이는 하늘이 진(晋)나라를 공자에게 주심이오. 과인이 공자를 위해 직접 나서야겠소."

조쇠가 아뢰었다.

"군후께서 우리 공자를 도우실 생각이면 속히 일을 도모하소서. 어가 개원하고 태묘에 고하면 임금과 신하의 한계가 정해집니다. 그러면 더욱 일이 어려워질 것 같사옵니다."

"옳은 말이오."

진목공은 굳은 결의를 표했다.

공자 중이가 궁에서 나와 사처(私處)로 돌아가 의관을 벗고 자리에 앉았을 때였다. 문을 지키던 자가 들어와서 아뢰었다.

"지금 문 밖에 진(晋)나라에서 왔다는 사람이 공자께 비밀리에 드릴 말씀이 있다면서 뵈옵기를 청합니다."

"즉시 이곳으로 안내하라."

이윽고 그가 들어오자 공자가 물었다.

"그대의 성명은 누구인가?"

"신은 진(晋)나라 대부 난지(欒枝)의 아들 난돈(欒盾)입니다. 새로 군위에 오른 어는 사람을 죽이는 것으로 위엄을 세우고 있습니다. 백성들은 백성들대로 원망이 자자하고 신하들은 신하들대로 그에게 복종하지 않고 있습니다. 그래서 신의 아비가 신을 공자께 보낸 것입니다. 새로 군위에 오른 어의 심복은 여생과 극예 둘밖에 없습니다. 지금 신의 아비는 지난날의 노신들과 뜻을 모으고 비밀리에 무사들을 기르고 있습니다. 공자께서 본국으로 들어오시기만 하면 즉시 내응하려고 만반의 준비를 갖추고 있습니다."

공자 중이는 매우 기뻤다.

"내년 정초에는 내 결단코 강을 건너 고국산천에 발을 들여놓을 것이오."

난돈은 타국에서 지체할 몸이 못 된다면서 그 날로 돌아갔다.

중이는 본국으로부터 난돈이 왔다 간 이야기를 했다. 그 말을 듣자 호언이 권했다.

"공자께서는 내일 다시 한 번 진백(秦伯)을 찾아보고 군대를 빌려 달라고 청하십시오."

이튿날 공자 중이는 다시 궁으로 들어가서 진목공을 뵈었다. 진목공은 중이가 청하기도 전에 먼저 말했다.

"과인은 공자가 한시바삐 귀국하고 싶어 하는 심정을 잘 아오. 이제 과인은 친히 공자를 황하까지 전송할 생각이오."

중이는 진목공에게 배사하고 궁에서 물러나왔다.

태사가 길일을 점쳐 그 해 겨울 12월의 어느 날을 출병일로 택했다. 진목공은 출병하기 3일 전에 구룡산(九龍山)에서 연회를 열고 중이의 출발을 축하하도록 했다. 잔치 자리에서 중이에게 백옥 10쌍·말 4백 필과 함께 양식과 마초(馬草)를 넉넉히 내주었다.

마침내 출병의 날이 되었다. 진목공은 친히 모신(謀臣) 백리해와 유여 그리고 대장인 공자 집과 공손 지, 선봉인 비표 등을 거느리고 병거 4백승의 호위를 받으며 공자 중이와 함께 옹성을 떠나 위세를 드날리며 동쪽을 바라보고 나아갔다.

진목공과 공자 중이는 황하 언덕에 도달했다. 유유히 흐르는 황하 강변에는 이미 진(晋)나라로 건너갈 배들이 대기하고 있었다. 진목공은 다시 잔치를 베풀고 공자 중이와 대작하며 은근히 부탁했다.

"공자는 고국에 돌아갈지라도 과인을 잊지 마오."

"오매불망 잊지 못하던 고국에 이제야 돌아가게 된 것이 다 군후의 은덕이온데 어찌 잊으리이까."

드디어 진(秦)나라 장수 공자 집과 비표가 군대를 반씩 나누어 거느리고 공자 중이를 호위하고서 황하를 건너갔다.

진목공은 돌아가지 않고 대군과 함께 하서(河西) 땅에 주둔하면서 공자 중이가 무사히 고국에 돌아가 군위에 오르기를 기다렸다.

만일 일이 순조롭게 진행되지 않을 경우 친히 대군을 거느리고 황하를 건너가 공자 중이를 돕기 위해서였다.

4. 개자추(介子推)의 한(恨)

호숙(壺叔)은 공자 중이가 고국에서 도망쳐 나올 때부터 공자의 비품과 기물을 맡아 관리하며 따라다닌 사람이었다. 망명길에 오른 이래 조(曹)나라와 위(衛)나라로 두루 돌아다녔을 때 배고프고 굶주린 것이 헤아릴 수 없을 만큼 많았다. 그런데 이윽고 오늘 고국산천을 바라보며 황하를 건너게 되었다.

호숙은 모든 행장을 수습했다. 그는 지난날 고생할 때 쓰던 부서진 대나무 그릇과 나무를 깎아 만든 목기와 해진 돗자리와 찢어진 수레 휘장 하나 버리지 않고 챙겼다. 먹다 남은 술과 음식까지 빠짐없이 배 안으로 옮겨 실었다. 구멍 난 솥과 깨진 질그릇도 일일이 배 안으로 옮겨 실었다.

그것을 본 공자 중이가 크게 웃으면서 호숙에게 말했다.

"내 이제 고국에 돌아가면 군주가 될 것인데 저런 구질구질하고 쓸데 없는 것들을 가지고 가서 무엇에 쓰리오. 호숙아, 그것들을 내다 버려라."

호숙은 울상이 되어 버릴 생각은 않고 공자를 쳐다보았다. 중이가 군사들을 돌아보며 다시 분부했다.

"저 너절한 물건일랑 모두 내버려라."

군사들은 공자의 분부를 받고 호숙이 갖다 놓은 물건들을 다시 황하 언덕에 내려놓았다.

그것을 보고 호언이 혼잣말로 탄식했다.

"공자가 아직 부귀를 얻기도 전에 빈천했던 지난날을 잊었구나. 다음 날엔 새 것을 사랑하고 옛 것을 버릴 것이니 그 때는 지금까지 함께 고생해온 우리를 저 솥이나 질그릇처럼 대하겠지. 그렇지만 19년 동안이나 고생한 지난 일을 헛되이 버릴 수는 없다."

호언이 공자 중이 앞에 가서 무릎을 꿇고 진목공으로부터 받았던 흰 구슬 한 쌍을 두 손을 모아 공손히 바쳤다.

"공자는 이 황하만 건너시면 바로 진(晋)나라 경계에 들어가십시다. 지금 국내에서는 공자를 돕고 있으니 이젠 공자께서 진나라를 얻지 못하실까 염려할 필요는 없습니다. 이제 신은 더 이상 공자를 모신다고 해도 공자에게 아무런 도움도 될 수 없는 존재입니다. 이제 신이 가지고 있는 이 구슬 한 쌍을 바치고 공자와 작별하는 뜻을 표하려 합니다."

공자 중이가 크게 놀라 외쳤다.

"나와 그대는 고생 끝에 이제야 함께 부귀를 누리게 됐는데 그게 무슨 말이오?"

호언이 조용한 목소리로 대답했다.

"신이 오늘날까지는 공자께서 두루 열국을 방황하시며 망명 중이셨기 때문에 감히 곁을 떠날 수 없어 모시고 다녔습니다만 이제 고국으로 돌아가시게 되었습니다. 신은 장구한 세월 동안 분주히 돌아다닌 때문에 그간 여러 번 놀란 넋이 이제는 거의 꺼질 것만 같고 몸도 마음도 다 소모되어 마치 저 구멍 난 솥과 다를 것이 없습니다. 부서진 그릇은 다시 상 위에 놓을 수 없으며 찢어진 돗자리는 다시 펼 수 없습니다. 신이 있다 해서 이익될 것도 없고 신이 떠난다 해서 손해될 것도 없습니다. 그러므로 신은 이제 공자 곁을 떠날 때가 되었다고 생각합니다."

그 말을 듣고 공자 중이는 깊이 깨달았다.

"그대가 나를 이렇게 심히 꾸짖는 것은 참으로 마땅하도다. 나의 잘못이었소. 호숙아, 저 백사장에 내버린 물건들을 모두 도로 들여놓아라."

공자 중이는 이어서 넓은 황하를 굽어보며 말했다.

"내가 고국에 돌아가서 그대의 고생을 잊는다든지 또는 그대가 나와 함께한 마음으로 나라 일을 돌보지 않는다면 어느 쪽이든 그 자손들은 불행하리라!"

중이는 이리 맹세하고 흰 구슬을 강물에 던지며 소리쳤다.

"황하의 신이여, 나의 맹세를 증명하라!"

이 때 다른 배에 타고 있던 개자추(介子推)는 공자와 호언이 서로 맹세하는 것을 보고 웃으면서 혼잣말로 중얼거렸다.

"공자가 이제 고국에 돌아가게 된 것은 누구의 공이란 말인가. 이 모든 것이 모두 하늘의 뜻이거늘 호언은 자기의 공이라고 생각하는가. 저렇듯 부귀나 탐하고 도모하는 자들과 함께 벼슬을 산다는 것은 나의 수치로다."

이 때부터 개자추는 조용히 물러난 다음 초야에 묻혀 숨어 살 생각을 품었다.

중이는 황하를 건너 동쪽을 향하여 계속 진군한 끝에 영호(令狐)라는 곳에 당도하였다. 영호를 지키는 성주의 이름은 등혼(鄧惛)이었다. 그가 군사들을 소집하여 성에 올라 중이의 군사에 대항하자 성을 포위한 진나라 군사들이 공격을 시작했다. 비표(丕豹)가 용전분투(勇戰奮鬪)하여 먼저 성루에 오르더니 뒤이어 성을 함락시키고 등혼을 잡아다 참수하였다. 주위에 있던 상천(桑泉), 구쇠(臼衰), 망풍(望風) 등의 성주들은 모두 달려와 항복하고 중이를 영접하였다.

  세작은 급히 강도로 가서 이 사실을 진희공에게 보고했다. 진희공은 크게 놀라 즉시 병거와 군대를 모았다. 여생은 대장이 되고 극예는 부장이 되어 여류(廬柳) 땅에 둔을 치고 진(秦)나라 군대와 맞서기로 했다. 그러나 진(秦)나라 군대는 참으로 무서운 강병(强兵)들이었다. 진(晋)나라 군대는 감히 싸우기도 전에 떨기부터 했다.

  여생과 극예 두 사람은 이미 사태가 기울어진 것을 알았다. 그러나 항복을 하려 해도 공자 중이가 자기네들을 용서해 줄 것 같지 않았다. 중이는 이극과 비정부의 원수부터 갚아 주려고 할 것이 틀림없기 때문이었다.

  여생과 극예가 주저만 하고 있을 때 진나라 공자 집이 그들의 마음을 꿰뚫어 알고 중이의 허락을 받아 항복하면 받아주겠다며 길을 열어 주었다.

  그리하여 여생과 극예는 다 함께 구쇠(臼衰) 땅으로 가서 공자 중이를 영접했다. 공자 중이는 그들의 출영을 받으면서 순성(郇城)으로 나아갔다.

  한편 진희공은 여생과 극예로부터 행여나 좋은 소식이 있을까 하며 초조히 기다렸다. 그런데 그들로부터 아무런 소식이 없었기에 발제를 불러 분부했다.

  "여생에게 가서 속히 중이를 무찌르도록 싸움을 독촉하고 오라."

  발제는 즉시 출발하여 싸움터로 가다가 도중에 백성들 사이에 떠도는 소문을 들었다.

"여생과 극예가 항복하여 공자 중이를 영접했다네."

그는 황망히 말고삐를 돌려 오던 길을 다시 달려갔다. 그의 보고를 받은 진희공은 대경실색하여 분부했다.

"일반 조신(朝臣)들에게 속히 궁으로 들라 이르라."

그러나 일반 조신들은 모두 공자 중이가 입성하기를 기다리는 사람들 뿐이었다. 그들은 지난날 진희공이 여생과 극예만 신임하는 데 대해 모두 불평과 분노를 품어 왔었다.

"여생과 극예가 항복을 했다지. 그런데 이제 우리를 불러 어쩔 셈인고."

그들은 모두 칭병하거나 출타 중이라 핑계하고 아무도 궁으로 가지 않았다. 진희공은 기막혀하며 탄식했다.

"내가 지난날 좀 더 참지 못하고 몰래 도망쳤기 때문에 진(秦)나라의 미움을 받아 오늘날 이 지경이 되었구나."

발제가 아뢰었다.

"모든 신하가 공자 중이를 영접해서 임금으로 모실 생각인 것 같으니 주공께서는 잠시 궁을 떠나 고량(高粱) 땅으로 몸을 피하십시오. 그리고 다시 앞일을 도모하소서."

진희공은 그 날로 발제와 함께 고량으로 달아났다.

군대의 호위를 받으며 곡옥성(曲沃城)에 당도한 공자 중이는 무공(武公)의 사당에 나아가 절하고 고국에 돌아온 것을 고했다.

이 때 진(晋)나라 서울 강도로부터 난지와 극주를 선두로 주지교·양설직·순림부·기정(箕鄭)·선도(先都) 등 30여 명의 옛 대신들이 공자 중이를 영접하려고 곡옥 땅으로 왔다. 이어서 극보양과 양유미와 한간과 가복도 등도 강성 교외에 나와서 공자 중이를 영접해 모시고 궁성으로 들어갔다. 그 날로 공자 중이는 진(晋)나라 군주 자리에 올랐으니 그가 바로 유명한 진문공(晋文公)인 것이다.

돌이켜보건대 공자 중이는 43세 때 고국을 떠나 적(翟)나라로 도망쳤고 55세 때 제나라로 갔으며 61세 때 진(秦)나라로 갔고 고국에 돌아와 진(晋)나라 군주가 됐을 때는 그의 나이 이미 62세였다.

군위에 오른 진문공은 그 후 사람을 보내어 고량 땅에 숨어 있는 진희공을 죽였다. 진희공은 지난 해 9월에 군위에 올라 그 해 2월에 죽기까지 겨우 6개월도 못되는 군주 노릇을 한 셈이었다.

진문공은 크게 잔치를 베풀고 진(秦)나라 장수 공자 집과 그의 군사들을 대접했다. 이 때 비표가 땅에 엎드려 진문공에게 절하고 흐느껴 울면서 말했다.

"청컨대 억울하게 죽은 저의 부친 무덤을 좋은 곳으로 옮길 수 있도록 허락해 주소서."

진문공이 추연한 안색으로 비표의 소원을 허락하며 말했다.

"그대의 고국은 진(晋)이니 앞으로 과인을 도와 이 나라에서 벼슬을 사는 것이 어떠한가?"

비표가 사양했다.

"신은 이미 진(秦)나라 궁중에 몸을 맡겼습니다. 감히 어찌 두 임금을 섬기겠나이까."

비표는 부친의 묘를 옮긴 뒤에 공자 집을 따라 하서(河西)로 돌아갔다. 하서에 당도한 그는 공자 집과 함께 진목공에게 그간의 일을 보고했다. 진목공은 공자 중이가 무사히 진(晋)나라 군위에 올랐다는 보고를 듣고서야 그들과 함께 회군했다.

진문공은 논공행상을 하려고 모든 신하들을 궁으로 불렀다. 그는 신하들의 공로를 3등급으로 나누었다. 함께 망명하여 열국을 방랑했던 신하들은 1등 공신이었고 국내에 있으면서 공자 중이가 귀국할 수 있도록 힘써 준 신하들이 2등 공신이었으며 그가 귀국했을 때 즉시 항복하고 영접한 신하들이 3등 공신이었다.

진문공은 따로 백옥 다섯 쌍을 호언에게 하사하며 말했다.

"지난날 황하를 건너 고국으로 돌아올 때 그대의 구슬을 물에 던졌기에 이로써 대신 보답하노라."

진문공은 또한 호돌이 원통하게 죽은 것을 잊을 수 없었다. 그래서 진양 땅의 마안산에 그의 사당을 세웠다. 후세 사람들은 마안산을 호돌산(狐突山)이라고 고쳐 불렀다.

그리고 진문공은 성에다 조서를 내걸게 했다.

> 만일 공로가 있는 자로서 이번에 상을 받지 못한 자가 있거든 지체 말고 신고하라.

이 조서를 보고 호숙이 진문공에게 가서 호소했다.

"신은 주공께서 포성으로 떠나실 때부터 따라다니며 모셨습니다. 주공께서 머무르실 때엔 침식을 수발하였고 방랑하실 때엔 수레와 말을 몰며 발가락이 찢어져도 주공 곁을 떠난 적이 없었습니다. 이제 주공께서 함께 망명했던 신하들에게 상을 내리시면서 신만은 제쳐 놓으시니 혹시 신에게 무슨 죄라도 있나이까?"

진문공이 손으로 호숙을 가까이 불러 말했다.

"과인이 너를 위해 그 이유를 밝혀 주마. 인(仁)과 의(義)로써 나를 지도하여 잘못을 깨닫게 해 준 사람에게는 가장 큰 상을 내렸고 또 묘한 계책으로 나를 도와 제후들로부터 욕보게 하지 아니한 사람에게 그 다음 상을 내렸고 적의 시석(矢石)과 칼날을 무릅쓰고 나를 보호해 준 사람에게는 그 다음 상을 내렸다. 그러므로 가장 으뜸이 가는 상은 그 덕에 대해서 상을 준 것이고 그 다음은 그 재주에 대해서 상을 준 것이다. 나를 위해서 사방에서 분주히 돌아다닌 수고로움은 필부의 힘이기 때문에 위에서 말한 것보다 그 다음가는 공로이다. 잘 알겠느냐? 1등, 2등, 3등 공신의 행상이 끝난 후에 그 다음 상이 너에게 갈 것이다."

호숙은 부끄러워 얼굴을 붉히며 물러나왔다.

이어서 진문공은 아끼지 않고 황금과 비단을 내어 지위가 낮은 사람에 이르기까지 두루 후한 상을 내렸다.

이리하여 상을 받은 자로서 기뻐하지 않는 자가 없었다.

이 때 논공행상에서 빠진 사람으로 개자추가 있었다. 그는 공자 중이와 함께 여러 나라를 돌아다니며 망명한 신하들 중의 한 사람으로서 원래 청렴결백하기로 유명했다.

지난날 고국을 향하여 모두가 황하를 건너던 때 개자추는 호언이 큰 공이라도 세운 듯 공자 중이에게 간하는 것을 듣고 웃었던 사람이다. 그는 그들과 어깨를 나란히 하고 궁정에 서는 것을 부끄럽게 생각했다. 그리하여 귀국한 뒤 반열에 끼어 서서 한 번 진문공에게 축하를 드린 뒤로 병들었다고 핑계하고 집안에만 틀어박혀 있었다.

그는 청빈을 즐겼다. 손수 신을 짜서 한 분뿐인 늙은 어머니를 봉양하며 생계를 꾸렸다.

진문공이 모든 신하들을 불러들여 논공행상을 하던 날 개자추가 참석하지 않았건만 총망지간에 깜빡 그를 잊고 말았다. 그래서 진문공은 그에 대해서 물어보지도 않았던 것이다.

개자추의 집 바로 이웃에 해장(解張)이란 사람이 살고 있었다. 그는 개자추가 아무 상도 타지 못한 것을 보고 매우 안타깝게 생각하던 중 성벽에 내걸려 있는 조서를 봤다. 그는 즉시 개자추의 집으로 달려가서 그 사실을 알렸다. 그러나 개자추는 웃기만 할 뿐 대답이 없었다.
 이 때 늙은 어머니가 부엌에서 설거지를 하다가 듣고 아들에게 말했다.
 "너도 한번 가 보아라. 너는 19년 동안이나 주공을 모시고 고생하지 않았느냐. 더구나 지난날에 넓적다리 살점까지 도려내어 임금이 잡숫게 하지 않았느냐."
 개자추가 대답했다.
 "임금 자리는 하늘이 우리 주공에게 주신 것입니다. 그런데 신하들은 그것을 모르고서 각기 자기 공인 줄만 알고 서로 벼슬을 다투고 있습니다. 나는 그들과 함께 다투는 것을 부끄럽게 생각합니다. 저는 오히려 일생 동안 짚신을 삼을지언정 하늘의 공을 자기의 공인 것처럼 탐하기는 싫습니다."
 늙은 어머니가 말했다.
 "너는 참으로 청렴결백한 선비다. 네가 그러한데 난들 청렴결백한 선비의 어미가 못 되란 법이 있느냐. 우리 모자는 마땅히 깊은 산 속으로 들어가 이 혼잡한 시정(市井)에 더럽혀지지 말고 깨끗하게 살자."
 개자추는 매우 기뻐했다.
 "저는 원래 면상산(綿上山)을 좋아합니다. 산은 높고 골은 깊어 참으로 좋은 곳입니다. 이제 어머니를 모시고 면산으로 가겠습니다."
 개자추는 그 날로 어머니를 등에 업고 면산으로 갔다.
 그 사실을 알게 된 해장은 글을 지어 한밤중에 조문(朝門) 위에다 걸었다. 이튿날 아침 진문공이 조회에 나가니 근시 한 사람이 그 글을 보고 떼어와 바쳤다. 문공은 그 글을 읽어보고 크게 놀랐다.
 "과인이 개자추를 깜박 잊었었구나. 지난날 과인이 위나라를 지나갈 때 몹시 시장했었는데 개자추는 자기 넓적다리 살점을 베어 나에게 먹였다. 이번에 과인이 공신들에게 크게 상을 내리면서도 개자추만 홀로 빠졌으니 과인의 잘못을 어찌할꼬?"

그러나 개자추는 이미 집에 없었다. 진문공은 즉시 이웃 사람들을 불러 물었다.

"개자추는 어디로 갔는가? 간 곳을 아는 사람에겐 벼슬을 주리라."

해장이 앞으로 나아가 아뢰었다.

"개자추는 상을 구하는 것이 부끄럽다 하여 그 어머니를 등에 업고 면상산 깊이 들어가서 숨었습니다. 소인은 그의 공로가 세상에 잊히지 않을까 염려되어 글을 써서 조문에 붙였던 것이옵니다."

"만일 네가 그런 글이라도 걸지 않았다면 과인은 개자추의 공로를 잊을 뻔했구나."

진문공은 즉시 해장에게 하대부 벼슬을 줬다.

그리고 그 날로 진문공은 수레를 타고 해장의 안내를 받아 친히 면상산으로 갔다. 면상산에 이르러 보니 산봉우리는 첩첩하고 풀과 나무가 무성한데 흐르는 물은 잔잔하고 숲 속에서 새들만 재재거렸다.

진문공이 사람을 사방으로 풀어서 불러 보아도 산울림만 대답할 뿐 종적은 찾을 길이 없었다. 그렇게 찾기를 며칠이 지났다. 진문공이 노기를 띠고 해장에게 말했다.

"개자추는 어찌하여 이렇듯 과인을 원망하는가! 내 듣건대 개자추는 효성이 지극한 사람이라 만일 불을 놓아 숲을 태우면 그는 반드시 그 어머니를 업고 숨어 있는 곳에서 나올 것이다."

이윽고 군사들이 면상산 전후좌우에 불을 질렀다. 불은 맹렬히 타오르고 바람은 강하게 불었다. 불길은 수 마장을 태우고 3일 후에야 꺼졌다.

그러나 개자추는 나오지 않았다. 아들과 어머니는 서로 안고 버드나무 밑에서 타 죽어 있었다. 군사들은 그 해골만을 찾아 가지고 산에서 내려왔다. 진문공은 하염없이 울었다.

"오오, 이것은 모두 과인의 불찰 때문이로다."

진문공은 면상산 아래에다 그 뼈를 묻게 했다. 그리고 개자추의 사당을 짓게 하고 해마다 제사를 지내게 했다.

그 때 산에다 불을 지른 것이 바로 3월 초닷새 날이며 절후로는 청명(淸明)이었다. 그래서 진나라 사람들은 개자추를 사모하는 뜻에서 또 그가 불에 타 죽은 것을 잊지 않기 위해서 3월이 되면 해마다 일체 불을 피우지 않고 한 달 동안 찬 음식을 먹었다. 그 뒤 점점 줄어들어서 한 달 동안 찬 음식을 먹던 것이 사흘로 단축됐다. 태원(太原), 상당(上黨), 서하(西河) 등 각처에서는 매년 동지 후 105일 동안 미리 마른 음식을 준비해 두었다가 냉수로 먹는다. 이 때 불을 피우거나 연기를 피우는 행위를 금했는데 이 풍속을 금화(禁火) 또는 금연(禁煙)이라고 한다. 그래서 청명 하루 앞날이 바로 한식절(寒食節)이다.

한식날에는 집집마다 문에다 버들을 꽂는다. 그것은 버드나무 밑에서 타 죽은 개자추의 영혼을 초혼(招魂)한다는 뜻이다. 또 들에서 제사를 지내기도 하고 지전(紙錢)을 태우기도 하는데 이것도 또한 개자추를 사모하는 뜻에서 하는 일이다.

5. 두 동강 난 원수기(元帥旗)

이 때 제나라의 효공은 환공의 패업을 계승하여 패후(覇侯)가 되려는 생각에 골몰해 있었다. 어느 날 그는 신하들을 불러 모아 말했다.

"선군(先君) 환공께서 생존하셨을 때에는 정벌하지 아니한 해가 없었고 싸우지 아니한 날이 없었다. 그런데 과인은 지금 편안히 조당에 앉아 도무지 바깥일을 모르니 부끄럽기 한량없다. 지난날 노후가 무휴를 도우려 했음을 과인은 잊지 않고 있다. 과인이 노나라에 그 때의 원수를 아직 갚지 못하고 있는데 지금 노는 북으로 위나라와 손을 잡고 남으로 초나라와 손을 잡고 있다. 만일 그들이 서로 연합하여 우리 제나라를 친다면 결코 작은 일이 아니다. 요즘 듣자 하니 노나라는 몹시 흉년이 들었다고 한다. 과인은 이런 기회에 군대를 일으켜 노나라를 쳐서 앞날의 위기를 미연에 방지할 생각인데 경들의 뜻은 어떠한가?"

상경 고호(高虎)가 아뢰었다.

"노나라는 서로 친한 나라들이 많기 때문에 우리가 쳐서 이기기가 쉽지 않을 줄 압니다."

"비록 그렇더라도 시험 삼아 한 번 노를 치는 것이 좋지 않겠는가. 다른 나라 제후들이 어떤 태도를 취할 것인지 한 번 보고 싶소."

제효공은 친히 전거 2백승을 거느리고 노나라 경계로 쳐들어갔다. 급보를 받은 노희공은 대경실색했다. 흉년이 든 노나라는 기근이 심해서 싸움을 감당할 도리가 없었다.

대부 장손신(臧孫辰)이 노희공에게 아뢰었다.

"제효공은 우리 나라에 대한 원한이 골수에 사무쳐 있습니다. 청컨대 사람을 보내어 사죄하고 싸움을 피하소서."

"그렇다면 누가 가서 좋은 말로 그들을 무마하고 싸움을 면하게 하겠는가?"

"신이 한 사람을 천거하겠습니다. 전희(展喜)라는 사람이온데 지금 비록 벼슬은 낮으나 지혜가 있고 구변이 뛰어난 사람이옵니다."

노희공이 전희를 불러 당부했다.

"그대는 군명을 욕되게 하지 말고 부디 성공해서 돌아오라."

전희는 예물을 실은 수레들을 거느리고 국경으로 갔다. 제나라 군대가 노나라 경계 안에 당도하기 전이었다. 전희가 국경을 넘어 문남(汶南) 지방에 당도해서야 제나라 선봉 최요(崔夭)의 군대와 만났다.

전희는 거느리고 온 수레들을 최요에게 바쳤다. 최요는 전희를 뒤에 오는 제효공에게 알현케 했다. 전희가 예물을 제효공에게 바치고 말했다.

"우리 주공은 군후께서 친히 왕림하신다는 소문을 들으시고 소신으로 하여금 대군을 영접하고 위로하게 하셨습니다."

제효공이 오만스레 말했다.

"노나라 사람들은 과인의 거병이 역시 무서웠던 모양이구나."

전희가 웃으면서 대답했다.

"소인들 중엔 더러 무서워하는 자도 있겠으나 군자들은 조금도 무서워하지 않습니다."

"노나라 문신들 중에 시백만한 지혜가 없고 무신들 중에 조귀(曹劌)만한 용기가 없다. 그리고 흉년이 들어 들에는 풀 한 포기 볼 수 없고 백성들은 굶주림으로 신음하고 있다. 그러하거늘 무엇을 믿고 무서워하지 않는단 말이냐."

"우리 나라에는 믿을 만한 것이 없습니다. 믿는다면 선군(先君)의 분부를 의지할 따름입니다. 옛날에 선군께서는 제와 노는 자자손손에 이르기까지 함께 주 왕실을 돕고 서로 싸우지 말라고 하셨습니다. 이 기록은 지금도 맹부(盟府)에 있습니다. 그러므로 지난날 제환공께서 아홉 번이나 천하의 모든 나라 제후들을 합치셨지만 맨 먼저 우리 노나라 장공(莊公)과 동맹을 맺으시고 자고로 내려오는 선군의 분부부터 지켰던 것입니다. 그래서 우리는 제나라를 두려워하지 않습니다."

그 말을 듣자 제효공이 무언가 한동안 생각하다가 말했다.

"그대는 돌아가서 노후에게 말하라. 과인은 서로의 친목을 원할 뿐 다시는 군대를 쓰지 않겠다고 전하라."

그 날로 제나라 군대는 본국으로 돌아갔다.

전희는 돌아가서 노희공에게 제나라 군대가 물러갔다는 것을 보고했다. 이에 장손신이 아뢰었다.

"제나라 군대가 비록 물러갔으나 또 언제 쳐들어올지 모를 일이옵니다. 청컨대 신은 공자 수와 함께 초나라에 가서 군대를 빌려 제나라를 치겠습니다. 그래야만 제후들이 앞으로 우리 노나라를 만만히 보지 못할 것입니다."

노희공은 그 말에 귀가 솔깃해졌다. 이에 공자 수는 정사(正使)가 되고 장손신은 부사가 되어 많은 예물을 갖추어 초나라로 갔다.

"지난날 제나라는 녹상(鹿上)에서 맹회하기로 한 약속을 어기고 오지 않았으며 송나라는 홍수의 싸움을 일으켰으니 이 두 나라는 모두 초나라의 후환이 아닐 수 없습니다. 이 두 나라를 문책하시겠다면 우리 노나라는 미력하나마 왕의 선봉이 되어 싸우겠습니다."

그 말을 듣고 초성왕은 크게 기뻐했다. 그는 즉시 성득신으로 대장을 삼고 신공(申公) 숙후(叔侯)로 부장을 삼아 군대를 거느리고 제나라를 치게 했다.

성득신은 단 하루 만에 제나라 양곡 땅을 점령했다. 그리고 지난날 제나라에서 초나라로 도망 와 있는 제환공의 아들 공자 옹에게 양곡 땅을 다스리게 하는 한편 군대 1천 명을 주어 신공 숙후에게 노나라를 돕게 했다. 연후에 성득신은 군대를 돌려 개가를 부르면서 초나라로 돌아왔다.

이 때 초나라 영윤 자문(子文)은 이미 늙었기에 초성왕에게 성득신을 천거했다.

"신의 재주는 성득신을 따를 수 없습니다. 성득신이 나라 일을 맡는다면 그는 반드시 왕이 생각하시는 바를 이룰 것입니다."

드디어 초성왕은 자문의 청을 받아들였다. 그리하여 성득신은 영윤이 되고 중군 원수까지 겸했다.

성득신은 진(陣)·채(蔡)·정(鄭)·허(許) 네 나라 제후들을 규합하여 함께 송나라를 쳤다. 다섯 나라 연합군은 일제히 송나라 민읍 땅을 포위했다.

송성공은 즉시 사마 공손고를 진(晉)나라로 보내 구원을 청했다. 진문공은 모든 신하들을 불러 계책을 상의했다. 선진이 나아가 아뢰었다.

"이제 초나라는 스스로의 힘만 믿고 천하를 어지럽히고 있습니다. 비록 주공께서는 전날 초나라의 은혜를 입은 바가 있지만 더 이상 그들을 내버려 두어서는 안 됩니다. 초나라는 그 동안에 제나라를 쳐서 양곡 땅을 점령했고 이젠 송나라까지 쳐서 장차 중원으로 손을 뻗을 작정입니다. 지금이야말로 우리 나라가 위엄을 세우고 천하의 패권을 잡아야 할 때입니다."

진문공이 물었다.

"과인이 장차 제와 송 두 나라의 근심을 덜어 줄 작정인데 어찌하면 좋겠소?"

호언이 나아가 아뢰었다.

"초나라는 처음에 조(曹)나라와 친교를 맺었고 새로이 위나라와 손을 잡았습니다. 조·위 두 나라를 치면 초나라는 반드시 두 나라를 구원하려고 할 것입니다. 따라서 제·송은 위기를 모면할 수 있을 것입니다."

진문공은 감탄했다.

"그 계책이 참으로 좋소."

이어서 진문공은 송나라에서 온 공손고를 불러들여 그 계책을 알려줬다. 공손고는 즉시 송나라로 돌아가 송성공에게 진나라에서 듣고 온 계책을 보고했다. 송성공은 명령을 내려 더욱 굳게 성을 지켰다.

한편 진문공은 조와 위 두 나라를 치는 데 혹시 군대가 적지 않을까 염려되었다. 조쇠가 진문공에게 아뢰었다.

"옛날에 큰 나라는 3군을 두었고 그 다음 나라는 2군을 두었으며 조그만 나라는 1군을 두었습니다. 우리 나라는 무공(武公) 때에 비로소 2군을 두어 곽(霍)·위(魏)·우(虞)·괵(虢) 여러 나라를 쳐서 천리를 개척했습니다. 그러니 이제 우리 진나라는 대국으로서 마땅히 3군을 두어야 합니다."

"3군을 두기로 하면 그것을 통솔할 원수가 있어야 하는데 누구에게 그 대임을 맡기는 것이 좋겠소?"

진문공이 다시 묻자 조쇠가 서슴지 않고 대답했다.

"대저 장수란 용기보다 지혜가 있어야 하며 지혜보다는 배운 바가 많아야 합니다. 만일 주공께서 그러한 장수를 구하신다면 오직 극곡(郤縠) 한 사람이 있을 뿐입니다. 그는 나이 50이 넘었지만 학문을 좋아하여 예악과 시서(詩書)에 능통하고 있습니다. 예악과 시서는 선왕의 법이며 덕과 의(義)의 바탕이옵니다."

"그대의 말에 따르겠노라."

그리하여 극곡이 원수의 직을 맡았다. 그리고 택일하여 피려(被廬) 땅에서 크게 조련을 시작했다. 3군을 편성하고 극곡은 중군 원수가 되고 극진은 원수를 돕는 역할을 맡고 기만은 대장의 기와 북을 맡았다.

이에 극곡이 높은 단 위에 올라가서 명령을 내렸더니 북소리가 조수 밀리듯 세 번 일어났다. 포진하는 법을 연습하는데 젊은 자는 앞에 서고 나이 많은 자는 뒤에 서서 앉고 일어나고 나아가고 물러서는 것이 다 법에 맞았다.

잘못하는 자는 가르쳐 주고 세 번 가르쳐 주어도 못하는 자는 명령을 어긴 것으로 간주하고 그에 알맞은 벌을 내렸다. 이렇게 조련을 한 지 3일이 지나자 3군이 다 기정변화(奇正變化)를 습득하고 명령에 따라 손발처럼 움직였다. 모든 장수들이 진법이 엄하면서도 너그러워서 예와 법에 어긋남이 없음을 보고 모두 기꺼이 복종했다.

극곡이 금(金)을 울려 3군을 거두고 조련을 마치려던 참이었다. 문득 장대 아래에서 한바탕 바람이 일어났다. 우지끈 소리가 나면서 원수기(元帥旗)가 두 동강이 났다. 순간 모든 장수와 군대들의 얼굴빛이 변했다. 극곡이 추연히 말했다.

"원수의 깃대가 꺾어졌으니 이는 원수 되는 사람의 허물이로다. 내 여러분과 더불어 오래 일하지 못하겠구나."

모든 장수가 황망히 그 까닭을 물었다. 그러나 극곡은 그저 웃을 뿐 대답을 하지 않았다. 이 때가 주나라 양왕 19년 12월이었다.

그 이듬해 봄에 진문공은 군대를 나누어 조와 위 두 나라를 치려고 극곡과 함께 상의했다. 극곡이 말했다.

"주공은 위나라에게 조나라를 칠 테니 우리가 통과할 길을 빌려 달라고 하소서. 위는 조와 서로 친교를 맺고 있으므로 반드시 우리의 청을 거절할 것입니다. 그러면 남하를 건너 그들이 뜻하지 아니했던 지점으로 나아가서 바로 위나라 경계를 무찌르소서. 이것이 바로 갑자기 터지는 우레 소리에 귀를 가릴 여가가 없다는 격입니다. 이렇게 우선 위나라를 이긴 연후에 그 여세를 몰아 조나라를 치십시오. 조공공은 원래 민심을 잃은 데다 위나라를 꺾은 우리의 위세가 엄중하여 어쩔 줄을 모를 것입니다. 그러면 우리는 반드시 조나라도 정복할 수 있습니다."

진문공이 기뻐하며 말했다.

"그대는 참으로 지혜가 있는 장수로고."

진나라의 사자는 즉시 위나라에 가서 조나라를 칠 테니 잠시 길을 빌려 달라고 교섭했다. 이에 위나라 대부 원훤이 위성공에게 아뢰었다.

"진후가 지난날 망명했을 당시 우리 나라를 지났을 때 우리의 선군은 그를 괄시했습니다. 이제 진나라가 우리에게 길을 빌리고자 하니 거절하지 말고 이번만은 그 요구를 들어주십시오. 그렇지 않으면 진나라는 먼저 우리 나라를 치고 연후에 조나라를 칠 것입니다."

위성공은 난처했다. 하지만 결국 길을 빌려주지 않았다.

이에 진군(晉軍)은 남쪽으로 내려가 황하를 건너 바로 오록 땅 광야에 이르렀다. 진문공은 오록 땅을 둘러보고 탄식하며 눈물을 흘렸다.

"슬프다! 지난날 이 곳에서 개자추가 자기 살을 베어 과인에게 먹였도다."

모든 장수들도 슬픔을 억제하지 못했다. 이 때 위주가 말했다.

"우리가 이제 성을 함몰하고 고을을 점령해서 지난날의 수치를 설분해야 할 때인데 쓸데없이 탄식은 해서 뭘 하오!"

선진이 웃으며 말했다.

"그대의 말이 옳다. 바라건대 신은 본부군을 거느리고 가서 혼자 이 오록 땅을 점령하겠습니다."

그제야 진문공도 눈물을 씻으며 허락했다.

"경의 뜻이 장하도다."

위주가 따라 나서며 말했다.

"내가 마땅히 그대를 도우리라."

두 장수는 전거에 올라타고 나는 듯이 전진했다. 선진은 군대들에게 많은 기치(旗幟)를 들게 하여 산과 숲과 언덕을 지나갈 때마다 꽂게 했다. 그래서 숲 사이마다 가치가 가득히 나부꼈다. 위주가 말했다.

"내가 듣건대 군대는 소리 없이 쳐들어가야 한다는데 이제 이렇듯 많은 가치를 꽂는 까닭을 모르겠소."

선진이 대답했다.

"지난날 위나라는 제나라를 섬기다가 요즘에 와서 초나라를 섬기느니

만큼 백성들이 잘 순통하지 않는 것은 중원에서 쳐들어오지 않을까 하고 두려워하기 때문이오. 이는 적들에게 우리의 위세를 보이기 위함이오."

이 때 오록 땅 백성들은 뜻밖에 진나라 군대가 들이닥치자 서로 다투어 성 위로 올라가서 형세를 살폈다. 그런데 진나라의 정기가 산을 덮고 숲마다 나부끼고 있지 않는가. 진나라 군대가 얼마나 되는지 알 수가 없었다.

백성들은 두려웠다. 성 안과 밖을 가릴 것 없이 백성들은 앞을 다투어 달아나 어디론지 숨어 버렸다.

선진은 군대를 거느리고 오록성에 당도했다. 그런데 성을 지키는 자는 다 어디로 숨어 버렸는지 한 놈도 없었다. 진군은 북소리만 한 번 울리고 오록성을 점령했다. 선진은 즉시 사람을 보내어 진문공에게 첩보를 올렸다.

이에 진문공은 노장 극보양에게 오록성을 지키게 하고 대군을 거느려 염우 땅으로 나아가 영채를 세웠다. 이 날 극곡은 갑자기 병이 나서 드러눕게 되었다.

진문공은 친히 장막으로 가서 극곡을 문병했다. 그는 일어나지도 못하고 누운 채로 진문공에게 말했다.

"신은 주공의 하해와 같은 은총을 입었습니다. 그리하여 주공께 보답하려 했는데 천명에 한정이 있으니 어찌 하리이까. 이제 세상을 떠나는 마당에서 주공께 꼭 한 말씀 아룁니다."

"경은 무슨 말이든 다 하오. 경의 말이라면 과인은 무엇이든 다 좇겠소."

극곡이 길게 한 번 한숨을 쉬고 나서 말했다.

"주공께서 지금 조와 위를 치는 것은 진실로 초나라를 제압하기 위한 것입니다. 초를 제압하려면 먼저 제(齊)·진(秦)과 손을 잡아야 하니 주공께서는 우선 사자를 제나라로 보내 제후(齊侯)와 동맹을 맺으소서. 그렇게만 되면 위·조 두 나라는 겁이 나서 우리에게 화평을 청할 것입니다. 그러고 나서 다시 진(秦)나라와 동맹을 맺으소서. 이것이 바로 초나라를 제압할 수 있는 만전지책(萬全之策)입니다."

진문공은 극곡의 손을 잡으면서 말했다.

"경의 말이 옳소."

진문공은 곧 사자를 제나라로 보냈다. 이 때는 제효공이 세상을 떠난 뒤였다. 그리하여 제효공의 동생 반(潘)이 군위를 이었으니 그가 바로 제소공이다.

제소공은 초나라에게 양곡 땅을 뺏겼으므로 그러지 않아도 진나라와 서로 동맹을 맺어 초나라와 겨루고 싶어 하던 참이었다. 그는 진문공이 위나라 땅 염우에 주둔하고 있다는 말을 듣자 즉시 어가를 타고 진문공을 만나러 갔다.

위성공은 이미 오록 땅을 잃고 전세가 불리하자 곧 영유(寧俞)를 진군(晋軍)에게 보내어 사죄하고 화평을 청했다. 진문공이 꾸짖었다.

"처음에는 조나라로 가는 길을 빌려 주지 않다가 이제 사태가 절박해지자 화평을 청하는구나. 과인은 너희 나라 초구(楚丘) 땅을 짓밟고야 말리라."

영유는 돌아가서 위성공에게 진문공의 말을 전했다. 이 때 초구성에서는 진군이 쳐들어온다는 헛소문이 퍼져 백성들은 당황하여 물 끓듯 했다.

영유가 위성공에게 아뢰었다.

"진후(晋侯)의 노여움은 대단하고 백성들은 공포에 떨고 있습니다. 주공은 잠시 성을 버리고 딴 곳으로 몸을 피하소서."

위성공은 탄식하며 말했다.

"지난날 선군이 망명 유랑하던 진공자(晉公子)를 푸대접하고 과인이 또한 한때 현명하지 못해서 길을 빌려 주지 않았다가 이 꼴을 당하는구나."

위성공은 대부 원훤과 자기 동생 숙무를 불러 나라 일을 맡게 하고 양우(襄牛) 땅으로 떠나갔다. 동시에 위성공은 대부 손염(孫炎)을 초나라로 보내 구원을 청했다.

6. 이전투구(泥田鬪狗)

그 달에 극곡은 군중(軍中)에서 세상을 떠났다. 진문공은 극곡을 후하게 장사 지내도록 하고 선진을 원수로 임명했다.

진문공이 선진에게 물었다.

"이번 기회에 위나라를 아예 없애 버리는 것이 어떨까?"

선진이 대답했다.

"지금 위나라를 아주 없애 버리는 것은 천하의 패권을 잡으려는 주공으로서 약한 자를 도와야 한다는 덕에 비추어 보아도 좋은 계책이 못 됩니다. 비록 위나라가 무도하지만 위후(衛侯)는 이미 초구성을 버리고 달아났습니다. 이쯤에서 군대를 동쪽으로 옮겨 조나라를 치소서. 그러면 초군이 위나라를 도우려고 왔을 때에는 우리는 이미 조나라에 가 있을 것입니다."

진문공은 머리를 끄덕였다.

"옳은 말이도다."

그 해 3월에 진군은 드디어 조나라를 포위했다. 조공공(曹共公)이 여러 신하에게 계책을 물었다. 희부기가 나아가 아뢰었다.

"진후(晉侯)가 우리 나라를 치는 것은 오랫동안 쌓인 원한 때문입니다. 만일 주공께서 신을 보내 주시면 진후에게 가서 사죄하고 화평을 해 보겠습니다."

"진후는 위나라가 화평을 청해도 용납하지 않았거늘 어찌 우리 나라를 쉽사리 용서하겠는가?"

대부 우랑(于朗)이 앞으로 나서며 아뢰었다.

"신이 듣건대 희부기는 지난날 진후가 망명객으로 우리 나라에 왔을 때 남 모르게 많은 대접을 했다 합니다. 그가 자진해서 진군에게 가겠다고 청하는 것은 우리 조나라를 적에게 팔아넘기려는 수작입니다. 주공이 먼저 희부기를 참하시면 신이 진군을 물리칠 수 있는 계책을 말하겠습니다."

"그래. 희부기는 나라에 불충한 자이지만 오랫동안 과인을 섬겼으니 죽이는 것은 그만두고 관직만 삭탈하라."

희부기는 기가 막혔다. 그러나 어쩔 도리가 없었다. 그는 조공공에게 살려 준 은혜에 대해서 사례하고 궁에서 물러나왔다.

조공공이 우랑에게 물었다.

"경의 계책이란 무엇인가?"

"진후는 위나라를 쳐서 이긴 것만 믿고 지금쯤 몹시 교만해졌을 것입니다. 이럴 때 신이 진후를 속이는 밀서를 한 통 써서 보내겠습니다. 황혼 때 성문을 열어 드리겠으니 시각을 어기지 말고 친히 입성하라는 것입니다. 우리는 성 안에 궁노수를 매복시켜 두었다가 진후가 성 안으로 들어오면 즉시 성문을 닫고 일제히 활로 쏴서 그를 죽이면 만사는 해결됩니다."

조공공은 우랑의 계책을 쫓기로 했다.

그 날 진문공은 우랑이 보낸 밀서를 받았다. 진문공은 그 밀서를 믿고 저녁 때 성 안으로 들어가려 준비했다. 선진이 진문공에게 아뢰었다.

"조군(曹軍)은 아직 우리와 한 번도 싸우지 않았습니다. 한 번도 싸우지 않고 이렇게 순순히 항복할 리가 있겠습니까. 청컨대 이 글이 참인지 거짓인지 한 번 시험을 해 봐야겠습니다."

선진은 군대들 가운데 진문공과 비슷하게 생긴 자를 골랐다. 그에게 진문공의 옷을 입히고 관(冠)을 씌웠다.

어느덧 해가 서쪽으로 기울었다. 성에서 항복하는 항기(降旗)가 오르고 동시에 성문이 활짝 열렸다. 수레에 탄 가짜 진문공은 5백여 명을 거느리고 기세 좋게 조나라 성문 안으로 달려 들어갔다. 그들이 절반 이상 성 안으로 들어섰을 때였다. 갑자기 활시위 소리가 일제히 일어나며 화살들이 마치 메뚜기 떼 날듯이 날아왔다. 진병들은 가짜 진문공이 탄 수레를 급히 돌렸다. 그러나 성문은 이미 굳게 닫혀 있었다.

참으로 참혹한 일이었다. 성 안으로 들어간 가짜 진문공은 물론이고 5백여 명의 진병은 무수한 화살을 맞고 모두 쓰러져 죽었다.

우랑이 조공공에게 가서 보고하며 의기양양해졌다.

"드디어 진후가 죽었습니다."

그러나 이튿날 아침 그들은 진문공의 시체를 수습하다가 그것이 가짜인 것을 알았다. 우랑은 당황하여 어쩔 줄을 몰랐다.

죽음을 면한 진문공은 대노하여 총공격령을 내려 어지럽게 성을 쳤다. 우랑이 조공공에게 계획을 아뢰었다.

"어제 활로 쏴 죽인 진병들을 성 위에다 매어 다십시오. 진군은 자기 전우들의 시체를 보면 의기가 저하되어 성을 치는 데 전력을 다하지 못할 것입니다. 그렇게 며칠 끌고 나가는 사이에 초나라 군대가 우리를 구원하러 올 것입니다."

조공공은 우랑이 시키는 대로 분부를 내렸다. 과연 진나라 군대들은 성 위로 죽은 전우들이 긴 막대기에 매달려 나타나는 것을 보자 맥이 풀렸다. 그들은 공격하던 손을 멈추고 성 위에 내걸린 시체만 바라봤다.
 진문공이 선진에게 급히 물었다.
 "군심이 변할까 두렵소. 어찌하면 좋을꼬?"
 "조나라 분묘가 서문 밖에 있습니다. 청컨대 군대를 나누어 그 묘지에다 영채를 세우십시오. 그리고 그 무덤들을 파면 성 안에서 반드시 혼란이 일어날 것입니다. 그들이 혼란해질 때를 기다려 그들을 쳐야 합니다."
 "좋은 생각이오. 조나라 묘지를 파헤쳐라."
 호모 형제가 군대를 거느리고 서문 밖으로 가서 묘지에다 영채를 세웠다. 그리고 군대들에게 지시했다.
 "내일 오시까지 해골들을 가지고 오되 가장 많이 가지고 온 자에게는 큰 상을 주리라."
 그러나 진군들이 무덤을 파기도 전에 성 안에는 진군이 무덤을 판다는 소문이 퍼졌다. 모두 일촌간장(一寸肝腸)이 찢어지는지 성 위로 올라가 외쳤다.
 "무덤을 파지 마오! 이번에는 진정으로 항복하겠소!"
 선진이 부하를 시켜 대신 나가서 대답하게 했다.
 "너희들이 진심으로 항복하겠느냐? 과연 그렇다면 우리의 죽은 군사들을 잘 염하고 관에 넣어서 돌려다오. 그러면 우리도 즉시 군대를 거두겠다."
 "그럼 잠깐만 기다리오."
 그 관원이 성 위에서 사라졌다. 잠시 후 관원이 다시 나타나서 대답했다.
 "분부대로 하겠소. 그러나 3일 동안만 여유를 주오."
 "만일 3일 안으로 모든 시신을 관에 넣어 돌려보내지 않으면 조나라 조종(祖宗)의 해골부터 파낼 터이니 그리 알라!"

약속이 정해지자 조공공은 성 위에 달았던 시체를 속히 끌어내리게 했다. 성 안에서는 즉시 진병의 시체들을 일일이 염하고 한 편에서는 재목으로 관을 짜기 시작했다.

한편 선진은 이미 모든 계책을 정하고 호모·호언·난지 등을 불러 전거를 정비하게 했다. 진군은 사로(四路)로 나뉘어 각각 매복하고 있다가 조나라 사람들이 성문을 열고 관을 내오는 때를 기다려서 일제히 성문으로 쳐들어갈 계획이었다.

마침내 4일째가 되었다. 선진의 분부를 받고 아장(牙將)이 성 아래로 가서 큰 소리로 외쳤다.

"오늘이 우리 군사들의 시신을 돌려줄 날이다!"

성 위로 조나라 관원이 나타나 대답했다.

"청컨대 포위를 풀고 5리만 군대를 후퇴시키시오. 곧 시신들을 내드리겠소."

선진은 진문공에게 고하고 군대를 5리 밖으로 후퇴시켰다. 그제야 성문이 열리면서 관을 실은 수레들이 나오기 시작했다. 수레들이 계속해서 3분의 1쯤 성 밖으로 나왔을 때였다. 문득 포성이 크게 일어나며 사로에 매복하고 있던 군대들이 일제히 내달아 성문으로 쳐들어갔다.

성문은 관을 실은 수레들이 열을 지어 나가던 참이어서 갑자기 닫을 수가 없었다. 그 기회를 놓치지 않고 진군은 벌떼처럼 성문 안으로 쳐들어갔다.

조공공은 성 위에서 조군을 지휘하며 진군을 막으려 했다. 군대를 거느리고 성 안으로 들어간 위주는 나는 듯이 말을 달려 단번에 성 위로 올라갔다. 위주는 지휘 중인 조공공을 번쩍 들어 땅바닥에 메어꽂았다. 그리고 즉시 묶어 버렸다.

대세가 위급해지자 우랑은 성을 넘어 달아나려고 했다. 이를 본 전힐(顚頡)이 단숨에 달려가서 막 성을 넘으려는 우랑을 잡아 한칼에 베어 버렸다.

진문공은 모든 장수들을 거느리고 성루 위에 올라가 승전 보고를 받았다. 위주는 결박된 조공공을 바치고 전힐은 우랑의 목을 바쳤다. 그리고 모든 장수들은 각기 사로잡은 조군 포로들을 바쳤다. 이에 진문공은 조나라 사적(士籍: 관리들의 명부)을 가져오게 해서 보았다.

조나라 관리들 중에서 헌(軒)이라는 수레를 타는 자만 해도 3백 명이나 되었다. 헌이란 대부 이상의 직위를 갖고 있는 사람만이 탈 수 있는 수레였다. 진문공은 사적에 올라 있는 조나라 관리들을 모조리 잡아들였다. 그런데 사적에 희부기의 이름이 보이지 않았다. 진문공이 연유를 묻자 조나라 관리 한 사람이 아뢰었다.

"희부기는 주공에게 화평을 권하다가 사적에서 제적되었습니다. 지금 그는 서민으로 있습니다."

진문공이 조공공을 굽어보며 꾸짖었다.

"너의 나라에 단 하나 있는 어진 신하를 능히 쓰지 않고 보잘것없는 것들만 좌우에 두고서 어린애 같은 장난만 했으니 그리고도 어찌 안 망할 수 있겠느냐. 여봐라, 이 조공공을 대채에다 유폐하여라. 내 초나라를 친 연후에 그 죄를 묻겠노라."

조공공은 진군의 대채에 끌려가서 갇혔다. 진군은 헌을 타고 다니던 조나라 관원 3백 명을 모조리 참형에 처하고 그들의 집과 재산을 몰수했다.

진문공은 자기가 지난날 망명객으로 조나라를 지났을 때 희부기가 대접했던 은혜를 갚기 위해 북문에 있는 가장 큰 집을 그에게 주었다. 그리고 다음과 같은 영을 내렸다.

"저 북문 일대는 항상 정숙하게 유지하라. 만일 희 씨(僖氏)를 놀라게 하든지 또는 그곳의 풀 한 포기나 나무 한 그루라도 건드리는 자가 있으면 참형에 처하리라."

전후 처리를 마치자 진군의 반은 조나라 성을 지키고 반은 진문공을 따라 회군하였다.

7. 노신(老臣)의 구변

그 후로 진(晋)나라 군대는 1년 남짓 휴식을 취했다. 어느 날 진문공이 조회 때 여러 신하들에게 물었다.

"과인은 무례하고 신의 없는 정나라에게 아직도 원수를 갚지 못했소. 그런데 지금 정나라는 우리 진(晋)을 배반하고 초나라에게 충성을 다하고 있소. 나는 모든 나라 제후들을 불러 함께 정나라를 문죄할 작정이오. 경들의 생각은 어떠하오?"

선진이 앞으로 나아가 아뢰었다.

"그간 우리는 제후들을 여러 번 소집했습니다. 정나라를 치기 위해 또 제후들을 모은다면 이는 천하를 시끄럽게 할 뿐입니다. 더구나 우리 나라 군대만으로도 충분히 정나라를 칠 수 있는데 다른 나라 군대를 부를 것까지야 없지 않습니까."

진문공이 대답했다.

"하지만 과인은 전날 진군과 약속한 일이 있소. 진·진 두 나라는 다른 나라와 싸울 때면 서로 돕기로 했소."

선진이 다시 아뢰었다.

"정나라는 우리 중원의 목구멍과 같습니다. 그래서 지난날 제환공도 천하 패권을 잡으려 했을 때 늘 정나라를 손아귀에 넣으려고 했습니다. 이제 우리가 만일 진(秦)나라 군대와 함께 정나라를 친다면 필경에 우리는 정나라 때문에 다시 진(秦)나라와 다퉈야 합니다. 그러니 우리 단독으로 정나라를 치도록 하소서."

그러나 진문공은 고개를 저으며 분부했다.

"정나라는 우리 진(晋)나라와 거리가 가깝고 진(秦)나라와는 멀리 떨어져 있소. 진(秦)나라가 무엇 때문에 정나라를 탐낼 것인가. 진(秦)나라에 가서 구원을 청하고 9월 10일에 정나라 국경에 모이도록 아뢰라."

어느덧 9월이 가까웠다. 진목공은 군대를 거느리고 떠날 때 공자 난(蘭)에게 종군하기를 청했다. 그는 정나라 정문공의 이복동생이었다.

공자 난이 말했다.

"신이 듣건대 군자는 비록 타향에 있을지라도 부모의 나라를 잊지 않는다고 하옵니다. 지금 주공은 신의 고국인 정나라를 치러 가십니다. 그러므로 신은 이번만은 주공을 모시고 가지 못하겠습니다."

"음, 경은 참으로 근본을 아는 사람이로다."

진문공은 공자 난을 칭찬하며 동비(東鄙) 땅에 머물러 있게 했다. 이 때부터 진문공은 공자 난을 장차 정나라 임금으로 삼아야겠다고 생각했다.

마침내 진(晋)나라 군대가 정나라 경내로 들어갔다. 진문공은 백리해와 대장 맹명과 부장 기자(杞子)·봉손(逢孫)·양손(楊孫) 등과 전거 2백승을 거느리고 와서 진(秦)나라 군대와 만났다.

진·진 연합군은 즉시 공격을 개시하여 교외에 설치한 관문을 돌파하고 바로 곡유(曲洧) 땅까지 육박해 갔다.

진·진 연합군은 정나라 도성을 철통같이 에워쌌다. 진(晋)나라 군대는 정성(鄭城) 서쪽 함릉(咸陵)에 본영을 두고 진(秦)나라 군대는 정성

동쪽 범남(氾南)에 본영을 세웠다. 그리고 두 나라 연합군은 밤낮없이 성 주위를 돌아다니면서 나뭇짐이건 곡식이건 간에 일체의 물품이 성 안으로 들어가지 못하도록 차단했다.

성 안의 정문공은 어쩔 바를 몰랐다. 대부 숙첨(叔詹)이 아뢰었다.

"진·진 연합군의 형세가 매우 크니 우리는 그들과 맞싸워서는 안 됩니다. 말 잘 하는 사람을 구해서 진(秦)나라 군대를 설득시켜 물러가게 하는 수밖에 없습니다. 진군(秦軍)만 물러가면 진군(晉軍)은 형세가 고단해질 것입니다."

"과연 그럴 만한 사람이 누구요?"

"일지호(佚之狐)를 보내는 것이 좋겠습니다."

정문공이 일지호에게 분부했더니 그가 대답했다.

"신은 감히 그런 중임을 감당할 수 없습니다. 그 대신 다른 사람 하나를 천거하겠습니다. 그는 세 치 혀로 큰 산도 흔들 만합니다. 다만 늙어서 아무도 그를 높은 자리에 써 주지 않았을 뿐입니다. 주공께서는 벼슬을 내리시고 그 사람을 보내소서."

"그 사람이 누구요?"

"그는 고성(考城) 사람으로 성은 촉(燭)이고 이름은 무(武)라고 합니다. 그는 지금 나이가 칠순입니다. 그는 아직 낮은 벼슬에 있지만 바라건대 주공께서는 그를 예로써 대접하시고 보내소서."

마침내 정문공은 촉무를 궁중으로 불러오게 했다. 이윽고 촉무가 궁으로 들어왔다. 그는 수염과 눈썹이 희고 허리는 꼬부라져 꼽추 같고 제대로 걷지도 못했다. 신하들은 그를 보고 웃음을 겨우 참았다.

촉무가 정문공에게 절하고 아뢰었다.

"주공께서는 무슨 일로 이 늙은이를 부르셨나이까?"

"일지호가 말하기를 그대가 구변이 좋다기에 한 가지 부탁이 있어 불렀소. 그대가 만일 진(秦)나라 군대를 물러가게만 해 주면 과인은 나라를 그대와 함께 다스리고자 하오."

촉무가 재배하며 사양했다.

"신은 원래 배운 것이 없어 젊었을 때도 나라를 위해서 공을 세우지 못했습니다. 더구나 이젠 늙어서 근력도 다 시들고 말을 하면 숨결이 가쁩니다. 그러니 어찌 다른 나라 군후에게 가서 무슨 재주로 대군을 물러가게 할 수 있겠습니까."

"그대 같은 인재가 지금껏 하찮은 벼슬자리에 있으니 이는 다 과인의 잘못이오. 이제 그대에게 아경 벼슬을 내리겠으니 과인을 위해서 한 번 갔다 오기 바라오."

그제야 촉무는 정문공의 분부를 받고 궁에서 물러나갔다.

그 날 밤 촉무는 장사들에게 굵은 밧줄로 자기 허리를 동여매게 했다. 그리고 장사들이 밧줄을 드리워 주는 대로 성벽을 타고 동문 밖으로 내려갔다.

성벽을 내려선 그는 진군(秦軍)의 영채로 달려갔다. 예상했던 대로 그는 진(秦)나라 파수병에게 발각됐다.

"누구냐!"

"진(秦)나라 군주를 뵙고자 찾아왔소."

파수병들은 영내로 들어가려는 촉무를 제지했다. 그러자 촉무는 영채 밖에서 방성통곡을 했다. 이에 군사들이 촉무를 잡아 들어갔다. 진목공이 물었다.

"저 사람은 누구냐?"

촉무가 스스로 대답했다.

"노신은 정나라 대부 촉무라는 사람입니다."

"그대는 어째서 그토록 시끄럽게 통곡을 하는가?"

"장차 정나라가 망하겠기에 울었소이다."

진목공이 꾸짖었다.

"망하는 건 정나라인데 너는 무슨 연유로 우리 진군(秦軍) 영채 밖에 와서 통곡하는가?"

"노신은 정나라를 위해 통곡하는 동시에 겸하여 진(秦)나라를 위해 통곡했습니다. 정나라가 망하는 건 어쩔 수 없지만 장차 진(秦)나라가 망할 것을 생각하니 아까워서 울었습니다."

진목공이 대로해서 소리쳤다.

"우리 나라가 망하다니 그 무슨 소리냐? 저 늙은 놈의 말이 뒤죽박죽이구나. 당장 끌어내어 목을 베어라."

그러나 촉무는 조금도 두려워하는 기색이 없이 말했다.

"노신이 죽기 전에 할 말이 있소이다."

"그게 무엇이냐?"

진목공이 묻자 촉무가 조용히 말했다.

"진과 진 두 나라가 합세하여 정을 치니 장차 정나라가 망할 것은 뻔한 일입니다. 그러나 정나라가 망해서 진(秦)나라에게 유익한 점이 있다면 이 늙은 몸이 왜 이런 말을 하겠습니까. 진(秦)나라는 장차 이익이 없을 뿐만 아니라 큰 손해가 있을 뿐입니다. 그런데 군후께서는 어찌하여 군대를 고생시키고 많은 비용까지 쓰면서 남 좋은 일만 하십니까?"

"아무 이익도 없고 손해만 있다니 그게 무슨 말인가?"

"정나라는 진(晉)나라의 동쪽에 있고 진(秦)나라는 진(晉)나라의 서쪽에 있습니다. 그러기에 정과 진 두 나라는 동서로 거리가 천 리나 떨어져 있습니다. 진(秦)나라는 동쪽으로 진(晉)나라를 격해 있고 남쪽으로는 주나라와 떨어져 있으므로 주(周)·진(晉) 두 나라를 지나야만 비로소 우리 정나라에 당도합니다. 장차 정나라가 망하면 어떻게 되겠습니까. 지리상으로 볼진대 정나라 땅은 가까운 진(晉)나라 것이 되고 말 것입니다. 그러면 이곳에서 멀리 떨어진 진(秦)나라에게 무슨 이익이 되겠습니까. 더구나 진과 진은 서로 인접한 나라며 서로가 그 세력을 다투는 처지입니다. 결국 진(晉)이 더 강해지면 진(秦)은 더욱 약해질 뿐입니다. 옆의 나라를 강하게 해 주기 위해서 스스로 자기 나라를 약하게 하는 것은 지혜 있는 사람의 할 짓이 아닙니다."

"으음."

진목공의 입에서 저도 모르게 신음 소리가 새어나왔다. 촉무는 말을 계속했다.

"그 동안 군후께서는 진(晉)나라를 여러 번 도왔습니다만 진나라로부터 무슨 보답을 받았습니까. 이제 진이 정나라를 없애고 이 넓은 동쪽 땅을 손아귀에 넣는다면 그 다음에 누구를 노리겠습니까. 그들이 서쪽 진(秦)나라에게 이익은 없고 해만 있다는 것은 바로 이 점입니다. 그리고 신이 통곡하는 것도 바로 이 때문입니다."

진목공은 가끔 얼굴빛이 변하기도 하고 머리를 끄덕이기도 하다가 마침내 말했다.

"대부의 말이 옳소!"

곁에서 듣고 있던 백리해가 간했다.

"촉무는 구변 좋은 사람입니다. 우리와 진(晉)나라 사이를 이간시키려는 수작입니다. 주공은 그의 말을 듣지 마소서."

그러자 촉무가 황망히 말했다.

"군주께서 포위를 풀어 주시면 우리 정나라는 이후부터 초나라를 버리고 진(秦)나라를 섬기기로 맹세하겠습니다. 우리 정나라 군대와 물건을 얼마든지 쓰십시오. 우리 정나라는 군후의 외부(外府) 노릇을 하겠습니다."

진목공은 기뻤다. 마침내 진목공은 촉무와 서로 삽혈하고 동맹까지 맺었다. 진목공은 도리어 기자·봉손·양손 세 장수에게 군대 2천을 주어 정나라를 돕도록 하고 돌아갔다.

이 일은 즉시 진군(晉軍) 영채에 알려졌다. 진문공은 격노했다. 호언이 곁에서 아뢰었다.

"진(秦)나라 군대는 멀리 가지 못 했을 것입니다. 신에게 약간의 군대를 주시면 그들을 쫓아가서 치겠습니다. 지금 그들은 속히 돌아가고 싶은 생각뿐이어서 싸울 뜻이 없습니다. 그러므로 한 번에 그들을 무찔러 버릴 수 있습니다. 진군만 무찔러 이기면 정나라는 크게 놀라서 우리가 공격하지 않아도 항복할 것입니다."

그러나 진문공은 머리를 흔들었다.

"그럴 수 없다. 과인은 지난날에 진(秦)나라의 힘을 입어 고국에 돌아왔으며 군주 자리에 오를 수도 있었다. 진백이 도와주지 않았으면 어찌 과인에게 오늘날이 있으리오. 더구나 진백은 과인의 장인이 아닌가. 그리고 진군(秦軍)이 가버렸다고 해서 정나라를 치는 일에 근심할 만한 것은 없지 않은가."

이에 진문공은 군대의 반을 진군이 떠나고 없는 함릉으로 보내어 보충시켰다. 그리고 정나라에 대한 공격은 전과 다름이 없었다.

8. 충신은 죽이지 않는 법

정문공이 촉무에게 말했다.

"진(秦)나라 군대가 물러간 것은 그대의 공로였소. 그런데 진(晉)나라 군대가 물러가지 않고 공격을 계속하니 이 일을 어쩌면 좋겠소?"

촉무가 대답했다.

"듣건대 공자 난(蘭)이 진후(晋侯)의 사랑을 받고 있다 합니다. 공자 난을 귀국하게 하여 진후에게 화평을 청하면 이 위기를 모면하리이다."

정문공이 다시 부탁했다.

"이 일도 그대가 아니면 감당할 사람이 없소."

곁에서 석신부(石申父)가 아뢰었다.

"노대부는 전번 일에 수고가 많으셨으니 원컨대 이번에는 신이 대신 가서 교섭하겠나이다."

그리하여 석신부는 많은 예물을 가지고 성을 나가 진문공에게 갔다. 석신부는 진문공 앞에 나아가 재배하고 말했다.

"우리 주공께서 비록 상국에 충성을 다하진 못 했으나 군후의 통치에서 크게 벗어난 적은 없었습니다. 그런데 이번에 군후께서 매우 진노하셨기 때문에 우리 주공께서는 스스로 죄를 깨달아 후회하고 있습니다. 지금 귀국에 우리 주공의 아우 되시는 공자 난이 계시지 않습니까. 군후께서 불쌍히 생각하시고 공자 난을 보내어 우리 정나라를 감독하게 하시면 우리 정나라가 앞으로 어찌 딴 생각을 갖겠습니까."

진문공이 물었다.

"너희들은 우리와 진(秦)나라를 이간시키면 우리가 단독으로 너희들을 치지 못 하리라고 생각하지 않았는가? 그것이 실패하자 이제 와서 우리에게 화평을 청하다니 참으로 뻔뻔하구나. 이는 우리의 공격을 늦추게 하는 동시에 초나라 구원병이 오기를 기다리자는 것이 아니냐? 그러나 너희들이 우리 군대가 물러가기를 바란다면 다음 두 가지를 이행해야 하느니라."

"그 두 가지란 무엇이오니까?"

"첫째는 공자 난을 모셔 가거든 정나라 세제(世弟)로 세워야 하며 둘째는 너희 나라 정사를 좌지우지하는 숙첨을 과인에게 보내 줘야 한다."

신석부는 진문공이 요구하는 두 조건을 정문공에게 보고했다. 정문공이 말했다.

"과인에게 아들이 없으며 공자 난 또한 태어날 때 비범한 몽조(夢兆)가 있었다 하니 그를 세제로 세우면 조상들도 좋아하시리라. 그러나 숙첨은 나의 수족과도 같은 중신이라 어찌 그를 적군에게 보낼 수 있으리오."

숙첨이 아뢰었다.

"자고로 군주에게 근심이 있으면 그것은 신하의 치욕이며 주공이 욕을 보시면 신하는 죽어야 하는 법입니다. 지금 진후가 신을 호출하는데 신이 가지 않으면 그들은 우리 정나라에 대한 공격을 멈추지 않을 것입니다. 청컨대 신이 가도록 허락하소서."

"그대는 가기만 하면 틀림없이 죽소. 내 어찌 차마 그대를 죽을 곳으로 보내겠는가."

정문공이 말하자 숙첨이 다시 아뢰었다.

"주공은 이 숙첨 한 사람을 아껴 백성을 전화(戰禍)속에 들게 하고 장차 이 나라 사직까지 망치려 하십니까. 속히 신을 보내 주소서."

드디어 정문공은 눈물을 뿌리면서 숙첨을 보냈다.

석신부가 숙첨을 진군으로 데리고 가서 진문공에게 아뢰었다.

"이제 우리 주공께서는 군후의 지엄하신 분부를 받고 두 가지 조건에 다 복종하였나이다."

진문공은 만면에 미소를 띠었다.

그리고 공자 난을 데리러 호언을 동비(東鄙) 땅으로 보냈다. 이어서 숙첨을 잡아들이라 분부했다. 숙첨이 끌려 들어와서 꿇어앉는 것을 굽어보고 진문공이 추상같이 호령했다.

"너는 정나라 재상으로서 임금으로 하여금 과인에게 무례를 저지르게 했으니 그 죄가 하나이며 또 과인과 동맹한 너의 군주에게 배반하도록 간했으니 그 죄가 둘이다. 여봐라! 속히 끓는 가마솥을 준비하고 저놈을 삶아 죽여라."

그러나 숙첨의 얼굴빛은 조금도 변하지 않았다. 그는 두 손을 마주 잡아 읍을 하고 일어서서 진문공에게 말했다.

"이왕 죽을 바에야 신은 하고 싶은 말이나 한마디 하고 죽겠습니다."
"너 같은 놈이 무슨 할 말이 있느냐?"
진문공이 꾸짖자 숙첨이 조용히 말했다.

"이제 군후께서는 내가 정나라 재상 자리에 있다 해서 나를 처벌하려고 하시지만 우리 주공은 신에게 아무 죄가 없다는 것을 아시기 때문에 굳이 신을 이곳으로 보내려 하지 않으셨습니다. 그러나 신은 주군이 치욕을 당하면 신하는 죽어야 한다는 뜻을 아뢰고 자청해서 이곳에 왔습니다. 신이 오직 바라는 바는 이제 우리 정나라를 위기로부터 건지는 것뿐입니다. 지금의 일을 보고 장차 할 바를 예측하는 것은 지혜이고 전심전력을 다해 나라를 돕는 것은 충성이며 역경에 처해 곤란을 피하지 않는 것은 용기이고 제 몸을 죽여 나라를 구하는 것은 인덕입니다. 신에게는 이러한 인·지·충·용이 다 겸비되어 있습니다. 그런데 진(晉)나라 국법은 이런 사람을 삶아서 죽이도록 되어 있습니까?"

숙첨은 말을 마치자 끓는 가마솥 앞으로 걸어갔다. 그는 가마솥에 몸을 던지려는 자세를 취하고는 모든 사람을 돌아보며 말했다.

"이후 군주를 섬기는 자는 누구나 이 숙첨을 본받아야 할 것이다!"
진문공은 숙첨의 말과 그 태도에 모골이 송연해졌다.
"저 사람을 속히 구하라!"
가마솥 주위에 섰던 군대들이 끓는 물 속에 몸을 던지려는 숙첨을 붙들었다. 진문공이 말했다.

"내가 잠시 그대를 시험해 본 것이오. 그대는 참으로 열사로다."

진문공은 숙첨을 예의로써 대접했다.

이튿날 공자 난이 호언을 따라 정나라로 오자 진문공은 그에게 데려온 뜻을 말했다. 숙첨은 신석부와 함께 예로써 공자 난에게 절했다.

오랜만에 고국으로 돌아온 공자 난은 모든 것이 감개무량했다. 그가 정성(鄭城)으로 들어가자 정문공은 아우 공자 난을 세제(世弟)로 책봉했다. 진문공이 군대를 거느리고 본국으로 떠난 것은 수일 후의 일이었다.

바로 그 해에 진(晉)나라 장수 위주가 술에 많이 취해 수레를 달려 집으로 돌아가다 땅바닥으로 굴러 떨어졌다. 그는 한 말 이상이나 피를 토하고서 죽었다. 진문공은 그의 아들 위과(魏顆)에게 아버지의 벼슬을 잇게 했다.

그 후 몇 달이 지나기도 전에 이번에는 호모와 호언이 잇달아 세상을 떠났다. 진문공은 평생 고락을 같이해 온 신하들이 차례로 죽는 것을 보고 크게 통곡했다.

"과인이 온갖 곤경을 벗어나 오늘날에 이른 것은 다 그들의 힘을 입은 바라. 그들이 나를 버리고 먼저 가버리니 어찌 애달프지 않겠는가."

서신(胥臣)이 나아가 아뢰었다.

"주공은 과도히 상심 마소서. 비록 호모와 호언은 죽었으나 신이 주공을 위해서 한 사람을 천거하겠나이다."

진문공이 눈물을 닦고 물었다.

"그게 누구요?"

"그는 바로 극예(郤芮)의 아들 극결(郤缺)이옵니다. 만일 그를 등용해서 쓴다면 호모와 호언보다 못하지 않을 것이옵니다."

"뭐, 그 아비가 극예라니? 극예는 지난날 반란을 일으켰던 역적놈이 아닌가! 그 죄인의 자식을 어찌 등용하란 말인가?"

서신이 강력히 아뢰었다.

"요(堯)·순(舜) 같은 임금에게도 단주(丹朱)·상균(商均) 같은 불초자식이 있었으며 곤(鯀) 같은 악인에게도 우(禹)임금 같은 아들이 있었습니다. 그러기에 어질거나 어리석거나 간에 그 아버지와 아들은 아무 상관이 없는 것이옵니다. 주공께서는 어찌 지난 일을 미워하여 훌륭한 인재를 등용하려고 하시지 않나이까."

"그대의 말이 옳소. 경은 나를 위해 그 사람을 부르라."

"혹시 그가 다른 나라로 도망가서 적에게 중용되지나 않을까 염려되어 이미 신의 집에 데려다 놓았습니다. 이제 주공께서 그를 부르시려면 반드시 어진 사람을 대하는 예로써 하소서."

진문공이 서신의 말을 좇아 내시를 시켜 높은 관리가 입는 도포와 관에 꽂는 비녀 및 관을 메는 갓끈을 가지고 가서 극결(郤缺)에게 자기의 명을 전한 후에 모셔 오라고 시켰다.

"신은 한갓 보잘것없는 농부에 불과합니다. 임금께서 죄인의 자식을 죽이지 않으신 것만 해도 이미 그 은혜가 막중하거늘 어찌 감히 총애를 받아 궁중에 설 수 있겠습니까."

내시는 거듭 거듭 진문공의 분부를 전하고 수레에 오르기를 권했다. 극결은 마침내 진문공이 보낸 관모와 도포를 착용하고 궁으로 들어갔다.

원래 극결은 키가 9척이며 준수한 얼굴에 목소리가 큰 종소리와 같았다. 진문공은 극결을 보자 첫눈에 마음에 들었다. 이에 서신을 원수로 삼고 극결에게 서신을 돕게 했다.

그리고 전군을 개편했다. 그 때까지 진(晉)나라 군대는 3군이었는데 다시 2군을 창건하여 도합 5군이 되었다. 그러니까 진(晉)나라는 천자(天子)가 거느리는 6군에 버금가는 군대를 보유하게 된 것이다. 물론 제후들은 3군 이상의 군대를 보유하지 못하게 규정되어 있었으므로 이는 국법에 어긋나는 행위였으나 이제 주나라의 왕은 진나라를 막을 힘이 없었다.

초나라 성왕은 이 소식을 듣고 진(晉)나라를 두려워했다. 초성왕은 대부 투장(鬪章)을 진(晉)나라로 보내 우호 조약을 맺자고 청했다. 진문공은 지난날 자기가 신세진 일을 생각하고 그 청을 받아들였다.

세월은 흘러 주나라 양왕 24년이 되었다. 이 해에 정문공이 세상을 떠났다. 정나라의 모든 신하들은 정문공의 아우 공자 난(蘭)을 임금으로 모셨으니 그가 바로 정목공(鄭穆公)이다.

이 해 겨울에 진문공 또한 병이 났다. 진문공은 병석에서 선진·호사고·양처부 등 원로 중신들을 불러들였다. 진문공이 유언했다.

"세자 환(驩)을 부탁하노라. 그리고 과인이 이루어 놓은 백업(伯業)을 결코 다른 나라에게 뺏기지 않도록 힘쓰라."

일찍이 진문공은 자기가 죽은 후 자식들이 제환공의 자식들처럼·나라를 어지럽히지나 않을까 염려하며 미리 조치를 취했던 것이다. 그래서 진문공은 아들 옹(雍)을 그 전에 이미 진(秦)나라에 보내 그곳에 머물러 살도록 조치했다.

어느 눈 오는 날에 진문공은 세상을 떠났다. 진(晉)나라 임금 자리에 있은 지 8년째였는데 이 때 그의 나이 68세였다.

세자 환이 상주가 되고 군위에 오르니 그가 바로 진양공(晉襄公)이다.

이 때 허(許)와 채(蔡) 두 나라는 진문공이 죽자 즉시 마음이 변하여 지금까지 섬기던 진(晉)나라를 버리고 초나라와 동맹을 맺었다.

진양공은 대로하여 양처부를 대장으로 삼아 허나라와 채나라를 치러 보냈다.

이에 초나라 성왕도 곧바로 성대심에게 군대를 내주어 허와 채 두 나라를 돕게 했다. 초나라 군대는 지수(泜水)에 이르러서야 강 건너편 언덕에 진군이 주둔하고 있는 것을 보았다. 그리하여 지수 남쪽에 하채하고 진군은 지수 북쪽에 있게 되었다. 두 나라 군대는 강 하나를 사이에 두고 대치하고 있어 서로 떠드는 소리를 피차간에 들을 수 있었다.

두 나라 군대가 대치하고 있는 동안에 두 달이란 시일이 지났다. 진나라 군대는 우선 군량이 바닥날 지경이었다.

양처부는 후퇴하는 수밖에 별 도리가 없다는 것을 알고 있었다. 그러나 초군이 추격해 올까봐 두려웠다.

또 초나라 군대가 무서워 달아났다는 웃음거리가 되는 것도 싫었다.

양처부는 생각 끝에 부하 한 사람을 강 건너 초군에게 보내 투발에게 말을 전하게 했다.

"장군이 만일 우리와 싸우고 싶다면 우리 진군이 1사(舍: 30리) 정도 물러나 초군이 안전하게 강을 건너 온 뒤에 결전하겠소. 그러나 장군이 강을 건너오기 싫다면 장군이 1사만 후퇴하시오. 그러면 우리 진군이 강을 건너 남쪽 언덕에 가서 싸우겠소. 우리 두 나라 군대가 피차 노려보기만 할 뿐 강을 건너지 못하고 이러고만 있으면 결국 군사들만 피로하고 비용만 허비될 뿐이니 피차간에 무슨 이익이 있으리오. 지금 우리는 전거에 말을 매고 장군의 대답만 기다리고 있으니 속히 결정하시오."

투발이 분노하여 성대심에게 말했다.

"우리는 조금도 두려워할 것이 없소. 즉시 강을 건너갑시다."

성대심이 급히 말렸다.

"원래 진(晋)나라 사람은 믿을 수가 없소. 우리가 강을 건널 수 있게 1사 후퇴하겠다는 것은 결국 우리를 유인하기 위한 수작이오. 만일 우리가 강을 반쯤 건너갈 때 진군이 우리를 공격하면 우리는 나아가지도 물러서지도 못할 것이오. 차라리 우리가 1사 후퇴하고 진군이 강을 건너오도록 양보합시다. 그러면 우리가 오히려 그들을 칠 수 있을 것이오."

"그대의 말이 옳소."

투발은 군중에 영을 내려 1사를 후퇴하게 하고는 영채를 세웠다. 그리고 사람을 진나라 장수 양처부에게 보냈다.

"우리는 이미 후퇴했으니 장군은 군대를 거느리고 강을 건너오라."

"그럼 우리가 강을 건너가겠다고 전하여라."

양처부는 얼굴에 미소를 띠고 심부름 온 초나라 군사를 돌려보냈다. 그러고는 군사들에게 엉뚱한 거짓말을 했다.

"초나라 장수 투발은 우리 진군이 두려워 강을 건너오지 못 하고 모두 다 달아나 버렸다. 그래서 강 건너 언덕에 초군이라곤 한 놈도 없다. 그러니 우리가 강을 건너간들 무엇 하리오. 겨울은 깊어가고 추위는 닥쳐온다. 우리도 일단 고국에 돌아가서 쉬고 있다가 다시 때를 기다리기로 하자."

이에 양처부는 군대를 거느리고 회군해 버렸다.

한편 1사를 후퇴한 투발은 진군이 나타나기를 기다렸다. 이틀이 지났는데 진군은 오지 않았다. 투발이 사람을 보내어 진군의 동정을 알아보았다. 이 때 진군이 이미 멀리 가 버린 뒤였다. 이에 투발도 군대를 거느리고 본국으로 돌아왔다.

제6편 불인치욕(不忍恥辱)

1. 아버지를 죽인 아들
2. 구혈두여(嘔血斗餘)
3. 흉악한 군주(君主)
4. 노부(老婦)의 호음(好淫)
5. 한 맺힌 설분
6. 삼년불비 삼년불명(三年不飛 三年不鳴)
7. 폭군 진영공(晋靈公)
8. 도원(桃園)의 참극
9. 군위를 고사한 계찰(季札)

제6편 불인치욕(不忍恥辱)

1. 아버지를 죽인 아들

초나라 초성왕의 큰아들 이름은 상신(商臣)이었다. 초성왕은 상신을 태자로 세우기로 결정하고 투발에게 이 일을 상의했다. 투발이 대답했다.

"원래 우리 초나라의 왕위 계통을 보면 큰아드님으로서 왕위를 계승한 분이 극히 드뭅니다. 특히 상신의 관상을 보건대 눈은 범과 같고 목소리는 늑대와도 같습니다. 이것만 봐도 성격이 매우 잔인합니다. 오늘날 왕께서 그를 사랑했다가 다음 날 혹 그를 미워하게 되어 태자 자리를 뺏는다면 나라만 소란해질 것입니다."

그러나 초성왕은 투발의 말을 듣지 않고 상신을 태자로 세우고 반숭(潘崇)을 상신의 스승으로 삼았다.

그 뒤 태자 상신은 자기를 반대한 사람이 바로 투발이란 사실을 알았다. 태자 상신은 속으로 이를 갈았다.

바로 이러한 때에 채나라를 구원하러 갔던 투발이 진(晉)나라 군대와 한 번 싸워 보지도 않고 돌아왔던 것이다.

상신이 초성왕에게 참소했다.

"투발은 진나라 장수 양처부로부터 많은 뇌물을 받았다고 합니다. 그래서 그는 진나라 군대와 싸우지도 않고 돌아온 것입니다."

초성왕은 상신의 말을 듣고 대로하여 투발을 불러 사실 여부를 물어

보지도 않고 사람을 시켜 칼 한 자루를 그에게 보냈다. 투발은 변명할 길이 없었다. 그는 그 칼로 자기 목을 찌르고 죽었다.

이에 성대심은 초성왕에게 가서 머리를 조아리고 눈물을 흘리면서 싸우지 못하고 회군한 사실과 그 이유를 자세히 설명했다. 그리고 진군에게서 뇌물을 받은 일이 없다는 것도 밝혔다.

"사실이 이러한 데도 불구하고 만일 회군한 것이 죄라면 하필 투발만이 죽어야 할 이유가 없고 신도 마땅히 죽어야 합니다."

초성왕은 성대심을 위로했다.

"그대가 굳이 책임질 필요는 없다. 과인이 투발을 죽게 한 것은 잘못이었다. 과인은 지금 후회하고 있노라."

그 뒤로 초성왕은 태자 상신을 좋아하지 않았다. 그 대신 어린 아들 직(職)을 사랑했다. 마침내 초성왕은 상신을 버리고 직을 태자로 삼기로 했고 궁중 사람들 사이에 왕이 상신을 미워한다는 소문이 퍼졌다. 이 말을 듣고 상신은 크게 놀랐다. 그래서 즉시 스승인 반숭을 찾아갔다.

"요즘 왕이 나를 태자 자리에서 몰아내려 한다는 소문이 파다합니다. 불안해서 도무지 잠을 잘 수가 없소."

반숭이 대답했다.

"내게 한 계책이 있습니다. 우선 그 소문이 참말인지 거짓말인지 그것부터 알아봅시다."

"어떻게 하면 알 수 있겠소?"

상신이 묻자 반숭이 조그만 목소리로 속삭였다.

"왕의 누이동생 강미(江芈)는 강(江)나라로 출가하신 분이 아닙니까. 그런데 강미가 친정인 초나라에 온 지도 제법 오래 됐건만 아직 강나라로 돌아가지 않고 궁에 있습니다. 누구보다도 강미가 이 일에 대해 잘 알고 있을 것입니다. 원래 강미는 성미가 급하고 입이 가볍습니다. 태자는 동궁에다 잔치를 베풀고 고모님을 성심껏 청하십시오. 그러나 강미가 일단 오면 아주 심한 모욕을 주십시오. 성미 급한 강미는 단번에 화를 낼 것입니다. 여자란 부아가 나면 바른 말을 하는 법입니다."

상신은 반숭이 시키는 대로 잔칫상을 차려 놓고 고모 강 씨를 정중히 청했다. 청을 받고 강미는 동궁으로 왔다.

그런데 상신은 갑자기 태도를 바꾸며 거만스레 앉아서 잔뜩 거드름을 피우는가 하면 시녀들을 끼고 속삭이기만 했다. 강미가 두 번이나 말을 걸었으나 상신은 듣고도 못 들은 체 대답도 하지 않았다. 드디어 강 씨는 대로했다. 손을 들어 음식상을 치고 벌떡 일어나 큰 소리로 호통을 쳤다.

"네 이놈, 너는 고모도 대접할 줄 모르는 망나니로구나. 군후가 너를 죽이고 직(職)을 세우려는 것도 무리는 아니다."

상신은 다시 태도를 바꾸고 강미에게 사죄했다. 그러나 강미는 돌아보지도 않고 수레를 타고 돌아가 버렸다.

상신은 그 날 밤으로 반숭에게 갔다. 그는 살아날 길을 지시해 달라고 반숭에게 졸랐다. 반숭이 물었다.

"태자는 능히 직을 왕으로 섬길 수 있습니까?"

"내 어찌 맏아들로서 동생을 섬길 수 있겠소."

"그렇다면 다른 나라에 가서 사는 수밖에 없지요."

반숭은 계속해서 상신을 격동케 했다.

"그건 안 될 말이오. 내가 왜 다른 나라로 간단 말이오."

"이것도 저것도 못 하겠다면 다른 계책이 없습니다."

상신은 반숭에게 매달렸다. 한참 뒤에야 반숭이 말했다.

"꼭 한 가지 계책이 있긴 있습니다. 하지만 태자가 능히 그 일을 해낼지…."

반숭은 상신의 귀에다 입을 대고 한참 동안 무엇인지 속삭이고 나서 덧붙였다.

"과연 이 일을 해낼 수만 있다면 불행은 행복으로 바뀔 수 있습니다."
상신이 주먹을 쥐면서 결연히 말했다.

"내가 꼭 이 일을 해내고야 말겠소."
그 날 밤 상신은 동궁 소속의 군사들을 모아 영을 내렸다.

"지금 궁중에서 변란이 일어났다는 소식이 왔다. 속히 나를 따라 출동하라."

상신은 군사들을 거느리고 가서 왕궁을 에워쌌다. 반숭은 칼을 빼어 들고 몇 사람과 함께 궁실로 들어갔다. 자다가 깨어난 사람들은 크게 놀라 제각기 달아났다. 반숭은 곧장 초성왕의 침실로 들어갔다. 초성왕이 자리에서 일어나 물었다.

"경은 무슨 일로 왔는가?"

"왕이 위에 있은 지도 47년이라 이제는 물러가야 하오. 백성들은 지금 새 왕을 모시고자 하니 청컨대 왕은 왕위를 태자에게 전하시오."

"내 마땅히 왕위를 내놓겠다. 그러면 나를 살려 주겠느냐?"
초성왕이 당황하며 말하자 반숭이 대답했다.

"왕이 죽어야 새 왕이 서는 법이오. 한 나라에 어찌 두 왕이 있으리오. 왕은 이제 늙었소. 그런데 저세상으로 가기를 그토록 싫어하는가!"

"내 조금 전에 요리사에게 곰 발바닥을 삶아 오라고 분부했다. 그거나 먹고 죽으면 한이 없겠노라."

초성왕이 말하자 반숭이 소리를 버럭 질렀다.

"곰발바닥은 빨리 익지 않습니다. 시간을 늦추어 바깥에서 구원하러 오기를 기다리려는 속셈이 아닙니까. 청컨대 왕은 스스로 목숨을 끊으시오. 신하의 손에 죽는 것보다 그것이 낫지 않는가."

반숭은 띠를 풀어 초성왕에게 던졌다. 초성왕이 하늘을 우러러보며 부르짖었다.

"투발아! 내가 그대의 말을 듣지 않았다가 이 지경이 됐구나. 이제 내가 다시 무엇을 말하리오."

마침내 초성왕은 반숭이 던져 준 띠로 자기 목을 매었다. 반숭은 데리고 온 장사들에게 눈짓을 했다. 장사들은 달려들어 그 띠의 양쪽 끝을 사정없이 잡아당겼다. 초성왕은 혀를 빼물고 쓰러져 죽었다.

그 날 밤에 강 씨는 초성왕이 죽었다는 말을 듣고 통곡했다.

"내가 경솔히 말 한 번 잘못 했다가 오라버니를 죽였구나. 내가 죽인 것이나 다를 게 무엇인가."

그 날 밤으로 강 씨는 대들보에 목을 매고 죽었다. 상신은 그렇게 그의 아비 초성왕을 죽였다. 그는 부왕이 급한 병으로 죽었다고 모든 제후들에게 부고를 보내고 스스로 왕위에 올랐으니 그가 바로 초목왕(楚穆王)이다.

초성왕을 죽인 공로로 반숭은 태사(太師) 벼슬에 올라 왕궁을 호위하는 군대를 거느렸다.

영윤 투반(鬪般) 등 모든 신하들은 초성왕이 살해된 것을 알고 있었다. 그러나 드러내 놓고 말하는 사람은 없었다.

이 때 상(商) 지방을 다스리고 있던 상공(商公) 투의신(鬪宜申)은 왕이 살해됐다는 소식을 듣고 상례(喪禮)에 참석하기 위해 영도(郢都)로 달려왔다.

왕이 역적에게 죽은 것을 확인한 투의신은 대부 중귀(仲歸)와 함께 역적 초목왕을 죽이기로 결심했다. 그러나 일은 진행 도중에 탄로나고 말았다. 초목왕은 사마 투월초를 시켜 투의신과 중귀를 잡아 죽였다.

투월초는 투반의 직위인 영윤 자리를 탐하고 있었다. 투월초는 초목왕에게 투반을 참소했다.

"투반은 요즘 그의 아버지 투발이 생전에 말씀한 것에 따라 장차 공자 직을 왕으로 모시려고 사람을 모으고 있다 합니다. 왕은 투반을 각별히 조심하소서."

이에 초목왕은 투반을 불러들였다.

"경에게 한 가지 부탁이 있다."

"그것이 무엇이오니까?"

"경은 즉시 공자 직을 죽이고 오라."

투반은 이 뜻밖의 말에 당황했다.

"신은 그 짓만은 못 하겠습니다."

초목왕은 대뜸 호령했다.

"너는 죽은 부왕의 은혜를 생각하여 공자 직을 못 죽이겠다는 게지. 너의 아비 투발처럼 너도 직을 왕으로 모실 생각이구나!"

초목왕은 구리쇠 망치를 들어 부복하고 있는 투반을 쳐 죽였다.

이 소문을 듣고 공자 직은 달아나 진(晉)나라로 망명하려 했다. 공자 직이 성을 벗어나 교외까지 갔을 때였다. 뒤에서 달려오는 급한 말발굽 소리를 듣고 돌아보니 투월초가 칼을 빗겨들고 쫓아오고 있었다. 투월초는 나는 듯이 달려가 달아나는 공자 직을 한 칼에 찔러 죽였다. 그리하여 얼마 뒤 투월초는 꿈에 그리던 영윤이 되었다.

이 때 진양공은 초성왕이 그 자식에게 살해됐다는 소문을 듣고 조돈(趙盾)에게 물었다.

"하늘이 마침내 초나라를 미워하시는 것인가?"

조돈이 대답했다.

"초성왕은 비록 무지했지만 예의로써 백성을 다스리려고 했습니다. 그런데 상신은 자식으로서 그 아비를 죽였습니다. 아비를 죽인 놈이 다른 나라에 대해 무슨 짓을 못하겠습니까. 앞으로 여러 나라 제후들이 초나라 때문에 많은 곤욕을 치를 것입니다."

아니나 다를까 그 뒤 몇 해가 지나기 전에 초목왕은 군대를 일으켜 먼저 강(江)나라를 쳐서 멸망시키고 다음에는 육(六)나라를 쳐서 없애버린 다음 요(蓼)나라를 쳐서 멸망시켰다. 그리고 진(陳)나라와 정(鄭)나라를 쳤다. 이렇듯 초나라 때문에 중원의 혼란은 계속되었다.

2. 구혈두여(嘔血斗餘)

주나라 양왕 27년 봄 2월이었다. 진(秦)나라 장수 맹명시가 진목공에게 청했다.

"이제 진(晋)나라를 쳐서 그 동안 당한 수치를 설욕할까 하나이다."

진목공은 효산의 패배를 설욕하겠다는 맹명시의 뜻을 장하게 여기고 허락했다.

마침내 맹명시는 서걸술·백을병 등과 함께 전거 4백 승을 거느리고 진(晋)나라로 쳐들어갔다.

한편 진(晋)나라 양공은 그렇지 않아도 혹시 진(秦)나라가 쳐들어오지나 않을까 하고 늘 염려했다. 그래서 많은 첩자들을 보내 적정(敵情)을 염탐하고 있었다. 그런데 하루는 마침내 진군(秦軍)이 출동했다는 보고가 들어왔다. 진양공이 웃으면서 말했다.

"진(秦)나라가 이번에는 헛물을 켜겠군."

드디어 진나라에서는 선차거가 대장이 되고 조쇠가 부장이 되고 호국거가 싸우겠다고 자청했다. 낭심은 옛날 선차거의 부친 선진이 중군원수로 진군(秦軍)과 효산에서 싸울 때 그의 미움을 산 나머지 군중에 쫓겨

난 이래 그 한을 풀기 위해 절치부심 기회를 보고 있었다. 선차거는 낭심의 열의에 못 이겨 그의 종군을 허락하고 말았다.

"진군(秦軍)이 오기를 기다려서 싸우느니보다는 우리가 먼저 진(秦)나라를 치는 것이 유리하리라."

마침내 진군(晋軍)은 팽아 땅으로 갔다. 그곳에서 두 나라 군대는 서로 만났다. 낭심이 선차거 앞에 가서 말했다.

"지난날 세상을 떠나신 선진 원수께서는 저를 용기 없는 사람이라고 하신 적이 있습니다. 이제 저는 적진에 나아가서 참으로 용기가 있는지 없는지를 스스로 시험해 볼까 합니다."

낭심은 말을 마치자 정예병 1백여 명을 거느리고 질풍처럼 진(秦)나라 진 속으로 짓쳐 들어갔다. 그는 무서운 용맹을 발휘해 닥치는 대로 진(秦)나라 군사들을 쳐 죽였다. 죽어 쓰러진 진나라 군사들은 수효를 헤아릴 수 없을 정도였다.

선차거는 높은 수레에 올라서서 적진을 바라봤다. 그는 적진에서 크게 혼란이 일어나는 것을 보고 즉시 군대를 몰아 쳐들어갔다. 마침내 진군(秦軍)은 크게 패하여 달아나기 시작했다.

선차거는 우선 적진 속의 낭심부터 구출해 냈다. 낭심의 몸은 성한 곳이 없었다. 온몸이 상처를 입어 피투성이였다. 부축을 받고 전거에 실려 돌아간 낭심은 그 날 밤에 피를 한 말이나 토하고 이튿날 해가 솟을 무렵에 숨을 거두고 말았다.

선차거가 진양공 앞에 나아가 보고했다.

"이번 싸움에 이긴 것은 오로지 낭심의 힘이었습니다. 신은 이번 싸움에 아무것도 한 것이 없습니다."

진양공이 말없이 머리를 끄덕이고 분부했다.

"낭심을 상대부에 대한 예로써 장사 지내도록 하라."

문무백관들은 상대부에 대한 의식(儀式)으로 낭심을 서곽(西郭)에다 묻었다. 그것만 보아도 진양공은 참으로 사람을 격려하고 인재를 쓸 줄 아는 군주였다.

한편 싸움에 진 맹명시는 패잔병을 이끌고 힘없이 진(秦)나라로 돌아갔다. 맹명시는 생각했다.

"두 번이나 진군(晋軍)에게 졌으니 이번에 돌아가면 나는 죽음을 면치 못하리라."

그런데 진목공은 맹명시가 패했다는 보고를 받았으나 조금도 노하지 않았다. 그는 사람을 교외에까지 보내 패하여 돌아오는 군사들을 영접하게 했다.

그리고 여전히 맹명시에게 나라 일을 맡겼다. 맹명시는 부끄러운 생각을 억제할 수가 없었다. 그는 그 뒤 더욱 나라 일에 힘썼다.

그 해 겨울에 이번에는 진(晋)나라가 먼저 진(秦)나라에 침입했다. 진양공이 중원 제후국들을 소집하여 회맹을 행한 후에 연합군을 결성하여 진나라를 공격한 것이다. 그는 송나라 대부 공자 성(成), 진(陳)나라 대부 원선(遠選), 정나라 대부 공자 귀생(歸生) 등과 연합하여 군대를 거느리고 진(秦)나라의 강과 팽아 두 고을을 쳐서 뺏은 뒤에 돌아갔다.

그러나 이번 싸움은 싱거운 싸움이었다. 왜냐하면 맹명시가 진(晋)나라 연합군이 두 고을을 뺏을 때까지 일체 군대를 움직이지 않았던 것이다. 그래서 진(秦)나라 사람들은 모두 맹명시를 겁쟁이라고 비난했다. 그러나 진목공만은 그를 믿었다.

"언제고 맹명시는 반드시 진(晋)나라에 보복할 것이다. 아직 때가 오지 않았을 뿐이다."

그 이듬해 5월이었다. 맹명시는 군대를 보충하고 모든 전거를 수리했다. 충분한 준비가 끝나자 그는 진목공에게 청했다.

"이번에는 주공께서 싸움을 친히 살피소서. 진(晉)나라를 쳐서 지난날의 한을 설치(雪恥)하지 못하면 신은 맹세코 살아서 돌아오지 않겠나이다."

진목공이 대답했다.

"과인은 지금까지 세 번이나 진(晉)나라에게 졌다. 이번에 이기지 못하면 과인 또한 나라에 돌아올 면목이 없느니라."

이에 전거 5백 승을 뽑고 택일(擇日)하여 군대를 일으켰다. 그리고 싸움에 나가는 군사들의 집에는 많은 곡식과 베를 나눠주었다. 군사들은 모두 죽기를 맹세하여 사기가 충천했다.

진군(秦軍)은 임진관에서 황하를 건넜다. 맹명시가 명령했다.

"모든 군사들은 타고 건너온 배를 모조리 불태워라."

진목공이 물었다.

"배를 태워 버리는 뜻은 무엇이오?"

"싸움은 사기로 이기는 법입니다. 배를 태우는 것은 군사들에게 진격이 있을 뿐 후퇴란 있을 수 없다는 것을 알리기 위해서입니다. 진(晉)나라를 무찔러 이기기만 한다면 돌아갈 때에 어찌 배 걱정을 하겠습니까."

진목공은 머리를 끄덕이며 감탄해 마지않았다.

"경의 말이 옳소."

맹명시는 친히 선봉이 되어 왕관성을 쳐서 점령하고 여세를 몰아 계속 진군해 나갔다. 진군(秦軍)이 쳐들어왔다는 보고를 받은 진양공은 즉시 신하들을 소집하고 곧 군대를 일으켜 진군과 싸우고자 했다.

조쇠가 아뢰었다.

"지금 진(秦)나라의 분노는 골수에 사무쳐 있습니다. 나라의 모든 힘을 기울여 군대를 일으킨 데다 모두들 죽기를 각오하고 있습니다. 더구나 진목공도 친히 싸우러 왔다고 합니다. 우리는 일단 그들의 예기를 피해 굳게 지키는 것이 상책일까 합니다."

"곤경에 빠지면 약한 짐승도 사나워지는 법입니다. 조쇠의 말이 옳습니다."

선차거도 동조했다. 마침내 진양공이 명령을 내렸다.

"굳게 지킬 뿐 진군(秦軍)과 결코 싸우지 말라."

한편 진(秦)나라 장수 유여가 진목공에게 아뢰었다.

"진(晉)나라는 지금 우리를 두려워하고 있습니다. 이 기회에 효산으로 가서 지난날 그곳에서 죽은 우리 군사들의 백골을 수습하고 그들의 영혼을 위로하소서."

진목공은 황하를 끼고 올라가 모진(茅津)에서 다시 황하를 건너 효산으로 들어갔다. 도중에 진(晉)나라 군대는 한 사람도 나타나지 않았다.

진목공은 군사들을 풀어 여기저기에 흩어져 있는 백골들을 모으게 했다. 군사들이 모아 온 수많은 해골들을 풀로 싸고 묶어서 산골 그윽한 곳에 묻었다. 그리고 소와 말을 잡고 그 앞에다 크게 제상(祭床)을 차렸다. 진목공은 소복을 입고 친히 술을 따라 뿌리면서 크게 통곡했다. 맹명시 등 모든 장수들도 땅바닥에 엎드려 슬피 울었다.

강읍과 팽아 두 고을 백성들은 진목공이 진(晉)나라를 쳐서 이겼다는 소문을 듣고 서로 환호성을 올리며 모여들었다. 그들은 관아로 몰려가 그 동안 고을을 점령하고 다스린 진나라 장수를 끌어내어 무수히 구타한 뒤 쫓아 보냈다.

그 뒤 백성들은 자기 나라 군대를 영접했다. 진목공은 그간 진(晉)나라에 점령당했던 강읍과 팽아 두 고을을 두루 돌아보고 백성들을 위로했다.

마침내 진(秦)군은 개가를 부르면서 돌아갔다. 도성(都城)으로 돌아간 진목공은 맹명시를 아경으로 삼고 서걸술과 백을병에게도 후한 상을 내렸다.

3. 흉악한 군주(君主)

주나라 경왕(頃王)은 등극한 지 6년 만에 세상을 떠났다. 태자 반(班)이 즉위했으니 그가 바로 광왕(匡王)이다. 같은 해에 초목왕(楚穆王)도 죽었다. 그리하여 세자 여(旅)가 뒤를 이으니 그가 바로 초장왕(楚莊王)이다.

진(晋)나라 조돈은 초나라에 국상(國喪)이 난 기회를 이용하여 선대로부터 내려오는 맹주의 지위를 다시 확고히 하기 위해 제후들을 신성(新城)으로 초청했다.

송소공·노문공·진영공·위성공·정목공·허성공 등이 신성으로 속속 모여들었다. 송·진·정 세 나라의 제후들이 호소했다.

"전날 초나라에 복종한 것은 형편상 부득이해서 한 노릇입니다."

조돈은 그들을 좋은 말로 위로했다.

제소공은 신성 대회에 참석하려고 했으나 마침 병이 나서 가지 못했다. 그 뒤 제소공은 병으로 죽고 세자 사(舍)가 즉위했다.

세자 사(舍)의 어머니는 노나라 여자로서 소희(昭姬)라고 한다. 그런데 소희는 비록 제소공의 부인이었지만 별로 남편의 사랑을 받지 못했다. 그의 아들인 세자 사는 재주와 덕망이 없어 백성들이 그다지 존경하지 않았다.

그런데 공자 상인(商人)은 제환공의 첩인 밀희(密姬)의 소생이었다. 그는 늘 임금 자리를 노렸으나 제소공이 자신을 극진하게 대했기 때문에 함부로 행동할 수 없었다. 제소공이 살아 있는 한 어려우리라 생각하고 제소공이 죽은 후에 임금 자리를 뺏기로 작정했다.

제소공 말년 때의 일이다. 제소공은 그 당시 위(衛)나라에 가 있는 공자 원(元)을 불러들여 나라 정사를 맡겼다.

공자 상인은 공자 원이 어질고 덕이 있음을 시기하여 자기도 인심을 얻어야겠다고 결심했다. 그는 자기 재산을 다 털어 빈민들에게 두루 나누어 주었다. 백성들은 모두 다 공자 상인의 고마운 마음씨에 감격했다.

한편으로 그는 많은 장사들을 집에 모아 놓고 조석으로 훈련을 시켰다. 그래서 그가 출입할 때면 많은 장사들이 그를 호위하였다.

마침내 제소공이 죽고 세자 사가 즉위한 지 얼마 후였다. 어느 날 밤에 혜성(彗星)이 북두 사이에 나타났다. 공자 상인은 점쟁이에게 혜성이 나타난 징조를 점치게 했다. 그 점쟁이가 점을 쳐 보고 말했다.

"송(宋)·제(齊)·진(晉) 세 나라 임금이 장차 다 변란으로 죽을 징조입니다."

공자 상인이 속으로 생각했다.

'우리 제나라에서 변란을 일으킬 자라면 나 아니고 또 누구이겠는가?'

이 날 장사들은 공자 상인의 분부를 받고 궁으로 들어가 상막(喪幕) 안에서 상주 노릇을 하고 있는 세자 사를 칼로 찔러 죽였다.

공자 상인은 엉뚱한 소리를 했다.

"이번에 새로 즉위한 사는 이 나라 주군이 될 자격이 없다. 그래서 나는 우리 형님 공자 원(元)을 위해 사를 죽였노라."

그 말을 듣고 공자 원이 크게 놀라 공자 상인에게 말했다.

"나는 네가 이미 오래 전부터 군주가 되고 싶어 한 걸 안다. 그런데 어째서 이번 일을 나에게 떠넘기려 하느냐? 나는 너를 군주로 섬길 수 있다만 너는 나를 군주로 섬길 사람이 못 된다. 그러니 딴 소리 말고 너나 군주가 되어라. 나는 그저 제나라 사람으로서 명대로 살다가 죽기를 바랄 뿐이다."

그리하여 공자 상인이 군위에 올랐다. 그가 바로 제의공(齊懿公)이다.

하지만 공자 원은 마음속으로 제의공을 미워했다. 그는 병을 핑계로 조정에 출입을 하지 않았다. 그로서는 참으로 현명한 처신이었다.

소희는 군주 자리에까지 올랐던 자기 아들 세자 사가 비명에 죽자 몹시 슬펐다. 그녀는 밤낮없이 죽은 아들을 생각하고 통곡했다. 제의공은 소희를 미워한 나머지 그녀를 별실에 가두고 음식도 넉넉히 주지 않았다.
소희는 궁인 한 사람에게 몰래 뇌물을 주어 자기 친정인 노나라로 편지를 보냈다. 그 편지에는 자기의 기막힌 신세가 소상히 적혀 있었다.
노나라 문공은 소희의 편지를 받았으나 제나라를 워낙 두려워했다. 노문공은 대부 동문수(東門遂)를 불렀다.
"경은 주나라에 가서 왕에게 고하고 천자의 힘을 빌려 소희가 석방되도록 주선하라."
동문수는 주나라에 가서 왕에게 소희의 딱한 사정을 호소했다.
이에 왕은 선백(單白)을 제나라로 보냈다. 선백이 제나라에 가서 제의공에게 청했다.
"이미 아들을 죽였으면 그것으로 됐지 그 어머니는 어찌하여 감금하였소. 속히 소희를 그 친정인 노나라로 돌려보내고 제나라의 너그러운 덕을 밝히시오."
제의공은 '이미 아들을 죽였다'는 말을 듣고 얼굴을 붉히며 아무 대답도 하지 못했다. 선백은 그 길로 궁에서 나와 객관으로 갔다.
제의공은 이 날 즉시 소희를 다른 궁실로 옮겨 놓았다. 궁중 사람이 객관으로 가서 선백에게 제의공의 말을 전했다.
"우리 군후께서는 국모에 관한 일을 항상 생각하시던 중 천자의 분부를 받고 국모를 다른 궁실로 옮겼습니다. 사자께서 우리 국모를 한번 만나 천자의 뜻을 전해주심이 어떠하신지요."

"거 참 듣기 반갑소."

선백이 좋은 뜻으로 받아들이고는 수레를 타고 의공의 사자를 따라 궁으로 들어가서 소희를 보았다. 소희가 흐느껴 울면서 그간 겪은 고초와 가지가지 설움을 선백에게 호소했다.

선백이 미처 대답도 하기 전에 제의공이 문을 벌컥 열고 궁실로 들어와 큰 소리로 꾸짖었다.

"선백은 어찌하여 임의로 나의 궁실에 들어와서 국모와 비밀스럽게 만나고 음탕한 거동을 하려고 하는가? 과인은 이런 무엄한 그대의 소행을 장차 천자께 고발하리라."

제의공은 선백과 소희를 한 방에다 감금해 버렸다.

제의공은 노문공이 주왕에게 고자질해서 자기를 탄압한 데 대해 분노하고 즉시 군대를 일으켜 노나라를 치게 했다.

노나라 상경 벼슬에 있는 계손 행보(季孫行父)는 즉시 진(晋)나라에 가서 구원을 청했다. 진(晋)나라 조돈은 진영공(晋靈公)을 모시고 송·채·위·진·정·조·허 일곱 나라 제후들을 소집했다.

한편 제의공은 진(晋)나라가 일곱 나라 군대를 거느리고 자기 나라를 치러온다는 보고를 듣고 크게 놀랐다. 그는 즉시 사람을 보내어 많은 뇌물을 진(晋)나라에게 바치고 선백을 석방해 주나라로 돌려보내는 동시에 소희를 친정 노나라로 보냈다. 그러자 여덟 나라 제후들도 각기 흩어져 총총히 본국으로 돌아갔다.

노나라는 진(晋)나라가 제나라를 쳐서 무찌르지 않는 것을 보고 혹시 후환이 있을까 두려워서 공자 수(遂)를 제나라로 보내 제의공에게 많은 뇌물을 바치고 화해를 청했다.

4. 노부(老婦)의 호음(好淫)

송양공의 부인 왕희(王姬)는 주나라 양왕의 누이로 양부인이라 불렀으며 송성공의 어머니이자 송소공의 할머니였다.

송소공은 세자로 있을 때부터 공자 앙(昻), 공손 공숙(孔叔), 공손 종리(鐘離) 세 사람과 함께 늘 사냥을 다니며 서로 친밀히 지냈다.

송소공은 즉위한 후로 전부터 친하게 지내던 세 사람의 말만 들었다. 대신들에게 나라 일을 맡기지 않고 조모인 왕희에게 문안도 드리지 않았으며 일가친척인 공족(公族)들을 멀리했다. 백성들을 돌보지 않았으며 날마다 들에 나가서 사냥만 했다.

사마(司馬) 낙예(樂豫)는 장차 송나라가 반드시 어지러워질 것을 알고 사마 벼슬을 공자 앙에게 넘겨주었다. 사성(司城) 공손(公孫) 수(壽) 또한 장차 자기 일신에 불행이 닥쳐올 것을 염려하여 사성 벼슬을 내놓고 늙었다 핑계를 대고는 집 안에 들어앉아 버렸다.

이에 송소공은 사성 벼슬을 공손 수의 아들 탕의제(蕩意諸)에게 주었다.

양부인 왕희는 늙었지만 음탕한 여자였다. 송소공의 서제(庶弟) 공자 포(鮑)는 드물게 보는 미남이었다. 세상 사람들은 그를 여자보다도 곱다고 했다. 왕희는 마음속으로 공자 포를 은근히 사랑했다.

한 번은 공자 포를 자기 방으로 불러들여 함께 술을 마시다가 취하자 왕희는 손자뻘인 공자 포와 정을 나누며 그를 송나라 군주의 자리에 앉히겠다고 약속했다.

그 때부터 왕희는 송소공을 내쫓고 공자 포를 임금 자리에 세울 결심을 하고 은밀히 일을 꾸몄다.

송소공은 목공과 양공의 후손 및 친척들 이른바 목양지족(穆襄之族)이 강성해지는 것을 두려워한 나머지 공자 앙 등과 상의하여 그들을 억압하기로 했다.

그러나 왕희가 먼저 선수를 썼다. 왕희는 목공(穆公)과 양공(襄公) 소생의 공족(公族)을 시켜 난을 일으켰다. 그들은 송소공의 심복인 공자 앙과 공손 종리를 조문 앞에서 칼로 찔러 죽였다. 이에 사성 탕의제는 겁이 나서 노나라로 달아났다.

일이 이쯤 되자 공자 포가 중간에 나서서 조정 대신들과 목양(穆襄)의 공족을 화해시키고 더 이상 사람이 상하지 않도록 힘썼다. 그리고 노나라에 도망가 있는 탕의제를 불러 다시 사성 벼슬에 올렸다.

일찍이 공자 포는 제나라 공자 상인이 재산을 풀어 백성들의 마음을 사고 마침내 임금 자리에 앉았다는 것을 들어서 알고 있었다. 그는 자기도 그렇게 하기로 결심했다.

송소공 7년에 송나라에 큰 흉년이 들었다. 공자 포는 자기 창고의 곡식을 다 풀어 가난한 백성들을 구제했다. 또 한 가지라도 재주가 뛰어난 사람이면 다 자기 문하에 불러들여 후하게 대접했다.

이듬해에도 송나라에는 잇달아 큰 흉년이 들었다. 이에 공자 포의 창고는 텅 비다시피 되었다. 그러자 왕희가 궁중 곡식을 내주어 공자 포를 도왔다. 송나라는 가는 곳마다 공자 포에 대한 칭송이 자자했다. 송나라 백성들은 남녀노소 할 것 없이 공자 포가 임금이 되기를 바랐다.

공자 포는 송나라 백성이면 누구나 자신을 지지한다는 것을 알고서 하루는 왕희에게 가서 비밀히 고했다.

"이젠 송소공을 죽일 때가 됐습니다."

왕희가 대답했다.

"머지않아 송소공은 또 맹제(孟諸)의 소택지로 사냥을 간다고 한다. 그가 사냥을 가기만 하면 나는 공자 수를 시켜 궁문을 굳게 닫아걸겠으니 너는 부하들을 거느리고 가서 저구(杵臼: 송소공)를 쳐라. 그러면 일이

쉽게 이루어질 것이다."

공자 포는 왕희와 계책을 짜고서 궁에서 나갔다.

사성 탕의제는 공자 포와 왕희 사이에 모종의 음모가 진행되고 있다는 것을 눈치 챘다. 탕의제가 송소공에게 아뢰었다.

"주공은 사냥을 가지 마십시오. 한번 나가시면 다시 돌아오지 못 하실까 두렵습니다."

송소공은 무슨 각오라도 한 듯이 우사(右師) 화원(華元)과 좌사 공손 우에게 성을 지키게 하고 부고에 있는 보물을 그들에게 약간씩 나눠 주고 그 나머지 보물을 모조리 수레에 실은 다음 맹제로 사냥을 떠났다.

송소공이 성 밖으로 나가자 왕희는 즉시 화원과 공손 우를 불러들여 궁중에 머물도록 분부했다.

이와 거의 때를 같이하여 공자 수는 사방 성문을 굳게 닫아걸었다. 그리고 사마 화우(華耦)는 공자 포의 명령을 받고 군중(軍中)에 가서 말했다.

"왕희의 명령을 받아 이제 공자 포를 이 나라 군후로 모시기로 했다. 우리들은 무도한 혼군을 없애 버리고 덕망 높은 새 군후를 모시는 것이다. 너희들의 생각은 어떠하냐?"

그 말을 듣자 군사들은 일제히 대답했다.

"원컨대 우리에게 명령만 내리십시오. 비단 우리 군대들뿐만 아니라 공자 포를 위해서라면 이 나라 백성들은 기꺼이 분부대로 따를 것입니다."

화우는 곧 군대를 거느리고 성 밖으로 나가 송소공의 뒤를 쫓았다.

한편 송소공은 맹제로 사냥을 가는 도중에 궁성에서 변란이 일어났다는 보고를 받았다. 탕의제가 송소공에게 권했다.

"속히 다른 나라로 몸을 피합시오. 다음날 다시 군위를 찾도록 하셔야 합니다."

송소공이 한숨을 쉬며 대답했다.

"위로는 할머니에서부터 아래로는 백성들에 이르기까지 이 나라 전부가 다 과인을 원수처럼 미워하고 있다. 나는 벌써부터 이런 일이 있을 줄 알았다. 도망을 간다 해도 제후들 중에서 누가 나를 받아 주리오. 다른 나라에 가서 죽느니보다는 오히려 내 나라 땅에서 죽겠다."

송소공은 수레에서 내려 밥을 짓게 하고 시종하는 자들을 배부르게 먹였다. 모두 식사가 끝나자 송소공이 시종들에게 말했다.

"죄는 오직 과인 한 사람에게 있을 뿐이다. 너희들에게 무슨 죄가 있느냐. 너희들이 나를 시종한 지 수 년이 지났다만 그 동안 너희들의 수고에 아무런 보답도 못했구나. 오늘 부고에서 가지고 온 보물이 여기 있으니 모두들 나누어 가지고 각자 살 길을 찾아 달아나라. 나와 함께 죽을 필요는 없다."

모든 시종들이 울면서 아뢰었다.

"청컨대 곧 떠나사이다. 우리를 뒤쫓는 군대가 있다면 우리는 죽기를 각오하고 싸우겠나이다."

"공연히 생명을 버린다는 것은 부질없는 것이다. 나만 이곳에서 죽으면 만사는 해결된다. 너희들은 나를 생각지 말라."

그러는 중에 화우가 군대를 거느리고 쫓아왔다. 군대들이 즉시 송소공을 에워싸고 왕희의 분부를 전했다.

"다만 무도한 혼군을 죽일 뿐이니 그 외의 사람들은 안심하라."

송소공은 손을 휘둘러 좌우 사람들에게 달아나라는 손짓을 했다. 송소공을 따라온 시종들은 태반이 달아나 버리고 단지 탕의제만 칼을 들고 송소공 곁을 지켰다.

"양부인의 분부요. 탕의제는 곧 궁으로 돌아가시오."

탕의제가 대답했다.

"임금의 신하된 자가 어려운 고비를 당하여 몸을 피한다면 비록 살았다 할지라도 죽은 것이나 다름없다."

화우는 칼을 뽑아 들고 즉시 송소공에게 덤벼들었다. 탕의제는 송소공의 앞을 가로막고 화우와 싸웠다. 이에 군대들이 벌 떼처럼 덤벼들어 우선 탕의제부터 죽였다. 그리고 송소공을 찔러 죽였다.

송소공을 따라온 시종들로서 달아나지 않은 자는 다 도륙을 당했다. 참으로 애달픈 일이었다.

화우는 군대를 거느리고 돌아가 왕희에게 송소공의 죽음을 보고했다. 이에 우사 화원과 좌사 공손 우가 왕희에게 아뢰었다.

"공자 포는 관인 후덕하시고 백성들의 존경을 받으니 마땅히 군위를 이으셔야 합니다."

그들이 마침내 공자 포를 군위에 올려 세우니 그가 바로 송문공(宋文公)이다.

이 날 화우는 새 군주에게 축하하고 집으로 돌아간 뒤 그 날 밤에 급살을 맞아 죽었다.

송문공은 탕의제의 충성을 가상히 여기어 그의 동생 탕훼(蕩虺)를 사마로 삼아 죽은 화우의 자리를 잇게 하고 공자 수는 사성(司城)으로 삼아 죽은 탕의제의 자리를 잇게 했다.

한편 진나라 조돈은 송나라에서 군주 시해의 변란이 일어났다는 소식을 들었다.

"우리 진(晋)나라는 모든 나라 제후들을 통솔하는 맹주로서 송나라를 그냥 둘 수 없다."

조돈은 순림보를 장수로 삼고 모든 나라에게 호응하도록 통지했다. 순림보는 위·진·정나라 군대와 함께 송나라로 쳐들어갔다.

송나라 우사 화원은 진군의 군영에 사자로 가서 호소했다.

"이번 변란은 일국의 백성들이 모두 다 공자 포를 군후로 모시고자 한 데서 일어난 것입니다."

화원은 자세히 설명한 다음 황금과 비단을 가득 실은 여러 대의 수레를 순림보에게 바치고 진군을 배불리 대접하며 화평을 청했다. 순림보가 황금과 비단 수레를 받아들이고 화의를 인정하려고 하자 정목공이 말했다.

"우리 세 나라가 종을 치고 북을 울려 군대를 거느리고 장군을 따라온 것은 송나라의 무도함을 징계하기 위함이오. 그런데 만일 송나라와 화평을 이루려 한다면 이는 난신적자(亂臣賊子)를 장려하는 것밖에 안 되오."

순림보가 대답했다.

"제나라나 송나라나 다를 것이 없습니다. 우리가 이미 제나라의 변란도 용서해 주었는데 어찌 송나라만 무찔러야 합니까. 더구나 백성들이 원해서 일어난 일이라 하니 큰 죄를 저질렀다고는 할 수 없소이다."

순림보는 화원이 바치는 황금과 비단을 다 받고 송문공의 군위까지 승인하고서 군사를 이끌고 자기 나라로 돌아갔다. 정목공도 자기 나라로 돌아가면서 말했다.

"진나라가 저처럼 뇌물을 좋아하니 그들의 패업도 이제 명색뿐이지 실속이 없다. 진나라는 다시 제후들의 맹주가 되긴 틀렸다. 지금 초나라에는 왕이 새로 섰고 또 큰 뜻을 품고 있다. 그러니 과인은 앞으로 진나라를 버리고 초나라를 따라 나라의 편안할 도리나 차려야겠다."

그 즉시 정목공은 사람을 초나라로 보내어 다시 우호를 맺었다.

5. 한 맺힌 설분

　제나라 의공 상인은 천성이 간악하고 욕심이 많았다. 그는 아버지 제환공이 살아 있었을 때 땅 문제를 가지고 대부 병원(邴原)과 서로 다툰 일이 있었다. 그 때 제환공은 관중(管仲)으로 하여금 두 사람의 시비를 가리게 했었다. 관중은 상인의 주장이 억지라는 것을 밝히고 땅을 병원(邴原)에게 주도록 판결했었다.
　그 때부터 앙심을 품었던 상인은 세자 사를 죽이고 스스로 군위에 오르자 즉시 병 씨의 땅을 모조리 빼앗았다.
　또 당시 관중이 병원과 한 패였다고 곡해하고 관 씨(管氏) 일족의 식읍(食邑) 절반을 몰수했다. 이에 관중의 자손들은 제의공이 설치는 꼴이 무서워 초나라로 달아났다. 그 후 관중의 자손들이 다 초나라에서 벼슬을 살게 된 것도 이 때문이었다.
　그러고도 제의공은 병원에 대한 앙심이 풀리지 않았다. 물론 이 때는 병원이 죽은 지 오랜 후였다. 제의공은 병원의 무덤이 동교(東郊)에 있다는 걸 알고 어느 날 사냥 간다는 핑계를 대고 그 무덤 앞을 지나면서 슬쩍 물었다.
　"저건 누구의 무덤인고?"
　"대부 병원의 무덤입니다."
　"음, 그렇다면 저 무덤을 파라."
　군사들은 무덤을 팠다. 제의공은 시체를 끌어내게 하고 시체의 발을 끊었다. 이 때 병원의 아들 병촉(邴歜)이 곁에서 제의공을 모시고 서 있었다. 제이공이 물었다.
　"네 아비의 죄는 발을 끊어야 마땅하다. 너는 과인을 원망하는가?"
　병촉이 대답했다.

"신의 아비는 살아 있을 때 죽임을 당하지 않은 것만도 다행입니다. 더구나 이런 썩은 뼈를 끊었다고 신이 어찌 군주를 원망하겠습니까."

제의공은 그 말을 듣고 매우 기뻐했다.

"경은 가히 아비의 죄를 씻어 준 자식이로다. 지난날 뺏은 토지를 도로 경에게 돌려주마."

"신의 아비를 다시 묻어도 좋겠습니까?"

"그렇게 하려무나."

제의공은 머리를 끄덕였다.

그 후 제의공은 나라 안의 아름다운 여자들을 궁으로 모아들이고 그들과 함께 날마다 음탕한 생활을 했다. 어떤 사람이 한 번은 그에게 대부 염직(閻職)의 아내가 천하절색이라고 말했다. 그 말을 들은 제의공이 모든 신하들에게 분부했다.

"며칠 후면 금년도 다 간다. 정월 초하룻날 모든 대부들은 부인과 함께 궁으로 들어와서 조례토록 하라."

정월 초하룻날 염직은 아내와 함께 궁으로 들어갔다. 제의공은 염직의 아내를 한 번 보자 크게 기뻐했다. 제의공은 염직의 아내를 궁중에 머물도록 하고 돌려보내지 않았다.

제의공이 염직에게 말했다.

"궁중 사람이 경의 아내를 좋아하는지라 궁에 머물라 하였으니 경은 다시 부인을 얻도록 하라."

염직은 속으로 분노했으나 입을 다물었다.

제나라 서남문(西南門) 밖에 풍광 좋은 못이 있는데 그 못을 신지(申池)라 했다. 못물이 맑고 깨끗해서 목욕하기에 좋았다. 또 못 주위에는 대나무가 울창했다.

여름 5월이었다. 제의공은 신지로 피서를 가기로 했다.

"병촉에게 수레를 몰게 하고 염직을 불러 과인 뒤에 배승(陪乘)하게 하라."

궁중 시자(侍者)가 곁에서 아뢰었다.

"군후께선 병촉의 아비의 시체를 파내어 그 발을 끊었고 염직의 아내를 후궁으로 앉혔습니다. 그러니 그 두 사람이 어찌 군후께 원한을 품고 있지 않다고 장담할 수 있겠습니까. 군후께서는 그 두 사람을 가까이 마십시오. 신하들이 많은데 왜 하필이면 그 두 사람을 부르십니까?"

제의공이 웃으면서 대답했다.

"그 두 사람은 과인을 원망하고 있지 않다. 경은 의심하지 말라."

마침내 제의공은 병촉과 염직을 거느리고 수레를 달려 신지로 갔다.

제의공은 신지에게 목욕을 하고 술을 마시고 즐겼다. 한껏 취하자 수를 놓아 장식한 침대를 시원한 대나무 숲 속에 놓으라 하고 그 위에 드러누웠다.

이 때 병촉과 염직은 신지에 들어가서 목욕을 하고 있었다. 병촉은 제의공을 몹시 증오했다. 언젠가 죽여 아비의 원수를 갚을 작정이었다. 그러나 혼자서 할 수 없어 기회만 노리고 있었다.

그는 염직이 아내를 뺏겼으니 저 사람도 제의공을 오죽 원망하랴 생각했다. 그는 염직과 상의하고 싶으나 함부로 말을 낼 수는 없었다.

병촉은 문득 한 계책을 생각해 내고 대나무 가지를 꺾어 앞에서 목욕하고 있는 염직의 머리를 톡톡 쳤다. 염직이 돌아보며 화를 냈다.

"어찌 이렇게 버릇없이 구는가?"

병촉이 일부러 웃으면서 대답했다.

"아내를 빼앗기고도 꼼짝 못하는 주제에 댓가지로 좀 맞았기로서니 못 참을 것도 없지 않은가?"

"아내를 뺏긴 것은 나 한 사람만의 수치다. 그러나 죽은 아버지의 시체가 형벌을 받은 것은 그대 집안의 치욕인데 누가 입은 치욕이 더 큰가? 그대는 자식으로서 못 참을 것을 참으면서도 계집 뺏긴 나를 놀리다니 참으로 어리석은 사람이로군."

"내가 하고 싶은 말을 그대가 했소. 진심으로 그대에게 할 말이 있소. 그대가 만일 부끄러움을 아는 사람이라면 내가 말을 하겠소."

"나도 사람인 이상 왜 생각이 없겠소. 다만 힘이 없는 것을 한탄할 뿐이오."

병촉이 목소리를 낮추어 말했다.

"지금 그 흉악한 자가 술에 취해 대밭 속에서 누워 자고 있소. 이곳엔 우리 두 사람밖에 없소. 하늘이 우리에게 복수할 기회를 주신 것이니 이 기회를 놓치지 맙시다."

"좋소이다. 내가 마땅히 힘 되는 데까지 돕겠소."

두 사람은 곧 물에서 나와 옷을 입고 함께 대숲으로 갔다. 깊이 잠든 제의공은 코고는 소리가 우레 같은데 내시 두 사람이 지키고 서 있었다. 병촉이 두 내시에게 말했다.

"군후께서 잠을 깨시면 반드시 물을 찾을 것이다. 너희들은 미리 물을 끓여서 식혀 두어라."

두 내시는 물을 끓이러 갔다.

염직은 제의공의 손을 움켜잡고 병촉은 차고 있던 칼을 뽑아 제의공의 목을 쳤다. 제의공의 목이 땅바닥으로 굴러 떨어졌.

두 사람은 제의공의 시체를 대숲 깊숙한 곳에 감추고 목은 신지의 물 속에 버렸다.

내시가 더운 물을 준비해 가지고 오자 병촉이 말했다.

"제의공 상인은 어린 군주를 죽이고 군위에 오른 놈이다. 우리는 억울하게 죽은 선군을 위해 상인을 죽였다. 공자 원(元)은 어질고도 효성이 대단한 분이니 그 분을 군위에 모시는 것이 좋을 것이다."

"예, 예."

좌우 내시들은 그저 허리만 굽실거릴 뿐 아무 말도 못했다.

병촉과 염직은 수레를 타고 성 안으로 돌아가 술상을 차리게 하고 통쾌히 마시며 서로 축하했다.

"이제 분을 풀어서 시원하구려."

이 소문은 즉시 상경 벼슬에 있는 고경(高傾)과 국귀보(國歸父)에게 알려졌다. 고경이 분개했다.

"그들의 죄를 따지고 그들을 죽여 후세 사람들이 경계하도록 해야겠소."

국귀보가 고개를 흔들며 말했다.

"군주를 죽이고 군주가 된 사람을 우리는 어찌하지 못 했소. 우리가 못한 것을 남이 대신해 줬는데 그들에게 무슨 죄가 있단 말이오."

한편 병촉과 염직은 술상을 물리고 각기 집으로 돌아가서 비복들을 시켜 큰 수레에다 집안 살림을 싣게 하고 처자들과 함께 유유히 남문으로 나갔다. 식구들이 급히 수레를 달리자고 권했다. 그러자 병촉이 말했다.

"상인은 무도한 놈이다. 그놈이 죽은 것을 제나라 사람이면 다 다행으로 생각할 것인데 내 무엇이 무서워서 급히 달리겠는가."

두 사람은 식구를 거느리고 초나라로 갔다. 한편 고경과 국귀부는 신하들과 상의하여 공자 원을 임금으로 세우니 그가 바로 제혜공(齊惠公)이다.

6. 삼년불비 삼년불명(三年不飛 三年不鳴)

초나라 장왕은 즉위한 지 3년이 지났으나 신하들에게 한 번도 명령을 내린 일이 없었다. 그가 궁성 밖으로 나가는 것은 사냥하러 갈 때뿐이었다. 그렇지 않으면 그는 궁성 안에서 밤낮없이 여러 부인들을 거느리고 술만 마셨다. 그는 시자(侍者)를 시켜 다음과 같은 글을 크게 써서 조문 밖에 내걸었다.

　　내가 술 마시는 것을 감히 간하는 자가 있으면 용서치 않고 사형에
　처하리라.

어느 날 대부 신무외(申無畏)가 궁으로 들어갔다. 그 때 초장왕은 오른팔로는 정희(鄭姬)를 안고 왼쪽팔로는 채녀(蔡女)를 안은 채 악공들이 음악을 연주하는 종과 북 사이에 앉아 있었다.
초장왕이 신무외가 들어오는 것을 보고 물었다.
"대부는 술을 마시러 왔는가 음악을 들으러 왔는가? 아니면 무슨 할 말이 있어서 왔는가?"
"신은 술을 마시거나 음악을 들으러 온 것은 아닙니다. 며칠 전에 신이 교외에 갔다 왔습니다. 그 때 어떤 사람이 수수께끼 같은 말을 했는데 그 뜻을 알아들을 수 없어 대왕께 그걸 들려 드리려고 왔습니다."
"허허, 무슨 말이기에 대부가 그 뜻을 알 수 없다는 건가? 그러나 대부도 알아들을 수 없는 말이라면 과인인들 어찌 알 수 있으리오. 좌우간 이야기나 해 보라."
신무외가 아뢰었다.
"몸에 오색 빛이 찬란한 큰 새가 있는데 그 새가 초나라의 높은 곳에

앉은 지 3년이 지났답니다. 그런데 그 새가 나는 걸 본 사람이 없고 우는 소리를 들은 사람도 없습니다. 그 새가 무슨 새인지 알 수 없다는 것입니다."

초장왕은 신무외가 풍자하는 뜻을 알았기에 다시 웃고 대답했다.

"음, 과인은 그 새를 알겠다. 그것은 비범한 새다. 3년을 날지 않았다 하니 한 번 날기만 하면 가히 하늘을 찌를 것이고 3년을 울지 않았다 하니 한 번 울기만 하면 반드시 사람들을 놀라게 할 것이다. 그대는 그때를 기다리라."

신무외는 초장왕께 재배하고 물러나갔다.

수일이 지났으나 초장왕은 여전히 주색과 음악만 즐겼다. 이번에는 대부 소종(蘇從)이 크게 통곡을 하면서 궁성으로 들어왔다. 초장왕이 물었다.

"그대는 어찌하여 이렇듯 슬피 우나뇨?"

"신은 이제 죽은 몸입니다. 장차 초나라는 망합니다. 그래서 우는 것이옵니다."

"죽다니? 그대가 어째서 죽을 리 있으며 이 나라가 왜 망한단 말인가?"

"신이 왕에게 간하면 왕은 반드시 듣지 않고 신을 죽일 것입니다. 신이 죽은 뒤면 다시 왕께 간할 사람이 없을 것입니다. 그러면 왕은 더욱 하고 싶은 대로 할 것이며 나라 정사는 엉망이 될 것입니다. 그 지경이 되면 초나라는 망하고 말 것이기 때문입니다."

초장왕은 갑자기 얼굴빛을 바꾸며 크게 노했다.

"감히 과인에게 간하는 자 있으면 사형에 처한다고 했다. 그대는 간하면 죽는다는 걸 번연히 알면서도 간하다니 참으로 어리석은 자로구나!"

소종이 머리를 앙연히 쳐들고 대답했다.

"신이 아무리 어리석을지라도 군주처럼 어리석지는 않습니다!"

초장왕은 더욱 대로했다.

"과인이 어째서 그대보다 더 어리석단 말이냐?"

"왕은 만승(萬乘)의 지존으로서 마땅히 천 리 국토를 다스리고 백성들을 사랑해야 할 것입니다. 그런데 대왕은 지금 어떠하십니까? 주색과 음악에 빠져 나라 정사는 돌보지 않고 어진 사람을 멀리하고 계십니다. 장차 바깥의 큰 나라는 우리 나라로 쳐들어올 것이고 작은 나라들은 우리의 지배에서 벗어나려고 반란을 일으킬 것입니다. 대왕이 일시적 쾌락 때문에 만세의 이익을 버리니 이보다 더 어리석은 짓이 어디 있습니까. 이 몸의 어리석음은 단지 이 몸 하나를 죽이는 데 불과합니다. 그러나 대왕의 어리석음은 만백성을 죽이고 나라를 망칠 것입니다."

초장왕은 벌떡 일어섰다.

"대부의 말은 참으로 충신의 말이로다. 과인이 어찌 그대의 말을 듣지 않으리오. 다만 때를 기다렸을 뿐이로다."

그 뒤로 초장왕은 음악을 금하고 정희와 채녀를 멀리했다. 그리고 번희(樊姬)를 부인으로 삼고 내궁 제반사를 맡겼다.

"과인은 사냥을 좋아했건만 그럴 때마다 번희는 사냥을 나가지 말라고 간했고 과인이 사냥해서 잡아온 짐승을 번희는 먹지 않았다. 이것은 어진 정성으로 나를 내조한 것이다."

그는 영윤 투월초의 권력을 깎아 위가·반왕·굴탕 등에게 나누어 맡기고 아침 일찍 조회를 열어 법을 펴고 명령을 내렸다.

이 때부터 초장왕의 활약은 눈부신 바가 있었다. 그는 정나라 공자 귀생(歸生)에게 명하여 송나라를 치게 하는 한편 위가에게 군대를 주어 정군(鄭軍)을 돕게 했다.

그리하여 정군은 대극(大棘)에서 송군과 싸워 송나라 우사(右師) 환원을 사로잡았다. 초장왕은 다시 친히 북림(北林)으로 가서 진군(晋軍)과 싸워 진(晋)나라 장수 해양을 사로잡아 가지고 돌아왔다. 이 때부터 초나라의 세력은 날로 강성해졌다.

7. 폭군 진영공(晋靈公)

지금까지 천하 패권을 잡았던 진(晋)나라는 초나라가 날로 강성해지는 것을 보고 전전긍긍했다. 진(晋)나라 상경 조돈은 진(秦)나라와 우호를 맺고 초나라의 세력을 견제하려고 했다.

조천(趙穿)이 숙부인 조돈에게 계책을 말했다.

"진(秦)나라 속국에 숭(崇)이란 소국이 있습니다. 모든 속국들 중에서도 숭나라가 가장 오래 진(秦)나라를 섬겼습니다. 만일 군대를 몰아 그 숭나라를 치면 반드시 진군(秦軍)은 숭나라를 구원하러 올 것입니다. 그 때에 진(秦)나라와 강화하면 우리는 인심까지 쓰면서 진나라와 서로 친할 계기를 마련할 수 있을 것입니다."

조돈은 진영공에게 말해서 전거 3백 승을 일으키고 조천을 장수로 삼아 숭나라를 치게 했다.

이 때 조삭(趙朔)이 그의 아버지인 조돈에게 말했다.

"우리 나라와 진(秦)나라는 오래 전부터 서로 원수 사이입니다. 그런데 우리가 또 속국을 친다면 진나라는 더욱 분노할 것입니다. 그들이 어찌 우리와 우호를 맺겠습니까?"

조돈이 대답했다.

"내가 이미 허락한 바이니 너는 잠자코 있거라."

조삭은 자기의 뜻을 다시 한궐(韓厥)에게 말했다. 한궐이 소리 없이 웃으면서 조삭의 귀에다 입을 대고 속삭였다.

"이번에 상경이 숭나라를 치는 것은 조천에게 공명을 세울 수 있는 기회를 주어 조 씨 집안의 대를 확고히 하려는 것이오. 결코 진(秦)나라와 화친하려는 것은 아니오."

조삭은 아무 말도 않고 돌아갔다.

진(秦)나라는 진군이 숭나라를 친다는 보고를 받고도 구원병을 숭나라로 보내지 않았고 직접 진(晉)나라로 쳐들어가서 초성(焦城) 땅을 포위했다.

이 소식을 듣고 조천은 숭나라를 치다 말고 급히 군대를 돌려 초성으로 갔다. 그러자 진군은 유유히 자기 나라로 돌아가 버렸다. 결국 일은 이도 저도 안 된 셈이었다.

그러나 조돈은 조천에게 공(功)이 있다 해서 그를 군부(軍部)에 참석시켰는데 마침내 조천이 모든 병권을 잡았다

이 때 진영공은 장성해서 어른 티가 났는데 벌써부터 음탕하고 포악했다. 그는 과도하게 세금을 거둬들여 궁중에 누각을 세우고 놀기를 좋아했다.

진영공의 신임과 사랑을 받은 한 대부가 있었다. 그의 이름은 도안가(屠岸賈)이니 그는 바로 도안이(屠岸夷)의 손자였다.

도안가는 아첨하여 주군의 기쁨을 사는 데 능란했다. 그의 말이면 진영공은 무엇이든 들어 주었다.

어느 날 진영공이 도안가에게 분부했다.

"경은 과인을 위해 강주의 성 안에다 큰 화원을 하나 만들어 보라.

그리고 그 일을 경이 맡아서 하라."

도안가는 전국의 기이한 꽃과 기묘하게 생긴 수목들을 구해서 큰 화원을 만들었다. 그 화원의 복숭아꽃이 볼만했다. 봄이 되어 복숭아꽃이 만발할 때면 마치 동산 전체가 비단에 수를 놓은 것 같았다. 그래서 동산 이름을 도원(桃園)이라 했다. 그 도원에다 3층 고대(高臺)를 쌓고 그 중간에다 강소루(絳霄樓)라는 누각을 세웠다. 누각의 난간에 기대서서 바라보면 시정(市井)이 바로 눈앞에 굽어보였다.

진영공은 도원을 한 번 둘러보고는 대단히 기뻐하며 그 뒤로 늘 그곳에 가서 즐겼다. 그는 때를 가리지 않고 강소루에 올라가서 탄궁(彈弓: 돌과 같은 탄환을 쏘아 날리는 활)으로 새를 쏘기도 하고 도안가와 함께 술내기도 하면서 놀았다.

어느 날이었다. 진영공이 놀이꾼들을 불러들여 대(臺) 위에서 갖가지 재주를 부리게 했다. 도원 밖에서는 백성들이 높은 대 위에서 재주 부리는 놀이꾼들을 구경하려고 구름처럼 모여들었다.

진영공이 도안가에게 말했다.

"새보다는 사람에게 탄환을 쏘는 것이 재미있을 것 같구먼. 과인과 경은 내기를 하되 눈을 맞히면 이긴 것으로 하고 어깨나 팔을 맞히면 무승부로 하고 만일 맞히지 못할 때는 큰 잔으로 벌주를 마시기로 하자."

진영공은 탄궁을 들고 오른쪽에 서고 도안가는 왼쪽에 섰다. 높은 대 위에서 임금과 신하는 일제히 소리를 지르며 바깥에 모여 선 군중을 향해 탄환을 쏘았다. 탄환은 유성처럼 날아가 하나는 백성의 한쪽 귀를 맞추고 다른 하나는 백성의 불알을 맞혔다. 크게 놀란 군중들은 어지러이 달아나며 외쳤다.

"탄환이 또 날아온다!"

군중들이 달아나는 것을 보고 진영공은 대로했다. 흥을 깨뜨린다고 생각했기 때문이었다.

"좌우 궁수들은 저놈들을 쏘아라!"

궁수들은 일제히 탄환을 쏘았다. 무수한 탄환이 빗발치듯 날았다. 백성들은 몸을 피할 틈이 없었다. 탄환에 맞아 머리가 터지고 이마가 깨어지고 눈알이 빠지고 이빨이 부러졌다. 군중들의 울부짖는 소리가 천지를 진동했다.

진영공은 대 위에서 아비규환을 이룬 백성들을 굽어보다가 탄궁을 내던지며 소리 높이 웃었다.

"과인이 이 대에 올라 여러 번 놀았지만 이처럼 즐겁기는 처음이다."

도안가는 간사한 웃음을 웃으며 진영공에게 공손히 허리를 굽혔다.

"이 모든 것이 다 주공의 홍복이옵니다."

그 후로 대 위에 사람만 나타나면 도원 앞을 지나가던 사람들은 정신없이 달아났다.

어느 때 주나라 사람이 사나운 개 한 마리를 진영공에게 바쳤다. 이름은 영오(靈獒)라 했다. 그 개는 키가 3척이 넘고, 빛깔은 활짝 핀 숯불처럼 붉었다. 그리고 사람이 시키는 대로 뭣이든 잘 했다.

진영공은 좌우에서 모시고 있는 사람 중에 혹 잘못이 있으면 영오를 시켜 물게 했다. 영오가 덤벼들어 한 번 물기만 하면 물린 사람은 죽기 마련이었다.

진영공은 외전(外殿)에서 조회하는 것을 철폐했다. 그래서 모든 대부들은 내전의 침전에 들어가서 임금을 뵈어야 했다. 날마다 내전에서 조회를 마치면 진영공은 그 날을 즐기려고 밖으로 행차했는데 그 때마다 개를 끌고 나갔다. 이 사나운 개를 보면 누구나 모골이 송연해졌다.

이 무렵 모든 나라들이 진(晉)나라에서 이탈하기 시작했다. 진문공이 세운 패권과 백업(伯業)들은 여지없이 무너지기 시작했다. 그리고 백성들은 진영공을 원망했다.

대부들이 이런 정세와 민심을 모를 리 없었다. 조돈 등 여러 대부는 나아가 누차 진영공에게 간했다.

"군후께서는 어진 사람을 예로써 대우하시고 간사한 무리를 멀리 하소서. 그리고 나라 일에 힘쓰시며 백성들과 친하도록 하소서."

그러나 진영공에게는 그런 소리가 다 소 귀에 경 읽기였다. 신하들의 간언을 전혀 듣지 않을 뿐만 아니라 도리어 간하는 신하들을 의심하고 미워했다.

어느 날 내전에서 조회를 파하고 백관들이 다 흩어진 뒤였다. 다만 조돈과 사회(士會) 두 사람만이 침전 문 앞에 서서 나라 일을 걱정하고 있었다.

이 때 두 내시가 대로 만든 바구니를 메고 내궁에서 나왔다. 두 사람은 수상하다는 생각이 들었다. 대로 만든 채롱이 궁중에서 나올 리 없기 때문이었다.

조돈과 사회는 거의 동시에 내시들을 불렀다.

"거기 내관 두 분은 가지 말고 이리 좀 오시게."

내시들은 머리만 숙이고 대답이 없었다. 조돈이 물었다.

"그 대나무 바구니 속에 든 것이 무엇이뇨?"

"상경께서 보시고 싶거든 오셔서 친히 보십시오. 저희들은 감히 말씀드릴 수 없습니다."

조돈과 사회는 더욱 의심이 났다. 그들은 내시들 앞으로 가서 대나무 바구니를 살폈다. 대나무 바구니 속에 사람의 손이 보였다. 두 대부는 즉시 대나무 바구니를 내려놓게 하고 뚜껑을 열어 봤다. 그 속에는 전신을 토막토막 잘라 놓은 사람의 시체가 들어 있었다.

조돈이 크게 놀라 물었다.

"이게 웬일인가?"

"……."

그래도 내시들은 대답을 하지 않았다.

"말을 않겠다면 먼저 네 놈들부터 목을 베어야겠다."

새파랗게 질린 내시들이 비로소 입을 열었다.

"이것은 재부(宰夫: 궁중의 요리사)의 시신입니다. 주공께서 갑자기 술 생각이 나셔서 급히 곰의 발바닥을 쪄서 들여오라고 분부하셨습니다. 하도 재촉이 심하여 재부는 허둥지둥 술상을 차려 올리느라 미처 다 삶지 못하고 요리해 올렸습니다. 주공이 맛을 보시더니 다 익지 않았다고 대로하시어 쇠뭉치로 재부를 쳐 죽였습니다. 그래도 화를 삭이지 못하시어 재부의 시신을 이렇게 칼로 토막을 내시고 저희들에게 바깥에 버리고 오도록 명령하셨습니다. 저희들은 정해 주신 시간 안에 돌아가야지 그렇지 못하면 죄를 면할 수 없습니다."

조돈은 내시들에게 대나무 바구니를 메고 가라 하고는 사회를 돌아보며 말했다.

"이거 야단났소. 주공이 이처럼 무도하여 사람 목숨을 풀잎처럼 여기니 이를 어떻게 하면 좋겠소. 이러다간 이 나라가 조석지간에 망하겠구려. 그대가 나와 함께 가서 지성껏 한 번 간해 봅시다."

사회가 대답했다.

"우리 두 사람이 함께 들어가서 간했다가 듣지 않으면 다시 더 간할 사람이 없소. 그러니 내가 먼저 들어가서 간하겠소. 만일 주공이 듣지 않으면 다음엔 그대가 들어가서 간하시오."

그 때 진영공은 아직 침전에 있었다. 진영공은 사회가 들어오는 것을 보자 또 귀찮은 소리를 하려고 오는 것으로 짐작했다. 진영공은 사회를 앉게 하고 먼저 말했다.

"대부는 아무 말 말라. 과인은 이미 잘못을 뉘우쳤노라."

사회가 머리를 조아리며 말했다.

"사람이면 누구나 어찌 허물이 없겠습니까. 허물이 있을지라도 능히 고치시면 이는 이 나라 사직의 복입니다."

사회가 말을 마치고 물러나와 조돈에게 말했다.

"주공이 과연 잘못을 고친다면 조만간에 그 태도가 달라질 것이오."

이튿날 아침 진영공은 내시를 시켜 궁에 들어온 신하들에게 전언하도록 했다.

"오늘은 조회를 폐하니 모든 대신은 그냥 돌아가라."

그리고 잇달아 분부했다.

"오늘은 도원에 행차하겠으니 곧 어가를 준비시키라."

외전에서 이 소문을 전해 듣고 조돈이 사회에게 말했다.

"주공의 분부가 이러하니 어찌 잘못을 뉘우친 사람이라 하리오. 오늘은 내가 간하겠소."

조돈은 미리 도원 문 밖에 가서 진영공의 행차가 올 때를 기다렸다. 이윽고 진영공의 행차가 오자 조돈은 앞으로 나가서 절했다. 진영공이 의아스런 표정으로 물었다.

"과인이 경을 부른 일이 없는데 경은 어째서 이곳에 왔는가?"

조돈이 재배하고 머리를 조아리며 간했다.

"신은 죽을 죄를 무릅쓰고 아뢸 말씀이 있어 왔습니다. 신이 듣건대 '어진 군주는 백성들을 기쁘게 하는 것에서 즐거움을 찾고 무도한 군주는 자기 한 몸을 기쁘게 하는 것에서 즐거움을 찾는다' 하옵니다. 그런데 주공은 개를 시켜 사람을 물게 하고 백성들에게 탄환을 쏘고 재부의 몸을 절단하였습니다. 이는 어진 군주로서 할 짓이 아닙니다. 안에서는 백성들이 배반하고 밖에서는 제후들이 우리에게서 떠나고 있습니다. 옛날의 폭군 걸주(桀紂)가 멸망하던 당시의 불행이 바로 지금 주공에게 닥쳐오고 있습니다. 신은 차마 주군과 나라가 망하는 꼴을 앞아서 보고만 있을 수 없어 이처럼 숨기지 않고 바른 대로 아룁니다. 주공은 곧 어가를 돌려 궁으로 돌아갑시오. 그리고 지난날의 잘못을 고치고 죽이는 것을 삼가시고 위기에 임박한 진(晉)나라를 다시 구하소서. 그러면 신은 비록 만 번 죽을지라도 여한이 없겠나이다."

진영공이 크게 무안해하며 소매로 얼굴을 가렸다.

"경은 잠시 물러가라. 내 오늘만 화원에서 놀고 궁으로 돌아가서는 마땅히 경의 말대로 하리라."

조돈은 도원 문 앞에서 몸으로 어가를 막았다.

"주공은 지금 곧 궁으로 돌아가셔야 합니다."

도안가가 곁에서 말했다.

"상경이 이처럼 간하는 것은 좋은 일이나 어가가 이곳까지 왔는데 어찌 그냥 돌아갈 수 있으리오. 만일 나라 정사에 관한 일이 있거든 내일 이른 아침에 조당에서 상의하는 것이 어떻겠소?"

진영공이 잇달아 청했다.

"과인이 내일 일찍 경을 부르리라."

조돈은 하는 수 없이 몸을 비켜 어가를 도원으로 들여보냈다. 그는 노한 눈으로 도안가를 노려보며 탄식했다.

"나라가 망하는 것도 다 저런 무리 때문이다."

도원에서 도안가는 진영공을 모시고 질탕하게 놀며 즐겼다. 그러다가 문득 한숨을 쉬며 말했다.

"이런 즐거운 놀이도 오늘이 마지막입니다그려."

진영공이 물었다.

"대부는 어찌하여 그런 상서롭지 못한 소릴 하는가?"

"내일 아침이면 상경이 또 와서 잔소리를 늘어놓고 다시는 주공을 궁 밖으로 내보내지 않을 것입니다."

진영공이 이맛살을 찌푸리며 말했다.

"자고로 군주가 신하를 부리는 법이지 신하가 군주를 부린다는 말은 듣지 못했다. 그 늙은 놈이 있는 한 과인의 마음이 편하지 않으니 그 놈을 없애 버릴 무슨 좋은 계책이라도 있느냐?"

"신이 아는 사람 중에 서예(鉏麑)란 자가 있습니다. 그는 집안에 몹시 가난해서 신이 늘 그 사람에게 양식을 대줬습니다. 그는 신의 은혜에 감격하여 언제든지 명령만 하면 목숨이라도 바칠 각오를 하고 있습니다. 그를 시켜 상경을 처치하게 하면 주공께서는 앞으로 마음대로 즐길 수 있을 것입니다."

"이 일이 성공만 하면 경의 공로가 결코 작지 않으리라."

진영공은 은근히 당부했다.

그 날 밤에 도안가는 비밀리에 서예를 자기 집으로 불러 술과 음식을 먹이며 말했다.

"지금 조돈이 나라 일을 독재하면서 주공을 속이고 있네. 내가 지금 그대에게 말하는 것은 주공의 밀지(密旨)일세. 그대는 조돈의 집 문 밖에 가서 몸을 숨기고 있게. 오경을 알리는 북소리가 나면 조돈이 궁으로 가려고 나올 것이니 그 때에 찔러 죽이게. 알겠나? 각별히 조심해서 일을 그르치지 말게."

분부를 받은 서예는 비수를 품고 조돈의 집 근처에 가서 숨었다.

이윽고 이곳저곳에서 오경을 알리는 북소리가 났다. 그가 조돈의 집 앞으로 가니 이미 대문과 중문이 활짝 열려 있었다. 그리고 문 앞에 수레와 말이 이미 준비되어 있었다. 바라보니 당상에는 등불이 환히 밝혀져 있었다.

서예는 기회를 엿보아 나는 듯이 중문으로 뛰어 들어가 어두운 곳에 몸을 숨기고 자세히 안을 살폈다. 한 사람의 관원이 조복(朝服)에 큰 띠를 두르고 머리에는 관을 쓰고 손에는 홀을 잡고 단정한 자세로 앉아 있었다. 그 관원이 바로 상경 조돈이었다. 그는 조정에 들어가려고 날도 새기 전에 이미 준비를 마치고 시간을 기다리는 중이었다.

서예는 크게 놀라 다시 대문 밖으로 나와서 길이 탄식했다.

"공경하지 않을 수 없는 백성의 어른이로다! 내가 만일 저처럼 훌륭하신 분을 죽인다면 이는 충(忠)이 아니며 임금의 분부를 받고서 실행하지 않는다면 이는 신(信)이 아니니 어찌하면 좋을까! 불충불신한 이 몸이 어찌 천지간에 용납될 수 있으랴!"

그는 대문 앞에 가서 큰 소리로 외쳤다.

"나는 서예라는 사람이다! 비록 주군의 분부를 어길지언정 차마 충신을 죽일 수 없구나! 혹시 상경의 목숨을 노리는 자가 뒤에 또 올지 모르니 상경은 부디 몸조심하시라!"

서예는 말을 마치자 문 앞에 서 있는 큰 홰나무에 자기 머리를 짓찧었다. 서예의 머리는 터져서 뇌장이 흘러내렸다. 사람들이 몰려갔을 때는 이미 죽어 있었다.

문을 지키던 자들이 그 일을 조돈에게 고했다. 조돈의 호위를 책임지고 있는 시미명(提彌明)이 말했다.

"상경은 오늘 궁에 들어가지 맙시오. 또 무슨 변을 당할지 두렵습니다."

조돈이 대답했다.

"주공이 오늘 아침 일찍 나를 만나겠다고 하셨는데 내가 만일 가지 않는다면 이는 무례라. 살고 죽는 것은 천명이거늘 내가 무엇을 염려하리오. 우선 서예를 홰나무 그늘에 임시나마 묻어 주어라."

조돈은 수레를 타고 궁으로 들어가서 대신들의 반열을 따라 진영공에게 절했다. 진영공은 조돈이 들어온 것을 보고 도안가에게 조그만 소리로 물었다.

"저 늙은 것이 살아 있으니 어찌 된 일이뇨?"

"서예가 가긴 갔는데 돌아오지 않습니다. 들리는 말로는 홰나무에 부딪쳐 죽었다고 합니다."

조회가 끝난 뒤 진영공은 다시 도안가와 상의했다.

"일이 실패했으니 장차 어찌하면 좋을꼬?"

"신에게 또 한 가지 계책이 있습니다. 이번에는 반드시 조돈을 죽이고야 말겠습니다."

"그 계책이란 무엇인가?"

"주공께선 내일 무사들을 벽 뒤에 매복시킨 다음 조돈을 불러들여 술을 대접하십시오. 예법대로 석 잔 술을 하사하신 후 조돈이 차고 있는 칼을 구경하자고 합시오. 조돈은 반드시 칼을 주공께 보여 드릴 것입니다. 그러면 신이 곁에서 '조돈이 주공 앞에서 칼을 뽑았다!' 하고 소리를 지르겠습니다. 그것이 신호입니다. 무사들이 일제히 나와서 조돈을 찔러 버리면 그만입니다. 세상 사람들은 다 조돈이 스스로 죽음을 취한 것이라고 할 것입니다."

"묘하고 묘하도다! 그 계책대로 하리라."

이튿날 진영공이 조회를 마친 뒤 조돈에게 말했다.

"경의 간언은 참으로 고마웠소. 과인이 약간의 음식으로 그대의 수고에 보답할까 하노라."

이에 도안가는 조돈을 내궁으로 안내했다. 시미명이 조돈의 뒤를 따라 함께 내궁으로 들어가서 층계를 밟고 올라가려던 참이었다. 도안가가 돌아보며 호령했다.

"주공께서 상경과 술을 즐기시려는 자리다. 다른 사람은 올라오지 말라!"

시미명은 하는 수 없이 당하에서 대기했다. 조돈은 재배하고 진영공 오른편 자리에 앉았다. 도안가는 진영공을 모시고 왼쪽에 앉았다. 포인(庖人)이 주안상을 바치고는 술이 세 순배 돌았을 때였다.

진영공이 조돈에게 청했다.

"과인이 듣기에 그대가 차고 있는 칼이 매우 좋다던데 한 번 구경시켜 줄 수 없겠는가?"

조돈은 진영공의 계책을 알 리가 없었다. 그는 허리에 찬 칼을 뽑아 보이려고 했다. 당하에서 시미명이 그 광경을 보고 큰 소리로 외쳤다.

"신하가 임금을 모시고 술을 마시면 3배 이상은 마시지 않는 것이 예법인데 어찌하여 3배를 든 연후에도 물러나지 않고 군주 앞에서 칼을 뽑으려 하십니까."

그 말에 조돈은 크게 깨달았다. 조돈은 뽑던 칼을 다시 칼집에 꽂고 벌떡 일어섰다. 시미명은 단숨에 당 위로 뛰어올라가서 조돈을 부축해 모시고 층계를 내려왔다. 도안가가 소리를 질렀다.

"빨리 개를 놓아 저 자줏빛 조복 입은 자를 쫓게 하여라."

말이 미처 끝나기도 전에 사나운 개 영오가 나는 듯이 조돈에게 달려들었다. 시미명은 원래 천근의 무게를 드는 장사였다. 그는 주먹으로 뛰어 오르는 개의 머리를 후려갈기고는 다시 목을 졸랐다. 영오는 소리 한 번 지르지 못하고 목이 부러져서 죽었다.

그것을 보자 진영공은 대로했다.

"저놈을 잡아라!"

벽 뒤에 숨어 있던 무사들이 일제히 뛰어나와 조돈을 에워쌌다. 시미명이 몸으로 조돈을 가리고 서서 급히 말했다.

"속히 이곳을 벗어나십시오."

조돈은 내궁 문 밖으로 달아났다.

시미명은 혼자서 내궁 문을 가로막고 무사들과 싸웠다. 그러나 많은 적을 혼자서 당할 수 없었다. 시미명은 온몸에 상처를 입고 싸우다가 죽었다.

시미명이 무사들과 싸우는 동안에 조돈은 그곳을 벗어나 달아나고 있었는데 한 사람이 뒤쫓아 와서 조돈의 소매를 붙들었다. 조돈은 크게 놀랐다.

"너는 누구냐?"

"상경께서는 지난날에 배가 고파 뽕나무 밑에 쓰러져 있던 사람을 기억하지 못하십니까. 제가 바로 그 영첩(靈輒)입니다."

5년 전의 일이었다. 그 때 조돈은 구원산(九原山)에서 사냥을 하고 돌아오다 큰 뽕나무 밑에서 잠시 쉬었다. 그 때 뽕나무 그늘에 한 사람이 누워 있었다. 조돈은 혹시 자기를 죽이려는 자객이 아닌가 의심하고 문초했다. 그런데 그 사람은 배가 고파서 능히 일어나지를 못했다.

"네 이름이 뭐냐?"

"영첩이라고 합니다."

"어째서 이런 데 누워 있느냐?"

"저는 위(衛)나라에 가서 3년 동안 유학하고 지금 돌아오는 길입니다. 돈도 떨어지고 얻어먹지도 못해서 굶은 지 사흘이 됐습니다."

조돈은 그를 불쌍히 여기고 사람을 시켜 그에게 밥과 육포를 주었다. 그런데 영첩은 조그만 광주리를 내어 받은 음식의 반을 덜어서 넣고 그 반만 먹었다. 조돈이 물었다.

"음식의 반을 광주리에 넣어 두는 것은 무슨 까닭이냐?"

"저에겐 늙은 어머니가 있어서 서문 근처에서 살고 계십니다. 저는 오랫동안 다른 나라에 가 있어서 아직 어머니가 생존해 계시는지 그것마저 모릅니다. 이제 집까지 몇 리 남지 않았습니다. 다행히 살아 계시면 대인께서 주신 음식을 어머니께 드리려 합니다."

"그대는 참으로 효자로다. 그러나 염려 말고 그 음식을 다 들라."

그러고는 갖고 있던 음식과 고기를 더 내어 주었다. 영첩은 그 음식을 받고 조돈에게 절하고 떠나갔다.

그 후 영첩은 공도(公徒)에 응모하여 공실을 지키는 무사로 있다가 이번에 동원된 갑사들 속에 끼이게 되었던 것인데 지난날 조돈에게서 받은 은혜를 갚고자 뛰어온 것이었다.

이 때 조돈의 시종배들은 내궁에서 변이 일어났다는 소문을 듣고 다 달아나 버리고 없었다.

영첩은 조돈을 들쳐 업고 조당의 문 밖으로 나갔다. 시미명을 죽인 무사들이 떼를 지어 조돈의 뒤를 쫓았다. 이 때 도망쳐 온 시종들의 보고를 받고 조돈의 아들 조삭(趙朔)은 집안 장정들을 모조리 거느리고 아버지를 구하려고 궁으로 달려가다가 도중에 서로 만났다.

조삭은 아버지를 부축해서 급히 수레에 태웠다. 조돈은 함께 수레에 태우려고 영첩을 불렀으나 그는 이미 어디로 갔는지 보이지 않았다. 쫓아오던 무사들은 조돈의 집 장정들이 많은 것을 보고 더 쫓지 않았다.

조돈이 조삭에게 말했다.

"내가 지금 집으로 달아날 처지가 못 된다. 이 길로 적나라로 가든지 아니면 진(秦)나라에라도 가서 이 한 몸을 의탁해야겠구나."

이에 아버지와 아들은 수레를 몰고 서문을 나와 서쪽 길로 달렸다.

8. 도원(桃園)의 참극

한편 진영공은 조돈을 죽이려다가 비록 성공은 못했으나 조돈이 강성을 떠난 것만으로도 기뻐했다. 진영공은 마치 엄격한 스승 곁을 떠난 촌아이처럼 가슴을 쓸어내리며 후련해했다.

진영공은 마음 놓고 도원으로 갔다. 그는 밤낮 질탕하게 놀며 궁으로 돌아갈 생각을 하지 않았다.

한편 그 날 조천(趙穿)은 서교(西郊)에서 사냥을 하고 돌아오다가 도중에서 숙부인 조돈과 조삭이 수레를 타고 달려오는 것을 보았다. 조천이 수레를 세워 사연을 묻고는 말했다.

"숙부는 국경 밖으로는 나가지 마십시오. 제가 수일 안에 서울 소식을 연락해 드리겠으니 그 때에 앞으로 어떻게 할지 다시 결정하십시다."

조돈이 대답했다.

"어쩌다 일이 이 지경에 이르렀으니 네 말대로 잠시 수양산(首陽山)에 가서 몸을 피하마. 너는 매사에 삼가고 조심하여 이 이상 불행이 없도록 하여라."

조천은 조돈 부자와 작별하고 강성으로 돌아갔다. 그는 서둘러 도원으로 가서 진영공을 뵙고 머리를 조아리며 사죄했다.

"신은 조 씨 집안의 사람으로 이제 죄인의 친척이 되고 말았습니다. 바라건대 주공께서는 신의 벼슬을 삭탈하소서."

진영공은 조천이 하는 말을 진정으로 곧이듣고 위로했다.

"경은 이 일에 관해서는 조돈과 하등의 관계가 없다. 안심하고 과인을 잘 보좌하라."

조천은 사은하고 다시 아뢰었다.

"신이 듣건대 군주에게 가장 귀중한 것은 인생의 색성(色聲)을 마음껏 누리는 즐거움이라 하옵니다. 이제 주공께서는 높은 대(臺)와 꽃동산을 두시어 어디에서나 머물 수 있사온데 어찌하여 아름다운 여자들을 많이 뽑아 많은 밤에 채우지 않으시며 좋은 악사들을 시켜 노래와 춤을 가르치게 하지 않으십니까. 군주로서 이런 즐거움을 갖추는 것이 어찌 아름다운 일이 아니겠습니까."

"그대의 말이 과인의 뜻과 같도다. 즉시 나라 안의 미녀들을 두루 뽑기로 하겠는데 이 일을 누구에게 맡기면 좋을꼬?"

"대부 도안가가 적임자인 줄로 압니다."

진영공이 도안가에게 분부했다.

"그러면 대부가 이 일을 전적으로 맡아서 하라."

조천은 그런 수단을 써서 우선 도안가를 진영공 곁에서 떼어 놓으려는 심산이었다. 조천이 다시 아뢰었다.

"도원을 시위(侍衛)하는 군대들이 너무나 미약합니다. 신이 거느리는 군대들 중에서 날쌔고 용맹한 자 2백을 뽑아 지키게 할까 합니다."

"거 참 좋은 생각이다."

진영공은 즉시 허락했다. 조천은 병영으로 돌아가 시간을 지체하지 않고 군사 2백 명을 골랐다. 군사들이 조천에게 물었다.

"장군은 장차 우리를 어디로 보내시려는 것입니까?"

"주군이 백성들은 돌보지 않고 종일 도원에서 즐기고만 있다. 주군은 나에게 명하기를 너희들을 뽑아 밤낮없이 도원을 지키게 하라고 하셨다. 너희들도 집이 있고 처가 있지 않으냐. 이제 한 번 가면 비바람을 맞으며 지켜야 하고 혹한 속에서도 견뎌야 한다. 그리고 언제 집으로 돌아갈 수 있을지 그것은 아무도 모를 일이다."

군사들이 투덜거렸다.

"이처럼 무도한 혼군은 왜 속히 죽지도 않나. 만일 상경만 계셨더라도 이런 일은 없을 텐데!"

"내가 할 말이 있는데 과연 너희들이 들어줄지 모르겠구나."

조천이 말하자 모든 군사들이 대답했다.

"장군이 저희들의 괴로움을 구해 주신다면 무슨 일이든 하겠습니다."

조천이 천천히 그들을 선동했다.

"도원은 궁중에 비해 그다지 깊지 않다. 너희들은 오늘 밤 이경이 되기를 기다려 도원 안으로 들어오너라. 처음에는 '출출하니 밤참을 좀 주시오' 하고 반드시 핑계를 대야 한다. 내가 소매를 휘두르거든 그것을 신호로 알고 혼군을 죽여라. 그러면 내가 달려가 상경을 영접해 새로이 임금을 세우리라. 너희들의 생각은 어떠하냐?"

군사들이 일제히 대답했다.

"그거 참 좋은 생각입니다."

조천은 술과 음식으로 그들을 대접한 뒤 2백 명의 군사들을 도원 밖에 늘어세워 파수를 보게 했다.

진영공은 높은 대 위에 올라가 바깥에 늘어서 있는 군대들을 굽어봤다. 어느 놈 할 것 없이 모두가 다 용맹스러워 보였다. 진영공이 매우 기뻐하며 조천에게 분부했다.

"오늘 밤 주연에는 경도 참석해서 과인과 함께 즐기도록 하라."

그 날 밤 술잔치가 벌어졌다. 어느덧 이경이 됐다. 바깥이 소란해졌다. 진영공이 조천에게 물었다.

"저건 무슨 소리인가?"

"아마 숙위하는 군사들이 밤길 걷는 사람들을 쫓아 버리는 소리인가 봅니다. 주공은 놀라지 마소서. 신이 가 보고 오겠습니다."

조천은 손에 초롱불을 들고 대 아래로 내려갔다. 이 때 군사들이 문을 부수고 들어왔다. 조천은 두 팔을 벌리고 일단 그들을 막는 듯하더니 다시 그들을 거느리고 대 앞으로 왔다. 조천이 자기 혼자만 대 위로 성큼성큼 올라가서 진영공에게 아뢰었다.

"주공께서 주연 베푸신 것을 군사들이 알고 밤참을 좀 줍소사 하고 왔답니다. 이런 때에 인정을 베푸시옵소서."

진영공이 내시를 불러 분부했다.

"군사들에게 술을 주고 위로하여라."

진영공은 일어나 난간에 기대서서 군사들에게 술 나눠 주는 것을 구경했다. 이 때 조천은 바로 진영공 뒤에 서서 팔을 들어 소매를 천천히 휘둘렀다.

"주공께서 친히 너희들을 위로하시는 것이니 사양 말고 먹어라."

2백 명의 군사들은 조천 앞에 선 사람이 바로 진영공임을 알고 일시에 대 위로 뛰어올라갔다. 진영공이 크게 당황하여 조천을 돌아보고 물었다.

"군사들이 어찌하여 대 위로 뛰어올라오는고? 경은 속히 저들을 막으라."

조천이 대답했다.

"군사들이 상경을 뵙고 싶어서 주공에게 그를 부르라고 청하려는 것입니다."

진영공은 미처 뭐라고 대꾸하기도 전에 달려드는 군사들의 창에 찔려 거꾸러졌다. 군사들이 붙잡아 일으켰을 때 진영공은 이미 죽어 있었다. 진영공을 모시고 있던 좌우 사람들은 혼비백산하여 일시에 달아났다.

조천이 군사들 앞에 나서서 외쳤다.

"무도한 임금은 이제 죽었다. 너희들은 공연히 한 사람이라도 죽이지 말라. 그럼 이제 나와 함께 상경을 영접하러 가자."

원래 진영공은 사람 죽이기를 좋아했기에 가까이 모시던 사람들은 언제 죽음을 당할지 몰라서 항상 공포에 떨고 있었다. 그래서 군사들이 군주를 죽일 때에도 말리는 자가 없었다.

백성들은 오랫동안 원한이 사무쳐 있었기 때문에 진영공이 죽었다는 소문을 듣자 모두들 통쾌하다고 했다. 조천을 욕하는 사람은 아무도 없었다.

7년 전에 혜성(彗星)이 북두(北斗)에 나타났을 때 한 점쟁이가 말했다.
'제(齊)·송(宋)·진(晉) 세 나라 임금은 장차 제 명대로 살지 못하고 반드시 변란에 죽을 것이다.'
이제야 그 점쟁이의 말이 들어맞은 셈이다.
이 때 도안가는 교외에 있었다. 그는 집집마다 돌아다니면서 아름다운 처녀들을 들춰내다가 진영공이 살해됐다는 보고를 듣고 깜짝 놀랐다.
'조천이 한 짓이로구나!'
그러나 그는 감히 말을 못하고 숨어서 자기 집으로 돌아갔다.

사회 등은 진영공이 죽었다는 기별을 받고 곧 도원으로 달려갔다. 사방은 적연할 뿐 아무도 없었다. 그는 조천이 조돈을 영접하러 간 줄로 짐작하고 도원의 문을 봉쇄하고 기다렸다.
이튿날 조돈은 수레를 타고 강성으로 돌아왔다. 조돈이 도원에 당도하자 문무백관들이 다 모여들었다.
조돈은 진영공의 시체 앞에 엎드려 방성통곡을 했다. 그 애달픈 통곡소리는 도원 밖에 모여든 백성들의 귀에까지 들렸다. 백성들이 서로 말했다.
"상경은 주군에 대한 충성이 저렇듯 대단했구나. 이제 와서 누구를 원망하겠는가. 주공이 스스로 불행해질 일을 저질렀을 뿐이다."
조돈은 진영공의 시체를 염하고 곡옥 땅에 장지(葬地)를 잡았다. 동시에 모든 대신들을 불러 모으고 새로이 임금 세울 일을 의논했다.
이 때 진영공에게는 아들이 없었다. 조돈이 여러 대신들에게 말했다.
"지금 문공의 아드님이신 흑둔(黑臀)이 주나라 왕실에서 벼슬을 살고 계시오. 그분이 항렬로나 나이로나 제일 어른이니 내 생각으로는 그분으로 군위를 잇게 했으면 싶소."

모든 대신이 다 찬성했다.

"상경의 생각이 가장 합당하오."

조돈은 조천이 임금을 죽인 죄명을 씻어 주기 위해 그를 주 왕실로 보냈다. 이에 조천은 주나라에 가서 공자 흑둔을 모시고 돌아왔다.

공자 흑둔이 태묘에 절하고 진(晋)나라 군위에 오르니 그가 바로 진성공(晋成公)이다.

진성공은 나라 일을 오로지 조돈에게 일임했다. 그리고 자기 딸 장희(莊姬)와 조천을 혼인시켜 그의 공을 드러내 주었다.

한 번은 조천이 숙부인 조돈에게 말했다.

"도안가는 전 군주에게 아첨하고 우리 조 씨를 원수로 대한 사람입니다. 전 군주가 죽은 뒤로 도안가는 더욱 우리에게 앙심을 품고 있을 것입니다. 그자를 없애 버리지 않고는 우리 조 씨 일족이 마음을 놓을 수 없습니다."

조돈이 좋은 말로 타일렀다.

"남이 너를 벌하지 않는데 너는 도리어 남을 벌하려 드느냐. 우리 조 씨 종족이 세도를 누리고 있으니 도안가와는 마땅히 친목해야 한다. 굳이 원수를 맺을 필요가 어디 있느냐."

도안가 또한 모든 일에 조심하며 조 씨 일족을 섬김으로써 미움을 사지 않으려고 노력했다.

9. 군위를 고사한 계찰(季札)

오(吳)나라 임금 수몽(壽夢)은 병세가 위독했다. 마침내 그는 제번(諸

樊)·여제(餘祭)·이매(夷昧)·계찰(季札) 등 아들 넷을 병상 앞에 불러놓고 유언했다.

"너희 형제 네 사람 중에서 계찰이 가장 어질다. 그래서 내가 계찰에게 여러 번 세자가 되기를 권했으나 계찰은 그럴 때마다 사양했다. 내가 죽거든 제번이 뒤를 잇고 그가 내놓을 때는 반드시 여제에게 군위를 전하고 여제는 이매에게 군위를 전하고 이매는 계찰에게 군위를 전하라. 그러니까 군위를 차례로 동생에게 전하되 자손에게 전하지 말라. 그리하여 마침내 계찰이 군후가 되면 이 나라가 크게 번성하리라."

수몽은 말을 마치자 세상을 떠났다. 제번이 계찰에게 말했다.

"아버지의 뜻이 그러하셨으니 동생은 군위에 오르라."

계찰이 대답했다.

"저는 부친 생존시에도 세자가 되는 것을 사양했습니다. 하물며 부친께서 세상을 떠나신 이제 와서 어찌 군위에 오르겠습니까. 형님께서 또 그런 말씀을 하시면 저는 다른 나라로 가 버리겠습니다."

이에 제번은 다음 차례는 군위를 동생에게 넘기겠다는 것을 선포하고 군위에 올랐다.

그리하여 오왕(吳王)이 된 제번은 그 후 항상 사이가 나빴던 초나라를 치다가 적장 우신(牛臣)이 쏜 화살을 맞고 죽었다. 이에 여제가 그 뒤를 이었다.

여제가 왕이 된 지 2년째 되던 해였다. 그는 용기를 좋아하고 사람 목숨을 가볍게 생각하는 사람이었다. 그가 굴호용(屈狐庸)을 불러 분부했다.

"경은 초나라의 속국 서구(舒鳩)로 가서 무슨 수단을 써서라도 서구가 초나라를 배반하도록 일을 꾸미고 오라."

굴호용이 사명을 띠고 서구로 간 지 몇 달 뒤에 과연 서구는 초나라에 반기를 들었다. 이에 초나라 영윤 굴건(屈建)이 배반한 서구를 치기 위해서 군대를 일으키자 신궁(神弓)으로 유명한 양요기(養繇基)가 나서며 자청했다.

"이번 싸움에는 제가 선봉을 서겠습니다."

굴건이 대답했다.

"장군은 이제 너무 늙었소. 서구는 워낙 조그만 나라이니 우리가 이기지 못할까 염려할 건 없소. 장군은 늙은 몸을 편히 쉬기나 하오."

양요기가 다시 말했다.

"저는 지난날에 선왕으로부터 특별한 총애를 받았소이다. 그래서 항상 이 몸을 나라에 바쳐 그 은혜에 보답하고자 했으나 아직까지 기회를 얻지 못했소. 이젠 내 모발과 수염도 다 허옇게 변했소이다. 이러다가 내가 어느 날이고 갑자기 병으로 죽는다면 이는 영윤이 이 양요기의 평생 소원을 결국 저버리게 만든 것이 되오."

"정 그러시다면 노장군의 뜻을 쫓겠소."

그의 출정을 허락하면서 대부 식환(息桓)에게 양요기를 늘 따라다니며 돕도록 했다.

마침내 초군(楚軍)이 서구에 당도했을 때였다. 예상했던 대로 오나라에서 오왕의 동생 이매가 굴호용과 함께 군대를 거느리고 서구를 구하러 왔다.

초나라 식환은 양쪽 군대가 다 모이기를 기다려서 싸울 작정이었다. 양요기가 계책을 말했다.

"오나라 사람은 강변에서 자란 만큼 모두 다 수전(水戰)에 능숙하오. 그런데 지금 그들은 배를 버리고 뭍으로 왔소. 그들은 활을 쏘고 전거를 달리는 데는 서투르오. 저들의 후속 부대가 당도하기 전에 우리 쪽에서 급히 쳐서 무찌르는 것이 상책이오."

드디어 양요기는 활을 잡고 다른 군대들보다 먼저 가서 오군(吳軍)을 향해 쏘았다. 양요기는 늙었으나 역시 그의 활은 백발백중이었다.

오군이 혼란해지기 시작하자 양요기는 전거를 달려 그 뒤를 추격했다. 양요기는 굴호용이 전거를 타고 있는 것을 보고 호통을 쳤다.

"적장은 나의 신궁 맛을 보라!"

굴호용은 양요기가 천하의 명궁임을 알았기에 부하에게 쏜살같이 전거를 몰게 하여 달아났다.

양요기는 놀라며 중얼거렸다.

"오나라 사람도 전거를 잘 모는구나!"

그는 즉시 굴호용을 쏘아 죽이지 못한 것을 후회했다.

이 때 땅이 진동하기 시작하더니 오나라의 철엽거(鐵葉車)들이 사방에서 나타나 양요기를 에워쌌다. 더구나 철엽거를 타고 있는 군사들은 모두 다 정예한 사수(射手)들이었다. 일시에 수천 개의 화살들이 노장군 양요기를 향하며 날았다. 마침내 천하 명궁 양요기는 빗발치듯 날아오는 화살을 맞고 쓰러져 죽었다.

지난날에 초공왕이 '재주를 믿는 자는 반드시 그 재주 때문에 죽는다'라고 말한 적이 있는데 이 말은 양요기의 죽음을 가리키는 것이었다.

식환은 싸움에 패한 초군을 수습해서 돌아가 굴건에게 양요기의 죽음을 보고했다. 굴건은 크게 탄식했다.

"양요기는 오군에게 죽은 것이 아니다. 그는 자기 소원대로 죽은 것이다."

굴건은 정병들을 서산(栖山)에다 매복시키고 별장 자강(子疆)을 불러 명령을 내렸다.

"그대는 가서 오군을 이곳으로 유인해 오라."

자강은 오군이 있는 곳으로 가서 싸우는 척하다가 달아나기 시작했다. 그러나 오나라의 굴호용은 적의 복병을 두려워하여 달아나는 자강의 뒤를 쫓지 않았다.

그러나 오왕의 동생 이매는 군대를 거느리고 자강을 추격했다. 달아나던 자강은 이산 아래에 이르자 돌아서서 쫓아오는 오군을 역습했다. 그와 동시에 매복하고 있던 초군이 일시에 일어나 오군을 협공 했다. 이매는 포위망을 뚫을 수 없었다. 그러나 뜻밖에 굴호용이 군사를 이끌고 와 초나라 군사를 물리치고 이매를 구출했다.

그러나 이매만 겨우 구출했을 뿐 오군은 대패하여 본국으로 달아났다. 이에 서구는 초나라 굴건의 손에 멸망하고 말았다.

오나라 바로 옆에 월(越)나라가 있었다. 작위는 자작(子爵)이었다. 무여(無餘)란 사람 때에 비로소 하왕(夏王)으로부터 월 땅을 분봉받아 살면서 하 왕조를 지나 주 왕조에 접어들어 오늘날에 이르기까지 전후 30여 대를 지나 윤상(允常)의 대에 이르렀다.

윤상은 나라를 잘 다스렸기 때문에 이 때부터 월나라가 강성해지기 시작했다. 그러자 곁의 나라인 오나라는 월나라를 시기했다.

오왕 여제가 왕이 된 지 4년째 되던 해였다. 여제는 군대를 일으켜 월나라로 쳐들어가 월나라 종인(宗人: 종실 사무를 관장하는 관리)을 잡아 가지고 돌아와 월형(刖形: 뒤꿈치를 자르는 형벌)에 처한 후 여황(餘皇)이라는 대선(大船)을 지키게 했다.

어느 날이었다. 오왕 여제는 여황에 올라 술을 마시며 즐겼다. 마침내 그는 크게 취해 잠이 들었다. 월나라의 종인은 누워 자는 오왕 여제에게 기어가 그의 허리에서 칼을 뽑아 목을 찔렀다. 여제의 비명 소리를 듣고 달려온 군사들이 그 자리에서 종인의 목을 쳐서 죽였다.

그리하여 오나라에서는 여제의 동생 이매가 왕위에 올랐다. 그는 동생 계찰을 재상으로 삼았다.

계찰은 군대를 쉬게 하고 백성을 편안하게 하는 한편 여러 나라와 친하기에 힘썼다.

계찰은 모든 나라와 친선을 도모하기 위해 열국을 두루 역방했다. 그는 맨 처음에 노나라를 방문하고 요임금부터 주 왕조에 이르는 5대와 당시 각 제후국들의 악기를 청해서 구경하며 각기 그 특징을 낱낱이 품평했다.

노나라에서는 계찰을 악(樂)을 아는 사람이라며 존경했다.

다음에 그는 제나라로 가서 안영과 친교하고 다음은 정나라로 가서 공손 교와 친교했으며 진(晉)나라에 가서는 조무(趙武)·한기(韓起)·위서(魏舒) 등과 서로 친교를 맺었다.

이들은 모두 당대의 어진 신하로 이름 높은 사람들이었다. 이것만으로도 남쪽의 구석진 오나라 출신인 계찰이 그 당시에 얼마나 훌륭하고 어진 사람이었던가를 짐작할 수 있다.

제7편 충효난전(忠孝難全)

1. 골육상쟁(骨肉相爭)
2. 바뀐 혼사(婚事)
3. 삼부자(三父子)의 비극
4. 어설픈 음모
5. 어지러이 얽힌 왕통(王統)
6. 어장검(魚腸劍)
7. 손무(孫武)의 등장
8. 원한을 푼 오자서
9. 초국부흥(楚國復興)

제7편 충효난전(忠孝難全)

1. 골육상쟁(骨肉相爭)

조카 겹오(郟敖)를 죽이고 스스로 초왕의 자리에 오른 초영왕이 장화궁을 크게 지었으나 다른 나라에서 전혀 반응이 없었다. 그런데 진(晋)나라에서 사기궁을 짓자 모든 나라의 제후들이 진평공(晋平公)을 축하했다.
이에 분노한 초영왕이 오거(伍擧)를 불러들여 상의했다.
"대군을 일으켜 중원을 쳐야만 이 분을 풀겠구나!"
"왕께서 만일 군대를 써서 중원에 위엄을 떨칠 생각이시라면 반드시 죄가 있는 자를 쳐야 대의명분이 설 것이옵니다."
"그럼 어느 나라를 쳐야 할꼬?"
"채나라 세자 반(般)이 그의 아비인 주군을 죽인 지도 이미 9년이 지났습니다. 더구나 채나라는 우리 초나라와 가깝습니다. 만일 채나라를 쳐서 그 땅을 얻는다면 우리는 이익과 동시에 대의명분도 함께 세울 수 있을 것이옵니다."
이 때 바깥에서 시신 한 사람이 들어와 아뢰었다.
"지금 진(陳)나라에서 부고가 왔사온데 군주가 세상을 떠나 공자 유(留)가 자리를 계승했다고 합니다."
오거가 말했다.
"진나라 세자는 언사(偃師)입니다. 그런데 세자 대신 공자 유가 군주가 됐다니 필시 무슨 곡절이 있을 것이옵니다."

진애공은 둘째 부인을 총애했기에 마침내 세자 언사를 폐하고 공자 유를 세자로 삼고 싶었으나 내세울 만한 명분이 없었다.

이에 진애공은 그의 동생이며 사도(司徒)인 공자 초(招)를 공자 유의 태부로 삼고 공자 과(過)를 소부로 삼아 그들에게 분부했다.

"그대들은 공자 유를 잘 교도하여 언사 다음에는 반드시 공자 유에게 군주 자리를 물려주도록 하라."

그 후 진애공은 병으로 자리에 눕게 되어 오래도록 조회를 열지 못했다. 공자 초가 공자 과에게 말했다.

"지금 세자 언사의 아들 공손 오(吳)가 제법 장성했으니 만일 언사가 군주가 되면 반드시 자기 아들 공손 오를 세자로 책봉할 것이다. 그러면 우리는 전날 주공께서 부탁하신 바를 달성할 수 없다. 그러니 주공께서 죽기 전에 우리가 주공의 명령이라 속이고 언사를 죽인 뒤 바로 공자 유를 군주 자리에 세우도록 해야겠다."

공자 과는 즉시 이에 찬성하고 대부 공환을 불러 이 일을 상의했다. 공환이 말했다.

"세자는 매일 세 번씩 궁에 들어가서 주공을 문병합니다. 그 때를 노려 근처에 군사를 매복시켰다가 죽이는 것이 좋을까 합니다."

"묘책이로다."

드디어 공자 과는 공자 초와 그렇게 꾸미고 그 일을 공환에게 맡겼다.

그 날 밤이었다. 세자 언사가 부왕께 문병을 마치고 궁문을 나오는데 수문(守門) 군사 속에 섞여 있던 웬 장사가 앞에 오는 사람의 청사초롱을 빼앗아 불을 꺼 버렸다. 그리고 번개같이 비수를 뽑아 세자를 찔러 죽였다. 이에 궁문에서는 일대 소동이 일어났다. 잠시 후 공자 초와 공자 과가 달려왔다. 그들은 쓰러져 죽은 세자를 보고 일부러 크게 놀란 체하면서 추상같이 분부했다.

"속히 범인을 잡아오라."

그리고 즉시 조당으로 들어가서 선포했다.

"지금 주공의 병환이 위독하시니 마땅히 차자인 공자 유를 임금으로 모셔야 한다."

그 날 밤 진애공은 세자 언사가 살해되었다는 보고를 받고 크게 격분한 나머지 스스로 자기 목을 매어 자살했다.

이튿날이었다. 공자 초는 공자 유를 상주로 삼고 즉시 진나라 군위에 올려 모셨다. 그리고 대부 우징사(于徵師)를 초나라에 보내 진애공이 병으로 세상을 떠났다고 고했다. 이 때 초나라에서는 아직 세자 언사가 죽은 줄은 모르고 여러 가지로 의심하던 참이었다.

그런데 그 때 다시 바깥에서 시신이 들어와 초영왕에게 아뢰었다.

"지금 또 진나라에서 진애공의 셋째 아들 공자 승(勝)이 조카 공손 오(吳)와 함께 와서 대왕을 뵙겠다고 청합니다."

"곧 이리로 안내하라."

진나라 공자 승이 조카 공손 오를 데리고 들어와 초영왕에게 절하고 울면서 호소했다.

"저의 형님인 세자 언사는 공자 초와 공자 괴에게 암살당했고 그 때문에 아버지는 목을 매어 자살하셨습니다. 그리고 그들은 공자 유를 임금으로 세웠습니다. 우리는 이를 대왕께 호소하러 왔나이다."

초영왕은 우징사를 불러들여 공자 승과 공손 오와 대면을 시켰다. 우징사는 처음에는 기를 쓰고 부인했으나 공자 승이 사실을 대며 지적하자 고개를 떨구었다.

초영왕이 대로하여 우징사를 꾸짖었다.

"네 이놈! 너도 공자 초와 괴의 일당이었구나. 빨리 이놈을 끌어내어 목을 베어라."

도부수들이 달려들어 우징사를 결박하고 뜰 아래로 끌어내려 목을 베었다.

오거가 아뢰었다.

"왕께서 이미 역적의 사자를 참했으니 이젠 공손 오를 도와 진(陳)나라의 역적 공자 초와 과를 치소서. 정의를 위한 대의명분이 뚜렷한즉 누가 감히 이 일에 복종하지 않겠습니까. 그런 연후에 채나라를 치도록 하소서. 그러면 대왕의 업적은 선군 초장왕이 남기신 업적보다 크리이다."

초영왕은 기뻐하며 곧 명령을 내렸다.

"즉시 군대를 일으켜 진나라를 치도록 하라!"

한편 진나라 임금이 된 공자 유는 사자로 간 우징사가 초나라에서 참형을 당했다는 소문을 듣고 어찌나 놀랐던지 임금 노릇을 할 생각이 없어졌다. 그리하여 정(鄭)나라로 달아나고 말았다.

공자 과가 공자 초에게 권했다.

"군주가 달아났으니 우리도 달아나 화를 면하는 것이 어떻겠소?"

"초나라 군대가 쳐들어오면 그들을 물리칠 계책이 내게 있으니 염려 말라."

공자 초는 조금도 두려워하지 않았다.

마침내 초영왕은 대군을 거느리고 진나라로 쳐들어갔다. 진나라 백성들은 세자 언사의 죽음을 불쌍히 생각하던 참이라 초나라 군대가 세자 언사의 아들 공손 오를 데리고 온 것을 보고 모두 기뻐했다.

공자 초는 사태가 급해지자 사람을 보내 공자 과를 불렀다. 공자 과가 와서 공자 초에게 물었다.

"초나라 군대가 와도 물리칠 계책이 있다고 장담했으니 그 계책이란 걸 좀 들려주오."

공자 초가 대답했다.

"초나라 군대를 물러가게 하려면 꼭 한 가지 필요한 것이 있는데 그걸 그대에게서 좀 빌려야겠다."

"내게서 빌려야겠다니 그것이 무슨 물건인지요?"

공자 초가 갑자기 눈을 부릅뜨고 대답했다.

"그건 바로 너의 목이다!"

너무도 뜻밖의 말을 듣고 공자 과가 크게 놀라 자리에서 벌떡 일어섰다. 순간 공자 초는 번개같이 칼을 빼어 공자 과를 찔러 죽였다. 참으로 간악하고 잔인한 짓이었다.

공자 초는 그 길로 초영왕에게 가서 공자 과의 목을 바쳤다.

"세자 언사를 죽이고 공자 유를 임금 자리에 올린 것은 모두 공자 과의 소행이었습니다. 이제 일월처럼 빛나는 대왕의 위엄을 빌려 신이 공자 과의 목을 가지고 왔습니다. 대왕께서는 신의 불민한 죄를 용서하소서."

초영왕은 공자 초의 언사가 매우 공손한 것을 보고 마음속으로 은근히 만족했다.

한편 공자 승은 초영왕이 공자 초를 그냥 돌려보냈다는 말을 듣고 크게 통곡했다. 그는 초영왕에게 가서 엎드려 호소했다.

"그 일은 애초부터 공자 초가 음모했고 막상 실행할 때엔 공자 과를 시켜서 대부 공환으로 하여금 세자 언사를 죽이게 한 것입니다. 이제 그놈이 모든 죄를 공자 과에게 뒤집어씌우고 자기만 벗어나려는 수작입니다. 이래서야 선군과 세자가 어찌 지하에서 눈을 감겠습니까."

말을 마치자 공자 승은 더욱 슬피 통곡했다. 초영왕이 공자 승을 위로했다.

"공자는 과도히 슬퍼 말라. 과인이 알아서 처분하리라."

이튿날 공자 초는 예의를 갖추고 다시 와서 초영왕을 모시고 성 안으로 들어갔다. 초영왕은 유유히 진나라 군주 자리에 올라가서 앉았다. 진나라 문무백관들이 일제히 배알하고 나자 초영왕이 대부 공환을 불러내어 크게 꾸짖었다.

"네놈이 세자 언사를 죽였다지! 네놈을 죽이지 않는다면 내 어찌 모든 사람을 교훈하리오."

좌우의 초나라 장수들은 그 자리에서 당장 공환의 목을 참했다. 초영왕은 다시 공자 초에게 분부했다.

"과인은 너의 죄를 이미 알고 있으니 곧 집안 식구들을 데리고 멀리 동해로 떠나라."

공자 초는 대답도 못하고 연신 절만 했다.

이에 공자 승은 공손 오와 함께 초영왕 앞에 나아가 역적들을 쳐 준 데 대해서 사은했다. 초영왕이 공손 오에게 말했다.

"나는 본시 너를 진나라 임금으로 세울 생각이었다. 그러나 공자 초와 공자 과의 일당들이 아직도 많이 남아 있으니 혹시 네가 그놈들에게 해를 입게 될까 두렵구나. 그러니 너는 잠시 과인을 따라 초나라에 가서 살도록 하라."

드디어 초영왕은 진나라의 종묘를 헐어 버리고 진나라를 초나라의 현(縣)으로 편입시키니 이로써 진나라는 완전히 망하고 말았다.

2. 바뀐 혼사(婚事)

초영왕이 진나라를 멸망시킨 이듬해였다. 초나라는 채나라를 치려고 다시 군대를 일으켰다. 오거가 계책을 아뢰었다.

"채후(蔡侯) 반(般)이 그의 아비를 죽인 지가 하도 오래돼서 우리가 이번에 채나라를 치면 채후가 뭐라고 변명을 늘어놓을지도 모릅니다. 그러니 채후 반을 유인해서 죽여 버리도록 하소서."

초영왕은 오거의 계책에 따라 채후를 유인해서 죽이고 그의 아들인 세자 유(有)마저 사로잡아 산신(山神)에게 제사 지낼 때 희생으로 삼았다. 이 때부터 모든 나라의 제후들은 초나라의 위세에 두려움을 느꼈다.

주나라 경왕(景王) 19년이었다. 이 해에 오나라 왕 이매(夷昧)는 왕위에 있은 지 4년 만에 병이 들어 위독했다. 이매는 선왕의 유지(遺志)대로 동생인 계찰(季札)에게 왕위를 전하려고 했다.

그러나 계찰은 한사코 왕위를 사양했다.

"나는 왕위에 오를 생각이 없소. 지난날 선왕께서 나에게 왕이 되라고 하셨을 때도 사양했소. 내게 부귀는 한갓 뜬구름과도 같소. 내 어찌 왕이 되리오."

계찰은 마침내 연릉(延陵) 땅으로 달아나고 말았다. 이매가 죽자 신하들은 이매의 아들 주우(州于)를 왕으로 모셨다. 주우는 이름을 요(僚)라고 고쳤으니 그가 바로 오왕 왕료(王僚)이다.

왕료는 그의 큰아버지이며 일찍이 왕이었던 제번(諸樊)의 아들 광(光)을 장수로 삼았다. 원래 광은 용병을 잘 하기로 유명한 사람으로 장강에서 초나라 군대와 싸울 때 초나라 사마 공자 방(魴)을 죽이기도 했다. 이 때 초나라에서는 간신 비무기(費無忌)가 초평왕에게 아첨하며 총애를 받고 있었다.

채평공의 세자 주(朱)가 군위를 잇지 못한 것은 서자 동국이 비무기에게 뇌물을 바치자 비무기가 초왕의 명을 도용하여 세자 대신 서자 동국을 채후의 자리에 앉혔기 때문이다.

그런데 비무기는 원래 초평왕의 태자 건(建)을 싫어했다. 그래서 초평왕과 태자 건 사이를 이간시키려고 했으나 별 뾰족한 계책이 없었다.

어느 날 비무기가 초평왕에게 아뢰었다.

"태자가 장성했는데 어찌하여 혼인을 서두르지 않나이까. 자부를 얻으시려면 진(秦)나라와 통혼하는 것이 좋을 줄로 압니다. 진나라는 강대국이니 강한 나라와 혼인을 해야만 우리 초나라의 위세가 더욱 천하에 떨쳐질 것입니다."

"경의 말이 옳도다."

초평왕은 연신 머리를 끄덕였다.

이에 비무기는 진나라에 가서 태자 건을 위해 청혼했다. 진나라 애공은 신하들과 함께 이 일을 상의했다. 신하들이 아뢰었다.

"옛날에 우리 진(秦)나라는 진(晉)나라와 대대로 혼인을 해 왔습니다만 이젠 진(晉)나라와 세의(世誼)가 끊어진 지도 오랩니다. 초나라는 날로 강성해 가고 있으니 이 혼인을 성사시키는 것이 좋을 듯합니다."

이에 진애공은 대부 한 사람을 초나라로 보내어 자기 여동생 맹영(孟嬴)을 출가시키겠다고 통지했다.

마침내 맹영은 오라버니인 진애공에게 절하고 수레에 올라 초나라로 떠났다.

비무기는 맹영이 천하절색이란 것을 알고는 수십 명의 잉첩(媵妾: 옛날 공녀가 시집갈 때 데리고 가는 몸종으로 여자는 잉첩 남자는 잉신[媵臣]이라 함)들 중에서 용모가 매우 단정한 여자 하나를 골라냈다. 그녀는 원래 제나라 여자였는데 어렸을 때 아버지를 따라 진(秦)나라에 왔다. 그 후 진나라 궁에 들어가서 맹영의 시녀가 되었다.

어느 날 그들 일행이 관역에서 숙박했을 때였다. 그 날 밤 비무기는 비밀리에 그 제나라 여자를 불러냈다.

"내가 너의 관상을 본즉 너는 귀인이 될 상(相)이다. 내가 너를 초나라 태자의 정비로 만들고자 하니 나의 계책을 결코 남에게 누설하지 말아야 한다."

제나라 여자는 대답 없이 머리만 숙였다.

초나라 도읍 영성(郢城)이 가까워지자 비무기는 말을 달려 일행보다 하루 앞서 초나라 궁성으로 들어가 초평왕에게 말했다.

"신도 여자를 많이 봤습니다만 맹영처럼 자색이 뛰어난 여자는 아직 보지 못했습니다. 비록 옛날에 달기 (妲己)와 여희(麗姬)가 아름다웠다고 하지만 그건 공연한 전설일 것이고 실은 맹영의 만 분의 일만도 못했을 것입니다."

초평왕은 그 말을 듣자 저절로 입이 벌어졌다.

"과인은 아직 그런 절세 미녀를 하나도 거느리지 못했으니 참으로 일생을 허송세월한 셈이다."

비무기는 초평왕에게 좌우 사람들을 잠시 내보내도록 청한 후에 목소리를 낮추어 말했다.

"왕께서 진정 맹영의 아름다움을 사모하신다면 그녀를 왕의 소유로 만들어 버리소서."

"이미 며느리로 데려온 여자인데 인륜지사에 죄 될까 두렵구나."

비무기가 엄숙한 표정을 지으면서 아뢰었다.

"그게 무슨 말씀이십니까. 맹영은 비록 시집을 왔으나 아직 동궁에 들어가서 태자와 성례도 올리지 않았습니다. 그러니 왕께서 그녀를 궁중으로 맞이한다고 해서 어느 누가 감히 말을 하겠나이까."

"신하들의 입이야 틀어막을 수 있겠지만 어찌 태자의 입까지 막을 수야 있겠느냐."

비무기가 속삭였다.

"신이 이번에 함께 오면서 보니 잉첩으로 따라오는 여자들 중에 제나라 여자가 하나 있었습니다. 그녀의 자태가 하도 비범해서 신이 미리 손을 써 두었습니다. 그러니 맹영과 그 제나라 여자를 바꿔치면 됩니다. 청컨대 신은 맹영을 왕궁으로 안내하고 제나라 여자는 동궁으로 안내하겠습니다. 그러면 서로 비밀이 새지 않을 것이며 이 일은 쌍방이 다 잘 될 것입니다."

초평왕은 크게 기뻐하며 말했다.

"이 일을 기밀에 붙이고 빈틈없이 선처하라."

그 후로 초평왕은 태자가 혹시 그 사실을 알게 되지나 않을까 하고 염려하면서도 밤이나 낮이나 후궁에서 맹영과 함께 잔치를 벌이고 나라 일은 다스리지 않았다. 신하들 중에는 맹영에 대해 의심을 품는 자가 늘어났다.

비무기도 은근히 겁이 났다. 그는 태자가 사실을 알게 될까 봐 두려워한 나머지 초평왕에게 말했다.

"천하의 패권을 잡으려면 중원을 진압해야 합니다. 그러니 속히 태자를 성부(城父) 땅으로 보내어 그곳을 다스리게 하고 대왕은 오로지 초나라 내정에만 힘을 쓰십시오. 그러면 앉아서 천하를 도모할 수 있을 것입니다."

초평왕은 주저할 뿐 대답을 하지 않았다. 비무기가 초평왕의 귀에다 대고 속삭였다.

"오래 가면 이번에 바꿔친 혼사의 비밀이 탄로나고 맙니다. 태자를 먼 곳으로 보내 버려야만 양편이 다 좋을 것입니다."

그 말에 초평왕은 자다가 일어난 사람처럼 뒤늦게 그 뜻을 깨달았다. 초평왕은 서둘러 태자 건에게 성부 땅으로 가서 그곳을 지키라는 명을 내렸다. 이어서 장수 분양(奮陽)에게 분부했다.

"그대를 성부 사마로 봉하니 가서 태자를 섬기되 과인을 섬기듯 하라."

이 때 오사(伍奢)는 비무기가 좋지 않은 계책을 꾸미느라 그런 수작을 부린다는 것을 알고 초평왕에게 간하려고 했다. 그러나 눈치 빠른 비무기는 이런 사태가 생길 것을 미리 알고서 초평왕에게 말했다.
"이왕이면 오사도 함께 성부 땅으로 보내어 태자를 돕게 하십시오."
그리하여 태자 건은 오사와 분양을 거느리고 성부 땅으로 떠났다.
그 후 초평왕은 마침내 진(秦)나라 여자 맹영을 정실부인으로 삼고 지금까지 데리고 살던 채희를 채나라로 돌려보냈다.
태자 건은 그 소문을 듣고서야 비로소 아버지에게 자기 신부를 뺏겼다는 사실을 알게 되었다. 그렇다고 해서 어찌할 도리는 없었다.
그러나 비무기는 또 초평왕에게 간언했다.
"요즘 들리는 소문에 의하면 성부 땅에 가 있는 태자가 오사와 함께 반역할 준비를 서두르고 있다고 합니다. 그들은 사람을 제나라와 진(晋)나라에 보내 이미 두 나라의 도움을 받기로 했답니다. 하오니 대왕께선 그들을 막을 준비를 하셔야 하옵니다."
"건은 내 자식이지만 원래 천성이 유순하거늘 어찌 그런 일을 꾸미리오."
"그건 모르시는 말씀입니다. 태자는 이미 모든 사실을 알고 오래 전부터 대왕을 원망하고 있습니다. 그래서 성부에서 날마다 군대를 조련하고 있다고 합니다. 대왕께서 만일 신의 말을 듣지 않으신다면 청컨대 신은 먼저 다른 나라로 도망가서 목숨이나마 유지할까 하나이다."
그렇지 않아도 맹영의 간청 때문에 태자 건을 폐하고 어린 아들 진(珍)을 장차 초나라 왕으로 삼고 싶었던 차에 비무기의 말을 듣자 초평왕은 그만 마음이 동해서 곧 사람을 성부로 보내 태자를 폐한다는 전지를 내리려고 했다.
그러자 비무기가 황급히 말렸다.
"지금 태자는 외방에서 많은 군대를 거느리고 있습니다. 그런데 사람을 보내 태자를 폐한다면 그들이 반란을 일으킬지도 모릅니다. 태자의 책사는 바로 오사입니다. 왕께선 먼저 오사를 소환한 후에 군대를 보내 태자를 잡아오도록 하소서. 그러면 모든 일이 순조로울 것입니다.”

초평왕은 머리를 끄덕이고 곧 사람을 성부로 보내 오사를 소환했다. 초평왕이 돌아온 오사를 보고 물었다.

“태자가 반역할 생각이라는데 그대는 그걸 아는가?”

오사는 원래 성격이 강직한 사람이었다. 그는 평소에 생각하던 대로 고했다.

“왕께서 자부를 아내로 삼으신 것부터가 잘못이었습니다. 또 간신의 말을 곧이듣고 태자까지 의심하시니 실로 한심한 일입니다.”

초평왕은 부끄러움과 분노가 한꺼번에 치밀었다.

“저놈을 당장 하옥하라!”

그리하여 오사는 좌우 무사들에게 끌려 옥에 갇혔는데 비무기가 다시 아뢰었다.

“태자는 오사가 옥에 갇혔다는 걸 알면 즉시 군대를 거느리고 쳐들어 올 것입니다. 그 때는 제나라 군대와 진(晉)나라 군대도 태자를 도우려고 몰려올 것이니 장차 그들을 어찌 대적하시렵니까?”

초평왕이 물었다.

“즉시 사람을 보내어 태자를 죽일 작정이다. 누구를 보내는 것이 좋을꼬?”

비무기가 속삭이듯 말했다.

“다른 사람을 보내면 태자는 반드시 목숨을 걸고 싸울 것입니다. 하오니 성부 땅에서 태자를 보좌하고 있는 분양에게 밀지를 내리시어 태자를 죽이라고 하십시오.”

초평왕은 곧 사람을 보내 분양에게 밀지를 내렸다. 밀지를 받은 분양은 심복 부하 한 사람을 비밀리에 태자에게 보냈다. 그 심복 부하가 태자에게 가서 전갈했다.

"분양 장군께서 말씀하시기를 사태가 이러이러하니 태자는 경각을 지체 마시고 속히 다른 곳으로 달아나라고 하십니다."

태자 건은 그 말을 듣고 대경실색했다. 이 때는 제나라 여자의 몸에서 난 아이가 있었다. 이름은 승(勝)이라고 했다. 태자 건은 처자를 데리고 밤을 이용하여 송나라로 달아났다.

분양은 태자가 멀리 달아난 것을 알고서야 부하 장수들을 불러 스스로 결박당했다.

"너희들은 나를 묶어 영도로 끌고 가거라."

분양은 부하 장수들에게 끌려 영도로 가서 초평왕에게 아뢰었다.

"태자는 이미 어디론가 달아나 버렸습니다."

초평왕은 그 말을 듣고 대로했다.

"나의 밀지를 누가 태자에게 고했느냐?"

"신이 고했습니다. 지난날 신이 성부 땅으로 떠날 때 왕께서 분부하시기를 태자를 섬기되 과인을 섬기듯 하라고 하셨습니다. 그래서 신은 그 때의 그 말씀을 지켜 태자를 달아나게 했습니다. 그러나 이젠 벗어날 수 없는 죄를 졌으니 왕의 처분만 기다릴 뿐입니다."

"네 이놈! 태자를 달아나게 하고도 감히 과인을 만나러 왔으니 너는 죽을 것이 무섭지 않으냐."

"이미 왕의 밀지도 받들지 않았는데 죽는 것마저 무서워서 오지 않았다면 두 번씩 죄를 짓는 것이 됩니다. 또 태자가 반역할 뜻이 전혀 없는데 태자를 죽인다면 이 또한 죄가 될 것입니다. 왕의 아드님을 살렸으니 신은 이제 죽어도 한이 없습니다."

초평왕은 자신이 부끄럽기도 하고 분양이 측은하기도 했다. 한참 후에야 초평왕은 그의 죄를 용서해 주었다.

"네가 비록 내 명령을 어겼다만 그 충직함을 짐작하겠다. 다시 성부 땅으로 가서 전대로 그곳을 다스리라."

그 후 초평왕은 맹영의 소생인 진을 다시 태자로 봉하고 비무기를 태자의 스승인 태사로 삼았다. 비무기가 또 아뢰었다.

"오사에겐 오상(伍尙)·오원(伍員)이란 두 아들이 있사온데 모두 다 출중합니다. 만일 그들이 오나라로 달아나는 날이면 장차 우리 초나라에 크나큰 근심거리가 될 것입니다. 하오니 왕께서 아비 오사의 죄를 용서해 준다 하고 그들을 부르십시오. 그들은 원래 효성이 지극하므로 부르면 반드시 올 것입니다. 그들 형제가 오거든 곧 붙잡아서 한꺼번에 삼부자를 죽여 버리면 후환이 없을 것입니다."

"그것 참 묘계로다."

초평왕은 크게 기뻐하며 곧 오사를 끌어냈다. 초평왕이 옥에서 끌려 나온 오사에게 종이와 붓을 주고 말했다.

"네가 태자에게 모반하도록 사주했으니 마땅히 죽일 것이로되 네 조부가 선조(先朝) 때의 공이 있었으므로 차마 죽일 수 없구나. 이제 편지를 써서 네 두 아들을 조정으로 불러라. 그러면 너에게 다시 관직을 주겠노라."

오사는 초평왕이 속임수를 써서 두 아들이 오기만 하면 삼부자를 함께 죽일 작정이란 걸 알았다. 그는 조용히 대답했다.

"신의 장자 상은 그 천성이 착하고 인자하여 신이 부르면 반드시 올 것입니다. 그러나 차자 원은 문무를 익혀 능히 앞날을 내다볼 줄 알기 때문에 아비가 불러도 오지 않을 것입니다."

"과인이 시키는 대로 너는 편지를 써라."

오사는 왕명을 거역할 수 없어서 전상으로 올라가 편지를 썼다.

가아(家兒)는 보아라. 나는 직간하다가 왕의 노여움을 사서 옥에 갇힌 몸이 되었으나 왕께서 우리 조상의 공적을 참작하시어 다행히 죽음을 면했노라. 왕께서 너희들에게 벼슬을 주겠다고 하시니 너희 형제는 이 편지를 보는 즉시 오너라. 만일 왕명을 어기면 그 죄가 작지 않을 것이다.

오사는 쓰기를 마치자 초평왕에게 편지를 바쳤다. 초평왕은 그 편지를 읽어 보고 나서 다시 오사를 가두었다. 초평왕이 언장사(鄢將師)에게 편지를 내주며 분부했다.

"그대는 오상에게 이 서신과 인수(印綬)를 전하여라."

이에 언장사는 수레를 달려 오상에게로 갔다.

"왕께서 그간의 일을 뉘우치시고 이번에 공의 부친을 상국으로 삼으시는 한편 두 아들에게도 후작(侯爵)을 내리시기로 결정하셨소이다. 그래서 귀공에게는 홍도후(鴻都侯)를 봉하시고 귀공의 제씨(弟氏)에게는 개후(蓋侯)를 봉하셨소. 오랜만에 옥에서 풀려나온 춘부장 어른은 두 아드님이 보고 싶다면서 내게 편지를 써 주셨습니다."

오상이 대답했다.

"아버지가 자유로운 몸이 되셨다 하니 천만다행이오. 그러나 내 어찌 이런 인수를 받으리오."

"이는 왕명이오. 그러니 그대는 사양 마오."

이에 오상은 크게 기뻐하며 아버지의 편지를 들고 동생 오원의 방으로 가서 그 사실을 알렸다.

3. 삼부자(三父子)의 비극

오원의 자(字)는 자서(子胥)로 흔히들 오자서라고 부른다. 그는 키가 매우 크고 허리가 열 아름쯤이나 되며 눈은 번개처럼 번쩍이고 힘은 산이라도 뽑을 만했다.

오상이 안으로 들어가 오자서에게 부친의 편지를 보이자 오자서가 읽고 나서 말했다.

"이건 우리 형제를 유인하려는 수작입니다. 형님, 가지 마십시오. 가면 죽습니다."

오상이 미소 지으며 말했다.

"아버지께서 친히 써서 보내신 편지인데 무슨 거짓이 있겠느냐?"

"아버지는 나라에 충성하는 길밖에 모르시는 분입니다. 우리 형제가 장차 아버지의 원수를 갚기 위해 나라를 시끄럽게 할까 봐 우리 형제를 불러들여 함께 죽이자는 것입니다."

"설령 그렇다 할지라도 우리가 가지 않으면 우리 형제가 불효를 면할 수 없지 않겠느냐."

오자서가 하늘을 우러러보며 탄식했다.

"아버지와 함께 죽는다고 해서 무슨 좋은 일이 있으리오. 꼭 가실 생각이면 가십시오. 저는 가지 않겠습니다."

오상이 울면서 물었다.

"동생은 어디로 갈 텐가?"

"능히 초나라를 치는 나라가 있으면 저는 그 나라를 섬기겠습니다."

오상이 머리를 끄덕이며 말했다.

"나는 지혜가 동생만 못하다는 걸 잘 안다. 동생은 다른 나라로 가거라. 나는 아버지와 함께 죽음으로써 효도를 다하고 동생은 아버지와 이 형의 원수를 갚아 줌으로써 효도를 다하여라. 이제 우리는 영영 서로 만날 수 없겠구나!"

오자서는 일어나서 오상에게 네 번 절했다. 영원한 이별을 고하는 절이었다.

이에 언장사는 오상만 데리고 초평왕에게 갔다. 초평왕은 즉시 오상을 옥에 가두었다. 비무기가 다시 초평왕에게 아뢰었다.

"속히 오자서를 잡아야 합니다. 그가 달아나면 나라의 큰 후환이 될 것입니다."

초평왕은 대장 무성흑(武城黑)에게 군사 2백 명을 내주며 오자서를 잡아오도록 했다.

그 때 오자서는 인적 없는 광야를 지나가고 있었다. 그는 달려오는 수레 소리를 듣고 뒤를 돌아봤다. 무성흑이 자기를 잡으러 오는 것을 보자 오자서는 활을 들어 수레를 몰고 달려오는 어자(御者)를 쏘았다. 어자는 가슴에 화살을 맞고 수레에서 굴러 떨어졌다. 오자서는 수레 뒤에 타고 있는 무성흑을 쏘려고 다시 활을 들었다. 순간 무성흑이 수레에서 뛰어내려 황급히 달아났다.

오자서는 들었던 활을 내리고 큰 소리로 외쳤다.

"너를 죽이지 않을 것이니 돌아가서 초왕에게 내 말을 전해라. 만일 왕이 우리 아버지와 형님을 죽인다면 내가 반드시 초나라를 무찔러 없애고 초왕의 목을 끊어서 원한을 갚고야 말 것이다."

이에 무성흑은 머리를 얼싸안고 쥐처럼 달아났다. 그가 돌아가서 오자서의 말을 전하자 초평왕은 대로하여 비무기에게 분부했다.

"옥에 갇혀 있는 오사 부자를 끌어내어 참하라."

이 날 오사 부자는 시정으로 끌려 나갔다. 형장에 끌려 나간 오상이 비무기의 얼굴에 침을 뱉고 꾸짖었다.

"너는 모략중상으로 임금을 홀리고 충신을 죽이는구나!"

오사가 아들 오상을 말렸다.

"그러지 마라. 나라가 위태하면 죽는 것이 신하된 사람의 도리이니라. 그런데 네 동생 원이 오지 않았으니 초나라가 장차 전란의 참화를 입겠구나. 나는 죽어도 그것이 걱정이다."

오사는 말을 마치고 큰아들 오상과 함께 목을 내밀었다. 칼이 번쩍이자 아버지와 아들의 목이 동시에 떨어졌다. 백성들 중 오사 부자가 죽는 것을 보고 눈물을 흘리지 않는 사람이 없었다.

한편 오자서는 강물을 따라 동쪽으로 내려가다가 문득 생각했다.

'초나라의 태자 건(建)이 지금 송나라에서 망명 생활을 하고 있는데 내가 왜 그걸 생각하지 못했던고!'

마침내 오자서는 방향을 송나라 쪽으로 바꾸었다. 이튿날 해가 저물기 전에 오자서는 송나라에 당도했다.

그는 망명 중인 초나라 태자 건을 찾아가서 서로 머리를 쓸어안고 통곡했다. 그리고 오자서가 물었다.

"태자께서는 송나라 임금을 뵌 적이 있습니까?"

"지금 송나라는 대단히 혼란스럽소. 군주와 신하가 늘 서로 싸우는 중이라 아직 그를 만나지 못했소."

태자 건이 대답하자 이를 듣고 오자서가 말했다.

"우리가 송나라의 도움을 받아 능히 원수를 갚지 못할 것이라면 굳이 이곳에 머물 까닭이 없습니다."

그리하여 오자서는 태자 건과 함께 정나라로 떠났다.

4. 어설픈 음모

이 때 정나라에서는 상경이던 공손 교가 죽었다. 그래서 정정공(鄭定公)은 매우 애통해하던 참이었다. 게다가 정정공은 오자서가 초나라 삼대 충신의 자손으로서 뛰어난 영웅이라는 것을 잘 알고 있었다. 더구나 이 때는 정나라가 진(晉)나라와 친한 사이였던 만큼 초나라와는 사이가 좋지 않았다.

때문에 정정공은 초나라 태자 건이 왔다는 기별을 받고 크게 기뻐했다.

그는 사람을 보내 역관으로 오자서 일행을 안내하고 부족한 것이 없도록 해 주었다.

그 후 태자 건과 오자서는 정정공을 만날 때마다 울면서 그들의 원수를 갚아 줄 것을 호소했다. 정정공이 말했다.

"우리 정나라는 군대가 많지 못하오. 두 분이 꼭 원수를 갚을 생각이라면 큰 나라인 진(晉)나라에 가서 상의해 보는 것이 어떻겠소?"

이에 태자 건은 오자서를 정나라에 남겨 두고 진나라로 갔다. 진경공(晉頃公)은 태자 건의 호소를 듣고 대부들과 상의했다.

대부 순인(筍寅)이 진경공에게 아뢰었다.

"자고로 정나라는 전혀 신의가 없는 나라입니다. 주공께서는 초나라 태자 건을 정나라로 돌려보내면서 이렇게 말합시오. '우리 진나라가 정나라를 칠 테니 그대는 정나라에 가 있으면서 우리 진나라 군대와 내응하라'고 하십시오. 그리하여 우리가 정나라를 쳐 없애 버린 다음 초나라를 치는 것이 만전지계(萬全之計)인가 합니다."

진경공은 머리를 끄덕였다.

"그대가 태자 건에게 그 뜻을 말하오."

순인은 능란한 말솜씨로 이해를 따져 태자 건을 설득했다. 태자 건은 흔연히 이를 승낙하고 정나라로 돌아갔다. 태자 건은 오자서와 그 일을 상의했다. 오자서가 한참 만에 대답했다.

"대저 사람이 성심으로 나를 대할 때 어찌 그 사람을 배반할 수 있겠습니까."

태자 건이 대답했다.

"그러나 이미 나는 진(晉)나라와 그렇게 하겠노라고 허락했소."

"진나라와 약속한 것은 지키지 않아도 죄가 안 됩니다. 그러나 정나라를 배신하면 우리는 신과 의를 다 잃고 맙니다. 태자는 곧 정공에게 가서 이 사실을 말하십시오. 안 그러면 반드시 재앙이 닥쳐오리다."

그러나 태자 건은 오자서의 충고를 듣지 않고 비밀리에 용맹한 자들을 모집했다. 뿐만 아니라 그는 정정공을 가까이 모시는 신하들까지 매수하기 시작했다.

비밀이란 오래 되면 꼬리가 밟히는 법이어서 어떤 자가 정정공에게 가서 태자 건이 진나라와 내통하고 있다는 사실을 밀고했다.

정정공은 즉시 사람을 보내 태자 건을 궁궐 후원으로 초대했다. 태자 건이 정정공과 함께 후원에서 각기 술 석 잔을 마셨을 때였다. 정정공이 정색을 하고 물었다.

"과인이 태자에게 한 번도 소홀히 대접한 적이 없는데 태자는 어찌하여 딴 뜻을 품고 있는가?"

태자 건이 황망히 대답했다.

"그게 무슨 말씀입니까? 어찌 딴 뜻을 품을 리가 있습니까."

정정공은 그 비밀을 밀고한 사람을 불러내 태자 건과 대면시켰다. 태자 건은 더 이상 말을 못하고 고개를 떨구었다. 정정공이 대로하여 호령했다.

"이 배은망덕한 놈을 처치하라!"

명령이 떨어지는 순간 좌우에서 역사들이 우르르 몰려나와 술자리에 앉아 있는 태자 건을 어지럽게 찔러 죽였다. 그리고 태자 건에게 매수되었던 20여 명도 찾아내 모조리 죽였다.

이 때 오자서는 역관에 있었는데 문득 몸이 저절로 떨려왔다. 아무리 진정하려 해도 진정이 되지 않았다. 오자서가 탄식했다.

"태자가 위험하다!"

조금 지나자 태자를 따라갔던 자들이 도망쳐 돌아와서 말했다.

"태자가 궁 후원에서 피살됐습니다."

오자서는 곧 태자 건의 아들 공자 승(勝)을 데리고 정나라에서 빠져나왔다. 그러나 갈 곳이 없었다. 한참 생각하던 오자서는 마침내 오나라로 향했다.

오자서가 온갖 고초를 다 겪으면서 한 곳에 당도했는데 오추(吳趨)라는 곳이었다. 이곳에서 오자서는 한 장사(壯士)를 보았다. 그 장사는 이마가 넓고 눈이 깊숙하고 목소리는 성난 호랑이 같았다. 마침 길거리에서 그 장사가 어떤 자와 서로 싸우고 있었는데 좌우 사람들이 말렸으나 아무 소용이 없었다.

이 때 어느 집 문 안에서 한 노파가 부르는 소리가 났다.

"전제(專諸)야! 그러지 마라."

그 소리를 듣자 장사는 갑자기 겁이 난 듯 즉시 싸움을 중지하고 그 집으로 들어가 버렸다. 오자서가 이상하게 생각하며 곁의 사람들에게 물었다.

"저 장사는 어떤 사람이요?"

"저 사람은 우리 고을의 용사이지요. 만 명도 능히 당적할 수 있는 힘을 가졌습니다. 그는 의리를 좋아해서 뭔가 불공평한 일을 보면 곧 생명을 내놓고 싸웁니다. 조금 전에 문 안에서 부른 노파는 바로 그 사람의 어머니이지요."

 오자서가 그 집으로 찾아가자 전제는 낯선 손님을 방으로 영접하고 온 뜻을 물었다. 오자서는 서슴지 않고 자기의 성명을 밝히고 내력과 사정을 말했다. 전제가 물었다.

 "그런데 귀하신 분께서 이 누추한 곳을 찾아오신 뜻은 무엇입니까?"

 오자서가 대답했다.

 "그대가 효성이 지극하고 의리를 중히 여기는 것을 알고 길게 사귀려고 찾아온 것이오."

 마침내 전제와 오자서는 서로 팔배(八拜)를 하고 형제 결의를 하였다. 오자서가 전제보다 두 살이 많았다. 그래서 전제는 오자서를 형님이라고 불렀다.

 이튿날 아침 오자서가 전제에게 말했다.

 "나는 이제 동생과 작별하고 오나라 도읍으로 가서 기회를 보아 오왕(吳王)을 섬길까 하네."

 전제가 대답했다.

 "오왕은 용기를 좋아하지만 교만한 사람입니다. 그러니 공자 광(光)과 친분을 갖도록 합시오. 그는 어진 선비를 대접할 줄 아는 사람이라 하니 장차 이루는 바가 있으리다."

 "동생의 말을 깊이 명심하고 잊지 않으리다."

 오자서는 전제와 작별한 뒤에 공자 승을 데리고 떠났다. 마침내 오자서는 오나라의 도읍인 매리성(梅里城)에 당도했다. 그곳은 성곽도 보잘것없고 거리도 엉성했다. 다만 지나다니는 수레 소리만 요란할 뿐이었다.

 오자서는 공자 승을 교외에다 감춰 두고 다시 성 안으로 들어갔다. 머리를 산발하고 맨발 차림에 얼굴에 진흙을 발라 미친놈처럼 꾸몄다. 그리고 대나무 통소를 불며 길거리를 다니면서 밥을 빌었다.

5. 어지러이 얽힌 왕통(王統)

오나라의 공자 광(光)은 오왕 제번(諸樊)의 아들이었다. 그러므로 오왕 제번이 죽었을 때 공자 광은 그 아버지의 뒤를 이어 마땅히 왕위에 올라야 했다.

그런데 오왕 제번은 아버지인 선왕 수몽(壽夢)의 유언에 따라 왕위를 아들에게 전하지 않고 동생에게 물려주었다. 그래서 제번의 동생인 여제(餘祭)가 왕위를 계승했고 그 다음에는 그의 동생인 이매(夷昧)가 왕위를 이어받았다.

그 후 이매가 죽자 막내 동생인 계찰(季札)이 왕위를 계승해야 했다. 그러나 계찰은 굳이 사양하고 왕위에 오르지 않았다.

그렇다면 다시 직계를 따져 오왕 제번의 아들인 공자 광에게 왕위를 넘겨줘야 했을 것이다. 그런데 이매가 죽자 이매의 아들인 왕료(王僚)가 왕위를 탐하여 마침내 오왕이 되었던 것이다.

이에 공자 광은 분노했다. 자기 대신으로 왕이 된 왕료를 죽이기로 결심했다.

그러나 모든 신하들은 다 왕이 되어 버린 왕료에게 아첨하며 충성을 바쳤다. 그래서 공자 광에게는 서로 의논할 사람마저 없었다.

공자 광은 굳게 결심한 다음 관상 잘 보는 사람을 구했다. 마침내 한 사람을 찾았으니 이름이 피리(被離)였다. 공자 광이 피리에게 말했다.

"그대는 관상을 잘 본다고 하니 널리 초야에 묻혀 있는 호걸들을 찾아내어 나를 돕게 하라."

어느 날이었다. 그 날도 오자서는 퉁소를 불면서 길거리를 지나가고 있었다. 관상쟁이 피리가 퉁소 소리를 들은 즉 매우 구슬픈 곡조였다. 피리는 뛰어나가 퉁소 부는 사람을 찾았는데 그를 보고는 크게 놀랐다.

그는 혼잣말로 중얼거렸다.

"내가 많은 사람을 봤지만 이런 관상은 처음이로다!"

마침내 피리는 그 사람 앞에 나아가 공손히 읍하고 그를 자기 집으로 안내하여 윗자리에 앉기를 청했다. 그리고 물었다.

"내가 듣건대 초왕이 충신 오사를 죽이자 오사의 아들 오자서는 외국으로 망명했다고 합니다. 혹시 그대가 바로 오자서가 아니시오?"

"……."

오자서는 몸만 약간 굽히고 대답을 하지 않았다.

피리가 다시 말했다.

"나는 그대를 해칠 사람이 아니오. 내가 그대의 얼굴을 보니 풍문에 듣던 오자서의 모습과 닮아서 드리는 말씀이오."

오자서는 그제야 자기의 신분을 밝혔다. 그리하여 그 후 오자서는 공자 광의 문하에 들어가 그의 보호를 받게 되었다.

하루는 공자 광이 은밀하게 오자서와 만나 물었다.

"그대는 오(吳)·초(楚) 두 나라 사이를 경유해 왔으니 그 동안에 혹 그대처럼 재주 있고 용맹한 분을 보지 못했소?"

오자서가 대답했다.

"저 같은 사람이야 말할 것도 못됩니다. 제가 보기에는 전제라는 사람이 참으로 훌륭한 용사입니다."

공자 광이 청했다.

"원컨대 그대의 힘을 빌려 그 사람과 사귀고 싶소."

"전제는 이곳에서 멀지 않은 곳에 살고 있습니다. 오늘이라도 사람을 보내 부르면 내일 올 것입니다."

"그분이 참으로 재주와 용맹을 겸한 분이라면 내가 직접 찾아가 뵙겠소. 어찌 감히 사람을 시켜 오라고 할 수 있겠소."

이튿날이었다. 공자 광은 오자서와 함께 수레를 타고 친히 전제의 집으로 갔다. 전제는 훌륭한 수레가 요란스레 달려오는 것을 보고 길을 비켜 주려고 뒤로 물러섰다. 달려오는 수레 위에서 오자서가 외쳤다.

"어리석은 형이 여기 왔노라!"

진제는 황망히 오자서를 맞았다. 오자서가 수레에서 내려 전제의 손을 잡고 말했다.

"이 어른이 바로 오나라 공자 광이시다. 동생을 만나러 특별히 오셨으니 사양하지 말라."

"이 몸은 거리의 한낱 보잘것없는 백성입니다. 무슨 일로 이처럼 찾아 주셨습니까?"

전제는 공자 광 앞에 나아가서 읍하며 자기 집으로 안내했다. 전제를 따라 집 안으로 들어간 공자 광은 먼저 전제에게 절하고 사모하는 뜻을 나타냈다. 전제가 답배(答拜)하자 공자 광은 전제에게 많은 황금과 비단을 예물로 내놓았다.

그러나 전제는 굳이 사양하며 받지 않았다. 오자서가 곁에서 힘써 권하자 그제야 마지못해 예물을 받았다. 그리하여 전제도 또한 공자 광의 문하가 되었다.

어느 날 공자 광이 오자서에게 말했다.

"이제 전제로 하여 오왕을 처치할 때가 된 것 같은데 어찌하면 좋겠소?"

오자서가 대답했다.

"사람이 기러기를 맘대로 부릴 수 없음은 기러기에게 날개가 있기 때문입니다. 그러니 기러기를 잡으려면 반드시 그 날개부터 없애야 합니다. 제가 듣건대 왕료의 아들 공자 경기(慶忌)는 몸이 쇠처럼 강해서 능히 한 주먹에 맹수를 때려눕힌다고 합니다. 왕료는 늘 곁에 공자 경기를 데리고 있어서 손쓰기 어렵습니다. 더구나 왕료의 외숙인 엄여(俺餘)와 촉용(燭庸) 두 사람이 지금 오나라 병권을 다 잡고 있습니다. 공자께서 꼭 왕료를 죽일 생각이시라면 먼저 공자 경기와 엄여·촉용 이 세 사람부터 제거하십시오. 그래야 가히 이 대사를 도모할 수 잇을 것입니다."

공자 광이 오자서의 말을 듣고 한동안 넋을 잃고 앉아 있다가 결심한 듯이 말했다.

"옳은 말씀이오. 그대의 말씀대로 어느 정도 일이 된 연후에 다시 상의하겠소."

주나라 경왕 4년. 초평왕이 병을 얻어 위독하게 되었다. 영윤 낭와와 공자 신(申)을 탑전으로 불러들여 유언하고는 세상을 떠났다.

"나의 왕위를 태자 진(珍)에게 물려준다. 그대들은 충성을 다하라."

영윤 낭와는 다시 백극완과 상의했다.

"태자 진은 아직 나이가 어리오. 또 태자의 어머니로 말하면 원래의 태자인 건(建)의 부인으로 삼으려고 진(秦)나라에서 데려온 여자였소. 그런 여자의 소생인 태자 진이 어찌 정통 직계가 될 수 있겠소. 공자 신은 비록 서출(庶出)이지만 태자의 형이며 또 어지신 분이오. 공자 신을 왕으로 모셔야 우리 초나라가 편안할 줄로 아오."

이에 백극완은 낭와가 한 말을 공자 신에게 가서 전했다. 그러자 신이 대로하여 말했다.

"만일 태자 진을 폐하고 나를 왕으로 세운다면 이는 세상을 떠나신 부왕께서 며느리를 데리고 살았다는 것을 널리 알리는 꼴이 되고 말 것이오. 태자 진의 어머니는 어엿한 선왕의 군부인(君夫人)이시오. 어째서 태자 진이 왕위에 오를 수 없단 말이오. 영윤이 나를 왕위에 올리겠다니 그 사람이 필시 미친 것이 아니오?"

영윤 낭와는 뜻밖에도 공자 신이 대로하더라는 말을 듣고 겁이 나서 곧 태자 진을 주상(主喪)으로 삼았다. 그리하여 태자 진이 초나라 왕위에 즉위하니 그가 바로 초소왕(楚昭王)이다.

  이 때 오자서는 초평왕이 죽었다는 소문을 듣고 주먹으로 가슴을 치며 대성통곡했다. 그것을 보고 공자 광이 의아해하며 물었다.

  "초평왕은 바로 그대의 원수가 아니오? 원수가 죽었으니 통쾌할 터인데 어째서 그처럼 슬퍼하며 통곡을 하시오?"

  오자서가 대답했다.

  "저는 초왕의 죽음이 슬퍼서 통곡하는 것이 아닙니다. 제 손으로 놈의 머리를 베어 초나라 성 위에 높이 걸고 저의 한을 풀기도 전에 그놈이 방 안에서 와석종신(臥席終身)한 것이 원통해서 우는 것입니다."

  오자서의 대답을 듣고 공자 광은 찬탄을 금치 못했다. 오자서는 초평왕이 죽기 전에 그 원수를 갚지 못한 것이 한이 되어 3일 밤낮을 잠 한숨 이루지 못했다. 그는 마침내 한 계책을 생각해 내고 공자 광에게 갔다.

  "공자는 큰 뜻을 품고 있으면서도 어째서 그 기회를 노리지 않으십니까?"

  공자 광이 대답했다.

  "내 밤낮으로 그걸 생각하나 아직도 기회가 오지 않는구려."

  오자서가 말했다.

  "지금 초나라는 임금이 죽어서 조정 신하들은 경황이 없을 것입니다. 공자는 즉시 오왕에게 국상 중인 초나라를 쳐서 속히 천하 패권을 잡으라고 하십시오."

  공자 광이 물었다.

  "오왕이 만일 나를 대장으로 삼아 출전시키면 어찌하오?"

  "공자는 일부러 수레에서 떨어져 다리를 다친 것처럼 하십시오. 그러면 왕은 공자를 출전시키지 못할 것입니다. 그런 연후에 공자는 왕에게 엄여와 촉용을 대장으로 삼으라고 천거하십시오. 그리고 다시 정과 위 두 나라로 공자 경기를 보내 함께 초나라를 치도록 교섭하게 하십시오. 그러면 단번에 오왕의 세 날개를 제거할 수 있으니 그 때는 오왕의 목숨이 우리의 손 안에 있게 될 것입니다."

"참으로 하늘이 그대를 나에게 주셨는가 하오."

공자 광이 감탄하기를 마지않았다.

모든 일은 오자서의 계책대로 착착 진행되었다. 엄여와 촉용 두 장수는 군사 2만을 거느리고 초나라를 향해 수륙(水陸) 양면으로 동시에 진격했다. 오군은 즉시 초나라 잠읍(潛邑) 땅을 포위했다. 그러자 초나라의 좌사마 심윤술(沈尹戌)과 좌윤 백극완의 구원군이 왔기에 싸움은 오군에게 불리하게 되었다.

이에 오왕 왕료는 서둘러 자기 아들인 공자 경기를 급히 정나라와 위나라로 보냈다. 그리하여 공자 광은 공자 경기와 엄여 · 촉용 세 사람을 다 멀리 내보내는 데 성공했다. 날개를 모두 끊은 셈이었다. 오자서가 공자 광에게 말했다.

"좋은 비수를 구해 두셨습니까? 이제야말로 전제가 일을 할 때입니다."

그들은 곧 전제를 불러 그 자리에서 한 자루의 비수를 내주었다. 구야자(歐冶子)라는 명인이 만든 천하의 명검이었다. 전제는 공자 광의 설명을 들을 것도 없이 곧 그 뜻을 짐작했다. 전제가 조용히 말했다.

"오왕 왕료를 죽이는 일은 저에게 맡겨 주십시오. 그러나 자식 된 도리로 어머니를 한 번 찾아 뵈옵고자 합니다."

그 날 전제는 오랜만에 집으로 돌아갔다. 전제는 늙은 어머니를 보고 울기만 했다. 어머니가 말했다.

"무엇이 그리 슬퍼서 우느냐? 공자가 너에게 일을 맡기시더냐? 우리 집 식구는 그 공자로부터 많은 은혜를 입었다. 그 큰 덕은 마땅히 갚아야 한다. 어찌 충(忠)과 효(孝)를 겸전(兼全)할 수 있으리오. 너는 조금도 나를 염려하지 말고 일을 이루어 후세에 이름을 남기도록 해라. 그러면 나도 또한 죽어서 썩지 않을 것이다."

말을 마친 어머니는 이어서 청했다.

"시원한 물이 먹고 싶구나. 냇가에 가서 물 한 그릇만 떠다 다오."

전제는 어머니의 분부를 받고 냇물에 가서 맑은 물을 떠 가지고 집으로 돌아왔다. 문을 열어 보니 방 안에 어머니가 계시지 않았다. 전제가 아내에게 물었다.

"어머님은 어디 계시오?"

"조금 전에 몹시 곤하다고 뒷방으로 가셨습니다. 그리고 한숨 잘 테니 떠들지 말라고 하셨습니다."

전제는 의심이 더럭 났다. 급히 문을 열고 뒷방으로 들어갔다. 늙으신 어머니는 목을 매고 침상 위에 죽어 있었다.

전제는 크게 통곡하고 어머니를 염하여 서문 밖에 장사 지냈다.

"우리가 공자로부터 큰 은혜를 입었건만 내가 아직 죽음으로 그 은공을 보답하지 못한 것은 늙은 어머님 때문이었소. 이제 어머님이 세상을 떠나셨으니 나는 공자를 위해 급한 일을 할 것이오. 내가 죽더라도 당신과 아들은 공자께서 특별히 보호해 줄 것이니 나를 붙들지 마오."

그는 아내에게 말하고 밖으로 뛰쳐나갔다. 전제는 그 길로 공자 광에게 가서 어머님이 자결하셨다는 것을 말했다. 공자 광은 전제를 위로하고 오왕 왕료를 죽일 일에 대해서 상의했다. 전제가 말했다.

"공자께서는 집에 잔치를 베풀고 오왕을 초대하십시오. 오왕이 오기만 하면 다음 일은 제가 맡아서 하겠습니다."

이에 공자 광은 궁으로 가서 오왕을 뵈었다.

"신의 집에서 요리 잘 하는 사람이 생선을 구웠는데 그 맛이 참으로 훌륭합니다. 청컨대 왕께서는 신의 집에 행차하시어 그 맛을 한 번 보소서."

오왕 왕료는 특히 구운 생선을 좋아했기 때문에 쾌락했다.

"과인이 내일 공자의 부중으로 가리다."

공자 광은 궁에서 돌아와 무사들을 굴실(窟室)에 매복시킨 다음 다시 오자서에게 부탁했다.

"내일 무사 1백을 거느리고 바깥에 숨어 있다가 도와 주오."

동시에 공자 광의 부중에서는 밤을 새워 가며 잔치 준비를 서둘렀다.

6. 어장검(魚腸劍)

이튿날이었다. 의심이 많은 오왕 왕료는 속에다 갑옷을 세 겹이나 겹쳐 입고 앞뒤로 군대를 거느리고 왕궁을 떠나 공자 부중으로 갔다. 거리에는 군사들이 양편으로 늘어서 경계를 삼엄히 했다.

어가가 당도하자 공자 광은 즉시 나가 오왕 왕료를 영접하여 당(堂) 위로 모셨다. 왕료의 좌우에는 군사들 1백여 명이 모두 허리에 칼을 차고 손에 긴 창을 잡고 늘어섰다.

포인(庖人)이 음식을 바칠 때는 호위 군사들이 먼저 당 아래에서 온몸을 조사했다. 그런 다음에 포인은 무릎으로 걸어 왕료 앞으로 나아가야 했다. 실로 물샐틈없는 경호였다.

공자 광이 잔에 술을 가득 부어 오왕 왕료에게 공손히 바치고 나서 갑자기 아픈 표정을 지으며 말했다.

"지난날 수레에서 떨어져 다친 발이 이렇게 가끔 쑤시고 아픕니다.

왕은 어서 술을 드십시오. 신은 잠시 안에 들어가 발을 싸매고 나오겠습니다."

"좋도록 하라."

공자 광은 연신 절뚝거리며 안으로 들어갔다.

조금 지나서였다. 마침내 전제가 구운 생선을 두 손으로 받쳐 들고 나타났다. 군사들은 다른 포인과 마찬가지로 전제의 몸을 샅샅이 수색했다. 그러나 예리한 비수가 구운 생선 뱃속에 들어 있을 줄은 아무도 몰랐다.

전제는 생선을 담은 쟁반을 들고 군사들 사이에 끼어 무릎으로 걸어서 들어갔다. 그는 왕료 앞에 반을 내려놓고 생선 그릇의 위치를 바로 잡는 체했다. 다음 순간 번개같이 생선 뱃속에서 비수를 꺼내 오왕 왕료의 가슴을 찔렀다. 전제의 손놀림은 워낙 빠르기도 했지만 그 힘도 대단한 것이었다. 게다가 비수 또한 천하의 명검이었다. 날카로운 비수는 단번에 세 겹 갑옷을 뚫고 오왕 왕료의 가슴에 박혔다. 칼끝은 왕료의 등 뒤까지 삐져나왔다.

"윽!"

오왕 왕료는 외마디 소리를 지르며 곧바로 숨을 거두었다.

크게 놀란 좌우 군사들은 일제히 칼과 창으로 전제를 찌르고 베었다. 순식간에 전제는 고깃덩어리로 변하고 말았다.

때를 같이하여 공자 광과 오자서가 일제히 무사들을 거느리고 쏟아져 나와 닥치는 대로 군사들을 쳐 죽였다. 군사들은 왕이 죽었기 때문에 기세가 꺾여 반은 무사들의 손에 죽고 반은 달아나고 말았다.

그리하여 공자 광은 마침내 오왕의 위(位)에 올랐다. 오왕이 된 공자 광은 스스로 합려(闔閭)라고 칭했다.

그 때 초나라에서 비무기의 모함으로 백극완이 낭와에게 살해당하자 아들 백비(伯嚭)가 난을 피해 오자서를 찾아왔다.

그 날로 오자서는 백비를 데리고 궁으로 가서 오왕 합려를 배알하도록 주선했다.

오왕 합려가 백비에게 물었다.

"그대는 장차 무엇으로 과인을 가르치려 하오?"

백비가 대답했다.

"신의 집은 조부 때부터 아버지 대에 이르기까지 초나라에서 충성을 다했건만 간신의 농간에 빠져 이번에 아버지가 원통한 죽음을 당하셨습니다. 신은 망명의 길을 떠났으나 갈 곳이 없던 차에 마침 대왕이 높은 의기로 불운한 오자서를 후대하고 계신다는 소문을 듣고 이곳까지 왔습니다. 신은 장차 신명을 바쳐 대왕을 모시고자 하나이다."

오왕 합려는 측은한 생각이 들어서 백비에게 대부 벼슬을 주고 오자서와 함께 나라 일을 돌보도록 했다.

어느 날이었다. 지난날 관상쟁이였던 대부 피리가 오자서에게 말했다.

"공은 뭘 보고 백비를 믿으십니까?"

"나와 백비의 원수는 바로 초나라요. 그런 의미에서 우리는 동지라고 할 수 있소. 속담에 같은 병을 앓으면 서로 동정하고 같은 근심이 있으면 서로 도와준다 하오. 그런데 그대는 무얼 의심하오?"

피리가 고개를 저으며 충고했다.

"겉만 보았지 속을 모르고 하시는 말씀이오. 제가 백비의 관상을 본즉 눈은 매와 같고 걸음걸이는 범과 같습니다. 그는 야심이 대단하고 또한 잔인해서 사람 죽이기를 좋아할 상입니다. 결코 그와 가까이 지내지 마십시오. 그를 너무 믿었다가는 반드시 해를 입을 것이오."

그러나 오자서는 대부 피리의 충고를 듣지 않고 백비와 함께 오왕 합려를 섬겼다.

7. 손무(孫武)의 등장

어느 날 아침에 오자서가 백비와 함께 왕궁으로 갔더니 오왕 합려가 물었다.
"과인은 장차 두 사람에게 군대를 주어 초나라를 칠 생각인데 누가 장수가 되겠소?"
오자서와 백비가 일제히 대답했다.
"왕께서 분부만 내리소서. 장수는 누가 되든 초나라를 쳐서 무찌를 것이옵니다."
두 사람의 얼굴에는 살기마저 떠올랐다.
오왕 합려는 오자서나 백비가 다 초나라 사람이라는 것을 생각하고 있었다. 그들이 원수 갚기에 급급한 나머지 분별력을 잃지나 않을까 염려되었다.
"…."
오왕 합려는 아무런 대답도 하지 않고 한숨을 쉬었다. 그리고 한참 있다가 탄식만 했다. 오자서가 그의 속뜻을 짐작하고 앞으로 나아가서 아뢰었다.
"신이 한 사람을 천거하겠습니다. 그 사람이면 초나라 군대와 싸워서 반드시 이길 수 있습니다."
그제야 오왕 합려가 고개를 돌리며 물었다.
"그 사람이 누구인가?"
"그 사람의 성은 손(孫)이고 이름은 무(武)입니다. 바로 우리 오나라 사람입니다."
오왕 합려는 오자서가 천거하려는 사람이 바로 오나라 출신이라는 말을 듣자 희색이 만면해졌다. 오자서가 계속해서 아뢰었다.

"그는 육도 삼략에 정통하며 천지의 비밀과 그 묘리를 아는 사람입니다. 그는 스스로 병법 열세 편을 저술했으나 세상이 그의 재주를 알아주지 않으므로 지금 나부산(羅浮山) 동쪽에 은거하고 있습니다. 만약에 이 사람을 얻어 군사로 삼는다면 비록 천하와 대적(對敵)한다고 해도 두려울 것이 없을 것입니다."

오왕 합려가 간곡히 부탁했다.

"경은 과인을 위해 곧 그 사람을 불러 주오."

"그는 경솔히 벼슬살이를 하려고 하지 않을 것입니다. 반드시 예로써 초빙해야 합니다."

오왕 합려는 머리를 끄덕이고 황금 10일(鎰)과 백벽(白璧) 한 쌍을 내놓았다. 오자서는 수레를 타고 나부산으로 가서 손무에게 그것을 전하고는 간청했다.

"오왕이 몹시 사모하고 있으니 부디 같이 가십시다."

이에 손무는 오자서를 따라 나부산을 떠났다. 손무가 오자서의 안내를 받고 왕궁으로 들어가는데 오왕 합려는 섬돌 밑까지 내려와서 영접했다.

"먼 길을 오시느라고 참으로 수고가 많으셨소."

오왕 합려는 손무에게 앉을 자리를 주고 병법에 대해 물었다. 손무는 자기가 지은 13편의 병법서 내용에 대해 설명했다.

그 13편이란 시계편(始計篇)·작전편(作戰篇)·모공편(謀功篇)·군형편(軍形篇)·병세편(兵勢篇)·허실편(虛實篇)·군쟁편(軍爭篇)·구변편(九變篇)·행군편(行軍篇)·지형편(地形篇)·취지편(就地篇)·화공편(火攻篇)·용간편(用間篇)이었다.

듣고 난 합려가 오자서를 돌아보고 말했다.

"이 병법은 참으로 하늘과 땅을 꿰뚫는 재주라 하겠소이다. 그러나 과인의 나라는 크지 못하고 군대는 많지 못하니 어찌할꼬?"

손무가 대답했다.

"신의 병법은 병졸에게만 쓸 수 있는 것이 아닙니다. 군령만 지킨다면 비록 부녀자라도 나아가서 싸울 수 있습니다."

오왕 합려가 손뼉을 치면서 웃고 대답했다.

"선생의 말은 참으로 현실에 맞지 않는 것 같소. 어찌 부녀자에게 무기를 주어 훈련을 시킨단 말이오."

"왕께서 신의 말이 허황타 생각하신다면 청컨대 신으로 하여금 궁녀들을 훈련케 해 보십시오. 그래도 신의 군령대로 되지 않거든 그 때에는 중벌도 달게 받겠습니다."

오왕 합려는 뜰 아래로 궁녀 180명을 불러 모으고 손무로 하여금 조련하게 했다. 손무가 아뢰었다.

"대왕께서 사랑하는 총희(寵姬) 두 사람을 내어 주시면 그들을 대장으로 삼아 통솔하고자 합니다."

오왕 합려는 평소 자기가 사랑하는 총희 둘을 앞으로 나오게 했다. 그 중 하나는 우희(右姬)이고 또 하나는 좌희(左姬)였다. 오왕 합려가 손무에게 말했다.

"이들은 과인이 평소 사랑하는 여인이라 가히 대장으로 삼을 만하겠소?"

"그만하면 됐습니다. 하오나 군대란 먼저 호령을 엄격히 하고 나중에 상벌을 내리므로 비록 이 조련이 규모는 작지만 갖출 것은 다 갖춰야 합니다. 청컨대 집법관(執法官) 한 사람과 군리(軍吏) 두 사람을 세워 장수의 호령과 말을 전하게 하고 또 고수(鼓手) 두 사람으로 북을 치게 하고 또 역사(力士) 몇 사람을 아장(牙將)으로 삼아서 장수의 권위를 나타내는 부월(斧鉞: 도끼)과 극(戟: 창)과 장검을 들고 단하에 늘어서서 위엄을 보여야 합니다."

오왕 합려는 오나라 중군(中軍) 속에서 필요한 만큼 사람을 골라 쓰도록 했다.

이에 손무는 궁녀들을 두 대로 나누었다. 우희는 우대(右隊)를 맡고 좌희는 좌대(左隊)를 맡았다. 손무가 좌우 2대에게 훈시했다.

"지금부터 군법에 대해서 말할 테니 자세히 들으라. 첫째는 행오(行伍)에 혼란을 일으키지 말 것이며 둘째는 함부로 말하거나 떠들지 말 것이며 셋째는 서로 약속한 바를 어기지 말 것이니 특히 이 세 가지를 잘 지켜야 한다."

궁녀들은 모두 갑옷을 입고 군장을 갖추고 투구를 쓰고 칼과 방패를 들었다. 이어서 전유관(傳諭官: 임금의 명령을 전하는 관리)이 돌아서서 궁녀 2대에게 분부했다.

"곧 명령을 내릴 테니 모두 꿇어 엎드려서 들어라."

궁녀들이 일제히 꿇어 엎드리자 곧 명령을 내렸다.

"첫 번째 북소리가 울리면 양대(兩隊)는 다 같이 일제히 기립하라. 두 번째 북소리가 울리면 좌대(左隊)는 오른쪽으로 돌아서서 행진하고 우대는 왼쪽으로 돌아서서 행진하라. 세 번째 북소리가 울리면 각기 칼을 들어 싸우는 태세를 취하라. 그리고 징이 울리면 칼을 내리고 물러서서 본 자세로 돌아가라."

전유관의 명령이 끝나자 궁녀들은 모두 손으로 입을 가리고 킬킬거리며 웃었다.

고수가 손무에게 아뢰고 첫 번째 북을 울렸다. 그러나 궁녀들 중에는 혹 일어서는 자도 있고 그냥 앉아 있는 자도 있어서 그야말로 뒤죽박죽이었다. 손무가 의자에서 일어나 말했다.

"명령대로 실행되지 않으니 명령이 불명치 못한 때문인즉 이는 장수의 죄로다. 군리는 한 번 더 명령을 내리고 고수도 다시 북을 쳐라."

이에 명령이 되풀이되고 다시 북소리가 울렸다. 그제야 궁녀들은 웅성웅성하며 일어섰다. 그러나 비스듬히 섰거나 그렇지 않으면 서로 몸을 기대고 서서 여전히 낄낄거리며 웃었다.

손무는 북 있는 데로 걸어가 친히 북채를 들고 북을 치면서 다시 명령을 내리게 했다. 좌희와 우희 두 대장과 궁녀들이 낄낄거리며 웃었다. 손무의 두 눈은 무섭게 치켜졌다. 모발과 수염이 꼿꼿이 일어섰다.

"집법관은 어디 있느냐?"

집법관은 급한 걸음으로 손무 앞에 가서 무릎을 꿇었다.

"명령이 내려도 명령을 실행하지 않으면 이는 장수의 죄다. 그러나 세 번씩 명령을 내려도 실행하지 않으니 이는 사졸들의 죄다. 군법은 이런 죄를 어떻게 다스리는가?"

"참형으로 다스립니다."

"모든 사졸을 다 참하기란 어려운 노릇이니 두 대장에게 죄를 묻겠다. 즉시 두 대장을 참하라!"

좌우에 늘어선 아장들은 손무의 위엄에 눌리어 감히 명령을 어길 수 없었다. 아장들은 즉시 좌희와 우희 두 대장을 끌어내어 결박했다.

이 때 오왕 합려는 망운대에서 손무가 궁녀들 조련시키는 것을 바라보고 있었다.

그런데 갑자기 좌희와 우희 두 여인이 결박당하는 것을 보고 합려는 백비에게 표절(表節)을 내주며 급히 일렀다.

"급히 가서 나의 분부로 두 여인을 구출하라."

백비가 나는 듯이 말을 달려가 손무에게 표절을 보이고 오왕의 명령을 전했다.

"과인은 이미 장군의 용병이 뛰어남을 잘 알았다. 좌희와 우희는 특히 과인이 총애하는 바라 청컨대 장군은 두 여인을 용서하라."

손무가 백비에게 대답했다.

"그대는 왕께 가서 내 말을 전하오. 자고로 군중(軍中)에서는 장난삼아 말하는 법이 없습니다. 신은 이미 왕명을 받고 장군이 된 몸입니다. 장군이 군중에 있을 때엔 임금의 명령도 받지 않는 법입니다. 만일 임금의 명령대로 죄 있는 자를 용서한다면 많은 군대들을 어찌 지휘할 수 있겠습니까."

그리고 손무는 아장들에게 호령했다.

"속히 두 대장의 목을 참하라."

아장들은 칼을 번쩍 들어 좌희와 우희의 목을 쳤다. 그리고 두 개의 머리를 단 위에 바쳤다. 2대의 궁녀들은 파랗게 질려 감히 손무를 쳐다보지도 못했다.

손무는 다시 궁녀들 중에서 대장 둘을 뽑아 세웠다. 그리고 다시 고수로 하여금 북을 치게 했다.

북소리가 한 번 울리자 궁녀들은 일제히 기립하고 줄로 그은 듯이 정렬했다.

두 번째 북소리가 울리자 우대는 좌행(左行)하고 좌대는 우행(右行)하는 데 추호도 혼란이 없었다. 세 번째 북소리가 울리자 궁녀들은 칼을 높이 들고 전투 태세를 취했다. 이윽고 징소리가 울리자 그녀들은 물러서서 본 자세로 돌아갔다. 그 좌우 진퇴와 선회 왕래하는 것이 다 법에 들어맞았다.

손무가 집법관에게 분부했다.

"조련이 끝났으니 왕께서 친히 행차하시어 사열하시라고 아뢰라."

오왕 합려는 대로하여 손무를 죽이려 했으나 오자서의 만류로 겨우 참았다. 그는 손무를 등용하지 않고 돌려보낼 생각이었다.

오자서가 아뢰었다.

"대왕께서 초나라를 정복하고 천하 패권을 잡으시려면 반드시 좋은 장수를 얻어야 하며 좋은 장수란 반드시 체계화된 견해가 있고 엄해야만 합니다. 아름다운 여자는 얻기 쉽지만 진실로 훌륭한 장수는 얻기 어렵습니다. 이미 죽은 두 궁비 때문에 좋은 장수를 버린다면 너무도 아깝지 않습니까."

오왕 합려는 오자서의 말에 깨달은 바 있어 마침내 손무를 상장(上將)으로 삼고 군사(軍師) 일을 보게 했다. 오자서가 손무에게 물었다.

"장차 우리는 어떻게 초나라를 쳐야 하겠소?"

"대저 군대를 쓰려면 먼저 내환(內患)부터 없앤 연후에 다른 나라를 치는 법입니다. 듣건대 선왕 왕료의 동생인 엄여는 지금 서(徐)나라에 가 있고 촉용은 종오(鍾吾)나라에 가 있으면서 원수 갚을 생각을 하고 있다고 합니다. 오늘날 군대를 쓰자면 먼저 엄여와 촉용부터 없애 버린 후에 초나라를 쳐야 할 것입니다."

오자서는 오왕 합려에게 가서 손무의 말을 그대로 아뢰었다. 오왕 합려가 말했다.

"서와 종오는 다 보잘것없는 속국이오. 과인이 각각 사신을 보내 엄여와 촉용을 잡아 보내라고 요구하면 그 두 나라가 그들을 잡아서 보낼 것이오. 그러니 굳이 군대까지 쓸 것은 없소."

이에 오나라는 서와 종오로 각기 사신을 보냈다.

서나라 임금 장우(章羽)는 오왕 합려의 요구를 듣자 난처했다. 망명해서 와 있는 엄여를 차마 잡아 보낼 수가 없었다. 그래서 비밀리에 사람을 보내어 엄여를 다른 나라로 달아나게 했다. 종오나라에서도 마찬가지였다. 마침 촉용에게 귀띔해 주어 다른 나라로 달아나게 했다.

엄여는 달아나다가 도중에서 역시 도망쳐 오는 촉용과 만났다. 그들은 서로 상의하고 마침내 초나라로 달아났다.

초소왕은 그들 두 사람을 크게 환영하고 오나라 접경인 서성(舒城) 땅에 가서 초군(楚軍)을 조련토록 했다.

한편 오왕 합려는 서와 종오가 촉용과 엄여를 놓아 주었다는 보고를 듣고 대로했다. 그는 즉시 자기 명령을 어긴 두 나라를 치도록 손무에게 분부했다.

이에 손무는 먼저 서나라를 쳐서 여지없이 무찔러 버렸다. 그래서 서나라 군주 장우도 초나라로 달아났다. 손무는 군대를 돌려 종오나라를 쳐서 종오나라 군주를 사로잡아 돌아왔다.

그 후 손무는 다시 군대를 거느리고 초나라 서성 땅을 쳐서 격파하고 엄여와 촉용을 죽였다.

오왕 합려는 이긴 김에 아예 초나라의 도읍 영성(郢城)까지 쳐들어갈 작정이었다. 손무가 아뢰었다.

"세 번의 싸움으로 백성들은 매우 지쳐 있습니다. 다음 기회를 기다리소서."

이에 그들은 군대를 거느리고 오나라로 돌아갔다.

그 후 오왕 합려는 다시 오자서의 헌책에 따라 군대를 3군으로 나누어 1군씩 교대로 접경에 보내어 초나라를 쳤다. 초나라에서 장수가 구원군을 거느리고 황급히 오면 오나라의 1군은 돌아갔다. 이렇게 자꾸 되풀이하는 동안에 초군은 점점 지치기 시작했다.

이 때 오왕 합려에게 사랑하는 딸이 하나 있었다. 그녀의 이름은 승옥(勝玉)이었다.

내궁에서 잔치가 있었을 때였다. 잔치가 한창일 때 포인이 큰 생선찜을 바쳤다. 오왕은 그 생선찜을 반쯤 먹다가 배가 불러서 나머지를 그의 딸 승옥에게 보냈다. 원래 성미가 까다롭고 결백한 승옥은 먹다 남은 생선찜을 보고 크게 낙담했다.

"왕이 먹다 남은 고기를 보내어 나를 이렇듯 모욕하는구나. 내가 살아서 무엇 하리!"

승옥은 방문을 닫아걸고 목을 매어 자살하고 말았다. 딸을 잃은 오왕 합려는 몹시 슬퍼했다. 그는 화려한 무늬가 있는 돌을 잘라 관을 만들고 호수가 보이는 창문(閶門) 밖에다 딸을 장사 지냈다. 장사를 지낼 때 부고에 있는 보물의 반을 함께 묻어 주었는데 그 중에는 황금으로 만든 가마솥과 옥으로 만든 술잔과 은으로 만든 술병과 구슬로 만든 의복도 들어 있었다. 또 명검으로 이름난 반영(盤影)이라는 칼도 함께 묻었다.

그런 다음 군대를 시켜 길들인 백학(白鶴)을 시정에 내다가 춤을 추게 했다. 군사들이 길마다 늘어서서 외쳤다.

"모든 백성들은 누구나 와서 학춤을 구경하라."

백성들이 쏟아져 나와 백학의 춤을 보려고 인산인해를 이루었다. 군사들은 구경나온 백성들을 꾀어 무덤으로 들어가는 굴로 들여보냈다. 백학이 춤추는 것을 구경하러 나왔던 남녀노소들은 승옥의 무덤 내부를 구경시켜 준다는 바람에 앞을 다투어 그 굴 안으로 들어갔다. 백성들이 다 들어가자 군사들은 굴 문 위에 비끄러맨 줄을 칼로 끊었다. 그러자 난데없는 큰 문이 떨어져 굴 입구를 막아 버렸다. 군사들은 즉시 흙으로 그 굴을 묻어 버렸다. 이 날 이렇게 생매장당한 남녀는 1만 명이 넘었다.

오왕 합려는 군사들의 보고를 듣고 나서 말했다.

"내 죽은 딸을 위해 일만 명을 순장했으니 승옥은 적막하지 않으리라."

오늘날에도 옛 오나라 지방에서는 초상이 나면 빈청이나 그 집 정자 위에다 백학을 만들어 매달아 두는 풍속이 있다. 이것이 다 그 때부터 시작된 것이라고 한다.

8. 원한을 푼 오자서

이 무렵 손무는 강구(江口)에서 날마다 수군을 조련했고 오자서는 널리 세작을 보내어 초나라에 관한 정보를 수집하고 있었다. 하루는 아랫사람이 들어와 오자서에게 고했다.

"당(唐)과 채(蔡) 두 나라 사신이 우리 나라와 통교하려고 지금 교외에 와 있다고 합니다."

오자서는 크게 기뻐했다.

"당나라와 채나라는 다 초나라의 속국인데 아무런 까닭 없이 우리 오나라에 올 리가 없다. 그들은 반드시 초나라를 원망한 나머지 우리를 찾아온 것일 게다. 그렇다면 하늘이 이제야 초나라를 멸망시킬 기회를 주시는구나."

오자서의 짐작은 옳았다. 초나라 초소왕이 잠로라는 보검을 얻게 되어 모든 나라 제후들이 초나라에 가서 그를 축하했을 때였다. 당나라 성공(唐成公)과 채나라 소공(蔡昭公)도 축하하려고 초나라에 갔었는데 초나라 실권자인 영윤 낭와에게 뇌물을 바치지 않았다는 이유로 3년 동안이나 감금당하는 수모를 겪었던 것이다.

이에 오자서가 그들을 데리고 왕궁으로 가서 오왕 합려에게 아뢰었다.

"당·채 두 나라가 초나라에 대한 원한을 풀기 위해 우리의 앞장을 서겠다고 자원해 왔습니다. 대왕께서 초나라 도읍 영성에 들어가는 것이 원이라면 이 기회를 놓치지 마소서."

이 말에 오왕 합려는 크게 기뻐했다.

"경의 말이 과인의 심금을 울리도다."

드디어 손무는 대장이 되고 오자서와 백비는 부장(副將)이 되어 오나라는 6만 대군을 일으켰다.

오왕 합려가 친정(親征)하는 가운데 오나라 6만 대군은 배를 타고 수로를 따라 회수(淮水)를 건너 채나라로 나아갔다. 채소공은 오왕을 영접하고 초나라의 임금과 신하가 얼마나 무도한가를 울면서 호소했다. 이튿날에는 당성공이 또한 군대를 거느리고 채나라에 당도했다.

오·채·당 세 나라 연합군이 출발하기에 앞서 손무가 군대들에게 명령을 내렸다.

"전선(戰船)은 모두 회수에 두고 모든 군대는 육로로 행군하라."

오자서가 대군을 거느리고 행군하면서 손무에게 물었다.

"어찌하여 배를 회수에다 두고 굳이 육로로 갑니까?"

"흐르는 물을 거슬러 올라가려면 너무 늦습니다. 초군에게 미처 준비할 여유를 주지 않기 위해서입니다."

오자서는 손무의 말을 듣고 감탄했다. 한편 초나라 소왕은 오나라가 대군을 거느리고 쳐들어온다는 보고를 받고 곧 좌사마 심윤수(沈尹戍)로 막게 했다.

드디어 양군은 소별산(小別山) 아래에 영채를 세우고 대진했다. 초나라 장수 사황(史皇)이 먼저 칼을 휘두르며 싸움을 돋우었다.

"어느 놈이 감히 나와 겨루어 보겠느냐?"

이에 손무는 선봉인 공자 부개에게 나가서 싸우도록 분부했다. 부개가 창을 휘두르며 말을 몰고 나갔다. 두 필의 말이 어우러지고 두 장수가 수단을 다하여 싸우기 30여 합에 사황이 견디지 못하고 말머리를 돌렸다. 손무가 칼을 들어 공격령을 내리자 오나라 군사들이 성난 맹수처럼 초군을 짓밟았다.

그 후로 초군은 싸우기만 하면 번번이 패하여 군대들의 사기가 몹시 떨어졌다. 거기에다 심윤수는 자기 고집만 부려 많지 않은 군대를 둘로 나누었고 낭와는 병법도 잘 모르면서 자기의 벼슬이 가장 높은 것만 믿고서 구원군으로 온 원사를 멸시했다.

그리하여 초군은 마침내 오왕 합려가 친솔하는 대군의 총공력을 받고 크게 패했다. 영윤 낭와는 정나라로 달아났고 심윤수는 자결했으며 원사는 전사하고 말았다. 이에 오군은 초나라의 도읍 영성을 향해 노도처럼 진군해 갔다.

손무는 군대를 거느리고 호아산(虎牙山)을 지나 당양판(堂陽阪)으로 접어들었다. 장강(漳江)은 넘실거리며 흐르는데 기남 땅 지세가 강물보다도 낮았다. 또 서쪽 적호(赤湖)의 물은 기남과 영성까지 연결되어 있었다.

손무는 한 가지 계책이 머리에 떠올랐다. 그는 즉시 군대에 영을 내렸다. 오나라 군대는 일제히 외가닥 호(壕)를 파고 장강 물을 끌어들였다. 마침내 이튿날 새벽에는 장강 물이 적호의 뚝을 무너뜨렸다. 범람한 물은 무너진 뚝을 밀어젖히고 기남성으로 흘러 들어갔다.

이 때 기남성을 지키던 초나라 장수 송목(宋木)은 그저 강물이 팽창해서 들어오는 줄로만 알고 백성들에게 영성으로 피신하도록 했다. 그러나 몰려 닥치는 물로 인해 삽시간에 영성도 물바다가 되고 말았다.

손무는 군대를 시켜 산 위의 대나무들을 베어다 뗏목을 만들었다. 이윽고 오나라 군대는 무수한 뗏목을 타고 성으로 육박해 들어갔다. 비로소 성 안의 초나라 백성들은 오나라 군대가 강물을 끌어들인 것을 알았다. 백성들은 각기 살 길을 찾아 정신없이 달아났다.

초소왕은 더 이상 영성을 지키기 어렵다는 것을 알고 잠윤(箴尹) 고(固)를 불러들였다.

"이젠 달아날 길마저 없구나. 그대는 속히 서문에 배를 대라!"

마침내 초소왕은 사랑하는 여동생 계미만 데리고 신하 몇 사람과 함께 배를 타고 달아났다. 그리하여 주인 없는 초나라 도읍 영성은 너무도 허무한 모습으로 바뀌고 말았다.

　마침내 손무는 오왕 합려를 모시고 초나라 도읍 영성에 입성했다.

　오나라 군사들은 즉시 땅을 파고 물길을 열어 성 안에 범람했던 물을 다시 적호와 장강으로 빼돌렸다.

　오왕 합려는 초나라 왕궁 한가운데 놓인 초왕의 옥좌로 올라가 앉았다. 모든 장수와 군대들이 일제히 만세를 불렀다. 당성공과 채소공도 오왕 합려에게 축하의 말을 아끼지 않았다.

　마침내 초나라를 정복한 오왕 합려는 크게 기뻤다. 크게 잔치를 벌이고 그 날 밤이 늦도록 군주와 신하들이 함께 즐기었다.

　오왕 합려는 초나라 왕궁에서 그 날 밤을 자게 되었다. 좌우의 신하들이 초소왕의 부인을 끌고 와서 아뢰었다.

　"오늘 밤은 초왕의 부인으로 하여금 대왕을 모시게 하리이다."

　오왕 합려는 솔깃했으나 체면상 대답을 선뜻 하지 못했다.

　오자서가 말했다.

　"대왕은 그까짓 초왕의 부인 하나를 가지고 주저하십니까?"

　마침내 오왕 합려는 그 날 밤에 초왕 부인을 데리고 잤다. 왕궁에 머무는 동안 오왕은 초소왕의 애첩들 중에서 웬만한 여자는 다 한 번씩 데리고 잤다.

　오자서는 각방으로 사람을 놓아 초소왕을 잡으려고 했다. 그러나 결국 잡지 못했다. 그러자 모든 장수들에게 초나라 대갓집 부녀를 겁탈하도록 권했다.

　윗사람들이 이 모양이니 군사들은 더 말할 것도 없었다. 그들이 닥치는 대로 초나라 여자를 겁탈했고 노략질하다가 흘린 물건들이 길마다 가득히 굴러다니고 있었다.

　오자서가 오합 합려에게 아뢰었다.

"이젠 초나라 종묘를 부숴 버립시오."

그리하여 초나라 종묘는 잿더미로 변했다.

오왕 합려는 다시 장화대(章華臺)에다 크게 잔치를 벌이고 모든 신하들과 함께 즐기었다. 악공들은 일제히 음악을 울리고 궁녀들은 너울너울 춤을 추었다. 그러나 오자서만은 눈물을 흘리고 있었다.

오왕 합려가 물었다.

"경은 어찌하여 함께 즐기지 않고 눈물을 흘리시오?"

"대왕은 신에게 초평왕의 무덤을 파서 그 관을 열고 송장의 목을 참하도록 해 주십시오. 그래야만 신의 원한이 풀리겠습니다."

"경은 과인을 위해 많은 공을 세웠다. 내 어찌 썩은 시체 하나를 아끼어 경의 소원을 못 풀어 주리오."

오왕 합려는 허락했다.

오자서는 초평왕의 무덤이 동문 밖 요대호(蓼臺湖)에 있다는 말을 듣고 본부군을 거느리고 갔다.

군사들이 땅을 파자 석판(石板)이 나타났다. 그 석판을 들어내자 그 밑으로 층계가 있고 층계 밑에 관이 놓여 있었다.

시체를 끌어내 보니 완연히 살아 있는 모습이었다. 관 속을 수은으로 채우고 그 속에 시체를 두었기 때문에 피부 하나 상한 곳이 없었다.

오자서는 시체를 보자 가슴 속에 맺혔던 원한이 하늘을 찌를 듯 치솟았다. 오자서는 구리쇠로 만든 구절편(九節鞭)을 들어 초평왕의 시체를 3백 번이나 쳤다. 초평왕의 살은 흩어지고 뼈는 부서졌다. 오자서는 다시 발로 초평왕의 배를 밟고 손으로 눈을 뽑았다.

"네 이놈! 생전에 이런 못된 눈을 가졌기 때문에 충신을 못 알아보고 간신을 믿어 나의 부친과 형님을 죽였으니 원통하고 원통하다!"

오자서는 눈알이 빠진 초평왕의 목을 끊고 수의를 찢고 관을 부수어 해골과 함께 들판에 버렸다.

9. 초국부흥(楚國復興)

이 때 초나라에 신포서(申包胥)라는 충신이 있었는데 그는 초나라의 도읍인 영성이 오나라 군대에 함몰되자 이릉 땅 석비산(石鼻山) 속에 들어가서 피신해 있었다.

신포서는 초평왕의 부인이 진(秦)나라 애공의 딸이란 것을 생각해냈다. 그러니 평왕의 아들 소왕은 바로 진애공의 조카였다.

'초나라가 살아나려면 진나라에 가서 도움을 빌리는 수밖에 없다.'

이에 신포서는 석비산을 떠나 밤낮을 쉬지 않고 서쪽으로 진나라를 향해 걸어갔다. 마침내 그의 발은 부르트고 터져 걸을 때마다 피가 흘렀다. 그는 옷을 찢어 피가 나는 발을 싸맨 다음 걷고 또 걸어 마침내 진나라 도읍 옹주(雍州)에 당도했다.

신포서가 진애공을 배알하고 아뢰었다.

"오나라가 천하를 지배할 생각으로 먼저 우리 초나라에 쳐들어왔습니다. 바로 군후의 조카인 우리 주공께서는 마침내 종묘사직을 잃고 지금 초야에 숨어 계십니다. 원컨대 군주께서는 우리 주공의 정상을 생각하시어 군대를 일으켜 우리 초나라를 건져 줍시오."

그러나 진애공은 냉담하게 대답했다.

"우리 진나라는 아다시피 군대는 적고 장수도 얼마 안 되어 이 나라를 지키기에도 힘에 겨운데 무슨 여유가 있어 남까지 도와 줄 수 있겠소."

"우리 초나라와 진(秦)나라는 국경이 연접해 있습니다. 초나라가 망하면 오나라 군대는 반드시 진나라로 쳐들어올 것입니다. 초나라를 돕는 것이 바로 진나라를 안전하게 하는 길입니다. 이번에 우리 초나라를 구해주시면 우리는 대대로 진나라를 섬기며 충성을 다하겠습니다."

신포서가 애걸했으나 진애공은 뜻을 바꾸지 않았다.

"대부는 역관에 나가서 편히 쉬라."

진애공은 끝까지 허락하지 않고 내궁으로 들어가 버렸다. 이에 신포서는 의관도 벗지 않고 궁성 뜰에 서서 칠일칠야 동안 물 한 모금 마시지 않고 울기만 했다.

진애공은 그간 내궁에서 술을 마시다가 그것을 알고 크게 감탄했다.

"초나라 신하가 그의 군주를 생각함이 어찌 이다지도 지극한가! 과인이 어찌 보고만 있으리오."

이에 진애공은 자포(子蒲)와 자호(子虎)를 대장으로 삼고 전거 5백 승을 내주며 신포서를 따라가 초나라를 구원하라고 명령했다. 신포서가 두 대장에게 말했다.

"지금 초왕이 수나라에 계시면서 구원병이 오기를 고대하고 계십니다. 제가 먼저 수나라에 가서 왕께 이 사실을 아뢸 테니 장군은 상곡(商谷) 땅을 경유해서 동쪽으로 진군하시오. 5일이면 양양 땅에 당도할 것입니다. 이제부터 저는 수나라에 가서 흩어진 초나라 군사들을 모아 석량산을 경유하여 남쪽으로 내려가겠습니다. 3일이면 양양 땅에 당도할 작정이니 양양 땅에서 양군이 서로 만나기로 합시다. 지금 오나라 군대는 승리에 취하여 필시 아무 준비도 없을 것이니 그들을 무찌르기는 어렵지 않을 것이오."

약속이 정해지자 신포서는 수나라로 말을 달렸다.

마침내 진(秦)나라 군대가 먼저 양양 땅에 당도하여 하채하고 초나라 군대가 오기를 기다렸다. 이윽고 초나라 군대가 당도했다. 신포서는 진나라 장수들과 반가이 인사를 나누었다.

양양 땅에서부터 초나라 군대들이 앞장을 서고 그 뒤를 진나라 군대가 따라갔다. 이윽고 초나라 군대가 절수(折水)에 이르렀다. 그곳은 오나라 장수인 공자 부개의 군대가 지키고 있었다.

진나라 장수 자포가 신포서에게 말했다.

"그대가 나가서 먼저 오나라 장수와 싸우시오. 우리가 뒤에서 도와 드리리다."

이에 신포서는 말을 달려 나가 공자 부개와 맞붙었다. 공자 부개는 자기 용맹만 믿고 신포서를 우습게 보았다. 그러나 10여 합을 싸웠어도 승부가 나지 않았다.

이 때 진나라 장수 자포와 자호가 군대를 몰고 짓쳐 나왔다. 부개가 눈을 들어 보니 '진(秦)'이란 글자가 쓰여 있는 깃발이 이곳저곳에서 바람이 펄럭펄럭 나부끼고 있었다.

부개는 크게 놀랐다.

"진나라 군대가 어째서 이곳에 왔단 말인가."

부개는 급히 군대를 거두어 달아나기 시작했다. 초나라 군대는 달아나는 오나라 군대들을 마구 죽이면서 50리나 추격했다.

공자 부개는 황급히 영성으로 돌아가서 오왕 합려에게 고했다.

"큰일났습니다. 진(秦)나라 군대가 왔는데 도저히 감당할 수가 없습니다."

오왕 합려의 미간이 찌푸려졌다. 손무가 아뢰었다.

"원래 군대란 잠깐 동안만 쓸 것이지 오래도록 쓰면 안 됩니다. 더구나 초나라는 땅이 넓으며 인심은 아직 우리 오나라를 따르지 않고 있습니다. 즉시 사람을 보내 진나라와 우호를 맺고 다시 초소왕을 복위시키되 그 조건으로 초나라 서쪽 땅을 할양받도록 하소서. 초나라 서쪽 땅만 차지해도 우리 오나라로서는 적잖은 이익입니다. 만일 왕께서 계속해서 초나라 왕궁에 애착을 갖고 적과 겨룬다면 초나라 군대와 백성들이 분노하여 다시 뭉칠 것입니다. 더구나 이제 범 같은 진나라 군대까지 적극적으로 초나라를 돕고 나섰습니다. 회군 이외에는 다른 방법이 없는 줄로 아옵니다."

오자서도 이제는 초소왕을 잡을 수 없다는 것을 알고 아뢰었다.

"손 군사의 말이 지당한 줄로 압니다."

오왕 합려도 말없이 고개만 끄덕였다.

그 무렵 월(越)나라 임금 윤상(允常)은 오나라 군대가 회군한다는 소문을 듣고는 영을 내렸다.

"오성을 치러 간 군대들을 소환하라."

그는 텅 빈 오성을 치기 위해 은밀히 군대를 보냈던 것이다. 그러나 용병술에 능한 손무의 오군과 싸워 봐야 승산이 없다고 생각한 것이다. 그러면서 이룬 게 하나도 없자 억울한 마음에 외쳤다.

"월나라와 오나라는 결코 가까워질 수 없는 원수의 나라다!"

그리고 이 때부터 그는 스스로 월왕(越王)이라고 자칭했다.

한편 오왕 합려는 이번에 초나라를 무찌르는데 공을 세운 손무에게 벼슬을 내리려 했다. 손무는 그것을 사양하고 굳이 산 속으로 돌아가겠다고 청했다. 오왕은 오자서를 시켜 만류하게 했으나 손무는 오히려 오자서에게 은퇴하기를 권했다.

"그대는 천도(天道)를 아시는가. 여름이 가면 겨울이 오고 또 봄이 오지요. 왕은 오나라가 강성한 것만 믿고 반드시 교만하고 방탕해질 것입니다. 공을 이루고 물러서지 않으면 불행이 닥쳐옵니다. 나는 다만 나 자신만을 위하려는 것이 아니오. 그대와 함께 목숨을 유지하려는 것이오."

오자서는 몇 번이고 다시 손무를 붙들었다. 손무는 끝내 표연히 떠났다. 이에 오왕 합려도 하는 수 없이 황금과 비단을 가득 실은 수레 수십 대를 딸려 보냈다.

그러나 손무는 산 속으로 돌아가는 도중에 길가에서 가난한 백성들에게 그 황금과 비단을 모두 나누어 주었다. 그 후 손무가 어디서 살다가 어디서 죽었는지 아는 사람이 없었다.

한편 초나라 공자 신과 공자 결이 먼저 영성으로 돌아왔다. 그들은 들판에 조각조각 흩어져 있는 초평왕의 뼈를 거두어 다시 매장했다. 다시 종묘를 짓고 새로 사직단을 쌓았다. 신포서는 초소왕을 모시러 수나라로 갔다.

초소왕이 돌아오자 그는 우선 새로 지은 종묘사직에 제사를 지내고 초평왕의 능묘에 참배했다. 그가 정전(正殿) 옥좌에 올라가서 좌정하자 문무백관은 일제히 만세를 불렀다. 그리하여 끊길 뻔했던 초나라는 다시 서게 되었다.

제8편 오월쟁투(吳越爭鬪)

1. 비극으로 끝난 정략 결혼
2. 오왕(吳王)의 절치부심
3. 인분을 먹은 왕
4. 월왕(越王)의 와신상담(臥薪嘗膽)
5. 군위 찬탈(君位簒奪)
6. 오자서(伍子胥)의 최후
7. 불타는 고소성(姑蘇城)

제8편 오월쟁투(吳越爭鬪)

1. 비극으로 끝난 정략 결혼

오왕 합려는 초나라를 쳐부순 후 중원에까지 그 위엄을 크게 떨쳤다. 득의만만해진 그는 매일 환락하고 또 크게 궁실을 지었다. 어느 날이었다. 세작이 보고하기를 월나라와 제나라가 서로 사자를 보내 영접하며 친밀하게 지내고 있다 했다.

그 보고를 듣고 합려는 크게 노했다.

"제나라와 월나라가 우호를 맺었다고 하니 이는 더 이상 두고 볼 수 없다. 이야말로 과인이 늘 북방에 대해 근심해 오던 바다. 제나라부터 치고 그 다음에 월나라를 치리라."

오자서가 아뢰었다.

"이웃 나라끼리 서로 우호를 도모하는 것은 언제나 있는 일입니다. 제나라가 월나라를 도와 우리 오나라를 해치지 않는 한 제나라를 칠 명분도 약합니다. 태자 파(波)의 원비(元妃)가 죽은 지도 오래 됐지만 아직 태자비를 모시지 않았으니 왕께서는 사자를 제나라로 보내 혼인을 청하소서. 만일 제후(齊侯)가 거절하면 그 때에 쳐도 늦지 않을 것입니다."

합려는 오자서의 뜻을 좇아 즉시 대부 왕손락(王孫駱)을 제나라로 보내 혼인을 청했다.

이 때 제경공(齊景公)은 이미 늙어서 의욕도 기운도 다 쇠퇴해 있었다. 그는 사랑하는 어린 딸을 차마 오나라로 보내기 싫었다. 그러나 만일 청혼을 거절한다면 반드시 오나라 군대가 쳐들어와서 초나라처럼 제나라까지 쑥대밭으로 만들어 놓고야 말 것 같았다.

대부 여미(黎彌)가 권했다.

"오나라의 청혼을 승낙하는 수밖에 없습니다. 그들의 노여움을 사지 않는 것이 상책입니다."

제경공은 싫었지만 하는 수 없이 어린 딸 소강(小姜)을 오나라에 시집보내기로 승낙했다.

소강이 오나라로 떠나는 날이었다. 제경공은 딸을 사랑하는 마음과 오나라를 두려워하는 마음이 엇갈려 하염없이 눈물을 흘리며 대부 포목(鮑牧)에게 부탁했다.

"수고롭겠지만 경이 과인을 위해 오나라까지 소강을 데려다 주고 오라."

재경공은 친히 남문(南門)까지 소강을 전송했다.

그 후 포목은 소강을 모시고 오나라에 당도하여 오왕 합려에게 인사를 드리고 오자서도 만나 봤다. 포목은 오자서의 인격을 사모하고 서로 깊이 사귀었다.

오나라에 출가한 소강은 나이가 너무도 어렸다. 그래서 부부의 즐거움이 무엇인지도 몰랐다. 그녀는 태자 파와 혼인한 후에도 다만 친정 부모를 잊지 못해서 밤낮 울기만 하다가 마침내 병들어 눕게 되었다.

그녀의 슬픔은 더욱 심해졌다. 병세도 점점 악화되었다. 마침내 임종 때 소강이 태자 파의 손을 잡고 부탁했다.

"첩이 듣건대 우산(虞山) 정상에 올라가면 동해가 보인다고 하더이다. 청컨대 그곳에 첩을 묻어 주소서. 죽어서 영혼이 되어서라도 제나라를 한 번 바라보고자 하나이다."

소강이 숨을 거두자 태자 파는 소리 높이 통곡했다. 그리고 오왕의 허락을 받아 소강을 우산에 묻었다.

그 후 태자 파도 죽은 소강을 잊지 못해 또한 병들어 눕고 말았다. 얼마 안 되어 태자 파는 소강을 따라가듯 세상을 버렸다.

태자 파가 죽자 합려는 공자들 중에서 누구를 태자로 세워야 할지 결심이 서지 않았다. 그는 오자서를 불러 이 일을 상의할 작정이었다.

그런데 죽은 태자 파에게는 전비(前妃)의 몸에서 난 아들 하나가 있었다. 그 아들의 이름은 부차(夫差)였다. 이 때 부차의 나이 26세였다. 부차는 나면서부터 용모가 비범하고 기상이 출중했다.

부차는 할아버지인 합려가 장차 왕위를 계승시킬 태자를 결정지으려 한다는 소문을 듣고 먼저 오자서를 찾아갔다.

"승상도 아시다시피 나는 이 나라의 적손(嫡孫)입니다. 만일 앞으로 태자를 세운다면 나 이외에 또 누가 있겠습니까. 이번에 승상께서 나를 위해 한 번 힘써 줍시오."

오자서는 부차를 위해 힘쓸 것을 약속했다.

수일 후 오자서는 합려의 부름을 받고 궁으로 들어갔다. 오왕이 누구를 태자로 봉하면 좋겠느냐고 물었다.

"이런 일은 적자(嫡子)를 세워야 후환이 없습니다. 비록 태자가 불행히 세상을 떠났으나 그의 아들 부차는 이미 장성했습니다."

"내가 보기에 부차는 어리석고 인자하지 못하오. 능히 오나라를 계승하지 못할까 두렵구려."

"부차는 신의가 있어 사람을 사랑하며 또한 매사에 착실합니다. 아버지가 죽으면 그 아들이 대신 선다는 것은 법문(法文)에 밝혀 있는데 무엇을 주저하십니까."

합려가 비로소 고개를 끄덕였다.

"그럼 과인은 그대의 말을 듣기로 하겠소. 그대가 부차를 보좌해 주기 바라오."

그리하여 부차는 오나라 태손(太孫)이 되었다. 그 날로 부차는 오자서의 집으로 가서 머리를 조아리고 감사하다는 뜻을 표했다.

2. 오왕(吳王)의 절치부심(切齒腐心)

오왕 합려는 늙을수록 성미가 더욱 조급해졌다. 그는 월왕 윤상(允常)이 죽고 그 아들 구천(句踐)이 왕위에 올랐다는 소식을 듣자 신하들에게 물었다.

"지금 월나라에 국상(國喪)이 났다고 하니 이 기회에 월나라를 치는 것이 어떻겠는가?"

오자서가 간했다.

"지난날에 월나라가 우리 나라를 치려고 한 죄는 있지만 지금 월나라에 국상이 났는데 이런 기회에 친다는 것은 상서롭지 못한 일입니다."

그러나 합려는 듣지 않았다. 마침내 오자서와 태손 부차에게 나라를 지키게 하고 친히 백비·왕손락·전의 등과 함께 정병 3만을 거느리고 월나라로 나아갔다.

월왕 구천은 오나라 군대가 쳐들어온다는 보고를 받자 친히 군대를 거느리고 나왔다.

그리하여 오와 월 두 나라 군대는 와리(瓦李) 땅에서 서로 10리를 격해서 각기 영채를 세웠다. 이튿날부터 두 나라는 서로 싸움을 걸고 서로 어우러져 치열하게 싸웠으나 승부가 나지 않았다.

대장 제계영이 비밀리에 월왕 구천에게 아뢰었다.

"죄인들을 한 번 써 보면 어떻겠습니까?"

월왕 구천은 선뜻 그 말의 뜻을 깨달았다.

이튿날이었다. 월왕 구천은 군법을 어긴 사형수 3백 명을 골라 그 가족들을 후히 돌보아 주겠다는 약속과 함께 그들에게 밀명을 내렸다.

이 날 3백 명의 사형수들은 윗도리를 벗고 칼만 잡고서 3대(隊)로 행렬을 지어 조용히 오나라 군영 앞으로 나아갔다. 오나라 군사들은 호기심에서 이 괴상한 행렬이 오는 것을 바라만 봤다.

오나라 진영 앞에 당도한 죄수의 행렬 중에서 맨 앞에선 자가 공손히 말했다.

"지난날 우리 월왕께서 감히 귀국을 치려고 한 죄를 지었기 때문에 이제 귀국이 우리 나라를 치러 오셨습니다. 신들은 이미 세상을 떠나신 전 월왕의 죄를 대신해서 이제 이곳에서 죽겠습니다."

말이 끝나자 그들은 오나라 군영 앞에 횡렬(橫列)로 늘어서서 차례차례로 칼을 들어 자기 목을 찌르고 하나씩 죽어 갔다. 영채 너머로 굽어보던 오나라 군사들은 이 전대미문의 괴상한 광경에 입을 다물 줄 몰랐다.

"저게 웬일이야?"

"도무지 까닭을 모르겠는걸?"

오나라 군대들은 서로 그렇게 중얼대면서 기가 질려 버렸다.

이 때 월나라 군대 쪽에서 북소리가 크게 일어났다. 그것이 신호인 듯 결사대가 오나라 영채로 쇄도했다.

그러지 않아도 기가 질린 오나라 군사들은 비로소 당황하기 시작했다. 그 결사대의 뒤를 이어 월왕 구천이 대군을 거느리고 풍우처럼 몰려왔다.

우편의 제계영과 좌편의 영고부가 오나라 진영을 들이쳤다. 오나라 장수 왕손락은 제계영을 맞아 죽음을 각오하고 싸웠다. 영고부는 칼을 휘두르면서 좌충우돌하다가 바로 오왕 합려와 만났다.

영고부는 번개같이 달려가 칼을 번쩍 들어 오왕 합려를 쳤다. 그러나 칼은 빗나가 오왕의 오른쪽 발을 끊었다.

이 때 오나라 장수 전의가 군대를 거느리고 급히 달려와서 합려를 구해냈다.

상처를 입은 합려는 즉시 회군 명령을 내렸다. 그는 본국으로 돌아가는 도중 상처의 아픔을 견디지 못했다. 이제 아주 늙어 버린 것이다. 오군이 오나라 국경 가까이 갔을 때였다. 수레 속에서 합려는 크게 외마디 소리를 지르고 쓰러졌다. 장수들이 황급히 부축해 일으켰으나 그는 이미 죽어 있었다.

이에 백비가 상차(喪車)를 모시고 먼저 오나라로 돌아갔다. 오나라 태손 부차는 성 밖에 나가서 상차를 영접해 모시고 돌아왔다. 그는 상복을 입고 오나라 왕위에 올랐다.

오왕 부차는 합려의 장례를 마치고 자기 아들 우(友)를 태자로 봉했다. 그리고 항상 시자(侍者) 열 사람을 교대로 궁전 뜰에 세우고 그 시자들로 하여금 그가 출입할 때마다 큰 소리를 지르게 했다.

"부차야! 너는 월왕이 너의 할아버지를 죽였다는 사실을 잊었느냐!"

시자들의 외치는 소리를 들을 때마다 부차는 걸음을 멈추었다. 그의 눈에서는 눈물이 주르륵 흘렀다. 그리고 힘차게 말했다.

"음, 내 어찌 잊을 리 있으리오!"

부차는 시자를 시켜 이렇듯 자기 결심을 굳게 하는 한편으로 오자서와 백비에게 분부하여 태호(太湖)에서 수군을 조련시켰다. 또 영암산에 사장(射場)을 만들고 군사들에게 밤낮없이 활 쏘는 법을 익히게 했다.

그는 할아버지의 삼년상을 벗고 나면 즉시 월나라로 쳐들어가 원수를 갚을 결심이었다.

주나라 경왕 26년 봄 2월이었다. 상복을 벗은 오왕 부차는 태묘에 고하고 오나라 군대를 모조리 일으켰다. 오자서가 대장이 되고 백비가 부장(副將)이 되어 태호의 물길을 따라 월나라로 쳐들어갔다.

월왕 구천도 신하들과 함께 상의하고 크게 군대를 일으켜 쳐들어오는 오나라 군대를 맞기로 했다.

대부 범려(范蠡)가 출반하여 아뢰었다.

"오나라는 전번에 합려가 우리 나라를 치다가 전사한 것을 철천지한으로 여기고 있습니다. 그래서 지금 오나라 군사들의 분노는 충천하고 그들의 힘은 막강합니다. 우리로서는 도저히 오나라 군대를 대적할 수 없으니 우리는 군대를 거두고 굳게 지켜야만 할 것입니다."

대부 문종(文種)이 아뢴다.

"신의 어리석은 소견으로는 우리가 먼저 그들에게 사죄하고 화평을 청한 후에 그들이 물러가기를 기다렸다가 다시 일을 도모하는 것이 좋을 줄로 압니다."

월왕 구천이 고개를 저으며 대답했다.

"범려는 굳게 지키자 하고 문종은 화평을 청하자 하지만 그건 다 좋은 계책이 아니로다. 오나라는 대대로 우리 나라와 원수지간이다. 그들이 쳐들어오는데 싸우지 않는다면 내 장차 어찌 천하를 호령하리오."

이에 월왕 구천은 군대를 모조리 소집하여 무장시켰다. 그리하여 월나라 군대는 모두 3만여 명에 달했다.

드디어 월나라 군대는 어초산(於椒山) 아래에서 오나라 군의 선봉과 맞닥뜨렸다. 이 싸움에서 오나라 군대는 1백여 명의 사상자를 내고 후퇴했다. 월왕 구천은 즉시 오나라 군대를 뒤쫓아 갔다. 얼마쯤 추격하다가 오왕 부차의 대군을 만나 서로 다시 크게 싸웠다.

오왕 부차는 배를 타고 친히 북을 치며 모든 장수와 군대를 격려했다. 이에 오나라 군사들은 용기백배해 싸웠다.

이 때 오자서와 백비는 큰 함선을 타고 강물을 따라 내려가면서 월나라 군대가 있는 언덕을 향해 마구 활을 쏘았다.

월나라 군사들은 빗발치듯 날아오는 화살을 당할 도리가 없어서 크게 패해 달아났다. 이에 오나라 군사들은 맹렬하게 월나라 군사들을 추격했다. 이 때 월나라 장수 영고부(靈姑浮)는 배가 뒤집히는 바람에 물에 빠져 죽고 서안(胥犴)은 화살에 맞아 죽었다. 오나라 군대는 승세를 놓치지 않고 월나라 군사들을 마구 무찔러 죽였다.

크게 패한 월왕 구천은 고성(固城) 땅으로 달아나 겨우 숨을 돌렸다. 오나라 군대들은 겹겹으로 고성 땅을 포위했다.

월왕 구천은 범려에게 고성을 지키도록 하고 샛길로 빠져나가 회계산(會稽山)에 가서 남은 군대를 점검했다. 그러나 남은 군대라고는 겨우 5천여 명에 불과했다. 월왕 구천이 길이 탄식했다.

"선군이 세상을 떠나신 후 내가 왕위에 오른 지 30년 동안에 이렇듯 패한 적은 일찍이 없었다. 내가 범려와 문종 두 대부의 말을 듣지 않았다가 이 지경이 되었구나!"

월왕 구천은 어찌할 바를 몰랐다. 곁에서 문종이 아뢰었다.

"사세가 매우 위급합니다. 지금이라도 화평을 청하면 늦지 않으리다."

"우리가 화평을 청해도 저편에서 들어 주지 않으면 어찌 할꼬?"

"오나라 태재 백비는 재물과 여색을 좋아하며 또 시기하는 마음이 대단한 사람입니다. 그에게 많은 뇌물과 미녀를 보내고 화평을 주선해 달라고 하면 화평이 이루어질 것입니다."

"경이 모든 일을 알아서 하오."

월왕 구천은 힘없이 말했다.

뇌물과 미녀를 받은 백비가 먼저 들어가서 오왕 부차에게 월나라 대부 문종이 와서 화평을 청한다는 것을 아뢰었다.

오왕 부차가 버럭 화를 냈다.

"우리 오나라와 월나라는 철천지원수다. 원수와 어찌 화평할 수 있는가!"

"월나라가 비록 우리에게 큰 죄를 지었으나 이젠 화평을 청하러 신하까지 보내 왔습니다. 더구나 월왕은 신하의 신분으로 우리 오나라를 섬기겠다 하며 그의 처는 우리 오나라의 첩(妾)이 되겠다 합니다. 그리고 월나라에 있는 모든 보물을 다 바치겠다고 합니다. 그 대신 왕께 바라는 바는 단지 자기 나라 종묘나 받들게 해 달라는 것뿐입니다. 우리는 월나라에서 많은 이익을 취하고도 월나라를 용서해 주었다는 칭송을 듣게 될 것입니다. 이렇게 명분과 실리를 동시에 차지하면 우리 오나라는 가히 패업을 성취할 수 있을 것입니다."

백비가 아뢰자 오왕 부차가 물었다.

"지금 문종이 어디 있느냐?"

"군막 밖에서 대왕의 분부만 기다리고 있습니다."

부차는 그를 불러들이라 분부했다. 이에 문종은 무릎으로 기어 들어와서 오왕 부차를 뵈옵고 무수히 머리를 조아렸다.

부차가 물었다.

"너의 임금 부부가 다 우리 오나라의 신첩(臣妾)이 되겠다 한다지? 그럼 능히 과인을 따라 오나라로 가겠다더냐?"

문종이 다시 머리를 조아리고 아뢰었다.

"이미 신첩이 된 이상은 죽고 사는 것이 모두 대왕의 뜻에 달려 있습니다. 어찌 분부대로 거행하지 않겠습니까."

곁에서 태재 백비가 조언했다.

"구천 부부는 우리 오나라에 가기를 원하고 있습니다. 그러하거늘 왕은 또 무엇을 더 바라나이까?"

마침내 오왕 부차는 화평하기로 허락했다.

이 소식은 곧 오자서에게 전해졌다. 오자서는 말을 타고 급히 중군 영채로 달려갔다.

"화평을 해선 안 됩니다! 화평을 해선 안 됩니다!"

그 소리에 대부 문종은 얼굴이 흙빛으로 변했다. 오자서가 간했다.

"우리 오나라와 월나라는 서로 국경을 접하고 있어 두 나라는 공존할 수 없는 처지에 있습니다. 우리가 월나라를 없애 버리지 못하면 반드시 월나라가 우리 오나라를 없애고 말 것입니다. 만일 우리가 당진(唐晉: 晉)이나 섬진(陝秦: 秦)을 쳐서 이긴다 할지라도 워낙 거리가 멀기 때문에 그곳에 가서 살 수가 없습니다. 그러나 월나라를 쳐서 이기면 우리는 그 땅에 가서 살 수 있습니다. 그런데 어째서 이를 포기하려 하십니까. 더구나 선왕의 원수인 월나라를 없애 버리지 않으면 지난날의 맹세를 어찌하시렵니까?"

오왕 부차는 능히 대답을 못하고 태재 백비에게로 시선을 돌렸다. 태재 백비가 오왕 부차에게 아뢰었다.

"승상 오자서는 잘못 생각하고 있습니다. 만일 오나라와 월나라가 인접해 있기 때문에 서로 공존할 수 없다면 서로 인접해 있는 진·진·제·노 여러 나라는 서로 공존하지 못하고 벌써 한 나라로 통합됐어야 할 것 아닙니까. 또 오자서는 선왕의 원수이기 때문에 월나라를 용서할 수 없다고 합니다만 그렇다면 오자서는 자기 원수 나라인 초나라를 쳤을 때 반드시 초나라를 없애 버렸어야 할 것입니다. 그런데 결국은 초나라와 화평할 것을 주장했습니다. 지금 오자서가 왕께 충성을 다한다면서 이 일을 반대하지만 그렇게 되는 날엔 왕이 잔인무도하다는 말만 듣게 될 것입니다."

오왕 부차가 기뻐하면서 말했다.

"태재의 말이 이처럼 합당하다. 승상은 잠시 물러가오. 월나라에서 공물(貢物)이 오면 승상에게도 섭섭지 않도록 그 물건을 나누어 주겠소."

오자서는 기가 막혔다.

'내가 지난날에 관상쟁이 피리의 말을 듣지 않은 것이 큰 잘못이었도다.'

오자서는 속으로 크게 탄식하고 궁중에서 나왔다.

3. 인분을 먹은 왕

그리하여 월왕 구천은 상반신을 발가벗고 무릎으로 기어 들어가서 궁전 뜰 밑에 엎드렸다. 그의 부인도 남편이 하는 대로 따라 했다.

월왕 구천이 재배하고 머리를 조아리며 아뢰었다.

"동해의 천신(賤臣) 구천이 제 힘도 모르고 감히 큰 죄를 지었습니다. 대왕께서 죽이지 않고 용서해 주시니 황공하기 그지없사옵니다."

오왕 부차가 대답했다.

"과인이 선군의 원수를 갚기로 하면 어찌 너를 살려 둘 리가 있겠는가!"

"신의 죄는 죽어 마땅합니다. 대왕은 신을 불쌍히 여기소서."

그 때 오자서가 오왕 부차에게 아뢰었다.

"하늘을 나는 새를 봐도 오히려 활을 당겨 잡으려 하거늘 하물며 지금 바로 뜰 밑에 적이 와 있는데 어찌 그냥 버려두십니까. 구천은 원래 교활하고 음험한 놈입니다. 그는 지금 신세가 고단하여 그저 살기만 바라고 있습니다. 그러나 그가 목숨을 유지하고 한 번 기회를 얻기만 하면 그 때는 대왕을 물어뜯을 것입니다. 속히 구천을 참하십시오."

태재 백비가 곁에서 말했다.

"오자서는 바로 눈앞의 일에는 밝은지 모르나 나라를 편안하게 하는 법은 모르는 소리를 합니다. 그의 말을 듣지 마소서."

"태재의 말이 옳도다."

부차는 백비의 말만 믿고 오자서가 간하는 말은 듣지 않았다. 그는 구천이 바친 많은 보물과 여자를 받고 왕손 웅(雄)에게 분부했다.

"선왕 합려의 무덤 곁에 석실(石室)을 만들고 그곳에서 구천 부부를 살게 하라."

그리하여 월왕 구천 부부는 석실 속에 기거하며 낮이면 말을 기르는 신세가 되었다. 그리고 오왕 부차가 수레를 타고 행차할 때면 구천은 말고삐를 잡고 걸었다. 오나라 백성들은 손가락질을 하며 조롱했다.

"저것이 월왕이란다!"

구천은 머리를 숙이고 그저 걷기만 할 뿐이었다.

어느덧 구천이 석실에서 생활한 지도 2년이 지났다. 범려는 아침저녁으로 구천을 모시며 그 곁을 떠나지 않았다.

어느 날 부차가 갑자기 병이 났는데 석 달이 지나도록 차도가 없었기에 구천이 범려에게 분부했다.

"오왕의 병이 아직 낫지 않았다고 하니 이것이 나에게 길조인지 흉조인지 점을 한 번 쳐 보오."

범려가 점을 쳐 본 후에 아뢰었다.

"오왕은 죽지 않습니다. 기사일(己巳日)부터 차도가 있어 임신일(壬申日)에는 반드시 완쾌할 것입니다. 대왕은 이참에 궁에 가서 오왕을 문병하겠다고 청하십시오. 만일 허락을 받고 문병하게 되거든 오왕에게 대변을 달라 해서 그것을 핥아 맛보시고 일어나 두 번 절한 후 임신일에 완쾌되실 것이라고 칭송하는 말을 하십시오. 만일 예언대로 임신일에 병이 낫기만 하면 오왕은 크게 감심하고 대왕을 용서해 줄지도 모릅니다."
구천이 눈물을 흘리면서 말했다.
"내가 비록 이 지경이 됐으나 그래도 한때는 임금으로서 많은 신하를 거느렸소. 어찌 남이 배설해 놓은 똥을 핥을 수 있으리오."
범려가 대답했다.
"옛날에 주왕(紂王)은 문왕을 거두고 그 아들 백읍고(伯邑考)를 잡아다 끓는 가마솥에 삶아서 문왕에게 주었습니다. 그러나 문왕은 울음을 참고 죽은 아들을 먹었습니다. 큰일을 하는 사람은 조그만 일에 마음을 써서는 안 됩니다. 오왕은 부녀자처럼 줏대가 없습니다. 그런 심약한 사람의 동정을 얻으려면 이런 비상한 수단을 써야 합니다."
구천은 백비의 집을 방문했다.
"듣건대 임금이 병들면 신하는 근심한다고 합니다. 그간 오왕께서 오래도록 병환으로 누워 계신다고 하니 구천은 밤이 되어도 잠을 이룰 수가 없습니다. 원컨대 태재를 따라가 오왕을 문병하고 신자(臣子)의 정을 펼까 합니다."
태재 백비가 대답했다.
"그대에게 그런 아름다운 뜻이 있다는데 내 어찌 그 뜻을 대왕께 전하지 않을 수 있으리오."
백비는 구천을 데리고 궁에 가서 자기가 먼저 편전으로 들어갔다.
"구천이 신자의 도리로서 대왕을 문병하겠다고 간곡히 청하기에 데려왔습니다."
오왕 부차는 몸이 불편한 차에 태재 백비로부터 그 말을 듣자 측은한 생각이 났다.
"구천을 데려 오라."
태재 백비는 곧 밖으로 나가 구천을 데리고 들어왔다. 오왕 부차가 힘없이 눈을 뜨고 말했다.

"오오, 그대로군. 나를 문병하러 왔다니 기특하도다."

구천이 머리를 조아리며 아뢰었다.

"신은 용체가 미령하시다는 말을 듣고 그간 가슴이 찢어지는 듯하였습니다. 신이 특히 용안을 우러러 뵈옵고자 청한 것은 다름이 아닙니다. 지난날 신이 동해에 있을 때 용한 의원으로부터 약간 의술을 배운 적이 있는데 병인(病人)의 대변을 보면 대강 그 병세를 짐작합니다."

"으음, 그래? 그것 마침 잘 됐구나. 시인(侍人)은 변통(便桶)을 들여오라."

시인이 변통을 병상 앞에 갖다 놓자 구천은 대청으로 나가 공손히 양수거지(兩手据地)하고 기다렸다.

오왕 부차는 용변을 다 보고 나서 그 변통을 밖으로 내보냈다. 변통이 나오자 월왕 구천은 뚜껑을 열고 손을 넣어 똥을 움켜쥐었다. 그리고 공손히 꿇어앉아 그 똥을 핥았다. 이 광경을 보자 좌우 사람들은 다 코를 쥐고 외면했다.

이윽고 월왕 구천이 다시 편전에 들어가서 꿇어 엎드려 아뢰었다

"신은 감히 두 번 절하고 대왕께 축하드리나이다. 대왕의 병환은 기사일에 차도가 있기 시작할 것이며 3일이 지나 임신일이 되면 완쾌하실 것입니다."

오왕 부차가 몹시 기뻐하며 감탄했다.

"충성되도다, 구천이여! 그 어느 신자가 군부(君父)의 변을 맛보고 그 병세를 진단하리오. 만고에 없는 일이로고!"

오왕 부차의 병은 월왕 구천이 예언한 대로 임신일에 완쾌되었다. 부차는 문대(文臺)에다 잔치를 베풀고 구천을 불러 오게 했다. 구천은 일부러 죄수의 옷을 입고 궁으로 들어갔다. 오왕 부차가 근신에게 분부했다.

"구천이 죄수의 옷을 입고 오다니 그럴 수 있는가. 곧 목욕을 하고

새로 의관을 갖추고 들라 하라."

이윽고 월왕 구천이 목욕을 하고 옷을 갈아입고 오왕 부차 앞에 나아가 두 번 절하고 연신 머리를 조아렸다. 오왕 부차가 황망히 구천을 붙들어 일으키고 영을 내렸다.

"월왕은 어질고 덕 있는 사람이라 어찌 오래도록 욕을 볼 수 있으리오. 과인은 장차 그 죄를 용서하고 본국으로 돌려보낼까 하노라. 이제 월왕을 위해 특별한 자리를 마련했으니 모든 신하들은 객에 대한 예로써 대접하라."

이 날 월왕 구천은 객좌(客座)에 앉아 융숭한 대접을 받았다.

그로부터 3일째 되는 날이었다. 오왕 부차는 마침내 월왕 구천을 전송하기 위해서 사문(蛇門) 밖에다 간소한 잔치를 베풀었다.

오왕 부차가 월왕 구천에게 말했다.

"과인은 그대의 죄를 용서하고 본국으로 돌려보내니 그대는 앞으로도 우리 오나라의 은혜를 잊지 말라."

구천이 땅에 엎드려 연신 머리를 조아렸다.

"대왕께서 신을 불쌍히 여기사 살아서 고국으로 돌아가게 해 주시니 장차 자손 대대로 오나라에 충성을 다하겠나이다."

"원래 군자는 한 번 말한 바를 바로 실행하는 법이라. 그대는 고국에 돌아가서 노력하고 노력하라."

월왕 구천은 두 번 절하고 꿇어 엎드려 하염없이 울었다.

오왕 부차는 월왕 구천을 붙들어 일으키고 친히 수레에 태워 주었다. 이에 범려는 수레에 올라 말채찍을 잡았다. 다음에는 구천의 부인이 오왕 부차에게 두 번 절하고 수레에 탔다. 드디어 구천 일행을 태운 수레는 남쪽을 향해 떠났다. 이것이 바로 주나라 경왕 29년 때 일이었다.

4. 월왕(越王)의 와신상담(臥薪嘗膽)

마침내 월왕 구천의 수레가 백성들의 환호성 속에 도성에 당도했다. 구천은 종묘에 가서 살아 돌아온 것을 고하고 곧 왕좌에 올라 모든 신하를 대했다. 월나라는 방방곡곡마다 기쁨에 넘쳤다.

구천은 오나라에 대한 원수를 갚기 위해 자기 자신부터 가혹하게 다루었다.

그는 밤에도 일을 하다가 잠이 오면 송곳으로 무릎을 찔렀다. 겨울에 발이 시리면 도리어 찬물에다 발을 담그고 자신을 꾸짖었다. 겨울이면 방에 얼음을 갖다 놓고 여름이면 화로를 끼고 있었다.

의자나 침상을 쓰지 않았다. 늘 장작을 깔고 그 위에서 기거했다. 또 쓰디쓴 쓸개를 매달아 놓고 수시로 그것을 핥으면서 자신을 격려했다. 그는 밤중이면 소리 없이 흐느껴 울었고 울다가는 다시 한숨을 몰아쉬었다. 그리고 주문을 외우듯 혼자서 중얼거리며 이를 갈았다.

"구천아! 지난날 회계 땅에서 오나라에게 항복하던 그 때의 수치를 잊었느냐!"

월왕 구천은 이렇게 이를 갈다가 이가 모두 으스러졌다.

농사 때가 되면 친히 들에 나가서 밭을 갈았다. 그의 부인도 항상 베틀에 앉아 베를 짰다. 백성들과 노고를 함께하겠다는 생각이었다.

그는 7년 동안 백성들로부터 세금을 걷지 않았고 고기도 먹지 않았고 비단옷도 입지 않았다. 그러면서도 한 달에 한 번씩 오나라로 사자를 보내 오왕 부차에게 문안을 드렸다.

오왕 부차는 월왕 구천의 지극한 충성에 크게 감동하여 월나라에게 많은 땅을 하사했다.

그리하여 월나라는 동쪽으로는 구용(句甬) 땅에 이르고 서쪽으로는 취리(檇里) 땅에 이르고 남쪽으로는 고멸(姑蔑) 땅에 이르고 북쪽으로는 평원(平原) 땅에 이르러 종횡으로 8백여 리의 땅을 차지하게 되었다.

어느 날 오왕 부차는 월나라가 자기에게 충성을 다하는 줄로 믿고서 태재 백비에게 물었다.

"이제 사방이 다 무사하고 나라가 태평하니 과인은 큰 궁실을 짓고 편히 즐기고자 하노라. 그런 궁실을 짓기에 적당한 곳이 있는가?"

백비가 아뢰었다.

"우리 오나라 도성 근처에서는 숭대(崇臺)만한 경치가 없다고 하지만 실은 고소대(姑蘇臺)만한 곳이 없습니다. 대왕께서 고소대의 옛 건물을 헐어 버리고 그곳에다 백 리를 바라볼 수 있는 높이에 6천 명을 들일 수 있는 궁실을 새로 지으면 좋을 것입니다. 그런 연후에 노래하는 동자(童子)와 춤추는 여자를 불러 모으고 인간 세상의 기쁨을 마음껏 누리도록 하소서."

오왕 부차는 크게 기뻐하며 즉시 전국에 큰 재목(材木)을 구한다는 현상(顯賞)을 내걸었다.

월나라 문종이 그 소문을 듣고 월왕 구천에게 아뢰었다.

"오왕은 마침내 스스로 무덤을 파기 시작했습니다. 우리는 때를 기다려 지난날의 수치를 설분해야 할 것입니다. 그러기 위해서는 반드시 오왕이 구하는 것을 던져 유인하여 기회를 보아 그의 목숨을 취하십시오."

월왕 구천이 물었다.

"내가 비록 그가 원하는 것을 구해 받친다 한들 어찌 능히 그의 목숨을 취할 수 있겠소? 오나라를 거꾸러뜨리려면 어떻게 해야 하는지 생각이 나지 않는구려."

"신에게는 오나라를 격파할 수 있는 방법이 일곱 가지나 있습니다.

첫째는 재물을 써서 오나라 임금과 신하를 기쁘게 해 주는 것이며, 둘째는 곡식을 꾸어 달라고 해서 오나라 창고를 비게 하는 것이며, 셋째는 미인을 보내어 오왕 부차의 마음을 흐리게 만드는 것이며, 넷째는 훌륭한 목공과 좋은 재목을 보내 궁실을 짓게 하여 오나라 재정을 궁핍케 하는 것이며, 다섯째는 오나라에 내란이 일어나도록 하는 것이며, 여섯째는 오나라의 인재를 없애 버리는 것이며, 일곱째는 우리가 재물을 저축하고 군대를 조련해서 오나라를 무찌르는 것입니다."

"참으로 묘계로다! 그러면 당장 어떤 계책부터 실행해야 하겠소?"

"지금 오왕 부차가 고소대에 궁실을 지을 작정이라 합니다. 그러니 큰 산에 사람을 보내 좋은 재목을 골라 오라 해서 오나라로 보내시옵소서."

월왕 구천은 목공 30여 명을 산 속으로 보내 좋은 재목을 베어 오게 하여 오나라로 보내 주었다.

월왕 구천은 오나라가 마침내 고소대를 준공했다는 소식을 듣고 문종에게 말했다.

"그대의 한 가지 계책이 끝났소. 이젠 오나라에 노래 잘 하고 춤 잘 추는 미녀를 보내 오왕 부차의 마음을 흔들어 놓아야겠으니 그대는 과인을 위해 다음 계책을 실행하오."

"널리 미인을 구하면 혹 인심이 동요될지 모릅니다. 이런 일은 은밀히 하는 것이 좋을 줄로 압니다."

"좋도록 하오."

그리하여 수많은 미인들 중에서 뽑힌 두 여자가 바로 서시(西施)와 정단(鄭旦)이었다.

월왕 구천은 두 미인에게 필요한 범절을 배우게 했다. 늙은 악사들이 두 미인에게 노래와 춤과 걸음 걷는 법까지 가르쳤다.

5. 군위 찬탈(君位簒奪)

이 무렵 제나라에서는 경공이 세상을 떠났고 그의 어린 아들 도(荼)가 위를 계승했다. 같은 해에 초나라 소왕도 병으로 죽었고 그의 아들 장(章)이 왕위에 올랐다.

초나라는 국내 문제로 시끄러웠고 진(晉)나라는 쇠퇴 일로에 있었으며 노나라는 혼란 속에 있었다. 중원 일대의 모든 나라가 혼란스러워 어느 나라도 크게 떨치지 못했다.

이러한 때에 남방의 오나라만 강성 일로를 걷고 있었다. 오왕 부차는 강한 군대의 힘만 믿고 산동(山東) 일대를 먹어 들어갈 작정이었다. 그래서 모든 나라 제후들은 다 오나라를 두려워하고 있었다.

그런데 제나라의 국내 사정이 심상치 않았다. 원래 제경공의 부인인 연희는 일찍이 아들을 낳다 죽었다. 그 후 제경공은 많은 총첩을 두었기 때문에 아들 여섯이 모두 서출(庶出)이었다.

공자 양생(陽生)이 가장 나이가 많았고 공자 도(荼)가 제일 어렸다. 공자 도의 생모는 천민 출신이었으나 제경공의 눈에 들게 된 후로 많은 사랑을 받았다.

제경공은 군위에 있은 지 57년에 나이 70이 넘었지만 세자를 세우려 하지 않았다. 그는 공자 도가 장성하기를 기다려 그를 세자로 봉할 생각이었던 것이다.

그러던 중 제경공은 병이 나서 일어나지 못하게 되었다. 그러자 중신 국하(國夏)와 고장(高張)을 궁으로 불러들여 뒷일을 부탁했다.

"두 대부에게 공자 도를 부탁하오."

이 때 대부 진걸(陳乞)은 여러 공자들 중에서도 가장 나이가 많은 공자 양생과 절친한 사이였다. 소문을 들은 그는 양생에게 가서 권했다.

"공자 도가 군위를 계승할 것이라고 합니다. 장차 공자의 신변이 위험해질지 모르니 다른 나라로 몸을 피하십시오."

이에 공자 양생은 아들 임급(壬及)과 가신 함지(闞止)만 데리고 노나라로 달아났다.

그 후 제경공이 세상을 떠나자 공자 도가 군위에 올랐다. 따라서 국하와 고장이 제나라의 권세를 잡았다.

진걸은 겉으로는 그들과 뜻을 같이하는 체했으나 은밀하게 대부들을 찾아다니며 그들을 제거할 계획을 세웠다.

마침내 진걸은 대부 포목과 함께 모든 대부의 가병들을 거느리고 일제히 일어났다. 그들은 때마침 궁에서 집으로 돌아가는 고장을 도중에 쳐서 손쉽게 죽였다. 그러나 국하는 재빨리 위기를 눈치 채고 거나라로 달아나 버렸다. 이에 포목은 우상이 되고 진걸은 좌상이 되었다.

이 때 제나라 임금인 공자 도는 한갓 어린아이에 불과했다. 그는 너무 어려서 좌우 사람이 시키는 대로 할 뿐이었다.

진걸은 공자 양생을 군위에 올릴 생각으로 비밀리에 노나라로 사람을 보냈다. 노나라에 망명 중인 공자 양생은 진걸의 밀서를 받고 즉시 제나라로 출발했다. 그는 며칠 뒤 밤중에 몰래 성 안으로 들어가 진걸의 집에 몸을 숨겼다.

어느 날이었다. 진걸이 모든 대부들을 자기 집으로 초대했다. 대부들이 외당에 모이자 진걸이 입을 열었다.

"내가 요즘에 천하장사 한 사람을 가병(家兵)으로 두었는데 대부들은 그 사람을 한번 구경하시려오?"

대부들이 대답했다.

"천하장사라니 한번 봅시다."

이윽고 내문(內門) 쪽에서 장사 하나가 큰 뒤주를 들고 나와 당(堂)

위에 올려놓았다. 진걸이 친히 그 뒤주의 뚜껑을 열자 그 속에서 뜻밖에도 공자 양생이 나왔다. 진걸이 공자 양생을 부축해서 자리에 앉히고 말했다.

"자고로 장자(長子)가 군위를 잇는 것이 통례입니다. 공자 도는 너무 어려서 임금 될 자격이 없소. 이제 우상 포목의 분부에 따라 공자 도를 폐위시키고 공자 양생을 군위에 모시기로 했소."

그 말을 듣자 포목이 황급히 부인했다.

"나는 그런 분부를 내린 일이 없소이다. 왜 나를 물고 들어가려는 거요?"

공자 양생이 포목에게 읍하고 청했다.

"어느 나라든 임금을 갈아치우는 일은 있습니다. 대부는 의리를 위해서 나를 도와주시오."

"안 될 말이오. 그건 내가 결정할 일이 아니오."

포목이 완강하게 말했다.

이 때 진걸이 천하장사에게 눈짓을 했다. 장사는 불문곡직하고 포목을 잡아 일으켜 완력으로 공자 양생에게 절을 시켰다. 그것을 보고 있던 대부들은 겁이 나서 슬며시 일어나 일제히 공자 양생에게 절했다.

진걸은 대부들을 윽박질러 맹서(盟書)에 서명하게 하고 곧 수레를 준비시켜 공자 양생을 태워 궁으로 들어갔다.

이 날 공자 양생이 궁중에서 즉위했으니 그가 바로 제도공(齊悼公)이다. 그리고 지금까지 군위에 있던 공자 도는 궁중 밖으로 끌려 나가 무참한 죽음을 당했으며 포목 또한 목숨을 잃었다.

6. 오자서(伍子胥)의 최후

월왕 구천의 분부로 서시와 정단 두 미녀가 토성에서 갖은 재주를 익힌 지도 3년이 되었다. 그녀들이 구슬발을 드리운 아름다운 수레를 타고 거리를 지나갈 때면 천지가 향기로 가득 차는 듯했다.

마침내 범려가 서시와 정단을 데리고 오나라로 갔다. 범려가 궁에 들어가 오왕 부차에게 재배하고 서시와 정단을 바쳤다.

오왕 부차가 굽어보니 과연 천하절색이었다. 눈앞에 한 쌍의 천상 선녀가 하강한 듯했다. 부차는 그만 정신이 몽롱해지면서 넋을 빼앗겼다.

곁에서 오자서가 간했다.

"신이 듣건대 하나라는 매희(梅姬) 때문에 망했고 은나라는 달기 때문에 망했으며 주나라는 포사 때문에 망했습니다. 무릇 아름다운 여자란 나라를 망치는 요물입니다. 왕은 저 두 여자를 받아들이지 마십시오."

오왕 부차가 오자서를 보고 말했다.

"누구나 여자를 좋아하는 것은 마찬가지요. 그런데 구천은 저런 미인을 자기 곁에 두지 않고 과인에게 바쳤으니 그 충성심을 가히 짐작할 수 있소. 상국(相國)은 과도히 남을 의심하지 마오."

오왕 부차는 서시와 정단을 총애했다. 그러나 요염하고 비위를 잘 맞추기는 정단보다도 서시가 월등했다. 정단은 서시를 질투하다가 병이 나서 죽었다.

그 후로 서시는 고소대에 거처하면서 오왕 부차의 사랑을 독점했다. 서시가 출입할 때면 그 거동이 왕비나 왕후와 다를 바 없었다.

오왕 부차는 서시를 얻은 후로는 고소대를 집으로 삼고 춘하추동 흥나는 대로 가서 놀았다. 그들이 가는 곳이면 언제나 음악 소리가 따랐다.

한편 월왕 구천은 오왕 부차가 서시를 총애하고 밤낮없이 즐긴다는 보고를 듣고 다시 문종과 상의했다. 문종이 아뢰었다.

"금년에는 추수가 부실해서 장차 곡식이 부족할 듯합니다. 왕은 사람을 오나라로 보내 곡식을 꾸어 달라고 하십시오. 하늘이 만일 우리를 도우신다면 오왕은 우리에게 곡식을 보낼 것입니다."

"그대가 오나라에 가서 좀 수고하오."

이에 문종은 오나라로 갔다. 그는 태재 백비에게 많은 뇌물을 바치고 잘 주선해 달라고 청했다. 백비는 문종을 데리고 고소대에 가서 오왕 부차를 뵙게 했다. 문종이 오왕 부차에게 두 번 절하고 청했다.

"월나라는 금년에 흉년이 들었습니다. 지금 백성들이 굶주리고 있사오니 원컨대 대왕께서 곡식 만 석만 꾸어 주소서. 내년 가을에 추수가 끝나면 반드시 갚아 드리겠습니다."

오왕 부차가 머리를 끄덕였다.

"월왕 구천이 나의 신하이니 월나라 백성 또한 과인의 백성이라. 내 어찌 곡식을 아껴 그들을 구하지 않으리오."

문종은 오나라 곡식 1만 석을 수십 척의 배에 싣고 월나라로 돌아갔다. 이에 구천은 크게 기뻐했고 신하들은 만세를 외쳤다.

구천은 즉시 방방곡곡의 가난한 백성들에게 오나라 곡식을 나누어주었다. 백성들은 모두 월왕 구천의 은덕을 칭송했다.

그 이듬해 월나라는 크게 풍년이 들었다. 월왕 구천이 문종에게 물었다.

"이제 오나라에 곡식을 보낼 수도 없고 안 보낼 수도 없으니 이 일을 어찌하면 좋겠소?"

문종이 대답했다.

"곡식 중에서 상품만 가려내어 솥에 약간 쪄서 보내십시오. 오나라는 우리가 보낸 곡식이 상품인 걸 보고 반드시 내년 봄에 씨로 쓸 것입니다. 그러면 우리가 계책한 대로 효과를 얻을 수 있을 것입니다."

이에 월나라는 곡식 중에서 가장 좋은 것들만 골라 살짝 찐 다음 오나라로 보냈다. 지난해에 꾸어 준 수량과 추호도 다르지 않았다. 오왕 부차가 찬탄했다.

"월왕은 참으로 성실한 사람이다. 더구나 보내 온 곡식을 보니 상등품이 틀림없구나."

이에 월나라의 뇌물을 먹은 태재 백비가 멋도 모르고 아뢰었다.

"월나라 땅은 토질이 비옥해서 곡식이 매우 좋습니다. 이런 좋은 곡식은 백성들에게 나누어줘서 내년에 심게 하는 것이 마땅할까 합니다."

그 다음 해에 오나라 백성들은 다 월나라 곡식을 심었다. 싹이 트지 않았으니 농사가 될 리 없었다. 백성들은 먹을 것이 없어 굶게 됐다. 그러나 오왕 부차는 아마 오나라의 토질이 월나라와 다르기 때문에 그렇거니 생각했다. 월나라가 곡식을 살짝 쪄서 보냈을 줄은 꿈에도 생각지 못했다. 참으로 문종의 계책은 지독한 것이었다.

한편 월왕 구천은 오나라에 크게 흉년이 들었다는 소문을 듣고 즉시 군대를 일으켜 오나라를 치려 했다. 그러자 범려가 간했다.

"오나라를 쳐야 할 때는 멀지 않았습니다. 바라건대 왕은 좀 더 군대를 조련시키고 때를 기다립시오."

월왕 구천이 말없이 고개를 끄덕였다.

주나라 경왕 36년. 오왕 부차가 제나라와 싸워 이기고 돌아오자 월왕 구천은 신하들을 거느리고 친히 오나라에 와서 조례하고 승전을 축하했다. 그리고 오나라 요직의 대신들에게 많은 뇌물을 썼다.

이에 오왕 부차는 문대(文臺)에서 잔치를 베풀었다. 월왕 구천은 오왕 부차를 모시고 곁에 앉았다. 오왕 부차가 조중을 굽어보고 말했다.

"과인이 듣건대 임금은 유공한 신하를 잊지 않고 아버지는 효도한 자식을 잊지 않는다고 하였다. 그간 태재 백비는 과인을 위해 많은 공을 세웠으니 그에게 상경 벼슬을 줄까 하노라. 또한 월왕 구천은 시종일관 과인에게 충성을 다 했으니 그에게 영토를 더 주고 그 공로를 기릴까 하노라."

신하들이 아뢰었다.

"공훈 있는 신하에게 상을 내리는 것은 자고로 모든 패왕(覇王)이 해 온 일입니다."

이 때 오자서가 꿇어 엎드려 탄식했다.

"아아, 애달프다. 충신은 입이 있어도 말을 못 하는데 간신들이 곁에서 아첨만 하고 있구나. 이러고서야 어찌 오나라가 망하지 않을 수 있으리오. 장차 이 나라 종묘와 사직은 폐허가 되고 말 것이다."

오왕 부차가 대로했다.

"저 늙은 것이 이젠 못하는 소리가 없구나. 선왕(先王)에게 끼친 공로를 생각해서 지금까지 죽이지 않고 참아왔다만 이제부터는 결코 내 앞에 모습을 보이지 말라."

오자서는 벌떡 일어서서 말했다.

"노신에게 충성과 신의가 없었다면 선왕께서 저를 신하로 삼지 않았을 것입니다. 신은 마치 용간(龍干: 하나라의 충신 용봉[龍逢]과 은나라의 충신 비간[比干])이 폭군 걸주(桀紂: 하나라의 폭군 걸왕[桀王]과 은나라의 폭군 주왕[紂王])를 만난 것과 같습니다. 왕이 비록 신을 죽이실지라도 머지않아 왕도 저를 따라 죽을 것입니다. 이제 왕께 영원한 이별을 고하고 다시는 오지 않겠습니다."

오자서는 궁성 밖으로 뛰어나갔다. 오왕 부차는 분노를 참지 못하고 씨근거렸다. 곁에서 백비가 아뢰었다.

"저번에 오자서가 제나라에 사신으로 갔을 때 자기 아들을 포 씨에게 맡기고 왔습니다. 장차 왕에게 반역할 것이오니 왕은 그를 경계하소서."

오왕 부차는 마침내 사람을 시켜 오자서에게 촉루검을 보냈다. 오자서는 칼을 받고 길이 탄식했다.

"왕이 나에게 자결하라는 것이구나!"

오자서는 신도 신지 않고 섬돌 밑으로 내려가 하늘을 우러러보며 부르짖었다.

"하늘이여, 하늘이여! 오왕 부차가 나의 충고를 듣지 않고 도리어 나에게 죽으라 하는구나! 나는 오늘 죽는다마는 내일이면 월나라 군대가 쳐들어와서 오나라의 사직을 파헤칠 것이다!"

이어서 집안 식구에게 유언을 남겼다.

"내가 죽은 후에 나의 눈을 뽑아 저 동문에 걸어 두라. 월나라 군대가 오나라에 들어오는 것을 내 두 눈으로 보리라."

오자서는 말을 마치자 촉루검으로 자기 목을 찌르고 죽었다. 사자는 즉시 그의 목에서 칼을 뽑아 가지고 돌아가 오왕 부차에게 오자서가 죽으면서 하던 말을 그대로 보고했다.

오왕 부차는 대로하여 수레를 타고 오자서의 집으로 갔다. 그는 오자서의 시체를 굽어보고 꾸짖었다.

"자서야! 죽은 후에도 아직 아는 것이 있느뇨?"

그는 친히 칼을 뽑아 죽은 오자서의 목을 끊었다. 그가 다시 분부했다.

"이 목을 반문 성루(盤門城樓) 위에 걸어 두라. 그리고 시체를 술 담는 말가죽 부대에 넣어 전당강(錢塘江)에 던져라!"

오왕 부차는 무사들이 오자서의 목과 시체를 내가는 것을 보며 저주했다.

"해와 달이 너의 뼈를 녹여 버릴 것이며 고기와 자라가 너의 살을 먹을 것이다. 그러하거늘 네가 다시 무엇을 본단 말이냐!"

강물 속에 버림받은 오자서의 시체는 물결을 따라 떠돌아다니다가 수일 후에 언덕에 닿았다. 그 지방 백성들이 몰래 그 말가죽 부대를 건져 올려 비밀히 오산(吳山)에다 장사를 지냈다. 후세 사람들은 그 산을 서산(胥山)이라고 했는데 지금도 산 위에는 오자서를 모신 사당이 있다.

7. 불타는 고소성(姑蘇城)

제나라와 싸워 이긴 오왕 부차는 마음이 더욱 교만하고 방자해져 군사를 이끌고 중원으로 나아가 회맹을 주재하려 했다. 태자 우의 만류에도 불구하고 오왕은 정예병을 이끌고 북상하여 향해 진군했다. 이윽고 황지(黃池)에 당도한 오왕 부차는 제후들을 그곳으로 모이게 한 다음 진(晉)과 맹주의 자리를 다투고자 했다.

한편 호시탐탐 기회만 노리고 있던 월왕 구천은 오왕 부차가 군대를 거느리고 북쪽으로 떠나갔다는 보고를 받았다. 그는 드디어 범려와 상의하여 수군 2천 명과 육군 4만 명과 정예 부대 6천 명을 거느리고 일제히 오나라로 쳐들어갔다.

승패는 이미 결정된 것이나 마찬가지였다. 오나라 군사들 중에서 싸움에 경험이 많은 정예 부대는 모두 다 오왕 부차를 따라 가 버렸기 때문에 오나라에 남아 있던 군사들은 제대로 훈련도 받지 못한 군사들뿐이었다. 이와 반대로 월나라 군대는 이 날을 위해서 여러 해 동안 밤낮없이 훈련받은 강병들이었다.

마침내 오성을 지키던 왕손 미용은 월나라 장수 설용의 창에 찔려 죽고 태자 우는 사로잡히게 되자 지금까지 싸우던 칼로 스스로 자기 목을 찌르고 자결했다. 이에 월나라 군대는 성 아래로 물밀듯이 쳐들어갔다.

월왕 구천은 범려를 시켜 고소대에다 불을 질렀다. 오나라 군사들은 성 위에서 이런 광경을 바라만 볼 뿐 감히 싸우러 나가지 못했다.
 이러한 사실은 즉시 오왕 부차에게 보고되었다.
 "월나라 군대가 오나라에 쳐들어왔습니다. 태자는 죽고 고소대는 불타 버렸으며 성은 포위되었습니다."
 제후들을 모아 대회를 준비하고 있던 오왕 부차는 대경실색했다. 너무도 뜻밖의 일이었다.
 오왕 부차는 대회를 하는 둥 마는 둥 하고 즉시 군대를 돌려 귀국길에 올랐다. 그리고 돌아가는 도중에서 연달아 본국으로부터 급보를 받았다.
 오나라 군사들은 자기 나라에 월나라 군대가 쳐들어왔다는 것을 알고 모두 실의에 빠졌다. 더구나 그들은 먼 길을 왔다가 돌아가는 길인만큼 지칠 대로 지쳐 있었다.
 오왕 부차는 허둥지둥 본국으로 돌아가서 월나라 군대와 크게 싸웠으나 여지없이 대패했다. 오왕 부차가 태재 백비에게 호령했다.
 "과인은 그대의 말만 믿고 구천을 월나라로 돌려보냈던 것이다. 그런데 오늘날 이 지경이 됐으니 그대가 모든 책임을 지고 구천에게 가서 화평을 청하라! 만일 화평이 이루어지지 않을 경우엔 과인에게 촉루검이 있다는 것을 잊지 말라. 지난날 오자서에게 보내어 그를 자결케 했던 그 검이다!"
 이에 태재 백비는 황급히 월나라 군대가 주둔하고 있는 곳으로 가서 월왕 구천에게 머리를 조아리고 애걸했다.
 "대왕께서 군대만 거두어 주신다면 지난날 월나라가 오나라에게 복종하신 것과 똑같이 앞으로는 우리 오나라가 대왕에게 복종하겠나이다."
 범려가 월왕 구천에게 아뢰었다.
 "아직 부차를 아주 없애 버릴 수는 없습니다. 그러니 이번에 화평을 맺고 백비에게 생색을 내게 해 주십시오. 앞으로는 오나라가 힘을 쓰지 못할 것입니다."

이에 월왕 구천은 오나라의 항복을 받고 월나라로 돌아갔다.

초나라가 진(陳)나라를 쳐서 멸망한 바로 그 해에 월왕 구천은 다시 오나라를 치려고 군대를 일으켰다.

이 때 오왕 부차는 월나라 군대가 물러간 후로 더욱 주색에 빠져 나라 정사를 돌보지 않았다. 더구나 해마다 흉년이 들어 오나라의 민심은 자못 흉흉했다.

오왕 부차는 월나라 군대가 또 쳐들어온다는 보고를 받자 창황망조하여 서둘러 군대를 보내 강북에 둔치게 했다. 이에 월왕 구천은 대군을 둘로 나누어 우군은 범려가 맡고 좌군은 문종이 맡게 했다. 그리고 정예 부대 6천 명은 월왕 구천을 따라 중군이 됐다. 이리하여 오와 월 양군은 강을 사이에 두고 서로 대진했다.

이윽고 한밤중이 되었을 때였다. 멀리 또는 가까이에서 일제히 일어난 북소리가 천지를 뒤흔들었다.

오나라 군대는 월나라 군대가 쳐들어오는 것으로 알고 황망히 횃불을 켰다. 그러나 사방이 어두워서 무엇이 오는지 전혀 보이지가 않았다. 다시 북소리가 아득히 먼 곳에서 들려왔다.

북소리는 멀리서 일어났지만 월나라 군대는 그 때 이미 그 북소리를 신호로 완전히 오나라 군대를 포위하고 있었다. 좌우 양군은 그것을 신호로 일제히 쳐들어갔다. 오왕 부차는 월나라 군대가 좌우에서 협공해 들어오는 것을 보고 그제야 군대를 나누었다.

그러나 이 때 월왕 구천은 6천 명의 정예 부대를 거느리고 직접 오나라 진영 한가운데를 들이쳤다. 오왕 부차가 크게 놀라 돌아보니 좌우와 중앙과 삼면이 다 월나라 군사들이었다.

오나라 군사들은 변변히 싸우기도 전에 달아나기 시작했다. 월왕 구천은 삼군을 거느리고 달아나는 오왕 부차를 추격했다.

오왕 부차는 밤낮을 가리지 않고 달아나 성문을 굳게 닫고 지키기만 했다. 월왕 구천은 오나라 서문 밖에 이르러 오성을 철통같이 포위했다.

오나라 성 안은 모든 것이 말이 아니었다. 태재 백비는 병들었다는 핑계로 나오지 않았다. 오왕 부차는 마침내 왕손 낙(駱)에게 분부했다.

"그대는 나를 대신해서 구천에게 화평을 청해 보게."

이에 왕손 낙은 오왕 부차를 대신해서 웃옷을 벗고 성 밖으로 나가 기어가서 월왕 구천에게 화평을 청했다.

"지난날 고신(孤臣) 부차는 대왕에게 큰 죄를 지었습니다. 부차는 엎드려 대왕께 청하옵니다. 지난날 신이 대왕에게 저지른 죄와 똑같은 벌을 신에게 내려 주십시오. 그러면 신 부차는 죽을 때까지 대왕께 충성을 다하겠습니다."

월왕 구천은 그 말에 측은한 생각이 들어서 오나라의 청대로 화평을 허락하려고 했다. 그 때 곁에서 범려가 간했다.

"왕께서는 오나라를 치기 위해서 20년이나 밤낮없이 노심초사하셨습니다. 그런데 이제 눈앞에 적을 두고서 어찌하여 모든 걸 포기하려 하십니까. 지난날의 수치를 잊으셨나이까."

월왕 구천은 오나라 부차가 청하는 화평을 거절했다.

그 후 오나라 사자는 화평을 청하려고 일곱 번이나 월왕 구천을 찾아가 교섭했다. 그러나 문종과 범려는 드디어 북을 울리고 오성을 총공격했다. 이제 오나라 사람들은 더 싸울 의지도 능력도 없었다.

마침내 월나라 군대가 오성으로 들어갔을 때였다. 맨 먼저 나와서 항복한 것은 태재 백비였다.

오왕 부차는 월나라의 군대가 성 안으로 들어왔다는 보고를 받자 왕손 낙과 아들 셋을 데리고 남양산(南陽山)을 향해 달아났다.

그들은 밤낮을 쉬지 않고 남양산으로 갔다. 구천은 정예 군대 1천 명을 거느리고 뒤쫓아 갔다. 그들은 오왕 부차가 숨어 있는 곳을 겹겹으로 포위했다.

월왕 구천은 보광검(步光劍)을 짚고 군전(軍前)에서 명을 내렸다. 한 장수가 그의 분부를 받고 오왕 부차가 숨어 있는 산 속을 향해 외쳤다.

"이 세상에 만세를 누리는 군왕은 없다! 누구나 결국 한 번은 죽게 마련이다! 왕은 월나라 군대의 칼을 받아야 하겠는가!"

월나라 장수의 외치는 소리가 온 산 속에 울려 퍼졌다. 월나라 군대의 칼에 죽기 전에 어서 스스로 목숨을 끊으라고 재촉하는 소리였다. 오왕 부차는 거듭 한숨을 몰아쉬고 사방을 돌아보며 흐느껴 울었다.

"내가 충신 오자서를 죽였으니 지금까지 살아 있는 것도 부끄러울 지경이다. 나는 벌써 죽었어야 했다."

이윽고 오왕 부차가 눈물을 닦고 다시 좌우 사람들에게 말했다.

"내가 죽은 후에 저승에 가서 무슨 면목으로 오자서를 대하리오. 비단으로 나의 얼굴을 세 겹만 싸다오."

오왕 부차는 말을 마치자 드디어 칼을 뽑아 스스로 자기 목을 치고 쓰러져 죽었다.

월왕 구천은 고소성으로 들어가서 오나라 궁성을 차지했다. 문무백관들이 월왕 구천에게 하례를 드렸다. 그들 속에 백비도 끼어 있었다. 그는 지난날 여러 가지로 월나라를 도와 줬다 해서 은근히 우쭐대며 생색을 내는 표정이었다.

월왕 구천이 백비를 불러 물었다.

"그대는 오나라의 태재가 아닌가. 그러니 과인은 그대와 서로 상종할 수가 없구나. 너의 군왕이 지금 남양산에 누워 있는데 너는 어째서 너의 주공 곁으로 가지 않느냐?"

　백비는 아무 소리도 못하고 슬며시 물러나가려고 했다. 그러자 구천은 역사를 시켜 나가는 그를 붙잡아 그 자리에서 죽였다.

제9편 합종연횡(合縱連橫)

1. 오기(吳起)의 과욕
2. 귀곡 선생(鬼谷先生)의 제자들
3. 소인(小人) 방연
4. 혹독한 법의 심판
5. 입신 양명(立身揚名)
6. 소진(蘇秦)의 대계(大計)
7. 육국상인(六局相印)
8. 평원군(平原君)
9. 맹상군(孟嘗君)

제9편 합종연횡(合縱連橫)

1. 오기(吳起)의 과욕

주나라 안왕(安王) 15년이었다. 위나라 문후(魏文侯)가 병으로 죽자 태자 격(擊)이 군위를 이으니 그가 바로 위무후(魏武侯)이다.

그는 즉위하자 전문(田文)을 재상으로 삼았다. 그러나 오기(吳起)가 노골적으로 불만을 표시했다.

"전문 따위가 재상이 되다니 이럴 수가 있단 말인가."

오기는 본시 위(衛)나라 사람으로 노나라에서 대부 벼슬로 있었는데 그의 아내는 제나라 사람이었다. 마침 제나라와 노나라가 크게 싸우게 되었다. 그 때 오기는 그의 아내가 제나라 사람이라는 이유로 의심을 받게 되었다. 이에 오기는 아내를 죽여 의심을 풀고 대장이 되어 제나라를 쳐서 큰 공을 세웠다.

그러나 제나라의 반간계(反間計)에 걸려 제나라의 뇌물을 먹었다는 누명을 쓰고 위(魏)나라로 달아났다. 그는 워낙 뛰어난 인재여서 위나라에서도 많은 공을 세웠다. 그는 항상 자신의 공로에 대해서 자부심이 대단했다. 그래서 이번에는 자기가 재상이 되리라고 믿었다. 그러던 차에 전문이 재상이 되었다는 말을 듣고 몹시 불쾌했다. 오기는 분연히 궁문을 나가다가 우연히 전문과 만나 그에게 물었다.

"그대는 이 오기의 공로를 아시오? 청컨대 오늘은 그대와 나의 공로를 한 번 따져 봅시다."

전문이 공손히 대답했다.

"바라건대 그 말씀을 들려주오."

오기가 물었다.

"삼군을 거느리고 북을 쳐서 군대들로 하여금 죽음을 두려워하지 않게 하고 나라를 위해서 공을 세우는 데 있어 그대와 나 둘 중에서 누가 낫소?"

"나는 그대만 못하오."

"변경을 지키되 동쪽으로 진(秦)나라 군대를 막고 한나라와 조나라를 복종시키는 데는 그대와 나 둘 중에서 누가 낫소?"

"나는 그대만 못하오."

"문무백관을 거느리고 만백성을 따르게 하고 부고(府庫)를 충실히 하는 데는 그대와 나 둘 중에서 누가 낫소?"

"나는 그대만 못하오."

오기가 눈알을 부라리면서 물었다.

"그대는 세 가지 것이 다 나만 못하다면서 어째서 나보다도 높은 벼슬에 있소?"

전문이 공손히 대답했다.

"내가 재상이 됐다는 것은 진실로 부끄러운 일이오. 이번에 새로 등극하신 군후께서는 춘추가 미령하시어 다른 나라가 우리 나라를 넘보지나 않을까 염려하시고 또 백성들과 잘 친하지 못할까 염려하시고 모든 대신이 잘 따르지 않을까 염려하시는 것 같소. 이 몸이 선왕을 성심껏 섬겼고 선왕의 말씀을 잘 지켰다고 해서 나를 재상으로 삼으신 듯하오. 내가 생각하기에는 오늘 우리가 서로 공로를 따지고 다툴 때가 아닌 줄 아오."

전문의 대답을 듣고 오기가 한참 만에 말했다.

"그대의 말씀도 그럴 성싶긴 하오. 그러나 언제고 재상 자리는 내 차지가 될 테니 그리 아오."

이 때 한 내시가 두 사람의 말을 엿듣고 있었다. 그 내시는 곧 위무후에게 가서 오기와 전문이 서로 하던 말을 고했다. 그러지 않아도 위무후는 내심으로 늘 오기를 경계해 오던 참이었다.

"오기가 불평을 품고 과인을 원망하는구나. 장차 그가 무슨 짓을 꾸밀지 모르겠구나!"

이에 위무후는 오기를 다시 만나려 하지 않았다. 눈치 빠르고 총명한 오기는 위무후가 자기를 경계한다는 것을 알았다.

"이러다간 내 신변이 위험해지겠구나."

오기는 우선 목숨부터 부지해야겠다고 생각하고 초나라로 달아났.

초도왕(楚悼王)은 전부터 오기가 비범한 인재란 것을 익히 들어서 알고 있었다. 그래서 그는 당장 오기를 재상으로 삼았다. 오기는 평생 소원이던 재상이 되자 가슴 속에 품고 있던 부국강병책을 초도왕에게 권했다.

"대왕께서 진실로 신을 신임하신다면 신이 아뢰는 말을 들어 주소서. 우선 필요 없는 사람들부터 정리하고 모든 귀족이나 공족의 국록을 몰수하소서. 그리하여 국가 재정을 튼튼히 한 다음 군대를 넉넉히 대접하소서. 그렇게 하고서도 국위가 선양되지 않거든 그 때에는 신을 처벌하소서."

초도왕은 오기의 뜻에 따라 일대 개혁을 단행했다. 그러자 신하들이 들고 일어나 극력 반대했다. 초도왕은 신하들의 말을 듣지 않았다. 그러자 수만 석의 국록이 조정에 반납되었다.

오기는 전국적으로 용맹한 자를 군사로 뽑아 훈련을 시키고 수시로 무기를 점검했다. 상하의 계급에 따라 차이는 있었지만 군사들의 급료도 후하게 올려주었다.

마침내 초나라는 막강한 정예군을 거느리고 천하를 굽어보게 되었다. 열국들이 두려워하여 아무도 초나라를 침범할 생각을 감히 하지 못했다.

그러나 초도왕이 승하하자 사태는 급변했다. 초도왕의 시체를 빈렴하기도 전이었다. 그간 국록을 몰수당했던 귀족들과 대신들이 일제히 들고 일어나 국상(國喪)을 기회로 난을 일으켰다.

그들은 무리를 지어 오기를 죽이러 갔다. 오기는 도망쳐 궁중 침실로 들어갔다. 그들은 각기 활을 들고 오기를 뒤쫓았다. 오기는 침실 한가운데 안치한 초도왕의 시체를 끌어안고 엎드렸다. 그들이 감히 활을 쏘지 못할 것으로 생각해서였다.

그러나 화살이 날아오기 시작했다. 몇 개의 화살이 먼저 초도왕의 시체에 꽂혔다. 오기는 초도왕의 시체를 끌어안은 채 외쳤다.

"내가 죽는 건 아까울 것이 없다. 그러나 대왕의 시체를 범했으니 이런 대역죄를 저지르고도 초나라 국법에서 벗어날 수 있을 줄 아느냐!"

오기의 몸은 이미 피투성이였다. 무수한 화살을 맞은 오기는 겨우 말을 마치자마자 초도왕의 시체 곁에 쓰러져 죽었다. 그제야 그들은 각기 흩어져 달아났다.

이에 태자 웅장(熊藏)이 왕위를 계승했으니 그가 바로 초숙왕(楚肅王)이다. 초숙왕이 왕위에 오른 지 한 달쯤 지나서였다. 초숙왕이 동생 웅량(熊良)에게 명령을 내렸다.

"그대는 선왕의 시체에 활을 쏜 옛 신하들을 모조리 잡아들여라!"

웅량부는 군대를 거느리고 가서 난을 일으켰던 옛 신하들을 모조리 궁으로 잡아들였다. 초숙왕은 그들이 붙들려 들어오는 대로 죽였다.

그리하여 오기 한 사람을 죽인 것 때문에 결국 초나라 70여 가문이 멸족을 당했다.

이 무렵 제나라 전화(田和)는 군위에 있은 지 2년 만에 세상을 떠났다. 그 후 전화의 아들 오(午)가 계승했고 다시 오의 아들 인제(因齊)가 계승했다.

인제는 늘 자기 나라가 부강한 것을 자랑했다. 그는 오나라와 월나라의 군후가 왕이라고 자칭하는 것을 이유로 들어 마침내 스스로 왕이라고 일컬었다. 그리하여 제나라 임금 인제는 제왕(齊王)이 되었으니 그가 바로 제위왕(齊威王)이다.

한편 위나라의 제후 앵(罃) 역시 제후(齊侯)가 왕이라 자칭한다는 소식을 듣자 드디어 자기도 스스로 왕이라 일컬었다.

"우리 위나라가 어찌 제나라만 못할 리 있겠는가!"

그러나 당시의 패권은 제나라에 있었다.

주나라 열왕(烈王) 6년이었다.

주 왕실은 이미 쇠약할 대로 쇠약해 있었다. 모든 나라의 제후들이 천자에게 가서 조례를 드리지 않은 지도 오래였다.

그러던 차에 제위왕이 단독으로 조정에 와서 천자께 문안을 드렸다. 주나라는 큰 경사나 난 것처럼 모든 신하와 백성들이 기뻐했다. 열왕도 제위왕의 조례를 받자 어찌나 반갑고 기쁘던지 신하들에게 분부했다.

"부고에 무슨 값진 물건이라도 남아 있거든 그걸 다 제후(齊侯)에게 드려라. 짐은 찾아온 제후의 수고에 보답하고자 하노라."

제위왕은 조례를 마치고 열왕이 주는 보물을 받아 가지고 본국으로 돌아왔다.

그 당시 천하에서 행세하는 큰 나라는 제(齊)·초(楚)·위(魏)·조(趙)·한(韓)·연(燕)·진(秦) 일곱 나라였다. 그들 일곱 나라는 땅도 넓고 군대도 강해서 서로 실력이 비슷했다.

나머지 월(越)나라 같은 곳은 그 임금이 왕이라고 자칭했지만 나날이 쇠약해지고 있었다. 또 옛날에 제법 행세했던 송(宋)·노(魯)·위(衛)·정(鄭) 등은 매우 쇠약해서 족히 말할 거리가 못 되었다. 제위왕이 주 왕실에 다녀온 이후 패왕(霸王)으로서 자처하게 되자 초·위·한·조·연 다섯 나라는 제나라를 섬겼다. 그래서 그들이 대회를 열 때면 으레 제위왕을 맹주로 추대했다.

다만 진나라만은 멀리 떨어진 서쪽의 서융(西戎) 지대에 위치하고 있었기 때문에 중원의 모든 나라도 진나라를 백안시하며 전혀 상대조차 하지 않았다.

진나라 진헌공 때의 일이었다. 진나라에 3일 동안 금빛의 비(金雨)가 내렸다. 이 때 주나라 태사 담(擔)이 말했다.

"예로부터 전하는 말에 의하면 5백여 년이 지난 후에 진나라에서 천하를 통일할 패왕이 나온다고 했다. 오행으로 따지면 금(金)에 해당하는 고로 그 패왕은 금덕(金德)으로 천하의 왕이 될 것이라고 했다. 이번에 하늘이 진나라에 금우를 내렸다 하니 진나라에 천운이 열리겠구나!"

그 후 진나라에서는 진헌공이 죽고 그 아들 진효공(秦孝公)이 임금 자리를 계승했다. 진효공은 진나라가 중원의 모든 나라와 함께하지 못하는 것을 수치로 생각하고 절치부심하다가 마침내 영(令)을 내렸다.

"계급의 상하를 막론하고 누구든지 훌륭한 계책을 아뢰어 우리 진나라를 강하게 하는 사람이 있다면 그에게 높은 벼슬을 주고 큰 고을을 봉하리라!"

그리하여 바야흐로 천하의 이곳저곳에서 많은 영웅과 인물들이 모여들기 시작했다.

2. 귀곡 선생(鬼谷先生)의 제자들

주나라 양성(陽城) 땅에 귀곡(鬼谷)이란 곳이 있었다. 산은 깊고 수목은 울창한데 그 산 속에 한 은자가 살고 있었다. 세상 사람들은 그를 가리켜 귀곡 선생이라 불렀다.

그는 위로는 천문에 통달하고 아래로는 지리를 꿰뚫어보며 선가(仙家)의 비법에까지 정통했다. 그는 배우러 오는 자를 거절하지 않았고 떠나는 자를 만류하지도 않았다.

그의 제자들 중에는 유명한 사람들이 많았는데 그 중에서도 제나라 사람 손빈(孫賓), 위나라 사람 방연(龐涓)과 장의(張儀), 그리고 낙양 사람 소진(蘇秦)은 특히 출중한 인재였다.

손빈은 방연과 서로 결의형제하고 함께 귀곡 선생 밑에서 병법을 배웠다. 그리고 소진은 장의와 결의형제하고 귀곡 선생에게서 유세법을 배웠다. 그들은 각기 자기 분야에서 일가(一家)를 이루었다.

어느 날이었다. 방연이 물을 길러 산 밑으로 내려가다가 우연히 한 나그네를 만났다. 나그네는 방연을 보자 묻지도 않았는데 혼자서 중얼거리듯이 말했다.

"지금 위나라에서는 널리 천하의 인재들을 구하고 있답니다. 그런데 세상엔 뛰어난 인재가 흔치 않은가 봅니다."

그 말을 들은 방연은 불현듯이 위나라로 가고 싶은 생각이 났다. 그러나 그는 귀곡 선생에게 자기의 속마음을 말할 수가 없었다.

'선생이 과연 허락해 주실까? 허락은커녕 야단이라도 치시면 어쩔꼬?'

방연이 그처럼 주저하고 있을 때 귀곡 선생이 이미 그의 속마음을 알고 웃으면서 말했다.

"네게 운이 열렸는데 어찌해서 산에서 내려가려 하지 않느뇨?"

방연이 무릎을 꿇고 청했다.

"삼가 가르침을 주소서."

귀곡 선생은 잠시 눈을 감고 생각하더니 입을 열었다.

"너는 총명하여 결코 남에게 속을 사람이 아니다. 오히려 네가 남을 속이는 일이 있을지도 모른다. 그러나 네가 남을 속이면 도리어 네가 남에게 속게 된다."

방연은 재배(再拜)하고 하직을 고했다.

"선생님의 말씀을 폐부에 간직하오리다."

손빈은 방연이 떠날 때 산 아래까지 따라 내려가서 전송했다. 방연이 손빈에게 말했다.

"제가 이번에 가서 입신출세하게 되면 반드시 형님을 왕에게 천거하겠습니다. 장차 함께 천하에 공적을 세우도록 합시다."

손빈이 물었다.

"그 말씀이 진정이오?"

방연이 결연히 대답했다.

"내 말이 거짓이라면 장차 온몸에 만 대의 화살을 맞고 죽을 것입니다."

"참으로 감사하오. 그렇게 맹세할 것까지는 없는데."

두 사람은 눈물을 뿌리면서 작별했다.

그 날 밤이었다. 뜻밖에도 자정이 넘은 시각에 귀곡 선생이 손빈을 자기 방으로 불러들였다. 그리고는 베개 밑에서 죽간으로 된 서책 한 권을 꺼내 놓았다.

"이 책은 너의 조부 손무(孫武) 선생이 지은 병법 13편으로 너의 조부가 오왕 합려에게 바친 것이다. 합려는 이 병서를 이용해 월나라를 크게 쳐부쉈다. 그 후 합려는 이 서책이 세상에 전해지는 것이 싫어서 쇠로 만든 궤 속에 넣어 고소대(姑蘇臺)의 기둥 속에다 감추어 두었었다. 그 후 월나라 군대가 쳐들어와서 고소대에 불을 질렀을 때 이 서책도 타 버렸는데 나는 당시에 너의 조부와 친구로 사귀었기 때문에 그 서책을 한 벌 얻어 두었었다. 지금까지 이 책은 아무에게도 보이지 않았다. 그 동안 겪어 본즉 너의 사람됨이 곧고 어질어 이 책을 전하는 바이니 아무쪼록 열심히 읽고 또 읽어 스스로 몸에 익히도록 하라."

손빈이 두 번 절하고 물었다.

"저의 조부께서 지은 병서가 있다는 말은 들은 적이 있으나 그 서책을 보기는 처음입니다. 스승님께서는 이 서책을 가지고 계시면서 어찌하여 방연에게는 보이지 않으시고 이처럼 저에게 전하시나이까?"

"이 서책은 이용하기에 따라서 천하를 해롭게 할 수도 있기 때문이다. 방연은 이 서책을 가지기에는 너무 위험한 인물이다. 어찌 그런 사람에게 경솔히 전할 수 있으랴."

손빈은 그 서책을 두 손으로 받아 자기 방으로 돌아와서 밤낮을 가리지 않고 열심히 읽고 연구했다.

한편 방연은 손빈과 작별하고 곧장 위(魏)나라의 재상 왕조(王錯)를 찾아갔다. 그는 왕조에게 병법을 논하고 자기를 천거해 달라고 간청했다. 이에 왕조는 위혜왕(魏惠王)에게 그를 천거했다.

방연이 궁으로 위혜왕을 찾아가 재배하고 뵙자 그는 방연을 부축해서 일으키고 물었다.

"선생은 평소에 무엇을 연구하시었소?"

방연이 거만하게 고개를 들고 대답했다.

"신은 귀곡 선생 문하에서 병법을 연구하여 이미 그 묘리(妙理)를 터득하였나이다."

위혜왕이 미소 지으며 말했다.

"우리 위나라의 동쪽에는 제나라가 있고 서쪽에는 진(秦)나라가 있으며 남쪽에는 초나라가 있고 북쪽에는 한(韓)나라와 조·연나라가 있어 항상 우리를 노리고 있소. 지난날 우리 나라는 조나라에게 중산 땅을 빼앗겼지만 아직 실지(失地)를 회복하지 못하고 있소. 선생은 어떻게 과인의 원수를 갚아 주시려오?"

방연이 자신만만하게 대답했다.

"만일 대왕께서 신을 대장으로 쓰신다면 무엇을 근심하리이까. 신은 싸우면 반드시 이기고 공격하면 반드시 빼앗을 수 있사옵니다."

"선생의 말씀은 그럴 듯하지만 과연 실천할 수 있을는지 의문이오."

"신은 가히 6국을 평정하고 천하를 통일할 수 있습니다. 만일 다음 날에 이 일이 성공하지 못할 때는 대왕께서 신을 벌하소서."

그 말을 듣자 위혜왕은 크게 기뻐하며 즉시 방연을 원수(元帥)로 삼고 모든 병권을 맡겼다. 방연은 그 후 군대를 조련하고 군기(軍器)를 정비하여 위나라와 송나라 등 조그만 나라들만 쳐서 여러 번 이겼다. 이때부터 방연은 무슨 불멸의 무공이라도 세운 듯이 크게 뽐냈다.

이 무렵 묵적(墨翟: 묵자)이 유유히 천하의 명산대천을 두루 돌아다니며 노닐다가 마침 귀곡 땅을 지나게 되었다. 그는 그냥 지나가 버릴 수 없어서 옛 친구인 귀곡 선생을 찾아갔다.

묵적은 귀곡과 며칠간 우정을 나누는 동안에 손빈을 보게 되었다. 손빈과 담론을 나누어 본 결과 그 재주를 깊이 사랑하게 되었다.

묵적이 손빈에게 물었다.

"그대는 학업을 다 이룬 것 같은데 어찌하여 이렇듯 산 속에 묻혀 있는가?"

손빈이 송구해하며 대답했다.

"저의 학문은 아직도 천박하여 가히 세상에 나갈 만한 것이 못 됩니다. 게다가 저에게는 이곳에서 동문수학한 방연이란 사람이 있습니다.

그가 지난날 위나라로 벼슬을 하러 떠나던 날 저에게 말하기를 자기가 뜻을 이루게 되면 반드시 저를 천거하겠다고 약속했습니다. 그래서 저는 방연이 이끌어 줄 때까지 기다리고 있는 중입니다."

묵적이 고개를 끄덕이며 말했다.

"그런가? 방연이 위나라의 원수가 되었다는 말을 들은 지가 오래인데 아직까지 아무런 기별이 없다는 건 이상한 일이군."

묵적은 귀곡 땅을 떠나 그 길로 위나라에 갔다. 그가 방연을 찾아가 본즉 방연은 자기 자랑만 늘어놓을 뿐 손빈을 이끌어 줄 뜻은 조금도 없는 것 같았다.

이에 묵적은 갈건 야복차림 그대로 직접 위혜왕을 찾아갔다. 위혜왕은 일찍이 묵적의 높은 이름을 익히 들어서 알고 있었던 터라 황급히 계하에까지 내려와서 그를 영접해 들이고 말했다.

"고명하신 선생께서 이처럼 왕림해 주시니 실로 크나큰 영광이외다. 부디 이 나라에 머물러 관직을 받으시고 과인을 도와주십시오."

묵적이 사양하며 말했다.

"신은 산야에서 자라난 일개 야인에 불과해서 관복 입는 것을 익히지 못했습니다. 하오나 신이 대왕을 위하여 한 사람을 천거코자 합니다. 대왕께서도 잘 아시겠습니다만 병가(兵家)의 조종(組宗)인 손무 선생의 손자 손빈이라는 사람이 있습니다. 손빈은 참으로 대장의 자질을 두루 갖춘 드문 인재로 지금 귀곡 땅에 있습니다. 대왕께서는 어찌하여 그를 불러 쓰시지 않습니까?"

말을 마친 묵적은 표연히 위나라를 떠나 어디론가 가 버렸다. 위혜왕은 방연을 궁으로 들게 했다.

"과인이 듣건대 경과 함께 동문수학한 사람으로 손빈이란 인재가 있다는데 장군은 어째서 과인에게 그를 천거하지 않으셨소?"

방연이 천연덕스럽게 대답했다.

"신이 손빈의 재주를 모르는 건 아니오나 그는 제나라 사람입니다. 그가 비록 우리 위나라에 와서 벼슬을 산다 할지라도 그는 자기 고국인 제나라를 위해 힘을 쓰지 우리 위나라를 위해 충성을 다하지는 않을 것입니다. 그래서 지금껏 대왕께 천거하지 않았던 것입니다."

위혜왕이 결연한 어조로 말했다.

"그게 무슨 말씀이오. 자고로 선비는 자기를 알아주는 사람을 위해 목숨을 바친다 하니 어찌 자기 나라 출신만 써야 한다는 법이 있겠소!"

방연은 입 밖에 내어 말하지는 않았지만 속으로는 일말의 불안감을 지울 수가 없었다.

'만일 손빈이 온다면 나는 대왕의 총애를 잃게 될지도 모른다. 그러나 지금은 뜻을 거역할 수 없지 않은가. 일단 손빈이 오면 그 때에 가서 달리 방법을 생각해 보기로 하자.'

그리하여 마치 자기가 천거한 것처럼 잔뜩 생색을 낸 방연의 편지를 받아 본 손빈은 크게 기뻐했다.

손빈이 떠날 때 귀곡 선생은 비단 주머니 하나를 내어 주며 말했다.

"위급한 경우가 아니거든 열어 보지 말라."

손빈은 마침내 귀곡 선생에게 하직 인사를 올리고 산을 내려가 위나라로 떠났다.

이 날 소진(蘇秦)과 장의(張儀)는 손빈이 떠나는 것을 보고 몹시 부러워했다. 두 사람은 서로 의논하고 귀곡 선생에게 말했다.

"저희들도 스승님 곁을 떠나 세상에 나가서 공명을 세워 볼까 하옵니다."

듣고 난 귀곡 선생은 가만히 한숨을 쉬며 말했다.

"너희 두 사람은 성심껏 정진하기만 한다면 가히 신선이 될 수 있는 자질을 가지고 있다. 그런데 어찌하여 티끌 세상에 나가 덧없는 명리(名

利)를 위해 스스로 고초를 자초하려 하느냐?"

소진과 장의가 이구동성으로 대답했다.

"대저 훌륭한 재목은 바위 밑에서 썩지 않으며 좋은 칼은 칼집 속에만 들어 있지 않다고 하옵니다. 세월은 흐르는 물과 같아서 한 번 가면 다시 돌아오지 않습니다. 그 동안 저희들은 스승님의 많은 가르침을 받았으니 이제는 세상에 나아가 공업(功業)을 성취하고 길이 후세에 이름을 남길까 합니다."

귀곡 선생은 또 한 번 한숨을 쉬며 말했다.

"내가 보건대 손빈과 방연은 결국 서로를 죽이려고 으르렁거리게 될 것이다. 너희들 두 사람은 부디 그들처럼 싸우지 말고 서로 협력하여 함께 공명을 이루도록 하여라."

"스승님의 말씀을 폐부에 새겨 두겠습니다."

소진과 장의는 머리를 조아리며 귀곡 선생의 간곡한 당부를 듣고 산에서 내려갔다.

그리하여 방연과 손빈 그리고 소진과 장의도 다 가 버렸다. 며칠 후에는 귀곡 선생도 귀곡을 떠났다. 그 후 귀곡 선생은 봉래도(蓬萊島: 신선이 사는 이상향)로 갔다는 말도 있고 또는 신선이 되어 깊이 몸을 감추었다는 말도 있다.

3: 소인(小人) 방연

위(魏)나라에 당도한 손빈은 곧장 방연의 부중으로 찾아갔다. 손빈은 방연에게 진심으로 감사했다.

"나를 위왕에게 천거해 주어서 참으로 고맙네."

방연은 다시 생색을 내며 말했다.

"사실 형님을 천거하느라 힘을 많이 썼소."

이튿날 손빈은 방연을 따라 궁으로 들어가서 위혜왕을 알현했다. 위혜왕은 계하에까지 내려와 손빈을 정중하게 영접했다. 손빈은 위혜왕에게 재배하고 말했다.

"신은 산야에 묻혀 사는 한갓 필부에 불과하온데 대왕께서 이렇듯 불러 주시니 황공하기 그지없습니다."

"지난날에 묵자(묵적)께서 선생에 대한 말씀을 많이 하시면서 극구 칭찬하시었소. 그래서 과인은 선생이 오시기를 목마른 사람이 물을 기다리듯 기다렸소이다. 이제 선생이 이처럼 오셨으니 과인은 모든 걱정을 놓은 듯하오."

마침내 위혜왕은 손빈에게 객경 벼슬을 내리고 도성에서 가장 좋은 제일구(第一區)의 집을 하사했다.

방연은 속으로 생각했다.

'손빈의 재주는 나보다 월등히 높다. 그를 없애 버리지 않으면 나의 지위가 흔들릴 위험이 있다.'

방연은 마침내 일을 꾸며서 손빈이 그의 종형에게 보내는 편지를 쓰게 하고 그 내용을 교묘하게 고쳐서 올가미를 씌웠다.

"손빈이 우리 위나라를 배반하고 요즘 제나라 사자와 내통하고 있습니다. 즉시 잡아들여 문초하소서."

위혜왕은 무언가 미심쩍어서 고개를 저으며 말했다.

"손빈이 자기 고국을 잊지 못하는가 보구려. 과인이 그에게 최고의 벼슬을 주지 않았으니 그가 어찌 과인을 위하여 충성을 다할 수 있으리오."

방연은 집요하게 아뢰었다.

"손빈의 조부인 손무도 오나라의 대장이 되었으나 나중에는 결국 자기 나라인 제나라로 돌아갔다고 합니다. 대왕께서 비록 손빈에게 최고의 벼슬을 내리실지라도 제나라를 잊지 못하는 한 손빈은 결코 우리 위나라를 위해서 전력을 다하지는 않을 것입니다."

"으음……."

듣고 있던 위혜왕이 괴로운 듯 신음 소리를 냈다. 방연은 계속해서 말했다.

"뿐만 아니오라 손빈은 재주가 신보다 못하지 않습니다. 만일 그가 제나라의 대장이 되는 날이면 우리 나라와 패권을 다투게 될 것입니다. 하오니 화근을 미리 뿌리 뽑기 위해서는 이참에 손빈을 아주 죽여 버리는 것이 상책일까 합니다."

"안 될 말이오. 손빈은 과인이 초청해 온 사람이오. 아직 그의 죄목이 뚜렷한 것도 아닌데 갑자기 죽인다면 천하의 비웃음을 살 것이오."

"대왕은 참으로 인자하십니다. 대왕의 뜻이 꼭 그러하시다면 그를 꼭 죽일 것까지는 없습니다. 신의 어리석은 생각으로는 그를 죽이지 않는 대신 다리를 못 쓰게 하는 형벌을 내리고 얼굴에 죄수라는 글을 써서 폐인으로 만드는 것이 좋을까 합니다. 그렇게 하면 손빈은 자기 고국으로 돌아갈 수도 없고 또 비록 살아 있다고 할지라도 사람 구실을 못할 것인즉 대왕께 아무런 해를 끼치지 못할 것입니다."

위혜왕은 속으로 깊이 생각하기 한참 만에 대답했다.

"이 일은 경이 알아서 잘 처분토록 하오."

손빈은 즉시 결박을 당한 채 군대부로 끌려왔다. 방연이 손빈에게 위로하듯 말했다.

"대왕께서는 형님을 꼭 죽여야겠다고 했지만 내가 거듭 간청해서 겨우 목숨만은 건졌습니다. 그러나 월형(刖刑)과 묵형(墨刑)은 면할 수 없게 되었습니다. 이것만은 위나라의 국법이라고 하니 어찌합니까. 형님은 이 동생을 과히 원망하지 맙시오."

손빈이 탄식하면서 말했다.

"내가 죽음을 면하고 목숨을 보존하게 된 것은 모두 동생의 덕분이라. 내 어찌 동생의 은혜를 잊을 수 있으리오."

이에 방연이 손을 들어 흔들자 사납게 생긴 도부수들이 일제히 달려들어 손빈을 형틀에 단단히 비끄러맸다. 그리고 날이 시퍼런 칼을 뽑아 손빈의 종지뼈를 도려냈다. 손빈은 아픔을 견디지 못하고 비명을 지르다가 혼절하고 말았다.

반나절이 훨씬 지난 뒤에 손빈이 겨우 깨어나자 이번에는 도부수들이 바늘로 손빈의 얼굴을 뜨기 시작했다. 그의 얼굴에는 '사통외국(私通外國: 비밀히 외국과 내통한 자)'이라는 네 글자가 새겨지고 그 외의 얼굴에는 먹칠을 했다. 죽어서 백골이 되기 전에는 지울 수 없는 문면(文面)이었다.

방연은 손빈의 흉측한 얼굴과 병신이 된 다리를 보고 능청스럽게 눈물을 흘리며 부하들에게 분부했다.

"저 어른을 서관(書館)으로 모시고 가서 편히 쉬게 하고 좋은 음식으로 잘 대접하여라."

이리하여 손빈은 완전히 폐인이 되고 말았다. 방연은 날마다 좋은 음식을 보내어 그를 대접했다. 그러나 그것도 다른 목적이 있어서였다.

어느 날이었다. 방연이 친히 서관으로 손빈을 방문했다. 방연은 손빈을 위로하고 나서 말했다.

"형님은 이 동생을 위해서 손무 병서를 한 벌 써 주실 수 있겠소?"

손빈이 흔쾌히 응낙했다.

"내가 소상히 외고 있으니 어렵지 않소."

그 후 손빈이 손무 병서를 열심히 쓰고 있을 때였다. 서관에서 손빈의 시중을 드는 심부름꾼이 손빈의 인격에 감동하여 방연의 음험한 계략을 말해 주었다.

"방연 장군은 선생님이 병서를 다 쓰시면 선생님을 죽일 것입니다."

그는 원래 방연이 손빈을 감시하기 위해 보낸 사람이었다. 그 동안 모든 내막을 다 듣고 난 손빈은 그 날 밤잠을 이루지 못하며 번민했다.

"방연이 그렇듯 간악한 놈인 줄 몰랐다. 그런 놈에게 어찌 손무 병서를 전할 수 있으랴. 그러나 만일 써 주지 않는다면 나를 죽이고 말 것이니 이 일을 어찌하면 좋으랴."

손빈은 이리저리 생각해 보다가 문득 귀곡 선생께서 급할 때 열어 보라고 준 비단 주머니가 생각났다. 그가 서둘러 주머니를 끌러 보니, 그 속에서 노란 비단 폭이 나왔는데 거기에 '사풍마(詐瘋魔)'란 석 자가 적혀 있었다. 사풍마란 미치광이처럼 행동하여 상대방에게 속임수를 쓰라는 뜻이다.

그 때부터 손빈은 땅바닥에 벌렁 드러누워 침을 질질 흘리며 알지 못할 소리를 계속 씨부렁거리기도 하고 징그럽게 웃는가 하면 땅을 치며 방성통곡을 하기도 했다.

방연은 손빈의 병이 아무래도 수상하게 생각되었다. 그는 수하 사람을 불러 분부했다.

"네가 서관에 가서 손빈을 잡아내어 돼지우리 속에 처넣어라."

손빈은 돼지우리 속에 끌려 들어가자 머리를 풀어 얼굴을 가리고 돼지 똥구덩이 속에 드러누워 태연히 코를 골았다. 방연이 다시 시자(侍者)에게 분부했다.

"손빈에게 음식을 갖다 주어 보라."

이에 시자가 음식에 돼지 똥을 섞어서 손빈에게 주었다. 손빈은 그것을 냉큼 받아 맛있게 먹었다.

방연이 그제야 고개를 끄덕이며 생각했다.

"음, 참으로 미친 게 틀림없구나. 그렇다면 염려할 것 없다."
 이 때부터 손빈에 대한 감시가 풀렸다. 손빈이 엉금엉금 기어서 바깥에 나가도 그들은 내버려 두었다. 손빈은 길거리에 나가 밥을 얻어먹기도 했지만 언제나 돼지우리 속에 들어가서 잤다.

 이 때 묵적은 천하를 두루 돌아다니다가 제나라에 이르렀다. 그가 대부 전기(田忌)의 집에 들러 한담을 나누는 중에 마침 위나라의 묵적의 제자인 금활이 왔다. 묵적이 금활에게 물었다.
 "그래 손빈은 잘 있는가?"
 금활이 한숨을 쉬며 대답했다.
 "잘 있는 게 뭡니까. 지금 손빈은 앉은뱅이가 되어 짐승과도 같은 생활을 하고 있습니다."
 금활은 손빈에 관한 일을 소상하게 이야기했다. 너무나 뜻밖의 말을 들은 묵적이 크게 탄식했다.
 "내가 손빈을 위혜왕에게 천거했는데 그것이 도리어 해가 될 줄 몰랐구나."
 묵적은 전기에게 손빈의 뛰어난 재주와 방연의 질투로 그가 병신이 되었다는 것을 자세히 말했다.
 이튿날이었다. 전기는 궁으로 들어가 재위왕에게 묵적으로부터 들은 바를 아뢰었다.
 "손빈으로 말하면 우리 제나라 출신입니다. 그런 인재가 다른 나라에서 곤욕을 당하고 있다는 것은 우리 제나라의 위신에도 관계되는 일입니다."
 "곧 군대를 보내어 손빈을 데려오도록 하오."
 전기는 목소리를 낮추어 계책을 말했다.

"방연이 질투하여 손빈을 보내 주지 않을 것이옵니다. 이런 일은 비밀리에 하는 것이 좋을 듯하옵니다."

제위왕은 말없이 고개를 끄덕였다.

그리하여 손빈은 제위왕이 위나라에 보낸 사신의 수레에 숨어들어 무사히 제나라로 돌아왔다. 제위왕은 정중히 손빈을 영접하고 상객(上客)을 대하는 예로써 극진히 대우했다.

그 후 제위왕이 죽고 그의 아들 벽강(辟彊)이 왕위를 계승하니 그가 바로 제선왕(齊宣王)이다.

바로 이 무렵 한나라의 소후(韓昭侯)는 정나라를 쳐서 멸망시켜 버리고 도읍을 그곳으로 옮겼다. 이에 조나라는 사자를 보내 한소후의 승전을 축하하는 한편 두 나라가 힘을 합쳐 위나라를 치자고 했다. 한소후는 쾌히 응낙했다.

"그거 참 좋은 말이오. 그렇지 않아도 위나라가 눈엣가시였소."

한편 첩자로부터 그 보고를 들은 방연이 위혜왕에게 아뢰었다.

"한과 조 두 나라가 우리 위나라를 치기로 했다고 합니다. 그들이 연합하기 전에 우리 쪽에서 먼저 조나라부터 쳐야 합니다."

위혜왕은 태자 신(申)을 상장군으로 삼고 방연을 대장으로 삼아 전거 5백 승을 거느리고 조나라로 쳐들어가 한단을 포위했다. 한단의 수장 비선(丕選)이 방연에게 연전연패하자 제나라에 원병을 청했다. 제나라 장군 전기가 군대를 거느리고 즉시 한단으로 출발하려고 할 때 손빈이 말했다.

"조나라를 도와주려면 위나라 군대의 급소를 찔러야 합니다. 바로 위나라 도성을 칩시다."

한편 위나라 대장 방연은 그 동안 조나라 군대와 싸워 번번이 이겼다. 이제 승리는 바로 눈앞에 있었다. 그럴 때 본국에서 보발군이 급한 소식을 가지고 왔다.

"지금 제나라 군대가 우리 나라 경계로 쳐들어오고 있습니다. 속히 회군하셔서 제나라 군대를 막아야 합니다."

그 말을 듣고 방연이 크게 놀랐다. 그는 즉시 군대를 돌려 본국으로 되돌아갔다. 방연은 마음은 급한 데다 제나라 군대를 얕보고 있었기에 정예 부대 2만 명만 거느리고 밤낮없이 행군을 강행했다. 나머지 군대는 뒤에서 천천히 오도록 했다.

제나라 첩자가 급히 말을 달려와 손빈에게 고했다.

"한나라에서 돌아오는 방연의 군대가 이미 사록산(沙鹿山)을 지났습니다."

손빈이 혼자 중얼거리듯이 말했다.

"음, 그들이 이미 사록산을 지났다면 해가 저물 무렵엔 마릉(馬陵) 땅에 닿겠구나."

마릉은 계곡이 매우 깊고 수목이 울창해서 군대들을 매복시키기에 알맞은 곳이었다. 손빈은 마릉의 길 중에서도 가장 험준한 곳을 골라 군대를 시켜 큰 나무 하나만 남겨 놓고 나머지 나무들은 모조리 베도록 했다.

"베어 버린 나무들을 모아 위나라 군대가 지나가지 못하게 길을 막아라."

그리고 하나 남은 나무의 가지를 치고 껍질을 벗긴 다음 친히 붓을 들어 여섯 글자를 썼다.

방연사차수하(龐涓死此樹下)
'방연은 이 나무 아래에서 죽는다.'

이어서 그 위에다 '군사 손빈'이라고 횡서로 넉 자를 더 썼다. 그리고는 수하 부장인 원규와 독고진에게 명령을 내렸다.

"그대들은 각기 궁노수 5천 명씩을 거느리고 길 좌우편에 매복해 있다가 저 글씨 써 놓은 나무 밑에서 불빛이 일어나면 그 불빛을 향해 일제히 활을 쏘라."

한편 방연이 지칠 대로 지친 군대들을 독촉하여 마릉 길에 이르렀을 때였다. 해는 지고 사방이 어두웠다. 더구나 이 날은 10월 하순이라 달도 없었는데 앞서 가던 군대가 급히 와서 고했다.

"나무로 길을 막고 놓아서 나아가기가 어렵습니다."

"제나라 군대들이 우리 군대가 뒤쫓아올까봐 겁이 나서 길을 막아 놓고 달아난 것이다. 그까짓 것이 무슨 큰일이라고 이렇듯 수선을 떠느냐!"

방연이 선두로 나가 바라보니 껍질을 벗긴 나무 한 그루가 우뚝 서 있는데 무언가 글씨 같은 것이 보였다.

방연이 군졸에게 분부했다.

"횃불을 켜라. 뭐라고 썼는지 한번 보자."

이에 곁에 서 있던 군졸이 횃불을 켰다. 횃불로 그 글씨를 비쳐 본 방연은 대경 질색했다. 방연이 군대들에게 황급히 외쳤다.

"후퇴하라! 속히 후퇴하라!"

그러나 그가 외치는 소리가 끝나기도 전이었다. 양쪽에 매복하고 있던 제나라의 1만 궁수가 쏜 화살들이 일제히 횃불을 향해 쏟아졌다. 화살을 맞고 죽는 자가 부지기수였다. 온몸에 수십 군데나 화살을 맞은 방연은 자신의 최후를 직감했다.

"지난날에 그 다리병신 놈을 살려 둔 게 한이로다."

방연은 차고 있던 칼을 뽑아 자기 목을 찔러 자결했다.

방연이 거느린 2만 군대가 거의 전멸하다시피 되었을 때 태자 신이 거느린 후대도 제나라의 장수 진영의 공격을 받고 풍비박산이 되었다.

위나라 군대의 시체들에서 흐르는 피는 산과 계곡을 덮으며 내를 이루었다.

마침내 전기와 손빈은 대승을 거두고 제나라로 개선했다. 제선왕은 크게 잔치를 베풀고 그들의 노고를 위로했다.

4. 혹독한 법의 심판

한편 진(秦)나라 정승 위앙(衛鞅)은 위나라의 방연이 죽었다는 보고를 듣자 즉시 궁으로 들어가 진효공에게 아뢰었다.

"우리 진나라와 위나라는 바로 이웃 간으로 양립할 수 없는 형세에 놓여 있습니다. 그런데 이번에 위나라 군대가 제나라 군대에게 대패했다고 합니다. 이 기회를 놓치지 말고 즉시 위나라를 쳐서 위나라 동쪽 땅을 차지하고 그들을 지배한다면 바로 제왕의 기초를 세울 수 있을 것입니다."

"참으로 좋은 말씀이오."

이에 위앙은 대장이 되고 공자 소관(小官)은 부장이 되어 군대 5만을 거느리고 신도(新都) 함양(咸陽)을 떠나 위나라를 향해 동쪽으로 나아갔다.

제나라에 패하여 아직 뒷수습도 끝나지 않은 위나라는 진나라와 싸울 능력이 없었다.

위나라 군대와 백성들은 쥐구멍을 찾듯 어지러이 달아나고 숨기에 바빴다. 위앙은 위나라의 군대를 종횡무진으로 무찌르며 깊숙이 쳐들어갔다. 진나라 군대가 안읍(安邑) 땅까지 육박해 들어가자 위혜왕은 크게 놀라 대부 용고(龍賈)로 하여 진영(秦營)에 가서 화평을 청하게 했다.

위앙이 한동안 생각하다가 대답했다.

"우리 진나라에게 서하 땅을 모조리 내준다면 나는 군대를 거느리고 돌아가겠소."

"우리 왕께 아뢰고 그렇게 하도록 힘쓰겠습니다."

대부 용고가 돌아가서 위혜왕에게 위앙의 요구를 아뢰자 위혜왕이 대답했다.

"우리에게 힘이 없으니 어쩔 수 없구려. 그대가 알아서 좋도록 하오."

용고는 다시 위앙에게 가서 서하 땅 지도를 바치고 진나라와 화평 조약을 맺었다. 위앙은 서하 땅 일대를 접수하고 개가를 부르면서 진나라로 돌아갔다.

진효공은 위앙의 공로를 높이 평가했다. 뿐만 아니라 위앙이 위나라를 쳐서 빼앗은 상(商)과 오(於) 등 열다섯 고을을 그에게 식읍으로 내려 주고 상군(商君)이란 칭호까지 내렸다. 그래서 후세 사람들이 위앙을 상앙(商鞅)이라 부르기도 하는 것이다.

그 날 상앙은 진효공에게 사은숙배(謝恩肅拜)하고 궁에서 물러나와 자기 부중으로 돌아갔다. 상앙이 가신들에게 자랑했다.

"나는 원래 위(衛)나라 임금의 서출(庶出) 자손으로 마침내 진나라를 크게 일으켰고 이제 위나라 땅 7백 리를 얻었다. 이만하면 대장부로서 장하다고 할 수 있지 않은가!"

모든 가신들과 빈객들이 이구동성으로 축하의 말을 했다.

"상공은 고금에 보기 드문 큰 업적을 세우셨습니다."

이 때 한 선비가 일어서서 큰 소리로 외쳤다.

"만 사람이 축하하는 것보다 단 한 사람이라도 바른 말을 하는 것이 더 소중한 법이오. 그대들은 상군(商君)의 문하(門下)에 있으면서 어찌 아첨만 하오? 그것은 상군을 위하는 길이 아니라 오히려 망치는 길이오."

좌중은 모두 그 사람에게로 일제히 시선을 보냈다. 그는 바로 상객으로 있는 조량(趙良)이었다. 상앙이 조량에게 물었다.

"사람들이 나에게 아첨한다고만 말하지 마오. 그렇다면 진나라에 끼친 공적으로 따질 때 옛날의 백리해와 나는 어느 쪽이 더 크다고 생각하오?"

조량이 대답했다.

"백리해는 그 옛날 진목공 때의 이 나라 재상으로 진(晉)나라 임금을 세 번이나 정해 줬고 오랑캐 스무 나라를 합병해서 진목공으로 하여금 서융(西戎) 일대의 패후(覇侯)가 되게 했습니다. 그런 큰 공로가 있었건만 백리해는 아무리 더워도 수레의 포장을 치지 않았고 일을 할 때에는 아무리 피곤할 때에라도 함부로 자리에 앉지 않았다고 합니다. 백리해가 죽었을 때 진나라 온 백성들은 마치 부모가 죽었을 때처럼 슬피 울었다고 합니다."

상앙은 묵묵히 듣고 있었다. 조량은 말을 계속했다.

"이제 상공께서는 진나라 정승이 된 지 8년 됐습니다. 공의 법령이 철저히 시행되는 동안 무서운 형벌이 그치지 않았고 무수한 사람들이 참혹한 죽임을 당했습니다. 백성들은 그간 위엄만 보았을 뿐 덕(德)을 보지 못했습니다. 그리고 지난날 공은 태자의 스승을 태자 대신 벌주었습니다. 그래서 지금 태자는 속으로 공을 증오하고 있습니다. 지금 임금께서 하루아침에 세상을 떠나시기라도 하면 공의 운명도 바람 앞의 등불처럼 위태로워질 것입니다. 공은 지금에라도 늦지 않았으니 속히 임금에게 어진 사람을 천거하고 모든 국록과 벼슬을 내놓고 시골에 가서 밭이나 갈며 무사히 여생을 마치도록 하십시오."

"……"

상앙은 아무런 대답도 하지 않았다.

5월이었다. 마침내 진효공이 병들어 앓다가 세상을 떠나자 신하들은 태자 사를 받들어 임금 자리에 모셨다. 그가 바로 진혜문공(秦惠文公)이다.

사실 상앙이 그만한 공적과 그만한 부귀를 누리기까지에는 남에게 못할 짓도 많이 했었다. 그는 지난날 진혜문공이 태자로 있을 때 자기를 비난했다는 이유로 태자 대신으로 그의 스승인 공자 건을 잡아다 코를 베고 공손 가를 붙들어다가 먹으로 온통 얼굴에 문신을 떴던 것이다.

그 때문에 공자 건과 공손 가는 그 동안 상앙에 대해서 이를 갈고 있었다. 그런데 이제 진효공은 세상을 떠났고 태자는 임금 자리에 올랐고 세상은 바뀌었다. 공자 건과 공손 가가 진혜문공에게 아뢰었다.

"신들이 듣건대 대신의 권세가 너무 크면 나라가 위태롭고 자기를 모시는 좌우 사람들의 권세가 너무 크면 자기 신세를 망친다고 합니다. 지금 상앙은 15개 성의 식읍까지 받게 되어 그의 벼슬과 권세를 따를 자가 없습니다. 머지않아서 상앙은 반드시 반란을 일으키고야 말 것입니다."

진혜문공이 연신 머리를 끄덕이며 대답했다.

"나는 그놈에 대한 원한을 품은 지가 오래요. 다만 그 놈이 지난날 선왕의 신하였기 때문에 지금까지 참고 있었던 것이외다."

이튿날이었다. 마침내 진혜문공은 시신(侍臣)을 불러 영을 내렸다.

"상앙에게 가서 정승의 인(印)을 받아 오고 그에게 상오 땅으로 물러가 있으라고 과인의 분부를 전하여라."

상앙은 궁으로 들어가 진혜문공에게 진나라 정승의 인을 바치고 물러나왔다. 그 날로 상앙은 호화찬란한 수레를 타고 함양성을 떠나 상오 땅으로 향했다. 상왕이 탄 수레와 그 앞뒤를 따르는 의장대의 거창한 행렬은 왕후(王侯)의 행차와도 다름이 없었다.

공자 건과 공손 가가 궁으로 들어가서 진혜문공에게 아뢰었다.

"상군(商君)은 그래도 잘못을 뉘우치지 않고 일국의 왕처럼 호화찬란한 위의를 갖추고 떠났습니다. 그에게 반심이 있음이 틀림없습니다."

마침내 진혜문공이 대로하여 명했다.

"공손 가는 곧 군대 3천을 거느리고 뒤쫓아 가서 상앙의 목을 베어 오라!"

공손 가는 즉시 궁에서 나와 출동 준비를 했다.

상앙이 함양성을 떠나 1백여 리쯤 갔을 때였다. 문득 뒤에서 심복 부하가 와 아뢰었다.

"조정에서 대감을 치라고 군대를 보낸다고 합니다!"

그 말을 듣자 상앙은 크게 놀랐다. 상앙은 그들에게 붙들리기만 하면 살아나지 못할 것을 알았다. 그는 황급히 호화로운 관(冠)과 옷을 다 벗어 버리고 급히 수레에서 뛰어내려 졸병으로 가장하고 혼자 달아났다.

상앙이 홀로 도망쳐 함곡관(函谷關)에 이르렀을 때는 이미 해가 저물었다. 그는 여점(旅店)으로 들어갔다. 여점 주인이 그에게 말했다.

"조신첩(照身帖: 신분증)을 보여 주시오."

그러나 그에게 조신첩 같은 것이 있을 리 없었기에 거짓말을 했다.

"떠날 때 깜박 잊고서 가지고 오질 않았소."

여점 주인이 수상하다는 듯이 상앙을 쳐다보며 말했다.

"당신은 상군의 법을 모르오? 조신첩이 없는 자를 재우면 재워 준 사람까지 참형을 당하게 되어 있소. 어서 이곳을 떠나시오. 잘못하다간 당신 때문에 나까지 죽겠소."

상앙은 밤길을 걸으면서 길이 탄식했다.

"허어! 내가 만든 법에 내가 걸려들 줄이야 어찌 알았으랴!"

상앙은 밤을 이용해 관문을 벗어나 그 길로 위(魏)나라로 달아났으나 위혜왕은 그가 도망쳐 왔다는 말을 듣자 이를 갈았다.

"그놈은 지난날에 우리의 서하 땅을 빼앗아 간 놈이다. 즉시 상앙을 사로잡아 진나라로 돌려보내라!"

상앙은 그런 낌새를 눈치 채고 즉시 상오 땅으로 달아났다. 이제 상앙은 궁지에 빠진 고양이나 다름없었다. 그는 드디어 진나라를 치려고 군대를 모았다.

그러나 군대를 채 모으기도 전에 공손 가가 군대를 거느리고 먼저 쳐들어왔다. 상앙은 변변히 싸워 보지도 못하고 공손 가의 군대에게 붙들려 함양(咸陽)으로 압송되어 갔다.

진혜문공이 상앙의 죄목을 들어 꾸짖고 군사들에게 분부했다.

"상앙을 끌어내어 처형하라!"

이 날 상앙은 큰 거리로 끌려 나가 오우분시(五牛分屍)의 형을 받았다. 다섯 마리 소가 제각기 움직이자 다섯 마리 소에게 비끄러매어진 상앙의 사지와 머리가 각기 찢겨져 나갔다.

상앙은 이처럼 무참한 죽음을 당했다. 이를 구경하던 백성들은 아우성을 치면서 달려들어 상앙의 시체를 씹었다. 참으로 무섭고 끔찍한 광경이었다. 순식간에 상앙의 시체는 없어졌다. 이 날 상앙의 일족도 모두다 죽임을 당했다.

5. 입신 양명(立身揚名)

소진과 장의는 귀곡 선생께 하직하고 산을 내려온 다음에 장의는 위나라로 가고 소진은 자기 고향인 주나라 낙양으로 돌아갔다.

소진이 집으로 돌아와 보니 늙은 어머니는 아직 생존해 계셨다. 그에게는 원래 형님 한 분과 동생 둘이 있었다. 그 동안에 형님은 죽었고 과부가 된 형수와 소대(蘇代)·소려(蘇厲) 두 동생이 어머니를 모시고 있었다. 소진이 집에 돌아온 지 불과 수일 후였다. 소진이 늙은 어머니에게 청했다.

"소자는 다시 집을 떠나 천하 열국을 두루 돌아다녀야겠습니다."

그 말을 들은 어머니와 형수와 소진의 아내까지 극력 말렸다.

"힘써 농사를 짓든지 아니면 장사를 하든지 그것도 못하겠으면 노동이라도 해서 입에 풀칠이나 할 생각은 않고 그게 무슨 말이냐. 팔자에 없는 부귀공명을 바라다가 집안 식구들까지 다 굶겨 죽일 작정이냐. 안 될 말이다."

소대와 소려 두 동생 또한 말렸다.

"형님이 유세법과 외교술에 통달했다면 왜 우리 주나라에서 출세할 생각은 아니하고 하필이면 머나먼 타국에 가서 벼슬을 하려고 합니까?"

온 집안사람이 반대하고 말리는 데에야 소진도 어찌할 도리가 없었다.

소진은 먼저 왕궁으로 가서 주현왕(周顯王)을 찾아뵈옵고 부국강병(富國强兵)의 법을 일장 연설했다. 현왕은 반은 졸면서 소진의 말을 듣고 나더니 힘없이 말했다.

"우선 관사에 가 있으오. 내 기회를 봐서 다시 부르겠소."

그 후 소진은 관사에 거처하면서 현왕이 부르기를 고대했다. 그러나 1년이 지나도록 현왕은 그를 부르지 않았다. 이에 소진은 진(秦)나라로 가서 진혜문왕을 뵙겠다고 청했다. 진혜문왕이 정전으로 그를 들게 하고 은근히 물었다.

"선생이 천 리를 마다 않고 오셨으니 장차 과인에게 무슨 좋은 일을 지도하시려오?"

"진나라 동쪽엔 하수(河水)와 관새(關塞)가 있고 서쪽엔 한중(漢中)이 있으며 남쪽엔 파촉(巴蜀)이 있고 북쪽엔 호(胡)와 맥(貊)이 있으니 이것은 바로 다른 나라의 침입을 막을 수 있는 천연의 요새입니다. 또 안으로는 천 리의 비옥한 평원이 있고 용감무쌍한 대왕의 백만 군대가 있습니다. 영명하신 대왕께서 만일 신의 계책을 잘 들어서 효과 있게 실행만 하신다면 천하에 무슨 두려울 것이 있겠습니까."

상앙을 죽인 진혜문왕은 원래부터 유세(遊說)하는 선비를 좋아하지 않았다.

"과인이 듣건대 날개가 나지 않으면 능히 높이 날지 못한다고 하오. 선생의 말은 너무나 그 뜻이 높아 과인으로선 따르기 어렵구려."

소진은 궁에서 물러나올 수밖에 없었다.

그 후 1년이란 세월이 흘렀다. 소진은 그 동안 귀곡 선생이 주신 태공(太公)의 〈음부편(陰符篇)〉을 열심히 읽어 스스로 그 묘리를 터득했다고 생각했다.

'내가 이만한 공부로 실력을 발휘한다면 어느 군주나 나에게 상경 자리를 아끼지 않을 것이다.'

소진은 다시 진(秦)나라로 가려다 생각을 바꾸었다.

'지금 7국 중에 진나라가 가장 강하다. 내가 진나라를 돕기만 하면 제업(帝業)을 성취하기란 손을 뒤집듯 쉬운 일이다. 그러나 내가 이번에 또 진나라에 가서 전처럼 거절당한다면 어찌하리오. 진나라를 돕느니보다는 차라리 진나라를 배척하는 운동을 일으키자. 즉 천하의 모든 나라들을 단결시켜 진나라를 배척하게 하면 자연 진나라의 형세는 고단해지고 말 것이다.'

이에 소진은 동쪽으로 방향을 바꾸어 조(趙)나라로 갔다. 이 때 조나라 임금은 숙후(趙肅侯)였다. 조나라에 당도한 소진은 우선 조나라 정승인 봉양군을 찾아가 자기의 뜻을 말했다.

그러나 봉양군은 소진을 냉정하게 대했다. 소진은 다시 방향을 북쪽으로 바꾸어 연(燕)나라로 갔다.

연나라에 당도한 소진은 연문공(燕文公)을 뵈려고 각방으로 교섭을 했으나 아무도 그를 연문공에게 알선해 주지 않았다.

소진은 연나라 여점에서 1년이 넘도록 세월을 허비하는 동안 가지고 온 돈도 다 써 버렸다. 그는 굶주린 배를 움켜쥐고 방에서 신음했다. 여관 주인이 보다 못해 소진에게 돈 1백 전을 꾸어 주었다. 덕분에 소진은 굶어 죽는 것만은 면했다.

어느 날 소진은 연문공이 사냥하러 간다는 소문을 들었다. 그는 미리 길가에 숨어 있다가 연문공의 행차가 오자 그 앞으로 뛰어나가서 뵈옵기를 청했다. 연문공이 물었다.

"그대는 누구인가?"

"이 몸의 성은 소(蘇)이며 이름은 진(秦)이라고 합니다."

연문공은 전부터 소진의 이름을 익히 들어서 잘 알고 있었다. 그가 반색을 하며 말했다.

"선생이 이처럼 우리 나라에 오셨으니 앞으로 과인을 잘 지도해 주오."

그리하여 소진은 연나라 궁성에 들어가 정식으로 연문공께 재배했다. 연문공이 소진에게 청했다.

"과인은 선생의 높은 가르침을 받고자 하오."

소진이 연문공에게 아뢰었다.

"지금 연나라의 국력은 중원의 다른 나라에 비하면 겨우 그 반도 안 됩니다. 그러하건만 다른 나라의 침범을 당하지 않는 까닭을 아십니까?"

"모르고 있소."

"그 이유는 별것이 아닙니다. 지리상으로 볼 때 조나라가 이 연나라의 방패 노릇을 하면서 중원을 막고 있기 때문입니다. 그런데 지금 대왕은 조나라와 친할 생각은 아니하시고 도리어 머나먼 진(秦)나라에게 허리를 굽혀 땅까지 떼어 주려 하시니 이보다 어리석은 일은 없습니다."

"그렇다면 어찌해야 좋겠소?"

"신의 어리석은 소견으로는 우선 가까운 조나라와 손을 잡고 널리 국교를 맺어 천하를 하나로 연맹시키고 그들과 함께 힘을 합쳐 진나라를 막아야 합니다. 그것만이 연나라의 앞날을 위한 백년대계입니다."

"참으로 옳은 말이나 모든 나라 제후들이 과연 선생의 뜻처럼 연맹해 줄지 걱정이오."

"신이 비록 재주는 없지만 직접 조나라에 가서 조후(趙侯)와 만나 동맹하도록 일을 추진해 보겠습니다."

이에 연문공은 매우 기뻐하며 소진에게 많은 황금과 비단을 주어 노자로 쓰게 하고 좋은 말 네 필이 끄는 수레를 내주었다. 그리고 씩씩한 장사(壯士)를 시켜 소진을 호송하게 했다. 소진은 높은 수레를 타고 조나라로 갔다.

조나라 숙후(趙肅侯)는 연나라에서 소진이 왔다는 말을 듣고 친히 계하에까지 내려가서 영접했다. 조숙후가 소진에게 물었다.

"선생이 이렇듯 먼 곳에 왔으니 장차 과인에게 무슨 좋은 말씀을 들려주려오?"

"오늘날 산동 일대의 형세를 보건대 군후께서 다스리는 조나라가 오직 강할 뿐입니다. 이 조나라로 말할 것 같으면 지역이 2천여 리이고 군대는 수십만 명이며 전거가 1천 승에 기마가 1만 필에다 몇 해 동안이라도 싸울 수 있는 군량까지 쌓여 있습니다. 그러므로 조나라를 가장 시기하는 나라가 바로 진나라입니다. 그러나 진나라가 조나라를 치지 못하는 것은 한(韓)나라와 위(魏)나라가 그들의 뒷덜미를 칠까 봐 두려워 참고 있는 것입니다. 신이 일찍이 지도를 펴 놓고 천하대세를 살펴 본 일이 있습니다. 조·연·위·한·제 6국의 땅을 합친다면 진(秦)나라 땅과 비교해서 1만 리나 더 많다는 걸 알았습니다. 또 6국 제후들의 군대를 합친다면 진나라 군대보다도 10배나 더 많다는 걸 알았습니다. 만일 6국이 동맹해서 서쪽으로 쳐들어간다면 그까짓 진나라 하나를 쳐부수는 데 무슨 어려울 것이 있겠습니까."

"옳은 말씀이오."

조숙후가 고개를 끄덕였다. 소진은 말을 계속했다.

"그런데 지금 진나라는 사신을 모든 나라로 보내어 토지를 바치라고 강요하고 있습니다. 만일 6국이 진나라에게 토지를 바친다면 그것은 스스로를 망치는 길입니다. 신의 어리석은 생각으로는 6국의 제후들이 모여 대회를 열고 서로 동맹을 해야 합니다. 그리하여 진나라가 만일 어느 한 나라를 치거든 즉시 다섯 나라가 함께 진나라를 쳐서 침략당한 나라를 구출해 주는 것입니다. 그렇게만 된다면 비록 진나라가 제아무리 강폭할지라도 혼자서 어찌 천하의 모든 나라를 당적할 수 있겠습니까."

조숙후가 대답했다.

"참으로 현명한 계책이오. 내 어찌 그 계책을 따르지 않을 수 있으리오."

그 날로 조숙후는 소진에게 조나라 정승의 인(印)과 큰 저택 그리고 찬란한 수레 1백 승과 황금 1천 일(鎰)과 백옥 1백 쌍과 수놓은 비단 1천 필을 하사했다. 연후에 조숙후가 소진에게 당부했다.

"그대는 앞으로 모든 나라를 합종(合從)시키는 사명을 맡아 그 합종장(合從長)이 되시오."

이튿날 소진이 수하 사람을 불러 분부했다.

"내가 지난날 연나라에 있을 때 그 곳 여점(旅店) 주인에게 돈 백 전을 꿔서 쓴 일이 있다. 이 황금 백금(百金)을 가지고 연나라로 가서 그 곳 여점 주인에게 갚아 주어라."

소진이 장차 한·위 등 모든 나라에 가서 유세(遊說)할 작정으로 떠날 준비를 하고 있는데 조숙후가 급히 상의할 일이 있다면서 불렀다.

소진이 황급히 궁으로 들어가니 조숙후가 말했다.

"조금 전에 변방으로부터 급한 보고가 왔소. 진나라 정승 공손연이 군대를 거느리고 위나라를 쳐서 위나라 군대 4만 5천 명을 죽였다는구려. 이에 위나라는 하북 땅에 있는 10개의 성을 진나라에 바치고 화평을 청했다고 하오. 그런데 진나라는 다시 군대를 돌려 우리 나라를 칠 것 같다는구려. 이 일을 어찌하면 좋겠소?"

소진이 그 말을 듣고 속으로 크게 놀랐다. 만일 진나라 군대가 조나라로 쳐들어오기만 하면 조숙후는 틀림없이 위나라처럼 진나라에게 항복하고 말 것이다. 일이 그렇게 되면 6국을 동맹시키려는 자기의 계책은 수포로 돌아가고 만다.

소진은 그러나 태연한 태도를 지으면서 자신 있게 대답했다.

"조후께선 추호도 걱정 마십시오. 신은 진나라 군대가 쳐들어오면 즉시 그들을 무찔러 버릴 수 있는 계책이 서 있습니다."

조숙후가 간청했다.

"선생은 다른 나라에 가지 말고 우리 나라에 있으오. 진나라 군대가 과연 오지 않거든 그 때 떠나도록 하오."

"군후께서는 조금도 염려마소서."

이 날 소진은 자기 부중에 돌아가는 즉시로 심복 부하 한 사람을 밀실로 불러들였다.

"내 너에게 중요한 부탁이 있다. 지난날 나와 함께 동문수학한 옛 친구가 있다. 그 사람의 이름은 장의다. 내 지금 너에게 천금을 줄 테니 곧 장사꾼으로 변장하고 위나라로 가서 장의를 찾아라. 이왕이면 너의 이름을 고사인(賈舍人)이라고 변성명하는 것이 좋겠다."

소진은 갑자기 목소리를 낮추고 고사인의 귀에다 뭣인지 일러 주고 나서 분부했다.

"장의를 만나거든 내 말대로 하되 항상 조심하고 조심하여라."

이에 고사인은 즉시 조나라를 떠나 밤낮을 가리지 않고 위나라 대량으로 향했다.

6. 소진(蘇秦)의 대계(大計)

한편 장의는 귀곡 선생 문하를 떠나 산을 내려와서는 곧 자기 고국인 위나라로 돌아갔다.

장의의 집도 매우 가난했다. 그는 위나라에서 벼슬을 살아 보려고 각 방으로 많은 애를 썼으나 위혜왕은 그를 등용하지 않았다. 이에 장의는 아내를 데리고 위나라를 떠나 초나라로 갔다. 초나라 정승 소양(昭陽)은 장의를 맞이해 자기 문하에 두었다.

그 후 소양은 군대를 거느리고 위나라를 쳐서 크게 이기고 위나라의 양릉 땅 등 일곱 성을 빼앗았다. 초위왕은 그의 공로를 높이 사 화씨벽(和氏璧)을 하사했다.

이 화씨벽에는 깊은 사연이 있었다. 초려왕 말년 때의 일이었다. 초나라에 변화(卞和)라는 사람이 있었다. 그는 형산(荊山)에서 옥돌을 하나 주웠는데 그것을 초려왕에게 바쳤다.

초려왕은 옥공(玉工)을 불러 그 옥돌을 보였다. 옥공이 한참 보더니 아뢰었다.

"이건 옥돌이 아니고 보통 돌입니다."

초려왕은 대로하여 변화를 잡아들였다.

"네 이놈, 군주를 속이다니 용서할 수 없다. 당장에 저놈의 왼쪽 다리를 끊어라."

그리하여 변화는 다리 하나를 잃고 병신이 되었다.

그 후 초려왕이 죽고 초무왕이 왕위에 올랐다. 변화는 초무왕에게 옥돌을 받쳤으나 이번에도 옥공은 옥돌이 아니라고 판정해 변화는 나머지 다리도 잘리고 말았다. 초문왕이 즉위하자 변화는 또 문왕에게 그 옥돌을 바치고 싶었으나 두 다리가 없어서 능히 움직이지 못했다.

이에 변화는 형산 밑에서 옥돌을 가슴에 품고 사흘 밤낮을 통곡했다. 나중에 그의 눈에서는 눈물이 마르고 피가 흘렀다.

친구 한 사람이 와서 변화에게 물었다.

"그만둘 때도 되지 않았는가? 아직도 그 옥돌을 바쳐 많은 상을 타고 싶은가?"

변화가 정색하고 대답했다.

"나는 상을 타기 위해 바치려는 것이 아니다. 이처럼 좋은 옥돌을 보고 보통 돌이라고 감정한 그들을 원망할 뿐이다. 나는 원래 정직한 선비다. 그런데 그들은 나를 사기꾼으로 몰았으니 어찌 원통하지 않겠는가. 나는 나의 옳음과 그들의 잘못을 밝히지 못해서 슬퍼하는 것이다."

초문왕은 변화가 피눈물을 흘리며 운다는 소문을 듣고 사람을 보내 그 옥돌을 가져오게 했다. 그리고 옥공을 불러들여 옥돌을 잘랐다. 쪼개놓고 보니 흠하나 없는 참으로 아름다운 옥이었다.

이에 초문왕은 옥공을 시켜 둥근 옥환(玉環)을 만들게 하고 '화씨벽(和氏璧)'이라고 이름을 붙였다.

초문왕은 앉은뱅이가 된 변화의 정성에 감동했다. 이에 변화는 종신토록 대부의 국록을 받게 되었다.

이 화씨의 구슬은 값으로 따질 수 없는 천하의 보배였다. 그런데 초위왕은 위나라를 쳐서 이긴 소양의 공로를 높이 사 화씨벽을 하사했던 것이다.

소양은 출타할 때에도 항상 화씨벽을 가지고 다녔다. 그런데 어느 날 소양이 적산(赤山)에 놀러갔는데 그 때 화씨벽이 감쪽같이 사라졌다. 소양은 그것이 장의의 짓인 줄로 알고 호령했다.

"별 수 없다. 저놈이 이실직고할 때까지 사정없이 쳐라!"

장의는 내리치는 곤장에 비명을 토하다가 기절했다. 소양은 장의가 거의 죽어가는 걸 보고서야 매질을 중지시켰다.

그 날 친구 한 사람이 장의를 업어다 집에 데려다 주었다. 그 날 밤중에야 장의는 겨우 정신을 차렸다. 장의가 입을 벌려 입 속을 아내에게 보이고 나서 물었다.

"내 혀가 아직 붙어 있소?"

장의의 하는 꼴이 하도 우스워서 아내가 웃으며 대답했다.

"아직 있긴 있군요."

장의가 엄숙히 말했다.

"혀는 나의 유일한 밑천이오. 혀가 있고 말만 할 수 있다면 무엇을 근심하리오."

몇 달 뒤 몸이 완쾌되자 장의는 아내를 데리고 초나라를 떠나 다시 위나라로 돌아갔다. 그러니까 소진이 보낸 고사인이 위나라에 당도했을 때는 장의가 초나라에서 위나라로 돌아온 지 약 반 년 뒤였다. 그렇지 않아도 장의는 소진이 조나라에서 출세했다는 소문을 듣고 한번 찾아가 볼 작정이었다. 바로 이 때 고사인이 소진을 찾아온 것이다. 고사인이 자신의 본색을 숨기고 물었다.

"선생은 원래 위나라 태생이신가요?"

"그렇소. 그대는 누구시오?"

"나는 조나라에서 온 사람이오."

"조나라에서 왔다면 소진이란 사람을 아시오? 들리는 소문으로는 소진이 조나라 정승이 됐다던데?"

"선생은 누구십니까? 우리 조나라 정승 소진 대감을 아십니까?"

"소진과 동문수학(同門修學)한 사이요. 정(情)으로 말하자면 형제나 다름없소."

고사인이 슬며시 청했다.

"그러시군요. 그렇다면 선생은 왜 조나라에 가서 소진 대감을 찾아보지 않습니까?"

그리하여 장의는 고사인과 함께 조나라로 가게 되었다. 며칠 뒤 그들이 조나라 교외에 이르자 고사인이 장의에게 말했다.

"나의 집이 바로 이 근처에 있는데 좀 긴한 일이 있어 여기서 선생과 작별해야겠습니다."

이튿날 장의는 소진의 부중을 찾아가 명자(名刺)를 문지기에게 주고 기다렸다. 그러나 소식이 없었다. 닷새 만에야 겨우 만나게 된 소진은 높은 자리에 버티고 앉아 있었다. 장의는 화를 참고 소진 앞에 나아가 읍했다. 그제야 소진은 겨우 일어나 뻣뻣이 선 채로 손만 약간 들었다.

"그대는 별고 없었는가?"

장의는 분노를 참을 수 없어 아무런 대답도 하지 않았다.

그 때 좌우 사람이 올라와서 소진에게 물었다.

"점심 식사를 들여 올리리까?"

"음, 곧 들여오너라. 그리고 저 밑 툇마루에다 손님상을 차려 주어라."

장의가 분노를 참지 못하고 마침내 손을 들어 소진을 크게 꾸짖었다.

"나는 네가 우리의 옛 정을 잊지 않았을 줄 알고 먼 곳에서 찾아왔는데 이렇듯 나에게 망신을 주다니! 이것이 동학(同學)에 대한 대접이냐?"

소진이 미소를 지으며 대답했다.

"만약 그대의 재주가 나보다 뛰어났다면 그대도 좋은 임금을 만나 벌써 곤궁을 면했을 것이다. 내가 우리 임금께 그대를 천거하고 싶다만 그대의 재주가 의심스러워 그럴 수가 없노라."

장의가 큰 소리로 대꾸했다.

"내가 어찌 너 같은 자의 힘을 빌릴 것인가!"

격분한 장의는 자리를 박차고 나와 여점(旅店)으로 돌아갔다. 이제 더 이상 있을 필요가 없어 그곳을 떠나려고 했으나 그에게는 수중에 땡전 한 푼 없었다.

그 때 고사인이 나타났다. 그는 여점의 비용을 자기가 다 처러 주고 나서 장의에게 물었다.

"선생은 이제 어디로 가시려오?"

"나는 이제 위나라로 돌아갈 면목도 없소. 이왕이면 진나라로 갔으면 싶소. 지금 천하 7국 중에서 가장 강한 나라가 진나라요. 진나라에 가서 등용만 된다면 언제든 조나라를 쳐서 소진에게 설분(雪憤)할 생각이오."

고사인이 기뻐하며 말했다.

"소인도 지금 친척을 만나러 진나라로 가야 할 일이 있습니다. 이왕이면 소인과 함께 가시면 어떻겠습니까?"

장의가 크게 기뻐하며 말했다.

"세상에 그대와 같은 후덕한 사람도 있다는 걸 안다면 소진은 마땅히 수치스러워 죽지 않고는 견디지 못 할 것이오."

장의는 고사인에게 거듭 감사를 표했다. 그 날로 장의와 고사인은 진나라를 향해 수레를 달렸다. 진나라로 가면서 고사인은 무엇이든 장의에게 필요하다고 생각되는 것이면 아끼지 않고 그것을 구입해서 장의에게 마련해 주었다.

마침내 그들이 진나라에 당도하자 고사인은 진나라 고관들에게 많은 황금을 뇌물로 바쳤다. 마침 진혜문왕은 지난날 소진을 등용하지 않았던 것을 후회하고 있던 참이었다. 게다가 고관들은 고사인으로부터 많은 황금을 받았기에 서로 다투어 진혜문왕에게 장의를 추천했다.

이에 진혜문왕은 장의를 접견하고 그에게 객경 벼슬을 내렸다. 그리고 장차 모든 나라들에 대해 어떤 정책을 써야 할지를 상의하기에 이르렀다.

어느 날이었다. 고사인이 장의에게 작별 인사를 했다.

"이제 소인은 조나라로 돌아가야겠습니다. 선생은 내내 안녕히 계십시오."

장의가 고사인의 손을 잡고 눈물을 흘리며 말했다.

"내가 원래 곤궁한 사람이었는데 오로지 그대의 도움에 힘을 입어 이제야 진나라에서 발신(發身)하게 되었소. 장차 그대에게 그간의 은혜를 갚을 작정인데 갑자기 떠나다니 이게 웬 말이오?"

그제야 고사인이 빙그레 웃으면서 대답했다.

"내가 전부터 알지도 못하는 선생에게 왜 선심을 썼겠습니까. 지금까지 선생을 도와 준 분은 바로 소진 정승이십니다."

그 말에 장의는 깜짝 놀랐다.

"오늘날까지 그대가 나를 위해서 많은 황금을 썼는데 어째서 소진을 내세우오?"

고사인이 대답했다.

"이제 숨김없이 자초지종을 다 말씀드리겠습니다. 소 정승은 장차 6국을 연합시킬 작정인데 이럴 때 진나라가 조나라를 친다면 모든 계획이 수포로 돌아갑니다. 그래서 소 정승은 선생이 꼭 진나라의 재상이 되어야 한다고 생각하셨습니다. 이에 나는 소 정승의 분부를 받고 장사꾼으로 가장하여 위나라에 가서 선생을 조나라로 모셔갔던 것입니다. 그러나 소 정승은 선생이 조나라의 조그만 지위에 만족하실까 염려하여 일부러 선생을 격동시킨 것입니다. 과연 선생은 소 정승의 태도에 격분하셨고 마침내 진나라 임금과 함께 국정을 상의할 지위에 이르렀습니다. 그러므로 나는 속히 조나라에 돌아가서 소 정승에게 그간의 경과를 보고해야 합니다."

장의는 탄식하며 중얼거렸다.

"아, 그런 줄은 몰랐소! 그러니 내가 지금까지 소진의 계책에 빠져 있었던 게로구려. 참으로 소진은 나보다도 그 재주가 월등하오. 그대는 돌아가면 소진에게 조나라를 치는 일은 없도록 하겠다고 전하오. 내 어찌 소진의 은혜를 저버릴 수 있겠소."

고사인이 장의에게 작별 인사를 드리고 그 날로 조나라를 향해 떠났다.

7. 육국상인(六國相印)

고사인이 조나라에 돌아가서 소진에게 장의의 말을 전하자 소진은 즉시 궁으로 들어가서 조숙후에게 아뢰었다.

"진나라는 우리 나라를 치지 않을 것입니다. 신이 그간 만반의 조처를 다 해 놓았으니 안심하십시오. 이제 신은 여러 나라를 돌아다니면서 함께 동행하도록 일을 추진하고 오겠습니다."

이튿날 소진은 조나라를 떠나 한나라로 가서 6국이 동맹하는 것만이 6국이 함께 사는 길이라고 역설했다.

그리하여 뛰어난 변설과 풍부한 지식으로 마침내 한·위·제·초·연 등 다섯 나라를 차례로 설득한 소진은 조나라로 돌아왔다. 이 때 소진은 여섯 나라 임금들이 보낸 사자의 호송을 받았기 때문에 그 행렬이 실로 어마어마했다.

조숙후는 큰 성과를 거두고 돌아온 소진을 성대히 영접하고 무안군

(武安君)으로 봉했다.

　조숙후는 다섯 나라에 사신을 보내 다섯 나라 임금을 원수(洹水) 땅으로 초청했다. 동시에 소진과 조숙후는 미리 원수에 가서 단(壇)을 쌓고 대회를 준비했다.

　소진은 우선 각 나라의 대부와 회의를 열고 서열에 대해 상의했다. 서로 의론하다가 결국 의견이 일치했다.

　"지금은 전국 시대이니만큼 연조로 따지지 말고 나라의 크기에 따라 순서를 정합시다."

　그래서 초·제·위·조·연·한의 차례로 그 서열이 정해졌다. 그런데 문제는 그것만으로 끝나지 않았다. 그들 중에서 초와 제와 위는 이미 왕(王)이라고 자칭하고 있었으며 조와 연과 한은 아직도 후(侯)라 일컫고 있었다. 작위로 따져 봐도 왕과 후는 현격한 차이가 있다. 비록 모두 다 일국의 군주이긴 하지만 서로 불편한 점이 한두 가지가 아니었다. 소진이 의견을 말했다.

　"이렇게 따지다가는 한이 없으니 이왕이면 여섯 나라 임금이 다 같이 왕호를 쓰기로 합시다."

　그리하여 여섯 나라 임금은 다 같이 왕이 되었다. 그리고 차례로 희생의 피를 입술에 바르고 천지와 육국 조종(祖宗)에 대해서 일제히 꿇어 엎드려 절하고 맹세했으며 맹서(盟書)를 작성했다.

　여섯 나라 왕은 각기 맹서 한 통씩을 나누어 가졌다. 그리고 잔치 자리에 나아가서 축하했다. 조왕(趙王)이 다섯 왕들에게 말했다.

　"소진이 이번에 백년대계를 세우고 우리 여섯 나라의 동맹이 이루어지도록 힘을 썼소. 마땅히 소진에게 높은 벼슬을 주어 그가 여섯 나라를 두루 돌아다닌 수고에 보답하는 것이 어떻겠소?"

　다섯 나라 왕이 대답했다.

"조왕의 말씀이 지당하오."

이에 여섯 나라 왕은 소진을 육국합종장(六國合從長)으로 추대했다. 뿐만 아니라 6국이 각기 소진에게 정승의 인과 금패(金牌)와 보검을 주었다. 이에 6국의 정승이 된 소진은 여섯 나라 왕에게 정중히 사은했다.

여섯 나라를 연맹시키는 데 성공한 소진은 육국맹서(六國盟書) 한 통을 진(秦)나라 관문으로 보냈다. 진혜문왕은 그제야 여섯 나라가 동맹했다는 것을 알고 크게 놀랐다. 진혜문왕이 공손연에게 물었다.

"육국이 동맹했다면 우리 나라는 진출할 길이 없다. 반드시 그들을 분리시켜야 비로소 큰일을 도모할 수 있을 텐데 장차 이 일을 어찌하면 좋을꼬?"

공손연이 대답했다.

"동맹을 주도한 것은 조나라입니다. 그러니 대왕은 먼저 조나라부터 치소서. 만일 조나라를 구원하는 나라가 있거든 즉시 군대를 돌려 그 나라를 치소서. 그러면 모든 나라가 겁을 먹고 분리될 것입니다."

그 자리에 장의도 있었다. 장의는 지난날 소진에게 입은 은혜를 갚아야 했다. 그것은 조나라를 치지 못하도록 하는 것이었다. 장의가 앞으로 나아가 아뢰었다.

"이번에 6국이 새로이 연합한 만큼 그들을 갑자기 분리시킬 순 없습니다. 우리가 만일 조나라를 친다면 한나라 군대가 의양(宜陽) 땅에서 올 것이고 초나라 군대는 무관(武關) 땅에서 올 것이며 위나라 군대는 하외(河外) 땅에서 올 것이고 제나라 군대는 청하(淸河)를 건너올 것이며 연나라는 정예 부대를 이끌고 올 것입니다. 다섯 나라가 조나라를 도우려고 일시에 내달아올 텐데 어느 여가에 다른 나라까지 친단 말입니까. 우리 진나라와 가장 가까운 나라는 위나라이며 북쪽에 있는 연나라가 가장 멉니다. 대왕께서는 우선 많은 뇌물을 보내어 위나라와 친하십시오. 그러면 모든 나라가 다 위나라를 의심하게 됩니다. 그리고 연나라 태자와 혼인을 맺도록 하십시오. 그러면 그들 여섯 나라의 동맹은 저절로 무너지고 말 것입니다."

진혜문왕이 연신 머리를 끄덕이며 말했다.

"그거 참 좋은 생각이오."

이에 진나라는 위양왕에게 우호를 청하는 한편으로 사신을 연나라로 보내어 자기 딸과 연나라 태자를 결혼시키는 데 성공했다.

한편 조나라에서는 조양공이 그 소문을 듣고 소진을 불러 책망했다.

"그대가 6국 동맹을 주장하여 진나라를 막기로 하고 서로 연합했는데 이제 1년도 지나기 전에 벌써 위와 연 두 나라가 진나라와 우호를 맺었다고 하니 이게 어찌 된 일이오. 이래서야 어찌 그 동맹이란 걸 믿을 수 있으리오."

소진이 황공해서 몸을 굽히며 아뢰었다.

"곧 연과 위 두 나라로 가서 반드시 사과를 받고야 말겠습니다."

"어떻게 된 것인지 가서 알아보고 다시는 그런 일이 없도록 단단히 다짐을 받고 오오."

이에 소진은 황황히 조나라를 떠났다.

어느 날 장의가 진혜문왕에게 정승의 인(印)을 내놓으면서 청했다.

"신은 이제 위나라로 가겠습니다."

진혜문왕이 놀라서 물었다.

"그대는 어째서 우리 진나라를 버리고 위나라로 가려 하오?"

장의가 대답했다.

"지금 6국은 소진만 굳게 믿고 동맹에서 탈퇴하려 하지 않고 있습니다. 그러나 때는 왔습니다. 이참에 신이 위나라로 가서 재상이 된다면 어떻게 해서라도 위나라로 하여금 진나라를 섬기도록 하겠습니다. 그리하여 6국 중에서 한 나라라도 진나라를 섬기게 되면 그들의 동맹은 자연히 무너지기 시작할 것입니다."

진혜문왕이 연신 머리를 끄덕이며 쾌락했다.

"과인은 그대가 하는 대로 따르겠소."

장의는 마침내 진나라를 떠나 위나라로 갔다. 과연 위나라 위양공은 귀화해 온 장의를 반가이 영접했다. 그리고 그를 위나라 재상으로 삼았다.

어느 날이었다. 장의가 위양왕에게 아뢰었다.

"우리 위나라의 지형을 보면 남쪽에 초나라가 있고 북쪽에 조나라가 있으며 동쪽에는 제나라가 있고 서쪽에는 한나라가 있습니다. 그런데 우리 위나라는 이를 막아 줄 만한 험한 산도 강도 없습니다. 그저 평탄한 평지뿐입니다. 이런 지리적 조건 때문에 이웃 나라들이 침입해 오면 우리 위나라는 언제고 사분오열될 위험이 있습니다. 그러니 대왕은 진나라를 섬기십시오. 강대국 진나라의 보호를 받는 것만이 위나라를 유지할 수 있는 유일한 길입니다."

그러나 위양왕은 주저할 뿐 장의의 말을 들으려 하지 않았다.

한편 6국 동맹을 성취시킨 소진은 제나라의 신임을 받고 있었다. 이때에는 제나라 정승 전영(田嬰)이 병으로 죽은 뒤였다. 그의 아들 전문(田文)이 부친의 작호인 설공(薛公)을 이어받아 맹상군(孟嘗君)이 되었다. '설'은 전영의 봉지이고 '맹상군'은 전영의 봉호이다. 아들 전문이 아버지 전영의 봉지와 봉호를 그대로 물려받은 것이다.

장의가 위나라 정승이 된 지도 3년이 지났다. 그 동안에 위양왕은 죽고 그의 아들 애왕(魏哀王)이 왕위에 올랐다.

초나라 회왕(楚懷王)은 사신을 위나라로 보내 죽은 위양왕을 조상하는 한편 새로 등극한 위애왕에게 진나라를 치자고 제의했다. 위애왕은 초나라 사신에게 말했다.

"우리 나라는 전부터 진나라를 칠 생각이었소. 우리 함께 거사합시다."

이에 한·조·연 세 나라도 모두 초나라에 호응했다. 제나라만 응하면 여섯 나라 연합군이 다 일어나는 셈이었다.

제민왕이 신하들과 함께 상의했다.

"우리 제나라는 장차 어떻게 해야 하겠소?"

좌우에서 신하들이 이구동성으로 아뢰었다.

"왕께서는 진나라와 혼인한 사이십니다. 더구나 진나라와 원수질 만한 일도 없으니 굳이 진나라를 칠 필요는 없다고 생각합니다."

이 때 소진은 장의의 활약으로 합종이 와해되자 조나라에서 연나라로 들어가 연이왕(燕易王)을 모시다가 다시 제나라에 들어와 연나라를 위해 활약하고 있었다.

그러나 소진만은 그가 원래 6국 동맹을 이루어 놓았기 때문에 이 기회에 진나라를 쳐야 한다고 주장했다. 그러자 맹상군이 조용히 아뢰었다.

"지금 우리 나라로서는 진나라를 칠 수도 없고 안 칠 수도 없는 형편입니다. 만일 진나라를 치는 날에는 진나라와 원수가 될 것이고 치지 않으면 동맹한 다섯 나라가 우리를 원망할 것입니다. 그러므로 우선 군대를 일으키되 되도록 천천히 행군하면서 대세를 관망하는 것이 좋을 줄로 압니다. 그러면 앞으로 나아갈 수도 있고 또는 물러설 수도 있게 될 것입니다."

제민왕이 머리를 끄덕이며 분부했다.

"그럼 이번 일은 맹상군이 맡아서 적절히 하오."

한편 한·조·위·연의 네 나라 왕은 진나라의 함곡관 바깥에서 초회왕과 회합했다. 그들은 장차 진나라로 쳐들어갈 작정이었다. 그러나 네 나라가 각기 자기 나라 군대를 거느리고 왔기 때문에 서로 의견 통일이 잘 되지 않았다.

이에 함곡관을 지키던 진나라 장수 저리질(樗里疾)은 다섯 나라 군대가 몰려오는 것을 보고 관문을 닫았다. 진나라 군대도 싸울 준비가 되어 있었다.

저리질이 관문 위에 올라서서 크게 호통을 쳤다.

"너희 오합지졸들은 한꺼번에 쳐들어오너라. 내가 추호라도 두려워한다면 장수가 아니니라!"

다섯 나라 왕들은 서로 권할 뿐 누구도 선봉이 되어 먼저 쳐들어가려 하지 않았다.

그리하여 진나라 군대와 연합군이 서로 대치하고 있는 동안 며칠이 지났다. 그 사이에 저리질은 군대를 뒤로 빼돌려 초나라 쪽의 도로를 기습하여 초나라에서 올라오는 치중과 군량을 몽땅 불 태워 버렸다.

식량 보급이 부족해지자 초나라 군대가 먼저 흔들리기 시작했다. 그 기회를 놓치지 않고 저리질은 관문을 나가 초나라 군대를 쳤다. 초나라 군대는 여지없이 패하여 달아났다. 동시에 네 나라 왕도 군대를 거느리고 각기 본국으로 슬금슬금 돌아가 버렸다.

맹상군은 진나라 경계에 당도하기도 전에 다섯 나라 군대가 이미 흩어졌다는 보고를 받았다. 맹상군은 도중에 즉시 군대를 돌려 유유히 제나라로 돌아갔다.

제민왕은 맹상군을 영접하고서 탄식했다.

"내가 소진의 말만 듣고 진나라를 쳤더라면 참으로 후회할 뻔했도다!"

그리고 맹상군에게 황금 일백 근(一百斤)을 주면서 말했다.

"그대가 많은 객(客)을 부양한다니 그 비용에 보태 쓰도록 하라."

그 후로 제민왕은 맹상군을 더욱 사랑하고 신임했다. 이와 반대로 소진은 고독하고 우울해졌다.

소진은 제선왕 때 가장 많은 총애와 신임을 받았다. 그래서 제나라의 귀족과 고관들 중에는 일찍부터 소진을 시기하고 미워하는 자가 많았다. 그러나 제민왕이 등극한 이후로는 소진을 대하는 태도가 갈수록 냉랭해졌다.

이에 지금까지 소진을 시기하고 미워하던 자들이 모여 말했다.

"이제야 소진이 왕의 신임을 잃었다. 그러면 그렇지 제 놈이 세도를 누리면 얼마나 누릴 줄 알았더냐!"

그들은 각기 돈을 내어 힘센 장사를 모집했다. 어느 날이었다. 소진이 제민왕을 뵈러 궁으로 갔다. 복도를 지나가던 참인데 맞은편에서 시위군(侍衛軍) 비슷한 자가 가까이 오면서 소진에게 허리를 굽히고 인사를 드리는 체하더니 번개같이 비수를 뽑아들고 소진을 마구 찔렀다. 그리고 나는 듯이 달아나 버렸다.

소진은 비수가 꽂힌 배를 움켜쥐고 제민왕에게로 갔다.

"대왕이여, 이제 신은 죽습니다."

제민왕이 크게 놀라 벌떡 일어섰다.

"이게 웬일이오? 속히 범인을 잡아라!"

소진이 겨우 아뢰었다.

"범인은 이미 멀리 달아났을 것입니다. 신이 죽거든 대왕은 즉시 신의 목을 끊어 시정(市井)에 내다 걸고 다음과 같은 글을 게시하옵소서. '알고 보니 소진은 연나라의 첩자였다. 그렇지 않아도 소진을 잡아 죽이려던 참이었는데 누가 이렇듯 이미 소진을 죽였으니 참으로 다행한 일이다. 소진을 죽인 사람은 즉시 자진 출두하라. 상금으로 천금(千金)을 주리라.' 그렇게 해야만 가히 범인을 잡을 수 있을 것입니다."

소진은 마지막 힘을 기울여 자기 배에 꽂힌 비수를 뽑았다. 그리고는 몸을 비꼬다가 이내 숨을 거두었다.
　제민왕은 소진의 유언대로 그의 머리를 끊어 시정에 내다 걸게 하고 상금을 게시했다.
　이튿날이었다. 어떤 자가 소진의 머리 곁에 서 있는 게시판을 보더니 기쁨을 감추지 못하면서 사람들에게 자랑했다.
　"소진을 죽인 사람은 나다!"
　시정을 지키는 관리가 그자를 붙들어 궁으로 끌고 갔다. 제민왕은 형리로 하여금 그자를 엄격히 다스리게 했다.
　그자는 혹독한 매에 못 이겨 소진을 죽이도록 사주한 배후 인물들을 낱낱이 고했다. 이에 소진을 죽인 데 관여한 자들은 모두 다 참형을 당했다.

8. 평원군(平原君)

　한편 위나라 재상 장의는 다섯 나라가 진나라를 쳤으나 성공하지 못한 것을 보고서 마음속으로 매우 기뻐했다. 더구나 그는 소진이 죽었다는 소문을 듣게 되자 그에 대한 부담감도 없어졌다.
　"이제야 내가 마음껏 혓바닥을 내두를 때가 왔구나!"
　장의가 기회를 보아 위애왕에게 아뢰었다.
　"이번에 다섯 나라가 진나라를 쳤건만 오히려 이기지 못했습니다. 어떤 나라도 진나라와 대항할 수는 없습니다. 더구나 여섯 나라를 동맹시킨 소진은 자기 자신 하나도 보호하지 못하고 결국 남의 손에 죽었습니다. 그런 자의 말을 믿고서야 어찌 국가를 유지하겠습니까."

위애왕은 그 말에 은근히 겁이 났다.
"과인은 재상이 시키는 대로 진나라를 섬기고 싶지만 진나라가 과인을 용납하지 않을까 두렵소."
장의가 자신 있게 말했다.
"신이 대왕을 위해 진나라에 가서 지나간 모든 일을 사죄하고 반드시 우호를 맺고야 말겠습니다."
"재상만 믿겠소."
위애왕은 장의에게 좋은 수레를 내주었다.
진나라로 간 장의는 즉시 진·위 양국 간의 통호 조약을 체결했다. 목적을 달성한 장의는 위나라로 돌아갈 필요가 없어졌기 때문에 다시 진나라 재상으로 복귀했다.

조혜문왕은 동생인 공자 승(勝)을 재상으로 삼고 평원의 땅에 봉해 평원군(平原君)이라고 불렀다.
평원군은 원래 선비를 좋아했다. 그래서 그의 부중으로 많은 선비들이 모여들어 자고 먹는 선비만도 늘 수천 명이나 되었다.
또, 그의 부중에는 단청이 아름다운 누각이 있었는데 그 누각엔 평원군이 사랑하는 미인이 거처하고 있었다.
어느 날이었다. 그 누각 근처에 살고 있는 한 절름발이가 일찍 일어나 다리를 절룩절룩 절며 우물가에 나가서 물을 길었다. 이 때 누각 위에서 미인이 절름발이의 꼴을 굽어보다가 그만 웃음을 터뜨렸다. 이에 크게 분개한 절름발이는 부중으로 가서 평원군을 뵙기를 청했다.
평원군이 그를 맞이해 방으로 데리고 들어가서 물었다.
"무슨 일로 나를 찾아왔소?"
절름발이가 말했다.

"내가 듣건대 공자께서는 선비를 좋아하신다더군요. 그런데 이 몸은 불행히도 오늘 아침 후원 누각에 있는 여자로부터 자못 모욕적인 비웃음을 받았습니다. 그래 이 몸이 한낱 여자의 웃음거리가 되어야만 합니까. 공자는 즉시 그 여자의 목을 끊으시고 모든 사람에게 차별이 없다는 것을 밝히십시오."

평원군이 웃으면서 대답했다.

"그렇게 하지요."

절름발이는 평원군에게 절하고 부중으로 물러나갔다. 그가 가 버리자 평원군은 웃으면서 말했다.

"참으로 어처구니없는 사람이로다. 그래 비웃음을 한 번 당했다고 나더러 미인을 죽이란 말인가."

원래 평원군 부중에는 일정한 규약이 있었다. 한 달에 한 번씩 부중에 머물고 있는 선비들의 명부(名簿)를 열람하는 일이었다. 드나드는 손님과 선비의 실태를 조사해 다음 달에 들 양식과 필수품을 미리 준비해야 했다. 지금까지는 손님과 선비의 수효가 늘면 늘었지 한 번도 준 적이 없었다.

그런데 웬일인지 그 후로 부중에 들끓었던 선비들이 점점 줄어들기 시작했다. 어느덧 1년이 지났다. 이제 선비들은 그새 줄어서 반밖에 남지 않았다. 평원군이 중얼거렸다.

"이거 이상하구나. 무슨 곡절이 있는 모양이다."

평원군이 이윽고 좌중에게 물었다.

"나는 오늘날까지 선비와 손님을 대접하되 한 번도 예의에 어긋난 일이 없었다고 생각하오. 그런데 불과 1년 만에 이렇듯 많은 선비와 손님들이 나를 버리고 떠나 버렸으니 이게 웬일이오?"

그들 중에서 한 손님이 대답했다.

"대군께서는 절름발이를 비웃은 미인을 죽이겠다고 약속하고서 오늘날까지 아무런 조처도 내리지 않았습니다. 그래서 본의건 본의가 아니건 간에 여색을 사랑하고 선비를 차별한 결과가 되었습니다. 그런 까닭으로 모든 선비들은 뿔뿔이 떠났습니다. 이제 우리들도 떠날 준비를 하고 있습니다."

그 말을 듣고 평원군은 크게 놀랐다.

"이는 과연 나의 잘못이오!"

평원군이 허리에 찬 칼을 풀어 시자(侍者)에게 내주고 분부했다.

"이 칼을 가지고 가서 누각에 있는 미인의 목을 끊어 오라!"

얼마 후에 시자는 미인의 목을 쟁반에 받쳐 들고 왔다. 평원군은 친히 그 미인의 목을 들고 절름발이의 집으로 가서 정중히 사죄했다. 이에 모든 문하의 선비들은 평원군의 어진 덕을 높이 칭송했다. 그 후로 천하의 모든 선비들이 다시 평원군의 부중으로 모여들었다.

9. 맹상군(孟嘗君)

진나라 소양왕(秦昭襄王)은 조나라의 평원군이 미인의 목을 끊어 친히 절름발이 선비에게 사죄했다는 소문을 듣고 놀랐다. 그 장의에게 그 일을 말하고 나서 찬탄했다.

"조나라의 평원군은 참으로 어진 사람이구려."

장의가 대답했다.

"평원군이 어질지만 제나라의 맹상군만은 못합니다."

진소양왕이 한숨을 쉬며 말했다.

"어떻게 해야 그처럼 훌륭한 맹상군과 한 번 만나 천하를 경영해 볼 수 있을지?"

"왕께서 그런 생각이 계시다면 왜 맹상군을 우리 나라로 초청하지 않으십니까?"

"그는 지금 제나라 재상으로 있는 몸인데 과인이 부른다고 그가 올리가 있겠소?"

"정 그러시다면 왕께선 제나라에 아들이나 동생 되는 분을 볼모로 보내고 맹상군을 초청하소서. 우리 나라가 그렇게까지 하는 데야 제나라도 맹상군을 보내지 않을 수 없을 것입니다. 일단 맹상군이 오기만 하면 왕은 맹상군을 우리 나라 재상으로 삼으소서. 그러면 제나라에서도 우리 나라에서 볼모로 보낸 왕자나 대군을 자기 나라 재상으로 삼을 것입니다. 그런 연후에 우리가 제나라와 서로 힘을 합쳐 천하를 도모할 수도 있을 것입니다."

진소양왕이 연신 머리를 끄덕이며 말했다.

"그대의 계책이 장히 좋소!"

진소양왕은 자기 동생 경양군을 볼모로 제나라에 보냈다. 그러나 제민왕은 볼모까지는 필요하지 않다면서 경양군을 돌려보냈다.

경양군이 먼저 수레를 타고 진나라로 돌아가고 수일 후에 맹상군도 진나라를 향해 떠났다. 이 때 맹상군을 따라 선비들 1천여 명도 진나라를 향해 떠났다. 앞뒤로 맹상군을 따르는 수레 1백여 승(乘)은 가히 장관을 이루었다. 맹상군은 함양에 도착하는 즉시로 진소양왕을 알현하려고 궁으로 들어갔다. 진소양왕은 계하에까지 내려와서 그의 손을 잡고 반겼다.

"과인이 대군(大君)과 한 번 만나 보기가 평생소원이더니 오늘날 이렇듯 서로 만날 줄이야 어찌 알았겠소."

원래 맹상군에겐 하얀 여우털로 만든 백호구(白狐裘: 여우 겨드랑이 털가죽으로 안을 덴 갖옷) 한 벌이 있었다. 값으로 따지면 천금으로도 구하기 어려운 옷이었다. 이 날 맹상군은 예물로 진소양왕에게 이 백호구를 바쳤다.

진소양왕은 그것을 입고 내궁에 들어가서 평소에 특히 총애하는 연희(燕姬)에게 자랑했다. 연희가 물었다.

"이 갖옷이 뭣이 그리 대단하기에 이처럼 자랑하시나이까?"

진소양왕이 웃으면서 대답했다.

"여우는 천 년이 지나야 그 털빛이 희어진다고 한다. 이 백호구는 그 천년 묵은 여우의 겨드랑이 털가죽만 모아서 만든 옷이다. 어찌 천하의 보물이라 아니 할 수 있으리오."

그러나 이 때는 날씨가 아직도 더웠다. 진소양왕은 백호구를 벗어 고장(庫藏) 관리에게 내주며 분부했다.

"이 백호구를 각별히 잘 보관해 두었다가 날씨가 쌀쌀해지거든 잊지 말고 바쳐라."

이튿날이었다. 진소양왕이 만조백관에게 자기 뜻을 말했다.

"과인은 장차 맹상군을 우리 나라 재상으로 임명할까 하오."

진나라 재상인 저리질은 그 말을 듣자 맹상군에게 자기 지위를 뺏길 것이 두려웠다. 이에 저리질은 그의 문객으로 있는 공손 석과 상의했다. 공손 석이 진소양왕에게 가서 아뢰었다.

"대왕께서도 아시다시피 맹상군은 제나라 사람입니다. 그러한 맹상군을 우리나라 재상으로 앉히면 어찌 되겠습니까. 그는 반드시 제나라를 위해 무슨 음모를 꾸밀지 모릅니다."

진소양왕은 공손 석에게 들은 말을 저리질에게 말하고 그의 의견을 물었다. 저리질이 대답했다.

"공손 석의 말이 옳은 줄로 아옵니다."

"맹상군을 제나라로 돌려보낼까?"

"맹상군이 우리 진나라에 온 지도 벌써 한 달이 지났습니다. 그를 따라온 선비 천여 명은 그 새 우리 진나라의 실정을 소상히 조사했다고 합니다. 만일 맹상군을 제나라로 돌려보내면 장차 우리에게 재앙이 될까 두렵습니다."

"그럼 이 일을 어찌하면 좋겠소?"

"맹상군을 죽여 버립시오!"

진소양왕은 마침내 말없이 고개를 끄덕였다.

한편 맹상군 일행은 관사에서 묵고 있었다. 지난날 경양군이 제나라에 갔었을 때 그는 맹상군으로부터 아주 후한 대접을 받았다. 더구나 경양군이 진나라로 돌아올 때 맹상군이 많은 보물들을 선사한 일까지 있었다. 그 때부터 경양군은 맹상군에 대해 호감을 갖고 있었다. 경양군은 형님인 진소양왕이 맹상군을 죽일 작정이라는 정보를 듣고 크게 놀랐다. 경양군은 비밀리에 맹상군을 찾아가서 말했다.

"진왕이 대군을 죽이려고 하오."

"어떻게 해야 내가 살 수 있겠소?"

"오직 한 가지 계책이 있소. 지금 궁중에 진왕이 총애하는 연희라는 여자가 있는데 진왕은 그녀의 청이라면 무엇이든지 다 들어 줍니다. 대군께 값진 보물이라도 있다면 내가 그 보물을 그녀에게 갖다 주고 부탁해 보겠습니다."

이에 맹상군은 경양군에게 백옥 두 쌍을 내주고 부탁했다.

"일이 잘 되도록 힘써 주오."

경양공은 즉시 궁중으로 들어가서 연희에게 백옥 두 쌍을 갖다 주고 맹상군을 살려야겠으니 힘써 달라고 간청했다. 연희가 백옥 두 쌍을 밀어내면서 말했다.

"첩은 원래 옥을 좋아하지 않아요. 첩은 다만 흰 여우털로 만든 백호구를 갖기가 원이에요. 그것만 얻을 수 있다면 극력 주선해 보겠어요."

경양군은 하는 수 없이 관사로 가서 맹상군에게 연희의 말을 전했다. 맹상군은 길이 탄식했다.

"백호구가 있긴 있었으나 이미 진왕에게 바쳤기에 지금은 없으니 이 일을 어찌할꼬!"

경양군은 자기가 거느리고 온 모든 선비들에게 의논조로 물었다.

"백호구 갖옷을 한 벌 더 구할 수 없겠소?"

선비들은 아무도 대답을 못했다. 뾰족한 수가 없기 때문이었다. 이 때 맨 밑자리에 앉아 있던 선비가 말했다.

"제가 대군을 위해서 구해 오겠습니다."

맹상군이 반색을 하며 물었다.

"참으로 그대가 구해 올 도리가 있소?"

"소인이 그것을 도적질해 올까 합니다."

맹상군이 웃으면서 말했다.

"가서 한번 해 보오."

그 날 밤이었다. 그 선비는 개 탈바가지를 쓰고 개처럼 기어서 개구멍바지로 들어가 궁중의 부고(府庫) 앞까지 가서 짖었다.

"멍멍멍…."

궁중의 창고지기는 개가 짖는 소리를 듣고서 혼잣말을 했다.

"개란 놈은 신통하단 말이야. 난 졸려서 죽겠는데 저놈은 자지도 않고 잘 지키거든! 저놈에게 맡기고 어디 잠이나 자 볼까."

어느덧 창고지기는 깊이 잠이 들어 코를 골기 시작했다. 선비는 창고지기 곁에 놓여 있는 열쇠를 가지고 부고 안으로 들어갔다. 마침내 선비가 백호구를 훔쳐 가지고 돌아가 맹상군에게 바쳤을 때는 아직도 한밤중이었다.

이튿날 맹상군은 경양군을 초청하고 백호구를 내주었다. 경양군은 즉시 내궁으로 들어가서 연희에게 바쳤다. 연희는 소원하던 물건을 받고서 크게 기뻐했다.

그 날 밤이었다. 연희는 진소양왕에게 술을 권하며 갖은 아양을 다 떨었다. 연희가 진소양왕에게 속삭였다.

"첩이 듣건대 맹상군은 천하의 신망을 받고 있는 어진 사람이라고 하옵니다. 그를 죽일 것까지야 없지 않겠습니까. 대왕께서 남의 나라 정승을 초청해다 이유 없이 죽였다는 소문이 퍼지기라도 하면 그 뒷처리를 어찌 하시렵니까. 더구나 상대는 보통 사람도 아닌 맹상군입니다. 대왕은 깊이 생각하소서."

진소양왕이 연신 머리를 끄덕이면서 대답했다.

"그대의 말이 옳다."

이튿날 아침이었다. 진소양왕이 어전에 나가서 분부했다.

"맹상군에게 수레와 역권(驛券: 여행 통행증)을 갖다 주고 제나라로 돌려보내라."

한편 관사의 맹상군은 궁에서 나온 근시로부터 역권을 받자 모든 선비들에게 말한다.

"내가 다행히 연희의 도움을 받아 호랑이 굴을 벗어나게 됐지만 우리가 관문을 빠져 나가기 전에 만일 진왕이 후회하고 우리를 뒤쫓는다면 그 때는 살아날 길이 없을 것 같구려."

이 때 선비들 중에 역권을 위조할 줄 아는 선비 한 사람이 있었다. 그는 역권에 적혀 있는 맹상군의 이름을 지워 버리고 다른 이름을 하나 만들어서 써 넣었다. 연후에 맹상군 일행은 일제히 수레를 달려 진나라 도성 함양을 떠났다. 그들 일행이 진나라의 마지막 관문인 함곡관에 당도했을 때는 한밤중이었다.

관문에는 이미 무거운 쇠가 채워진 지 오래였다. 맹상군은 매우 초조했다. 그러나 관문이란 열고 닫는 때가 정해져 있는 법이어서 해가 저물면 닫고 닭이 울어야만 열였다.

맹상군과 수행하는 선비들은 곧 뒤에서 진나라 군대가 잡으러 오는 것만 같아서 두려움에 싸였다. 바로 그 때였다.

"꼬끼요!"

한밤중의 적막을 뒤흔들면서 때 아닌 닭 우는 소리가 일어났다.

"꼬끼오오!"

맹상군은 자기의 귀를 의심하여 황급히 수레 밖을 내다보았는데 그것은 천만 뜻밖에도 선비들 속에서 일어나는 것이었다. 선비들 중에서 한 선비가 목을 길게 뽑아 닭소리를 내고 있었다. 선비들이 모두 눈을 크게 뜨고 그 선비를 바라보았다. 이윽고 저편 어디선가 진짜 닭이 우는 소리가 들려왔다.

"꼬끼요!"

동시에 사방에서 닭들이 서로 화답하듯 울어댔다. 관문을 지키는 관리들은 닭 우는 소리에 잠이 깼다.

"어느 새 새벽이 된 모양이군!"

관리들은 밖으로 나가서 관문 앞에 몰려 있는 맹상군의 역권을 본 후에 관문을 열었다. 물론 역권의 이름은 가명이었기 때문에 관리들은 그들이 맹상군 일행이란 것을 몰랐다. 맹상군 일행은 함곡관을 벗어나자 일제히 전속력으로 달렸다. 맹상군이 수레를 달리면서 두 선비를 돌아보고 사례했다.

"내가 이번에 호랑이 굴에서 살아 나온 것은 개 짖는 소리를 잘 내는 선비와 닭 우는 소리를 잘 내는 선비 덕분이오."

과연 맹상군을 풀어준 진소양왕은 후에 크게 후회하고 군사를 보내 맹상군을 다시 잡아오라고 시켰으나 추격군들이 함곡관에 당도했을 때는 맹상군 일행이 이미 관문을 빠져 나간 후였다. 맹상군으로서는 실로 간발의 차이로 목숨을 건진 것이다. 많은 선비들이 모이다 보니 그 중에는 특별한 재능을 가진 사람도 있어 맹상군은 위기에서 벗어날 수 있었다.

제10편 천하통일(天下統一)

1. 교계무궁(巧計無窮)
2. 기상천외(奇想天外) 미인계
3. 불청충언(不聽忠言)
4. 왕후와 나눈 사통(私通)
5. 여불위(呂不韋)의 최후
6. 쓰러져 가는 제후국들
7. 의인(義人) 형가(荊軻)
8. 원한은 하늘에 사무치고
9. 진시황제(秦始皇帝)

제10편 천하통일(天下統一)

1. 교계무궁(巧計無窮)

일찍이 진나라와 조나라가 민지(澠池) 땅에서 화평 조약을 맺은 일이 있었다. 그 때 진소양왕의 손자인 왕손(王孫) 이인(異人)이 볼모로 조나라에 갔다. 그는 그 때까지도 조나라 도읍 한단(邯鄲)에서 볼모 생활을 하고 있었다.

왕손 이인은 바로 안국군(安國君)의 둘째 아들이고 안국군은 진소양왕의 태자이다. 안국군에게는 아들이 20여 명이나 있었다. 물론 여러 여자들의 몸에서 난 아들들이었다.

그런데 그 20여 명의 아들은 다 서출이고 적자(嫡子)가 아니었다. 안국군의 본부인 동궁비(東宮妃)는 초왕의 딸 화양부인(華陽夫人)이었는데 그녀는 안국군의 사랑을 받았으나 아들을 낳지 못했다.

왕손 이인은 하희(夏姬)라는 여자의 소생이었다. 그런데 하희는 태자 안국군의 사랑을 별로 받지 못한 데다 일찍 세상을 떠났다. 이러한 여러 가지 불리한 조건 때문에 20여 명의 형제들 중에서도 왕손 이인이 특히 볼모로 뽑혀 조나라로 갔던 것이다. 따라서 진나라는 그간 왕손 이인을 데려올 생각도 않고 버려두었다. 진소양왕도 태자 안국군도 왕손 이인에게는 전혀 관심이 없었던 것이다.

지난날 진나라 장수 왕전(王翦)이 조나라를 쳤을 때 일이었다. 조효성왕(趙孝成王)은 대로하여 추상같은 명령을 내렸다.

"진나라 군대가 쳐들어온다니 우리 나라에 볼모로 와 있는 진나라 왕손 이인의 목을 베어라!"

이 때 평원군이 간했다.

"왕손 이인은 진나라에서 버림받은 사람이나 다름없습니다. 그런 사람을 죽인댔자 공연히 진나라에게 구실거리만 만들어 줄 뿐입니다. 그러니 죽이지 말고 두어 뒀다가 혹시 요긴할 때 이용이나 하도록 하시지요."

조효성왕은 비록 머리를 끄덕였으나 그래도 분노가 풀리지 않았다.

"왕손 이인을 곧 총대(叢臺)로 안치시키고 대부 공손건이 그를 엄중히 감시하라. 그리고 그에게 지금까지 대 주던 비용도 대폭 줄여라."

그 후로부터 왕손 이인은 어딜 가려고 해도 수레가 없어서 걸어 다녀야만 했다. 용돈이 없어서 늘 총대에 틀어박혀 있었다. 그는 언제나 우울하기만 했다. 마치 징역을 살고 있는 것이나 다름없었다.

이 때에 조나라 양책 땅 출신으로 성은 여(呂)이고 이름은 불위(佛韋)라는 사람이 있었다. 아비는 장사꾼이었고 그 아들 또한 장사꾼이었다.

원래부터 그들 부자는 여러 나라를 돌아다니면서 난세전국(亂世戰局)을 이용하는 비상한 수단을 발휘했다. 그들은 물건을 싸게 사서 비싸게 파는 데 능했다. 그들 부자의 재산이 얼마나 되는지 확실히 아는 사람은 없었으나 여 씨(呂氏) 집이 큰 부호라는 것만은 누구나 다 알고 있었다. 이 때 여 씨 부자는 조나라 한단성 안에서 살고 있었다.

어느 날이었다. 여불위가 거리에 나갔다가 돌아오는 길에 우연히 진나라 왕손 이인을 봤다. 얼굴은 백옥 같고 입술은 자줏빛이었다. 비록 초라한 의복을 입고 적막한 슬픔이 서려 있었으나 귀인의 기상이 역연했다. 여불위는 속으로 탄복했다.

'내 저렇듯 잘생긴 사람은 처음 본다.'

여불위가 지나가는 사람에게 물었다.

"여보시오. 말 좀 물읍시다. 저기 저 사람이 누굽니까?"

지나가던 사람이 웃으면서 대답했다.

"저 분 말이오? 저 분으로 말하면 진나라 태자 안국군의 아들인 왕손 이인이지요. 우리 조나라에 볼모로 와 있는 중인데 진나라 군대가 자꾸만 우리 나라 경계를 침범하니 참으로 딱한 노릇이지요. 한때는 우리 왕께서는 저 사람을 죽이려고까지 했답니다. 겨우 죽음을 면하긴 했으나 가히 구금당하다시피 하고 있으며 또한 비용이 넉넉지 못해서 매우 궁졸(窮拙)하다오."

여불위가 속으로 은근히 기뻐하며 중얼거렸다.

'잘만 하면 참 좋은 밑천이 되겠구나!'

여불위는 부리나케 집으로 돌아가 그의 아버지에게 물었다.

"농사를 지으면 몇 배나 이익을 볼 수 있습니까?"

"열 배쯤 되겠지."

"구슬이나 옥 같은 보물 장사를 하면 몇 배나 이익을 봅니까?"

"백 배쯤 될 게다."

여불위가 또 물었다.

"만일 한 사람을 도와 일국의 왕을 만들어 강산을 휘어잡는다면 그 이익은 몇 배나 되겠습니까?"

아버지가 껄껄 웃으면서 대답했다.

"참으로 그렇게만 된다면야 어찌 그 이익을 천만 배라고만 하겠느냐. 이루 다 헤아릴 수 없을 것이다."

이튿날이었다. 여불위는 총대를 감시하는 책임자인 공손건에게 가서 백 금(百金)을 뇌물로 쓰고 교제를 텄다. 그 후로 여불위는 공손건에게 자주 놀러 다녔다. 어느 날 여불위는 공손건에게 갔다가 왕손 이인을 보게 됐다. 여불위가 시치미를 떼고 공손건에게 물었다.

"저 사람은 누구요?"

공손건은 여불위가 아무것도 모르는 줄 알고서 왕손 이인에 대한 내력을 설명해 주었다.

한 달쯤 후였다. 여불위가 술과 음식을 장만하여 공손건을 찾아갔다. 그리고 말했다.

"이거 단 둘이서 마시기엔 술자리가 좀 쓸쓸하군요. 그렇다고 다른 사람을 불러올 것까지는 없고…. 참, 이곳에 진나라 왕손 이인이 있지 않소? 그 사람을 오라고 해서 심심파적으로 함께 듭시다."

"그럼 그렇게 합시다."

공손건은 안으로 사람을 보내어 왕손 이인을 데려왔다.

세 사람이 둘러앉아 술을 마시는 동안에 모두들 얼큰히 취했다. 공손건이 오줌이 마렵다면서 변소로 갔다. 기회는 바로 그 때였다. 여불위가 목소리를 낮추고 물었다.

"이젠 진소양왕도 늙으셨소. 태자 안국군께서 가장 사랑하시는 분은 바로 정실 부인이신 화양부인입니다. 그러나 화양부인에겐 소생이 없는데다 왕손 전하의 형제는 20여 명이나 되건만 모두 사랑을 받지 못하는 처지가 아닙니까. 이런 계제에 전하는 어찌하여 진나라로 돌아가서 화양부인에게 효성을 다하지 않습니까. 소생이 없는 그녀가 효성에 감동되어 마침내 전하를 자기 친아들로 삼기만 한다면 전하는 결국에 가서 진나라 왕이 될 수 있지 않겠습니까."

왕소 이인이 눈물을 머금고 대답했다.

"이 몸이 어찌 그런 큰 뜻을 품을 수 있겠습니까. 그저 이 조나라를 벗어날 길이 없어서 한이외다."

여불위가 속삭였다.

"저의 집이 비록 가난하나 전하께서 생각만 있으면 제가 직접 진나라에 가서 전하를 위해 천금(千金)을 아끼지 않고 쓰겠습니다. 어떻게 해서든 태자 안국군과 화양부인을 설복시켜 전하를 데려가도록 주선하겠습니다."

왕손 이인이 여불위의 손을 꼭 잡고 부탁했다.

"만일 그대 말씀대로 되기만 한다면 내 반드시 그대와 부귀를 함께 하겠소!"

그 때 변소에서 돌아오는 공손건의 발소리가 들리었다. 여불위는 말없이 왕손 이인에게 머리를 끄덕였다.

그 후로 여불위는 왕손 이인과 수시로 만났다. 하루는 여불위가 왕손 이인에게 비밀리에 황금 5백 금을 주며 말했다.

"이 돈으로 좌우에 있는 사람들을 매수하십시오."

그 날부터 왕손 이인은 자기를 감시하고 있는 공손건의 직속 부하들에게 돈을 뿌렸다. 황금의 위력은 대단했다. 어느덧 총대를 지키는 자들은 모두 왕손 이인과 한 패가 되었다.

한편 여불위는 진나라 도읍 함양(咸陽)으로 갔다. 원래 태자 안국군의 정실 부인인 화양부인에게는 친정 언니가 있었다. 그 친정 언니도 초나라에서 진나라로 시집와서 살고 있었다. 미리 내탐하여 그 일을 알고 있었던 여불위는 진나라에 당도하는 즉시 화양부인의 언니 집에서 일하는 사람들을 매수하기 시작했다. 여불위의 많은 돈과 능란한 솜씨는 먼저 화양부인의 언니를 설득하고 이어서 화양부인이 왕손 이인의 효심에 감동하도록 만들었다.

어느 날 밤이었다. 화양부인이 안국군과 함께 술을 마시며 즐기다가 술이 거나하게 취했을 때였다. 화양부인이 갑자기 흑흑 흐느끼며 울었다. 안국군이 당황하여 물었다.

"갑자기 웬일이오?"

화양부인이 겨우 울음을 진정하고 대답한다.

"이 몸은 천행으로 태자를 모시게 됐으나 불행히도 소생이 없습니다. 다른 후궁들 몸에서 난 아들이 많지만 그 중에서도 가장 효심이 깊은 아들은 왕손 이인뿐입니다. 태자께서 이 몸을 사랑하신다면 소원이나 하나 들어줍시오. 이 몸은 왕손 이인을 적자(嫡子)로 삼고 싶습니다. 그러면 불쌍한 이 몸은 왕손 이인이 있기 때문에 한결 든든하겠습니다."

안국군이 웃으면서 위로했다.

"그거 어려울 것 없소. 부인의 원대로 왕손 이인을 적자로 정하겠소."

안국군은 드디어 여불위를 자기 처소로 불러들였다. 여불위는 지체하지 않고 동궁으로 들어가서 태자 안국군을 뵈었다. 안국군이 말했다.

"나는 왕손 이인을 데려와서 적자로 삼을 작정인데 조나라에서 데려오기가 쉽지 않으니 이 일을 어찌하면 좋겠소? 선생에게 묘책이 있거든 말씀해 주오."

여불위가 머리를 조아리며 대답했다.

"소인이 넉넉지는 못하나 천금을 기울여서라도 조나라 신하들을 매수하고 무사히 왕손 이인을 구출해 오겠습니다."

그 말을 듣자 안국군이 크게 기뻐하면서 부탁했다.

"그럼 우리도 황금 3백 일을 내놓을 테니 선생이 가지고 가서 일을 성사시키는 데 보태 쓰오. 그리고 선생은 이인의 태부(太傅: 스승)가 되시오. 그리고 일에 실수가 없도록 각별히 조심하오."

이에 여불위는 하직 인사를 드리고 진나라 함양성을 떠났다.

여불위는 조나라 도읍 한단성에 당도하는 즉시 많은 예물을 갖추어 총대로 갔다. 여불위는 공손건에게 엄청난 예물을 바치고 난 후 왕손 이인과 만나 태자 안국군과 화양부인의 말을 세세히 전했다.

2. 기상천외(奇想天外) 미인계

여불위에게는 나이가 젊고 매우 아름다운 조희(趙姬)라는 여자가 있었는데 그녀는 특히 노래와 춤에 능했다. 이 때 그녀는 여불위의 씨를 밴 지 두 달이었다.

여불위가 왕손 이인을 만나고 돌아온 그 날 밤이었다. 그는 자지 않고 깊은 생각에 잠겼다.

'왕손 이인이 진나라로 돌아가기만 하면 태자 안국군 다음에 진나라의 왕위를 계승할 것이다. 그렇다! 이 기회를 놓치지 말아야 한다. 왕손 이인에게 조희를 바치자. 조희는 나의 씨를 밴 지 두 달밖에 안 되므로 아무도 이 사실을 모르고 있다. 조희가 왕손 이인과 어울린 후에 아들을 낳으면 그 아이는 바로 나의 아들인 것이다. 그러면 바로 내 아들이 진나라의 왕손이 되고 결국에는 진나라 왕이 되는 것이다. 영 씨(嬴氏)의 진나라가 장차 여 씨(呂氏)의 천하로 바뀐다!'

여불위의 눈에서 광채가 번쩍였다. 그는 미소를 지으며 불을 끄고 자리에 들었다.

며칠 후였다. 여불위는 왕손 이인과 공손건을 자기 집으로 초대했다. 술상에는 진수성찬이 가득하고 음악과 노래를 동시에 아뢰었다. 참으로 성대한 주연(酒宴)이었다. 서로 권커니 잣거니 하여 거나하게 취했을 때였다. 여불위가 말했다.

"근래에 제가 새로 젊은 여인을 하나 들여앉혔는데 노래도 잘 하려니와 춤을 썩 잘 추지요. 불러다가 두 분께 술을 권하도록 하겠습니다. 두 분은 당돌하다고 꾸짖지 마십시오."

여불위가 좌우에게 분부했다.

"조희를 데려 오라."

이윽고 조희가 고운 걸음걸이로 가벼이 주단 위를 걸어와 왕손 이인과 공손건에게 날아갈 듯이 절을 했다. 왕손 이인과 공손건은 황망히 답례했다. 여불위가 다시 분부했다.

"금배(金杯)에 술을 가득 부어 두 분께 바치고 축수하라."

조희가 왕손 이인에게 술을 가득 부어 바쳤다. 왕손 이인이 술잔을 받으려고 머리를 들었을 때 조희의 아름다운 얼굴이 바로 눈앞에 가득 찼다. 왕손 이인은 입을 다물 줄 몰랐다.

조희는 두 귀인에게 술을 따르고 바친 후에 천천히 긴 소매를 벌리고 주단 위로 물러서서 음악에 맞추어 춤을 추었다. 두 손을 높이 또는 낮게 놀리니 소매에 무수한 무지개가 어우러지는 듯했다.

왕손 이인은 마음이 산란하고 정신이 황홀하여 취한 듯 어린 듯 연신 찬탄하여 마지않았다.

이윽고 조희의 춤이 끝나자 여불위가 다시 분부했다.

"두 분께 큰 잔에 술을 따라 바치라."

조희가 큰 잔에 따라 바치자 왕손 이인은 잔을 받기가 급하게 단숨에 마셨다. 그제야 조희는 다시 절하고 안으로 들어갔다. 이에 주인과 두 손님은 다시 서로 술을 권하며 마셨다.

이윽고 왕손 이인이 여불위에게 청했다.

"나는 조나라에 볼모 잡힌 이후로 객관에서 너무도 쓸쓸하고 적막한 세월을 보냈소이다. 선생께서 이번에 새로 들어앉혔다는 그 조희란 여자를 내주실 수 없겠습니까? 조희를 아내 삼아 평생 함께 살고 싶습니다."

여불위가 대답했다.

"저는 전하를 위해서 천금을 다 탕진했습니다. 그까짓 여자 하나쯤 뭐 아까울 것이 있겠습니까."

왕손 이인은 자리에서 일어나 여불위에게 두 번 절하고 감사했다.

마침내 공손건과 왕손 이인이 함께 수레를 타고 총대로 돌아가자 여불위는 조희의 방으로 갔다. 여불위가 조희에게 물었다.

"진왕의 손자 되시는 왕손 이인이 너를 십분 사랑하시어 너를 아내로 삼고 싶다 한다. 너의 생각은 어떠하냐?"

조희가 한참 만에 대답했다.

"첩은 대인을 섬겨 이미 임신까지 한 몸입니다. 이제 버리신다면 첩은 어찌합니까."

여불위가 조그만 목소리로 말했다.

"내 말을 잘 듣고 생각해 봐라. 네가 평생 나를 섬겨 봤자 너는 한갓 장사꾼의 첩밖에 안 된다. 왕손 이인은 언젠가 왕이 되실 분이다. 네가 그 어른의 사랑을 받게 되면 너는 진나라 왕후가 되는 것이다. 하늘이 도우셔서 지금 네 배 안에 있는 것이 아들이기만 하면 그 아들은 바로 진나라 태자가 되는 것이다. 그리 되면 너와 나는 장차 진왕의 부모가 된단 말이다. 따라서 우리의 부귀는 무궁할 것이다. 다만 너는 결코 이 일을 남에게 누설하지 말거라."

조희는 머리를 숙이며 흐느껴 울었다.

"대인이 큰일을 계획하시는데 첩이 어찌 분부를 따르지 않으리이까. 그러나 부부의 정을 어찌 끊으오리까."

여불위가 조희의 몸을 어루만지면서 속삭였다.

"네가 만일 나를 잊지 못하겠다면 우리가 진나라를 얻은 연후에 또다시 부부가 되어 함께 부귀를 누리자. 그 또한 아름다운 일이 아니겠느냐."

이에 여불위와 조희는 무릎을 꿇고 앉아 하늘에 절하고 서로 그렇게 하기로 맹세했다.

이튿날이었다. 조희는 온거(溫車)에 실려 총대로 갔다. 왕손 이인은 조희를 영접하고 혼례를 올렸다.

왕손 이인은 조희를 아내로 맞은 후로 그녀를 지극히 사랑했다. 그들은 마치 고기와 물처럼 서로 금슬이 좋았다. 그들이 합한 지 한 달 남짓 지나서였다. 조희가 드디어 왕손 이인에게 말했다.

"첩은 전하의 사랑을 받아 천행으로 태기가 있사옵니다."

왕손 이인은 조희가 이미 임신한 것을 알 리 없었다. 그는 조희가 자기 씨를 밴 줄로만 알고 더욱 기뻐했다.

그러나 조희는 임신한 지 벌써 두 달이 지난 후였다. 조희가 왕손 이인에게 온 지도 어느덧 8개월이 지났다. 10개월이면 아기를 낳게 마련인데 어찌 된 셈인지 산월이 됐건만 뱃속의 것은 꼼짝을 하지 않았다. 그러다가 열두 달 만에 비로소 남자 아기를 낳았다.

아기를 낳았을 때였다. 갑자기 방 안이 분홍빛 서기(瑞氣)로 가득 찼다. 백 가지 새들이 축하하듯 집 안으로 날아들었다. 아기는 나면서부터 코가 크고 눈이 길고 눈에 광채가 돌고 입 속에는 이미 몇 개의 이가 나 있었다. 울음소리가 어찌나 큰지 동네에까지 다 들렸다. 이 때가 바로 진소양왕 48년 정월 초하루였다.

왕손 이인이 크게 기뻐하며 말했다.

"내가 듣건대 천하의 운기를 타고나는 임금은 날 때부터 비범한 징조가 있다 하더라. 내 이 아기를 본즉 과연 골상(骨相)이 비범할 뿐만 아니라 정월 초하룻날에 났으니 다음날에 반드시 천하를 다스리리라."

왕손 이인은 마침내 조희의 성을 따고 장차 천하를 다스릴 것이라 이름하여 아기 이름을 조정(趙政)이라 지었다.

이 아기가 뒷날 진나라 왕위를 계승하고 6국을 통일한 진시황(秦始皇)이다.

진소양왕 50년. 조정의 나이 세 살 때였다.

진나라 군대가 조나라 도읍 한단을 포위하자 조나라 조야가 물끓듯

했다. 전세는 날로 급박해졌다.

　여불위는 성대한 잔치를 열어 공손건을 대취하게 만든 다음 성문을 지키는 수문장에게 뇌물을 듬뿍 주고 왕손 이인 등과 함께 한단성을 빠져나와 진나라로 갔다. 여불위는 진나라 함양성(咸陽城)에 당도하는 즉시 사람을 동궁으로 보내 태자 안국군에게 알렸다.

　안국군이 크게 기뻐하며 화양부인에게 말했다.

　"이인이 왔다 하오. 부인은 속히 나와 함께 당중(堂中)에 나가서 좌정하고 이인이 들어오기를 기다립시다."

　이윽고 이인이 먼저 안국군 앞에 가서 극진히 절했다. 이인이 흐느껴 울면서 귀국 인사를 아뢰었다.

　"불초 소자는 오랫동안 부모님 슬하를 떠나 있어 그간 효도를 다하지 못했습니다. 소자의 불효한 죄를 용서하소서."

　안국군이 말했다.

　"이 기쁜 날을 기념하기 위해서 내 마땅히 너의 이름을 새로 지어 주리라. 너는 오늘부터 이인이란 이름을 버리고 자초(子楚)라고 이름을 고쳐라."

　이인은 일어나 다시 안국군에게 절하고 자초라는 이름을 받았다. 그리하여 왕손 이인은 왕손 자초가 되었다.

　안국군이 자초에게 물었다.

　"지금 전쟁 중일 텐데 조나라를 어떻게 벗어나 이렇듯 무사히 돌아왔느뇨?"

　이에 자초는 조왕이 그간 몇 번이나 자기를 죽이려고 했던 것과 또 여불위가 자기 재산을 다 털어 뇌물로 썼다는 것을 세세히 아뢰었다.

　안국군이 즉시 여불위를 불러들이고 위로했다.

　"선생이 없었다면 나는 이 어질고 효성 있는 아들을 잃을 뻔했구려.

우선 선생에게 동궁 소관인 봉전(俸田) 2백 경(頃)과 저택 한 채와 황금 50일(鎰)을 드리오. 지금 출전 중이신 부왕(父王)께서 개선해 돌아오시면 내 잘 말씀을 드려서 선생에게 벼슬을 내리도록 하겠소."

여불위는 사은하고 동궁에서 물러나갔다. 그리고 자초는 화양부인의 궁중에서 머물러 있게 되었다.

한편 술에서 깨어난 공손건은 여불위가 왕손 이인과 함께 달아났다는 것을 알고 길이 탄식했다.

"내가 그 장사꾼 놈의 농간에 속았구나."

공손건은 허리에 찬 칼을 빼어 자기 목을 찔러 자결했다.

3. 불청충언(不聽忠言)

연나라 연소왕(燕昭王)이 나라를 부흥시킨 이후로 면면히 왕위가 이어져 연왕(燕王) 희(喜)의 치세 4년이 되었다. 이 해에 조나라 평원군이 세상을 떠나자 염파(廉頗)가 조나라 재상이 되었다. 이에 조효성왕은 염파에게 신평군(信平君)이란 작호를 내렸다.

연나라는 조나라와 접경하고 있었기 때문에 사람을 보내어 평원군의 죽음을 조상하지 않을 수 없었다. 연왕 희가 재상 율복(栗腹)을 조나라로 보내면서 말했다.

"경은 조나라에 가서 평원군을 조상하고 조왕에게 5백 금을 주면서 과인의 간곡한 문안을 전하오."

이에 율복은 조나라로 가서 조효성왕에게 5백 금과 연왕 희의 전갈을 전했다. 그리고 조효성왕으로부터 무슨 뇌물이라도 받게 되려니 하고 은근히 기대를 했다. 그러나 조효성왕은 율복에게 따로 뇌물을 주지 않았다. 이에 율복은 불만을 품고 연나라로 돌아가 연왕 희에게 보고했다.

"조나라는 지난날 진나라와 벌인 장평(長平) 싸움에서 40여 만의 군사들이 몰살을 당했기 때문에 어린아이들만 남았습니다. 더구나 이번에 평원군이 죽었고 염파가 재상이 됐지만 염파는 너무 늙어서 폐물이나 다름없습니다. 이런 때에 우리가 군대를 나누어 거느리고 조나라를 엄습하면 우리 땅으로 만들 수 있을 것입니다."

그 말에 연왕 희는 그만 귀가 솔깃해져 병법에 출중한 악의(樂毅)의 후손 악한(樂閑)을 불러들여 조나라를 칠 일을 상의했다. 악한이 아뢰었다.

"조나라 백성들은 모두 평소부터 군사 훈련을 받은 사람입니다. 왕은 경솔히 조나라를 칠 생각은 마시옵소서."

연왕 희가 물었다.

"우리가 3배의 군대로 조나라를 치면 어떻겠소?"

"그래도 안 됩니다."

"그럼 5배의 군대로 조나라를 치면 어떻겠소?"

"어떻든 조나라를 치는 것만은 불가합니다."

연왕 희가 대로하여 꾸짖었다.

"음, 알겠다. 그대의 아비 악의(樂毅)의 무덤이 조나라에 있기 때문에 그러는구나."

악한이 기가 막혀 미처 대답을 하지 못할 때 대부 장거(將渠)가 앞으로 나아가서 준절히 연왕 희에게 간했다.

"대왕은 이번에 조나라와 우호를 맺기 위해 조왕에게 5백 금을 보내지 않았습니까. 그렇게까지 한 대왕이 돌아온 율복의 말만 듣고 조나라를 친다면 이는 신(信)과 의(義)를 잃는 결과가 됩니다. 신과 의를 잃은 군대가 어찌 이기길 바랍니까."

그러나 연왕 희는 듣지 않고 율복을 대장으로 삼고 악승을 부장으로 삼아 10만 군사를 거느리고 조나라 호(胡) 땅을 치기로 했다. 부장 경진과 악한은 10만 군사를 거느리고 조나라 대(代) 땅을 치기로 했다. 그리고 연왕 희는 친히 10만을 거느리고 중군이 되어 후방에서 그들을 돕기로 했다.

마침내 연왕 희가 떠나려고 전거에 타려 했을 때였다. 장거가 연왕 희의 소매를 붙들고 울면서 간했다.

"대왕은 조나라를 치러 가지 마십시오. 공연히 인심만 소란해질까 두렵습니다."

연왕 희는 대로하여 장거를 발길로 걸어차며 호령했다.

"이놈을 옥에 가두어라! 내가 개선해서 돌아오는 날에 죽이리라!"

이에 장거는 옥으로 끌려가고 30만 연나라 군대는 세 길로 나뉘어 출발했다. 연나라의 정기(旌旗)는 벌판을 뒤덮고 살기는 하늘에 가득 찼다.

한편 조나라 효성왕은 연나라 군대가 쳐들어온다는 보고를 받고 신하들과 상의했다. 재상 염파가 아뢰었다.

"연나라는 우리 나라가 지난번 진나라 싸움에서 많은 군대를 잃었다 해서 우리를 얕잡아 보고 쳐들어오는 모양입니다. 하오나 우리가 거국적으로 총동원하면 가히 연나라를 꺾을 수 있습니다. 더구나 연나라 대장 율복(栗腹)은 공로를 탐할 뿐 장수의 지략(智略)이 없는 자며 악한과 악승은 바로 창국군(昌國君) 악의(樂毅)의 아들이며 종제이니 힘써 싸우지 않을 것입니다. 그러니 대왕은 조금도 염려 마소서."

이에 염파는 대장이 되어 군대 5만을 거느리고 연나라 대장 율복과 싸우기 위해 호(胡) 땅으로 떠났다. 부장 이목은 군대 5만을 거느리고 대(代) 땅으로 떠났다.

조나라 대장 염파는 연약한 병사 수천 명을 앞장세워 연나라 군대에게 싸움을 걸었다. 이에 조나라 대장 율복은 친히 진 밖으로 나가 조나라 군대와 싸웠다. 앞장서 온 연약한 조나라 군대는 능히 연나라 군대를 당적하지 못하고 달아나기 시작했다.

연나라 대장 율복은 기고만장하여 군대를 휘몰아 달아나는 조나라 군사들을 쫓아갔다. 한 예닐곱 리쯤 쫓아갔을 때였다. 사방에서 일제히 함성이 일어나면서 조나라의 복병들이 쏟아져 나왔다. 한 대장이 나는 듯이 전거를 달려오면서 큰 소리로 외쳤다.

"염파가 여기 왔으니 율복은 목을 내놓아라!"

율복이 대로하여 칼을 휘두르며 염파에게 달려들었다. 그러나 율복은 염파의 적수가 아니었다. 두어 합 겨루다 말머리를 돌려 달아나니 승세한 조나라 군대가 그 뒤를 급히 쳤다. 마침내 연나라 군대는 크게 패하고 율복은 달아나다가 조나라 군사들에게 사로잡히고 말았다.

한편 악승은 대장 율복이 조나라 군사에게 사로잡혔다는 소식을 듣고 달아나려 했다. 이에 조나라 대장 염파는 사람을 보내어 권했다.

"그대는 우리 조나라와 전부터 인연이 깊은 창국군 악의의 종제이니 달아나지 말고 우리에게로 오시오."

악승은 마침내 조나라 대장 염파의 휘하에 투항하고 말았다.

연나라 부장 경진은 조나라의 부장 이목의 창에 찔려 죽고 악한은 패잔병을 거느리고 청량산으로 들어가서 숨을 돌리고 있었다. 조나라 대장 염파는 악승을 청량산으로 보내어 악간을 불렀다. 이에 창국군 악의의 아들 악한도 아버지의 고국인 조나라에 투항했다.

연왕 희는 양로 군대들이 모두 패했다는 보고를 받자 서둘러 연나라로 도망쳐 돌아갔다. 염파는 승세를 타고 즉시 연나라로 쳐들어갔다. 연왕 희는 하는 수 없이 조나라 군대에게 사신을 보내 화평을 청했다.

악간이 조나라 대장 염파에게 말했다.

"원래 조나라를 치자고 주장한 자는 율복입니다. 그 때 대부 장거는 앞날을 내다볼 줄 아는 지혜가 있어 조나라를 쳐서는 안 된다고 충간하다가 연왕의 노여움을 사서 지금 옥에 갇혀 있습니다. 장군께서 화평을 허락하려거든 연왕에게 대부 장거를 연나라 재상으로 삼으라고 조건을 내세우십시오."

조나라 대장 염파는 악간의 말대로 했다. 다급해진 연왕 희는 염파의 조건을 들을 수밖에 없었다. 연왕 희는 옥에 갇혀 있는 장거를 불러내어 재상으로 삼았다. 장거가 재상의 인을 받지 않으며 사양했다.

"신이 예측한 대로 됐다는 것은 불행한 일입니다. 이 불행을 기회로 삼아 어찌 재상 자리에 앉겠습니까."

"과인은 그대 말을 듣지 않다가 스스로 욕을 당했소. 조나라의 화평 조건이 그대를 재상으로 삼아야 한다는구려."

이에 연나라 재상이 된 장거는 조나라 군대에게 가서 사죄했다. 조나라 대장 염파는 비로소 연나라가 청하는 화평을 허락하고 사로잡아 둔 연나라 대장 율복을 끌어내어 그의 목을 베었다. 그리고 그 날로 군대를 돌려 조나라로 돌아갔다.

4. 왕후와 나눈 사통(私通)

진나라 소양왕 56년 가을이었다. 진소양왕이 노환으로 세상을 떠났다. 이에 태자 안국군(安國君)이 왕위를 계승하니 그가 바로 진효문왕(秦孝文王)이다. 동시에 화양부인은 왕후가 되고 왕손 자초(子楚)는 태자가 되었다.

한나라 환혜왕(桓惠王)은 친히 진나라에 가서 소양왕의 죽음을 조상했다. 그 밖에 다른 나라 왕들도 다 장수나 대신을 보내어 소양왕의 장례에 참석시켰다. 장례를 마친 지 3일 만에 모든 상례(喪禮)는 일단 끝났다.

진효문왕은 다시 모든 신하들과 함께 크게 잔치를 벌였다. 밤늦게야 진효문왕은 취침하러 내궁으로 들어갔다. 그런데 참으로 뜻밖의 일이 일어났다. 그 날 밤에 진효문왕이 죽은 것이다. 왕위에 오른 지 하룻밤 사이에 죽다니 믿을 수 없는 일이었다.

진나라 문무백관과 백성들은 놀라기보다도 먼저 얼굴을 찌푸렸다. 모두가 객경 벼슬에 있는 여불위를 의심했다.

'허, 이거 야단났구나! 여불위가 태자 자초를 속히 왕위에 올려 세우려고 술에 독약을 타서 왕에게 먹인 것이 분명하다!'

그러나 진나라 문부백관과 백성들은 그 사실을 짐작은 하면서도 여불위를 두려워한 나머지 아무도 말하지 못했다.

이에 여불위가 모든 신하들과 함께 태자 자초를 왕위에 올려 모시니 그가 바로 진장양왕(秦庄襄王)이다. 따라서 하루아침에 과부가 된 화양부인은 태후가 되고 지난날 여불위의 애첩이었던 조희(趙姬)는 왕후가 되고 실은 여불위의 자식인 조정(趙政)은 태자가 되었다. 태자가 된 후부터 조정은 어머니의 성을 버리고 그저 태자 정(政)이라고 일컬었다.

재상 채택이 말했다.

"오늘날 새로 등극한 왕은 여불위의 은덕으로 왕이 된 사람이다. 내가 승상 자리에 버티고 있다가는 내 일신에 어떤 해가 미칠지 모르겠구나!"

즉시 승상의 인을 내놓았다. 그리하여 마침내 여불위가 진나라 승상이 되었다. 동시에 진장양왕은 승상 여불위를 문신후(文信侯)로 봉하고 하남 일대의 십만 호를 봉지로 하사했다. 진나라의 권세를 한 손에 쥔 여불위에게 이제 부러울 것이라곤 아무것도 없었다.

이 무렵 주나라는 몹시 피폐해 있었다. 주난왕(周赧王)의 신하로 동주

(東周)를 다스리던 동주공(東周公)이 진나라 소양왕에 의해 동주군(東周君)으로 벼슬이 깎여 주나라의 체면이 말이 아니었다. 그런데 동주군은 진나라에서 소양왕과 효문왕이 연달아 죽고 진나라 국내가 매우 어수선하다는 보고를 받았다. 동주군은 이 절호의 기회를 놓쳐서는 안 된다고 결심했다. 그는 모든 나라로 사자들을 보내어 서로 연합해서 무도한 진나라를 치자고 교섭했다. 동주군은 이 기회에 진나라를 무찌르고 주나라를 다시 일으킬 작정이었다.

한편 진나라에서는 승상 여불위가 장양왕에게 아뢰었다.

"서주는 이미 망하고 이제 남은 것이라고는 동주가 겨우 명맥을 유지하고 있습니다. 비록 주난왕이 죽고 소위 천자란 것은 없어졌지만 아직도 주왕실의 자손들이 다시 주나라를 재흥하려고 기회만 노리고 있습니다. 대왕은 이참에 동주를 무찔러 그들을 아주 없애 버리십시오. 그래야만 천하의 민심을 우리에게 돌릴 수 있습니다."

"승상이 적절히 조처하오."

마침내 여불위는 군대 10만 명을 거느리고 물밀 듯이 동주 땅으로 쳐들어갔다. 진나라 군대는 단숨에 동주를 짓밟았다. 그들은 동주군을 사로잡아 진나라로 돌아갔다.

주나라는 무왕(武王)이 기유년에 천명을 받아 주 왕조를 세웠고 동주군이 임자년에 이르러 망했으니 그 동안이 38대 8백 73년이었다.

진장양왕 3년에 왕이 병이 났다. 여불위는 왕을 문병하러 날마다 궁에 드나들었다.

어느 날이었다. 마침내 여불위는 밀서 한 통을 내시에게 주어 옛날 자기 애첩이었으나 오늘날은 왕후의 몸인 조희(趙姬)에게 보냈다. 그 밀서의 내용은 다음과 같았다.

지난날에 우리가 헤어질 때 언제고 기회가 오면 다시 애정을 계속하자고 맹세하지 않았는가. 나는 그간 잠시도 그대를 잊은 적이 없노라.

왕후는 진장양왕이 병중인데다가 전 남편인 여불위의 밀서를 받아 보자 옛정이 되살아났다. 마침내 왕후는 무시로 여불위를 자기 방으로 불러들여 정을 통했다. 그 후부터 여불위는 친히 약을 구해다가 진장양왕에게 바쳤다. 진장양왕은 여불위가 바치는 약을 먹은 지 불과 한 달 만에 죽었다.

이에 여불위는 태자 정(政)을 받들어 진나라 왕위에 모시니 그가 바로 진왕 정(秦王政)이다. 이 때 진왕 정의 나이는 겨우 13세였다. 따라서 장양왕후(莊襄王侯)는 태후가 되고 태후의 둘째 아들인 성교(成嶠)는 장안군(長安君)이 되고 여불위는 옛 강태공(姜太公)과 견줄 만하다 해서 상부(尙父)라고 칭했다.

그런데 진왕 정은 장성할수록 더욱 영특하고 총명해졌다. 그제야 여불위는 자기 소행에 대해 슬며시 겁이 났다. 그러나 왕태후의 음욕은 갈수록 더욱 치열했다. 여불위는 생각 끝에 왕태후에게 양기 좋은 사람 하나를 천거해야겠다고 작정했다.

이 때 함양성 시정배로서 노대(嫪大)라는 사람이 있었다. 그는 성기가 크기로 유명했다. 진나라 말에 음행을 즐겨하는 자를 애(毐)라고 했다. 그래서 시정 사람들은 노대를 노애라고 불렀다.

어느 날이었다. 노애는 점잖은 집 유부녀와 통정하다가 간통죄에 걸려 관청으로 끌려왔다. 여불위는 노애를 감옥에서 꺼내 자기 부중으로 데리고 가서 사인(舍人: 집안일 보는 사람)으로 삼았다.

원래 진나라는 가을에 농사일이 끝나면 3일 동안 노래를 부르고 춤을 추면서 즐기는 풍속이 있다. 이 날 여불위는 노애를 데리고 시정으로 나가 오동나무로 만든 수레바퀴를 끌어내 오게 했다. 여불위가 노애에게 눈짓을 하자 노애는 바지를 벗고 오동나무 수레바퀴에 그 큰 성기를 끼웠다.

노애는 자기의 성기로 오동나무 수레바퀴를 빙글빙글 돌렸다. 그런데도 노애의 성기는 조금도 상하지 않았다. 구경하는 사람들이 모두 배를 움켜쥐고 웃었다.

여불위의 계획대로 이 소문은 왕태후의 귀에까지 들어갔다. 왕태후는 여불위에게 그것이 사실이냐고 물었다. 여불위가 대답했다.

"태후가 원하신다면 신이 기회를 보아서 그 사람을 데리고 들어 오리이다."

왕태후가 대답 없이 웃기만 하다가 슬쩍 물었다.

"공은 저를 놀리십니까? 바깥사람이 어찌 내궁에 들어올 수 있으리오."

여불위가 대답했다.

"신에게 한 가지 계책이 있습니다. 사람을 시켜 노애의 과거 죄를 들춰내게 하고 연후에 노애를 잡아다가 부형(腐刑: 고자를 만드는 형벌)에 처하게 한 다음 형을 집행하는 자에게 뇌물을 써서 노애에게 부형을 한 것처럼 감쪽같이 속이는 것입니다. 그렇게 노애를 가짜 환관으로 만들어 내궁에서 일을 보게 하면 되지 않겠습니까."

그리하여 노애는 수염을 뽑고 완전히 고자 모양이 되었다. 그는 처음에는 내시로 들어가 있다가 마침내 내궁으로 뽑혀 들어가 왕태후를 모시게 되었다.

어느 날 밤이었다. 왕태후는 침실로 노애를 불러들여 시험해 봤다. 노애는 있는 재주를 다 부려 왕태후를 만족시켰다. 왕태후는 몹시 기뻤다. 과연 노애의 것이 여불위의 것보다 열 배나 훌륭했다.

그 후로 밤만 되면 왕태후는 노애와 함께 부부 생활을 즐겼다. 그런지 약 반년 만에 마침내 왕태후에게 태기가 있었다. 배가 점점 불러왔다. 왕태후는 겁을 먹고 노애에게 분부했다.

"그대는 잘 아는 점쟁이를 하나 매수해서 태후 마마가 병환이 났는데 서쪽 2백 리 밖으로 나가 계셔야 그 병을 고칠 수 있다고 소문을 퍼뜨리도록 하오."

그러한 지 수일 후부터 점쟁이의 이런 말이 궁중에 떠돌게 되고 만사는 왕태후의 계책대로 되어 갔다.

진왕 정은 그 말을 듣고 왕태후에게로 갔다.

"병환은 좀 어떠신지? 점쟁이의 말대로 해 보시는 것이 좋을 듯합니다. 옹성은 함양에서 서쪽으로 2백여 리 밖에 있습니다. 그 곳은 우리나라의 옛 도읍지가 있는 만큼 진목공의 부군(父君) 덕공(德公)이 천도한 이래 위앙이 변법을 행할 때 함양으로 옮기기 전까지 약 3백 년 간 진나라의 도읍이어서 당시의 궁전이 그대로 남아 있습니다. 그리로 가도록 하시지요."

진왕 정이 이렇게 권한 데는 그만한 이유가 있었다. 영특한 진왕 정은 여불위와 왕태후의 관계를 이미 눈치 채고 있었다. 그래서 그는 왕태후를 먼 곳으로 보내는 것이 좋겠다고 생각했던 것이다.

이에 왕태후는 함양성을 떠나 옹성으로 행차했다. 노애가 어자가 되어 왕태후의 수레를 몰고 갔다.

그리하여 왕태후는 옹성의 대장궁에서 노애와 함께 산 지 2년 동안에 연달아 아들 둘을 낳았다. 그들은 아들 둘을 밀실에다 감춰 두고 길렀다. 왕태후는 마침내 뒷날 진왕이 죽거든 우리의 아들로 진나라 왕을 삼자고 노애와 약속했다.

사태가 그 지경에 이르렀으니 그 일을 모르는 사람이 없었지만 아무도 감히 입 밖에 내어 말을 하지는 못했다.

그 후 왕태후는 사자를 함양성으로 보내 진왕 정에게 청했다.

"노애가 왕을 대신해서 나를 잘 모시고 있으니 노애의 공로를 치하해 주기 바라오."

이에 진왕 정은 노애에게 장신후(長信侯)란 칭호를 내리고 산양(山陽) 땅을 봉해 주었다. 노애는 갑자기 귀한 몸이 되자 안하무인으로 방자스럽게 굴었다.

궁실도 생기고 좋은 가마와 말도 생기고 부족한 것이 없게 되자 노애는 사냥이나 하면서 매사를 도맡아 결재했다. 권력에 아첨하고 이익을 다투는 자들이 모두 다 노애에게 쏠렸다.

5. 여불위(呂不韋)의 최후

진왕 정 9년이었다. 그 해 봄에 혜성(彗星)이 나타났다. 태사가 점을 쳐보고 말했다.

"국내에 병란(兵亂)이 일어날 징조입니다!"

진왕 정은 예로부터 내려오는 관례에 따라 해마다 하늘에 제사 지낼 때가 되면 친히 옹주 땅에 가서 왕태후에게 문안도 여쭙고 교사(郊祀)가 끝날 때까지 기년궁(祈年宮)에서 머물렀다.

그 해에도 하늘에 제사지낼 때가 임박했다. 그러한 때에 불길한 혜성이 하늘에 나타났던 것이다. 진왕 정은 옹주로 가기 전에 별반의 조치를 취했다. 즉 장수 왕전(王田)으로 하여금 군대를 지휘하여 함양성 안에서 3일 동안 시위 행진을 하게 했고 장수 환의(桓倚)는 군대 3만 명을 거느리고 기산(岐山)에 가서 둔치도록 했다.

이렇게 한 연후에 진왕 정은 어가를 타고 함양성을 떠나 옹주성으로 갔다. 이 때 진왕 정은 나이가 22세였건만 아직 미관(未冠)이었다. 그래서 왕태후는 옹주성에 온 아들 진왕 정을 영접하고 기왕 온 김에 진덕공(秦德公)의 사당에서 관례(冠禮)를 올리라고 분부했다.

어머니인 왕태후의 분부에 따라 진왕 정은 진덕공 사당에서 관례를 올리고 비로소 허리에 칼을 찼다. 그는 왕태후가 거처하는 대정궁(大鄭宮)에서 잔치를 열었다. 날마다 잔치는 계속되었다.

이 때 잔치에 들뜬 노애는 좌우 신하들과 함께 방을 차지하고 날마다 술을 마시고 도박을 하느라 정신이 없었다.

잔치가 시작된 지 4일째 되는 날이었다. 노애가 중대부 안설(顏泄)과 함께 도박을 하는데 이 날만은 웬일인지 연달아 지기만 했다. 노애는 홧김에 연신 술을 마시고 안설은 또 이긴 김에 신이 나서 계속 술을 마셨다. 노애는 또 지게 되자 안설에게 판을 쓸고 새로 하자고 억지를 썼다. 그러나 안설도 취했기 때문에 단호히 거절했다. 노애가 대뜸 호령했다.

"네 이놈! 네가 어느 존전이라고 감히 항거를 하느냐!"

동시에 노애는 손을 들어 안설의 따귀를 후려갈겼다. 이에 대로한 안설은 노애의 관끈을 잡아 끊었다. 노애가 눈을 부라리고 크게 꾸짖었다.

"이놈 봐라, 내가 누군 줄 알고 이러느냐. 나는 오늘날 진왕의 바로 아버지뻘 되는 사람이다. 너 같은 놈이 감히 나에게 대드느냐!"

안설은 노애의 험악해진 표정을 보자 그만 겁이 나서 방 밖으로 달아났다. 안설은 달아나다가 대정궁에서 나오는 진왕 정과 마당에서 딱 마주쳤다. 진왕 정은 어머니 왕태후와 잔치를 끝마치고 마침 나오던 중이었다. 땅바닥에 엎드린 안설이 흐느껴 울면서 청했다.

"죽을 죄를 지었습니다. 이 몸을 죽여주소서."

날카롭고도 영특한 진왕 정은 아무 말도 않고 좌우 시종에게 눈짓을 했다. 이에 시종들은 안설을 기년궁으로 데리고 갔다. 기년궁에 돌아가서야 진왕 정이 안설에게 물었다.

"어찌 된 일인지 자세히 고하라!"

안설은 노애에게 뺨을 맞은 일과 또 노애가 자신은 진왕의 아버지뻘 이라고 하던 말까지 다 고했다.

"아버지뻘이란 무슨 말이냐?"

진왕 정의 목소리는 조용하면서도 쩡쩡 울렸다. 중대부 안설이 계속 해서 아뢰었다.

"사실인즉 노애는 고자가 아닙니다. 부형(腐刑)을 당했다는 것도 다 속임수입니다. 그는 왕태후와 관계해서 이미 아들을 둘씩이나 두고 지금 궁중의 밀실에서 기르고 있습니다. 그들은 장차 진나라 왕위를 뺏으려고 역모까지 하고 있습니다."

진왕 정에게는 참으로 천만뜻밖의 일이었다. 진왕 정은 대로했으나 내색하지 않고 신하 한 사람에게 은밀히 명했다.

"기산에 가서 환의 장군에게 이 병부(兵符)를 전하고 곧 군대를 거느 리고 옹주성으로 오라 이르라!"

그 때 왕태후와 노애로부터 많은 황금을 받고 충성을 바치던 내사(內 史: 궁중의 간책[簡册]을 관리하고 왕명 출납을 관장하는 직책) 사(肆)와 좌익(佐弋: 황실 제사용 오리와 기러기를 사냥하고 화살을 제조 공급하는 직책) 갈(竭)은 황급히 노애의 부중으로 달려갔다.

"큰일났습니다. 중대부 안설이 진왕에게 모든 비밀을 다 고해 바쳤습 니다."

그 때 술이 깨어 있던 노애는 대경실색했다. 그는 대정궁으로 달려가 서 왕태후에게 그처럼 급한 사태를 고했다.

"이젠 별수 없습니다. 환의가 군대를 거느리고 오기 전에 속히 궁중 의 모든 위병(衛兵)과 사인(舍人)을 모으십시오. 그들을 거느리고 가서 즉시 기년궁을 쳐야 우리 부부가 살아날 수 있습니다."

왕태후가 정신없이 도장을 내주며 말했다.

"그럼 그대가 알아서 하라."

그 날 밤으로 노애는 진왕의 어서(御書)를 위조하고 거기에다 왕태후의 도장을 찍고 대정궁의 위병과 모든 빈객과 사인들까지 일으켰다.

이튿날 오시쯤에 노애는 내사 사와 좌익 갈과 함께 그들을 나눠 거느리고 가서 기년궁을 포위했다. 이에 진왕 정은 태연자약한 얼굴로 대(臺) 위로 올라가서 기년궁 담 밖을 포위하고 있는 자들을 향해 외쳤다.

"너희들은 무슨 일로 과인을 포위하느냐?"

그들이 일제히 대답했다.

"장신후 노애가 기년궁에 도적이 난을 일으켰다고 하기에 대왕을 보호하러 왔습니다."

진왕 정이 말했다.

"바로 그 노애란 놈이 도적인데 누가 누구를 도적이라 한단 말이냐!"

그제야 속은 줄 알고 위병들의 반은 뿔뿔이 흩어져서 돌아갔다. 진왕 정이 소리쳤다.

"노애의 목을 바치는 자에게는 50만 전을 줄 것이며 역적들의 목을 끊어서 바치는 자에게는 목 하나에 한 계급씩 벼슬을 올려 주겠다."

그 같은 명령이 내려지자 환관과 어인들까지도 내달아 죽기를 각오하고 적당(賊黨)과 싸웠다. 마침내 노애의 문하 빈객과 사인 수백 명이 죽었다. 노애는 사세가 다급해지자 혼자서 말을 타고 동문 밖으로 달아났.

그 때 정면에서 장수 환의가 군대를 거느리고 달려왔다. 환의의 명령에 군대들은 일제히 길을 막고 달려들어 노애를 비롯한 내사 사와 좌익 갈을 사로잡았다.

옥리들이 잡혀 온 그들을 혹독하게 고문하자 노애는 자기의 과거를 사실대로 다 불었다.

이에 진왕 정은 친히 대정궁으로 가서 궁중을 수색했다. 군대들은 밀실에 들어가서 왕태후와 노애가 간통해서 낳은 아들 둘을 잡아 나왔다.

진왕 정은 좌우 신하에게 부대를 가지고 오게 하여 그 속에 두 아이를 집어넣고 그 자리에서 친히 쳐서 죽였다. 참혹하고 잔인한 광경이었다.

잠시 후에 옥리가 들어와서 아뢰었다.

"노애의 초사(招詞)에 의하면 노애에게 거짓 부형을 시키고 가짜 고자를 만들어서 내궁으로 들여보낸 것은 바로 문신후 여불위의 소행이었다고 합니다. 그리고 문초한 결과 노애의 일당(一黨)은 내사 사와 좌익 갈 등 10여 명이란 것도 드러났습니다."

이 날 진왕 정의 분부에 의해 노애는 동문 밖으로 끌려 나가 능지처참되고 그의 삼족이 모두 죽임을 당했다. 그리고 노애의 심복이었던 내사 사와 좌익 갈 등은 목이 잘리어 성문 밖에 내걸렸다. 또 노애의 빈객과 사인들로서 끝까지 반항하고 싸운 자는 다 죽임을 당했고 싸우다가 그만둔 자는 그 가족과 함께 머나먼 촉(蜀) 땅으로 추방당했다. 그렇게 되어 4천여 집이 촉 땅으로 쫓겨났다.

도장까지 내주고 역적을 도운 왕태후에 대해서는 국모의 자격이 없다 하여 그 녹봉을 대폭 줄이고 진나라의 모든 이궁(離宮) 중에서도 가장 열악한 역양궁(櫟陽宮)으로 옮겨 앉혀 군대 3백 명으로 항상 지키게 했다. 왕태후는 감금당한 것이나 마찬가지였다. 참으로 치사스럽고 추잡한 일이었다.

진왕 정은 노애 등을 도륙하고 함양성으로 돌아갔다. 상부 여불위는 겁이 나서 병들었다 평계하고 진왕 정을 영접하지도 못했다. 진왕 정이 신하들에게 물었다.

"경들의 뜻은 어떠하오?"

그러나 조정에는 여불위의 일당이 많았다. 그들이 이구동성으로 아뢰었다.

"여불위는 지난날 사직에 끼친 공로가 크옵니다. 더구나 노애는 이미 죽었으니 여불위를 살려 주도록 하소서."

이에 진왕 정은 여불위를 죽이지 않고 그 대신 승상의 인만 거둬들였다.

그런데 그 해 여름 4월에 하늘은 큰 추위를 내렸다. 여름인데 서리가 내리고 눈이 내려서 많은 백성들이 얼어 죽었다. 참으로 변괴였다.

대부 진충(陳忠)이 진왕 정에게 간했다.

"천하에 어머니 없는 아들은 없습니다. 대왕께서는 속히 사람을 보내어 왕태후를 함양궁으로 모셔 오고 효도를 다하십시오. 그래야만 하늘이 이 변괴를 거두시리이다."

진왕 정이 대로하여 추상같이 호령했다.

"진충을 잡아내려 옷을 벗겨 가시덤불 위에 올려놓고 몽둥이로 쳐 죽여라!"

이 날 대부 진충은 몽둥이를 맞고 죽었다. 시체는 대궐 밖에 전시되었다. 그 곁에 세운 게시판엔 다음과 같은 방문(榜文)이 붙어 있었다.

태후의 일로 간하는 자가 있으면 이와 같이 되리라.

그러나 대부 진충이 맞아 죽은 후에도 진왕 정에게 간하는 신하들이 속출했다. 그럴 때마다 진왕 정은 간하는 신하를 일일이 죽였다. 그리하여 죽임을 당한 신하만 해도 대부 진충까지 합쳐서 27명이나 되었다. 대궐 밖에는 시체가 무더기로 쌓여 갔다.

제나라 창주(滄州) 땅 출신으로서 모초(茅焦)란 사람이 있었다. 그는 대궐로 찾아가 궐문 밖에 널려 있는 시체 무더기 옆에 엎드려 큰 소리로 외쳤다.

"제나라 나그네 신 모초는 대왕께 간하고자 이곳에 왔나이다!"

수문장이 들어가서 진왕 정에게 모초의 말을 전하자 진왕 정이 내시에게 분부했다.

"네가 나가서 그놈에게 궐문 밑에 쌓여 있는 시체를 보라고 일러라!"

내시가 다시 나가서 모초에게 진왕 정의 말을 전했다.

"너는 저 첩첩이 쌓여 있는 시체를 보지 못하느냐. 어째서 죽음을 두려워 않는고!"

모초가 대답했다.

"내시는 들어가서 대왕에게 '옛 성현도 한 번은 죽기 마련인데 신이 어찌 죽음을 두려워하겠습니까?'라고 내 말을 전해라."

내시는 들어가서 진왕 정에게 모초의 말을 그대로 전했다. 진왕 정이 대로해서 소리쳤다.

"미친놈이 일부러 와서 나의 법령을 어기려 드는구나! 뜰에 펄펄 끓는 가마솥을 준비하라! 내 그놈을 산 채로 집어넣어 삶아 죽이겠다."

진왕 정이 칼을 잡고 서서 추상같이 독촉했다.

"속히 미친놈을 잡아들여 가마솥에 삶으라!"

이윽고 모초가 계하에 이르러 진왕 정에게 재배하고 아뢰었다.

"살아 있는 자는 죽음을 두려워하지 않아야 하고 나라를 가진 자는 망하는 것을 두려워하지 않아야 합니다. 망하는 것을 두려워하는 자는 나라를 보존할 수 없고 죽음을 두려워하는 자는 생명을 보존할 수 없다는 생사존망(生死存亡)의 법칙을 대왕은 깊이 알고자 하지 않으십니까?"

진왕 정이 약간 음성을 낮추고 물었다.

"내게 무슨 할 말이 있느냐? 어디 말해 보아라."

모초가 되물었다.

"대왕은 지금 천하를 도모할 생각이십니까?"

"그렇다."

그제야 모초가 천천히 아뢰었다.

"오늘날 천하가 진나라를 우러러보는 것은 대왕의 위력 때문만은 아닙니다. 대왕이 천하의 영웅이란 것과 진나라 조정에 충신열사가 많다는 것을 알고 있기 때문입니다. 그런데 대왕은 전번에 수레로 의부(義父)를 찢어 죽였으니 이는 어질지 못한 마음이며 두 동생을 부대에 넣고 때려 죽였으니 이는 형제간의 우애를 끊는 것이며 또 어머니를 역양궁에다 감금했으니 이는 불효한 것입니다. 이러고서야 대왕이 어찌 천하를 거느리겠으며 또한 천하가 어찌 대왕에게 복종하겠습니까. 이제 신은 곧 죽을 몸입니다. 대왕의 손에 신까지 합쳐 스물여덟명이 죽은 연후에도 다시 충언으로 대왕께 간할 충신이 없다면 어찌할까 하고 신은 그것만이 걱정입니다. 애석하구나! 후세 사가(史家)들은 진나라가 제업을 이루려고 뜻했으나 결국 실패한 것은 대왕이 신하들의 입을 막았기 때문이었다고 말할 것입니다. 신은 이제 할 말을 다 했습니다. 청컨대 속히 죽여주십시오!"

모초는 말을 마치자 옷을 벗어 던지고 펄펄 끓는 가마솥으로 유유히 걸어갔다. 진왕 정이 자리를 차고 뜰 아래로 뛰어 내려가 그를 잡고 좌우 신하들에게 외쳤다.

"속히 저 가마솥을 치워라!"

모초가 진왕 정을 뿌리치면서 말했다.

"대왕은 방(榜)까지 내걸고 간하는 자가 있으면 죽이겠다고 선포했습니다. 이제 신이 죽지 않으면 대왕은 무엇으로 위신을 지키시렵니까."

진왕 정이 서둘러 분부했다.

"속히 궐문 밖에 나가서 방문을 떼라."

이어서 진왕 정은 모초를 극진히 대우하며 말했다.

"지금껏 나에게 간하는 자들은 과인의 흥하고 망하는 대계(大計)를 밝혀 주지 않았소. 이제 선생이 과인에게 그 이치를 알려 주셨으니 내 어찌 듣지 않으리오."

모초가 일어나 재배하고 아뢰었다.

"대왕께서 신의 말을 들어 주신다면 속히 준비를 서둘러 태후마마를 모셔오고 또 궐문 밖에 쌓여 있는 시체들은 다 충신의 피와 뼈이니 거두어 장사 지내게 해 주십시오."

진왕 정은 즉시 좌우에게 27명을 후장(厚葬)하도록 분부했다. 그리고 그들의 장사가 끝난 그 날로 진왕 정은 친히 어가를 타고 왕태후를 모시러 옹주 땅으로 떠났다.

그리하여 왕태후를 모셔온 진왕 정은 여불위가 또 왕태후와 내밀히 간통할까 염려하여 분부를 내렸다.

"그대는 함양성을 떠나 봉읍(封邑)인 하남으로 가서 근신하라."

이에 여불위는 함양성을 떠나 하남에 가서 살았다. 그러자 모든 나라에서 사신을 하남으로 보내어 여불위에게 자기 나라에 와서 재상으로 있어 달라고 서로 청했다. 진왕 정은 이 소문을 듣고 이맛살을 찌푸렸다.

'여불위가 다른 나라에 가서 재상이 되는 날이면 우리 진나라에 이로울 것이 없다.'

진왕 정은 마침내 결심을 한 듯 붓을 들어 여불위에게 보내는 일봉 서신을 썼다.

그대는 진나라에 무슨 공로가 있어 십만 호의 봉읍을 차지하고 있으며 그대는 또 진나라와 무슨 관계가 있어 감히 과인의 상부라고 일컫는가? 진나라는 그대를 후하게 대접했거늘 그대는 어찌하여 노애로 하여금 역란(逆亂)을 일으키게 했는가? 내가 그 때 그대를 죽이려다

그만두고 하남 땅에 가서 살게 했거늘 그래도 자기 잘못을 뉘우칠 줄 모르고 다른 나라들과 연락을 취하고 있는 것은 또 무슨 뜻인가? 그러는 것이 그대에게 관대했던 과인에 대한 보답인가? 그대는 가족을 촉(蜀) 땅으로 데리고 가 그곳에서 일생을 마치도록 하라!

여불위는 서신을 읽고 크게 탄식했다.

"그렇다! 나는 원래 상인의 자식으로서 감히 진나라를 삼키려 했고 지난날에 데리고는 살았지만 일단 남의 아내가 된 여자를 다시 간음했고 왕을 둘씩이나 독살했고 진나라 진짜 왕인 영 씨(嬴氏)의 대(代)를 끊고 내 자식을 들여앉혔으니 황천이 이러한 나를 어찌 용납할 리 있으리오! 오늘날 죽는다 해도 오히려 늦은 편이다!"

여불위는 독주를 마시고 스스로 목숨을 끊었다.

6. 쓰러져 가는 제후국들

어느 날 객경으로 있는 이사(李斯)가 진왕 정에게 아뢰었다.

"옛날에 진목공께서 패업을 일으켰을 때는 제후의 나라들이 많았고 또한 그 때는 주 왕실이 쇠약하기 전이었기 때문에 결국 천하를 통일하지 못하셨습니다. 그러던 것이 진혜공 이후부터 주 왕실은 아주 미약해졌고 모든 제후들은 서로 치고 싸우고 합병해서 결국 7국만 남았습니다. 이제 우리 진나라의 막강한 힘과 영특한 대왕의 덕으로 6국을 무찌르기는 마치 손바닥을 뒤집듯 쉬운 일입니다. 이런 때를 당하여 부지런히 천하를 도모하지 않고 공연히 앉아서 다른 나라들이 다시 부강해지는 것을 구경만 하시렵니까?"

진왕 정이 물었다.

"과인이 장차 여섯 나라를 합병하고 천하를 통일하려면 어찌해야 좋겠소?"

이사가 대답했다.

"한(韓)나라는 우리 진나라에서 가깝고 또한 미약하니 먼저 한나라부터 쳐 없애십시오. 그러면 모든 나라가 우리 진나라를 두려워할 것입니다."

이 때 한나라 환혜왕(桓惠王)은 이미 죽고 그의 아들 태자 안(安)이 왕위에 있었다. 공자 한비(韓非)는 형명학(形名學)과 법률학(法律學)에 달통한 사람으로 한나라가 점점 쇠약해지는 것을 보고 한왕 안에게 누차 글을 올렸다. 그러나 한왕 안은 한비의 의견을 받아들이지 않았다.

그러던 차에 진나라 군대가 쳐들어왔다. 한비는 평소에 불만을 갖고 있었던 만큼 기왕 한나라에서 재주를 펴지 못할 바에야 이참에 진나라에 가서 포부를 펴 보기로 결심했다.

한비가 한왕에게 청했다.

"신이 사신으로 진나라에 가서 싸움을 중지하도록 교섭해 보겠습니다."

다급했던 한왕은 두 말 않고 그의 청을 허락했다. 이에 한비는 한나라를 떠나 진나라 함양성으로 갔다. 그는 진왕 정을 알현하고 말했다.

"우리 한왕께서는 땅을 바치고 진나라의 동쪽 속국이 되기를 원하십니다."

진왕 정은 그 말을 듣고 크게 기뻐했다. 진왕 정이 기뻐하는 것을 보고 자기의 포부를 아뢰었다.

"신에게 세상을 무찌르고 천하를 통일할 수 있는 계책이 있습니다. 신의 계책대로 해서 6국을 무찌르지 못하면 신의 목을 참하시어 거짓말을 한 신하의 본으로 삼으소서."

한비는 10여만 자에 달하는 자기의 저서(〈한비자[韓非子]〉 20권)를 진왕 정에게 바쳤다. 진왕 정은 한비의 저서를 읽어 보고 객경으로 등용하려고 일단 이사와 상의했다. 지난날 이사와 한비는 순경(荀卿: 순자) 밑에서 동문수학한 사이였다. 그러나 이사는 한비의 재주를 시기하여 진왕 정에게 참소했다.

"타국 출신인 한비는 보통의 다른 나라 선비들과는 다릅니다. 공자란 자가 어찌 자기 나라의 이익을 버리고 다른 나라를 위해서 힘쓰겠습니까. 이번에 우리 진나라가 한나라를 쳤기 때문에 한왕이 다급해서 한비를 우리 나라로 보낸 것입니다. 한비는 지난날의 소진(蘇秦)처럼 우리 나라와 모든 나라 사이를 이간시키려고 온 것입니다. 그러니 그에게 객경 벼슬을 내리어서는 안 됩니다."

진왕 정이 머리를 끄덕이고 물었다.

"그럼 추방해 버릴까?"

이사가 대답했다.

"한비는 재주가 비상한 사람입니다. 후환이 있을까 두려우니 차라리 그를 죽임으로써 한나라의 힘을 꺾어 버립시오."

마침내 진왕 정은 한비를 죽일 작정으로 분부를 내렸다.

"한비를 운양(雲陽) 땅에 감금하라!"

그 후 운양 땅의 옥에 갇힌 한비가 바깥에 서 있는 옥리를 내다보고 물었다.

"내게 무슨 죄가 있다고 이렇듯 나를 가둬 두는가?"

옥리가 대답했다.

"한 집안에서도 주인이 둘이 있을 수는 없지요. 더구나 오늘날의 세상은 재주 있는 사람을 등용하거나 그렇지 않을 경우엔 차라리 그 사람을 죽여 버리기 마련이지요. 죄가 있고 없고를 따질 것 있겠소?"

"그 말이 옳구려."

한비는 길게 탄식하고 그 날 밤 자기 목을 관(冠) 끈으로 졸라매고 자살했다.

한편 한왕 안은 공자 비가 죽었다는 소식을 듣고 사신을 진나라로 보내어 속국으로서 칭신(稱臣)하겠다고 제의했다. 그제야 진왕 정은 군대를 회군토록 했다.

조나라 조왕(趙王) 천(遷) 5년이었다. 조나라 대군(代郡) 땅에 큰 지진이 일어나 땅에 지열(地熱)이 생기고 담은 쓰러지고 집은 무너졌다. 그런가 하면 조나라 도읍 한단 일대에는 비가 오지 않아서 크게 가물었다.

그 다음 해에는 땅에서 길이 한 자가 넘는 하얀 털이 났다. 조나라의 민심은 극도로 흉흉해졌다. 그러나 재상 곽개(郭開)는 조왕 천에게 이러한 괴변을 일체 알리지 않았다.

이 때 진나라 진왕 정은 대장 왕전(王翦)에게 군대를 주어 조나라를 치게 하고 또 장수 양단화(楊端和)에게도 군대를 주어 다른 길로 조나라를 치게 하는 동시에 다시 장수 내사 등에게 군대를 주어 상당 땅에 가서 군대를 둔치하고 후방에서 돕게 했다.

이 무렵 진나라에 볼모로 와 있는 연나라 태자 단(丹)은 진나라 군대가 다시 조나라를 치러 가는 것을 보고 크게 당황했다. 그는 밀서 한 통을 써서 은밀하게 사람을 시켜 연나라로 보냈다. 밀서의 내용은 다음과 같았다.

지금 진나라가 조나라를 치니 장차 불행이 우리 연나라에까지 미칠 것 같습니다. 부왕(父王)께서는 만일을 위해서 미리 싸울 준비를 해 두소서. 그리고 부왕께서는 사신을 진나라로 보내시어 진왕 정에게 병들었다 핑계하시고 소자를 돌려보내 달라고 청하소서. 소자가 진나라에서 풀려나와 연나라로 돌아가기만 하면 그 때에 자세한 내용을 아뢰겠습니다.

 연왕 희는 아들 단의 밀서를 읽고 즉시 사신을 진나라로 보냈다. 그러나 진왕 정이 잘라서 말했다.
 "연왕이 죽기 전에는 태자는 못 돌아간다. 혹시 까마귀 머리가 희어지고 말머리에서 뿔이라도 난다면 돌려보내 주마."
 그 말을 들은 태자 단은 하늘을 우러러 탄식하며 원한의 한숨을 몰아쉬었다. 원한의 한숨이 하늘에까지 사무쳤음인가. 이튿날 아침 모든 까마귀의 머리가 하얗게 변했다. 하지만 그래도 진왕 정은 태자 단을 연나라로 돌려보내지 않았다. 태자 단은 마침내 얼굴에 검정을 칠하고 종의 옷으로 갈아입은 뒤 함양성을 빠져 나가 낮이면 숨고 밤이면 걸어서 연나라로 달아났다.
 진왕 정은 조나라를 치기에 여념이 없었기에 달아난 연나라 태자 단의 죄를 따지지 않았다.
 한편 조나라 대장 이목(李牧)은 대군을 거느리고 회천산(灰泉山)에 둔쳤다. 조나라 진영은 수십 리 사이에 일렬로 나열됐다. 그래서 진나라 양로 군대는 감히 나아가지 못했다.
 그 소식을 듣고 진왕 정은 왕오(王敖)를 대장 왕전에게 보냈다. 왕오가 대장 왕전에게 말했다.
 "이목은 조나라의 명장이니 쳐부수기가 쉽지 않을 것이오. 장군은 이목에게 사람을 보내 화평을 청하되 여하한 조약도 맺지 마시오. 그러는 동안에 내가 별단의 계책을 쓸 것이오."
 부탁을 마치고 왕오는 조나라로 떠났다. 조나라 도읍 한단에 당도한 왕오는 곽개를 찾아가 많은 뇌물을 주고 말했다.
 "내 이번에 들은즉 이목이 진나라 대장 왕전과 비밀리에 화평을 맺었다고 합니다. 조나라가 격파되면 이목은 대주 땅에서 왕 노릇을 하기로 하고 화평 조약을 맺었다는구려. 그러니 조왕에게 이 사실을 고하고 즉시 대장 이목을 갈아치우도록 힘써 주오. 그렇게만 해 주시면 진왕에게 대감의 공로를 소상히 아뢰어 대감이 장차 진나라에 올지라도 크게 환영할 것이오."

원래 뇌물을 좋아하고 잇속에 밝은 곽개는 두 말 않고 승낙했다. 그는 궁으로 가서 조왕 천에게 아뢰었다.

"대장 이목이 진나라 군대와 내통하여 화평을 교섭하고 있다고 하나이다."

조왕 천이 아연실색하면서 곽개를 돌아보며 물었다.

"이 일을 어찌하면 좋겠소?"

"지금 조총(趙蔥)과 안취(顔聚) 두 장수가 이 곳 군중에 있습니다. 대왕께서는 조총을 대장으로 삼고 이목에게 사람을 보내 재상으로 삼겠으니 즉시 돌아오라고 소환하십시오. 그래야만 이목이 의심하지 않고 돌아올 것입니다."

이에 사마 상은 조왕 천의 조서를 가지고 회천산 군영으로 갔다. 사마 상이 대장 이목에게 고했다.

"왕명으로 이번에 장군은 재상이 되셨소. 속히 돌아갈 준비를 하오."

대장 이목이 대답했다.

"지금 나는 진나라 군대와 사생을 겨루고 있는 중이오. 우리 조나라를 흥하게 하느냐 망하게 하느냐가 나의 책임이거늘 어찌 이 자리를 뜬단 말이오. 비록 왕명이 중하다고는 하나 나는 재상이 되기 위해서 이 곳을 떠날 수는 없소이다."

사마 상이 보니 과연 이목은 충신이요 당대의 명장이었다. 사마 상이 조그만 소리로 고했다.

"실은 재상 곽개가 이번에 장군이 모반할 뜻을 품고 있다고 왕에게 참소한 것이오. 재상을 시킨다는 것은 장군을 불러들이기 위한 속임수요."

너무도 뜻밖의 말을 들은 이목은 크게 탄식하며 위나라를 향해 달아났다. 대장이 된 조총은 역사들을 보내어 기어코 이목을 잡아 죽였다.

진나라 대장 왕전과 장수 양단화는 조나라 대장 이목이 죽었다는 소식을 듣고 일제히 진격했다. 그야말로 큰 강이 뒤집어지고 산이 무너지는 듯한 기세였다.

"적장은 나의 창을 받아라!"

진나라 대장 왕전은 창을 휘두르며 곧장 조나라 대장 조총에게로 달려들었다. 그는 한 창에 조총을 찔러 말 아래로 거꾸러뜨리고 조나라 진영 속으로 짓치며 들어갔다. 조나라 군사들이 대패하여 달아났.

이에 진나라 군대는 낭맹성(狼孟城)을 함몰시키고 정형(井陘) 땅을 점령했으며 다시 하읍 땅을 빼앗고 마침내 조나라의 도읍 한단성으로 육박해 들어갔다.

진왕 정은 진군(秦軍)이 크게 이겼다는 보고를 받고 후군으로 가 있는 장수 내사등에게 한나라를 치라는 명령을 내렸다.

한왕 안은 진나라 군대가 쳐들어온다는 보고를 받자 두려움에 떨었다. 그는 마침내 진나라 장수 내사등을 영접하고 한나라 땅을 모두 바쳤다. 그리고는 진나라로 가서 진왕 정에게 재배하고 칭신했다.

진왕 정은 한나라 땅을 몰수하여 영천군(潁川郡)으로 삼으니 이 때가 한왕 안 9년이요 진왕 정 17년이었다. 이리하여 진나라를 제외한 천하 6국 가운데 한나라가 맨 먼저 망하고 다섯 나라만 남게 되었다.

진나라 군대에 의해 완전히 포위당한 조나라의 운명 또한 풍전등화와 같았다. 조나라 장수 안취가 모든 군대들을 총동원하여 고군분투했으나 역부족이었다.

조왕 천은 잔뜩 겁을 먹고 어찌할 줄을 몰랐다. 이미 진나라와 내통하고 있는 재상 곽개가 위압적인 태도로 아뢰었다.

"신의 생각으로는 저 많은 진나라 군사들을 물리칠 수 없으니 성문을 열고 귀순하는 도리밖에 없습니다. 그래야만 대왕은 제후의 지위나마 얻을 수 있을 것입니다."

그 말을 듣고 공자 가(嘉)가 통곡하며 말했다.

"선왕께서 종묘 사직을 왕께 전하셨는데 어찌 이렇듯 무심히 버리려 하십니까."

곽개가 황급히 나서서 말했다.

"이 한단성이 함락되는 날에는 왕은 포로가 되오. 그 때는 제후는커녕 죄수가 되는 것이오."

공자 가는 오른손에 칼을 뽑아 들고 왼손으로 곽개를 가리키며 호령했다.

"나라를 팔아먹으려는 간신 놈아! 내가 즉시 너의 목을 베리라!"

조왕 천은 황망히 공자 가를 말리고 각기 물러가라고 분부했다.

어리석고 못난 조왕 천은 이처럼 위급한 지경에 처했어도 아무런 주관조차 세우지 못하는 위인이었다. 그는 마침내 재상 곽개의 말대로 성문을 열고 나가 항복했다.

진왕 정은 그의 항복을 받고 한단성으로 들어가서 조나라 왕궁의 왕좌에 앉았다. 조왕 천은 진왕 정 앞에 나아가 신하의 예로써 국궁 재배했다.

진왕 정이 추상같이 명했다.

"조나라 국토를 거록군(鉅鹿郡)으로 명명하고 조왕을 방릉(房陵) 땅에 안치하라. 그리고 곽개에게는 상경 벼슬을 내리도록 하라."

그 말을 듣고서야 조왕 천은 곽개가 진나라와 내통하고 있었다는 것을 알고 길이 탄식했다.

"오늘날 이목이 살아 있었다면 진나라 사람이 어찌 우리 한단성을 밟아 볼 수 있으리오."

조왕 천은 마침내 지난날 초나라 땅이었던 머나먼 방릉 땅으로 압송되어 갔다. 그 곳에 도착하여 거처할 곳에 들어가 보니 사면이 돌로 된 조그만 석실(石室)이었다.

그 날부터 조왕 천은 석실에서 감금 생활이나 다름없는 나날을 보냈다. 그 후 얼마 안 되어 그는 병이 나서 앓다가 마침내 한 많은 일생을 마쳤다.

곽개는 진왕 정을 따라 진나라로 가게 되었는데 그간 모아 둔 황금이 워낙 많아서 그걸 한꺼번에 다 가지고 갈 수 없었다. 그는 하는 수 없이 한단성 안의 자기 집 땅 속에다 황금을 묻어 두고 진나라로 갔다. 그 후 곽개는 한단성에 묻어 두고 온 황금을 잠시도 잊을 수가 없었다.

어느 날이었다. 곽개가 진왕 정에게 청했다.

"신에게 잠시 말미를 주시면 한단성에 돌아가 집안 살림을 다 가져올까 하나이다."

진왕 정이 웃으면서 허락했다.

"갔다 오시오."

곽개는 진나라를 떠나 한단성으로 돌아갔다. 그는 자기 집 땅 속에 묻어 두었던 황금을 파내어 여러 채의 수레에 가득 싣고 즉시 진나라로 향했다.

그가 진나라로 가던 도중이었다. 산 속에서 도적들이 일제히 내달아와서 단번에 칼로 곽개를 찔러 죽였다. 그리고 황금을 실은 수레들을 빼앗아 가지고 어디론가 사라졌다. 세상 사람들이 말하기를 그것은 도적들이 아니고 지난날 이목 장군 문하의 빈객들이 한 짓이라고 했다.

슬픈 일이었다. 황금을 받고 나라를 판 자가 마침내 그 황금 때문에 목숨을 잃었으니 어찌 어리석은 일이라 하지 않을 수 있으랴.

7. 의인(義人) 형가(荊軻)

진나라에서 도망쳐 연나라로 돌아간 태자 단(丹)은 진왕 정을 생각할 때마다 이를 갈았다.

'내 어떻게 해서든지 설분하고야 말리라!'

태자 단은 우선 자기 재산을 몽땅 털어 널리 빈객들을 모았다. 마침내 그는 용사 하부(夏扶)와 송의(宋意)를 얻었다. 그리고 진무양(秦舞陽)이란 사람도 새로이 얻었다. 진무양은 백주 대로상에서 원수를 만나자 단숨에 칼을 뽑아 상대를 찔러 죽인 무서운 사람이었다. 그 때에 번오기(樊於期)란 자가 또한 태자 단을 찾아왔다. 그는 지난날 여불위의 자식인 진왕 정을 고발하고 장안군 성교(成嶠)를 받들어 진나라의 왕통을 바로잡으려다가 실패하고 달아났던 진나라 장수였다.

어느 날 태부 국무(鞠武)가 태자 단에게 간했다.

"대저 약한 우리 연나라가 강한 진나라를 친다는 것은 마치 털을 뽑아 화로에 던지는 것과 같습니다. 신은 지혜가 얕고 아는 것이 부족해서 능히 태자를 위한 계책을 세울 수가 없습니다. 그러나 신은 전광(田光) 선생이란 분을 잘 알고 있습니다. 그는 측량할 수 없는 지혜가 있고 용기가 뛰어난 사람입니다. 태자께서 정 진나라를 도모하시려면 그분을 만나 보십시오."

태자 단이 청했다.

"바라건대 태부는 나를 위해 전광 선생을 모셔 오시오."

이에 전광 선생이 태부 국무의 안내를 받고 궁으로 들어오는데 너무나 늙어서 허리가 꼽추처럼 휘어 있었다. 그 광경을 보고 궁중 사람들이 몰래 비웃었다. 그러나 태자 단은 그를 상좌에 앉게 하고 공손히 청했다.

"선생은 지혜와 용기를 구비하셨으니 부디 좋은 계책을 세우시어 장차 망하려는 우리 연나라를 구해 주십시오."

전광 선생이 대답했다.

"준마는 하루에 능히 천 리를 달리지만 일단 쇠약해지고 나면 당나귀보다도 걸음이 늦습니다. 신이 지금 이 모양으로 늙었으니 태자를 위해 무엇을 할 수 있겠습니까?"

태자 단이 다시 물었다.

"그러시면 선생을 대신해서 이 몸을 도와 줄 그런 분은 없으신지요?"

전광 선생이 머리를 흔들며 대답했다.

"참으로 어려운 일입니다. 안심하고 태자께 천거할 만한 인물이 없습니다. 그러나 태자께서 문하에 인재를 많이 두고 계신다니 그들 중에 뛰어난 인물이 있을지도 모르지요. 특히 태자께서 총애하는 사람이 있거든 보여줍시오. 신이 그들을 한번 보겠습니다."

태자 단은 이에 하부와 송의 그리고 진무양을 불러들여 전광 선생께 보였다. 전광 선생은 세 사람에게 각기 그 이름을 묻고 자세히 본 후에 그들을 내보내고 태자 단에게 말했다.

"신이 세 사람을 본즉 다 쓸모가 없습니다. 하부란 사람은 혈기(血氣)만 높기 때문에 분노하면 얼굴이 붉어지고 송의란 사람은 맥기(脈氣)만 높기 때문에 분노하면 얼굴이 파래지고 진무양은 골기(骨氣)만 높기 때문에 분노하면 얼굴이 희어질 것입니다. 얼굴에 자기 감정을 나타내는 사람은 큰일을 못 합니다. 신이 아는 분으로서 형가(荊軻)란 사람이 있습니다. 그는 용기가 뛰어날 뿐만 아니라 얼굴에 희로애락을 나타내지 않는 깊이가 있습니다. 그를 쓰시는 것이 어떠하올지?"

"그 형가란 분은 어떤 사람이오니까?"

"그는 본관이 경 씨(慶氏)로서 바로 옛 제나라 대부 경봉(慶封)의 후손입니다. 그는 술을 대단히 좋아하며 그의 친구인 고점리(高漸離)는 축(筑: 악기의 일종)을 잘 칩니다. 그들은 날마다 함께 술을 마시는데 형가는 노래를 부르고 고점리는 그 노래에 맞추어 축을 칩니다. 형가는 노래를 마치고 나면 눈물을 흘리면서 천하에 자기를 알아주는 사람이 없음을 늘 탄식하곤 합니다."

태자 단이 청했다.

"나는 아직 형가와 교분이 없으니 선생이 그분을 불러 주시지요."

"신이 권하면 아마 거절하지는 않을 것입니다."

태자 단은 궁문 바깥까지 전광 선생을 따라 나갔다. 그가 수레를 타고 막 떠나려던 때였다. 태자 단이 전광에게 정색하며 부탁했다.

"오늘 선생께 말씀드린 일은 바로 국가의 대사입니다. 원컨대 선생은 다른 사람에게 이 일을 누설하지 마소서."

전광 선생이 웃으면서 대답했다.

"이 늙은이가 어찌 그걸 모르겠습니까."

전광 선생은 동궁에서 나와 태자 단이 내준 수레를 타고 시중으로 갔다. 형가와 고점리는 여느 날과 마찬가지로 시정 술집에서 얼근히 취해 있었다.

전광 선생이 그 술집으로 들어서면서 말했다.

"내 긴한 일이 있어 왔소."

그 말을 듣고 고점리는 축을 치다 말고 자리를 피했다. 전광 선생은 술집 방으로 들어가지 않고 형가를 데리고 자기 집으로 갔다. 서로 좌정한 후에 선생이 형가에서 말했다.

"그대는 항상 천하에 그대를 알아주는 사람이 없음을 탄식했소. 나는 그대의 뜻을 잘 알 것 같소. 그런데 이번에 태자 단이 내가 늙어서 쓸모가 없다는 걸 모르고 나를 불러 진나라에 관한 일을 상의하셨소. 그래서 나는 태자에게 나 대신으로 그대를 천거했소. 뜻이 있거든 곧 태자궁으로 가 주기 바라오."

형가가 대답했다.

"선생이 말씀하시는데 이 몸이 어찌 따르지 않으리까."

전광 선생이 형가를 격려하기 위해서 칼을 뽑아 들고 탄식했다.

"큰일을 하는 사람은 남에게 의심을 사지 말아야 한다고 봅니다. 오늘 태자가 나를 불러 국사를 의논하시고 내가 나올 때 따라 나와 부탁하시기를 다른 사람에게 이 일을 누설하지 말라고 하셨소. 그러니까 태자는 이 전광을 의심하신 것이오. 이제 내가 그대에게 큰일을 시키려고 하는 이 자리에서 어찌 남의 의심을 살 수 있으리오. 나는 이제 죽음으로 내 자신을 밝히겠소. 그대는 속히 가서 태자에게 나의 죽음을 전하오."

말을 마친 전광 선생은 번개같이 칼로 자기 목을 찌르고 죽었다. 그의 시체 앞에서 형가는 슬피 울었다.

이 때 동궁에서 보낸 사람이 전광 선생 집에 찾아왔다.

"태자께서 형가 선생이 오셨는지 알아보고 오라고 해서 왔습니다."

형가는 태자의 성심을 짐작하고 태자의 수레를 타고 동궁으로 갔다. 태자 단은 정성을 다하여 형가를 영접했다. 태자 단이 형가에게 물었다.

"그런데 어째서 전광 선생은 오시지 않았습니까?"

"그 분은 태자로부터 비밀리에 부탁을 받았다면서 죽음으로써 그 약속을 지키겠다고 하시며 친히 칼로 자기 목을 찌르고 자결하셨습니다."

그 말을 듣자 태자 단은 가슴을 치며 통곡했다.

"전광 선생은 나 때문에 죽으셨구려! 어찌 원통하지 않으리오!"

태자 단은 눈물을 닦고 상좌에 형가를 앉힌 다음 무릎을 꿇었다. 형가는 황망히 자리에서 내려와 단에게 답례했다.

태자 단이 청했다.

"전광 선생은 죽음으로써 이렇게 그대와 만날 수 있는 인연을 맺어 주셨소. 이는 또한 하늘의 뜻이니 그대는 나를 버리지 마오."

형가가 태자 단에게 물었다.

"태자는 장차 진나라와 싸워서 이길 자신이 있습니까? 또는 싸우지 않고도 진나라를 누를 수 있는 별다른 계책이라도 있습니까?"

태자 단이 한숨을 쉬고 대답했다.

"우리 연나라는 원래 진나라보다 약하오. 우리는 진나라에게 속아 왔고 여러 번 그들의 군대에게 시달렸소. 그러나 내게 한 가지 계책이 있으니 큰 이익이 있는 일을 가지고 진왕과 거래를 해 보자는 것이오. 그 때 우리는 천하의 용사를 진나라로 보내어 진왕을 협박해서 이미 망한 한·조 두 나라를 도로 내놓도록 하자는 것이오. 옛날에 조말이 제환공을 겁박했던 것처럼 해 보자는 것입니다. 그래도 듣지 않을 경우에는 진왕을 찔러 죽이는 수밖에 없지요. 진왕만 죽고 나면 진나라에는 권신들이 많기 때문에 서로 정권을 쟁탈하려고 일대 혼란이 일어날 것이오. 그 때에 우리는 초·위 두 나라와 함께 연합군을 만들어 일제히 진나라를 쳐부수자는 것입니다."

형가는 입을 다물고 아무 대답도 하지 않았다. 무거운 침묵이 계속됐다. 한참 만에 그가 천천히 말했다.

"이는 국가의 대사인데 신 같은 어리석은 사람이 어찌 감히 관여하겠습니까."

"그대에게 간곡히 청하오. 그대는 나를 버리지 마오! 원컨대 사양하지 마오!"

형가는 거듭 거절했다. 태자 단은 세 번씩이나 애걸하다시피 청했다. 세 번 만에야 그는 마침내 허락을 했다.

"그럼 태자의 뜻을 받아들이겠습니다."

태자 단은 이에 형가를 상경으로 삼고 번오기가 거처하는 번관(樊館) 오른편에 다시 성을 쌓아 그 성을 형관(荊館)이라 명명하고 형가를 그 곳으로 모셨다. 태자 단은 날마다 형관으로 가서 그에게 문안을 드리고 왕이 먹는 음식과 똑같은 음식으로 그를 극진히 대우했다. 뿐만 아니라 때때로 비단 수레와 좋은 말과 아름다운 여자를 보냈다.

어느 날이었다. 형가는 태자 단과 함께 말을 달렸다. 그 날 태자 단이 탄 말은 하루에 천 리를 가는 천리마였다. 얼마 후 말에서 내린 형가가 말했다.

"말고기 중에서 간(肝)이 특히 맛있다고 합니다."

잠시 후였다. 포인이 말의 간을 은쟁반에 받쳐 가지고 들어왔다. 태자가 사랑하는 천리마를 죽여 그 간을 바치게 한 것이었다.

형가는 마침내 탄식했다.

"태자가 나를 위해 이렇듯 하시니 내 마땅히 죽음으로써 보답하리라!"

그 때 갑자기 변경에서 급한 보고가 들어왔다.

"진왕이 대장 왕전을 보내 북쪽을 노략질하더니 이제 그들이 우리 연나라 남쪽 경계에까지 왔습니다."

이 보고를 받고 태자 단이 형가에게 말했다.

"진나라 군대가 언제 역수(易水)를 건너올지 모르오. 그대에게 비록 좋은 계책이 있을지라도 혹시 기회를 놓치지나 않을까 걱정되는구려."

형가가 대답했다.

"신은 이미 모든 계책을 세웠습니다. 신이 진왕 가까이 가려면 미끼가 있어야 합니다. 진왕은 그간 우리 나라에 망명하고 있는 번오기 장군의 목에 황금 천 근과 만 호 봉읍(萬戶封邑)의 상을 걸고 있습니다. 또 우리 연나라의 독항(督亢)은 비옥한 땅으로 진나라가 전부터 매우 욕심내던 곳입니다. 그러니 신이 번오기 장군의 목과 독항 땅 지도를 가지고 가서 바치면 진왕은 틀림없이 기뻐하며 신과 만나 줄 것입니다. 이것이 신이 태자에게 보답할 수 있는 유일한 길입니다."

태자 단이 말했다.

"번오기 장군은 갈 곳이 없어서 나에게 와 있소. 내가 어찌 차마 그를 죽일 수 있으리오! 독항 땅 지도는 조금도 아까울 것 없이 내놓겠소."

형가는 태자 단과 의논해 봤자 소용없다는 것을 알았다.

그는 수레를 타고 번관으로 갔다. 형가가 번오기 장군과 인사를 나눈 후에 정중히 물었다.

"지난날 장군은 진나라 왕통을 바로잡으려다가 화를 당했으니 그 원한이 깊을 것이오. 더구나 장군이 두고 온 부모처자와 종족(宗族)들까지 진왕에게 몰살을 당했으니 오죽하시겠소. 뿐만 아니라 지금도 장군의 목에는 천 근의 황금과 만 호 봉읍이란 어마어마한 상이 걸려 있소. 장군은 장차 무엇으로 이 철천지원수를 갚을 생각이시오?"

번오기가 길이 탄식하고 울면서 대답했다.

"나는 진나라 정을 생각할 때마다 분하고 원통해서 가슴이 찢어질 것만 같소."

그제야 형가가 물었다.

"이제 연나라의 위기를 구하고 동시에 장군의 원수도 갚을 수 있는 계책이 있는데 장군은 내 말을 들어 주시겠소?"
번오기가 급히 청했다.
"그 계책을 들려주시오!"
"……."
그러나 형가는 주저할 뿐 차마 말을 못했다.
"어째서 대답이 없소?"
"계책은 있으나 차마 말씀드리기가 힘들구려."
"그게 무슨 말씀이오? 진나라에 대한 원수만 갚을 수 있다면 나는 몸이 부서지고 뼈가 가루가 되더라도 아까울 것이 없소. 그런데 뭣을 말하기가 어렵단 말이요?"
형가가 그제야 말했다.
"나는 진나라에 가서 진왕을 칼로 찔러 죽일 작정이오. 그러자면 우선 진왕 앞에까지 가야겠는데 그것이 쉬운 일이 아니오. 그러나 내가 장군의 목을 진나라에게 바칠 수만 있다면 진왕은 반드시 기뻐하며 나를 불러들여 접견할 것이오. 그 때 나는 진왕의 가슴에 칼을 꽂겠소. 이러는 것만이 장군의 원수를 갚고 멸망 직전의 연나라를 구하는 길이오."
번오기가 저고리 한쪽을 벗고 팔을 휘두르면서 말했다.
"나는 밤낮 이를 갈며 원통해했을 뿐 아무런 계책이 없어서 한이었소. 이제야 그대가 나에게 밝은 길을 가르쳐 주셨소."
번오기는 말을 마치더니 즉시 칼을 뽑아 자기의 목을 쳤다. 그러나 번오기의 몸에서 목이 완전히 떨어지지 않았다. 순간 형가는 벌떡 일어서면서 한칼에 번오기의 목을 쳤다. 그제야 번오기의 목이 떨어져 굴렀다. 방 안에는 선혈이 낭자했다.
형가는 즉시 사람을 태자 단에게로 보냈다.
"번오기 장군의 목을 얻었습니다."

이 보고를 받고 태자 단은 수레를 타고 번관으로 달려가 번오기의 시체를 어루만지며 통곡했다. 이어서 태자 단은 번오기를 후장하도록 명하고 나무함에다 그의 목을 넣었다. 형가가 태자 단에게 물었다.

"태자는 좋은 비수를 구해 두셨나이까?"

"조나라 서부인(徐夫人)이 갖고 있던 비수가 한 자루 있는데 길이가 1척 8촌이며 심히 날카롭소. 내가 백금(百金)을 주고 그 비수를 구해 공인에게 시켜 청약(靑藥: 독약)까지 발라 뒀소. 한 번 그 비수로 짐승을 시험해 봤는데 피만 약간 나도 독약이 번져서 즉사합니다. 비수는 이미 오래 전에 준비해 뒀지만 그대는 언제쯤 떠나시겠소?"

"신은 칼 잘 쓰는 친구 개섭(蓋聶)을 찾는 중입니다. 그는 정처 없이 천하를 떠돌아다니는 사람이라 아직 찾지 못하고 있습니다. 나타나기만 하면 즉시 함께 떠날 작정입니다."

태자 단이 초조해하며 말했다.

"언제까지 그런 분을 기다린단 말이오. 나의 문하에 용사가 여러 사람 있는데 그 중에서도 진무양이 가장 용감하오. 진무양을 부사(副使)로 데리고 가는 것이 어떻겠소?"

형가가 태자 단이 조급히 서두는 것을 보고 탄식했다.

"비수를 품고 한 번 떠나면 다시 돌아올 수 없는 길입니다. 신이 지금까지 일을 늦춘 것은 검객 개섭을 기다려 이 일에 만전지책을 도모하고자 한 것뿐입니다. 그러나 태자께서 개섭이 올 때까지 못 기다리시겠다면 청컨대 즉시 떠나겠습니다."

마침내 형가가 진나라로 떠나는 날이었다. 태자 단은 빈객들과 그 일을 아는 몇몇 신하들과 함께 흰 옷으로 갈아입고 역수(易水)로 나갔다. 그들은 역수의 강가에서 주연(酒宴)을 펴고 형가에게 술잔을 드렸다.

이 날 고점리(高漸離)는 친구 형가가 진나라로 떠난다는 것을 수소문해서 듣고 특히 돼지 다리와 술 한 말을 가지고 역수로 나갔다. 형가가 태자 단에게 청했다.

"저 고점리는 지난날의 술 친구올시다. 이리로 들어오라고 해서 참석하게 해 주십시오."

그리하여 주연에 참석하게 된 고점리는 축을 들어 천천히 장단을 치기 시작했다. 이에 형가가 고점리의 축 소리에 맞추어 노래를 불렀다.

  바람은 쓸쓸하고
  역수의 강물은 차구나
  장사(壯士)가 한 번 떠남이여
  다시는 돌아오지 못하리

형가의 노래 소리는 애달프고도 슬펐다. 사람들은 모두 다 흐느껴 울었다.

태자 단은 다시 잔에 술을 가득 부어 형가에게 바쳤다. 형가는 술잔을 받아 단숨에 마셨다. 그리고 진무양과 함께 나는 듯이 수레 위로 뛰어올라가 채찍을 들어 말을 쳤다. 형가와 진무양을 태운 수레는 쏜살같이 달렸다. 그러나 형가는 끝내 뒤돌아보지 않았다.

8. 원한은 하늘에 사무치고

형가는 마침내 진나라 도읍 함양성에 당도했다. 그는 진왕 정의 총애를 받고 있는 몽가(蒙嘉)를 찾아가서 천금을 뇌물로 주고, 진왕 정에게 잘 교섭해 달라고 청했다. 몽가가 함양궁에 들어가서 진왕 정에게 아뢰었다.

"연왕이 진나라의 내신(內臣)이 되어 옛 제후가 천자를 섬기듯 대왕을 섬기게 해 달라고 청해왔습니다. 또 연왕은 진나라를 두려워한 나머지 몸소 와서 말하지 못하고 그 대신 번오기의 목과 독항 땅 지도를 보내왔습니다. 지금 연의 사신인 상경 형가가 역관에 들어 있으면서 대왕의 부르심만 기다리는 중입니다. 대왕께선 그들을 부르시어 위로의 말씀을 내리소서."

진왕 정은 무엇보다도 번오기의 목을 가지고 왔다는 말에 크게 기뻐했다. 그는 조복을 입고 연나라 사신을 들어오게 했다.

이에 형가는 가슴에 비수를 품고 번오기의 머리가 들어 있는 목함을 들고 함양궁 안으로 들어갔다. 진무양은 독항 땅 지도를 들고 바로 형가의 뒤를 따랐다.

형가의 뒤를 따라 계단을 밟고 올라가던 진왕의 삼엄한 호위병들의 위세에 겁을 먹은 진무양의 얼굴이 갑자기 백짓장처럼 하얗게 변했다. 뿐만 아니라 그는 사시나무 떨 듯 다리를 후들후들 떨었다.

좌우에 늘어선 진나라 시신(侍臣)들 중 한 사람이 썩 나서며 물었다.

"부사(副使)의 얼굴빛이 갑자기 변하니 어쩐 일이오?"

형가가 진무양을 돌아보고 한 번 웃고 나서 진왕 정을 향해 무릎을 꿇고 머리를 조아리며 대신 사죄했다.

"부사 진무양은 한낱 보잘것없는 북방 오랑캐에 지나지 않습니다. 평생에 천자를 뵈옵지 못하다가 처음으로 뵈오니 어찌 송구하고 황공하지 않겠습니까. 대왕께서는 가엾게 여기시고 가까이 부르시어 그의 임무를 마치게 해 주소서."

시신이 진왕 정의 분부를 전갈했다.

"정사(正使) 한 사람만 오르라고 하신다!"

좌우 무신들은 즉시 진무양을 꾸짖어 계하로 내려 보냈다. 그러나 형가는 조금도 안색이 변하지 않았다. 진왕 정이 시신에게 분부했다.

"목함을 받아 이리 가져오너라."

시신은 형가에게서 목함을 받아 가지고 진왕 정에게 바쳤다. 진왕 정이 함을 열어 본즉 틀림없는 번어기의 목이었다. 그제야 진왕 정이 친히 형가에게 분부했다.

"목함의 지도를 가지고 와서 과인에게 설명하라."

형가는 진무양에게서 목갑을 받아 가지고 진왕 정 앞에 가서 허리를 굽히고 지도를 폈다.

진왕 정이 지도를 들여다보려는 순간 형가는 왼손으로 진왕 정의 옷소매를 움켜잡고 오른손으로 날쌔게 비수를 뽑아 진왕 정의 가슴을 찔렀다. 크게 놀란 진왕 정이 몸을 비켰다. 칼이 빗나가자 형가는 진왕 정을 앞으로 끌어당기려고 옷소매를 잡아끌었다. 그러나 옷소매만 찢겨 나갔다. 이 때가 5월 초순이라 진왕 정은 얇은 비단 홑옷을 입었기 때문에 쉽사리 소매만 찢어졌다.

다급해진 진왕 정은 기둥 사이로 몸을 이리저리 피했다. 원래 진나라 국법으로 1촌(寸)의 칼도 정전 안으로 가지고 들어오지 못하게 되어 있었다. 그래서 이 때도 칼과 창을 든 모든 시랑(侍郞)과 숙위관들은 다 정전 뜰에 늘어서 있었다. 그들은 진왕 정의 분부가 없었기에 감히 정전 안으로 들어가지 못했다. 창졸간에 일어난 변이라 진왕 정도 그들을 불러들일 겨를이 없었다.

전내(殿內)의 모든 시신들이 맨주먹으로 형가에게 달려들었다. 형가는 덤벼드는 진나라 시신들을 닥치는 대로 쳐서 거꾸러뜨렸다. 이 때 시의(侍醫) 하무차(夏無且)가 약낭(藥囊)으로 형가를 쳤다. 형가가 분연히 팔을 휘두르자 약낭이 떨어져 버렸다.

비록 형가가 용맹하긴 했지만 앞뒤에서 덤벼드는 많은 시신들을 상대하는 동안에 자연히 진왕 정과의 거리가 생겼다. 그 사이에 진왕 정은 비로소 칼자루를 잡았다. 언제나 허리에 차고 있는 녹로(鹿盧)라는 보검이었다. 그 보검은 길이가 8척이었다. 진왕 정은 황급히 칼을 뽑으려 했으나 워낙 길어서 칼집에서 빠지지 않았다.

이 때 내시 조고(趙高)가 진왕 정을 향해 급히 외쳤다.

"대왕은 칼집을 등 뒤로 돌려 칼을 뽑으소서!"

그대로 하자 마침내 칼은 완전히 빠져나오고 칼집만 등 뒤에 떨어졌다. 진왕 정의 힘은 형가보다 못하지 않았다. 더구나 이젠 칼을 잡았다. 그는 쏜살같이 달려가면서 칼을 번쩍 들어 형가를 쳤다. 형가는 다리에 칼을 맞고 구리 기둥 옆에 나둥그러졌다. 다리 하나를 잃은 형가는 일어설 수가 없었다. 그는 팔을 짚고 황급히 일어나 앉으면서 진왕 정의 정면을 향해 번개같이 비수를 던졌다. 그러나 비수는 진왕 정의 귀를 스치고 지나가며 그 뒤의 구리 기둥에 부딪쳐 불꽃이 번쩍 일어났.

일단 위기를 모면한 진왕 정은 다시 칼을 들어 형가를 마구 쳤다. 마침내 피투성이로 변한 형가는 구리 기둥에 몸을 기대고 주저앉아 크게 웃었다.

"하하하."

그리고는 진왕 정을 노려보며 대들보가 쩡쩡 울리도록 꾸짖었다.

"참으로 너는 운이 좋은 놈이다. 내가 옛적에 조말이 제환공을 겁박하듯 너를 겁박해서 진나라가 차지한 남의 나라를 다 반환시키려고 했는데 일이 이렇게 되다니 원통하구나. 네가 다행히 내 손에 죽음을 면했으니 이 어찌 하늘의 뜻이 아니랴. 그러나 네가 힘만 믿고 장차 모든 나라를 거꾸러뜨리고 진나라의 천하를 만들지라도 너는 덕이 없고 간악한 놈이라 어찌 오래 가겠느냐! 너도 또한 망할 날이 있을 것이다."

"저놈을 끌어내어 쳐 죽여라!"

진왕 정의 분부가 내리자 그제야 무신들이 일제히 들어와서 형가를 끌어내다가 몽둥이로 쳐 죽였다.

그 때 진무양은 형가가 비수를 뽑을 때 즉시 정전으로 뛰어올라가다가 낭중들에게 붙들려 그 현장에서 맞아죽었다.

이튿날 아침이었다. 조회 때 진왕 정은 논공행상을 했다. 첫째로 하무차에게 황금 2백 일(鎰)을 하사하고 그 다음에 내시 조고에게 황금 1백 일을 하사했다. 그 다음은 형가에게 덤벼들었던 모든 시신들의 상처를 낱낱이 조사하고 그 경중에 따라서 상을 주었다. 또 계하에서 진무양을 쳐죽인 낭중들에게도 상을 내렸다.

그리고 애초에 형가를 접견하도록 아뢴 몽가를 잡아들여 능지처참하고 몽 씨 일족을 다 죽였다. 이 때 몽오의 아들 몽무(蒙武)만은 변방 장수로 가 있었기 때문에 이 일을 전혀 몰랐다. 몽 씨 일족 중에서 살아남은 자는 몽무 한 사람뿐이었다.

진왕 정의 분노는 그것만으로 그치지 않았다. 그는 왕전을 대장으로 삼아 연나라를 치게 했다. 이에 진나라 군대는 물밀 듯이 연나라로 쳐들어갔다.

연나라 태자 단은 형가가 시도했던 일이 실패하여 죽었다는 소식을 듣자 분해서 땅을 치며 통곡했다. 그러던 중 진나라 군사가 쳐들어온다는 보고를 받고 태자 단은 연나라 군사를 모조리 거느리고 역수 서쪽으로 나가서 진나라 군사를 맞이하여 크게 싸웠다.

그러나 미약한 연나라의 군대가 강한 진나라의 군대를 당할 수는 없었다. 마침내 크게 패해 용사인 하부(夏扶)와 송의(宋意)도 전사했다. 태자 단은 하는 수없이 계성(薊城)으로 달아났다. 태부 국무(鞠武)는 달아나다가 진나라 군사에게 붙들려 죽었다.

진나라 대장 왕전은 즉시 계성을 포위하고 맹공격을 했다. 그 해 10월이었다. 마침내 연나라 계성은 진나라 군사에게 함락당하고 말았다.

연왕 희는 아들인 태자 단을 원망했다.

"오늘날 나라와 집안이 망하게 된 것은 다 너 때문이다!"

태자 단이 연왕 희에게 대답했다.

"아직도 성 안에는 정병 2만이 남아 있습니다. 저 요동(遼東)으로 가기만 하면 강물을 앞에 놓고 높은 산을 등지고 다시 나라를 세울 수 있습니다. 부왕은 주저 마시고 속히 떠나실 준비를 하십시오."

연왕 희는 하는 수 없이 전거에 타고 동문을 열고 달아났다. 태자 단은 정예병들을 이끌고 연왕 희를 호위했다. 마침내 그들은 요동으로 달아나 평양(平壤)에 도읍을 정했다.

한편 진나라 대장 왕전은 그간 계속해 온 전쟁 때문에 너무나 과로해서 병이 났다. 그는 진왕 정에게 자기는 늙어서 물러나야겠다고 표장을 보냈다. 진왕 정이 분부했다.

"과인은 연나라 태자 단에게 반드시 원수를 갚아야겠다. 그러나 대장 왕전은 이제 너무 늙었다. 장수 이신(李信)을 대장으로 삼고 즉시 연나라로 보내 달아나는 연왕 부자를 뒤쫓게 하라."

한편 연왕 희는 진나라 대장 이신이 군대를 거느리고 요동으로 온다는 보고를 받자 사신을 대왕(代王)에게 보내어 구원을 청했다.

조나라가 망할 때 조왕 천(遷)의 형 가(嘉)는 자기를 따르는 사람들을 이끌고 대군으로 들어가 나라를 세워 조나라 사직을 지키며 스스로 대왕(代王)이라 칭하고 있었다. 그러나 대왕이 연왕 희에게 보낸 답장의 내용은 너무나 의외였다.

진나라 군대가 왕을 치러 가는 것은 태자 단에게 원수를 갚기 위해서입니다. 대왕은 태자 단을 죽이고 진나라에게 사과하시오. 그래야만 진나라 왕은 노여움을 풀 것이고 동시에 대왕도 조상의 종묘를 유지할 수 있을 것입니다.

거절하는 편지치고는 너무도 지독한 내용이었다. 연왕 희는 크게 고민했다. 태자 단은 그 낌새를 눈치 채고 죽임을 당할까 봐 두려워서 도화도(桃花島)로 달아났다.

드디어 진나라 대장 이신은 수산(首山) 땅까지 와서 군대를 둔쳤다. 이에 연왕 희는 크게 겁을 먹고 도화도로 사람을 보내 진나라 군대와 사생결전을 하겠다고 속임수를 써서 태자 단을 소환했다.

태자 단은 그런 줄로만 믿고서 사자를 따라 부왕에게로 돌아왔다. 그날 밤이었다. 연왕 희는 돌아와 주어서 반갑다며 태자 단에게 술을 듬뿍 먹였다. 이윽고 태자 단은 크게 취해 자리에 쓰러졌다. 연왕 희는 가죽끈으로 자기 아들인 태자 단의 목을 졸라 죽였다.

이튿날 연왕 희는 태자 단의 머리를 끊어 진나라 군사에게 보내고 나서 그제야 가슴을 치면서 소리를 높여 통곡했다.

진나라 대장 이신은 연왕 희의 사죄하는 글과 태자 단의 머리를 받고 즉시 수하 장수를 함양으로 보냈다. 수하 장수는 함양에 돌아가 진왕 정에게 연나라 태자 단의 머리를 바치고 대장 이신의 말을 전했다.

"지금이 5월인데 이곳엔 큰 눈이 내렸습니다. 군대들은 추워서 고생이 막심합니다. 뿐만 아니라 갑자기 일기가 변해서 날마다 병자가 늘어나는 형편입니다. 우리 군대를 소환해 주시기 바랍니다."

진왕 정은 울료(蔚繚)와 함께 그 일을 상의했다. 울료가 아뢰었다.

"이제 연나라는 머나먼 요동 땅으로 갔으니 그들은 이미 넋이 빠진 것이나 다름없습니다. 대왕께선 이제 위나라를 쳐 무찌르십시오. 그 다음에 남쪽 초나라를 쳐 무찌르고 나면 연나라쯤이야 힘들이지 않고도 없애버릴 수 있습니다.”

진왕 정이 연신 머리를 끄덕이면서 분부를 내렸다.

“대장 이신에게 사자를 보내 회군하라 하고 새로 왕분(王賁)을 대장으로 봉하노니 즉시 10만 대군을 거느리고 가서 위나라를 치라!”

신임 대장 왕분은 10만 대군을 거느리고 함곡관에서 나가 일제히 위나라로 쳐들어갔다.

이 때 위나라는 경민왕이 이미 죽고 태자 가(假)가 왕위에 선 지 3년이었다. 위왕 가는 사신을 제왕(齊王) 건(建)에게 보냈다.

제나라에 당도한 위나라 사신이 제왕 건에게 우호를 청했다.

“위나라와 제나라는 입술과 이처럼 밀접한 사이입니다. 위나라가 망하면 불행은 곧 제나라에까지 미칩니다. 만일 다른 나라 군대가 쳐들어오거든 우리 위나라와 제나라는 한마음 한뜻으로 힘을 모아 서로 돕기로 합시다.”

이 때 제나라는 후승(后勝)이 재상으로 있으면서 권력을 잡고 있었다. 그는 오래 전부터 비밀리에 진나라에게 황금을 받고 매수되어 있었다. 후승이 제왕 건에게 극력 반대했다.

“진나라는 결코 우리 제나라를 저버리지 않을 것입니다. 위나라와 동맹을 맺으면 진왕은 반드시 우리 제나라에 대해서 크게 노할 것이니 대왕은 위나라의 청을 거절하십시오.”

제왕 건은 후승의 말만 곧이듣고 위나라 사신에게 거절했다.

“우리는 위나라와 동맹할 필요가 없소.”

이에 위나라 사신은 목적을 이루지 못하고 돌아갔다.

이 때 마침 진나라 대장 왕분이 위나라로 쳐들어왔다. 진나라 군대는 파죽지세로 위나라 군대를 크게 무찌르고 나아가 마침내 위나라 도읍 대량성을 포위했다.

위왕 가는 대세가 기운 것을 알고 신하들과 함께 항서(降書) 쓸 일을 상의하던 참이었다. 진나라 군대들은 회의 중인 위왕 가를 당장 그 자리에서 사로잡아 끌어냈다. 왕분은 함거(檻車)에 위왕 가를 태우고 함양으로 압송했다.

함거에 실려 가는 위왕 가는 너무나 기가 막혔다. 위나라를 떠나 진나라로 향한 지 5일 만에 도중에 울화병으로 죽었다. 드디어 진나라는 위나라 땅을 몰수하여 위나라 왕족들을 모조리 서인(庶人)으로 몰아냈다.

위나라가 망한 바로 그 해였다. 진왕 정은 다시 울료의 계책에 따라 초나라를 치기로 결심했다. 진왕 정이 대장 이신에게 물었다.
"장군이 초나라를 친다면 군대가 얼마나 필요하겠소?"
"20만 명만 있으면 무찌를 수 있습니다."
진왕 정은 영양 땅에서 휴양하고 있는 노장 왕전을 불러올렸다.
"장군이 초나라를 치려면 어느 정도의 군대가 필요하겠소?"
"이신이 군대 20만 명을 거느리고 초나라를 친다면 반드시 패합니다. 신의 어리석은 소견으로는 적어도 군대 60만 명은 있어야 초나라를 무찌를 수 있습니다."
진왕 정은 속으로 생각했다.
'왕전은 늙어서 겁이 많구나. 그렇다면 차라리 젊고 씩씩한 이신에게 이 일을 맡겨야겠다.'
이신은 마침내 대장이 되고 몽무(蒙武)는 부장이 되어 군대 20만 명을 거느리고 출진했다. 진나라 군대는 2대로 나뉘어 대장 이신은 평여(平輿) 땅을 치고 동시에 부장 몽무는 침구(寢邱) 땅을 쳤다. 싸움은 연전연승이었다. 이신은 북 한 번 울려 평여성을 함락시키고 군대를 서쪽으로 돌려 풍우처럼 신성(申城)으로 쳐들어갔다. 그리고 사람을 보내 부장 몽무에게 성부(城父) 땅에서 서로 군대를 합치자고 했다. 군대를 합쳐 함께 주성(邾城)을 공격할 작정이었다.

유왕(幽王)이 죽고 그의 아들 애왕(哀王)이 뒤를 이었으나 두 달 만에 그의 서형 부추(負芻)가 애왕을 시해하고 스스로 왕위에 올랐다. 왕위에 오른 지 3년 되는 해에 초나라를 대대적인 침공한 진나라 군사들에 대항하여 초왕 부추는 항연(項燕)으로 대장을 삼고 군대 20여만 명을 내주며 막게 했다.

초나라 대장 항연은 지략과 용기를 겸비한 뛰어난 명장이었다. 그는 군대를 거느리고 수륙 양면으로 나아가다가 진나라 대장 이신이 신성 땅까지 왔다는 보고를 받고 부장 굴정(屈定)에게 군대를 주어 노태산(魯台山) 계곡 일곱 군데에 군사들을 매복시켰다.

진나라 대장 이신은 자기 용기만 믿고 노대산 쪽으로 나아가다가 마침내 초나라 대장 항연의 군대와 만났다. 크게 싸움이 벌어졌다. 진·초 양군이 한참 싸울 때였다. 매복하고 있던 초나라 군대들이 일제히 나와서 진나라 군대를 마구 쳤다. 마침내 진나라 군대는 초나라 군대를 당하지 못하고 크게 패하여 달아나기 시작했다. 초나라 대장 항연은 사흘 밤을 쉬지 않고 진나라 군대를 추격했다. 진나라 군대의 시체는 쌓여서 산을 이루었다.

한편 진나라 부장 몽무는 대장 이신의 군대와 합치기로 약속한 성부 땅에 가서야 비로소 대장 이신이 크게 패했다는 것을 알았다. 이에 몽무도 지난날의 조나라 경계에까지 물러가서 이 사실을 진나라로 보고했다.

진왕 정은 패전 소식을 듣고 대로했다. 그는 즉시 이신의 모든 벼슬과 봉읍(封邑)을 삭탈했다. 그리고 진왕 정은 어가를 타고 왕전이 은거하고 있는 빈양(頻陽) 땅으로 갔다. 진왕 정이 왕전에게 청했다.

"지난날 장군이 말하기를 이신이 20만 명의 군대로 초나라를 치면 반드시 패하리라고 하더니 과연 그렇게 되었소. 장군이 비록 늙었지만 과인을 위해서 초나라를 쳐 주오."

왕전은 재배하고 사양했다.

"노신은 이제 늙어서 심신이 다 쇠약했습니다. 대왕은 다른 유능한 장수를 쓰도록 합시오."

진왕 정은 굳이 청했다.

"아니오. 이 일은 장군이 아니면 아무도 감당할 사람이 없소. 장군은 우리 진나라를 위해서 싸워 주오."

그제야 왕전이 슬며시 조건을 내세운다.

"대왕께서 꼭 노신을 쓰시겠다면 적어도 군대 60만 명은 주셔야 하겠습니다."

한참 만에 진왕 정이 말했다.

"옛 패후(霸侯)는 천하의 패권을 잡는 데도 전거 1천 승만으로 충분했다고 하오. 전거 1승에 75명씩 배치해도 1천 승이라야 불과 10만 명도 못 되오. 그런데 이제 장군은 초나라를 치는 데 60만 명이 필요하다고 하니 이는 고금에 없던 일이오."

왕전이 설명했다.

"옛날과 오늘날은 싸우는 방법이 다릅니다. 옛날에는 적을 무기로 치되 되도록 중상을 입히지 않는 것을 명예로 삼았고 그 죄를 꾸짖어 항복만 받으면 그만이지만 오늘날처럼 땅을 빼앗지 않았으며 비록 칼과 창으로 싸울지라도 어디까지나 예의로 대하며 비겁한 수단을 쓰지 않았습니다. 그러므로 제환공이 천하 패권을 잡았을 때만 해도 군대 3만 명으로 족했습니다. 그런데 오늘날 모든 나라는 예의로 싸우지 않고 다만 힘으로 약한 자를 무찌르는 시대입니다. 만나면 반드시 서로 죽이고 공격하면 반드시 그 땅을 뺏는 시대입니다. 더구나 초나라는 동남 일대를 다 차지하고 있는 큰 나라입니다. 한 번 명령만 내리면 그들은 즉시 백만 군대를 모을 수 있습니다. 신이 청하는 60만 명의 군대로도 오히려 부족할 정도입니다."

진왕 정은 머리를 끄덕이면서 탄식했다.

"장군이 전장에서 늙지 않았다면 어찌 이렇듯 사세를 투철히 판단하리오. 과인은 장군의 청을 그대로 받아들이겠소."

진왕 정은 마침내 수레에 왕전을 태워 함양성으로 환궁했다. 그 날로 왕전은 대장이 되어 60만 대군을 받고 몽무로 부장을 삼았다. 진왕 정이 군을 전송하는 자리였다. 대장 왕전이 술을 가득 부어 진왕 정에게 잔을 바치고 말했다.

"대왕은 이 잔을 받으소서. 떠나는 자리에서 대왕께 청할 말이 있습니다."

진왕 정이 단숨에 술을 마시고 잔을 놓고 묻는다.

"장군은 과인에게 무슨 할 말이 있소?"

왕전은 소매 속에서 뭔지 목록을 내놓았다. 그 목록에는 함양 땅 중에서도 가장 좋은 밭들과 훌륭한 저택들이 적혀 있었다.

"여기에 적혀 있는 밭과 저택을 신에게 주시기 바라옵니다. 그래서 신이 죽을지라도 이 밭과 저택을 자손에게 넘겨주고 싶습니다."

진왕 정이 크게 웃고 대답했다.

"알겠소. 장군의 청대로 하겠소."

마침내 대장 왕전은 60만 대군을 거느리고 함양성을 떠나 함곡관으로 나갔다. 왕전은 함곡관을 지나면서 수하 아장(牙將)을 불렀다.

"그대는 곧 함양성으로 돌아가서 대왕께 나의 말을 전하라. 약간의 좋은 밭과 좋은 저택은 받았습니다만 기왕이면 좋은 동산과 좋은 못이 있는 좀 더 훌륭한 저택을 신에게 주셨으면 감사하겠다 하더라고 나의 뜻을 아뢰어라."

부장 몽무가 왕전에게 말했다.

"노장군은 대왕께 지나치게 많은 것을 청하십니다그려."

그제야 대장 왕전이 빙그레 웃으며 그의 귀에 입을 대고 속삭인다.

"진왕은 성미가 사납고 의심이 많은 사람이오. 이번에 왕은 나에게 60만 대군을 내줬소. 지금 국내에 남아 있는 군대라고는 수천 명에 불과하오. 만일 60만의 대군을 거느린 왕전이 반역이라도 하면 어쩌나 하고 마음속으로 매우 불안해 있는 중이오. 내가 나의 자손을 위해서 많은 요청을 하는 것은 진왕을 안심시키기 위해서요."

부장 몽무는 연신 머리를 끄덕이면서 감탄했다.

"이제야 노장군의 높은 지견(知見)을 알겠습니다."

9. 진시황제(秦始皇帝)

초나라 대장 항연은 진나라가 60만 대군을 거느리고 다시 쳐들어온다는 보고를 받고 즉시 초왕 부추에게 보발군을 보냈다.

"진나라 군대 60만 명이 몰려오고 있습니다. 대왕은 즉시 장수와 군대를 더 보내주십시오."

이에 초왕 부추는 장수 경기(景騏)에게 군대 20만 명을 주어 속히 가서 대장 항연을 돕게 했다.

진나라 대장 왕전은 천중산(天中山)에다 군대를 둔치고 굳게 지킬 뿐 나오지 않았다.

이에 초나라 대장 항연은 누차 군대를 보내어 싸움을 걸었으나 진나라 군사들은 나오지 않았다.

초나라 대장 항연은 혼자 중얼거렸다.

"왕전은 늙은 장수다. 겁이 나서 지키기만 하고 나오지 못하는구나."

한편 진나라 대장 왕전은 군대들을 쉬게 하고 소를 잡아 배불리 먹였다. 그는 사졸들이 먹는 음식을 같이 먹었다. 진나라 장수와 군대들은 자기들과 똑같이 침식하는 대장 왕전의 태도에 감격한 나머지 몇 번이고 간청했다.

"나가서 초나라 군대와 싸우게 해 주십시오."

그러나 출전은 허락하지 않았다.

이러는 동안에 1년 남짓한 세월이 지났다. 초나라 대장 항연은 1년이 넘도록 싸움 한 번 못하자 그만 맥이 풀렸다. 초나라 군대는 점점 긴장이 풀려 방비마저 소홀히 했다.

어느 날이었다. 진나라 대장 왕전이 비로소 모든 장수와 군대들에게 분부를 내렸다.

"이제야 여러분이 초나라를 격파할 때가 왔다. 정예 군대 2만 명을 뽑아 선봉을 서게 하고 각기 여러 길로 나누어 일제히 나아가라!"

모든 진나라 장수와 군대들은 서로 팔을 휘두르며 주먹을 쥐고 용약했다. 마침내 진나라 60만 대군은 노도같이 진격했다.

한편 초나라 대장 항연은 진나라 군대가 갑자기 들이닥치는 바람에 황망히 이를 맞아 싸웠다. 그러나 원체 중과부적이었다. 순식간에 초나라 진영은 큰 파도에 말려든 듯 짓밟히고 초나라 부장 굴정(屈定)은 전사했다. 이에 크게 패한 초나라 대장 항연과 장수 경기는 패잔병을 거느리고 동쪽으로 달아났다.

왕전은 달아나는 초나라 군대를 추격했다. 초나라 군대는 영안성에 이르러 대세를 만회해 보려고 다시 한 번 싸웠다. 그러나 다시 대패하여 달아났다.

이에 진나라 군대가 서릉(西陵) 땅까지 쳐들어가자 형양(荊陽) 일대가 크게 소란했다. 왕전은 친히 대군을 거느리고 다시 진격해서 회남(淮南) 땅을 함락시키고 마침내 초나라 도읍 수춘성(壽春城)에 이르러 총공격을 개시했다. 참으로 파죽지세였다.

마침내 초나라 도읍 수춘성이 무너지기 시작했다. 무수한 진나라 군사가 성 위로 기어오르기 시작하자 초나라 장수 경기는 드디어 성루에서 칼로 자기 목을 치고 자결했다. 진나라 대군은 일제히 성 안으로 들어가서 초왕 부추를 사로잡았다.

한편 진왕 정은 대장 왕전이 보낸 사자로부터 승전 보고를 듣자 즉시 어가를 타고 함양성을 떠나 친히 초나라로 향했다. 초나라에 당도한 진왕 정은 번구(樊口) 땅에 이르러 초왕 부추를 끌어오게 했다. 진왕 정은 땅바닥에 꿇어 엎드린 초왕 부추를 굽어보면서 분부를 내렸다.

"내가 너를 죽여야 마땅할 것이로되 살려 주노니 이제부터 서민이 되어 여생을 보내도록 하라."

한편 초나라 대장 항연은 초왕 부추의 동생 창평군(昌平君)을 왕으로 모시고 용전분투했으나 창평군이 화살을 맞고 죽자 방성통곡하면서 울부짖었다.

"내가 무엇 때문에 진작 죽지 않고 구차스레 오늘날까지 살았는고! 다만 초나라 왕가(王家)의 일점 혈통을 지켜 주기 위해서였다. 그러나 만사는 끝났다. 이제 초왕의 대가 끊어졌으니 다시 무엇을 바라리오!"

초나라 대장 항연은 하늘을 우러러보며 세 번 통곡한 뒤에 마침내 칼을 뽑아 자기 목을 치고 쓰러져 죽었다.

이리하여 마침내 초나라 종묘와 사직은 망하고 말았다. 이것이 바로 진왕 정 24년 때 일이었다.

진왕 정은 야망이 끝이 없었다. 그는 왕전의 아들 왕분(王賁)을 대장으로 기용하고 요동에 가 있는 연왕 희를 치기로 했다. 진왕 정이 대장 왕분에게 명했다.

"장군은 요동 땅을 평정하고 돌아오는 길에 지난날 조나라 땅이었던 대나라까지 평정해 주오."

이에 대장 왕분은 요하를 건너 요동으로 나아가 평양성을 함락시키고 연왕 희를 사로잡아 진나라 함양으로 압송했다. 진왕 정은 사로잡혀온 연왕 희를 서인(庶人)으로 만들어 민가에 살게 했다.

진나라 대장 왕분은 연나라를 완전히 멸망시키고 돌아오는 길에 서쪽으로 군대를 돌려 대(代)를 쳤다. 대왕(代王) 가(嘉)는 변변히 싸우지도 못하고 크게 패하여 흉노 땅으로 달아났다.

그러나 왕분은 끝까지 추격해서 마침내 대왕 가를 사로잡았다. 왕분은 대왕 가를 진나라로 압송하려고 우선 군영(軍營) 안에 감금했다. 그날 밤이었다. 대왕 가는 허리띠를 풀어 자기 목을 졸라 자결하고 말았다.

이리하여 6국 중에서 다섯 나라가 망했다. 남은 것이라곤 제나라 하나뿐이었다.

연나라를 멸망시키고 대(代)까지 평정한 대장 왕분은 즉시 진나라 함양으로 첩서(捷書)를 보냈다. 진왕 정은 첩서를 받고 크게 기뻐하며 즉시 대장 왕분에게 전교를 내렸다. 전교의 내용은 이러했다.

장군은 군대를 거느리고 한 번 떠나 머나먼 2천 리 길을 달려 연나라와 대주 땅까지 평정했으니 장군의 공로는 장군 아버지의 공로보다 못하지 않도다. 바라노니 이제 단 하나 남은 제나라는 바로 장군이 돌

아오는 길에서 조금만 행로를 변경하면 즉시 칠 수 있는 곳이라. 장군
은 돌아오는 길에 제나라를 평정하기 바라노라.

대왕 왕분은 마침내 도중에 군대를 돌려 연산(燕山)을 쳐서 점령하고
제나라를 향해 남쪽으로 진군했다.

제왕 건(建)은 그간 재상 후승(后勝)의 말만 듣고 한나라와 위나라를
돕지 않다가 이웃 나라가 하나씩 망하자 그럴 때마다 사신을 진나라로
보내 축하를 드렸다. 진나라는 제나라 사신이 오면 많은 황금을 주고
잘 대접해서 돌려보냈다.

그럴 때마다 제왕 건은 감격했다.

"진나라가 우리 제나라를 끔찍이 사랑하는구나!"

그리하여 제나라는 국방에 힘을 쓰지 않았다. 그 후 한·위·조·초·
연 다섯 나라가 차례차례로 다 망했다. 그제야 불안해지기 시작한 제왕
건은 재상 후승과 함께 상의하고 비로소 서쪽 경계에 군대를 배치시켰
다. 그러나 군대는 훈련되지 않았고 기강마저 문란했다.

이 때 진나라 대장 왕분이 대군을 거느리고 태산처럼 밀어닥치자 제
나라 군사들은 겁을 먹고 싸울 생각도 못했다. 진나라 군대는 역(歷) 땅
을 경유하여 제나라 도읍 임치성으로 육박해 들어갔다. 제나라 군사들은
다 달아나 버려서 대항하는 자가 없었다. 왕분은 군대를 거느리고 마치
무인지경(無人之境)을 가듯이 나아갔다. 성문은 열려진 그대로였다.

사세가 이 지경이 되고 보니 제나라 재상 후승도 별 도리가 없었다.
후승이 제왕 건에게 권했다.

"이젠 어쩔 수 없습니다. 대왕은 진나라 군대를 영접하고 순순히 항
복하소서."

제왕 건은 깊이 한숨을 몰아쉬고는 가까스로 머리만 끄덕이었다. 이

리하여 제나라는 제대로 싸워 보지도 못하고 망했다.

  왕분은 즉시 사람을 진나라로 보내어 승전을 고했다. 이에 진왕 정은 사자를 임치성으로 보냈다. 임치성에 당도한 사자가 진왕 정의 분부를 전했다.

  "제왕 건은 후승의 계책을 듣고 잠시나마 우리 진나라 군대에게 항거하려고 했으니 마땅히 제나라 종묘 사직을 없애라. 내가 제왕과 그 신하를 다 죽일 것이로되 제왕이 40여 년 동안 과인에게 순종한 뜻을 가상히 여겨서 목숨만은 살려 준다. 제왕은 백성이 되어 처자를 데리고 공성(共城) 땅에 가서 그 여생을 마치도록 하라. 그리고 후승은 용서할 수 없으니 참형에 처하라."

  대장 왕분은 진왕 정의 분부를 받들어 제나라 재상 후승을 죽이고 군리들을 시켜 제왕 건을 공성 땅으로 압송했다.

  제왕 건이 공성 땅에 가서 보니 거처할 집이란 것은 바로 태항산(太行山) 밑의 조그만 모옥(茅屋)이었다. 궁중 권속은 비록 흩어졌으나 그래도 따라온 식구가 수십 명이었다. 그런데 진나라 관리가 하루에 내주는 식량은 너무나 적었다. 뿐만 아니라 어떤 날은 그나마 식량을 내주지도 않았다.

  제왕 건은 지난날을 생각했다. 임치성 왕궁의 왕좌에 앉아 있었던 것이 바로 엊그제만 같았다. 그 당시의 부귀는 천하에 부러울 것이 없었다. 그런데 간신 후승의 말을 믿었다가 결국 나라까지 망쳤고 이제 깊은 산 속에서 배고픈 신세가 된 것이다.

  제왕 건은 기가 막혀서 밤이나 낮이나 울었다. 그런 지 한 달 만에 그는 마침내 죽었다. 세상에 전하는 말에 의하면 제왕 건은 슬퍼서 죽은 것이 아니고 실은 배가 고파서 굶어 죽은 것이라고 한다..

  이리하여 연·제·초·위·한·조 6국이 다 망하고 마침내 진나라가 천하를 통일했다. 때는 진왕 정 36년이었다.

진왕 정은 망한 육국이 다 왕호(王號)를 썼다고 해서 그 명칭이 마음에 들지 않았다. 그는 제왕(帝王)이란 칭호를 쓸까 생각했다.

그러나 예전에 이미 진소양왕이 제나라와 함께 제호(帝號)를 쓰려다가 그만 둔 일이 있었기 때문에 제왕만으로도 흡족하지가 않았다.

진왕 정은 문득 고대에 삼황오제(三皇五帝)가 있었다는 것을 생각했다. '우리 진나라는 삼황의 덕을 겸비하고 있으며 나의 공로는 오제보다 월등하다. 그러니 삼황(皇)의 황자와 오제의 제(帝)자를 따서 황제(皇帝)라고 칭호하자.'

드디어 진왕 정은 유사 이래 처음으로 황제라는 칭호를 썼다. 그는 죽은 자기 아버지 장양왕을 태상황(太上皇)으로 추존하고 다음과 같이 분부했다.

"이제 과인으로부터 황제란 명칭이 시작되니 나는 시황제(始皇帝)가 될 것이다. 나의 자손을 말할 때는 2세, 3세란 말로써 계산하여 백천만세(百千萬世)에 이르도록 이 진나라를 영원 무궁히 전하라. 과인이 천자로서 내 자신을 말할 때는 짐(朕)이라 할 것이며 모든 신하는 짐을 말할 때에 폐하(陛下)라 하라."

천하를 통일한 진시황은 등극한 지 12년 만에 죽고 2세 황제 호해(胡亥)에 이어 진시황의 손자 자영(子嬰)의 대에 이르러 망하고 만다. 진시황이 천하를 통일 한지 14년 만이었다.

힘은 이긴다. 그러나 자고로 오래간 예가 없다. 힘보다 강한 것은 덕이다. 열국(列國)이 망한 것도 덕을 잃었기 때문이었다. 그리하여 열국시대는 끝이 났다.

한 권씩으로 엮은 中國 古典 十五選 ❸
열국지(列國志)

· 지은이 풍몽룡(馮夢龍)
중국 명나라 말기의 문학자. 자는 유룡(猶龍), 이유(耳猶)이며 호는 향월거고곡산인(香月居顧曲散人), 고소사노(姑蘇詞奴), 전전거사(箋箋居士), 묵감재 등. 매우 활동 범위가 넓은 다재다능한 작가로 소설 〈평요전(平妖傳)〉〈열국지(列國志)〉〈정사유략(情史類略)〉 등의 정보(訂補), 희곡 〈묵감재전기정본〉, 소주(蘇州) 민요를 채집한 〈산가(山歌)〉, 소화집(笑話集)인 〈소부(笑府)〉, 일사(逸事)를 모은 〈고금담개(古今譚槪)〉〈지낭(智囊)〉 등 수없이 많다.

· 평역 이언호
부산대에서 영문학을 전공했으나 중국 문학에 심취하여 중국 소설을 연구하였다. 평역 및 저서로는 〈공자를 알아야 나라가 산다〉〈수호지〉〈삼국지〉〈제자백가〉〈열국지〉〈금병매〉〈초한지〉 등 다수의 작품이 있다.

2019년 7월 31일 1쇄 발행
2022년 12월 10일 3쇄 발행

펴 낸 곳 | 학술편수관
펴 낸 이 | 조점숙
기획·편집·제작 | 그린하우스(GREEN HOUSE)
총　　괄 | 방효균
표지 디자인 | 이관일
편　　집 | 김 성·김미숙·이관일
디 자 인 | 세일포커스(주) (02)2275-6894~6
인　　쇄 | ㈜한빛인쇄 (031)906-8591

등록번호 | 제388-2008-00022호
주　　소 | 경기도 부천시 소사구 소사본동 181
전　　화 | (02) 2618-0700
팩　　스 | (032) 348-1240

ISBN 978-89-93039-25-2
ISBN 978-89-93039-38-2(전15권)

값 24,000원(전15권 260,000원)